壹嘉 · 読道书系

存
002

-为简体中文阅读留存一些有价值的文本-

出版壹嘉 × 読道社

联合出版

谨以此书献给

患难与共三十年的妻子曹丽蓉

傅国涌

独立历史学者、儿童母语教育践行者，1999 年开始写作，主要研究近代以来中国的社会转型、百年中国言论史、知识分子命运史、教育史、企业史等，在《南方周末》《南方都市报》《新京报》《经济观察报》和《读书》《书屋》《东方》《随笔》《凤凰周刊》《社会科学论坛》等报刊发表过五百万以上的文字，曾在香港大学、香港中文大学、维也纳大学、日本专修大学、台湾中央研究院近代史研究所担任过访问学者或参加学术会议，2010 年入选《时代周报》"十个公共知识分子"之一。主要著作有《1949 年：中国知识分子的私人记录》《百年辛亥：亲历者的私人记录》《金庸传》《叶公超传》《百年寻梦》《追寻失去的传统》《笔底波澜：百年中国言论简史》《文人的底气》《大商人：影响近代中国的实业家们》《新学记：中国现代教育起源八讲》等三十多种，编有《林昭之死》《过去的中学》《过去的小学》《寻找语文之美》《鲁迅的声音》《追寻律师的传统》等十多种。

2017 年起致力于儿童母语教育实验，设计了"与世界对话"一百课。已出版《寻找中国之美：少年双城记》《寻找中国之美：少年西安行》《寻找中国之美：少年江南行》《寻找古诗之美》（三册）、《少年日知录》三册、《与世界对话》第一辑、第二辑等。

一报一馆一大学

中国转型的是非成败 1897—1949

傅国涌　著

读道社

壹嘉出版

1 Plus Books

https://1plusbooks.com

読道社

https://yomimichi.com/

作者：傅国涌

书名：一报一馆一大学：中国转型的是非成败 1897—1949

Copyright © 2025 by 傅国涌/Guoyong Fu

2025 1 Plus Books® 壹嘉出版®

Paperback Edition

Published and Printed in the United States of America

ISBN: 978-1-966814-06-1

出版人：刘雁

定价：$32.99

San Francisco, USA , 2025

https://1plusbooks.com

email: 1plus@1plusbooks.com

目录

引言

2004 年春天，谢泳兄那时还在太原编《黄河》杂志，他送我一册两年前出版的集子《没有安排好的道路》，用作书名的这篇文章，有一部分此前曾在《方法》1999 年第 3 期上发表过，以《重写现代史》为题，我当时就看到了：

> 中国在二十世纪初和西方接触时，我以为有三件事的转型是完成得非常成功的，一件是现代新闻制度，一件是现代出版制度，一件是现代大学制度。这三件事完成得好，重要的是那时办这些事的人首先接受了现代新闻、现代出版和现代大学的理念，这个理念的核心就是它的民间性，可说在这三件事情上国家是不能过多干预的。

受这一看法的启迪，2003 年春天，我在《跳出历史的"周期率"》一文写下了这么一段话：

> 在中国近代史上，一报（大公报）、一馆（商务印书馆）、一大学（北京大学）值得重视，它们具有象征意义，以它们为代表的近代大学、出版业和民间报纸为中国引入了新的文明，培育了几代新型知识分子，是中国思想自由、学术自由、言论自由的风向标。创办这些事业的知识分子，站在权力以外，与当权者保持距离，独立开创了历史新局面。其精神价值和实践意义都是永不磨灭的。我以为，要说跳出

"周期率"，只有从他们身上可以看到希望的影子。

此文首发于河北的《社会科学论坛》2003年第8期，收入东方出版社2006年10月出版的小册子《历史深处的误会》，被北京一家出版社的一位年轻编辑看到了。她立即给我打电话，约我写一本《一报一馆一大学》，我被她的诚意感动，答应了。她很快寄来了出版合同，相约以三年为期，首印四万册。但我没有如期完稿，也可以说我遇到了一个高难度的题目，线索之多，内容之庞杂，千头万绪，远不是三年能理清楚的。从那一天起，直到今天为止，十六年来我心中一直徘徊着这个题目。仅仅收集三个机构的浩瀚史料，第一步就用了足足八年，2014年秋天，我在杭州给学生讲了五天，将整本书的脉络梳理了一遍。次年秋天，龙应台文化基金会邀请我访台，在国史馆和中央研究院近代史研究所又收集了不少珍贵的档案史料，有些还是我首次发现的。真正开始动笔整理、完成这部拖延已久的著作已是疫情管控期间，足不出户的生活给我了整块的时间，到2022年春天我终于将这本书的初稿写出来了。

今年秋天在东京闲居，我又改了一稿，成了现在这个样子。"一报一馆一大学"这个题目是对谢泳兄"重写现代史"这一呼吁的回应。转眼二十四年过去，我早就过了天命之年，谢泳兄也从厦门大学退休了。从1897年到1949年，以"一报一馆一大学"为代表的新闻业、出版业和大学教育曾经有过自己的创世记，取得了足以令今人惊羡的成绩，投身这些事业的知识人有过实现理想、施展自己才能的空间，在跌宕起伏、水深浪阔的大时代，他们没有辜负匆匆来去的生命。在19世纪和20世纪之交登上历史舞台的英敛之、张元济、蔡元培正好比我早生了一百来年，由他们奠定根基的一报一馆一大学，从诞生之日起，就注定了与战争、革命、动荡和一次次政权更替同在，但直到1949年的铁幕落下之前，他们都还能有所作为。张季鸾、胡政之等念兹在兹的文人论政理想，张元济的"昌明教育平生愿，故向书林努力来"，蔡元培、蒋梦麟、傅斯年、胡适在数十年间试图捍卫的办学独立、学术自由，其实都可归于王云五所说的"中国文明之再造"。

这五十多年电光火石，却正处于历史的大峡谷，中国由帝国转入民国，再转向党国，一次次峰回路转，还有强敌入境，从某种意义上，这五十多年的变化之大、之快几乎超过了以往的两千年，自嬴政灭六国、废封建、车同轨、书同文以来，这是一个终于可能重新立制的大时代。他们有幸赶上了千载难逢的际遇，并在全新的领域有了再造新文明的可能。不幸的是包括陈独秀、李大钊在内的北大教授，"五四"时代有影响的知识人，在现实的小小挫折面前竟抛弃了代议制的道路，打开了一扇通往深渊的门。

这是一个真正的大转型时代，我写的不光是三个机构的故事，而是这次转型的是非成毁，只是选择了三个机构的视角而已。然而，以历史的后见之明，我们已无比痛苦地看到此番文明转型之事业未竟，这个古老民族还在歧路彷徨，仍处于晦暗不明的历史时刻。此书的意义也正在这里。

2023 年 11 月 10 日

第一篇

启蒙

1897—1907

一、商务印书馆

1897 年，清光绪二十三年，当夏瑞芳（1871-1914）立意投身新式印刷业时，上海作为通商口岸开放已有五十五年。

这是甲午战争后的第三年，正处于戊戌变法前夜，通都大邑思潮涌动，变法已呼之欲出，上海的出版印刷业正面临前所未有的机会。

这一年，夏瑞芳二十六岁，比起和他共同创业的鲍咸恩（1861-1910）、鲍咸昌（1864—1929）、高凤池（1864—1950），他要年轻了十来岁。

2 月 11 日，他们集资三千七百五十元，购买了两部手摇小印机、三部脚踏圆盘机和三部手扳压印机，一个小小的印刷工场，在上海江西路德昌里租的两间房子里悄悄开张，却取了个气派的名字——商务印书馆，英文名称 Commercial Press，所以最早的商标是 C 和 P 中间加一个圆形的"商"字，是从英文缩写来的，就像一个没有底托的大口玻璃酒杯。

在四个创始人中，夏瑞芳、高凤池是上海郊区青浦人，鲍氏兄弟则是宁波人，他们都曾是上海一所教会小学——清心学堂的学生，懂得排字、制版，却不甘心一辈子都在外国人的印刷机构里打工。他们意识到"自己掌握的机器印刷技术不仅是一种谋生手段，而且可以成为一个商业或企业的基础"。

这笔小额投资除了他们四个发起人，还有沈伯曾、张桂华、郁厚坤的投资。在当时的上海毫无疑问这只是一家微不足道的印刷作坊，区区不足四千元的资本，创始人夏瑞芳和二鲍都只占了一股，也就是五百元，持两股的是一个天主教徒沈伯芬，高凤池等三人都只占了半股二百五十元。夏瑞芳那一股还是他太太向一个女同学借的钱，鲍咸昌那一股也有一半是向高凤池借的。

当时，上海的书馆、书局至少有几十家，商务印书馆诞生之初并未打算从事出版，也没有引起什么注意，"却标志着一个原本与藏书购书无缘的社会群体进入了印刷业"。"商务印书馆的这个创业过程彻底改变了文人与书业的传统联系。如果说文人书商们靠的是藏书和书籍知识,商务靠的是技术、企业和知识核心的职业化。""以印刷为行业,这四个来自不同地方,萍水相逢于上海的青年结成了上海社会的新的因素。"[1]

进入第二年,也就是1898年,商务印书馆就从江西路的弄堂搬到了棋盘街上。第三年,资本翻了五倍。

在日本留学的朋友给包天笑寄来五本谭嗣同的遗著《仁学》,很多朋友向他索要,他当时在金粟斋译书处工作,经常为校对严复的译稿跑商务印书馆。谭嗣同的书是禁书,又在日本印行,并无版权,所以他找夏瑞芳商量,说:"我要印这部书,你们可以担任吗?"夏问:"你先生要印什么书,怎么不可以担任呢?"他说:"这是一部禁书呀!"谭嗣同是被清廷杀戮的戊戌六君子之一。夏回答:"没有关系,我们在租界里,不怕清廷,只要后面的版权页,不印出哪家印刷的名号就是了。"

他的一千部《仁学》印好,已在装订中,夏瑞芳突然告诉他,自己添印了五百部《仁学》。因为没有版权,他也无奈,却也面露不悦,夏主动给他在印刷费上打了九折。在他眼中:

> 夏瑞芳不是中国旧日的那种老书贾而以少年失学,于文字知识上有限的。他极思自己出版几种书,但不知何种书可印,何种书不可印。不过他很虚心,人家委托他们所印的书,他常来问我是何种性质?可销行于何种人方面?当然他是为他的营业着想,要扩展着他的生意眼,忠实于他的事业。他又常常询问我:"近来有许多在办理编译所,这个编译所应如何办法?"我说要扩展业务,预备自己出书,非办编译部不可。应当请学问的名人主持,你自己则专心于营业。"夏君摇头叹道:"可惜我们的资本太少了,慢慢地来。"

夏瑞芳虽然不算是一位文化人,而创办文化事业。可是他的头脑灵敏,性情恳挚,能识人,能用人,实为一不可多得的人材。后来商务印书馆为全中国书业的巨孽，却非无因而致此。[2]

在四个创始人中，夏瑞芳最年轻，他以总经理而身兼校对、式老夫。什么叫"式老夫"？就是月底要亲自挨家挨户上门去收款。他还兼买办、出店，什么叫出店？当时用纸张要到浦东的栈房去取，他自己乘江南的小舢板去取。

他不仅一个人又做总经理，又做校对、式老夫，又做买办，又做出店的。更重要的是，在高凤池看来，他的长处是善于识人，善于用人，胆魄眼光远大。1900 年，他请沈知方先做跑街、后做顾问，发挥沈善于交际的长处，不仅支付二百大洋的月薪，每个月还要白白送车马费 50 元，平时没什么事，只是开会的时候请来咨询一下。沈后来和陆费逵一起创办中华书局，又成为世界书局的创始人，是与商务、中华、开明并列的四大出版社之一。他又请张元济加入商务馆，正是张元济让商务馆成了一国的重镇。后来出去创立中华书局、开明书店的陆费逵、章锡琛也都是商务馆出去的人。这些人自立门户，各自在出版界成就了一番事业。

"衡量印刷文化变化的标准除了机器掌握者外，还需要考察读者群的变化。早期商务印书馆的意义不仅在于它是一家成功的非官方出版社，而且在于它开辟了一个新的、以都市普通人为阅读主体的书籍生产空间。对这个新的读者群的敏感和想象力使早期商务区别于其他上海私立书局。"[3]

从 1840 年到 1898 年，中国共出版了 561 种翻译的著作，至少有 434 种是在上海出的。当时，全国的十个译书机构中，有七个在上海。[4]在一个渴望向外部世界开放的时代里，尤其在上海这个通商口岸，中国人却缺少一部合用的英文教材。当时，年轻的光绪皇帝也在号召大臣学英语。夏瑞芳他们将一套印度最初的英文读本改编成了《华英初阶》。他们在教会学校用的就是这个课本，他们请牧师谢洪赉加上中文注释，重新编排。这套书成了当时最走俏的英文读物。《华英初阶》于 1898 年也就是戊戌变法那一年出版，这是商务印书馆出版的第一本书。最初印了两千本，夏瑞芳亲自推销，20 天就卖空了，以后不断再版，一直旺销。接着，他们又推出《华英进阶》1 到 5 集，销路都很好。

这是中国引入的第一套成人英语课本，开辟了一个全新的市场。当时在浙江杭州，和商务印书馆同一年创立的求是书院（浙江大学前身），就采用了《华英初阶》和《华英进阶》作为英文教材。

1904 年，14 岁的胡适来到上海，初入梅溪学堂，教材用的是《华英初阶》。梁漱溟在北京中西小学堂开始接触 ABC，用的也是《华英初阶》和《华英进阶》。苏州人叶圣陶说："我幼年初学英语，读的是商务的《华英初阶》"。

夏瑞芳还邀请一位基督徒颜惠庆编了一本《华英字典》，也在 1898 年出版。他说："学界钦崇，几于人置一函。"银行界的谢菊曾回忆 1915 年小学将毕业时，"手中只有一本商务印书馆早期出版的《华英字典》。"[5]

1885 年出生的周越然少年时在教会学校念书，喜欢《华英字典》，认为最为实用。其次才是《华英初阶》和《华英进阶》，"虽不得称为尽美，译文甚为明白，有功于初学者非浅。"他很佩服商务馆，曾经暗暗发誓："他日倘我所学有成，定当为商务服务，定当为他编一部完备的字典或外国语教本。"他最后如愿以偿，于 1915 年 1 月进入商务馆，编了三十多册书，特别是《模范英语读本》风行多年。[6]

此时，商务印书馆还处于从印刷向出版转型的初级阶段。

二、京师大学堂

1898 年 6 月 11 日，27 岁的光绪皇帝下达《明定国是诏》，以三分之一的篇幅强调京师大学堂应该首先举办：

> 京师大学堂为各行省之倡，尤应首先举办，着军机大臣、总理各国事务王大臣
> 会同妥速议奏，所有翰林院编检、各部院司员、大门侍卫、候补候选道府州县以下

官、大员子弟、八旗世职、各省武职后裔，其愿入学堂者，均准其入学肄业，以期人材辈出，共济时艰，不得敷衍因循，循私援引，致负朝廷谆谆告诫之至意。

在此之前，这年2月15日（光绪二十四年正月二十五日），因御史王鹏运奏请开办京师大学堂，光绪帝下达过一道"准其建立，现在亟须开办"的上谕。翁同龢当天的日记中有记。

6月26日，又一次为此下旨。不到半年，光绪帝至少三次下旨催办京师大学堂。

7月3日，光绪帝派吏部尚书孙家鼐（1827—1909）为管学大臣，管理大学堂事务。

7月20日光绪帝下旨，将地安门内马神庙空闲的和嘉公主府第暂时给大学堂作为开办之所。

这个月，户部遵旨给京师大学堂筹拨开办费白银三十五万两，常年用款二十万零六百三十两。

康有为也上了一道《请开学校折》，其中说："京师议立大学数年矣，宜督促早成之，以建首善而观万国。"

京师大学堂之议起自1896年，到1898年12月17日，经过两年半的议论和筹备才正式开学。它的创办动机是甲午战败，都以为学问不如日本，所以非仿照外国的学制办学不可，也就是"兴学图强"。这句话是京师大学堂的教师范源濂后来说的。[7]

先是1896年6月12日，刑部左侍郎李端棻上了一道《请推广学校折》，指出过去所办的同文馆，及各省的广方言馆等只让学生学习西学、西语、西文，而不涉及治国之道、富强之原，建议从京师到各地都设学堂，京师大学选举贡监生三十岁以下的入学。这个折子光绪帝交总理各国事务衙门议奏，6月12日总理衙门议复，"应请旨饬管理书局大臣察度情形，妥筹办理。"8月21日，孙家鼐上了《议复开办京师大学堂折》，提出以中学为主、西学为辅、中学为体、西学为用，以中学包罗西学，不能以西学包罗中学。至于经费，请下旨由户部饬南北洋大臣，按月各拨银五千两，解交户部，作为京师学堂专款。

1898年9月21日，戊戌政变之后光绪帝被幽禁在中南海瀛台，慈禧太后几乎废除了所有的新政，却保留了以"广育英材讲求时务"为目标的京师大学堂。英文报纸《北华捷报》报道说，除了京师大学堂的地位仍生死未卜，戊戌政变前所倡议要建立的所有其他学校都被搁置，而其组织者也被无限期地解聘。另有报道说，按照皇帝在八月颁布的谕令将大量的被撤消的各行省地方衙门，也很有可能被慈禧太后重新恢复。后者正在竭尽全力地恢复旧的秩序。《北华捷报》报道说，京师大学堂能不能办起来还是一个未知数。

9月26日，慈禧太后下旨："大学堂为培植人才之地，除京师及各省会业已次第兴办外，其各府州县议设之小学堂，著该地方官斟酌情形，听民自便。"

10月23日，《国闻报》刊登一则《北京大学堂述闻》："北京尘天粪地之中，所留一线光明，独有大学堂一举而已。"

11月16日，慈禧太后再次下旨着孙家鼐抓紧开办大学堂，为富强做基础，甚至强调："泰西各国风俗政令与中国虽有不同，而兵、农、工、商诸务类，能力致富强，确有明效。苟能择善举办，自可。日起有功。等因钦此。"可见慈禧太后觉得这个学堂还是要办的。

有人以为是京师大学堂"赖孙家鼐之力得以保全"，因为孙考虑大学堂章程已颁布，外国教习的聘任合同已签定，有的已动身来，如果废除，可能会有中外纷争。而慈禧最怕中外纠纷。[8]

同文馆总教习、已聘为大学堂西文总教习的丁韪良去找过受慈禧重视的荣禄。丁韪良在《北京之围》中回忆，他提醒荣禄，"查禁大学堂，将会在外国人面前丢面子。"

比孙家鼐更重要的，是荣禄。刚毅、徐桐要求取缔大学堂，"赖荣文忠

（禄）调护未获"。刚毅与荣禄之间有权力之争，刚毅反对办京师大学堂，荣禄有意持异议。理由是外国教习都已聘定，无法中止合同，"不能不勉强敷衍，以塞其口。以故在事诸人，亦均无精打采，意兴索然。"[9]

戊戌十月，各处纷纷张贴告示，通告从前报名学生取具同乡官印结，限本月二十四日前赴大学堂投考，但应试学生不过百余人而已。入学考试是八股文、策论各一篇。[10]

1898 年 11 月 22 日，内务府将修好的大学堂校舍移交给孙家鼐，从上海英文周报《北华捷报》可以看到，除了原有的公主楼，还新建了教学楼。当天发布招生广告，到 1899 年 1 月 1 日已有 1000 多人报名。1898 年 12 月 3 日，孙家鼐《奏大学堂开办情形折》称，兵农工商皆出自学堂，"兵知学，则能知形势，守纪律；农知学，则能相土宜，辨物种；工知道学，则能通格致，精制造；商知学，则能识盈虚，综名实。其事皆士大夫所宜讲求，而为近日切要之务。"

英文《北华捷报》一直追踪报道。12 月 19 日报道："我们欣慰地从北京获悉，新的京师大学堂正在开办。有通告说，自 11 月 29 日起的十天之后，将不再接受入学申请。校长（误把西文总教习当校长）丁韪良博士已经搬入了位于大学校园内的临时寓所之中，旁边的空地上正在建造他的正式寓所。"12 月 24 日的《北华捷报》报道："京师大学堂：可以说这所大学仍未正式开学，但我们获知课桌椅现在已经基本上准备就绪，而入学考试即将举行——但愿它能顺利进行。"

1899 年 1 月 16 日，《北华捷报》报道："京师大学堂已于上月 31 日正式开学。"1898 年 12 月 31 日，京师大学堂正式开学。

1899 年 1 月 17 日的《北华捷报》说："据北京方面报道，拟议中的京师大学堂有得到了北京马神庙这座约有 280 个房间的大寺庙作为临时校址，但由于近来要到这所学校报名注册的进士、举人和秀才人数太多，所以，地方仍显得过于狭窄。值得注意的是，从翰林院来申请入学的人数很少。"

1899年1月17日，上海《申报》转载了大学堂开学的告示，2月6日，《北华捷报》报道：

> 京师大学堂于两星期前举行了隆重的开学仪式。除了该校的西教习之外，没有其他外国人参加这个开学仪式。
>
> 京师的传教士们，或至少是其中的一部分人，对此表示相当愤慨，因为西教习们在开学典礼上对着孔子的灵位脱帽和鞠躬敬礼。他们认为此举表示西教习们跟他们的中国同事们一样崇拜孔子。尽管西教习们的本意并非崇拜，但本地的中国人却肯定会这样理解。……
>
> 中教习中的基督徒也被管学大臣孙家鼐免除了下跪磕头的礼仪，因为后者说他不想强迫他们在这件事上违背自己的良心。孙大人虽然是个保守派，但却通情达理，具有十足的绅士风度。……
>
> 目前已经有三百多名学生正式注册入学，另有一千多人正在等待入学。

对于当时的学生人数，《北华捷报》3月6日的报道说："京师大学堂现有160多名青年学生，大多数为举人和秀才，他们被分班学习英语、法语、德语、日语、和俄语。自从大约两个多月前，光绪皇帝这个重要的维新改革项目得以实现以来，至少有慈禧太后身边的两名高官用严厉的口吻对大学堂进行了诋毁。……虽然慈禧想以这些诋毁为借口来关闭大学堂，但她身边一些更为明智的顾问，如荣禄和庆亲王等，力劝她不要以此进一步触犯臣民和外国公使。"

4月17日又有报道："我们听说传言大学堂处境困难，前途未卜。对于西太后慈禧来说，这个百日维新产物的继续存在，就好像是刻耳柏洛斯（即古希腊神话中守卫冥府的三头猛犬）跟前一片泡过牛奶的面包。极端的保守派们当时就反对成立大学堂，现在也不喜欢它的存在，所以它会遇到政治和财政上的障碍。然而，值得注意的是，新办大学堂的官员们对于未来充满了自信。"[11]

1899 年 3 月，陕西道监察御史吴鸿甲上了道折子，指控大学堂糜费过甚，请求撤消，原定招收五百学生，只招了一百三十多人，办事人名目繁多，耗费巨款，学生功课不分难易，都以分数核等第。学生体育课有失体统，还说有受伤的。实际上当时的学生人数是 218 人，其中住校 170 人，因宿舍不够等原因，没有招足 500 人。

5 月 10 日，孙家鼐回奏说明情况，慈禧太后的旨意就缓和了。他将中文教习、提调的薪水从每月 30 两降为 25 两。这也是回应了反对派的意见。

同月，又有御史熙麟以京师大学堂岁亏巨款，奏请朝廷裁撤。另一御史胡思敬列举了大学堂十弊六害，奏请整饬。

6 月 27 日，《北华捷报》报道："通常发自天津'有关关闭京师大学堂的报道'，就像驴子拉磨那样，又转了一圈，传到了我们这里。与此同时，可以容纳一百六十多个学生的楼群正迅速接近完工。西文图书馆的第一批藏书即将在偌大的'藏书楼'摆上书架。我们希望这只是一个良好的开端，而这批图书收藏终将从'藏书楼'顶上向大学堂的所有成员，乃至整个京师的居民，放射出'甜蜜和光明'。"

大学堂开学之前，孙家鼐定了 31 条"京师大学堂规条"。1899 年 3 月又制定了 26 条禁约，对学生请假的手续、出入、穿衣、作息时间都有细密规定，而且有很多限制。比如"戒言语淆乱"、"不准谈说邪淫、拨弄是非"、"严戒侮慢师长"，课堂上必须依次回答、不可抢前乱说、声音高下要有节制等等，主要是怕学生的言行犯禁，殃及大学堂。还有"戒咳唾便溺不择地而施。屋宇地面皆宜洁净，痰唾任意，最足生厌。厅堂斋舍多备痰盂。便溺污秽，尤非所宜。是宜切记，违者记过。"国人连"卫生"的观念还没有形成，"多备痰盂"，防止随地吐痰、随地大小便，都写进了京师大学堂的规条。[12]

西学总教习丁韪良（1827—1916）说起京师大学堂最初的情况，"但在慈禧太后发动戊戌政变后，风向也变了。……这座专门培养精英的大学，与那个必将把学校推广到大清国每一个城乡的复杂教育体制之间相距甚远。实际上，旧制度下的高官贵爵们仍对这种新式教育侧目而视。就像对待铁路那样，他们将它视为一种危险的尝试和祸根。"[13] 可见京师大学堂虽以中学为体、西学为用，阻力还是很大。

他是美国基督教长老会的传教士，1850 年来到宁波传教才 23 岁，是个中国通。1898 年 8 月 9 日，光绪皇帝在孙家鼐的《奏筹办京师大学堂大概情形折》的御批最后有一句："至派充西学总教习丁韪良，据孙家鼐面奏请加鼓励，着赏给二品顶戴，以示殊荣。"这个二品顶戴，是孙家鼐为他争取来的。他在 1862 年正式开办的同文馆担任了近二十年的总教习，曾将《万国公法》译为中文。

戊戌变法唯一没有被慈禧太后废掉的也就是京师大学堂，可以说是中国急于求变时代的一个新产物。

京师大学堂创办之初，从确定教材、遴选教员到日常教务都是西学总教习丁韪良决定的。"科学课程，管学不能过问"。

最初担任总教习的是许景澄（1845—1900），《国闻报》报道说，"许侍郎虽在外洋多年，晓畅洋务，而于西文究未熟谙，西学亦非专门。"曾有人想到以严复为总教习，《国闻报》光绪二十四年六月初三有则报道《京城大学堂拟请总教习》说："北京大学堂总教习，初拟有延聘天津水师学堂总办严复之说。京师讲求新学之士大夫，莫不以此举为得人。后主其事者不知何故，忽易前议。"以后曾被聘为总教习的吴汝纶在写于六月廿八的信《答傅润沅》中说："大学堂总教习，若求中西兼通之才，则无以易严幼陵。"严复到 1902 年才任京师大学堂译书局总办，直到民国元年才成为总监督、校长，原因是他没有科举功名。[14]

从 1898 年 12 月开办，到 1900 年 7 月 1 日许景澄奏请暂时停办京师大学堂，西学总教习都是丁韪良。1899 年 7 月 17 日，孙家鼐病假（实际是反对废立），由吏部侍郎许景澄暂管理大学堂事务。许曾多次出使日本、欧洲，光绪六年是出使日本国大臣，二品顶戴。光绪十年，为出使法、德、意、和、奥等五国大臣，次年出使比利时大臣，光绪十六年为出使俄、德、奥、和大臣，光绪二十二年出使德国大臣，第二年又以头等专使到俄国，是个明白世界大势的人。

到 1900 年 2 月，京师设立大学堂开办已有一年，"教习学生究竟作何功课，有无成效"，上谕要许景澄详析具奏。他的奏折说，"大学创办仅及年余，现分教经史、政治、舆地、算学、格致、化学、英法德俄日各国文字等科，宽以时日，必能成材。"但没过几个月，义和团奉旨进京，烧教堂，攻击各国使馆，甚至杀死了德国公使，形势骤变。6 月 21 日，慈禧太后控制的清廷正式对西方列强宣战。

7 月 1 日，许景澄上了一道《奏请暂行裁撤大学堂折》："现在京城地面不靖，住堂学生均告假四散。又该大学堂常年经费，系户部奏明在华俄银行息银项下拨给。现东交民巷一带，洋馆焚毁，华俄银行均经毁坏，所有本年经费，尚未支领。而上年余存款项，向系存放该银行生息。虽有折据，此时无从支银，以后用费亦无所出。溯查创建大学堂之意，原为讲求实学，中西并重。西学现非所急，而经史诸门，本有书院官学与诸生讲贯，无庸另立学堂造就。应请将大学堂暂行裁撤，以符名实。"

不久，义和团冲进校园，至少有两位教习被杀，一位外籍教习还被砍头示众。八国联军中的俄、德军队进驻学校宿舍和丁韪良的房子，还毁掉了丁韪良和其他教习的藏书。[15]

7 月 29 日，许景澄因主张保护使馆、指责玩火的强硬派王公大臣，以"勾结洋人，莠言乱政，语多离间"等罪名被处死，临刑前他拿出了京师大学堂在华俄道胜银行 40 万两银子的存折。8 月 3 日，慈禧太后下令停办京师大学堂。十二天后，八国联军进入北京，这一停就是两年多，直到 1902 年 12 月 17 日才重新开学。这一日子从此也成为北大校庆日，直到 1948 年。其实这只是庚子事变后京师大学堂恢复开学的日期。

1902 年 1 月 10 日下达的上谕派张百熙为管学大臣，"兴学育才，实为当今急务。京师首善之区，尤宜加以作养，以树风声。从前所建大学堂，应即切实举办。"第二天的上谕又将同文馆归并大学堂。大局将定，京师大学堂重新开学，张百熙请了许多日本教习，只管具体教学，并不过问大学的管理。

三、《大公报》

同年 6 月 17 日，《大公报》在天津法租界诞生，创办人是 35 岁的英敛之（1867 —1926）。虽然他是满人，还是"长白望族"但幼时家贫，住在北京的小胡同，天天看见的都是穷苦人。年轻时他就忧时爱国，愤世嫉俗。戊戌变法前就在《知新报》等报刊发表过他主张变法的文章。他对康有为、梁启超都很敬慕。政变发生后，他一度走避。在 1902 年那年的日记本扉页，他还特意抄录了正流亡日本的梁启超"十年以后当思我，举国犹狂欲语谁"那首诗。

他是一个虔诚的天主教徒，因此结识马相伯等教友。每个星期天他几乎都会去教堂做弥撒，日记中常常写着"进堂望弥撒"。《大公报》的出资人包括天津紫竹林天主教总管柴天宠，正是他最初提出办报，并筹集了大约一万六千八百元的资金，其中多位出资人都与天主教会有关，包括一位主教。

《大公报》有天主教背景，商务印书馆有基督教背景，京师大学堂虽是官办大学，最早却也请了传教士为西学总教习。这几家影响国运转移的新闻、出版、教育机构，从一开始就跟基督教、天主教有关。现代文明，其实是当时的传教士带过来的。

英敛之日记中对于筹办《大公报》的艰难情形多有记录。他南下上海，在商务印书馆订购字模，为此多次出入馆中。经马相伯介绍，他曾拜访张元济，请其推荐主笔人选，差一点请到了报业前辈汪康年，最后只请到不大理想的方守六。

从一开始，英敛之就不想把《大公报》办成一张天津的地方报纸，而是以全国性的大报定位。在正式出报三个月前，1902年3月，他就在上海的《中外日报》《新闻报》上登告白。3月15日他在日记中说："酌定登各报预告章程，至《中外日报》馆登告白，每三日一次，共七次，交洋十元零五。"第二天的日记说："至《中外日报》，正其告白误字。《新闻报》馆登告白，三日一登，共五次，八元零。"

英敛之在《大公报》创刊号上发表的《大公报序》，也就是发刊词，提出："报之宗旨在开风气，牖民智，挹彼欧西学术，启我同胞聪明"，"忘己之为大，无私之谓公"。 第二天他又发表《大公报出版弁言》："本报但循泰东西报馆公例，知无不言。以大公之心，发折中之论；献可替否，扬正抑邪，非以挟私挟嫌为事；知我罪我，在所不计。"《大公报》创刊第一天印了3800份，免费赠阅七天，不到三个月，每天就能发行5000份了。考虑到那个时候天津的识字人口，这5000份的发行量也不算小，将来每天印到一万多份。

6月21日，《大公报》发表《论归政之利》一文，呼吁慈禧太后把权力还给光绪皇帝，"归政则中外利、满汉利、民教利、新旧利、宫闱利、草野利、君子利、小人亦无不利，而固无所害也。"

此时，正是庚子巨变之后，他想到的是戊戌以来新党遭受的迫害："新党之被祸者，罢斥之不已而放逐之，放逐之不已而诛戮之，诛戮之不已而禁锢之。"这样的言论，如果不是天津还在八国联军占领下，显然是朝廷不能容忍的。

7月30日即将迎来光绪帝的33岁生日，《大公报》专门发表《万寿祝词》，对光绪帝忠于国事，在戊戌年不顾阻挠，毅然决然进行变法之举，极为推崇，认为其英断超过俄国的彼得大帝和日本的明治天皇。第二天，英敛之夫妇出席了天津各界为庆祝光绪帝生日举行的盛典，英敛之等多人发表演说，《大公报》8月1日的报道称，他们的演说都诚挚情真，切中时事，人们无不拍手欢呼。

《大公报》虽以文言为主，但从创刊之月起，就以"附张"刊登白话，英敛之在 6 月 23 日的日记中说："连日如常，每日俱演白话一段，附于报后，以当劝诫，颇蒙多日许可，实化俗之美意。"[16]

前一天，刊载的白话是《请看报的好处》："最苦的是我们中国文字眼见难懂，所以有许多明白人，如今开了许多白话报馆，为的是叫识字不深的人，也能明白。有人劝我，在《大公报》上，也要添上点儿白话，我不敢偷躲懒。以后得了功夫，就写几句，这是我们开道人的一片苦心。"

7 月 21 日，《大公报》有一则报道说，粗识文字的人，专挑白话附件来读，并且高声朗读、面露得意之色。

因为英敛之的夫人淑仲是爱新觉罗皇族，能诗会文，又善交际，与宫中素有往来，常能听到一些内幕消息。可以看作是《大公报》的驻京女记者。他们于 1895 年结婚。《大公报》时不时会登载慈禧太后召见王公大臣时怎么讲话，怎么骂人，"用京话描写，传神绘声。"《大公报》以活泼生动的文字写出了深宫的见闻。1903 年 5 月 25 日要闻版登载张之洞觐见慈禧太后，慈禧见他白发满头，凄然落泪。即问："二十多年不见，你精神还好？"他连连磕头。慈禧又说："现在办事的人极少，时事又如此，如何是好！你老成稳练，中外皆知，现在的事，成败唯你是赖！"慈禧常会落泪，《大公报》的描写生动可信。[17]

《大公报》创办不久，正好碰上已停办两年的京师大学堂复校，1902 年 11 月 19 日到 21 日，连续在头条刊登了大学堂头场和二场的考题，考试科目有中外历史、地理、算学、物理、化学等。12 月 4 日，刊登录取名单，12 月 12 日到 16 日又刊登了大学堂的堂规。

12 月 17 日，大学堂正式开学，学生依次到圣人堂前月台下行礼，然后谒见管学大臣、各教习。从 12 月 18 日到 20 日，《大公报》连续刊出大学堂开学典礼的消息，从演习到正式举行。

《大公报》创刊以来的一年，在"时事要闻"、"中外近事"、"论说"等栏至少有 255 条与京师大学堂有关的消息，上到高等教育制度，下到京师大学堂的浴室、车棚的兴建，给予了全方位的报道和关注。[18]

关注京师大学堂消息的不仅是《大公报》，1897 年生于安徽巢县的杨亮功记得童年时——

> 祖父每日看的是《申报》，那时北京京师大学堂新创办，报纸上常载有京师大学新闻，祖父很重视这个全国最高学府，因此他常常叫我的小名问我："××，你将来长大时是不是要到北京进京师大学堂呢。"我总是回答说："是，我将来长大时一定要进京师大学堂的。"他听了非常高兴。[19]

1903 年 5 月 3 日，《大公报》刊登《记京师大学堂学生拒俄事》，4 月 30 日，京师大学堂两馆学生因东三省事举行集会，留日回来的助教范源濂发表演讲，陈说利害，全体鼓掌，有叹息的，有流涕的，学生接着登台议论，议定可办四件事，由各省在京官绅电告该省督抚电奏力争；全班学生电致各省督抚，请各督抚电奏力争；全班学生电各省学堂，由各省学堂禀请该省督抚电奏力争；大学堂全班学生上禀管学代奏力争。各教习、职事员都在座点头叹息。两馆学生中没有到场的只有一位河南进士、仕学馆的学生靳某，在宿舍习演殿试策子，以便参加今年补行殿试，报道说"真可谓至死不悟云"。

从 5 月 1 日到 26 日，《大公报》几乎每天都有京师大学堂学生拒俄运动的消息。范源濂初入京师大学堂担任助教并译书讲义事务，《大公报》上对他赞誉有加："范氏曾卒业日本普通学校，精通日文，尤擅政治法律经济各学，中国得此教育良师，其输入国家文明，增进国民程度当可翘足以待。"[20]

《大公报》和京师大学堂，一个学校和一个报馆相呼相应，让这件事在京津一带广为人知，这也是京师大学堂第一次发生学生运动。5 月 7 日，《大公报》全文发表京师大学堂师范、仕学两馆学生上书管学大臣请代奏拒俄书，"存亡之机，间不容发。积火将燃，共为劫灰；大厦将倾，同受覆压。学生等一身一家，亦莫不在其中，故敢垂涕而道。"他们要求朝廷"联英、日以拒俄"，有73个学生签字，包括俞同奎、谷钟秀、李思浩、张耀曾等。这些学生将来或是北大教授，或是国会议员，或是司法总长、财政总长。湖北各学堂、安徽大学堂接到他们的来信，也纷纷行动起来，虽无济于事。

6月6日，上海《苏报》刊登张继的《祝北京大学堂学生》一文："顷闻北京大学堂学生结秘密会社，与海内外志士联络，希图革命。……学生为革命之原动力，而京都之学生尤为中央革命之原动力，是世界所公认者也。"这些言论并非事实，此时，京师大学堂的学生并无"希图革命"的，倾向改良的倒是不少。

1902年考入京师大学堂师范馆的学生王画初说他们自带的书中，流亡日本的通缉犯梁启超的《饮冰室文集》和他主编的《新民丛报》几乎人手一编，成为普遍的读物。此外关于新学的，最为通行的有《富强丛书》《瀛环志略》等。[21]

同年考进师范馆的俞同奎回忆：

"当年我们的政治常识，都是偷偷摸摸，由片纸只字禁书中得来，自然不甚充足。但是对于朝政得失，外交是非，和社会上一班风俗习惯的好坏，都喜欢研究讨论。有几位特别能演说的同学尤喜作讲演式的谈话。每天功课完毕，南北楼常开辩论会，热闹非常。高谈阔论，博引旁征，有时候甚至于争辩到面红耳赤，大有诸葛亮在隆中，抵掌谈天下事的风度。"[22]

京师大学堂副总教习张鹤龄认为"议论国政，非学生分内事"，阻止两馆学生会议。王画初回忆，经同学们一致同意，还预备仿行古来太学生伏阙上书的故事。管学大臣张百熙亲临大学堂，并没有召集全体学生公开训话，仅将各班长叫到监督室，讲话大意是："诸君发于爱国热忱，形诸呼吁，对外交有所献替，本不为过。但不要因一朝之愤，使这个缔造艰难的大学根本动摇，切不要发表宣言为是。"学生闻之无不感泣，使这一运动无形消散。结果加派荣庆为会同管学大臣，这就是为控制学生思想而设的。

曾亲历这一事件、也是第一批被派往西洋留学的俞同奎记得，他们当时要求提前出国深造，"张百熙先生本为维护我们最力的人，竭力促成这一件事。在那拉氏这一方面，亦以为这班捣乱分子，应该让他们快快滚出国门去，乐得耳根清净，因亦照准。于是校中乃考选英、法、德、俄、日语言文字略有根底的学生三十余人，分送出国。这是北大第一次派学生留学东西洋的历史，亦即是北大学生争取自由的第一幕。"[23]

1903 年 12 月 21 日，张百熙上了一道折子，就是《奏请京师大学堂派学生出洋折》，当天即被批准，要求京师大学堂"择其心术纯正学问优长者，详细考察，分班派往游学"。[24]

1903 年底，京师大学堂派张耀曾等 31 人到日本留学，学费要 9 万多两。1904 年初，派俞同奎等 16 人到西洋各国留学，学费要 10 万多两。此后每年官费派人出国留学，去日本的学生主要进早稻田大学和法政大学，去欧洲的进了许多好大学。由 1907 年 11 月译学馆上报的出洋学生情况表可知，顾孟余进了德国工科大学学电器工程，柏山进了圣彼得堡大学学法政，林行规等多人进伦敦大学法科政科。在 1909 年庚款派往美国留学前，留学生主要从京师大学堂等少数几个学堂进行选拔。[25]

自 1909 年起，京师大学堂也接受外国留学生，第一批留学生来自俄国。

四、"文明之再造"

商务印书馆、京师大学堂和《大公报》，这三个机构是在甲午战争、戊戌变法、庚子事变的背景下出现的。从 1894 年到 1900 年，中国发生了多少大事，甲午战争中国被日本打败了，戊戌变法被慈禧太后镇压了，庚子事变，八国联军进京，这时天都塌下来了。正是在这样的危机关头，商务印书馆出现了，京师大学堂出现了，《大公报》出现了。

商务印书馆第二代掌门人、总经理王云五认为，商务馆在几十年中所做的努力无非要达成一个目标——中国文明之再造。什么叫"文明之再造"？就是要更新原有的文明。因为世界已进入到了工商业文明的时代，从农耕文明到工商业文明的转型，从生产方式、生活方式到思维方式带来全面的冲击。商务、北大、《大公报》所代表的出版、教育、新闻，再加上银行、工厂、国会、宪法，这些新生事物代表了中国现代化进程中最具标志性的事物。现代化进程不是一个模糊的概念，或是一些数据，而是具体的，一个一个的报纸、学校、出版社、银行、企业构成的，也是由宪法、总统、内阁、国会构成的。

在英敛之创办《大公报》的同一年，与他同岁的张元济（1867—1959）进入商务印书馆。十年前他成为进士，与蔡元培、汤寿潜、汪康年等人同科。1898 年，他作为总理各国事务衙门章京、刑部主事参与变法维新，光绪帝在颐和园召见过他。

孙家鼐最初奏请朝廷派办过通艺学堂的张元济为京师大学堂总办，但他谢绝了。1898 年 8 月 3 日（戊戌年六月十五日），天津《国闻报》刊登一则消息《京师大学堂总办辞差》，张元济主张大学堂的总办、提调等都不得兼差，专办学堂事务，孙家鼐没有同意，所以他决然辞去。

两天后（8 月 5 日），张元济写信给 1880 年的进士、做过刑部贵州司主事、郎中、总理衙门章京的嘉兴老乡沈曾植，将自己不愿接受任命的原因说得清楚："大学堂开，寿州枉顾，殷殷下问，欲以济充总办。初颇心动，旋知所派提调除仲弢、柳溪外，都不相习，且多有习气者，亦有请托而得者。济知此事难于措手，遂设词谢之。乃寿州不允，仍以奏派。"[26]"寿州"即孙家鼐。张元济得旨，前去见孙家鼐，坚决辞职，无论孙怎么挽留，他都不再动心。

戊戌变法失败，张元济被革职永不叙用。当年 10 月 27 日离京南下，随后李鸿章关照盛宣怀安排他在上海的南洋公学办理译书的事。因为印书，张元济常与夏瑞芳他们有接触，见他们办事异常认真。此时，他们正想扩充业务，预备设立编译所，想邀请张元济主持编译事务。1901 年，他动员夫人卖了首饰，作为股金投资商务印书馆。他与夏瑞芳相约"吾辈当以扶助教育为己任"。

第二年年末，张元济向南洋公学译书院辞职。

"为了在出版界立足并创造和巩固自己的读者群，他们不仅需要拿来西方的印刷设备和技术资本，还需要拥有自己的智能核心、自己的编译人员和编译机构。"1902 年成立编译所是商务印书馆历史上最重大的举措，"从当时的情形来看，聘请专职编译人员是经过夏瑞芳等人的深思熟虑的、一种突破自身局限的行为。在这个联盟的形成过程中，商务发起人扮演了主动者的角色。从此商务印书馆从印刷业转变成出版社，从职业印刷集团的印刷企业扩大为合作性的出版单位。商务编译所成立后，编译人员在很大程度上是出版计划的设想者和决定者。商务馆的出版项目开始包含更多的文人书刊，古籍经典，和精英式的印品。但商务印书馆的业绩中却一直存在着那个实用性、职业化、普通人的读者群。商务的附属单位中也一直有成人教育式的机构。在这个意义上，商务印书馆发起人是现代都市普通读者的最早的发掘者。"[27]

1902 年，流亡日本的梁启超观察中国的变化，"学生日多、书局日多，报馆日多"。

这一年，《大公报》在天津创立，京师大学堂也在庚子事变后重新开学。对于商务印书馆来说，也是关键时刻。张元济进馆，还引入了高梦旦、蒋维乔、庄俞、邝富灼、杜亚泉等人，甚至包括蔡元培，这些人迅速成为商务馆在理工、化学、英文、国文各领域编辑的重要力量。商务的股东之一陈叔通说了一句话："夏（瑞芳）是一个有雄心的企业家，夏（瑞芳）与张（元济）的结合才为商务成为一个出版企业奠定了基础。"有人说，"此后的中国出版史、中国近代文化史也因他们的结合而气象万千。"与张元济有分歧的高凤池1920 年对陈叔通说："事务方面我还能勉强凑合一下，但社会文化界我怎么能号召得了？"鲍咸昌在商务馆成立三十周年的庆祝大会上说："本馆由极小范围，进而至于今日之范围，诚梦想不到，中间得力于张菊生先生者不少。"商务的起飞，离不开张元济。

夏瑞芳对编译所的人员很尊重，"不仅薪金高，而且尊称他们为'老夫子'，还让工友们称他们为'师爷'。编辑人员除月薪外，还供给膳宿，甚至茶叶、水烟。张元济原在南洋公学时月薪100两银子，而夏瑞芳给他350元。"[28]

五、《最新国文教科书》

1902年6月，杜亚泉编的《文学初阶》在商务馆出版时，他还没有进馆。《文学初阶》是一套国文课本，一共六册，分三年使用。第一课是"大小牛羊"四个字，组成"大牛、小羊、大小、牛羊"四组词。80课以后才出现简单的句子："牛负车，牛耕田，桃开花，竹生笋"。后面几册才开始有声光化学、故事寓言、中外史地人物。第四册有孔融让梨、灌水浮球、击缸救童、望梅止渴、大禹治水。第五册有狼来了、鹤蚌相争、螳螂捕蝉、曹冲称象、西门豹治邺。第六册有华盛顿砍樱桃树等故事。《文学初阶》抛开了历朝历代中国人教小孩子的以经学为中心的安排，而是以生活为中心。这是一个重大的转变。第六册还有课文认为士农工商一律平等、劳动可贵，举了孔子、彼得大帝、华盛顿和富兰克林都从事过体力劳动的例子，甚至提出妇女也要读书、男女要平等这样的观点，这在1902年的中国是令人感到新鲜的。这套书问世之前，就引起了关注。《申报》于1901年10月4日报道，商务根据泰西训蒙之本而编纂的《文学初阶》，有人评论"启蒙有术"，特刊载这则消息"以为有志启蒙者告"。

在这个基础上，商务印书馆决定回应当时创立新式学堂的风潮，要编一套完整的小学教科书。由张元济出面，包括蒋维乔、庄俞、杨瑜统这些人，他们都是常州人，被称为"常州帮"，编出了中国第一套最好、最完整的国文教科书。

商务馆编译所数学部编辑骆师曾回忆："张先生对编好这部国文教科书，尤为苦心孤诣。他在开始编写前，即郑重指出，吾人不能闭门造车。此书将要行销全国，适合于全国小学之用，故需多方接触，多向教育界人士请教，多问多听，集思广益。几位主要编辑人员，确都依此行事。"[29]

蒋维乔和张元济、高梦旦、庄俞等人围坐一桌，就像圆桌会议，由一个人提出原则，大家认为有价值的就反复讨论，有时候为了一条教科书的编写原则可以讨论半天甚至一天。这篇回忆文章写于1935年，他回避了圆桌会议常常还有两个重要人物，一是小谷重，曾是日本文部省教科书审查官，一是长尾槙太郎，为日本高等师范学校教授。他们把日本的经验带到了中国，亲自参与了商务馆第一套教科书的设计。从蒋维乔日记可知，从1904年1月18日（光绪二十九年十二月初二）到12月21日（光绪三十年十一月十五日），一共开了十五次会。从1904年1月18日到30日，十三天当中，两个日本学人一共来了六次，小谷重不仅拟定了每一册课文的具体字数，还告诉他们，教科书最看重插图，日本都是请一等的画手来画，"颇嫌商务馆画手不之拙，以为减杀文章品格"。

有一天，长尾槙太郎提出，"教科书须每课次序互相联络，以便儿童记忆。"蒋维乔他们和他讨论多时，最后没有完全采纳，"决定相发明相印证，为精神上之联络，不可为形式上之联络。"

1月30日是个阴雨天，午后，小谷、长尾来时，蒋维乔正在编教科书。因京师大学堂新定的章程，"所定小学科全然谬戾，不合教育公理"，而商务馆的资本家为谋利起见，"颇有欲强从之者"。张元济、高梦旦和包括他在内的一些编辑都不愿屈从，小谷、长尾也和它们同调。长尾见到这个章程心中懊丧，写了一首七绝：

"珠履凄凉古庙门，春申城外欲黄昏。枯杨满目生梯晚，寂寂江南烟雨村。"

蒋维乔从中读出了轻视中国之意，但他认为中国政府实属可笑，而不能将中国人一概抹杀。于是奋笔和了一诗：

"荆棘铜驼叹墓门，茫茫地老与天昏。会看汉族风云变，大泽龙蛇淮泗村。"

此时离清亡尚有八年。

事起于 1903 年 6 月 27 日的一道上谕，"京师大学堂为学术人才根本，关系重要，著即派张之洞会同张百熙、荣庆将现办大学堂章程一切事宜，再行切实商订；并将各省学堂章程，一律厘定……"这三人主持拟定了包括《初等小学堂章程》《高等小学堂章程》在内的一系列章程，在初等小学的八门课中，"读经讲经"是主课，每周有 12 节课，"字课"和"习字"合为"中国文字科"，每周有 4 课，并没有"国文"这一科。

张元济、高梦旦、蒋维乔他们没有理会这个《奏定学堂章程》，擅自编写了每周须十个学时的《最新国文教科书》，第一册《编辑大意》说，"每星期授国文 10 小时，六小时讲解诵读，四小时默写、作文。"结果被全国各地的学校纷纷采用，国文课也由这家民间出版机构率先赋予了主课的地位。

天地日月山水土木

这是第一册第一课。他们讨论确立的原则是第一册教科书采用的字，限定笔划，第五课以前限定是六划，十课以前限定是九划，以后逐渐加到十五划为止。

"天地日月山水土木"，这八个字都是六划以内的。这是他们精心设计的。其次，教科书采用的字限定是平常日用的，不取生僻字。第一册每课的生字，五课以前不得超过十字，前课的生字必在以后的课文中出现两次以上。各册的字数考虑，第一册每课八字到四十字，第二册每课从四十字到六十字，三册以下不严格限制，依行文之便，长了就分为两课。这就是他们当时确定的"四大原则"。中国最初的教科书就是这些人精心规划的，经过了反复的磋商。

现在看起来似乎无足轻重，当时却是破天荒的创造。除了在编写上下功夫，在印刷用纸上也用了心思，采用毛边纸就是考虑"洁白有光之纸易伤儿童目力"，所以"只求结实耐用，不事外观之美"。这可以说是中国教科书的创世记。

蒋维乔在1903年底说，他们在编第二册时，第一册一共460字，这一册"接编短文，熟字不敷用而生字又不能无限制。故束缚益甚，殊难下手"。

这年3月13日，编完第二册，他思考："读本为最难之事，既限笔画又限字数，而布置图画不可呆板，变化不穷。且必每行到底适可断句，不能将一句截断另入别行。又必使一课文字与图画共在全幅之内。"[30]

1905年4月4日，参与这套教科书编写和修订的高梦旦写信给温州籍的维新思想家宋恕："弟与同人共编国文读本，虽甚费力，而不合处甚多，拟即行订正。"他给老朋友寄了这套书，共有十二册，请宋指点误谬。可见他们对待这套教科书的认真态度。[31]

四十年后王云五评述这套教科书："虽然毫无凭借，独立创作，然编者如张菊生、高梦旦、蒋维乔诸氏或为旧学名宿，或对新教育有独到之见，数人共聚一室，一课之成，字斟句酌，不肯苟且，故于教科书方面放一异彩。迄今数十年学制课程迭有更改，内容形式亦有不同；然其选材配置与用字命意之适当，尚鲜有能超越之者。"[32]

《最新国文教科书》上市不到五六天，就销完4000册，马上再版，发行3个月又卖空。问世之初只登了一天广告，在1904年2月15日的《中外日报》介绍编辑旨趣、体例。广告见报那天书已卖完。[33]

直到1907年，《学部颁订京师初等小学划一课程表》才第一次出现"国文"一课，规定每周"国文"为9个学时。1909年，《学部奏请变通初等小学堂章程》将"国文"正式列入，且课时数大大增加，5年制初小每周有18小时，4年制有22小时，3年制一年级有18小时，从此正式确立了不可动摇的主课地位。

可以说是商务印书馆代表的民间出版家推动并主导了学科的革新，陈旧的读经、文字课最终被国文课取代。

这套书风行多年，发行数百万册乃至上千万册，影响之大，难以估量。商务馆从此成为出版业的龙头、全国第一文化机关，奠基于这一套教科书。装帧印刷新颖，内容切近生活，面目一新。并且接受日本人的建议，聘请一流画家绘制插图。这套书大大超越了之前南洋公学的《蒙学课本》和文明书局的《蒙学读本全书》。

"大清皇帝治天下，保我国民万万岁，国民爱国呼万岁，万岁万岁声若雷。"

这是《蒙学课本》的第一册第一课。

而商务馆新编的这套书没有介绍皇帝、太后的课文，没有三呼万岁等忠君的字句，提倡爱国、美德，凡山川之美、近代屈辱都有课文，还有介绍科学知识，电报、电话等。第三册有一课就是《女子宜求学》。有一课介绍孔子，也没有夸大其词拔高他。等到最新国文教科书一出，其他的课本渐渐被淘汰。

1900 年出生的冰心说，她启蒙的第一本书就是这套线装的《最新国文教科书》第一册，"天地日月山水土木"，她在认得了这几个伟大但笔划简单的字同时，也认得了"商务印书馆"这几个很重要的字。从此，她一册一课一直读下来，中外历史，人物故事，"还有与国事、家事、天下事有关的课文"，"每天读着，都在增长着学问与知识"。[34]

她的回忆是宝贵的，可以印证商务馆关于再造文明的作用和价值，冰心一生都不忘这套教科书对她的启蒙意义。

1897 年出生在福州的法学家萨孟武从家塾进入小学，国文课本用的是商务印书馆的初小国文教科书，很多年以后，他还能背诵很多课文。[35]

1902 年出生的贺麟忘不了小学时商务印书馆"以较好纸张精印并附图片"的教科书。图片对于小孩子来说太开眼界了。对这些课文，他们也像背诵《三字经》一样熟读成诵。他记得本国地理教科书上附有镇江的照片，位于长江下游、风景优美的镇江给童年时代的他印象特深，后来他曾三次游览镇江，"由于忆起童年时代对镇江图片特感兴味，因而不仅加强了我对金山寺、焦山等地的美感和情感，而且加深了我对伟大的长江的优美雄壮的风景的爱好和颂扬。这只不过借个人经历的一件小事而表明中小学教科书对少年心灵的影响是如何的大。"

商务印书馆那时把生物和理化的教科书叫做"格致"。贺麟后来才知道"格致"二字是朱熹在《大学集注》内所强调的"格物致知"的简写，也就是"自然科学"这个词最初的译名。"当时令我很感兴趣，这个译名虽然早已过时，却暗示了中西科学似乎有可以融合贯通的地方。"贺麟学生时代就在商务馆的《东方杂志》上发表过《严复的翻译》一文，后来留学欧美，成为哲学家。[36]

六、"译才并世推严林"

《大公报》一问世就关注教育问题，甚至提倡兴办女学。1902年6月24日，发表英敛之的《讲女学堂是大有关系的》。8月12日，发表董寿的《兴女学议》指出："开智强国之策，在乎广设大小学堂，以立之基；尤宜广设女学，以正其本，使通国之人，耳目一新。无论男女，皆奋然向学，有特立之志。"10月12、17日发表《就中国现势筹划女学初起办法》，已在讨论具体办法。

11月1日，《大公报》发表《论中国教育当定宗旨》，指出："国之有教育，犹蒸汽锅之有火。火力旺者，则水热而汽足。教育盛者，则民智而国强。旷观五洲，横览数十国，凡其国之强与不强，恒视其国之教育为比例。"

1903年10月9日，《大公报》发表《论造就国民为富国之本》："人民程度之高下，国家随以为盛衰。"而人民程度的高下取决于教育，结论是："非广立小学校以造就国民，万无富厚之希望。"

1904年8月14日，张元济从汪康年那里得知，外务部尚书、军机大臣瞿鸿禨想保举他到外务部任职。38岁的张元济给汪回信:"弟近为商务印书馆编纂小学教科书,颇自谓可尽我国民义务。平心思之,视浮沉郎署,终日作纸上空谈者,不可谓不高出一层也。"[37]

1904年,商务馆的《编辑初等高等小学堂国文教科书缘起》说,"我国仿西法设学堂,迄今几四十年而无明效大验者,弊在不知普及教育原理,无小学以立之基,无国文以植其本"。

《东方杂志》创刊号刊登的课本插页广告称:"欲谋教育普及,不可不于国文加之意矣。"而《最新初等小学国文教科书编辑大意》一口气列举了以往各种课本的不足多达18条,从"单字讲解索然无味;笔画太繁不易认识"、到"陈义太高,不能使儿童身体力行;墨守古义不能促社会之改良",再到"春讲落叶,秋谈萌芽,不合时序","文过诙谐有碍德育;文过庄严儿童苦闷;进步太快失渐进之理"。

在张元济主持下,包括国文、格致、算术、修身、笔算、珠算、历史、地理、理科、农业、商业等教科书陆续出版,涵盖各年级、各课程,有《最新初等小学算术教科书》10册、《最新初等小学修身教科书》10册、《最新高等小学历史教科书》4册、《最新高等小学国文教科书》8册,《最新高等小学算术教科书》4册。

1904年编的《最新修身教科书》,初小的10册是张元济编的,高小4册是高梦旦编的,中学5册是蔡元培编的,都署名高、蔡、张三人校订。初小每一册20课,每课都附有图画,200课提倡的是宽容、公平、进取、尚武、信实这些价值,未涉及一个"君"字,300个故事也没有涉及"忠"字。

修身重在陶冶,这套书采用多次循环,德目不多,每学期每个德目都接触一两次,几年下来就比较巩固。这是《蒙学读本全书》第四册之外的修身课本没有注意到的。[38]

1906年,清廷学部第一次审定初等小学教科书共102种,民营发行的有85种,其中商务馆的占54种,占总数的52.9%。

从 1906 年 12 月到 1907 年 5 月，《最新高等小学国文教科书》出齐。以后又编了中学的 12 种教科书，动物学、植物学、物理学、矿物学、化学、生理学、代数学、平面几何、立体几何、三角等。

蔡元培编的修身中学教科书到 1907 年 12 月出版了前三册，没有署名，只是署名商务馆编译所编。前四册讲伦理关系的各个专题，第五册讲伦理学，采用当时罕见的章节体，不用前贤事迹，其中提出以体育卫生为本的修身观，自由、平等、博爱的原则，国家一章大谈"人之权利，本无差等"，"国家者，非一人之国家"，还有"专门职业"一章，强调职业无高低，对官员、医生、教师强调职业道德，鼓励勤勉、自制、坚持正义、真理、务公益、廉洁等等。

1896 年生在贵州盘县的张道藩回忆，他 1911 年考入当地的高等小学，"我记得我所读的修身教科书是'诸暨蔡元培'著的中学修身。这一本书和我以前所读旧书，以及我受的家庭教育，使我对中国固有的道德伦理观念（譬如忠孝等）有了很多的认识，也对我一生为人处世有很大的影响。"[39]

商务馆费五年之力，编辑出版了全套中小学教科书，以及师范学校用课本和教师的参考用书系列，教授法参考书就是首创，大受教育界欢迎。同业不能以粗糙之作和商务馆竞争，奋起仿效，出版业风气为之一变，教育界受其影响甚大。

1905 年底商务印书馆向股东报告："本馆开办以来历年生意日增月直，本年共销货约 87 万。溯近年书业之发达未有甚于此者，较之上年生意 45 万既加一倍，与前年之销数 30 万元约增 2 倍。想下年之兴像正未可限量，亦瑞芳等始愿所不到者也。"[40]

在教科书之外，商务馆还推出了一系列抓住广大读者群的出版物，如"林译小说"，即林纾翻译的外国小说。林纾最早动笔翻译小仲马著名的《茶花女》，他译为《巴黎茶花女遗事》，正是商务馆创立的 1897 年。

林纾生平翻译了 179 种小说，其中法国 18 位作家的 24 种作品，除了《茶花女》，还有孟德斯鸠的《波斯人信札》，大仲马、巴尔扎克等人的作品；英国作家59人，100多种作品。包括斯威夫特的《格列夫游记》、笛福的《鲁滨孙漂流记》、狄更斯的《大卫·科波菲尔》，还有司各特、哈葛德、柯南道尔等人的小说；美国作家13人，作品17种，包括欧文、欧·亨利等人的作品，影响最大的是斯托夫人的《汤姆叔叔的小屋》，林纾译为《黑奴吁天录》；俄国托尔斯泰的作品，他翻译了10种，希腊的、西班牙的作品也被他翻译过，还有挪威的、瑞士、德国、比利时、日本作家的。商务印书馆出版的林译小说有100多种。林纾不懂外语，只是通过别人口述，然后变成典雅的古文。

1903年，52岁的林纾在商务馆出版的第一本译作是《伊索寓言》。1905年以后他几乎把所有翻译的书都交给商务馆出版，那一年只有一种没有在商务馆出。从1906年起林纾将全部译作的版权交给了商务馆。1906年9月，55岁的林纾受李家驹之聘，到京师大学堂担任预科和师范馆的经学教员。他既是京师大学堂的老师，也是商务馆的作者。1908年春天入京师大学堂预科的胡先骕说："诸师中最令人怀念者为林琴南先生"，给他们上的是人伦道德，这个课，最是枯燥无味，但他上这课就不一样，"先生之语言妙天下"，让学生"心情感奋，不能自已"。他的课常在下午一点，午餐之后，又值初夏长日，最容易打瞌睡，上其他课不免昏睡，而他的课"则无人不兴奋忻悦"。[41]

林译小说风行一时，给中国人打开了一个巨大的世界。英敛之读过《黑奴吁天录》，《大公报》1908年11月28日到12月8日连载他的《关外旅行小记》，有这么一句话："往年读《黑奴吁天录》，至其形容惨苦之状，每泣不可抑。信今且目击而身遇之矣。"吴虞在成都读到狄更斯的《块肉余生述》（今译《大卫科波菲尔》），"几落悲泪"。

受林译小说影响的人很多，包括胡适、鲁迅、周作人、茅盾、沈从文、郭沫若、钱锺书、杨宪益等人。

周作人说自己翻译小说，"很受林琴南先生的影响"，林译小说从《茶花女》到《黑太子南征录》，"这其间所出的小说几乎没有一册不买来读过。"1904年到1910年胡适在上海求学，正是从林纾等人的意译文字中最初认识了西方的那些小说家。郭沫若在《少年时代》回忆："林琴南译的小说在当时是很流行的。那也是我最嗜好的一种读物。我最初读的是哈葛德的《迦茵小传》……这怕是我读过的西洋小说的第一种。这在世界的文学史上并没有什么地位，但经林琴南的那种简洁的古文译出来，真是增了不少光彩。"

沈从文北上开始文学生涯前，在湘西芷江县的熊公馆，也就是他的亲戚、担任过内阁总理的熊希龄家，偶然从两个大书箱中发现了一大套林译小说，"迭更司的《贼史》《冰雪姻缘》《滑稽外史》《块肉余生述》等等，就都是在那个寂静大院中花架边台阶上看完的。这些小说对我仿佛是良师而兼益友，给了我充分教育也给了我许多鼓励，因为故事上半部所叙人事一切艰难挣扎，和我自己生活情况就极相似，至于下半部是否如书中顺利发展，就全看我自己如何了。"[42]

这些打动过湘西少年的林译小说对他将来踏上小说家之路产生的影响不言而喻。

钱锺书在无锡遇到林译小说还是少年时：

> 商务印书馆发行的那两小箱《林译小说丛书》是我十一二岁时的大发现，带领我进了一个新天地、一个在《水浒》、《西游记》、《聊斋志异》以外另辟的世界。我事先也看过梁启超译的《十五小豪杰》、周桂笙译的侦探小说等等，都觉得沉闷乏味。接触了林译，我才知道西洋小说会那么迷人。我把林译里哈葛德、欧文、司各特、迭更司的作品津津不厌地阅览。假如我当时学习英文有什么自己意识到的动机，其中之一就是有一天能够痛痛快快地读遍哈葛德以及旁人的探险小说。四十年前，在我故乡那个县城里，小孩子既无野兽电影可看，又无动物园可逛，只能见到"走江湖"的人耍猴儿把戏或者牵一头疥骆驼卖药。后来孩子们看野兽片、逛动物园所获得的娱乐，我只能向冒险小说里去追寻。[43]

杨宪益小时候家里有一整套父亲留下的《说部丛书》，他在上中学前，就非常喜欢看林译的各种欧美文艺作品，包括英国斯威夫特、狄更斯、哈葛德、笛福和美国欧文等人的作品。他大半生做翻译工作，和少年时遇到这些书有关。[44]

在他的译作中，古文中没有的"东人新名词"，我们今天熟悉常用的如"普通"、"程度"、"热度"、"幸福"、"社会"、"个人""团体"、"脑筋"、"脑球"、"反动之力"、"梦境甜蜜"、"活泼之精神"等应有尽有了。另外如欧化的"密司脱"、"安琪儿"、"苦力"、"俱乐部"等词汇也出现了。[45]

"译才并世属严林"，这是康有为的评价。严是严复，林是林纾，这两人是福州老乡，而且住得很近。一个地方同时产生了两大翻译家，一个翻译学术著作，一个翻译小说。严复译的《天演论》最初不在商务印书馆出版，但影响最大的是 1905 年商务出的铅印本，到 1927 年一共印了 24 次，此前《天演论》已出过木刻本和石印本，十多年间有 30 多个不同版本。从 1903 年到 1912 年，严复翻译的 8 部西方学术名著在商务馆出齐，其中包括孟德斯鸠的《论法的精神》（他译为《法意》），约翰·密尔的《论自由》（他译为《群己权界论》）。他把逻辑学译为"名学"，"社会学"译为"群学"，经济学译为"计学"，皆自出心裁。他与商务馆关系紧密，不仅把书存在商务馆，连钱都存在商务馆（1919 年 4 月 3 日，张元济收到严复来信，要他在存款内拨付三千元）。严复故后，还有 3329 册中文书，841 册西文书寄存在商务馆的东方图书馆。

任鸿隽 1904 年到重庆府中学堂，伦理科的课本用的就是严译《群己权界论》，"可称新颖"。[46]

萧克将军在故乡湖南嘉禾读简习师范时，严译《名学浅说》是他们的辅导读物。1949 年他随军南下，在衡阳的旧书摊看到宣统年间印的《名学浅说》，和当年在学校读的一模一样，十分高兴地买下来，觉得常读常新，一直保存着此书。[47]

在严译名著中，《天演论》的影响最大。鲁迅在南京矿路学堂、胡适在上海澄衷学堂，都读过此书。青年鲁迅以 500 文买了一部《天演论》，"哦，原来世界上竟还有一个赫胥黎坐在书房里那么想，而且想得那么新鲜？一口气读下去……"[48]

胡适说：

"天演""物竞""淘汰""天择"等等术语，都渐渐成了报纸文章的熟语，渐渐成了一班爱国志士的"口头禅"。还有许多人爱用这种名词做自己或儿女的名字。陈炯明不是号竞存吗？我有两个同学，一个叫孙竞存，一个叫杨天择。我自己的名字也是这种风气底下的纪念品。我在学堂里的名字是胡洪骍。有一天的早晨，我请我二哥代我想一个表字，二哥一面洗脸，一面说："就用'物竞天择，适者生存'的'适'字，好不好？"我很高兴，就用"适之"二字（二哥字绍之，三哥字振之）。后来我发表文字，偶然用"胡适"作笔名，直到考试留美官费时（1910）我才正式用"胡适"的名字。[49]

水利学家李仪祉在考入京师大学堂前在陕西读到《天演论》，非常钦仰，还模仿此书写了一部《权论》，"满纸都是《天演论》的话头"。[50]

《天演论》影响了包括毛泽东、邹韬奋、王芸生等在内的千千万万人，那时候完全没有受过《天演论》影响的学生几乎没有。

七、崭新的课程

1902年，京师大学堂复校后计划分为大学院、大学专门分科、大学预备科。专门分科有政治、文学、格致、农业、工艺、商务、医术，各科再分专业，格致分为天文、地质、高等算学、化学、物理、动植物。先成立的只有速成科仕学馆和速成科师范馆，这两个馆都是三年制。到1910年，分科大学才正式开办，包括经学科、文学科、格致科、农科、商科、工科。

大学堂的学生来自十八行省，在师范、预备两科历届毕业奖励的413名学生中，广东52人、浙江43人、江苏42人、直隶40人、湖南34人，新疆也有1人。

京师大学堂的立校之本虽是"中体西用"，但大致上模仿的是西方大学的课程设置，最初设立的25门课，专业课包括算学、格致、地理、政治、体操等必修课，还有高等算学、高等格致、高等地理、高等政治（含法律学）、农学、矿学、工程学、商学、兵学、卫生学等选修课，每个学生可在英、法、俄、德、日五个外语中任选一门。每一间教室的墙上挂着地图和表格、外语字母表，架子上放着物理化学实验的仪器。戊戌年开办之初还设有诗、书、易、礼四堂和春秋两堂。[51]

速成科仕学馆的课程有算学、博物学、物理学、外国文、舆地学、史学、掌故学、理财学、交涉学、法律学、政治学；师范馆的课程有伦理学、经学、教育学、习字、作文、算学、中外史学、中外舆地、博物学、物理学、化学、外国文学、图画、体操。[52]

王画初回忆："我是第一期学生，肄业共五年。……我们入大学后，外间蜚语，还认为不过是读经书，作策论，学学算术而已。其实大不然。在第一年已分习英、德、法、俄、日等文及普通科学了。第一类，文学、中文、外文；第二类，中外历史、地理；第三类，物理、化学、数学；第四类，动物、植物、矿物、生理、卫生、农学园艺，总名为博物科。以上除分类肄习外，通习科目则有教育学、心理学、辩学、哲学大纲。"

后来留学美国的邹树文回忆："有一天有人问我那时候读的是什么课程，即有人插嘴说，大概多是经典吧。其实我们所读的书，并不如此，现代科学是占最大成份的。全部课程，在所谓《奏定学堂章程》及《钦定学堂章程》两书内均有记载。我们最早一批开学时，章程还没有颁布……"[53]

1902年颁布的《钦定京师大学堂章程》，课程设计已是非常现代，比如"银行及保险学门"，主课有商业地理、商业历史、各国商法及比较、各国度量衡制度考、商业学、商业理财学、商业政策、银行业要义、保险业要义、银行论、货币论、欧洲货币考、外国语（英语必习，兼习俄法德日之一）、商业实事演习。补助课有国家财政学、全国土地民物统计学、各国产业史。政治学门的主课有政治总义、大清会典要义、中国古今历代法制考、东西各国法制比较、全国人民财用学、国家财政学、各国理财史、各国理财学术史、全国土地民物统计学、各国行政机关学、警察监狱学、教育学、交涉法、各国近世外交史、各国海陆军政学。补助课有各国政治史、法律原理学、各国宪法民法商法刑法、各国刑法总论。法律学门的科目有不少和政治学相同。

这年十一月初一，中国驻美大使收集了美国各学堂授课章程、课程全例13份，包括哥伦比亚大学、耶鲁大学和宾夕法尼亚大学等，邮寄给京师大学堂参考。

从1903年到1904年，京师大学堂译书局购买的西国书籍报销清册，除了订购各学科的教科书以外，还有洛克的《知识论》、休谟的《人性论》，以及黑格尔、斯宾塞、达尔文、培根、柏拉图、亚里士多德等人的著作。

1904年，陕西选送的考生李协（李仪祉）到京师大学堂参加复试，连考三天，有英文、算学、历史、地理、国文、物理、化学，还有历史，他还记得一道题是"维也纳会议是哪一年"。他考取了，不愿分在师范馆，最后改到预科德文班，1909年毕业后留学德国专攻水利。他自述这几年间所学的有德文、物理、化学、定量分析、地质、矿物、岩石、几何、代数、解析几何、微积分、图画、英文等。[54]

自大学堂重新开办，中外教习分门授课，编撰讲义，比如副总教习张鹤龄撰述的伦理学讲义，教习陈黼宸的中国史讲义，教习屠寄的史学科讲义，教习邹代钧的中国地理讲义，教习王舟瑶的经学科讲义，日本籍教习服部宇之吉的万国史讲义、心理学讲义和于荣三郎的经济学讲义，等等。蔡元培1906年曾在大学堂译学馆担任过教习，讲授国文和西洋史。

这些自编的讲义也受到重视，认为是"海内学术之楷模"，商务印书馆曾先后出版《京师大学堂讲义初编》《京师大学堂讲义二编》，内容包括伦理、经学、心理、中国史、万国史、中国地理、经济学、掌故学等。初编出版之后，"各学堂争相购取，奉为准则"，所以又出了二编。[55]

京师大学堂的运动会也曾是被攻击的对象，说不合体统。

1905年5月28日到29日，第一次开运动会，以张亨嘉总监督的名义提出，希望注意三点，一是不要把运动会当作服装展示会。二是希望人人参与，而不是少数人的竞技场。三、世界文明事业都是刚强体魄造成的，"非重体育不足以挽积弱而图自存"，开运动大会，"使学生等渐知尚武，渐能耐劳"。

运动会只开了2个上午，项目包括跳远、跳高、各种花样的竞走、掷球、掷槌、拉绳等等，比较简单。

第二年5月24日举行第二次运动会，"重体育而奖武事，为国民教育最重要之一端"。诏书中称，人人有振武之精神而自强可恃，朝廷有救弱图强的意思。

第三年5月6日举行了第三次运动会。京师大学堂的足球队也出现了。学生拖着长辫子踢足球也成了那个时代的风景。

王画初回忆，北大红楼那块地本是师范馆的大操场，每年春秋两季举行运动会，其他时间则是学生们踢足球的地方。

俞同奎记得，大学堂冬夏各给学生发一套操衣：

> 虽然每人仍拖一条猪尾巴，不过短衣窄袖，自愿亦以为有"赳赳武夫"气概，大可自豪。每天破晓，操场上就听见"向左转""向右看齐"各种口号。虽朔风凛冽，大部分学生倒也并不偷懒。记得有一次体操后接着要祭拜孔老夫子，职员们都衣冠齐整，翎顶辉煌，领导我们行礼。我们本该换衣服，但大家懒于这样作，就短衣一拥进去，参与典礼……又有一次集体到东城照像，约定排成队伍前往。那时候学生游行，尚不多见，这一列学生军经过东华门大街时，两旁铺户，都觉称奇，男妇老幼，一齐拥出来，观看热闹，一班顽固的满汉朝臣，亦即因此"谈虎色变"。[56]

邹树文回忆，1905年京师大学堂监督张亨嘉上任，师生皆朝衣朝冠，先向孔子神位行三跪九叩首礼，然后学生向监督三个大揖，行谒见礼。礼毕，他发表演讲，一共十四个字："诸生听训：诸生为国求学，努力自爱。"简短有力。

但是，旧的尾巴还拖着。《京师大学堂规条》第一条就是：

> 崇敬先师，于学堂正厅安逢至圣先师孔子牌位。春秋丁祭，管学大臣、教习要率学生要行三跪九叩礼，每月朔望行三跪九叩礼，开学之始行三跪九叩礼。

毕业礼节单可以看到——

学生先在万岁牌前行三跪九叩礼，再在孔圣人位前三跪九叩礼，再在学部大臣前一跪三叩礼，向监督、提调、教员一跪三叩……

开运动会的颂词也是："皇太后圣寿无疆，皇上圣寿无疆，京师大学堂长久。"

朝廷把大学堂的学生当候补官员来看，学生自己也这么看。本来光绪帝钦定的京师大学堂章程中没有仕学馆，孙家鼐提议有进士、举人功名的人来学习外国课程，他意识到"尽快为朝廷培养出起码表面上是受过西式教育的官员，目前已是当务之急"。

"当时人的心中，还是以科举的资格为标准。无论什么资格，他都要把它折合为科举的资格，心里才落实。……"上课时"请大人上课"，下课时"请大人回寓"，到处是听差的声音，体育课上也是"大人向左转"、"大人向右转"。学生每人住一间房，自修室2人一间，饭菜每桌7、8人，早上是面食和粥、中晚餐6菜一汤，冬天四菜一火锅，常有鸡鸭鱼肉。另外酱萝卜、红辣椒、小磨香油可随便取。但学生还是经常对饭菜不满而生事，《大公报》1903年4月21日就有《京师大学堂屡次因吃饭滋生事端》的报道。

冯友兰进入北大已是1915年，但一般人还习惯将北大称为"大学堂"。他说："前清的京师大学堂，创设虽未完备，但照奏定章程看，其地位之高，规模之大，实拟以为全国的唯一底最高学府。"[57]

1910 年 10 月 14 日，在资政院第一次常年会上，学部尚书唐景崇报告时说到京师大学堂：

> 第三项之大学惟京师、北洋两大学业已成立，然经营方始，规模未备，固不可过于简陋，亦不可稍近虚靡。其学生资格之未合者，教员学历之不足者，管理员之浮于事者，仍须切实淘汰。高等学生毕业无多，分科大学各门亦暂择要设立，无须遍设。教科程度之未能精美者，尤必加意改良，固已有之规则而整顿之，就已定之经费而节用之，不事铺张，力求实际，此京津两大学之办法也。[58]

八、开官智与开民智

《大公报》创刊不久，1902 年 7 月 13 日，就在头版报头下刊出《本馆特白》，举行有奖征文，提出的 11 个论题首先就是：开官智法、开民智法，其他有：和新旧两党论、和民教策、信教自由合群保国说、中学为体西学为用辩等。从 7 月 21 日起，到 10 月 1 日陆续发表 19 篇来稿，其中论开官智法的有 8 篇，论开民智法的有 3 篇。这是有奖征文的开始，也是中国公共媒体有史以来的创举，英敛之自称"中国日报绝无仅有者"。

无论开民智还是开官智，都离不开新闻、出版和教育，这正是一报一馆一大学的意义所在。这年年底，《大公报》论说栏刊登一篇读者来书《编戏曲以代演说论》，开头引用一位日本人的意见："天下开化之事有三：曰学堂，曰报馆，曰演说。"

自创刊以来，《大公报》对于辫子、服饰、小脚、科举、迷信都进行了抨击。1903 年 1 月 15 日，《大公报》又举办了一次征文，论题就是"剪辫易服说"。2 月 11 日再次登广告，将征文截止日期延长到 3 月 8 日，奖金也提高了，第一名由十元银子提高到十五元银子。3 月 15 日刊登第一名获得者朱志父的《剪辫易服说》，力主剪辫易服，认为剪辫易服与废弓矢、立学堂一样，都是因时制宜之举。希望从皇帝开始改西装，把剪辫易服和尚武精神、强健体魄联系在一起。《大公报》的按语称之为"新中国特别精神"，"唤二百余年来不醒之沉梦，呼数百万方里不返之国魂，释四百兆不放之民群，廷百十国不输之文化"。

第一次在公众媒体上要求剪辫易服，这在当时几乎是大逆不道的，但是朱志父竟得了此次征文第一名。1903 年 10 月 16 日，《大公报》报道，"江南之新学国民及留学生多剪去辫发，以为不如此，则形式上有缺点也。乃今年乡试而伊等又复假装辫发，依然入场考试。"那一年，正在日本留学的周树人（鲁迅）也剪掉了辫子，等他回国时买了一条假辫子装上去，回到绍兴教书，就被一些人叫做"假洋鬼子"。

1904 年 8 月 25 日，《大公报》发表质问文章，为什么还要保这条辫子呢？"如其无用，何不剪去？吾独怪当国者土地不能保存，利源不能保存，政权、财权皆不能保存，而独于此发辫，兢兢焉保存甚力，长留此笑柄于环球。"

《大公报》对裹小脚的批评也不遗余力。创刊第一天，英敛之即在"附件"一栏发表题为《戒缠足说》："中国女子吃亏处，实在不少，一时也说不尽……女人家吃苦不记苦的缠足……伤身体……操作不便……于生育受害不浅"。并将女子放足的具体办法写得很清楚："放脚的法子，先把裹脚布慢慢的放松，如多走多立，恐怕有肿胀的苦楚，只要用两条狭布，紧紧裹在踝骨上面，使他血气走得慢些，那肿胀的苦楚，自然可以免了。等到夜间睡时，两脚可以平放，就把裹脚布一概解散，也不要紧。"

1903 年，《大公报》专门举办了一次"妇女缠足之历史"征文。主笔刘孟扬还创立了一个"公益天足社"，劝女子不缠足。当年 3 月 31 日发表文章说："天津的妇女不缠足的风气开通多了，或有入天足会的，或有不入天足会也不缠足的，约略着算计，天津一处，总有三四百家。有这三四百家文明的种子，渐渐发生，不愁将来不会改过来，这也算是一件最可喜的事"。

英敛之说过一句话："我们报馆，自从出报以来，因为劝诫妇女缠足这件事，不知费了多少笔墨。"

京师大学堂重开之后，科举尚存，一到乡试、会试之日，学堂内就空空如也。

1903年3月7日《大公报》"时事要闻"栏报道，京师大学堂仕学馆的学生请假去参加会试的甚多，留在学堂的人数较少。

5月18日报道，学生参加会试中式之后，大学堂总办、提调等允许暂停各科学课程，让他们专心习写白折大卷。

6月22日的大学堂牌示称，师范、仕学两馆学生要参加乡试的到总教习处报名，报名者甚多，只有三种人不报，"一为自命为国民不愿去考者，一是对策论不了然而不敢去考者，一是停考之州县而不能去考者"，第一种恐怕稀有。

9月10日，《大公报》在"中外近事"报道，大学堂两馆学生纷纷去参加乡试，只剩下三十多人，"每日功课亦不认真，徒存大学堂外观而已。"禁不住叹息说，那些赴考的学生如果乡试得意似比学堂出身为优，他们恐不肯再回学堂等三年毕业，"科举误人岂浅显哉"。

10月24日，《大公报》发表《论科举》一文，对科举制进行了抨击："西国学校以教育为主义，无人不当教育，故无人不当入学……中国学校以科举为主义，故无志于公卿大夫者，虽不识一丁亦可；之有志于公卿大夫者，必取空而不实、缺而不全之书籍，伏案而诵之，学成而应试……呜呼，学之所以并荒，人心之日即于苟且。非科举之毒不至此。吾故深恶而痛而痛绝之，不愿我少年之再受其毒也。科举之与学校无并立之理。"

不到两年，科举真的退出了历史舞台。毫无疑问，废科举是大势所趋，《大公报》上的这些言论也起到了推波助澜的作用。

1904年3月26日到28日，《大公报》持续三天连载《开通民智的三要策》一文，提出小学教科书、官府对下等社会和中等社会的告示，全部改为白话。

同年 9 月 8 日，又以白话发表《有权位者请再看》：

"说是四万万人，到底能读书识字的，没有百分之一。就是有多半人读书，请问所学的有用处没有？能够强国保种不能？那愚民不用论了，单看那中过举人，点过翰林，作了大官的，多有不懂得什么叫地球，什么叫五洲，什么是国家，什么是宪政的。从前有个二品大员，问日本人说：到贵国里去，要坐火车，可以走几天？你说可笑不可笑。"

这是《大公报》以大白话提出的问题，此时离胡适提倡白话文还有十多年。

这些声音逐渐对官场产生了影响，1905 年 6 月 11 日，《大公报》报道说，有京官给某京堂上了一条陈，建议大小衙门的告示都改用白话。当年 12 月 16 日的报道说，北京工巡局的告示前一年已全改为白话。1906 年 2 月 3 日，北京外城巡警局发布告示，从这一年起告示一律改为白话。当时天津的电车出现不久，大人、孩子都很好奇，常常跟着电车跑，这样很危险，《大公报》在 1906 年 2 月、10 月曾多次报道，巡警局为此几次贴出白话告示，严禁这类行为，要家里的父兄管好自己的孩子。

1905 年 4 月 30 日，《大公报》报道，直隶学务处公开征求浅白文字的小学教科书。1906 年 3 月 26 日报道，御史杜彤奏请学部，把中国历史和各种时务编成白话教科书，给各省蒙小学堂使用。

1906 年 1 月 7 日，《大公报》刊登了一则天津官立学堂的白话招生启事："众位家里子弟，有愿意上学堂的，或八九岁，或十三四岁，念过几年书的，全都可以到我们学堂里报名……众位呀！快来报名罢！别太晚了才好呢？"

1907 年 3 月 2 日《大公报》报道，内务府到处张贴白话的招生广告。[59]

此前 1905 年 5 月 30 日，《大公报》刊登过一篇白话论说《天津也当设立阅报处》，以北京为例："你们看北京城，不多的日子，立了许多阅报处，这个方才创办，那个闻风兴起。……只怕没有开头儿的，有了开头儿的，就有仿办的了。"呼吁天津也仿照北京的办法，"多立阅报处，不但是入学堂的可以开通，学堂以外的人，也可以得开智的益处。"

同年6月12日，《大公报》又报道说，北京志士纷纷设立阅报处、讲报处，让"下等社会"更多的人有机会接触报纸。到1906年6月，北京已有26所阅报处。

提倡读报，开办学校，都是为了开启民智。

1904年7月14日，《大公报》发表的《学校与鬼神不能两立》认为，"庙宇跟学堂、香火跟教育，是万不能两立的。"9月4日，发表林翰的来稿《书日本学校总数表后》："日本以弹丸小国，称雄亚洲，岂有他术哉！不过视学校为性命，深知夫万种生机，皆由此出。合全国男女少壮之精神皆贯注于学界中耳。"

《大公报》倡导创办女学，希望女子也有机会进学堂。1904年5月20、21日，连载吕碧城《论提倡女学之宗旨》，主笔刘孟扬还专门写了一篇《书碧城女史论提倡女学之宗旨后》，当时吕不过是二十出头的姑娘，文章见识都让人刮目相看。6月18日，又发表吕碧城的《教育为立国之本》。1906年2月18日起，《大公报》分九次连载吕碧城的长文《兴女学议》，其中说："故以为今日女子之教育，必授以世界普通知识，使对于家不失为完全之个人，对于国不失为完全之国民而已。"

吕碧城深得英敛之赏识，聘她为《大公报》编辑，安排住在报馆。她与英夫妇相处密切，经常在英家吃饭，英敛之日记中不时提及。

九、惠兴殉学之后

从1904年6月26日开始，34岁的八旗女子惠兴（1870—1905）向社会各界募得三百元，当年9月在杭州旗营开办贞文女子学堂。新校舍10月落成，需要支付工钱，有些认捐者却赖账，还嘲笑她"好事"。她请求当地政府提供常年经费，并选择了死谏殉学。

1905年11月21日凌晨，她吞服大量鸦片自杀，被葬于西湖孤山脚下。

12月30日，《申报》率先报道了惠兴殉学的消息。1906年1月30日，《大公报》报道北京阅报处将为惠兴开追悼会。2月4日，《大公报》刊登《女追悼会》报道，《北京女报》的主持者张筠芗女生在陶然亭为她开追悼会。2月6日，又详细报道了北京淑范女学校为惠兴开追悼会，男宾在外院，女宾在内院，三次到惠兴灵位前行礼，男行三揖礼，女三鞠躬礼，并有四人发表演说，现场赠送的挽联很多，《大公报》上选登了一些，如：

救国爱群二百兆碌碌男儿空担万钧责任；
杀身流血三千年沉沉女界始放一线光明。

古来讲学有人从未见此等热心女子；
今竟舍身救国当唤醒那般冷血男儿。

3月14日，《大公报》刊登浙江武备学堂总办三多的来稿《记惠兴女史为学殉身事》，并配发评论认为惠兴在"财赋之区"的江浙一带因办学经费匮乏而关门，是一大悲哀，北京"某鞠部"也就是戏班为之感动，愿意捐资助学。"呜呼！学校成矣乎？曰成矣。学校成而女杰死。呜呼！女杰死矣乎？曰死矣。女杰死而学校兴，学校兴，女杰虽死犹生"。

北京玉成班班主、京戏名演员响九霄（田际云）和《北京女报》主笔张毓书发起成立"妇女匡学会"，将惠兴的事迹直接搬上舞台。一方面通过这个戏使惠兴的事迹广为人知，一方面为女学筹集经费。《大公报》3月6日报道说，戏将连演三夜，戏票只卖给女子，演出者除了小角色照例给钱，主要角色都是义演。

3月13日，《大公报》刊登"剧资兴学"广告："都下鞠部代表因浙杭惠兴女士之问题，大动感情，禀请官府，定于三月初五、初八、十二，计三日内，在湖广会馆演戏，所收戏价悉数汇寄杭州贞文女学校，以资经费。并于三月之二十日，在同兴堂宴请助善诸公便酌。"

4月1日、2日，由响九宵担任主角的《惠兴女士传》首次在福寿堂开演，每次先有演说员对观众演说。此后，又到广德楼上演。

4月3日，《大公报》发表《女学发达》："自惠兴女士一死，北京女学逐渐发达。如江亢虎所设之女学传习所，大公主之译艺女学堂，近者设妇女匡学会，虽优伶歌妓，亦动热诚，风气之开，进而愈上，不禁为我中国前途贺也。"

5月11日，《大公报》报道《惠兴女学捐款之踊跃》，盛京将军赵尔巽，单是其夫人就向妇女匡学会认捐了二百两。

5月30日报道，5月26日在《惠兴女士传》开戏前专门安排三位志士讲演，其中一人演说的题目即是"惠兴女士全传"，《大公报》称之为是"演说创举"。

6月4日报道"文明戏剧之感动力"，广德楼演出响九宵主演的《惠兴女士传》，正在观众鼓掌之时，忽闻哭声起于南楼之下。一时看戏的人都左右回顾，或高立在桌上。"哭声大号不止，警兵闻知，即前去劝解，方始停哭。细询原由，实因观剧触发感情之故。"有人说，"北京戏院二百余年，此乃感动之第一声也。"

6月11日报道，内务府传集京师各戏班名角，在颐和园演女子爱国和惠兴的新戏。慈禧太后就住在颐和园。

8月27日、9月13日，《大公报》以《新戏来津》《名优爱国》为题报道说，天津天仙茶园老板赵广顺专程到北京特邀响九宵等《惠兴女士传》原班角色到天津演出。从8月28日至29日，在天津连演两天，所得收入全部捐出，而戏院则将费用全部包了，不动用戏价分文。记者为此感慨："是不但名优爱国，即园主、班主之爱国亦可由此如见一般。"

直到1907年4月17日，响九宵还在北京富寿堂邀请京城大小名角，各城票友，从当天起义务演唱这个新戏三昼夜。三天共筹到五千多元，全部汇给杭州将军，转交惠兴女学堂。为了纪念惠兴，贞文女子学堂此时已改名为惠兴女学堂。

同年5月，杭州惠兴女学堂总理贵中权来到北京，响九宵在广德楼再演《惠兴女士全传》。5月11日，《大公报》报道，贵中权上台演说学堂的历史，对京师志士的热心再三表示感谢。[60]惠兴死了，惠兴女学堂复兴，就是今天杭州的惠兴中学。

十、"勉尽天职"

《大公报》创刊以来有关教育的言论和报道，无非是开启民智，再造文明。如果说，《大公报》是通过舆论，商务印书馆是通过教科书等出版物，那么京师大学堂则是通过学科设置、人才培养来再造文明。无论报纸、出版社还是大学，都是以往的旧文明没有的。新的文明，通过它们，其实已经慢慢生长出来了。

沈荩之死，《大公报》的报道最为详细。沈荩被视为中国新闻史上牺牲的第一个新闻记者。他得到《中俄密约》的内容，交给天津英文《新闻西报》提前揭露，各报多有转载。他于1903年7月17日被捕，31日遇害。从这个月21日起，《大公报》就在"时事要闻"栏透露了沈荩的消息，并追踪报道沈荩案的全过程。8月2日，还发表了沈荩的绝命诗四首，

> 今年三十有一岁，赢得浮名不值钱。
> 从此兴亡都不管，灵魂归去乐诸天。

这是最后一首绝命诗。

8月4日，《大公报》"时事要闻"报道，本来判沈荩斩立决，因为碰上光绪帝生日，"系万寿月，向不杀人，奉皇太后懿旨，改为立毙杖下。唯刑

部因不行杖，故此特造一大木板，而行杖之法又素不谙习，故打至二百余下，血肉飞裂，犹未至死，后不得已，始用绳紧系其颈，勒之而死"。

沈荩死得如此惨烈，这一则新闻也写得惊心动魄。8月22日的《大公报》报道，"西人闻之皆胆寒"。9月14日，《大公报》的报道更细致，"探闻政府自杖毙沈荩后，各国公使夫人觐见皇太后时，谈及沈之冤抑，皇太后亦颇有悔意。已面谕廷臣，会党要严拿，万不可株连良善，致离人心等语。近日政府十分和平，绝无不合公理之举。盖恐驻京各国公使啧有烦言也。"

9月16日，《大公报》又得到新消息，"刑部司官自杖毙沈荩后，托故告假者颇多，皆以杖毙之惨，不忍过其地。出而述其始末，照录于后，以补各报之缺。当杖毙时，先派壮差二名，打以八十大板，骨已如粉，始终未出一声。及至打毕，堂司均以为毙矣。不意，沈于阶下发声曰：'何以还不死速？用绳绞我。'堂司无法，如其言，两绞而死"。

除了沈荩之死，对于上海租界发生的"苏报案"，《大公报》既有报道，也有评论。1903年12月16日发表《苏报案之感情》说："妄倡杀人主义，不分良莠，不问善恶，皆在诛锄之列。……嗟乎！巍巍铜像，不铸反复之人，赫赫史书，谁称虚伪之辈！"这句话指向谁？就是"苏报案"两个当事人之一章太炎，另一个即《革命军》作者少年邹容。

因为章太炎被捕之后，在《狱中答新闻报》说："天命方新，来复不远，请看五十年后，铜像巍巍，立于云表者，为我为尔，坐以待之。"

英敛之是坚定的君主立宪主义者，不赞同革命，不赞同邹容和章太炎提倡杀满人的言论，也不仅因为自己是满人。《大公报》对于《苏报》的评论基本上是负面的。

1904年8月，彭翼仲在北京创办《京话日报》，受到《大公报》的推崇。

英、彭1903年就有交往，那时彭已办了《启蒙画报》。英敛之日记中记着他们之间的来往踪迹。1904年8月13日，《京话日报》问世前夕，《大公报》就连续刊出广告《请看〈京话日报〉》："本报为输进文明、改良风俗，以开通社会多数人之智识为宗旨。故通幅概用京话，以浅显之笔，达朴实之理，纪紧要之事务，令雅俗共赏，妇稚咸宜……"

《京话日报》问世后，8月14日的《大公报》又在"中外近事"栏登出消息"《京话日报》已于初一日出版，专人遍赴各城分送，三日之内概不取价，寻常零售每张当十钱三文，积至一月，并可汇订成册，以便邮寄外埠"。

《京话日报》因营业困难，1905年彭翼仲要变卖家产来维持。2月9日《大公报》转发彭翼仲的告白，陈述自己为开通北方民智，苦心筹划，创办报纸，只因经营艰难，财力不济，想要变卖私产来维持。"创办之初心早置身家于不顾，苟益公众，倾家荡产，万死不辞。"他要将他的私产北京骡马市粉坊琉璃街住房一所，计瓦房楼屋三十八间，"情愿变卖充作报馆、学堂经费"。

1906年9月29日，彭翼仲因言获罪，《京话日报》被封，《大公报》一直追踪报道。1907年4月19日，刊登《彭翼仲起解》的消息：

"《京话日报》之彭翼仲，前经法部奏拟，发往新疆监禁十年。业经旨依议于本月初四日出法部，暂在大佛寺内小住。于初五晨，由陆军部签发火票，起解出彰仪门住良乡县署，其家族于十日午车前往送行。"

11月26日，英敛之在《大公报》上发表文章说："北京报界之享大名者，要推《京话日报》为第一"。

到1909年，《大公报》上还有彭翼仲和《京话日报》的消息，2月3日发表了《禀请开释彭翼仲》一文，为彭请命。

那个时候办报也是个高风险的行业。

1907年6月17日，显赫一时的军机大臣瞿鸿禨以"暗结报馆，授意言官和阴结外援，分部党羽"的罪名遭到罢黜，汪康年的《京报》受到牵连。

汪康年和蔡元培、张元济同为1892年的进士，1896年8月和梁启超一起在上海创办《时务报》，他为经理，梁为主笔，一纸风行，最高发行量达到一万七千份，成为戊戌变法前影响最大的言论载体。

1907年8月26日，清廷民政部责令不久前在北京创办的《京报》"停止出版"。停刊令京城外城巡警总厅已于前一天下达。两天后，《大公报》于28日以《纪停刊京报》为题作了报道，并加按语说：

"该报自出版以来，多就事实著论，不为张大其词，颇称日报体裁。乃刊行未久，遽予停止。个中原因，本报虽无从摸索，然今日报界，为人所大好之者，即为官场大恶之；为人所小好之者，亦即为官场小恶之，是其比例也。"

次日，《大公报》又发出闲评，称许《京报》"有傲骨，无媚舌，难乎免宁今之世矣。呜呼，悠悠苍天，茫茫前路，吾不能无兔死之悲！"

9月18日，《大公报》再次发表《论京师封禁报馆》，直斥为"倒行逆施之举"。

各地的报馆被封，《大公报》几乎都有报道或评论，1909年9月15日，北京封闭《北京国报》和《大同日报》，17日，《大公报》连续在"要闻"、"闲评"、"言论"等不同栏目发表《呜呼北京之报界》《怪哉一日而封两报馆》《哀哉今日之报界！》等文，从题目即可看出其立场。

同年，上海当局封了革命党人于右任主办的《民吁日报》，11月23日，《大公报》发表闲评说："去《民呼》封禁时，为时不过两月余。夫呼之为言，曰大声疾呼，其扰人清睡，封之犹可言也。至于吁，吁嘘喘息而已。哀哉，吾民吁亦不准吁耶！"

《大公报》也曾遭到"禁阅"，报纸出不了租界，等于是封杀。时在1905年8月。

是年5月21日，《大公报》在"时事要闻"栏以《外部连接要电》为题，报道了上海、广东、美国等地中国商民千余人，接连致电清廷外务部，提出"华工禁约一事所关者大，万不可轻易画押"。5月23日又登载上海商会发起抵制美货的通电。

《大公报》对于北京、上海等地抵制美货运动做了详细报道，从6月15日起专辟"抵制美约要闻"栏，到8月20日连续发表《论益闻西报之华工禁约观》《本报记者与益闻西报书》《各人全要发起爱国的热心》《檀香山华人被虐惨状记》《抵制美约与中美国交之关系》等文。

6月18日刊登《北京译学馆同学传单》，7月11、12日，又连续刊登了京师大学堂学生印发的《北京学界同志敬告全国学生文》，呼吁学生：

> 一、当明对乎一己之责任以实行抵制法；二、当明对乎国家之责任以实行抵制法；三、当明社会之责任以实行抵制法。

直到1906年1月16日，《大公报》还刊出了《京师大学堂之谕令》，"谕令各生潜心肄业，勿再干预此事"。这一谕令就是针对抵制美约运动，不许学生参与。京师大学堂和《大公报》成为这次抵制美货运动的重镇。

1905年7月2日，英敛之从日本回国，他不在天津期间，报馆由比他年轻十岁的主笔刘孟扬（1877—1943）主持。8月16日，直隶总督袁世凯下令禁阅《大公报》，由巡警总局与府、县会衔张贴告示：

> 照得近来《大公报》所登，类多有碍邦交，妨害和平，合行禁阅，以本月十七日为限。仰我津埠士商军民人等一体遵照，违必究罚不贷，切切特示。

第二天，《大公报》在刊登这一告示同时，在头版头条位置刊出英敛之、刘孟扬联名的《大公报总理主笔启事》，还加了花边：

> 抵制美约一事，倡于上海，各省风应，凡华字报纸无一无之，敝报当仁岂能独让？故随诸君子后，亦尽国民一分之天职。诚以此举关系中国前途者既远且大也。今不幸敝报独触当道之怒，严禁士人购阅，不准邮局寄递，为不封之封……

同一天，《大公报》发表论说《说官》，把官骂得狗血淋头。文章认为国家立宪维新，就要"拔凶邪，登俊良"，"洗涤刮磨"那些当权的大官，否则就"永无改革之望"，"永无起死回生之一日"。

《大公报》连续刊登大字告白，发表论说。8月19日在报头边上用花边围着"一息尚存此，志不容少懈"十个字。同一天发表英敛之执笔的白话文《一息尚存，勉尽天职》：

"……我们大公报担的责任很大，开民智、正风俗、维国政、保国权，全是我们应尽的天职，若是因为一番挫折，就气愤停止，把偌大的责任丢下不管了，未免辜负了四万万同胞。……凡是力之所能尽，我们总要对得住国民，至于究竟成败如何，我们绝不管他。……若是实在《大公报》不能生存于世界上了，要教千百年后的人提起来，说当初《大公报》为国民尽力不成而死，我们《大公报》为国民殉了难，也算死得值。"

袁世凯下令禁阅《大公报》，也就是不许在法租界之外发行，他的权力进不了法租界，就在法租界外面禁阅。但是《大公报》奋起反抗，天天在报纸上发文章，在报头发通告，反抗袁世凯的禁阅令。一家报纸敢于对抗直隶总督，赢得了社会的高度尊敬。《大公报》名声鹊起，成为晚清中国北方报纸的第一重镇。可以说这一仗《大公报》打赢了。

"犹忆乙巳（1905年）之秋被禁之时期，而售报转增，其多数置之死地而后生，天下事大抵然欤。固知文字之生命坚逾金石，虽万劫千魔、酷暑毒疠，而不能损害其丝毫者也。当飞沙昼冥，怒涛山立，正不知危险奚似，犹有风静潮平，安致今此之一日！"相隔数年，1908年1月21日，《大公报》还在《本报二千号征文广告》中这样说。

不幸的是主笔刘孟扬被天津南段巡警总局总办赵秉钧下令逮捕，先是关押在天津营务处，接着被袁世凯委任为天津南段巡警总局值日所课长。刘孟扬就此离开《大公报》，告别新闻界。

注：

1、孟悦《商务印书馆创办人与上海近代印刷文化的社会构成》，《学人》第九辑，江苏文艺出版社1996年，372、367、368、371页。

2、包天笑《钏影楼回忆录》，山西古籍出版社、山西教育出版社 1999 年，297—301 页。

3、孟悦《商务印书馆创办人与上海近代印刷文化的社会构成》，《学人》第九辑，374 页。

4、李家驹《商务印书馆与近代知识文化的传播》，香港中文大学出版社 2007 年，18 页。

5、谢菊曾《十里洋场的侧影》，花城出版社 1983 年，第 138 页。

6、周越然《书与回忆》，辽宁教育出版社 1996 年，255 页。

7、1917 年 12 月 17 日，范源濂在北大校庆的演讲。

8、转引自肖东发、李云、沈弘主编《风骨：从京师大学堂到老北大》，北京图书馆出版社 2003 年，11 页。

9、陈平原《老北大的故事》，江苏文艺出版社 1998 年，45 页。

10、转引自庄吉发《京师大学堂》，国立台湾大学文学院 1970 年，19、21 页。

11、转引自余音《孙家鼐创办京师大学堂风云》，人民出版社 2008 年，253 页。

12、北京大学校史研究室编《北京大学史料》第一卷 1898—1911,209—245 页。

13、【美】丁韪良著，沈弘译《中国觉醒》，世界图书出版公司 2010 年，160、161 页。

14、转引自陈平原《老北大的故事》，118 页。

15、【美】魏定熙著、金安平、张毅译《北京大学与中国政治文化（1898—1920）》，北京大学出版社 1998 年，17 页。

16、方豪编录《英敛之先生日记遗稿》，影印手稿本。

17、王芸生、曹谷冰《英敛之时代的旧大公报》，中国人民政治协商会议全国委员会文史资料研究委员会编《文史资料选辑》合订本第三册，中国文史出版社，39 页；《大公报最初十年——记张琴南先生讲演》，《大公园地》复刊第 25 期，1949 年 1 月 26 日，2-3 页。

18、洪芳《大公报与中国近代高等教育》，福建教育出版社 2013 年，118 页。

19、杨亮功《早期三十年的教学生活·五四》，黄山书社 2008 年，10—11 页。

20、参考洪芳《大公报与中国近代高等教育》，56、100 页。

21、陈平原、夏晓虹编《北大旧事》，生活·读书·新知三联书店 1998 年，19 页；王世儒、闻笛编《我与北大——"老北大"话北大》，北京大学出版社 1998 年，14 页。

22、俞同奎《四十六年前我考进母校的经验》，《我与北大——"老北大"话北大》，10 页。

23、俞同奎《四十六年前我考进母校的经验》，《我与北大——"老北大"话北大》，10 页。

24、《光绪朝东华录》，转引自郝平《北京大学创办史实考源》，北京大学出版社 2008 年第二版，271 页。

25、《光绪朝东华录》，转引自郝平《北京大学创办史实考源》，271—272 页。

26、《张元济书札》中册，商务印书馆 1981 年，676-677 页。

27、孟悦《商务印书馆创办人与上海近代印刷文化的社会构成》，《学人》第 9 辑，357—379 页。

28、张人凤《智民之师·张元济》，山东画报出版社 1998 年，52 页。

29、转引自《追念先贤张元济先生》，海盐县政协文史资料委员会、张元济图书馆编《出版大家张元济——张元济研究论文集》，学林出版社 2006 年，52 页。

30、汪家熔校注《蒋维乔日记 1896—1914》，商务印书馆 2019 年，123、133 页；参考汪家熔《民族魂——教科书变迁》，商务印书馆2008年，68—75页。

31、温州博物馆编《宋恕师友手札》下册，浙江摄影出版社2011年，75、322页。

32、《商务印书馆与新教育年谱》下册，《王云五文集》五，江西教育出版社2011年，830页。

33、汪家熔《大变动时代的建设者》，四川人民出版社1985年，89页。

34、冰心《我和商务印书馆》，《商务印书馆九十年》，商务印书馆1987年，312页。

35、萨孟武《学生时代》，广西师范大学出版社2005年，17页。

36、贺麟《漫谈我和商务印书馆的关系》，《商务印书馆九十年》，商务印书馆1987年，331、332页。

37、《张元济书札》中册，654页。

38、汪家熔《商务印书馆及其他——汪家熔出版史研究文集》，中国书籍出版社1998年，95页。

39、张道藩《酸甜苦辣的回味》，传记文学杂志社1968年，5页。

40、汪家熔《商务印书馆及其他——汪家熔出版史研究文集》，340页。

41、胡宗刚撰《胡先骕先生年谱长编》，江西教育出版社2008年，24—25页。

42、《芷江县的熊公馆》，沈从文《凤凰往事》，江苏人民出版社2015年版，139页。

43、钱锺书《林纾的翻译》，《七级集》，上海古籍出版社1985年，70页。

44、杨宪益《去日苦多》，北方文艺出版社2015年，290—291、46—47页。

45、钱锺书《林纾的翻译》，《七级集》，82页。

46、任鸿隽《前尘琐记——叔永廿五岁以前的生活史片段》，张朋园等《任以都先生访问纪录》附录，中央研究院近代史研究所1993年，142页。

47、萧克《商务印书馆印象记》，《商务印书馆一百年》，商务印书馆1998年，73—74页。

48、鲁迅《琐记》，《鲁迅全集》第二卷，人民文学出版社1981年，296页。

49、胡适《四十自述》，《胡适文集》1，北京大学出版社1998年，70—71页。

50、《李仪祉全集》，中华丛书委员会1956年印行，775页

51、余音《孙家鼐创办京师大学堂风云》，249页

52、庄吉发《京师大学堂》影印本，47—50页。

53、《北京大学最早期的回忆》，《我与北大》29—30页。

54、李仪祉《自传》，《李仪祉全集》，782、787页。

55、周振鹤编《晚清营业书目》，上海书店出版社2005年，247-248页。

56、俞同奎《四十六年前我考进母校的经验》，陈平原、夏晓红编《北大旧事》，生活·读书·新知三联书店1998年，25—26页。

57、冯友兰《北大的历史只四十年吗？》，《国立北京大学四十年纪念文录》，王学珍、郭建荣主编《北京大学史料》第三卷1937—1945，北京大学出版社2000年，482页。

58、李启成点校《资政院议场会议速记录》，上海三联书店2011年，25页。

59、参考李孝悌《清末的下层社会启蒙运动》，中央研究院近代史研究所1992年，31—42页。

60、参考史媛媛《大公报的创始时期》，《大公报百年史》，中国人民大学出版社2004年，63-64页。

《大公报》创刊号报头

商务印书馆创始人夏瑞芳和鲍咸恩（右）、鲍咸昌（左）、高凤池（下）

西文总教习丁韪良与京师大学堂师生

京师大学堂学生足球队

丁韪良、戴德生（右坐者）与杨格非（中站者）。丁韪良曾任京师同文馆和京师大学堂总教习，1898年在戴德生家中

张元济

英敛之

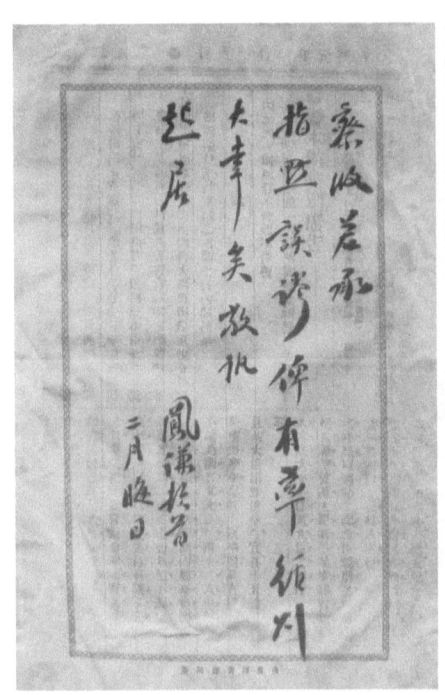

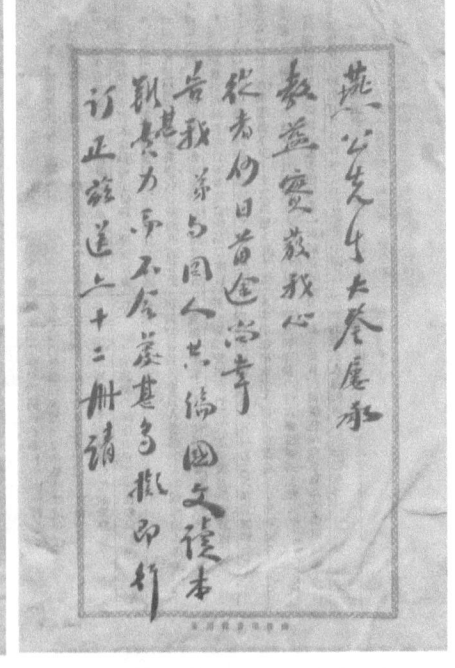

高凤谦就《最新国文教科书》致宋恕的信

第二篇

立宪

1903—1911

一、立宪救国

1903 年 8 月 18 日，《大公报》为庆贺光绪皇帝生日，在报头显赫位置刊登祝词："恭贺大清国大皇帝万寿圣节：一人有庆，万寿无疆；宪法早立，国祚绵长。本馆敬祝。"这一天，是光绪帝三十二岁生日的第五天。

这也是中国历史上第一次在公众媒体公开喊出"宪法早立"的口号，也可以看作是中国立宪运动的滥觞之一。

同一天，《大公报》发表《本日庆贺万寿之感情》一文，说得很明白："我中国之政体不改良则已，欲改良惟有立宪。"

将近四个月前，4 月 24 日，《大公报》发表的《论内乱外患有相因之势》说："图治之根原，首在立宪法，予民权。如此则上下相安，君民一德，联合大群以防外患之来，则中国之前途或犹可补救于万一。"已经非常明确地提出了"立宪法，予民权"。中国向来只知有皇权、国权，最缺的就是民权。

此时下距预备立宪诏书的颁发还有三年半。

英敛之与翻译家、启蒙思想家严复（1854—1921）有来往，《大公报》创办之初就得到了严复的支持。早在 1902 年 6 月，也就是创刊当月，从 26 日到 28 日，《大公报》就分三天连载了严复的长文《主客平议》，新、旧二客讨论立宪与革命的话题，旧者对所谓自由、平等、民权等不屑一顾，新者则说："使天而犹眷中国乎，则立宪与革命，二者必居一焉。立宪，处其顺而易者也；革命，为其逆而难者也。""大公主人"起而"解两家之难"曰："……夫自由、平等、民主、人权、立宪、革命诸义，为吾国六经历史之不言，固也。然即以其不言，见古人论治之所短。今使其人目略识旁行之文，足稍涉欧美之地，则闻闻见见将无所遇而不然……"

自由、平等、民主，人权、立宪、革命，这都是六经中所没有的，但只要对西方有一点点了解，就知道这些都是绕不过去的。这是《大公报》最早讨论"立宪"的文字。严复此文广受关注，海内外索要报纸的人很多，而《大公报》所存无多，1904 年 4 月 4 日起，又将全文连载了五天。

正是由《大公报》等媒体率先喊出了"立宪"口号，也可以说英敛之这些人推动了立宪。立宪——能迅速成为时代的中心议题，跟《大公报》这些媒体有着相当密切的关系，正是他们呼唤了立宪的到来。

像英敛之这样的人，在经历戊戌变法前后一系列大变局之后，开始意识到这个庞大的帝国必须要立宪。他并不想放弃帝国，那个时代主流社会的精英，很少有人想过抛弃帝国，包括张元济、英敛之、张謇、汤寿潜这些人，包括京师大学堂的师生们，当然还有流亡海外的康有为、梁启超他们。他们在二十世纪初渐渐都把目光转向了君主立宪。这在戊戌时代也是难以想象的。

1903 年 10 月 8 日，《大公报》发表《说公》一文说："故居今日而图改良中国之政体，以求化其私而合乎公，则惟有立宪乎？盖宪法一立，则有所范围，共相遵守，君不得自私而朝廷公，官不得自私而政府公……"那时，包括英敛之在内的部分中国人对宪法有一种近乎迷信的崇拜，以为宪法一立，天下大吉，不知道即使有了宪法，照样也可以无宪政。宪法只是写在纸上的空文，而无法变成公共生活中的常态，化为一种宪政。

11 月 3 日，《大公报》又发表一篇更清楚的论述——《论立宪之要素》，强调宪法的重要性，比较俄国、土耳其与日本、德国，证明国家盛衰的关键，取决于立宪。

到 1904 年 6 月 20、21 日，《大公报》连载《中国立宪之要义》一文，强调宪法和议院是立宪最根本的两个方面，"中国不立宪则已，如立宪，必宜取君主立宪国之宪法，参观而仿效之。"此文发表不久，7 月 8 日在上海出版的《东方杂志》第一卷第五号就全文转载，同一期《东方杂志》还刊登了一篇时评《奏请立宪之风说》。一报一刊，南北呼应。

1903年12月，商务印书馆在与金港堂合资后，也就是中日合资后第一次编译会议上，夏瑞芳提议创办一个杂志，与社会各界通气，决定叫做《东亚杂志》，张元济附议。因当时德国领事馆办了一个德语的《东亚杂志》，为避免同名，改称《东方杂志》。1904年3月11日，《东方杂志》在上海问世，立宪渐渐成为它最重要的一个主题，经常刊登这方面的文章，有些是从《中外日报》《南方报》《大公报》等报纸上摘录的，也有在杂志的"社说"栏首发的。

从1904年5月8日到6月19日，在南通办厂的状元张謇为两江总督魏光焘、湖广总督张之洞起草了一份立宪奏稿，曾十易其稿。7月20日《大公报》以《张季直代拟立宪奏稿》为题做了报道，"大意谓日俄之战，其结局无论谁胜谁败，我中国必有大变动，如火之及屋，恐不易救，欲预防之，必宜急为变法，而变法之要着即首宜立宪云云，并为之详陈立宪之利益，所言极为恳切"。就在一个月前（6月20日），《大公报》发表的《论中国立宪之要义》指出："今日中国政府将现出一新问题，其机已动，其端已见，盖立宪之问题是也。夫文明之国，无不制定宪法，以维持于君民上下之间。议院宜先设也，宜设上下两议院。"此文列举了英国、日本的宪法，还专门提及张謇的《变法平议》一文。

9月22日，《大公报》发表《敬告政府诸公》指出，"今日之时局为中国之生死之关头，存亡之分界，急改革或可生存，不改革，则必死必亡，失此时机，后悔无及"，而救亡之道第一着，就是"宣布天下，改为立宪政体"。

10月8日，《大公报》发表《论惟立宪而后有教育》，指出"教育之道，基于合群。专制无群，故专制无教育。"

10月10日，《大公报》转载了上海《时报》发表的论说《立宪平议》，编者按说，"本报素主持立宪，曾屡著论以发明之，今见《时报》登《立宪平议》一篇，喜其与本报宗旨相合，且足与本报昨日所登《惟立宪而后有教育》一论相表里，故录之。"

10月14日又发表一篇论说《惟立宪而后可以救中国》，奉劝当权者，"果有爱国之心，但能赞成立宪即为实行其爱国之道。"

立宪渐渐成了《大公报》议论的重心，也成了商务印书馆新书出版的重点。

二、一千号有奖征文

从1897年到1904年，商务印书馆一共只出了134种书，其中80种是社会科学和历史地理方面的，占82.6%，没有出过一本跟宗教、美术、基础科学有关的书，而直接与政治学、宪政、政体、政党、地方自治、法律有关的就有17种，表现出对立宪、议会的浓厚兴趣。

1903年出版的一套"帝国丛书"译本，就包括了《各国宪法略》《各国国民公私权考》，都是从日本翻译过来的。

同一年又推出一套"政学丛书"，都是日本学者的著作，包括菊池学而的《宪政论》，宸巳小二郎的《万国宪法比较》《日本明治法制史》，石塚刚毅的《地方自治财政论》，还有《议会政党论》、上野贞洁《欧美政体通览》等。

这一时期商务印书馆的出版物，与宪政相关的显得非常突出。从1904年起，他们开始出版严复翻译的《法意》，直到1909年出版第七册才算完成。这是法国思想家孟德斯鸠的名著，现在译为《论法的精神》，其实不如"法意"简洁。

1905年，商务印书馆出版伊藤博文的《日本宪法义解》。1907年3月，又出版了四百万字的《新译日本法规大全》，分装八十册。另有《解字》一册。考虑到那个时候的出版条件，出这么一套大部头的书是要下大决心的。

1901年，张元济还没加入商务印书馆之前，在南洋公学译书院就已着手组织翻译，因工程浩大，经费跟不上，最后译书院也被裁撤了。1904年，盛宣怀提议由商务印书馆来完成，投入了万元巨资，得到高梦旦支持，聘请十多个翻译者，由刘子楷具体主事，经过三年，在1906年清廷宣布预备立宪前夕终于校改完成。半年后这套书印刷出版，正好赶上了一个好时机。张元济在序言中不无欣喜地说："迨去年七月预备立宪诏下而全书亦同时告成，夫以四百万言之钜册，值此法学句萌、译才寥寂之际，而又有无数人事为之障碍，宜若必不能成，而卒能有成，且成于诏行立宪之日，足以备邦人研究宪政之助，此亦元济建议之日所念不到此者也。"这套书仍署名"南洋公学译书院译"，军机大臣瞿鸿禨题写了书名，王公大臣载泽、戴鸿慈、沈家本、袁世凯、端方、盛宣怀和日本的大隈重信等人都写了序。

此书涵盖日本宪法、议会法、民法、商法、刑法、民事诉讼法、官制、外交、地方制度、土地、水利、警察、新闻、出版、监狱、卫生、宗教、财政、军事、教育、矿业、运输等方方面面的法律法规，可以系统地了解日本明治维新以后的整个法律体系，对中国有参考价值。1905年，这套书还没有完成之前，各地学者就纷纷写信来问什么时候才能出版。出版半年以内，这套书预约和门售就有3000多套，这个销量是巨大的。蒋维乔说，"国中自官署以至公共机关，几于每处订购一部，销数之多，亚于教科书。在今日视之，此书已同土苴，而时乃不啻馈贫之粮也。"[1]

可以说，在清廷下诏之前，以商务印书馆为代表的出版界已静悄悄地为立宪做准备，而且做了多年的准备。

《东方杂志》则和《大公报》等报刊一起在舆论上为立宪鼓与呼。

1905年4月13日，《大公报》出满一千号，于3月24日发起有奖征文，征文主题是"预盼中国亟应改为立宪政体"，一共出了八个题目：

中国不亡是无天理中国若亡是无地理、振兴中国何者为当务之急、日俄战后为中国所受之影响、中俄内政之比较、中国宜划一兵制说、中国重兴海军当以何处为根据地、清宦途策、筹款不病民策。

在得到一等奖的三篇征文当中，有两篇论振兴中国何者为当务之急，都主张立宪，4月13日刊登。笔名"效灵"的获奖者说："世界之政体有三大别……然则君主立宪者，政体之完全无缺者也。"痛陈立宪与不立宪的安危利害。另一位笔名"史彬"的获奖者说："宪法实国家之精神，而治平之模范也。居今日而欲振兴中国，采五大洲之良规，剔四千年之积弊，贫一变而为富，弱一变而为强；虽其必以君主之国而行立宪之法，最为当务之急。"另外一些获二等奖的文章也是提倡立宪，4月21日发表何瑞堂的《振兴中国何者为当务之急》，指出："暗无天日，未有如专制之烈者。若辈不去，而思变法以强国，是豺狼当道而问狐狸也。总之，振兴中国，变专制为立宪，实为当务之急焉。"4月27日刊登大悲的《振兴中国何者为当务之急》看法不同，"救亡之道必先保我生机"，因此，"实业及教育为今日最急之务"。编辑在按语中虽表示赞成，但认为，"政体不改善，根本不坚，教育、实业虽兴，其如上下之隔阂如故、官场沓泄如故何！"

同年12月21日，《东方杂志》第二卷第十一号发表《立宪私议》和《中国未立宪以前当以法律遍教国民论》，1906年1月19日出版的第二卷第十二号又发表《论立宪与教育之关系》。这些都是《东方杂志》首发的评论，标明"本社撰稿"。

《论立宪与教育之关系》一文认为，应以教育、演说与戏曲来告诉人民什么是立宪，除了普及小学以外，另外设立无数补习学校，凡是年长失学及农工商贾中识字明理的人都进去学习，尤其要设法启导他们法律的思想，三四年之后毕业，对立宪之事就有了基本认识。对于其他社会底层不识字的人则通过演说和改良戏剧的办法灌输。

《中国未立宪以前当以法律遍教国民论》对于立宪的前途表示乐观："今日立宪之声，洋洋遍全国矣，上自勋戚大臣，下逮校舍学子，靡不曰立宪立宪，一唱百和，异口同声。"

1906年1月，《东方杂志》第二卷第十二号转载了《中外日报》首发的

《论国家于未立宪以前有可以行必宜行之要政》，《南方报》首发的《论立宪当以地方自治为基础》等文。在后一文中有一句话："昔者维新二字，为中国士夫之口头禅；今者立宪二字，又为中国士夫之口头禅"。

《东方杂志》已进入第三年，4月18日出版的第三卷第三号发表社说《论立宪当有预备》，认为自治是人们应有的权利，不须政府赐予，即可先实行起来，以培植政治上的经验。此时朝廷预备立宪的诏书还没有下达。等这年10月12日出版第三卷第九号，已是诏书下达一个多月后，这一期的社说《论立宪预备之最要》认为，立宪最急的是改革官制和强迫教育，"根本之根本"就是废除宦官和满汉融合。朝廷当时就是想从改革官制入手。

三、三权鼎立论

1906年9月1日，清廷下达仿行立宪的上谕："仿行宪政，大权统于朝廷，庶政公诸舆论，以立国家万年有道之基。但目前规制未备，民智未开，若操切从事，涂饰空文，何以对国民而昭大信。"

四天后，也就是9月5日，商务印书馆北京分馆、公慎书局、江西学堂，还有一些报馆、阅报社，纷纷高悬国旗庆贺。《大公报》报道，此前慈禧太后曾召见直隶总督袁世凯，历时颇久，说到："内乱外患，日急一日，究竟如何是好？有说立宪即可安静，有说立宪必有大乱，竟无法可施！"说到这儿，慈禧竟至下泪。袁跪奏："与其坐而待亡，不如立宪。"立宪可以说是大势所趋，包括袁世凯在内的重臣皆有此意，不仅是民间的呼吁。

从9月26日到10月1日，《大公报》连载题为《立宪问答》的长篇文章。在9月29日发表的这一部分对立宪的理论源流、实践步骤方法都做了解释，将孟德斯鸠的三权分立说分为三个层面，一是"厘定宪法，限制权力行使界限，以保人民权利"；二是"三权鼎立，间接以统治之"；三是"承认人民有参政权"。在分析当时的局势之后，又说"不预备立宪，教育终无普及之时，国民程度终无不低之一日。"立宪的步骤它定下了这么几条包括：定宪法、立议院、改革官制等。同时还介绍了地方自治。

11月25日（农历十月初十），借着这一天是慈禧太后的诞辰日，北京城里热烈祝贺，"从此要实行立宪，这次圣寿是实行立宪的纪念。这等的好日子，拍着巴掌，跳着脚儿，要喜喜欢欢的庆贺大典。"这一天，各学堂师生万余人齐集京师大学堂，举行庆贺立宪典礼。[2]

从表面看，举国上下、朝野内外似乎对于立宪有着高度共识。

尽管，朝廷的控制仍没有放松的迹象。一个月后，12月25日，慈禧太后下诏整顿士风，命学部严申学堂禁令章程，"不准学生干预国家政治及离经叛道、联名纠众、立会演说等事"，否则教员、管理员、督抚、提学使等一并惩处。[3]

但形势毕竟发生了变化。

9月23日，张謇、郑孝胥等人已在上海商议成立宪政研究会。第二天早晨，郑孝胥拜访张元济和高梦旦，邀请他们入会。10月6日，宪政研究会第二次商谈会上，他们正式入会。到12月16日正式举行成立大会时，定名为预备立宪公会，张謇、汤寿潜当选为副会长，会长是郑孝胥，岑春煊捐款一万两开办费。在预备立宪公会创始人的名单中，商务印书馆的重要负责人和高级编辑出现了14位，除了张元济、夏瑞芳，国文部主任高梦旦、《辞源》主编陆尔奎、《东方杂志》主编孟森、董事印有模、经理李拔可，还有陶葆霖。当时他们都是立宪的拥护者，都参加了预备立宪公会。

1907年10月21日，曾先后在工部、邮传部等衙门任职的孙宝瑄在日记中写道："风气至今，可谓大转移，立宪也，议院也，公然不讳，昌言无忌。且屡见诸诏旨，几等口头禅，视为绝不奇异之一名词……"对立宪持反对立场的他，感叹这是数年前"所梦想不及者也"。[4]

当年12月，《东方杂志》出了一个前所未有的临时增刊，名为《宪政初纲》，有《人民程度之解释》一篇，指出不必等待教育普及，只有及时立宪，人民的程度才能提高。

《大公报》于 1907 年 1 月 24 日刊登的《三权鼎立论》说："宪政体有三大权，曰立法权，曰行政权，曰司法权"，三权分，则政平国治，三权合则政乱，国不治。

四、小学课文中的"立宪"

1907 年 1 月，商务印书馆出版《高等小学堂用最新国文教科书》第一册、第二册。第一册第一课《预备立宪》，就是仿行宪政上谕的全文。此书《编辑大意》专门提及：

"本编详列有关宪政之事，以养成立宪国民之资格，并于卷首恭录上谕，藉宣圣德。惟皇言高远，儿童不易领会，是在教员善为讲解。"

这一课还有一幅漂亮的彩色插图，画面是庆祝立宪的场景。

第四课有一张插图，是议会的席位排列，上面有"大臣席"，有"讲坛"，有"议长席"。有人解释说，为什么中国把大臣、议员坐的地方称为"席"，是从日本模仿来的——日本人都席地而坐。英文世界本无"席"这一说，中国译成"席"，是从日本转译的。

在福建读小学的萨孟武，初小国文只念到第四册，学校就改教高小国文——

第一课为"立宪"，载西太后所下的"圣谕"，太后上面加有好字甚多，最后二字为"慈禧"，故称为"慈禧太后"。何以要加那样多的好字，竟令我们念不下去。据老师说，每年加一字，加到现在，故有十数字之多。"圣谕"内容是什么，没有一点印象。第二课为"议会"，尚有一幅图画，什么议长席呢，议员席呢，新闻记者席呢，我们小孩实在莫名其妙。而且"席"字意义不大明白，吾国古人席地而坐，日本到了二十世纪，还是席地而坐，故日人用"席"字表示座位，什么席，什么席，大约是由吾国输入日本，再由日本输入中国的。高小国文此类文章甚多，小学生不甚了解……[5]

这一册国文课本的第五课为《庆祝立宪歌》：

吾华天子亶天聪，手障万流东，煌煌一诏开群聋，雷动欢呼嵩。四千年史扫而空，尧舜无兹隆。呜呼神圣哉，我皇尧舜无兹隆。

神州四万万芸芸呼吸通，天阍八方杲日无纤云，登台一片春，从来艳说东西邻，请视吾皇仁，呜呼列强莫相轻，请视吾皇仁。

非常之原出乾断，世界从新换，治民官倍治官官，于古近周汉，经纶富教繄岂难，拭目四方观。呜呼涣汗自天闻，拭目四方观。

莘莘学子圣所望，大厦须栋梁，匹夫有责当自强，努力翊皇纲。龙旗飞动灯辉煌，此会无时忘。呜呼自今亿万年，此会无时忘。

《庆祝立宪歌》的编纂者为张元济、高梦旦、蒋维乔，文字虽然有点佶屈聱牙，却真实地传递出他们的欢喜之情。商务印书馆的广告介绍说：

"是书谨遵教育宗旨，以忠君、尊孔、尚公、尚武、尚实为主，而尤详于宪政。其表彰国粹、纠正陋俗，亦三致意焉。至于爱国、合群、进化、自立等事，尤言之至详，以期养成立宪国民之资格，不特可为高等小学之教科书，抑一般国民所不可不读之书也。"[6]

对于高小国文教科书，强调了"尤详于宪政"，"以期养成立宪国民之资格"，就是回应立宪这个时代主题。

这一年，商务印书馆出版大部头的《列国政要》，共有32册。《列国政要》是戴鸿慈、端方等五大臣考察各国政治的资料汇编，有德意志、意大利、美利坚、奥地利、俄罗斯、英吉利、法兰西、比利时、瑞士、西班牙、匈牙利等十余国政治、经济、教育和军事制度的介绍。

这年5月，商务馆在宝山路的新厂落成，此时馆中仅在上海的职工就有印刷所六百余人，发行所一百余人，编译所七十余人。《高等小学堂用最新国文教科书》第八册出版，其中第五十九课又是《立宪与专制之区别》。

6月，《高等小学堂用最新国文教科书》第三、四册出版，7月第五、六册出版，至此，这套书才出齐。第三册有《议院》《司法》等课文，在第六课《议院（续）》中说：

"我国今已预备立宪。议院之设，期必不远。凡我国民，亟宜研究政法学，详考本国之现状与世界之大势，以养成议员之资格……"

第六册也有《地方自治》等课文。

1908年1月，商务馆出版编译所编辑的《立宪国民读本》上下册，这是一个普及性读本。

这套书从国家、国体政体、宪法、国会、议员选举、地方自治、财政、税收到教育、交通、铁路、邮政、行政诉讼等，仅从目录也可以看出其用意。2月16日在《申报》刊登的广告说：

"今日我国能否实行立宪，当视我民程度之高下，故养成立宪国民资格，使知立宪国民所应负之义务，应享之权利，实为今日最要之事。此书于立宪、立法、司法、行政制度及国家与人民之关系、中央行政与地方行政之区别，均能言其所以然，分课讲述，义蕴毕宣，而于国民权利、义务之所在尤三致意焉。书分两册，每册四十课。凡欲为立宪国民者，当以先睹为快也。每部定价大洋三角。"

当年，学部对于此书下了评语："讲解尚详，惟应遵照光绪三十四年八月初一日谕旨及历次宪政编查馆所定各条重行编辑。"显然对于此书不满，要根据官方的条条框框重编。商务印书馆只能交代张元济、陶保霖、陈承译按照学部的评语，"逐条校订，悉行改正"。

五、光绪帝的书单

"丹毫不厌频挥翰，诏进新书日再三。"

张元济晚年在《追述戊戌政变杂咏》十八首中有这样的诗句，讲的就是光绪皇帝在戊戌变法时下诏每天都要进新书。他自己加了一个注解，光绪皇帝喜欢读新书，曾用朱笔开列书单交总理各国事务衙门去买。当时的总理各国事务衙门把这个差事交给他去办，但当时北京城里的书店新书奇缺，有时候他会把家里的藏书凑起来给皇帝。

1898 年 9 月 21 日以后光绪帝被打入瀛台冷宫。

1908 年是光绪帝生命的最后一年，1 月 29 日他用朱笔开列了 40 种书目，由内务府奏事处交给下面去买。其中他指名要买的书有政治官报局出版的《日本宪法说明书》《日本统计释例》《日本宪政略论》《译书提要》《驻奥使馆报告书》。他特别交待要买商务印书馆新印的各书，如孟德斯鸠的《法意》，这是严复的译作，还有严复的演讲集《政治讲义》，此外有《法学通论》《比较国法学》《政治学》《国法学》《民法原论》《政治泛论》《宪法论》《行政法泛论》《日本预备立宪》《国债论》《警察讲义录》《日本警察讲义录》《日本警察法述义》《自治论纂》《宪法研究书》《日本监狱法详解》《万国国力比较》《政治一般》《列国政治异同考》《欧洲最近政治史》《欧洲新政史》《欧洲财政史》《经济通论》《理财新义》《日本法制要旨》《日俄战纪》《最新战法学》《德国学校制度》《各国宪法大纲》《英国宪法论》《万国舆图》《欧美政教纪原》等。

下面还写了一句——"以上每种呈四部"，也就是每一种书他都要四部。

两天以后，书单上的 40 种书，内务府只找到 27 种，其中商务印书馆所出有 13 种没有找到：

《自治论纂》，尚未出版；《宪法研究书》，尚未出版；《政治一般》，现在不齐；《列国政治异同考》，现在不齐；《欧洲财政史》，现在不齐；《经济通论》，现在不齐；《日俄战纪》，现在不齐；《最新战法学》，现在不齐；《各国宪法大纲》，现在不齐。

2月17日，相隔近一个月，内务府又找到了五种书：

《日本宪政略论》四部，每部一册；《政治一般》四部，每部二册；《欧洲财政史》四部，每部一册；《日俄战纪》四部，每部一册；《战法学》四部，每部三册。

光绪帝写了一张纸条，因为他发现《政治一般》这本书里有一份详细目录，他觉得跟这本书没有关联，他要内务府去查明出自何书，并且索要这本书。他将这份目录详细抄了下来：

第一编古代史，第一章总论，第二章三大国民，第三章低格里幼发拉的河边诸国之兴亡……第四编近代史……

"此系《政治一般》书内之目录，与原书所叙者不合。"

可见光绪帝真的在读书，而且读得很仔细。他在《政治一般》中读到这份与政治学无关，而是关于世界历史的目录。他在纸条中写道："应将此种历史向商务印书分馆问明。购取四部呈递。再，近来商务印书分馆又有新印各书，一并购呈。每种四部。《瀛寰全志》一册，附图一册，《万国史纲》《英华大辞典》《帝国主义》《高等学堂中国史》《西洋历史教科书》《华英音韵字典集成》《华英进阶全集》《和文汉译读本》以及《欧洲新政史》下册。

两天后，内务府从商务印书馆北京分馆买到了《英华大辞典》《帝国主义》《欧洲新政史》之外的其他所有书。另外，商务印书馆答复说《西洋历史》的目录装订错了，误订在《政治一般》书内。[7]

这是目前发现的光绪帝生平最后的阅读书目，他读书的量很大，而且很杂。与当时的立宪主题也是吻合的。商务印书馆在北京琉璃厂设立分馆是1905年的事，内务府可以直接去采购。

8月27日，清廷颁布《九年预备立宪逐年筹备事宜谕》，把开国会的期限定为九年。这是为宪政编查馆与尚在筹备中的资政院会奏宪法大纲暨议院法、选举法要领及逐年筹备事宜折而下的谕旨。宪政编查馆乃1907年8月13日下旨建立的预备立宪机构，直属军机处，前身为考察政治馆。

8月30日，正在日本考察的商务馆编译所所长张元济在《朝日新闻》和《时事新报》看到这个消息，极为高兴，第二天写信给高梦旦、陶惺存和杜亚泉三个人，信中说："在海外闻此消息，不觉欣喜……平心而论，九年之说诚不为迟，但求上下一心，实力准备，庶免为各国所笑耳。国内舆论若何？鄙见此时国民不必再与政府抗争，姑且返求诸己，将应办之事一一举行，二三年后稍有端绪，若得机会再行争辩未为失时，未知诸公以为何如？预备立宪公会现在定何方针？鄙见不宜随声附和，宜时时从高一层着想，以为国民之向导。……政法书籍宜亟着手编译，为公为私均不可缓。"

接下来说的就是具体编书的事，他提出根据报纸登的上谕所列应办各事——

> 可否即就所举各事选定编译次第，先行试办？鄙意尤重在先编浅近诸书，层层解说，如何为议院，何为选举，每类一册（如条目过繁者即分数册亦可），排列次第，如第几集第几编之类，成一丛书，专备内地绅士入门研究之用。文字宜稍优美而解释务宜明晰，理想切戒过高。[8]

到1909年，商务印书馆编译的政法各书中，现行法令类18种、法律类11种、政治类13种、宪政类8种、地方自治类4种、议会类4种、教育类3种、财政类9种、政法杂类9种，共有78种。当时的广告词是这样说的："本馆编译中外政法各书将近百种，非特为咨议局议员者亟应研究，凡我国民皆当取而读之。"多么简洁有力的广告词。

张元济信中的筹划，在接下来的几年陆续实现了。看一下商务印书馆那几年出版的书目即可发现。

《宪法大纲》将"钦定宪法大纲"及逐年筹备事宜等汇编成册，包括那些谕旨奏折。

高梦旦编的《九年筹办宪政一览表》将筹备立宪事宜分列三表，第一表以年为纲，第二表以事为纲，第三表以官为纲，凡筹备之先后、各事之关系及职守之所在，了如指掌。

他编的《咨议局章程表解》附有十种图表。将章程的相互关系依次排列，对于法律名词或代以通行文语，或稍加注释，一看就能明白。

杜亚泉编、高凤谦、陶葆霖校的《咨议局章程浅释》，章程法理深邃，条文细密，非熟悉外国议会情形和本国例案的难免误解，这本书对章程逐条进行解释，使不是习法政的人也一看便知。用意就是为政治知识普及的帮助。

杨廷栋编的《咨议局职务须知》三编，对咨议局职务所在详加讲解，第一编是调查须知，讲调查选举人编造人名册的方法，及分配议员数额；第二编选举须知，讲初选、复选所有投票、开票、检票等事；第三编议员须知，讲咨议局的职务权限和提议决议等事。

钟达编有《咨议局章程要义》《咨议局浅说》《咨议局章程官定解释》。孟森编有《咨议局章程讲义》，还有《各省咨议局章程笺释》《咨议局议员选举章程笺释》等，无不提纲挈领，逐条解释，十分详尽。对于咨议局议员选举的资格、选区的划分、投票等方方面面都有具体的解释，还有图示。咨议局是一个全新的事物，就是地方议会。这些书都是赶在咨议局选出前问世的。

还有《资政院章程》及一本专为议员使用的手册《咨议局、资政院、自治会议员必携》，汇编了资政院院章、咨议局章程、府厅州县城镇乡及京师地方自治章程等。这些手册、工具书，正是为了时代的需要而编的。

关于地方自治的书也出了不少，孟森编的《地方自治浅说》4万多字，介绍外国现行的地方自治制，供中国参考比附，词意浅显，语语可见实行。

为了配合《城镇乡地方自治章程》，还编了一系列解释的书籍，比如王士森的《城镇乡地方自治章程要义》，这个章程比咨议局章程更繁密，非有提纲挈领的书不容易着手，此书言简意，极合办地方自治之用。杨廷栋编的《城镇乡地方自治章程通释》，就章程原文逐条解释，词浅义显，引的例子又很到位，选举方法说得尤其详尽。孟森的《城镇乡地方自治事宜详解》，专就章程第五条开列的自治事宜逐项诠释，详列办法，热心地方自治的人读此书就可着手筹办。钟达的《城镇乡地方自治章程论纲》对章程120条逐条解释，并且与外国城镇乡制度进行比较，简明扼要，对地方自治制的利益剖析无余，足为办理地方自治的指南针。

另外出版了《海参崴公董局城治章程》《自治论》《欧洲大陆市政论》《普鲁士地方自治行政说》《地方自治财政论《调查户口章程释义》等。[9]

这都是张元济在日本给高梦旦他们写信之后完成的。商务印书馆致力于出版跟当时的立宪进程配套的图书，包括杨廷栋的《钦定宪法大纲讲义》、孟森的《新编法学通论》、陶葆霖《新编现行法制大意》及《十六国议院典例》《汉译日本议会法规》，还有"英国宪政丛书"等。当时他们将出版的重心几乎放在"立宪"这个主题上了。

六、两千号、三千号有奖征文

与立宪并行的另一条路径选择就是革命，20世纪初的中国，可以说是立宪与革命的赛跑。这一点在《大公报》的版面上也不难看出。

1903年6月18日，《大公报》有一则报道，援引上海《苏报》的消息，说："近闻端方电致江西当道，谓江西大学堂学生效康梁孙文之主义，兼串入长江会党云。"传闻显得混乱，把康梁和孙文捏在了一块，造出了什么子虚乌有的"康梁孙文之主义"。

1905年7月2日，同盟会在东京成立前夕，《大公报》有一条消息说东洋留学有27个人结成为"忠爱社"，"专以扶助大清抵抗革命党为宗旨，特选同志数人投入革命党内，详加调查，始得该党之首领仍系孙文。"此时同盟会还在酝酿之中，成立大会还没召开。

从1906年9月7日到9日，《大公报》连日报道北京警察误把一个日籍华人叫藤堂调梅的当作孙文抓起来。作为革命的倡导者，孙文的名字不时出现在报端，意味着革命已经不是传说了，而是已在日常生活中时隐时现、迫在眉睫的一个问题。

这年2月10日，《大公报》就革命问题发表过一篇评论，题为《论支那现今第一大问题》，当时《江苏》《浙江潮》《湖北学生界》等刊物遭清廷查禁，这些杂志清一色都是主张革命的，是各省留日学生创办的，评论说："鸣呼危哉！排满革命之风潮如是其激烈哉？禁无从禁，劝无从劝，制排满党革命军之死命者，无他能力，惟有实行宪法、开国会、立议院而已矣。化最高、最猛、最恶、最险、最可怖之无数排满党、无数革命军之风潮于无形无声之中，同归于平和治安之政策，为支那计，岂为惟一莫上之善法哉？"

6月5日，又发表《论革命军必不能达其目的于二十世纪之支那》一文，"今日之论支那者，莫不以革命军为最危、最险、最凶、最恶、最可惊、最可怖之重大问题，而吾谓革命军之在今世万万不能达其希望之目的于支那！"

在革命和立宪之间，《大公报》非常明确地站在立宪一边，认为要对付革命，靠查禁没有用，唯有一个办法，就是行宪法、开国会、立议院。

1907年7月16日，《大公报》提及徐锡麟杀死安徽巡抚恩铭，说此事"实为可贺"，"可贺者何？贺其鞭策我政府速行立宪也"。7月30日，又发表评论《党祸株连实为促国之命脉》，为徐锡麟鸣不平，更为受牵连而被杀的秋瑾鸣不平。

对于徐锡麟被挖心，评论说："乃既杀而犹剖其心，啖其肉，此等野蛮凶残行径，不期见于二十世纪之中国！"对于秋瑾，"以一女子身，有何能力，有何设施，而谓为党于革命，以猛狮搏兔之力擒之"，"既无证据，又无口供，遽处斩刑。斯岂非野蛮已极，暗无天日之世界乎？"第二天，《大公报》又刊登《吴芝瑛女士纪秋女侠遗事》。直到第二年，御史常徽奏请平毁秋瑾墓，并要"查办葬秋之人"，《大公报》连续发表评论表示反对。对秋瑾的同情，主要是基于人道的、人性的立场，并非赞成革命。秋瑾昔日在北京，曾来过大公报馆，与英敛之、吕碧城有交往。英敛之日记有记录。

1908年4月7日，《大公报》刊出孔庆恩的来稿《中国宜立宪不宜革命》。5月22日，发表关于"过渡时代"的白话文章，重申："中国如今本是个过渡时代，怎么讲呢？就是从这边岸上，要渡过那边岸上去。就说立宪罢，中国为什么要立宪呢，是因为这全地球上的各国，没有专制政体的国了，就剩下我们中国一个国，还是专制政体呢！……我们中国改为立宪政体，叫大家伙儿担点国家的责任，都齐心努力的要些强，好保护着在这块土地上站住脚跟呀，要不这样大家还如同散沙子似的……"

6月25日，《大公报》刊出《江苏绅士研究国会问题》，报道说九天前，他们在上海新开酱园弄的法政讲习所开会，研究国会问题，主席张謇发表演说，"凡社会，一法人耳。法人者，以法律成立国家，亦一法人……有法人之精神（方）有法人之资格。精神资格究是何物？曰惟国会而已。国会之成，在人民之请愿。各省皆已有请愿者，江苏今日亦应议一要求，为第一步之方法。"又有人发言，对于成立国会，朝廷动不动就说人民程度不及，如果我人民不自造程度，则必无程度可及之一日。"今日之请求，即见吾民之程度果何如矣。人民请求一次不成，则二次三次，至于必成而后止。此在我人民自为之耳。"最后主席宣布五天后继续开会，推举代表及布告请愿书稿各事，又议决暂时以法政讲习所为通信处。

7月16日，《大公报》报道"八旗国会请愿书"有1360余人签名，将往都察院呈递。7月24日又报道，朝廷已将国会之事电询各省督抚，何时召集为宜。听说两江总督端方、四川总督赵尔丰都已有回电，至今尚未宣布，不知何故。7月25日，报道各省国会代表到了北京。8月4日报道，直隶代表呈递国会请愿书。

8月6日，《大公报》报道《试观国会代表结果》，各省请愿代表公议暂不出京，现共同对于宪政编查馆要求达其目的，定下再上说贴的日期。

同一天还有一则报道，全浙教育总会联合驻沪学会，在协和讲堂召开特别大会，来宾及军学绅商各界数百人，会上选读了汤寿潜代拟的浙人请开国会公呈，还推出了吴雷川等八个代表，分任进京及留省办事。请愿书中强调，如果说人民程度太低，正因为低，所以亟须开国会，以便人民实施练习，得以增长其智力。国会一日不开，就算延缓数十年，人民的程度也不会改变。

张謇、汤寿潜作为立宪派的重要领袖，他们的名字经常出现在《大公报》等报纸的版面上。

8月30日到31日，《大公报》针对8月27日清廷颁布的《宪法大纲》，连续发表评论《读谕恭注》，其中说，"天下最难恃者莫如政府之良心，而天下最可恃者莫如国民之能力。若但恃政府之良心自行改革，而无国民以应之，宪政亦安有望哉。"

9月18日，《大公报》发表《论国会请愿之无效》一文，指出："在君主立宪之国，未尝不用协定之宪法；即在钦定宪法之国，亦未尝不容人民之要求。如以为一有人民之请愿，必有损于君主之大权，是不过保存专制之见，究于立宪前途有何补哉！"

《大公报》在第一个十年，也即清朝最后十年间有三次最重大的征文，主题都是关于立宪。1908年1月21日，《大公报》刊登两千号征文的候选题目为：

实行立宪之政体如何、妥筹八旗生计之良策、苏杭甬路如何而为相当之办法、今日所为尊经复古果否能挽风俗正人心且征其往效、强迫教育先从天津试办之办法、新学服平议、中国商业不能发达之原因、麻雀牌与鸦片烟利害之比较。

八个征文题目中第一个就是"实行立宪之政体如何",并在说明中对千号征文以"立宪"为主题,颇为自豪,认为《大公报》是启发立宪的前驱。获奖文章也都多以"立宪"为主题。

1910年11月6日,《大公报》刊登《本报三千号征文广告》,征文的题目包括:

> 立宪国之要素一曰国会一曰宪法,然当预备立宪之时,究应先开国会而后定宪法欤,抑应先颁宪法而后开国会欤;司法独立之精神在司法官有绝对服从法律之义务,必有绝对不服从命令之权利说;论政党组织之要领及政党首领之责任;东三省自改设行省后成效未见而劳费已甚,今若改西藏蒙古为行省,其得失较东三省若何;论中央政府以夺权为集权之误见;市面恐慌借债补救为急则治标之策,而其治本之道安在;论统一国语之方法。

征文截止日期为11月20日,酬金为超等三十元、特等二十元、一等十元,其他未入选的如能有正当理由,也不负作者苦心,当陆续登报,另行酌酬。

11月30日公布获奖文章,其中有《国会有完全立法权谓之立宪国,否则谓之专制国,先开国会,而后定宪法,争民权》《开国会而后定宪法抑或定宪法而后开国会欤》《司法独立之精神在司法官有服从法律之义务必有不服从命令之权利》等。

这一天,《大公报》刊登署名"无妄"的闲评中说:"本报一千号出版,正五大臣出洋考察宪政之年;二千号出版,正颁发筹办宪政清单之年;今当三千号出版,又值缩短国会期限之年","与宪政之开始,宪政之成立婉若有固结之缘。"可以说,三次千号征文都围绕着"立宪"。

七、《东方杂志》的《宪政篇》

从 1908 年 7 月起，从东京法政大学留学归来的孟森接任《东方杂志》主编，《东方杂志》自第五卷第七期起，几乎每一期都发表他执笔的《宪政篇》，详细记录正在发生的立宪进程。

10 月 19 日，他在《东方杂志》第 5 卷第 9 号的《宪政篇》报道，直隶行动最快，直隶总督杨士骧想把直隶咨议局办成各省的模范，拨款七十万作为开办费，一方面选址建筑，一方面着手准备选举。江苏、山西、福建、广西、广东、江西、山东、浙江等省也都积极行动起来了，其中直隶、山西、广西、江西、山东五省由官主动，其他四个省则由士民主动，江苏的表现尤其有力。

11 月 14 日、15 日，光绪帝和慈禧太后先后离世，相隔不过二十个小时，《大公报》就以大字刊登了慈禧太后去世的消息，并发表评论《今日国民之感情如何》：

> 大行皇帝戊戌变政，发奋图强，维新之诏一日数下，识者谓我国立宪事业可以实行于戊戌者，而不意反预备于戊申，岂不痛心之论乎？假如九年预备之诏不是颁于戊申而颁于戊戌，则今日为我国实行立宪之日矣。

想起《大公报》向来对慈禧太后的不满和光绪帝的期待，这些言论一点也不突兀。英敛之心中对光绪帝的感情从未改变过。

帝后同时驾崩，京师大学堂的学生每天也得哭两次，腰里勒一条白带子，学生中也有哭出笑来的。[10]

12 月 18 日，《东方杂志》第五卷第 11 号出版，咨议局的筹办仍在继续。这一期的《宪政篇》报道说，连向来以阻挠新政著称的陕甘总督升允也为咨议局筹备的事感到焦灼，殊为难得。至此各省还没有动静的，只有陕西、新疆而已。

1909年是预定的咨议局选举年。

2月15日，孟森在《东方杂志》第六卷第一号发表的《宪政篇》报道，宪政编查馆不久前点名电催筹办不得力的各省，陕、甘、四川、新疆外，还有广东、江西、湖南、奉天、吉林五省。回电不致误期的有四川、吉林、江西三省，而五千人中仅有一人认识汉字文义的新疆则要求推迟四五年。新疆巡抚联魁在回电中说："……加以地属遐荒，人不识字，自设提学使以来，虽极力劝导，入学者不过五六千分之一。且多系童蒙，微特有被选之资格者无几，即有选举之资格者亦无几。……惟此等要政，事在必行，又不可操之过急……拟先筹办培植议员之法，于省城中学堂添课法制一门，并饬各地方官于宣讲所，将自治之书籍、章程、随时宣讲，以开民智。至于选举议事各事宜，则期以四五年后，学堂毕业，民智渐开，人格渐高，再行次第筹办等情……"。

黑龙江的旗人、蒙族人只识满、蒙文，识汉文者不多，一开始宪政编查馆的回复：不识汉文、只识满蒙文，仍以不识文义论。

《东方杂志》第六卷第五号报道说，黑龙江巡抚再次电询宪政编查馆，因为黑龙江熟悉汉文的寥寥无几，凡通满蒙文可否变通选举，最后得到允许，但只是作为一时初办权宜之计。

第六年第七号，孟森在《宪政篇》中说，福建省选出的议员七十二人，小学堂教员颇多。筹办处电询宪政编查馆是否迁就，未得到回复。选举既以财产、教育程度为条件的候选人资格，小学堂教员在选举中胜出也是正常现象。

在各省当选的咨议局议员中，36岁的吴景濂（1873—1944）于1902年由奉天考入京师大学堂师范馆，1907年春天，以80.92分的优等成绩毕业，学部奏请奖给师范科举人，并以内阁中书补用，另加五品衔。他回到奉天马上被聘为奉天两级师范学堂监督，同年11月高票当选为奉天教育总会会长，开办宪政讲习所，自任监督。在奉天省咨议局议员选举中当选，并被选为议长。

31 岁的李文熙也是京师大学堂师范科毕业，当选为四川省咨议局议员，随后又成为资政院的民选议员。京师大学堂毕业的学生不多，在当选议员中的比例并不高。

当时中国各行省，除新疆以外都成立了咨议局，包括《大公报》和《东方杂志》在内的报刊一直在报道各地的选举情况。

1909 年 5 月 20 日，《大公报》发表一则闲评《奇怪之广告》，讽刺某些商家为了迎合立宪运动的风气，"有所谓立宪牙粉是也"。赶时髦，迎合时势，也不算是坏事。

根据预备立宪清单，各省咨议局相继诞生，从筹备选举到选出议员，并进入实际运作。《东方杂志》和《大公报》一样，对各地咨议局的选举及后来咨议局的运作十分关心。《东方杂志》几乎每一期都有相关报道。

这年秋天，各省咨议局正式开会，会期 40 天。这在中国是前所未有的，立宪派终于有了自己合法问政的政治空间。三年前那道简直是从天而降的预备立宪诏书，迎来了第一个落地的果实。江苏在此之前就已设立"咨议局筹办处"，领先了一步。偏居南通却享有全国声望的张謇，以江苏省咨议局议长的身份，邀请各省咨议局推选代表，齐集上海，共商促请朝廷速开国会之道。他们以为资政院只是个"非驴非马之议会"。[11] 这是立宪派大规模请愿要求开国会的起点。

9 月 11 日的《大公报》报道，有大臣建议，学堂里面要编纂白话的《立宪讲义》，令各地宣讲。显然是为配合正在进行的预备立宪。

10 月 14 日，《大公报》发表《祝咨议局之前途》，认为咨议局的成立是"否极泰来，上下交通之气象"。

为推动早开国会的请愿，此前一天（10 月 13 日），张謇除分别写信给各省咨议局外，又派遣江苏咨议局议员方还、孟昭常、杨廷栋分赴南北联络。杨廷栋至天津，发现直隶咨议局也在积极行动。以后北方各省的联络就由直隶咨议局负责，江苏咨议局则负责南方各省。[12]

11月7日出版的《东方杂志》特别在"附录"中刊登了《各省咨议局议员姓名录》。

11月17日，各省咨议局代表陆续到上海，从第二天起，每天午后，各代表在跑马厅预备立宪公会事务所开会，称之为"请愿国会代表团谈话会"，推出福建咨议局副议长刘崇佑为主席，江苏咨议局议员孟昭常、福建咨议局书记长林长民为书记，到十三日共开会六次（中间休会两天），达成了进京请愿的共识，请愿要求为二年内召集国会，明年先开一次临时会，确定了各省进京代表名单，并推选方还、罗杰、刘兴甲、刘崇佑四人为代表团干事。前后到会的有十五省的代表五十一人。[13]

加上江苏，共有十六省代表，只有陕西、甘肃、四川、云南、贵州的代表因路途遥远，未及参会。张謇为此发表《送十六省议员伏阙上书序》，表达了"设不得请而至于三至于四至于无尽"的决心。

此时，立宪已进入实际操作阶段，各省成立了咨议局，资政院也将成立。但是民间仍不满足，主要是有资产、受过教育的社会精英希望政府早一天召集正式国会，这就酿成了一波又一波的国会请愿运动，《大公报》和《东方杂志》有持续报道。

八、追踪国会请愿运动

1910年1月16日，《大公报》报道各省请求缩短国会年限代表陆续到京，京师绅学商界在湖广会馆集会欢迎，到会的约有千人，由商务印书馆的孙伯恒、帝国报馆的康甲民、恒十丰为招待员。直隶咨议局议员孙洪伊等进京代表的演说都痛快淋漓，他们表示这次各省代表进京必期见国会的成立，如有阻力，决不出京。当另一代表李方讲到中国危亡的情形，在场的一个人忽然嚎啕痛哭，以致各代表及会员也因之都哭了。

这一天，进京代表呈递的请愿书通过都察院代奏。

第二天（1月17日），摄政王载沣早朝时就各省公举代表来京请愿早开国会事，向三位军机大臣那桐、世续、鹿传霖垂询，到底是否允许。三军机奏对："我国民气日有进步，国会之召集诚有不可再延之势，惟宪政多缺略，一时筹备不易完全，亦一难事"。听说摄政王令他们妥拟办法迅速奏闻。又听说三军机退到军机处会商约一小时之久，所议的确是关于各省代表请速开国会事，只是开议时将办差的人一律摒退，不得窃听，内容不得而知。这是1月22日《大公报》披露的消息。

第一次请愿的结果就是《大公报》2月1日刊登的那一上谕，重申九年预备立宪不变，"惟我国幅员辽阔，筹备既未完全，国民知识程度又未划一，如一时召开议院，恐反致纷扰不安。"明白宣示，等将来九年预备业已完全，国民教育普及，届时必定期召集。进京代表在1月30日就读到了这份上谕，他们当然不能接受。

2月3日，《大公报》就报道了各省代表打算再通知各省咨议局转告各议员竭力联络，集合更多的人作第二次的请愿。此前（2月1日），北京商学各界在西珠市口当业商会举行欢迎国会代表会，福建省代表说要再想办法，以期事之必成。直隶代表孙洪伊说，政府既未允开国会，即应停止各省国债会。打算2月4日在湖广会馆开期成会。

几天之后就是春节，进入庚戌年。2月16日是正月初七，也是《大公报》放假后第一期恢复出报，发表社评说："闻各省国会代表旅居京师亦互相道贺曰，愿今年国会成立，使国民有所代表，则吾辈之深幸。"国会成了那个时代的热词。进京请愿的代表也成了舆论关心的焦点。2月17日，《大公报》刊登《国会请愿同人奉上谕后之通告书》，"国会当速开固已舆论一致，而请愿之义务则亦当以全国人民公同担任。……国是至此，何堪自诿……以法律之行动，为和平之请求。锲而不舍，终必有达目的之一日。"通告将组织国会请愿同志会。

2月18日，《大公报》报道，立宪派在"请愿即开国会同志会"之外，还要组织"咨议局联合会",每年6月开会,推定刘崇佑拟定联合会草章。还提出要组织报馆,办一张日报。

2月20日,《大公报》刊载"请愿即开国会同志会简章",以请求政府即开国会为目的,第四条规定:"本会会员皆有鼓吹舆论游说各种社会请愿以促国会早开之责",第五条规定,总部设于上海,支部设于北京及其他各地。通讯处暂设于北京小沙土园昆新会馆请愿代表事务所。

2月26日,《大公报》报道说,天津河东的一家戏院"同乐新舞台",年初公演一出新戏《国会热潮》。这出戏是根据湖南徐特立断指送国会代表的真实故事改编的。演员不仅有"同乐新舞台"原有的职业演员,还特地邀请了报馆的经理、主笔,文明书局的经理,宪政研究会的书记,宣讲所的演说员来客串,本色出演,将时事新戏演得极为逼真。[14]

这个故事讲的是1909年12月8日湖南各界推举的国会请愿代表准备启程,长沙一位32岁的教师徐特立异常兴奋,拿刀将自己左手的小指切断,写下一份血书,上书:"请开国会,断指送行"。当时上海的《申报》《时报》等报纸都曾报道过。请愿代表将徐特立的血书印刷成红色传单,广为散发。不久,就有江苏丹徒县的郭毅效法徐特立,自刺臂血写下"以购国会,国会乎,政党乎,血乎!"和一封信一起寄给请愿代表。代表也将他的血书制版印刷,分发各省。[15]

3月6日,孟森(署名"心史")在《东方杂志》第七卷第一号的《宪政篇》开头即说:

"自上年咨议局开,中国人民,乃有代表,代表之意思乃为人民之意思。合二十一行省已开咨议局者而言,除本省利弊汲汲于兴革而外,无不以请愿速开国会为第一义。"

4月22日,《大公报》发表《请愿代表团敬告各省商会启》,这一公启以进京国会请愿代表团孙洪伊等人的名义,指出国家立宪与商人有特别的关系,"夫商人既一跃而居国中最重要之地位,则国中政治之得失,自与商人有特别之利害关系,故吾国今日国会请愿之事,尤应以联络商界为中坚。"最近,湘鄂苏直粤五省商会联络请愿，并听说鲁、赣两省商会已举定代表准备北上。"但流光如驶，国事日危，若吾侪早请愿一日，则速开国会之机可早养成一日。"所以，他们急望各省商会共举代表大举请愿，尤望彼此相约4月汉口开联合会，同时北上。

无代议士不纳税，是英国人最早向王室提出的要求。在此前后，《大公报》有两则报道，一则报道是4月9日，遵化中学监督写信给直隶的国会请愿同志会："政府拒绝速开国会，实行租税不经人民承诺，决不完赋之义，暂将全国国税停纳。"

一则报道是6月6日，天津商务总会在讨论印花税时也提出，如果国会不开，人民没有参政权利，我们可以"决不承认"这项纳税的义务。

4月27日，《大公报》发表请愿代表团孙洪伊等《为二次请愿敬告各省同志书》，希望各地代表5月28日前会集京师。

同一天，又发表在京请愿代表团创办《国民公报》的通告书，说到办报的目的，他们毫不讳言就是鼓吹国会、批判京内外行政、辅助咨议局之进行，"既以警惕政府，使之不得以九年预备为借口之资，并以唤起国民，使咸知实行立宪为今日当务之急。"三天后，又刊载了《国民公报》简章。早在2月18日就报道过他们的办报计划。

在自己的报纸没有问世之前，他们的主张还是要通过《大公报》这些报刊公诸于世，以赢得社会的普遍同情，向朝廷施加压力。《国民公报》创刊之后，影响也不及《大公报》这些报纸。

从4月26日到5月22日，《大公报》连载发表长篇的《国会请愿同志会意见书》，直言同志会为政治结社，接近于政党。这个意见书可以视为立宪派的政纲，他们热切地期待速开国会，首先提出如能速开国会可以革除一切贫弱的根源，认为中国贫弱最大的原因有三个，一是君民情感不通，二是官僚不负责任，三是财政困窘，而国会可以解决这三个问题。接着，一一驳斥了三种"国会缓行论"，一是资政院与国会相似，指出两者性质绝不相同，一为专制政体之议政机关，一为立宪政体之监督机关，并对此作了详细论述；二是人民程度不足，指出既然是在千万人民中选择少数有程度的给予选举权，又在千万人民中选择少数有程度的给予被选举权，哪又有什么人民程度不足的顾虑；三是筹备各事尚未完全，只不过是借口，就九年筹备清单上所列，真正与召集国会有密切关系，非筹备完全不能开会者不过几件，而且这几件也无须长时间的筹备，比如划分选举区域、调查选举资格、举行选举，因各省咨议局已于去年开办，这些事全国都已大致上做过，人民已有选举上的知识和经验。

意见书指出，要想速开国会当有政党的预备，"国会请愿同志会"虽还不是纯粹的政党，也可称为政团，与政党的性质已相去不远。

意见书最后一个断言："专制时代不过激成人民以希望宪政心理，至如宪政之确定，必在专制日久，而一旦不能保守专制之时期。然则吾国今日正此时期也。"

同时发表的还有《国会同志会规约》，强调非到国会成立之日不得解散。署名者为代行同志会总部国会请愿代表团事务所的孙洪伊、方还、孟昭常等人。

天津河东奥租界的"宴乐茶园"有两个艺人，一个叫韩亨斌，一个叫皮亨荣，在演唱双簧时特别添了一些新的唱词。大意是：现值预备立宪时代，我等国民宜具热心，共理地方自治。高丽、越南的国民无自治能力，终至灭亡。我等虽在技艺界，不能追随大人先生之役，亦宜于词句中稍加改良，唤醒同胞，以尽国民之义务。在场的听众听到这段唱词，"无不鼓掌叫绝，声若雷鸣。"这是《大公报》5月23日的报道。[16]

从上到下，有的出钱，有的出力，有的出血，甚至割指头，那个时代真是热血澎湃，目标只是为了速开国会。

6月3日，《大公报》报道"江苏全省商会请愿国会代表赴京"，前一天下午，在天津北马路商务总会内开全体大会，欢迎江苏全省商会请愿国会代表、上海信成银行总理沈缦云，到会的有百数十人。沈缦云在演讲中说，"若望商业发达，国民富足，非我国商民请愿速开国会不可，如再不允，则由全国商界结合团体，不尽税厘义务……"欧美各国商人程度最高，国会议员大半商人充当，不像中国，政府不把商人放在眼里。天津商会总理王竹林、《大公报》主办人英敛之等也都发表了演讲。

6月12日，《大公报》在"代论"栏目刊登了《政府对于国会代表之问答》，开篇说上海商务总会国会请愿代表沈缦云6月4日曾谒见某军机大臣，痛陈当时商界的困难情形，说到商力疲而国势弱，征税轻重不平，则商情避重就轻而涣散，挂洋旗、入洋籍的日见其多。则国未灭而种先亡。语语沉痛，句句真实。某军机大臣也大为感动——

问：各省都有代表到京？答：近二十省，人数亦不少。

问：国会与商界有何关系？答：关系极重。

问：商民是否知道国会开，负担更重乎？答：剔除中饱，化私为公，何重之有。

问：九年筹备已届三年，为什么不安静等待？答：各省督抚大率因循蒙蔽，恐怕就是九十年也难如期筹备。

问：为什么不监察督促？答：小民无权。

问：不是有咨议局吗？答：政柄不属，空言无补。

问：国民程度如何？

答："国民程度未到"只是反对宪政的口头禅，实则立宪国的国民也未必都有国民的程度，不能以少数概视多数也。

问答有一个小时之久，某军机大臣颇有赞成国会之意。但《大公报》没有透露"某军机"的姓名。当时的军机大臣有六个，三个满族亲贵奕劻、世续、那桐，三个汉人鹿传霖、戴鸿慈、吴郁生。

第二天早晨十时，沈缦云去见都察院某总宪，即以商界国会请愿的呈底呈阅。一番交谈之后，赢得对方同情，问起何日能递呈，答五月初二（6月8日）或初六（6月12日）。当天，他想起初次去见某相，曾被拒之门外，知某相午前十一时概不见客，于是6月7日再次登门拜访，得到接见，一开始相国似不知客人的来意。当沈缦云说到请开国会,故意提高声音。相国问,你来是为国会吗?他答:是。对方说:谈何容易,日本立宪等了二十多年,才得实行,难道我国人民的程度比日本高吗?他答:日本当时因不知立宪之为利为害,故耽搁了。现在我国已见日本立宪的成效有利无害,何必迟疑。既有九年筹备的明诏,何不缩短期限,以慰天下人民之望。相国说:"子不见各国立宪之历史,岂一呈一奏所得而请求乎?"他答:"不革命,不流血,足见我之文明。"这个回答堂堂正正,真是太漂亮了!放在整个中国历史上都掷地有声。相国说:"国会能否速开,朝廷自有权衡,断非人民所得而要求之。"他答:"各国之立宪,无不自人民之要求而得者。"相国说:"此风不可学。"他不同意,相国举茶示送。他感叹:"釜水将沸,游鱼未知,天意难回,人事宜尽。某不复再谒相国之门,请自此辞。"

沈缦云见到的"某相"即为首席军机大臣、庆亲王奕劻,《大公报》不敢把这个名字直接登出来。

此时,沈缦云已开始明白这条"不革命,不流血"的路走不通了。

6月16日,进京请愿代表集合八十多人到都察院递交请愿书,领衔者为直隶代表孙洪伊和来自上海、苏州的商会代表沈缦云(懋昭)、杭祖良等。6月21日,《大公报》以《第二请愿代表团上皇帝疏》为题全文披露了这份请愿书。"夫有国会然后可举行宪政,无国会则所谓筹备者皆空言。……此国会一日不成立,即筹备一日不完全,此必然之势然。"天下有道,则庶人不议,国会既开,庶人也可以不议,因有议员代为议事。近来当事者见国中民气稍激,深恐开国会之后,人民据有机关将更难控制,这种误会恰好与世界通例相反,有了国会,"团体已定,民心已安,乱机无由生耳。"

言犹未尽,第二天,他们又以请愿国会咨议局代表孙洪伊、绅民代表李长生、教育会代表雷奋、商会代表沈缦云、杭祖良等人名义上书,7月3日,在《大公报》发表时以《上政府书》为题,主要就政府一面之危急情形非迅速开国会不能挽救做了分析,这是针对执政的大臣们。

6月28日,《大公报》公布上谕,再次拒绝了早开国会的请求,坚持九年预备不变。警厅也奉上谕将代表团遣返,"各安其业"。

这一结果也在意料之中,《大公报》重新发表张謇的《送十六省议员伏阙上书序》,因其中有"设不得请而至于三至于四至于无尽"的表示。《东方杂志》第七年第七号《国会请愿之近况》中,请愿代表团致电各省,重申"三续、四续,以至十续"的百折不挠之心。

第三次请愿事实上已经启动。

7月9日、10日,《大公报》全文刊载由苏州商务总会代表杭祖良和上海商务总会代表沈缦云领衔的《江苏商界请愿速开国会书》,说:"九年筹备,人不我待也。"7月12日,刊载了各团体请愿代表的上摄政王书,强调之所以再三请愿,只是不忍坐视危亡。7月13日,刊载了江苏教育会国会请愿代表姚文枏等呈请都察院代奏书,恳请以明年召集资政院之期为召集国会之期,"先一日召集,人民即早享一日之幸福。"7月14日,又刊载各省教育会请愿代表雷奋等的上疏。华侨总商会和海参崴华侨代表的上书,《大公报》上也都有披露。

7月25日,《大公报》发表署名"明新子"的《致国会请愿团书》,其中说:

> 人民既举代表要求速开国会,非得政府之允许誓不甘休,乃国会未允速开而又选出不伦不类之资政院议员,是国民默认资政院即为国会,一举一动自相矛盾,无怪两次请愿,政府往往以人民程度不足为辞。呜呼,我国民何其拙也!今宜通告各省咨议局,撤回上年所选资政院议员,本年九月资政院开院万不可应召集会。召集之日,正国民要求速开国会之日。使政府知资政院不足以牢笼吾国民也,势必废资政院颁速开国会之诏也。

在此前后,《大公报》上有关于汉口、福州等地组织同志会的报道。6月

15日的《汉口请愿速开国会同志会记事》称，5月24日，汉口各团体为速开国会，在商业学堂召开研究会，到会的有七十多人，分别来自旅鄂两粤团体会、公益救患会、商防保安会、地方自治局、劝学所、自治公所、汉阳教育分会、夏口教育分会、湖北铁路协会、演说自治戒烟会、高等小学堂、中学堂、师范学堂、实业学堂、银行讲习所、商业补习所等，议决组织湖北请愿速开国会同志会汉口支部，5月27日开支部成立会。请警察总局派员监视，并派警察在场外稽查，印了五千份传单，由各发起单位派送，暂借汉口商业学堂为事务所。成立会那天，有一百三十一人出席，选出了主席、书记。

8月19日，《大公报》刊登的《福建省城请愿速开国会同志会开会略记》说，7月10日，第一次在学府明伦堂开会前，教育总会组织刊印的广告浅说、签名章程就遍布各处，妇孺皆知，二千多人到会，作为进京请愿代表在北京忙了半年多的咨议局议员刘崇佑，在会上报告了本会旨趣及速开国会的必要，还讲述了第一、二次请愿时的情况。7月13日在福州南门外天安堂第二次集会，有三千多人到会。7月24日选举职员，通过《福建省城请愿速开国会同志会规则》十二条，决定干事会每个月开会一次。

期间，朝廷也并非全无作为。6月22日，《大公报》曾报道，北京巡警总厅为了推动地方自治，这一年编了一册《选举浅说》，挨家挨户分给选民。

7月28、29日，《大公报》接连报道"同志会提出第三次请愿意见书"，北京同志会不用"总部"二字，改为北京国会请愿同志会，第三次国会请愿定在次年二月举行（因张謇建议提前到当年资政院开院时），这次签名必须普及于农工商各界，每省至少须百万以上。在此之前，还须有间接请愿办法，代表团上请愿书于资政院，各省咨议局及各团体同时上请愿书各省咨议局和各团体同时呈请督抚代奏。

8月13日，《大公报》报道，因北京国会请愿同志会向未注册，警厅传话说再不立案，就要解散。7月4日，他们向外城巡警总厅申请立案，报到民政部，官员们多数主张转军机大臣决定。民政部尚书善耆却当即批准，他对下属说："凡人民结社立会能不违背法律者，本部即有保护之专责。查国会请愿一事，多系志士热心爱国，以和平主义力求进行，该会既无强挟之要求，即为不背法律，应即允准立案，无庸请商政府，以致多所转折"。[17]

国会请愿运动还能继续，显然与善耆这些清廷高官的态度不无关系，他的这一番话，足见对政治文明的理解。难怪他对汪精卫谋刺摄政王一案的处理也不是大开杀戒。

8月26日，《大公报》报道，北京国会请愿代表团向咨议局联合会提交议案，提出两条，一、引用西方人"不出代议不纳租税"的信条，限制民选资政院议员，不得承认新租税，不准各省督抚私自征收租税，否则国民不承认其议员资格。二、"拟请本年咨议局常年会时，即以请愿速开国会为第一议案，呈请督抚代奏，若不允，则全体议员同时辞职。"

10月11日，《大公报》刊登了请愿代表团第三次上摄政王疏，《东方杂志》（第七年第11号）发表时题为《咨议局代表孙洪伊等上监国摄政王书》。10月14日，《大公报》报道了请愿代表团要求资政院提议在宣统三年内召集国会（《东方杂志》以《咨议局代表孙洪伊等上资政院书》为题），咨议局联合会也陈请资政院提议速开国会。

英敛之的理想一直是君主立宪，以他为代表的《大公报》推动立宪不遗余力，对于请愿运动也是事无巨细，连篇累牍地报道。9月8日报道说，工人何茂林、徐翠璋、伍岳奎、许连仲等百数十人，开列了名单，寄给同志会，"以尽国民天职"。9月22日报道，广立顺洋货庄18岁的店员王金魁在写给请愿同志会要求签名的信中说："现观我国政府之腐败，专制之酷烈，官场之舞弊，交涉之棘手，无一非速亡之现象。惟诸公组织请愿国会，诚为救亡要图。"10月2日报道，"一般劳力家"到请愿同志会来签名的，每天都有数十起。"劳力家"也就是从事体力劳动的人。

10月3日报道，德盛洋车厂人力车夫邢德光等10余人写信给请愿同志会："生计艰难，衣食二字，劳力者多不易求，若不速开国会，我辈将无生望"。

成兴魁铺长史临湘、李进才等人的信中说："政府腐败已极，贪官污吏遍满国中，官逼民叛，日有所闻，舍速开国会外，别无救亡之策。"义昌新洋广货店店员黄辑五等 10 余人在信中说："争吾辈天赋之权利，虽粉身碎骨，亦所不惜。"[18]

这些工人、店员、人力车夫纷纷参与到国会请愿运动中，他们的名字出现在报纸上。他们是一个一个具体的个体生命，《大公报》将他们的名字留下来了，即使作为一个无名小卒，他们也同样参与了历史。历史正是由那些有影响力的和更多没有影响力的人共同构成的。这些生活在底层社会、默默无闻的人也许就这么一次上过报纸，以后再也没人提起他们的名字，却足以骄傲一辈子了。在直隶省的第二次签名册上，还出现了不少农民的签名。

九、资政院的报道

1910 年 10 月 3 日，资政院在北京举行开会典礼。

10 月 17 日，资政院开会时，易宗夔议员提出："现在我们资政院开院已有半月，政府交议之案及核议各省之案，均是枝叶上之问题，不是根本上的问题。至于根本上的问题，就是速开国会。当此存亡危急之秋，惟国会可以救亡。现在各省咨议局联合会陈请速开国会，这是本院根本问题，应当先解决的。请议长改定议事日表，请议速开国会事件。"于邦华议员也说："今将重大议案总不提出，陈请速开国会亦不提出，岂不是政府将此不要紧以为搪塞之计？"他们的发言都得到了掌声。

第三天，资政院开会时，又有方还议员提出这一问题。

10 月 19 日，《大公报》发表《三次国会请愿之感言》："迩月以来，日日震颤于我耳鼓者何乎？曰国会国会；日日闪烁于我眼帘者何乎？曰国会国会；日日涌现于我脑海者何乎？曰国会国会。"

10月22日，资政院开会讨论的中心议题就是速开国会。罗杰、江辛、于邦华、陶镕等议员相继发言，表决时赞成请开国会者起立，全体议员应声蠹立，鼓掌如雷，再三高呼"大清帝国万岁！大清帝国皇帝陛下万岁！大清帝国立宪政体万岁！"全场震动。请速开国会的奏稿获得一致通过，可见这是大势所趋。《东方杂志》第7年第11期有详细记录。对于资政院开会的情况《大公报》也多有报道。

六天后，10月28日，资政院开会时，议长宣布速开国会一折今天已有谕旨，请大家起立静听，就是将原折交会议政务处王大臣公同阅看后预备召见。11月3日，监国摄政王召见会议政务处王大臣等17人会商。11月4日，上谕下达，将原定宣统八年开议院，改为宣统五年，提前三年召开。也就是将预备立宪的年限缩短为六年。

此时，中国的统治者已从慈禧太后变成了年轻的摄政王载沣，只有二十七岁，还是一个年轻人。十一个月前，1909年12月7日，《大公报》曾发表评论《摄政王一年以来之大政》，对其用人施政多有议论：

> 当此宪政方新之日，事事待人而理，乃以不谙宪政之人胪列朝右，如是而欲求宪政之进步不亦难哉？……吾人今日所求于摄政王者，惟有破除成见，登用人才，勿以私心而败大计……先帝之行政也，明决果断，改革诸政无不实力奉行，观于戊戌之朝纲整顿，两月之间，决行种种大政，一切委蛇泄沓之风为之尽革……他如外交之牵延，内政之腐败，一切萎靡不振之情状不减于数年以前。

评论处处拿光绪帝作对比，对载沣颇为失望。载沣与他哥哥光绪帝一样喜欢读西方翻译的书，最大的爱好是天文学。他本来就不是有雄才大略之人，又赶上国事艰难之时，进退之间难免犹豫。当慈禧太后去世前，先是他被授为摄政王，接着要他把不足三岁的儿子溥仪送进宫内教养，并在上书房读书，他诚惶诚恐，再三叩辞不得，"万分无法，不敢再辞"。这是他在1908年11

月 13 日的日记所记。第二天，光绪帝崩于瀛台，慈禧太后下旨："摄政王载沣之子溥仪著入承大统为嗣皇帝"，又以载沣为监国。12 月 2 日，溥仪即皇帝位，以明年为宣统元年。次日，下旨重申"以宣统八年为预备立宪期限，以符第九年原议"。

进入 1909 年，载沣日记的前面除了写明黄帝纪元、大清开国 266 年，还特意写了一行："大清帝国预备立宪第二年"。

1910 年 1 月 11 日，他在日记中郑重地记着："都察院禀代递各省请愿代表孙洪伊等《呈请速开国会》一折，内阁奉上谕一道，训勉备至，仍以九年为限。"通常他的日记都极为简略。

这年 6 月 4 日，《大公报》报道，面对 1909 年以来各地掀起的抗捐抗税斗争、骚乱和暴动，载沣说："足见人民资格不齐，若果国会速开，诚恐徒滋纷扰，故仍坚持原定年限。"

6 月 27 日，他在日记中记着，代行召见会议政务处王大臣等，下了一道上谕，仍坚持九年预备立宪。

7 月 14 日，《大公报》刊登一则传闻，说载沣看到"直东两省人民签名者已达十三万"的请愿书，"拍案大呼曰'人民请愿如此之多，倘再不准，未免大失民心。'"。

11 月 4 日，隆裕太后召见摄政王，批准了会议政务处王大臣所拟的上谕，将九年预备立宪改成六年，以宣统五年为开设议院之期。他盖上了"监国摄政王"的印章。

在这一天的日记中，向来惜墨如金的载沣，不仅抄录了上谕的全文，还将署名的十八位会议政务处王大臣姓名一一记下：

奕劻、毓朗、那桐、徐世昌、世续、陆润庠、邹嘉来、李殿林、善耆、载泽、荣庆、唐景崇、荫昌、载洵、廷杰、溥颋、唐绍怡、寿耆同一天下达的另外两道相关的上谕，都有军机大臣奕劻、毓朗、那桐、徐世昌的署名。其中一道上谕说：

> 现经降旨，以宣统五年为开设议院之期。所有各省代表人等，著民政部及各省督抚，恳切晓谕，令其即日散归，各安职业，静候朝廷详定一切，次第施行。[19]

预备立宪提前三年，也不能说毫无让步。然而，11月7日资政院开会时，议员发言仍对此不满。吴赐龄、于邦华等议员认为监国摄政王对速开国会毫无成见，问题出在政务王大臣那儿。

11月16日午刻，京师各学堂学生齐集大清门，三呼万岁，唱立宪歌。上海《申报》在11月8日发表的文章中设问："某军机聆此万岁声立宪声，其感情何如。吾又不知一般反对国会之内外臣工聆此万岁声立宪声，其感情又如何？"

对于立宪派来说，一次次的请愿，终于得到了回应，虽然不是立即召开国会，总算也没有白费心血。张謇以江苏咨议局名义致电各报馆、资政院及各省咨议局，对请愿有效，表示欣慰。《大公报》于11月15日作了报道，不料却引起各省的反对，他们对这个结果仍不满意，坚持要求马上开国会。《大公报》刊载的《请愿同志会致各省同志书》有一句不无沉痛却又无奈的话："千气万力，得国会期限缩短三年。心长力短，言之痛心。……三年遥遥，夜长梦多……"11月21日，《大公报》刊载的《请愿代表团奉令解散后之通告书》有一句话："此次所得请愿之效果并未圆满"。

民间要求立即开国会的呼声没有停止。

12月20日，天津各学堂学生3859人，在国会请愿同志会会长温世霖、咨议局议长阎凤阁和商会总理王竹林带领下，打着各色旗帜，高举"立宪救国""速开国会"等标语，喊着"誓死请愿"等口号，向直隶总督陈夔龙请愿。《大公报》第二天就做了报道。后续的情况，也都有追踪报道。温世霖于次年1月7日被罗织罪名、秘密逮捕，发配新疆，罪名之一就是"擅捏会名，妄称会长"。[20]

12月29日，《大公报》上发出"直以热心爱国之绅良与革党会匪齐观而等视矣"的感叹。

从1909年以来，《大公报》上不断有呼吁开放党禁的言论，要求赦免戊戌党人，让康梁回国效力。孙中山的消息时隐时现，有真的，也有假的。孙中山是一个革命的符号，经常被写成"孙汶"。

十、不许学生干预时政

在"拒俄运动"中表现积极的京师大学堂学生在立宪浪潮中没有什么动静。只是在1906年《预备立宪诏书》下达之后，京师人学堂有过一次隆重的集会。朝廷对学生的控制一直很严密。

1904年考入京师大学堂预科德文班的李仪祉，在写给伯父的信中讲到：

"学部对于学生，近日甚为憎恶，一则由于不成才者过多，一则由于学生议论行政也。浙江路事，学界曾上一书，大犯政之怒，传旨申斥。"

有一位教务提调动辄警告学生："诸君亦知学部的意思，开除一班学生，并不可惜，既有学堂，不愁无学生。"有一位学生这样回敬："我辈来此，亦想学成为国家办事耳。谁愁在家缺饭吃耶！"[21]

"拒俄运动"以后，朝廷对于学生干政就没有放松过管束。

1908年1月4日，学部"为查禁学生开会结社事咨行京师大学堂"。当时外城总厅得到消息说包括五城中学堂、京师大学堂等学生要在次日开会。而京师演说开会都是奉旨查禁的。这份公文说："查学生干预政事，开会结社，历奉严旨查禁，经本部恭录通行在案。"

1月10日，学部又"为遵旨不许学生干预国家政治、联盟纠众、立会演说等知照大学堂"；"如不准干预国家政治及离经畔道、联盟纠众、立会演说等事，均经悬为厉禁。近来京外各学堂纠众生事、发电妄言者纷纷皆是。"也就是说，北京以外各学堂都有学生卷入公共事务，学部要求京师大学堂严加控制，不许学生介入。[22]

1910年6月6日，学部又为告戒学生专心向学、不得干预他事专门给大学堂咨文："专心向学，不得开会演说及与闻各会之事，等将来学术有成，出为世用，慎勿干与外事，致荒学业。"

12月27日，直隶学司电称："天津各校学生罢课，要求国会。现在天津学生一律上课，担心他们函电到京煽惑。本月23日谕旨已经缩改议院年限，前已降旨宣示，不准再行联名要求。学生职在求学，尤当遵守理法。要京师大学堂把上述谕旨和摄政王的面谕传知各学生，一体遵守。如学生有被人诱惑，敢于干涉政事，或教员等从中鼓动等情，即予分别开除斥退，毋稍宽纵。"

从1908年到1910年，京师大学堂被朝廷管控得铁桶一样，学生没有机会站出来参与国事，所以在国会请愿运动中，几乎听不到京师大学堂的声音。

十一、七十多种宪政书籍

第三次请愿获得缩短三年的结果，立宪派领袖、江苏咨议局议长张謇的表态受到各地激进派质疑和批评。《大公报》上也披露了这类消息。1910年12月27日，他在湖广总督瑞澂那儿读到各省督抚联名奏请立即组织责任内阁、开设国会的电稿。1911年2月18日，他专程前往苏州拜访参与电奏的江苏巡抚程德全。第四次请愿的念头由此萌生。

2月28日，张謇听说俄国向中国提出最后通牒，要求以长城为界，给各省议长紧急发出一封"陷电"，开头即说："锦绣江山，任人刀俎，吾民真死无葬身之地矣"，他倡议，先由各省咨议局议长联名急电政府不得签约；第

二、筹商各省议长入都共议救亡大计。《大公报》3月19日报道，已得到七省回电，包括浙江、四川、广西、广东、安徽、江西、湖北。

3月24日，《大公报》刊出《请愿同志会电约各省议长入都定计书》，"咨议局者，一省人民之代表机关也。议长者又代表机关之代表也。聚各行省代表机关之代表于一堂，既不啻聚四万万同胞于一堂，因而共谋最后自立之方针，必切实而有力。"

署名虽是"北京同志会干事孙洪伊等"，却少不了张謇在幕后的推动。不仅这一倡议首先出自他，而且此文开头就抄录了他那篇电文。

4月21日，《大公报》刊登了咨议局联合会主任通信处湖北咨议局的公函，请各省咨议局议长4月29日到京会商。

5月8日，内阁成立，以庆亲王奕劻为总理，内阁大臣十三人中皇族就占了七人，连奕劻都几次请辞，"诚不欲开皇族内阁之端，以负皇上者负天下臣民之望"。

5月12日，《大公报》上刊登张謇发出的江苏咨议局总辞职通告，这是与两江总督张人骏为预算案发生冲突，表示最强烈的抗议。此前，大公报5月6日就报道了江苏咨议局来信有关辞职抗议的消息，还配发了评论《读江苏咨议局通电志感》，认为"此次议员辞职之举，诚不愧为国民代表哉"！

张謇未能及时进京，就在5月12日，已进京的各省议长、议员在松筠庵举行各省咨议局联合会的大会，到会的有四十多人，选出湖南谭延闿为主席，湖北汤化龙、福建刘崇佑、直隶孙洪伊等九人为审查员。《大公报》于5月15日作了报道。5月24日再次集会讨论整顿政党。《大公报》于5月31日报道这一消息。

6月6日，各省咨议局联合会请都察院代奏，皇族不宜担任内阁总理。

6月8日，《大公报》刊登了这份《各省咨议局联合会呈奏皇族不宜充任内阁总理折》，其中说："组织内阁之总理大臣于君主无亲族之关系，倒一内阁不过倒一某总理，内阁君主毫不受其影响。组织内阁之总理大臣为密隶于君主之皇族，倒一内阁即为倒一皇族内阁，皇族缘内阁而推倒，使臣民之心理忘皇族之尊严。"

也就是这一天，张謇到京。五天后（6月13日）的《大公报》报道，内阁开会拒绝了咨议局联合会的要求，认为"有碍君主用人特权，是即有违君主立宪政体"。咨议局联合会不服，再次通过都察院上了一道反对皇族内阁的奏折，《大公报》6月26日全文刊登，"夫君主不负责任，皇族不掌政权，为君主立宪国唯一之原则……夫自先朝颁布立宪之诏，天下喁喁望宪政久矣。请国会之早开，以求实行宪政也。责军机之不负责任，亦以求宪政也。天下臣民求实行宪政之心日积日高，希望政府之心即日益已炽，挟最高最炽之希望。"

6月10日，各省咨议局联合会在松筠庵举行欢迎张謇的茶话会，谭延闿代表全体致欢迎词，谈论了关于政治、实业等问题，并商定各省通信之法。《大公报》相关的报道是6月14日。张謇到北京之前，5月21日的《大公报》就发表消息说他"此来系专为实业，并无关政治问题云"。他此次进京当然不可能与政治无关。

6月11日，帝国宪政实进会开会欢迎张謇，许鼎霖在演说中提及："张君之讲求实业，在国家未设农工商部之前；提倡教育在国家未设学部以前。"闻者无不肃然起敬。散会之后，雷奋、孟昭常又在法政学堂设茶会。《大公报》6月15日的报道以《宪政实进会欢迎张季直记》为题。

6月13日，监国摄政王载沣在勤政殿召见十四年未到京的状元张謇。张謇想起光绪帝，载沣的亲哥哥，心中感动，说了一句："今日世界知中国立宪，重视人民，皆先帝之赐也。"摄政王说："汝在外办事多，阅历亦不少，有话尽开说。"

他向摄政王当面陈述"外交有三大危险期，内政有三大重要事"，强调"外省灾患迭见，民生困苦，朝廷须知民隐及资议局事"。[23]

一国的最高决策者载沣不过28岁，在实业、教育、地方自治等领域用力十多年、将立宪视为毕生最重要追求的状元张謇已59岁。6月18日，《大公报》的报道以《监国召对张季直》为题，说监国对他"深为嘉许"。

一个月后，《大公报》于 7 月 13 日刊登了《咨议局联合会宣告全国书》，被称为"请愿运动的总结报告书"，可以看作是清廷的"最后忠告"。这次的对象不再是"君"，而是民，即文中所说的"父老"。他们最后沉痛地宣告："吾人民之希望绝矣。议员等一再呼号请命而不得，而救亡之策穷矣。……名为立宪实则专制矣。"

但直到此时，包括张謇在内，依然是坚定的立宪派，未曾想过清廷会在革命中崩解。英敛之的想法也是如此。近十年来，《大公报》的言论导向与张謇、张元济他们的追求几乎是一致的。这也是那个时代精英们共同的追求。

1910 年 6 月 5 日，南洋劝业会在南京开幕，这是中国第一次举办世界博览会，《大公报》做了详细报道，商务印书馆在这次博览会上也很吸引人。此时，它正处于第一个黄金时代，在南洋劝业会派发的《商务印书馆出品说明书》非常详细地介绍了十三年来的成绩，在图书出品说明中除了教科书类，就是政法书类——

> 预备立宪明诏颁，各省咨议局、地方自治，先后成立。资政院且于今年九月开幕，而法官考试文官考试，亦将次第举行，凡属国民，洵不可不具政法之学识，本馆特延政法专家，从事编辑，本国旧有之典例，则恭校印行，以广流传。本国新颁之法令，则详加解释，以供研究，政法学理，及外国法制，则择要译述，以资采择，或备学堂讲究授之用。或为考试必备之本，成书计七十余种，兹分类列下：
>
> 本国典例四种　本国法令六种　解释本国法令书十余种　法律政治经济等书二十余种　宪法议会书十余种　地方自治书四种　政法词典二种[24]

从 1906 年到 1911 年，商务印书馆出版的各类宪政书籍达七十多种，涉及各国立宪情况、宪政制度、国民公私权利、政党历史、地方自治等。

1911 年 6 月 21 日，《法政杂志》第四期刊出广告，由张元济等人校订的《学部审定订正立宪国民读本》二册已经出版。

商务印书馆以大量的出版物和《东方杂志》参与了立宪进程，1911年初，预备立宪公会第五次常会上改选会长和副会长，张元济当选为副会长决不是偶然的。也是这一次张謇当选为会长，另一位副会长是曾连任两届会长的郑孝胥。

注：

1、蒋维乔《高公梦旦传》，《商务印书馆九十五年》，商务印书馆1992年，52页。

2、《京话实报》1906年第53号，转引自侯宜杰《二十世纪初中国政治改革风潮》，人民出版社1993年，75页。

3、王学珍 王效挺 黄文一 郭建荣主编《北京大学纪事》，北京大学出版社1998年，33页。

4、孙宝瑄《忘山庐日记》下，上海古籍出版社1983年，1082页。

5、萨孟武《学生时代》，广西师范大学出版社2005年，17—18页。

6、《上海商务印书馆创业十年新厂落成纪念册》，第9页。

7、叶晓青《光绪帝最后的阅读书目》，《历史研究》2007年第2期。

8、张树年、张人凤编《张元济书札》（增订本）下册，商务印书馆1997年，962—963页。

9、周振鹤《晚清营业书目》，上海书店出版社2005年，314—316页]

10、李仪祉《自传》，《李仪祉全集》，中华丛书委员会1956年印行，786页）

11、《东方杂志》第6卷第13号。

12、《东方杂志》第6卷第12号"宪政篇"。

13、《东方杂志》第6卷第13号"宪政篇"。

14、参考李孝悌《清末的下层社会启蒙运动》，196页）

15、转引自侯宜杰《二十世纪初中国政治改革风潮》，270、280页）

16、参考李孝悌《清末的下层社会启蒙运动》，195—196页）

17、参考侯宜杰《二十世纪初中国政治改革风潮》，301—302页）

18、转引自侯宜杰《二十世纪初中国政治改革风潮》，335页。

19、爱新觉罗·载沣《醇亲王载沣日记》，群众出版社2014年，315、346、360、370—372页。

20、侯宜杰《二十世纪初中国政治改革风潮》，328、329页。

21、这封信没有年份，只写着"十一月十九日"，浙江路事，是指1905年发生的争取苏杭甬铁路修筑权，此信当写于1905年12月15日。《李仪祉全集》，899页。

22、"如不准于预国家政治及离经畔道、联盟纠众、立会演说等事，均经悬为厉禁。"出自光绪三十三年十一月二十一日下达的《整顿学务谕》，《清末筹备立宪档案史料》下册，中华书局1979年，1000页。

23、张謇《柳西草堂日记》，李明勋等主编、张廷栖、赵鹏等执行编辑《张謇全集》8，上海辞书出版社2012年，720—721页。

24、叶新、周伟俊编《晚清出版史料汇编》，知识产权出版社2021年，122页。

天津大公报馆

上海商务印书馆大楼

商务印书馆印刷车间

商务印书馆《最新国文教科书》插页

1904年创刊的《东方杂志》

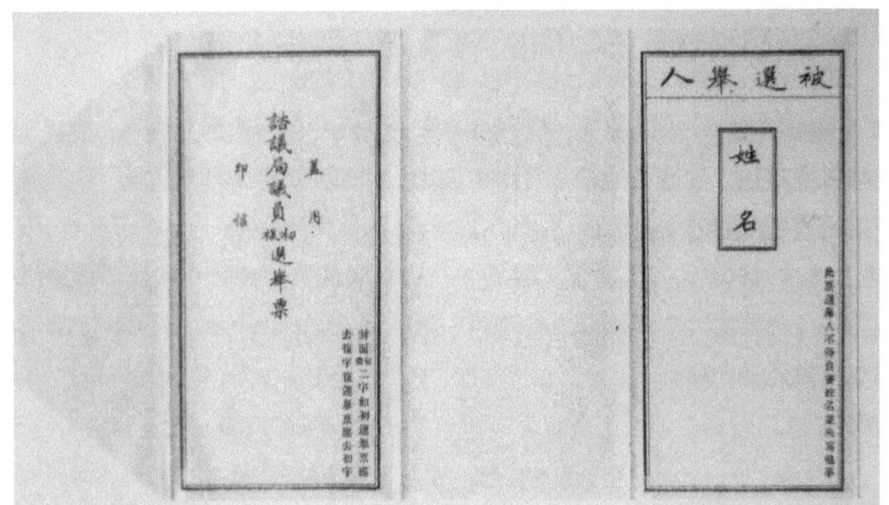

咨议局选票

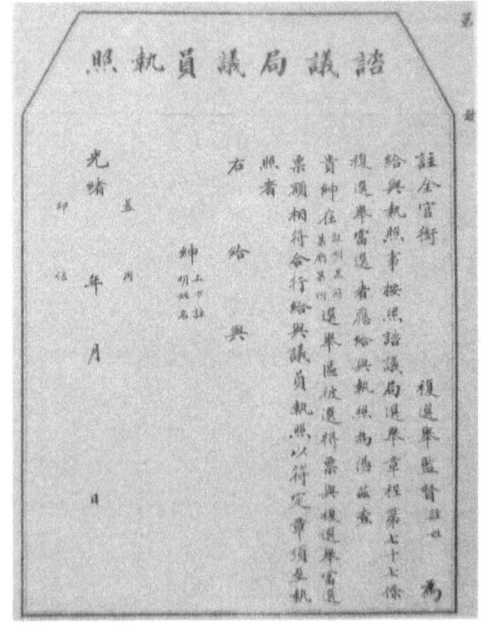

咨议局议员执照

第三篇

——

共和

1911—1917

一、"鄂乱"报道

1911 年 10 月 12 日，《大公报》刊登一道清廷的"电旨"："瑞澂电奏，探知革党潜匿武昌，定期十九日夜间起事……该督弭患初萌，定乱俄顷，办理尚属迅速。"

两天前，也就是 10 月 10 日（辛亥年八月十九日），湖广总督瑞澂事先已得到革党要在武昌起事的消息，事实却并非像他电奏所说，"定乱俄顷"，而是仓促逃到了停在长江的楚豫舰上。

同一天，《大公报》刊出的另一条"谕旨"表明朝廷已获知真相："此次兵匪沟通，蓄谋已久，乃瑞澂毫无防范，预为布置，竟至祸乱猝发，省城失陷，实属辜恩溺职，罪无可逭"。

第二天（13 日），《大公报》发表的《闲评一》写道：

> 吁嗟！革命。吁嗟！川乱。何苦以满腔颈血，为肉食者升官发财之资料乎！噫，可以休矣！

显然对正在发生的这场革命不以为然。

《大公报》将武昌起义称为"鄂乱""乱事"，将革命党人称为"革党""革匪""匪目""匪党"等，也可看出它此时的态度。

到 10 月 14 日，《大公报》发现武昌事态越来越严重了，"要闻"第一条就是《京师戒严之近闻》："日昨以武昌失守、革党势甚汹涌，京师不得不先事预防……"也是从这一天起，专门开了一个专栏《武昌乱事近闻一束》，还有一个叫"湖北"的栏目，报道地方新闻，此后几乎每天都是关于武昌"乱事"的报道。这一天，《大公报》发表评论说：

> 就现势而论，革党将虞不敌……政府苟幡然悔悟，实力改革，与国民相见以诚，俾知朝廷奋发有为，凡立宪国民应享之权利，不难安坐而获。则夺去革党之标帜，而弥天大祸或可挽回。

主张君主立宪，不支持革命，这是英敛之代表的《大公报》向来的立场，尽管他们对朝廷也是一肚子的不满。

10月15日，《大公报》报道，朝廷通电各省"禁止报登鄂省军情"。这时，北京等大城市受武昌起义影响，金融上开始出现恐慌，《大公报》也有披露。比如10月18日的《闲评一》："近闻京官之财多而胆小者，纷纷购买金磅；或竟送眷南下。以致金价骤见高涨，海轮倍形拥挤。"认为此等举动最足以摇惑人心，为了杜渐防微，应该设法禁阻。21日，《大公报》又在《闲评一》中讲到京师的不稳定："大凡兵乱之时，未乱之地方宜持之镇定。而尤宜镇定者，则惟京师。京师为全国所观瞻，一露慌张，人民即倍加惶急。"认为"鄂乱仅一隅之乱耳"。26、27日，《大公报》在"言论"栏连续发表"无妄"的《受鄂乱之影响者》：

> 乱事之初起也，京师得信最早、戒备最严，而慌张亦最甚。无端而罢秋操，无端而停邮电……且东调西征，如逢大敌；朝令暮改，靡所适从……乱党之势力未能骚扰全国，而政府先自骚扰也；乱党之气焰未能慑天下人之心，而政府反助之扩张也。

为此呼吁政府加紧立宪以对付"鄂乱"。

11月2日，《大公报》的评论中有一句话："至于今日乃真立宪与真革命互决胜负之时，然而最后之胜利尚难悬断。"

而真立宪才是《大公报》创刊以来一直追求的目标。10月25日，刊登张謇 10 月 13 日代程德全起草的给北京内阁那封通电，提出治本之策也是以立宪消弭革命。编辑在通电前面的按语就是强调真立宪："江苏巡抚程德全电陈川鄂事变策，由张謇代拟，要求朝廷迅即实行真立宪，以便扑灭川鄂乱事。"

11 月 3 日，《大公报》发表无妄的《祸乱其渐有消弭之望乎》一文分析：

> 说者曰革党之宗旨在共和不在立宪，朝廷愈立宪革党愈恶其害己，且已势成骑虎，安肯幡然变计……不知今日之革党热心国事者居其多数，而志在煽惑者实属寥寥，与其以铁血谋胜利，孰若以和平得幸福。

11 月 18 日，《大公报》发表"梦幻"的《论今日政体上之解决》，开篇即说"中国专制政体不适用于今日之世"，如今朝廷主张君主立宪，党人主张民主立宪，为此提出以"联邦帝国制度"为解决办法：

> 认各省为联邦……仍以帝统归之朝廷，改为中华联邦帝国，由各联邦公举代表，晋京组织联邦国会，改造联邦政府，编订联邦宪法。皇帝除代表国际外，所有外交、军事、财政、交通诸大端，均由国会议决，政府执行。既可达人民之志愿，仍不失皇室之尊严，而万世一系之基，因之而固，种族相仇之祸，因之而消。

可以说，《大公报》的立场在这篇文章中已讲得很清楚，就是建立一个君主立宪制的联邦帝国，皇室只管一件事情，对外在国际上代表中国，其他的一切都由国会来议决。

11 月 26 日，《大公报》刊登《许鼎霖致程德全伍廷芳李平书等人函》，许鼎霖是来自江苏的资政院议员，张謇的得力助手，这封长信就是阐述中国要走君主立宪的道路，呼吁"真立宪"，因当时南方独立各省的潮流趋向共和，急欲摆脱专制政府。江苏巡抚程德全在苏州独立，11 月 3 日上海独立，李平书和曾与庆亲王等军机大臣对话的沈缦云都是重要的支持者。也是 11 月 26 日，《大公报》发表《马相伯致程德全书》，对共和表示担忧，"误解独立为共和，列强瓜分姑不论，即几人称帝，几人称王，其谬种亦足以覆我邦族而有余。"

从 11 月 20 日开始，《大公报》连登"征文小启"，举办以"君主民主立宪问题之解决"为主题的有奖征文活动。这则大公报馆的小启登在报头左侧醒目位置，"时事蜩螗，神州岌岌"，除了"破专制而改立宪"没有其他路可走，这一点已无分歧，"所争者在君主民主两问题耳"，中国的"历史、宗教、区域、习惯"各方面与世界列强比较确有特异之点，究竟适用何种立宪政体，主张君主立宪的为一派，主张民主立宪的为一派，为集思广益，所以发起这次征文，获奖文章将陆续刊登报端，以供世人研究。

近十年来，大公报馆先后举办过多次征文活动，其中最重要的是三次征文，分别是一千号征文、二千号征文、三千号征文，几乎都以"立宪"为主题。直到此时，《大公报》还没想到清朝马上要垮台了，仍就"君主民主立宪问题"向读者发起征文。

12 月 5 日，也就是半个月后，征文揭晓，《大公报》在显著位置刊登这个结果，称此次本馆设题征文，为政治上之研究——

> 一等一名：第三者，赠洋三十元；二等二名：汤捷刚、金采，各赠洋二十元；三等三名：沽上钓游生、碧天、卢剑秋，各赠洋十元。另有备取九名，厂生、谢公、张子厚三人各赠洋四元，邓继禹等六人各赠洋三元。

从这一天起，《大公报》陆续刊登获奖文章，几乎所有的获奖者都认为君主立宪政体才是中国最明智的选择。一等奖获得者署名"第三者"，也就是在朝廷、革命党之外以第三者自居，这篇获奖文章《君主民主立宪问题之解决》指出，自立宪之诏下，"政治革命与种族革命之问题一变而为君主立宪与民主立宪之问题。所谓民主立宪者其表面为政治革命，其里面仍在种族革命。"接着从历史、疆域、外交、财政、宗教、政党的关系六个方面论证民主立宪不适合中国，尤其不适合今日之中国。

这一思路非常符合英敛之当时的判断。两千年来都是皇帝统治的中国，在 1911 年前后，英敛之认为君主立宪制是最适合的。这一年，他已 44 岁，半生的梦想就是立宪。即使到了这个时候，他通过《大公报》的征文活动，也是希望唤起更多的共识，历史能在他所期望的轨道上继续展开。

但走到这一步，讨论已经没有用了，时势比人强，这一点连庆亲王奕劻都明白，11 月 4 日《大公报》的报道中有一句庆亲王奕劻的话："现所患者，不在革党之搆兵，实在人心之思变，故风声所至，响应如此之速。"

而《大公报》上仍在不断发表《共和独立之研究》《论美国共和政体之流弊》《中国存亡问题系于民族之离合》《论共和主义实召亡国之祸》《哀恳全国志士维持现状意见书》等文，这些言论以"来稿""录稿"等形式发表，竭力主张中国只可立宪，不能共和。

近十年来，英敛之一直主张君主立宪，几乎倾尽了他前半生的心血。然而，就在这个时候，他昔日的同道比如张謇已转向共和。11 月 19 日《大公报》发表《张謇等联名电请逊位书》，这是张謇、伍廷芳、唐文治、温宗尧联名发给摄政王的，痛言"大势所在非共和不能，以免生灵之涂炭……是君主立宪政体断难容于此后之中国……倘蒙翻然改悟，共赞共和，以世界文明公恕之道待国民，国民必能以安富尊荣之礼报皇室……"

不到一个月，12 月 18 日的《大公报》又发表以张謇为议长的江苏省临时议会给顺直咨议局的电文："政体必主共和，以为全国一致之舆论，既欲议和，必先定政体，乃有结果。"

二、回应革命

商务印书馆的主要言论平台是《东方杂志》，因杂志的周期长，反应比较慢。1911 年 10 月 10 日武昌起义发生后，相隔一个多月，到 11 月 15 日出版的《东方杂志》第八卷第九号，杜亚泉才以"伧父"的笔名发表《革命与战争》一文：

"此次我国革命军之起，其宣示于我国民者，一为政治革命非种族革命，是无人种战争之意味；一为主张人道、保护人民生命财产，是无劫夺捕虏之行为；一为建设民国、创立共和政体，是无争夺统治权之性质。故此次战争，纯乎为转移统治权之政治战争，一改历代革命战争之面目，实为我革命民族中一种之异彩，不特大多数国民，倾向于此主义，即清政府中，亦已承认此主义而不惜让步于国民。虽实行立宪与创立共和，主张各异，而转移统治权之主义，实已确立而不可移。"

此文界定这场革命的性质是政治革命，目的是为了建立民国，创立共和政体。当然这不是《东方杂志》乃至商务印书馆的意见，而只是杜亚泉个人的判断。

同一期《东方杂志》上还有他编写的《革命战事记》（署名"高劳"）。

《东方杂志》自1910年起革新，改32开为16开，正是他的主意，发行量到了一万份以上，"打破历来杂志销数的记录"。[1]

商务印书馆一向主张君主立宪，曾出版大量与预备立宪配套的图书。此时革命发生了，又将作何反应？

从10月14日起，商务馆资深编辑蒋维乔在日记中留下了不少记录：

当天上午编译所开会，"因武昌革命军起，商业大有影响，各部稿件有可缓排缓印者，均提议从缓。惟英文国文二部照旧从事。"

10月18日，"高（梦旦）张（元济）二公拟将今年革命事实作《革命纪》发售，午后即着手搜集材料。"

商务印书馆的反应确实很快，武昌起义仅仅八天，他们在上海就决定要编革命纪，当天即付诸行动，蒋维乔就是具体执行者。

10月20日，"是日编《广州革命纪事》。此书初名《辛亥革命纪》，今日议定将粤、鄂、川各省事件分作三册。余专任广州事件，故改今名。"

在《广州革命纪事》之外，还有《四川革命记事》《武汉革命记事》，一共三册。

10月21日，因年轻的王云五有空，这套《革命纪》事实上已交给他去编辑。

10月25日，"助伯俞编《武汉革命纪事》。""伯俞"就是编译所的同事庄伯俞。

10月27日，"是日编《革命党小传》。"

10月30日，"是日编《革命党小传》毕。"

仅仅用了三四天的时间，他就编好了《革命党小传》，可见时间上抓得非常紧。

11月1日，"商务因官军、革军交战，生意寥落，开销太大，拟下月起薪水一律减折。六十元以上者六折，六十元以下者七折。"

商务印书馆员工的工资也受到了革命的影响。

11月6日，"是日校《革命党小传》。"

11月7日，"是日作《革命党传记》。"

11月11日，"是日编《革命记》。"[2]

这些日记虽然简略，却很重要，作为商务印书馆的编辑，他在武昌起义之后一个月的工作，可以透视商务馆对这场革命的反应。

商务馆出版的《教育杂志》上刊登的新书预告有《美国政要》《法国宪法释义》《共和国民唱歌集》《共和国民新读本》《美国共和政鉴》《法美宪法正文》《世界共和国政要》，还有《美国独立战史》《法国革命战史》《菲律宾独立战史》《葡萄牙革命史》等。

除了《东方杂志》《教育杂志》，商务馆还有其他杂志，这年12月15日出版的《小说月报》第二年第十期"图画"栏刊登了革命女军首领沈素贞和红十字会会长张竹君的肖像。革命女军首领沈素贞手中持剑，张竹君曾带队从上海到武昌前线支持革命。还有中华国民女军的合影，九江红十字会的合影，《小说月报》将珍贵的版面留给了这些献身革命的新女性。这一期的广告页，刊登商务印书馆征集革命史料的广告，打算在大局底定之后，编辑全国革命史稿，"现先搜辑材料，分类汇存。虽各省报纸差已全备，而见闻异辞，终有缺略"，所以向各省军政府、军政分府和从事革命的团体、个人代为搜罗，稿件寄上海宝山路商务印书馆编译所革命史编辑部查收。

商务印书馆开始陆续推出《大革命写真画》系列，共出了十三集，前面的八集分别是武汉、南京、上海、福建、广东、北路各省之革命人物战事及南北议和情景，广告上说"均系摄取真相，摹写如生"。第九集至十三集的内容为浙江、湖南、江西、四川、安徽各省的革命大事，北伐队各军、清帝逊位、专使欢迎、袁总统受职的照片，每册四十幅图篇，用精纸印刷，极为美观，每集五角。当年12月先出三集，预告说：

> 自武汉起事至各省独立，其间若重要之人物，战争之状况，皆为留心时局者急欲先睹为快。现用铜版纸精印，洋装美制，极为适观，先出三集，以下续出。

与此同时，商务印书馆陆续将武汉、上海、南北两京及各省有关革命的照片，制成明信片，"如重要人物之肖像，各省民军之战绩，民国国旗之式样，追悼庆祝欢迎欢送各会之盛举，近如北京炸弹、孙总统祭明陵、蔡专使北上、袁总统受职、京津兵变等要事，均经本馆派人专往摄影，陆续发印……"到民国初年已出三百多张，单色每张二分，彩色每张三分。

张元济的儿子张树年还在幼年，记得父亲当时带回印有革命领袖头像的彩色月份牌，挂在二楼课堂。父亲告诉他一个是黄兴，一个是黎元洪。这些五彩月份牌是商务印书馆赶印出来的。[3]

苏州的两个中学生叶圣陶和顾颉刚，在当地的书店买到过孙中山的小像。

12月，严复给张元济写信说：

"自风云变色以来，海上市情危岌，殆与京师相若。不识商务受何影响，复尚有五千余元存款在彼，可能安稳无恙，颇欲提出交麦加利存贮，庶几他日尚存送老之赀。"

严译著作在商务出版，累积版税不少，还存在商务馆，此时他忧心忡忡，想取出来转存外国银行。

12月19日，严复在日记中说："取商务馆二千五百元，交麦加利。"[4] 当时，他正好南下，在上海参加议和。

此前，蔡元培11月28日从德国回到上海，12月1日就收到张元济的来信，告诉他，还有七百六十多元存款在商务印书馆。商务馆当时因各地分馆不能汇款，"资金短缺，无法应付。"[5] 商务馆的营业收入比上一年减少了一些，上一年是1731695元，辛亥革命发生的这一年减为1676052元。[6]

三、英敛之退隐

1911年12月29日，孙中山在南京当选中华民国临时大总统。《大公报》第二天刊登顺直咨议局接到上海代表会来电："本会定于本月初十日在宁开选举大总统会，此为中国第一次盛典，请贵局同申庆祝"。这则简短的消息题为《南京又开选举大总统会》。

1912年1月1日，《大公报》才报道了孙文当选为临时大总统。第二天，又有消息说孙文当选大总统，"黄兴、黎元洪两党多不满意，以此次孙文并无战功，转不如程德全之符人望"。

同时又有一条"外交团不承认大总统"的消息：

"英美两使谓中国政体须俟国民会议全体公决，方归有效；且共和国大总统亦断无由一部分人民选举之理。此时民军所举总统，无论何人当选，各国均未能承认云。"

这几天，《大公报》对于孙中山当选的报道零零碎碎，一方面是消息来源有限，另一方面也没有太当回事。

1月13日，《大公报》报道"关于民军之种种消息"，其中有孙中山遇刺的消息，刺客当即被抓，浙江人，姓刘，他供称临时政府中多半为广东人，孙以16票被推举为大总统，又系广东人，民军无不愤愤，以浙江人为尤甚，所以誓杀孙文。又有传闻刺杀孙的主动者为章太炎，他在《民报》就力排广东人，孙被举后，即组织一秘密会，"联络死党多人，专为反抗孙文"。

这则消息属于道路传闻，有真有假，章太炎确实组织了"中华民国联合会"，但这不是一个秘密组织，而是公开与孙中山分庭抗礼的政党，也是中华民国南京临时政府成立后的第一个公开政党，1月3日在上海成立，章太炎当选为会长，程德全为副会长，张謇、唐文治、蔡元培、熊希龄等为参议员。说南京临时政府广东人多，虽不完全是空穴来风，也言过其实。（1月15日，《大公报》刊登程德全致黎元洪书，当时程辞去南京临时政府内务总长，这封信相当于是公开信，其中就说："临时政府无一北人，不足以餍北方同志之心"。孙回答："革命之举即在驱逐满奴，不用南人乃用北狗乎？"他认为："岂知北方数省非尽为满人，尚有数百万之同胞在，而孙乃以不可解之言，以抹煞一切。其意盖以临时政府必须皆用粤人，非他省人所能丐其余沥，较之清政府当年之偏重满人，又何以异？"）

至于说章太炎派人刺杀孙中山，并无其事。

也是1月13日这一天，《大公报》发表一篇评论：

"孙文才做得数日总统，便有人向他行刺，共和国总统之生命，何竟危险若此耶？曰，此乃共和之真际也。鼓吹共和者不尝云乎，共和国民之幸福，在人人有得为大总统之希望。夫既人人有此希望……希望何时而贯彻。故共和国之暗杀为独多……"

这是借题发挥，嘲讽共和。孙中山并未遭刺杀，但第二天（1月14日）陶成章就在上海被暗杀，刺客就是追随陈其美的青年蒋介石。陈其美是孙中山的重要支持者。

这篇评论简直预言了未来的民国，陶成章之后，宋教仁被暗杀，陈其美被暗杀……暗杀案不断。1月19日《大公报》还发表过无妄的言论《论暗杀之后患》。

1月17日发表一篇来稿《中国之立宪与共和》。

1月18日，《大公报》在"言论"栏发表梦幻的《论大总统应兼具破坏建设之能力》，以拿破仑、华盛顿为例，"惟华盛顿能以破坏为建设，故至今言共和者，无不奉为鼻祖"：

"今南京组织共和政府，第一任总统，首举孙文。夫孙固以洪秀全第二自命者，频年飘泊外洋，屡起屡蹶，是其才尚不足言破坏，何论建设！观其受任之始，首以排满为惟一目的，以改历为伟大之政策，仍不脱易姓改元之旧知识，谓其无帝王思想，吾不信也。而且党见太深、省界太重，功高如程德全、黎元洪则疑忌之，人望如汤寿潜、章炳麟则疏远之，新政如此，则将来之建设可知，而尚望共和之成立，岂非南其辕而北其辙哉。"

剪辫、易帜、改历、易服，确实构成了辛亥革命的重要内容，离真正的民国还是有很大的距离。对于孙中山的不满，也是源于《大公报》对共和的不认同，并非对孙个人有特别的偏见。质疑共和的言论不断见诸报端，《大公报》1月26日发表的评论说：

"何谓共和？曰手枪炸弹；何谓共和？曰发掘坟墓；何谓共和？曰强剪辫发；何谓共和？曰争夺都督；何谓共和？曰强迫选举……"

向往君主立宪的《大公报》，把当时社会上发生的一切恶劣现象都归罪于共和。

1月27日，《大公报》在白话栏发表"君主立宪维持会"编辑部干事春冶先的《君主立宪与民主共和的利害》：

"……孙文在海外倡革命十数年，所怀抱的宗旨，不外发财与利己主义。彼对于党员毫无信义，别人替彼牺牲性命，彼则攒钱财……彼亦借口革命，向华侨敛钱募饷，敲进来的金钱，尽入私囊。……即如此次武汉起事……孙文早来晚不来，单等南京大局确定，他才来到上海。……一则借此机会，在海外向华侨多多敛钱；二则恐怕大局不稳，白来送死。"

说孙中山以个人发财的利己主义当然不是事实，也可见当时反孙的言论不是孤立的。这是一篇投稿，并不是《大公报》的言论。

将近两个月前（11月28日），《大公报》报道江苏都督程德全给各省都督通电，"拟联合东南各军政府，公电邀请孙中山先生迅速回国组织临时政府，以一事权。中山先生为首创革命之人，中外人民皆深信仰，组织临时政府舍伊莫属。"同一天，还有一条简讯："以国人对于召集国会企望甚殷，袁内阁电催各省举代表晋京，每省速举十三四人来京面商，将君主、民主政体付之解决云。"

但共和的大势已不可阻挡。最终袁世凯逼清帝"辞位"，接受中华民国。

1912年2月13日，《大公报》刊登《皇帝辞位诏书》，"皇帝暂卸政权，不废君号……重睹世界之升平，享共和之幸福……"

孙中山辞去临时大总统，参议院推袁世凯接任。

这一结局出乎英敛之和《大公报》的意料，君主立宪的路走不下去了。

2月23日，这一天是农历新年，《大公报》开始改用民国纪元。也是从这一天起连续12天刊登告白：

"本馆总理英敛之外出，凡赐信者俟归时再行答复。"

从此英敛之归隐香山，将《大公报》的笔政交给唐梦幻、樊子熔，他们自1909年以来就担任主笔。

君主立宪制没有指望了，英敛之离开苦心经营了十年的《大公报》。他的余生在慈善和教育上继续努力，促成了天主教辅仁大学的诞生。一年后，他在香山一块石头上刻了四个大字："水流云在"。这是对君主立宪制的一种惋惜、感叹。

但他依然是《大公报》总理，报馆的倾向与此前并没有大的变化。

3月1日，对袁世凯向无好感的《大公报》发表代论《论袁项城被选总统》说：

"项城者，才足以济变，识足以通时……顾尤所难者，孙中山则谓其素有政法经验，以和平手段达到目的，黎宋卿则谓其化干戈而讲揖让，大功所在，国人称道不置；黄克强则谓其苦心孤诣，致有今日，其功实不可没。嗟乎，孙、黎、黄者，一为民国临时大总统，一为民国临时副总统，一为民国临时陆军部长，皆为革命中之元勋，民国中之功首。……项城真能操纵天下之人，而天下之人又无不为其操纵。其雄才大略，真廿世纪中东亚第一等人物矣！虽然，或以项城为魏武、新莽，或以项城为华盛顿、拿破仑……天下能选之，天下亦能撤之。"

第二天，又发表"梦幻"署名的《共和罪言》：

"以数千年专制老大帝国，一跃而为东亚第一共和国，使全国五大族、四百兆人成一极大团体，同享自由之幸福，平等之利权，斯真旷古未有之盛矣。然吾国英雄烈士拼性命、掷头颅、流热血，前仆后继，不惜出百死以求之者，在于实际上之共和，不在名词上之共和也；在于精神上之共和，不在形式上之共和也。盖欲实行共和，必使人人有道德思想、法律思想、政治思想、合群爱国思想，尤必使人人各安其业、各遂其生，而后可与言自由，可与言平等，否则流弊将不可言矣。"

无论对于袁世凯，还是新生的共和，《大公报》都不抱希望，言辞之间有批评，有嘲讽，更多的还是无奈。

孙中山担任临时大总统时，《大公报》的报道都是直呼其名，称为"孙文"。孙中山辞职后，报道中则称为"孙中山先生"，或"孙君"，乃至"孙公"。这也不难看出《大公报》对孙中山的态度有了变化。

7月24日，《大公报》披露一条消息，孙中山辞职是因为唐绍仪送了他一百万两白银。孙中山致电国务院要求辟谣。这当然是子虚乌有的谣言，孙中山岂是一百万两白银可以收买的人，他之所以辞去中华民国临时大总统，有诸多原因，最重要的是财政困难。

孙中山进京与袁世凯会谈期间，《大公报》于8月27日报道说："孙中山此次来京，虽属私人资格，而与政治前途不无关系，所有在京种种举动，自应按日探记。"《大公报》认为他有创立民国的"首功"，对于他的护卫、外事活动、各界欢迎等都有报道。8 月 31 日，还发表过一则评论：

> "数今日之英雄，莫不交推孙袁，其实孙袁之品绝无相同之处。孙之头脑极新，袁之气派极旧；孙则醉心社会主义，袁则深染官僚臭味；孙则善博劳动之欢心，袁则专恃军队之助力；然孙袁既握手交欢，以后之心将之如何？"

四、共和国教科书

1912 年 1 月 19 日，与商务印书馆有很深关系的蔡元培出任中华民国南京临时政府教育总长不久，颁布了一道中华民国教育部通令：

> 凡民间通行之教科书，其中如有尊崇满清朝廷及旧式官制军制等课并"避讳"、"抬头"字样应由各该书局自行修改。
>
> 中华民国元年正月十九日

教育部接着又发出通电：

> 现距开学日期已迫所有教科书除清学部所编一体禁用外，其他民间通行之本准由各学堂依据正月十九日本部通令第七项之主旨自行修改以应急需。
>
> 中华民国元年三月初六日

商务印书馆风行多年的《最新国文教科书》并无尊崇清廷的内容，可以继续发行。尽管如此，它也赶不上时代的变化，民国在一夜之间代替了帝国，商务馆没有在教科书编辑上做好准备。而商务馆编辑陆费逵约了一些同道，已悄悄赶编出一套适合共和时代的小学国文教科书，乘着民国诞生，自立门户，创办了中华书局，第一时间推出《中华初等小学国文教科书》，抢占市场，在各大报纸刊登的广告称，自去年秋天以来，就已着手在编小学用书，"今已出版，本最新之学说，遵教育部之通令，以独立、自尊、自由、平等之精神，采人道、实业、政治、军国民之主义，程度适合，内容完善，期养成完全共和国民，以植我民国基础。"

这对商务印书馆的冲击可以说前所未有。蒋维乔说"圣人千虑，必有一失"，"圣人"指的是张元济，他是商务印书馆乃至中国出版界的"圣人"——

"是时革命声势，日增月盛，商务同人有远见者，均劝菊生，应预备一套适用于革命后之教科书。菊生向来精明强干，一切措施，罔不中肯。然圣人千虑，必有一失，彼本有保皇党臭味，提及革命，总是摇首。遂肯定的下断语，以为革命必不能成功，教科书不必改。"[7]

正是张元济的"一失"，给了陆费逵创业的良机。等到民国破土而出，商务印书馆才仓促决定修改教科书。上海最大的报纸《申报》上，商务的广告和中华的广告登在了一起。

3月底，中华书局出版第一册国文教科书，没过几天，商务的《共和国教科书新国文》第一册也出版了，很快商务的新课本种数超过了中华。商务只是慢了一拍，中华已成了它最强大的竞争对手。

4月，商务印书馆在报纸上登出《新编共和国教科书说明》："……民国成立，数千年专制政体一跃而成世界最高尚最完美之共和国。政体既已革新，而为教育根本之教科书，亦不能不随之转移，以应时势之需要。东南光复以来，本馆即将旧有各书遵照教育部通令大加改订。凡与满清有关系者，悉数删除；并于封面上特加订正为中华民国字样，先行出版，以应今年各学校开学之用。更联合十数同志，日夕研究，本十余年编辑上、教授上之经验，从事于教科书之革新，博采世界最新主义，期以养成共和国民之人格。……现小学各书大致粗具，陆续发行。"

共和国教科书新国文初小的《编辑大意》第一条就说本书以养成共和国完

全国民之人格为目的。惟所有材料必力求合于儿童心理，不为好高骛远之论。

第三条最后一句说"以扩国民之德量"。

第四条最后一句说，"凡国民生活上必须之知识，无不详备。"

第四册出现《民主国》的课文，第八册53课出现《法律》一课，另外还有司法、行政、选举权这些课文，可以发现它的变化。

教科书是对国民影响最深刻的读物，一国国民的常识、人格，或者说国民的文明程度在很大程度上是由这些教科书塑造的。在相当长的时间，商务馆一直主导着教科书的编辑、发行，占有教科书市场的主要份额。但主事者此时也开始着急了。

6月3日，张元济约夏瑞芳、印有模、高梦旦等高层到编译所商量，"议定新编教科书廉价发售、照定价永远对折。"

6月8日，在上海棋盘街发行所新楼的商务印书馆股东常会上，张元济报告了辛亥年营业情形和账目，比上一年度盈余少了十五万数千元，分析了原因和汉口分馆因战争毁损情形。

这个月初版的《共和国教科书新国文》高小第一册第一课是《国体与政体》：

> 国体有二，曰君主，曰民主。君位世袭者，是为君主国，不置君位，由人民公举总统者，是为民主国。政体有二，曰专制，曰立宪，政权由一人或一部独揽者，是为专制国。政权分为数部者，是为立宪国。立宪国之政权，大抵分为三部，立法属于议院，司法属于法院，行政属于政府，各有权限，一切以宪法为断。世界各国，有君主立宪，有民主立宪，各因其历史而异。惟君主专制，不适于今日之世界，几无复存者矣。

第二课是《民国成立始末》。

第二十三课是《共和政体》，与第一课相呼应：

考共和国之原则，全国人民，俱有与闻政事之权利，惟国中事业至繁，不能人尽与政，故必选举议员，以组织国会，选举总统，以组织政府。议员与总统，既由国民选举，委托以全国之政权。凡属国民皆有服从之义务，而议员若总统尤当念责任之重大，施政方针一以民意为断。治人者，治于人者，各尽其道，则国家未有不昌者也。

这套《共和国教科书新国文高小》的《编辑大意》提出：

第一条，注重自由平等之精神，守法合群之德义，以养成共和国民之人格。

第二条，表彰中华固有之国粹，以启发国民之爱国心。

第三条，矫正旧有之弊俗，以增进国民之智德。

第四条，详言国体、政体及一切法政常识，以普及参政之能力。

从课文内容来看，第四条也是很明显的。除了上述几篇，第四册有一课《民主国》：

"我国数千年来，国家大事，皆由皇帝治理之。民国成立，由人民公举贤能，治理国家大事，谓之民主国。"

第八册有一课《法律》：

"共和国之法律，由国会制定之。国会议员，为人民之代表。故国民之所定，无异人民之自定。吾人民对于自定之法律，不可不谨守之也。"

这一套"共和国教科书新国文"风行多年，印刷版次至少超过了 2560 次。

1915 年春天，不满 6 周岁的于卓在东北一个山沟的国民学校上小学，第一堂课是国文，用的就是共和国教科书，直到年老，第一册的大部分课文他还能背诵：人手足刀尺，山水田，狗牛羊，小猫三只、四只，白布五匹、六匹……1923 年他高小毕业，考进奉天省立第一师范，他也发现所有学科几乎用的都是商务的共和国教科书。

1905 年出生的化学家袁翰青童年时读的书都是商务出的，小学读的国文教科书，也是从"人手足刀尺"起，到中学时代的物理、化学教科书都是商务出的，他一直记得中学时用过王兼善编的《化学教本》，杜亚泉编的《植物分类学》，以及《盖氏对数表》，周越然编的《模范英语读本》，这是当时最流行的英语教科书，也是编得很好的一套英语教科书。

共和国教科书中还出了一套《共和国教科书新修身》，初小八册，高小六册，高小的编辑大意说："自共和民国成立以来，今日之首宜注重者尤汲汲于民德之增进。盖国者，集人民而成，人人品行正、风俗美、道德知识日益进步，则国之强盛又奚待言。本编所述务取国民教育之本恉，为养成伟大国民之基。修身之学以躬行实践为主，故所取教材，不尚高远，期于道德上之普通常识，完全养成即为教育家应尽之责。"其中高小第一册《自助》这篇课文说：

"西谚云：'天助自助者'。……英国人民，最富自助之精神，人人具勤勉奋励之心，而国家亦食其福。……今日国体共和，无复有恶政府之压制，凡吾国民，尤当知自助之必要也。"

高小第二册有自由、平等、人道等课文，《自由》一课说：

"人类者，天赋以自由权者也。有身体之自由，有思想之自由，有信仰之自由。身体自由者，苟不犯罪，无论何人，不能拘束囚禁我之身体。思想自由者，若言论权，若出版权，若著作权，皆为我之所有，他人不得侵犯。信仰自由者，我所信仰之宗教，不能以国力强制之。夫以国体共和，吾人可益伸张自由之权。然自由者，固以法律为范围也。要之，吾人自己之生命财产名誉，固当贵重，而尤不可妨害他人之生命财产名誉。妨害他人者，即轶出于法律之外者也。"

一个小学生读着这些课文，慢慢就能明白什么是自由。高小第六册的课文有：宽容、博爱、人权、人格、国际道德、中华国民等。《人权》一课说：

"人权者，人人所自有，而非他人所能侵损者也。析而言之，有对于公众之权，有属于个人之权。组织社会，参与政治，选举议员，举吾学识之所及，皆得发布于外，以求有益于人类。此人权之对于公众者。信教自由，营业自由，生命自由，财产自由，意志所在，即权力所在，非他人所得干涉。此人权之属于个人者。"

初小《新修身》第八册有"守法律"、"服兵役"、"纳税"、"教育"、"选举"、"平等"、"自由"、"好国民"、"尊重名誉"等课文，第十一课是《选举》：

"立宪政体必有国会，由全体国民选举议员，以议国政。凡定法律，收赋税，必经国会议决，然后施行。国会之外，有地方议会，由其地居民选出议员，以议一地方之事。议员代议政治，关系甚巨，故选举议员者，及被选举为议员者，皆宜慎重从事也。"

第十六课是《平等》：

"共和国无君主，无贵族，人民不分阶级，凡权利义务，一切以法律为断，不相侵犯，此之谓真平等。故一国之民，或为官吏，或为议员，或为军人，或为农工商贾，各就其性质所宜，任择一业，以自尽其天职。初无贵贱之分也。"

自由、人权、选举、平等，这些基本的人类价值都出现在小学课本中，一种崭新的国民意识随着共和一起，开始播在孩子幼小的心灵中。这些教科书所传递的，正是关乎一个民族最恒久、最有生命的价值。

这套《共和国教科书新修身》于1912年6月初版，到1917年6月已出到第218版。

6月14日，辛亥革命前夕曾被任命为湖南布政使的书法家、诗人郑孝胥成为商务印书馆董事，18日在推为新一届董事会主席。他这一年的日记中多次提到教科书问题，9月18日，到馆商量教科书减价事；9月26日，到馆谈奉天教科书事，奉天教育会想自编教科书，馆中拟写信给他们提出修改承办之法，夏瑞芳想自己去一趟奉天；11月11日夜，"赴张菊生之约，商议初高等小学教科书扩充销路事，将以敌中华书局"；11月16日，到馆，与张元济、夏瑞芳商量加赠教科书事，这样每年须损失十五万。[8]

张菊生就是张元济，他们商量的常常是怎样扩大小学教科书的销路，与新生的中华书局竞争。从来没有对手的商务印书馆开始有对手了，甚至用了一个"敌"字。（1913年8月15日郑孝胥日记写着，"印书馆与中华书局争售教科书，登报互诋。"[9]）

共和国中小学教科书共65册，在此后的十年，合计发行七八千万册。也就是说，共和国教科书仍然拥有最广大的市场。但是，教科书市场再也不是商务印书馆一家之天下，而是要几分天下。

这一年，张元济找到包天笑说："我们的小学国文教科书，年年改版，现在革命以后，又要重编了，要请阁下来担任其事。"

包天笑说自己没做过这个工作，恐怕才力不及。

张元济说："看过你写的教育小说，深知你能体察儿童心理，必能胜任愉快。"

包天笑曾写过三部教育小说《苦儿流浪记》（1910年在《教育杂志》连载）、《馨儿就学记》（1910年前在《教育杂志》连载）、《弃石埋石记》，张元济因此想邀请他参与小学国文教科书的编辑。

1912年，曾留学日本的吴虞住在成都，经常去商务印书馆成都分馆买书，五月初一的日记写着：

"商务馆新出书，可买者如下：《哲学新铨》《世界教育状况》《新刑律释义》《刑法通义》《国际公法》。"

当天，他在读《经济学概论》，这本书是他一月二十五日在商务分馆买的。[10]

五、《小说月报》中的革命

连横（雅堂）从台湾初到上海，见道上行人，"胸悬一物，望之灿然"，他以为是纪功章，仔细一看是孙中山的头像，是商务印书馆制售的。他说：

> 商务印书馆前与日人合办，故其陈设井然，各省皆有分局，出版之书，多属新籍。又有杂志数种，亦斐然可观。[11]

《小说月报》是商务印书馆1910年7月创办的通俗文学期刊。1912年7月出版的第三年第四期发表焦木的小说《血花一幕》（革命外史之一）。

焦木就是当时的《小说月报》主编恽铁樵，鲁迅写于1911年冬天的第一篇文言小说《怀旧》，就是经他之手发表于《小说月报》（第四年第一期）。

《血花一幕》是有关辛亥革命的叙事，"革命军起，声势浩荡，如轰雷掣电，飓风怒涛"，没多久，南方已到处白旗飞扬。故事发生的某郡，在当地做了六年知府的满人无知识，也无嗜好，虽识字不多，但还算安分。他听到谣传，革命党来了，凡是满人杀无赦，非常恐惧。他自问平日未曾得罪当地的富户巨室，设宴请当地士绅哭诉，然后携妻妾子女金帛，先藏某绅家。

当地有个翰林出身的赵先生，国学深邃，又开通最早，受到新学之士的推戴。他在京师大学堂任教，编的讲义能推陈出新，以六经微言奥旨，附会西方哲学家言，不作老儒腐谈。他的儿子孟渊是留日学生，也是学界健者，主持当地中学堂。知府逃走后，为保全地方，赵先生出面维护治安，就以中学堂作为办事处。

随后，军政分府成立，一个胆大妄为之徒孙羽上台，将裕宁分行籍没的三万银币席卷而去，当地人称之为"孙强盗"。

赵先生推李和（号不同）代孙，自己只愿担任民政长。李不同，武备学堂肄业，在中学堂任体操教员，平时好谈革命，与赵孟渊极相得，虽然识字不多，却崇拜赵先生的学问，只要先生有所命，奔走惟谨，被人称为"中学党"，辅佐他的周时新、吴养年也是"中学党"翘楚，李不同与吴养年关系最好。周时新则是一介寒士，苦学自励，担任中学修身课教员，兼监学多年，深受学生敬爱。

这时来了一对陈家妹妹，香兰、香蕙，是当地盐商的女儿，在上海读书，因革命事起，学业中辍，想在家乡办蚕桑学校，到军政分府申请拨公产作校舍，认识了李不同，并且来往密切。李不同有妻，想要抛妻另娶陈女，受到周时新的责备，两人闹翻。

期间，因盗贼四起，要成立乡团、商团，作为军械官，周时新奉命去上海采购枪械，身为军政分府参谋的吴养年也去了。周没有想到将为此事丢命。

到民国元年2月，清廷辞位，五色旗飞扬。中学堂开学，赵先生召集"中学党"聚会，李不同、周时新、吴养年、赵孟渊五人在场。赵先生说："植党营私，在专制政府悬为厉禁，而共和时代无妨也。吾郡之事，非仆急起揽其政权，今且靡烂矣……团体不固，不足以胜反对者。"这次聚会的目的是想调解李不同与周时新的矛盾。两人当场举杯言和。

接下来，李不同拘捕了周时新。一时城中谣传，有北军间谍为军政分府捕获，很快就贴出了告示，前军械官周时新赴沪购械，吞没军饷，按军律枪毙。舆论一片大哗。李不同与吴养年商量，吴养年的意见是"速毙之"。所以，当夜就将周时新枪毙。当地报纸议论纷纷，学生致电省都督，要求申雪。李不同大惧，致电省里说杀人是吴养年所为，不是自己的意思。李不同被逮，男女老幼都认为他可杀。有人说，养年可杀，时新也可杀。

故事虽是虚构，却合乎当时的情形，许多地方的辛亥革命就是这样的，到处都发生过这样的杀戮。

同年8月出版《小说月报》第三年第五期，又刊登了署名"焦木"的小说《鞠有黄花》（革命外史之二）。故事也以辛亥革命为舞台，上海的一个名妓姽婳被一个好财好色好赌的官员纳为小妾，带到京师，为她请老师教读三年，能作文作诗，善书法，京师办贵胄学堂，她也入学，还做了班长，被看作"女学士"。官员移居南京时，得到两江总督署来信，武昌革命党即将起事，南京城内外也一律戒严。官员老病，身边的姬妾多散去，姽婳没走，"既富而多金，又有新学头衔以为号召，交游既广，声价愈隆"，成为女学监督、某师范校董、某团体赞成员，"一车一马，仆仆道途，席不暇暖矣。"

革命军既起事，四方响应，"村民野老、牧竖贩夫亦无不额手称庆，知专制之宜铲除，而最奇者则女子军。……革命为专制产儿，女子军为革命产儿。""女子革命军"这个名词出现在报纸上，各校女生纷纷响应，教习也无法阻止，姡婳前往投军，因女子军既未成镇，自无相当之官阶，被称为"姡婳将军"。江浙联军攻打南京时，女子军从上海来请战，"神采飞越，虽伶界名角演穆柯寨，无其勇概"，但统帅不许她们出战，再三请战，也只许她们前往助战，"苟非万不得已，幸勿轻入战线。"南京攻克，南北议和，女子军散去，又有人组织团体争女子参政权。

姡婳到了上海，手里有三十万金，打算办女学。是否真的办起来，那是未来的事了。

小说后面，作者感叹此人，"且为妓以色艺著，为学生以声誉著，为将军为夫人，无所之不崭然露头角焉。"

通过《小说月报》的这两篇小说，或许也可窥见共和革命的某些侧面，仿佛还是这些虚构的故事可以深入到历史的内部，而那些新闻报道和评论，只是让人看到了历史的外部。小说可以挖掘人性的阴暗面。读历史时，人们很少注意当时发表的小说，它们未必有多少艺术上的成就，却具有历史文献的价值。在《血花一幕》后面，恽铁樵写了一段话：

"小说之文，寓言八九，蜃楼海市，不必实事，钩心斗角，全凭匠心……若此琐琐屑屑，或未必入二十世纪中国史，则尤不可无记矣。本现在之事实，留真相于将来。"

六、丁作霖与"北洋铁血会"

1911年9月11日，清廷命学部严令各学堂约束学生，不准随意出堂干预政事。武昌起义发生后，学部通令京师大学堂，要求照常上课：

> 现在武昌事起，伪言风闻，几于无日无之。其实沿江各省有事之说，皆系谣传，各省官电，均称安静。……此时人心不靖，尤贵镇定，且徒事忧惶，亦属无济于事。所有学堂学生，习知世务，动为人则，亟须照常上课，加意坚定，慎勿轻听浮言，致滋纷扰。

一纸通令毕竟挡不住人心浮动。到1912年1月，"教员学生请假回籍者，已居多数，以致不能上课。"京师大学堂只好暂行停办。[12]

1908年考入京师大学堂预科的江西学生胡先骕，在学堂停课后就返回了故乡，学业还没有完成（当年9月考取留美资格）。

1902年考进师范馆的王画初（王道元）是直隶安州人，同期的同学中有一个丁作霖，和张耀曾、吴景濂、谷钟秀、朱深等也都是同学。"他在毕业后即实际奔走革命，组织了铁血团，其规模颇大。迨武昌起义时，黎元洪曾派专使来北方和他密切联系，但共和宣布后，他遂认为达到目的，竟把铁血团的庞大组织自动解散了，其功成不居盖如此。"[13]

京师大学堂同学录（1906年）上有"丁作霖"的名字，他是师范馆旧班第二类直隶省学生，丰润县人，分科习英文，入大学堂之前，曾在遵化州龙泉文社、丰润县经济学堂、丰台镇日新文社、北京东文学部求学。[14]

1903年，在《京师大学堂师范、仕学两馆学生上管学大臣请代奏拒俄书》的73人名单上可以找到他的签名。1904年，他到东北组织"抗俄铁血会"，改名丁开山，字削川。仕学馆学生、江苏籍的朱锡麟组织了"东亚义勇队"，译学馆学生、奉天籍的张榕组织了关东保卫军。

"抗俄铁血会"等团体随日俄战争结束而解散。他再改名丁开嶂，别号卧虎，1906 年加入同盟会，1907 年又以戒烟为名建立"北振武社"，实际上是铁血会总部，作为北方革命的秘密机关。黄花岗起义失败，他悲愤之中联络北方志士，打算乘秋操期间起事。

武昌起义后，黎元洪曾派代表胡鄂公北上联络。

丁作霖自任北洋铁血会军长，军部设在天津法租界，被誉为"华北清廷肘腋下首倡革命者"。铁血会各部军队在北方几次起义受挫，大都督王金铭等牺牲，但屡起屡仆，屡仆屡起，计划各部军精选壮丁三千，在辛亥除夕夜半在京津发起突袭，所部号称十万人，东到辽河，西达晋北，南临渤海，北尽朝阳，同时举事，他被推为中华民国军政府北部民军暂时假定大元帅，都督铁血会燕辽诸军事。这已是辛亥十二月十五日，1912 年 2 月 2 日。

铁血会的势力和动作早已被赵秉钧探知，报告了袁世凯。仅仅十天后，2 月 12 日，清廷下达辞位诏书。"如黄河以北风平浪静，专恃长江以南，摇旗北伐，清廷绝无退位之理。袁氏虽善调停，大功断难如是之易也。催进共和之速成，北洋铁血会首领艰苦卓绝，数年奔走，倾家破产，号召党徒与有力焉。"这番话也不是虚言。民国告成，丁开嶂下令解散铁血会各部军，此后归隐，以著书自娱，著有《天性篇》《万教原理》《开国革命小史》等。[15]

胡鄂公的《辛亥革命北方实录》多次提及的"丁削嶂"就是他。[16]

曾在北方叱咤风云的京师大学堂学生丁开嶂从此在历史中销声匿迹，很少有人提及他的作为。京师大学堂像他这样的学生是罕见的。预科孙炳文因抵制"人伦道德"课，在考卷上写下"叶公好龙，尸位素餐"八个字而被开除，转到保定高等学堂，参加了同盟会。民国元年回校完成学业。[17]

在武昌起义发生，革命渐成气候时，倒向革命的则不乏其人，比如奉天咨议局议长吴景濂，1911 年 11 月 24 日南下上海，作为各省代表团的代表在临时参议院选举临时大总统，参与了中华民国的创立。[18] 随后他被选为众议院议员，还担任过众议院院长。京师大学堂的毕业生中当选为国会议员的有张耀曾、谷钟秀，梁士诒当过总统府秘书长，叶恭绰当过交通总长。张耀曾还曾三次担任司法总长。随着时间的推移，昔日的京师大学堂学生开始在不同领域发挥影响，李仪祉成了中国水利界的权威，胡先骕成了中国植物学的缔造者，秉志成为动物学的主要奠基人。

1912年2月26日，严复受命出任大学堂总监督。当天，他写信给夫人朱明丽说：

"初七晚见过袁总统，被派入临时筹备处办事，本日又派大学堂总监督，薪水月三百两。此缺本系三品实缺京堂官，今不知何物矣。"[19]

一句"今不知何物矣"，可见他对受命主持大学堂并无欢喜。他素负盛名，国人也对他寄予厚望。他在给朋友的信中说"极以为愧"，并不是自谦。此时大学堂经费短缺，难以开学。3月11日，他写信给外甥女何纫兰："本日舅往京师大学堂接印，除管理员二三十人外，余者全不在堂。存款只剩万余金，洋教员薪水照常支发，非一番整顿，恐将不支。"

3月22日，他给夫人的信里说："京中气象尚极不佳，店门多闭，百物腾贵，如之奈何！大学堂无款即不能开学，即我之薪水亦未开支也。公事亦极难办，有学生彭姓兄弟号佛公、侠公，两人在《国风日报》数次造谣，与我反对，教员等极为不平，然只得不与计较。"

相隔四天，3月26日，他受命仅一个月，就在给夫人信中透露了辞职的念头："此间政府尚未成立，款项极支绌，大学堂无款，恐不能开学。公事亦极难办，欲辞，则此后当家钱文不知出自何地，奈何奈何！"4月2日，他的信中又提及辞职："大学堂每月至省须二万金，即不开学亦须万五，刻存款用罄，度支部、学部一文无给，岂能为无米之炊？而外间闻我作总监督，则运动求缺者四面而至。《国风日报》不知有何嫌隙，时时反对，做尽谣言。而堂中各洋教员，又惟恐吾之不干。今日人心，不同如此。但财政问题若无解决，则早晚终当辞职也。"

4月8日，筹款的事才有了点眉目，他写信对夫人说："大学堂事甚难办，幸今有法筹款，大约三月半后可以开学。"4月12日的信中说："每月开销在二万以上，度支部无款，昨向道胜银行借来七万，俟此银到手，方能开学也。"4月19日给熊纯如的信中说："京师大学借资洋款，幸已成议，大约新历五月十五可以开学，稍慰士大夫之望矣。校中一切规模，颇有更张。即职教各员，亦不尽仍旧贯。"[20]

4月25日，《申报》有一条消息，京师大学堂监督刘廷琛、商衍瀛等都已逃到青岛，此前报道向某银行借款七万两预备开学，听说因为学堂聘请西教员很多，都有合同，不开学也要按月付薪，总计这项支出数目很大，如果能开学也不过每月多出数千金，所以决计借款开办。这条消息是可信的，"某银行"就是道胜银行。

4月6日，严复曾给总统袁世凯写了一封信，说洋教员的薪水每月达万元以上，开学后每月经费至少须2万多元。这与《申报》4月25日的报道是吻合的。也就是说，就算停学，这些外国教员每月的工资就要一万多两，开学也只差几千两。

5月3日，蔡元培呈请将北京大学堂改称北京大学校，大学堂总监督改称大学校校长，总理校务。推荐严复为校长。[21]

5月15日，北大开学，严复和蔡元培的演讲都强调了大学的重要性，蔡元培时为教育总长，1906年曾在京师大学堂译学馆任教。

第二天，严复在写给夫人朱明丽写信说："大学堂已于昨日开学，事甚麻烦，我不愿干，大约做完这半学期，再行扎实辞职。"

5月17日，他给朋友熊纯如的信中说："本科预科是否招生，半月内乃有定夺。此时外间失学子弟甚多，一定招生插班，颇有拥挤之患，奈何奈何！"

5月28日，他给夫人的信中透露："大学堂现是借款办理，仅仅可以支持到暑假，若过此无款接续，亦须胡乱停办，且多一债务葛藤也。"[22]

《申报》5月11日曾报道，大学堂的学生反对严复充任监督，势甚坚决。严复日记5月31日写着："大学堂大闹风潮。"6月1日，"学生在教育部过夜，等见次长。"当时教育部以次长董鸿祎代总长。

他在北大为时很短，又遇风潮，也无什么作为，他本有一个计划，想将大学经、文两科合并为一，提倡旧学，用以保持中国四五千年相传的纲纪伦理道德文章。[23]

严复虽是福建人，却能说一口道地的北京话，演讲时经常夹杂着英语。他任校长时，北大有一个特色，"就是西语之风特盛，教员休息室中，很少有人用国语交谈，开会议事，也用英语。"[24]

等蔡元培就任校长，北大还是以说英文为荣，"教员、学生在自修室、休息室等地方，私人谈话也以口说西话为漂亮。"[25]

6月9日，严复在给夫人的信中说："大学堂下半年政府能否开办，我们尚在那里与否，皆不可知。"[26]

从这个月他写给袁世凯和教育部的公函，可知经费之艰难。财政部要求京内外各衙门，凡薪水在六十元以下的，照旧支给；六十元以上的暂支六十元。认为学校性质与官衙不同，无法按这个尺寸执行。"为今之计，除校长一人准月支六十元，以示服从命令外，其余职教各员，在事一日，应准额全支"。[27]

7月3日的《申报》有一则报道：教育总长蔡元培将于一星期内开教育大会，公议划一各学校教科，并公决北大应否续办。

北大当时已面临要不要继续办下去的问题。7月5日，《申报》"北京电"继续报道"停办北大"的议论，"英文《北京日报》为政府之半官报，今日（4号）载有社论，主张停办北京大学，盖就经济上着想，以今日所费多属虚掷，不如派遣学生出洋留学收益较多。"

这大致代表了袁世凯政府的意图，就是想停办北大。

7月7日，教育部已在议定结束北大办法，主要是因为经费无着。为此严复上了《论北京大学校不可停办说贴》：

"……去年武汉事起，学生相率散归，代谢之后，国用愈绌，几至不名一钱。此校仅图看守，亦且费无从出。前总监督劳乃宣谢病而去。本校长受任于危难之际……"

他列举四条不能停办的理由，其中说，北大的程度虽不能与欧美各大学相提并论，仍不失为"全国中之比较高之学校"，"今若将其废弃，是举十余年来国家全力所惨淡经营，一旦轻心掉之，前此所糜百十万帑金，悉同虚掷。"

在他们力争之下，教育部最后答复北大，"解散之说，全属子虚"。

也在 7 月，商务印书馆出版的《教育杂志》刊登一条消息：北大的工程自鼎革之时经费无着停工，蔡元培就任教育总长后，认为大学为全国学校的模范，观瞻所系，不可半途而废。

8 月 15 日，严复还在北大，给外甥女写信说，本来急于到天津，"不幸因校中借款未定，不能成行。明日英公使约午餐晤谈，成否在此一举。若仍不成，则止能咨呈政府，请其另筹矣。"

9 月 19 日，北大校事大忙，他每日到校，"渐已就绪，可望实力进行"，但教育部对他不满的人不少，先是部薪折半，大学堂全支，已对他气愤不过。近来他又得总统府顾问，以为月入必丰，对他更加嫉妒，"百般设法动摇，欲令部中将大学校长更易。"之所以没有马上实行，一是恐中枢不表同情，一是怕校中热员学生群起反对。[28]

10 月初，就传来了章士钊接任北大校长的消息，文科预科的少数学生倡言反对，拟一面向教育部请愿，请大总统收回成命，一面直接致电章士钊，严词拒绝。而法、理、工商三科学生则大不为然。虽然学生分成了两派，反对章士钊的是文科预科少数学生，但他不来了。10 月 12 日，《大公报》刊登《大学校公开谈判始末记》，认为自挽留严复校长的问题发生后，各报所登语多失实。严复被迫辞职，沈尹默认为教育部抓住他抽鸦片这一点只是表面理由，真正的原因是严复领导的北大不服管。这不仅是他来头特别大，而且因他手里有一个六万两的存折（东清铁路股票存在华俄道胜银行），不肯交出来。其实这个六万两的存折是空的。[29]

10 月 21 日，代理校长马良（相伯）到任，他就是天主教徒、上海复旦大学前身震旦大学创始人，当年已72岁。10月29日，《申报》刊登了他的就职演讲："诸君皆系大学生，然所谓大学者，非校舍之大之谓，非学生年龄之大之谓，亦非教员薪水之大之谓，系道德高尚，学问渊深之谓也。诸君在此校肄业，须尊重道德，专心学业，庶不辜负大学生三字云。"

北大学生并不欢迎马良，严复在写给外甥女何纫兰的信中说："大学堂学生前两日与马代理大冲突，破口叫其滚蛋，且有欲用武者。"他去教育部见范源廉总长，声明学生种种暴动与他无涉。范源廉极口抱歉，问他如何对付。他说不在其位，此事解铃系铃，仍应由教育部想法，自己愿出力，只是"为教育顾大局、整学风耳"。[30]

十天后（10月31日），马良请名声显赫的梁启超到北大演讲。从1898年算起，梁在海外流亡了十四年。戊戌变法唯一保留下来的成果就是京师大学堂。马校长在欢迎辞中说，"戊戌新政所留存于今日者，惟一大学校，先生实与此校有关系。"梁在北大欢迎会上发表演说，认为"大学校不仅为一国高等教育之总机关，实一国学问生命之所在，而可视之为一学问之国家者也"，与马相伯的演讲相呼应。但此时他向北大学生强调的重点，却不是"研究高深之学理，发挥本国之文明，以贡献于世界之文明"，而是眼前的学风问题，他指出三点，一是服从，二是朴素，三是静穆，尤其是要服从。

直到12月27日的临时大总统令，才准章士钊辞北大校长职，代校长马良同时辞职。其实章士钊从未上任，一直是马良在代理。接着，何燏时被任命为校长，他于1898年到1905年在东京帝国大学工科采矿冶金系求学，1906年回国，当年冬天起兼任京师大学堂教习，后升为工科监督。

1913年3月28日起，刚被聘为北大预科教员的朱希祖连日帮同事沈尹默批预科招考新生国文卷，在两天后的日记中说："总观南北各生考卷共五百五十余卷，而全篇通顺意境尚佳者，不过五六卷，余多支离不可通。吾国中校国文如此，可叹可叹。至南北比较，南胜于北，北方国文尚不离八股气云。"[31]

北大的生源也就可想而知。

这一年考入北大预科的顾颉刚说，"学校像个衙门，没有多少学术气氛。有的老师不学无术，一心只想当官……"不少师生还是"八大胡同"的常客。

4月，北大分科学生第一次毕业，共有230人。

5月27日起，北大学生为反对预科升学考试，发生学潮，到6月才平息。何燏时几次提出辞职。7月31日，政府公报刊登他的辞职文，称学生很难管理，"教授稍加认真，则以为严刻，管理略示限制，则以为烦苛。"至本校应征学费膳费，上年预科生数百人，仅征三人。本年认真征收，重立规则，学生因此大不高兴，借端滋事。

9月初，教育部通知北大本科暂缓开学，甚至要将北大并入天津北洋大学，理由是"费用过多，风纪不正，学生程度尚低"。此议遭到北大师生和社会各界的反对，何燏时给总统袁世凯的呈文中说："办理不善，可以改良；经费之虚靡，可以裁节；学生程度之不齐一，可以力加整顿，而此唯一国立大学之机关，实不可遽行停止。"[32]

停办北大的计划没有实施，拖到10月13日，北大本科终于开学了。11月5日，何燏时辞职，由胡仁源暂行管理北大校务。

七、夏瑞芳遭暗杀

《东方杂志》从1911年11月15日以后停刊，直到第二年4月1日才复刊，一共停了4个半月。《东方杂志》上刊登的《本社广告》说："自辛亥武昌事起，交通阻碍，延停四月"。

这一期（第八卷第十号）刊登《中华民国之前途》《革命成功记》《教育部长蔡元培对于新教育之意见》等文，还有一篇《敬告中国人中国民主政府当仿法国决不可仿美国之制》。

进入1913年，《东方杂志》刊行已十年，1月1日出版的第九卷第七号专门出了纪念号，有 134 页的"纪念增刊"，刊登《十年以来中国政治通览》、《十年以来世界大势综论》、《十年以来中国大事记》、《十年以来世界大事记》等。

杜亚泉认为民国实际上是立宪运动和革命运动相互激荡而成的，这一点，他以"伧父"的笔名为《十年以来中国政治通览》写的通论这样分析："十年以来茫茫政海中，有革命运动与立宪运动二大潮流，萦洄澎湃于期间。革命运动者，改立宪国为民主国，立宪运动者，变独裁制为代议制，其始途径颇殊，一则为激烈之主张，一则为温和之进步。及其成功，则殊途同归，由立宪运动而专制政府倾，由革命运动而君主特权废，民主立宪之中华民国，即由此二大政潮之相推相荡而成。"

民国不是由革命运动单方面造成的，也不是由立宪运动单方面造成的，而是这两个运动相互激荡、相互砥砺、博弈妥协造成的一个结果。

他一针见血地指出："革命之伟业虽成，而立宪之前途尚远。"

杜亚泉曾是商务印书馆理化部主任，此时为《东方杂志》主编。他在政治上也相当有见识。时间越久，就越显出他的远见。1913 年出生的法学家王铁崖，因父亲王寿昌是商务创办人之一高梦旦的朋友，他在幼年时就接触到商务寄来的书刊，他最有兴趣的是按期寄来的《东方杂志》，中学以后成为这个杂志的经常读者，对他了解国际情况、分析国家问题很有帮助。

1913 年 3 月 20 日，主持国民党在国会参众两院选举中胜出的宋教仁，在上海闸北火车站遭暗杀，《大公报》从 3 月 23 日要闻刊出"宋教仁在沪被刺之确耗"起，相关的报道和评论连续不断。很快开枪的凶手武士英被捕，幕后的应夔丞也被捕。3 月 29 日，"梦幻"的《闲评二》提出了四个疑点：

虽捕获凶犯，供出主名，然证以种种现象，离奇变幻，其中可疑之窦尚多，宋被刺后，即有救国协会秘函，致宋道歉，明系有心嫁祸，可疑一。武士英（即吴发明）被获，不待严讯，即直认不讳，并供出主使应夔丞，是否为人顶卖，可疑二。应之被获，为人告发也，乃未破案之前一日，竟以署名印刷物，直达国务院，不啻自行出首。可疑者三。国务院所得印刷物中，于宋教仁外，又提出许多重要人物，明系乘机恐吓，即果有之，亦岂肯以秘密之事，自行宣泄。可疑四。

对于宋案幕后主使众说纷纭，或指向总理赵秉钧，或指向宋教仁在中部同盟会的同志、孙中山的亲信、曾任上海都督的陈其美。《大公报》的评论说，上海会审公堂刚开始审讯，"乃不待公堂宣告，竟以旁观影响之言，或硬指为政府主使，或直认为同党相残，甚或各祖私人，互相诟詈。"4月13日，《大公报》刊登"梦幻"的《宋案发生后之影响》指出：

> 一为政治上之影响，政党内阁虽为国民党所主张，实发起于宋教仁一人。此案之有无政治关系，虽尚在不可知之数，然政府既在嫌疑之列，株连所及，政界中必生莫大之风潮，而行政将失其效力，且正式政府成立在即，万一因此猜疑，竞争尤烈，其结果更有不忍言者。

二为社会上之影响，三为党界上之影响，四为外交上之影响。对于未来的影响，"其关系更有大于此者，此案所获证据，闻南北重要人物，牵涉甚多"。这些分析随着时局的展开几乎一一得到了验证。

正是因为宋案，孙中山发起了"二次革命"，与袁世凯兵戎相见。战争于7月在江西、南京等地爆发，或称"赣宁之役"。

《大公报》的立场，从它译自中法新汇报《国民党欲以无政府立国耶》，5月24日发表韩补青投稿的代论《国民党欲成就袁项城作大皇帝耶》，称"孙文一巨猾，黄兴一竖子耳"，8月4日发表的《论战时局外中立》，9月8日发表的《论政府对于乱党不可过事株连》等不难看出。

商务印书馆也持相似的立场。

9月1日出版的《东方杂志》第十卷第三号发表杜亚泉的《革命战争之经过及其失败》（署名"高劳"），对于此次"革军"起事原因、战事始末都有分析，论及"政府之应付"，有这样一句："当战事蔓延之际，全国人民，均有戒心。而政府乃谓赣事不过月余，全局不过三月，即可底定，胸怀成竹，游刃有余。"事实发展果然如此，他感叹"政府其正默操胜算也哉"。

此文最后说："吾愿政府乘此时机，刷新政治。革党既自坠信用，授政府以戡除祸乱之美名；政府毋再事因循，贻革党以继续发生之口实。"

对于"革党"的失败他并不同情，对于袁世凯政府则寄予期望。

9月12日，张元济写信给熊希龄："……前见大电，谓不能与暴烈分子、腐败官僚相处，极是，极是。今暴烈分子尽矣。所急须打扫者，此腐败官僚耳。若辈误国什佰于暴烈分子。根深蒂固，抉摘为难。……观于广州、南京官军入城后之举动，吾国民若不亟施以教育，后此将何颜立于世界？……无论从何方面着想，终不能不从教育下手。财政固根本问题，而教育则根本中之根本也。"[33]

熊希龄当时还是国务总理，他们说的"暴烈分子"当然是指革命党，"腐败官僚"指的是北洋官僚。张元济认为最重要的还是教育，这也是他一生的事业，他认为，"出版事业可提撕多数国民，似比教育少数英才为尤要。"他一度希望汪精卫到商务印书馆一起做出版事业。[34]

几个月后，1914年1月10日，夏瑞芳遭暗杀。当天郑孝胥的日记说："此即党人复闸北搜扣军火之仇也。"[35]

1月11日，湖州南浔的藏书家刘承幹在日记中说："闻此事乃革贼陈其美等所为。"[36]

从1月11日到2月22日，在长达1个月零10天中，上海《申报》在本埠新闻连续以"棋盘街又出暗杀案"为题逐日报道。仅次于宋教仁被暗杀后的报道规模。夏瑞芳这年43岁，创立商务已有17年了，稳居中国出版业的领军地位，在印刷技术、出版数量、质量和声誉上都没有一家可以匹敌，有名的学者、作家都以在商务出书为荣，借商务的网络可将自己的著作发行到各地。就在四天前他刚刚与日本金港堂签订终止合办合同，收回了日股（为此多付日方股本21%，共付出二十七万余两），他为此曾专程去了一趟日本。

1月10日，《申报》登出商务印书馆广告，宣布"为完全本国人集资营业之公司，已将外国人股份全部购回。"

1月14日，上海租界工部局董事会开会，议论了夏瑞芳被暗杀一事：

"夏先生在去年夏季表现的急公好义的精神。尚留在各董事记忆之中。"[37]

这也是一把揭开夏瑞芳暗杀之谜的钥匙，"去年夏季"是指1913年"二次革命"期间，《上海总商会会议记录》7月24日，陈其美要把闸北一同业公会的房子作为军营。上海总商会开会讨论，如果允许闸北作为军营，战场就放在这里，那上海就糜烂了。

"夏议董粹芳"即夏瑞芳首先发言：

"今日之事必须先定宗旨，究竟南北众商于此次独立是否赞成抑系反对，请即宣布再议办法"。在这次上海总商会的会上，夏瑞芳非常主动、积极。

"夏议董粹芳：鄙人亦拟有一稿，请周总理宣布以何者为要，请诸公酌夺。"可见他事先是有准备的，连稿子都拟好了，叫大家来讨论。讨论的结果是以总商会名义派遣代表去找上海租界当局，要求把陈英士军队的武器拿下，将他们驱逐出去。这个地方不属于租界，属于租界与华界交界的地方，他们准备了很多沙包，阻止革命军从租界通过。[38]夏瑞芳和上海总商会的立场，得罪了陈其美。

闸北宝山路一带是商务编译所、工厂、宿舍集中处，属于华界。为了安全，夏瑞芳联合其他商家请租界的万国商团到闸北的出入口布防，陈其美也就是陈英士的武装就不能从南市迁回到闸北。另据说陈英士向商务借军费也遭他拒绝，所以怀恨在心。[39]

2月19日，张元济写信给远在巴黎的蔡元培，告知夏瑞芳被暗杀，凶手已被抓获，是出资雇的。"说者谓原因由于闸北一役。以私见揣之，未必尽确，大约主因皆由于同行嫉妒"。

不久，他给蔡元培的信里又提起此事："夏粹翁猝遭惨害，实出意外……唯主谋者早已闻风远扬。"

早在1913年8月28日，夏瑞芳就收到过警告信，曾给郑孝胥看过，"党人恶虞洽卿、张菊生及夏等，将加害，可慎出入。"[40]

夏瑞芳被刺的地点在河南路的商务馆发行所门前，他正从发行所出来，一登上马车就被枪击中，立即送往仁济医院，已无法医治。他的马车夫胡有庆不过十五六岁，奋勇追凶，凶手在泗泾路上被巡捕抓获。

那一天，周越然到商务馆编译所拜访邝富灼，恰好夏瑞芳过来，邝还用英语介绍他们认识。大约一个小时后，他雇车到河南路发行所购书，大门口有许多闲人，还有几个中西巡捕，他大胆地跑进大门，耳中听得："夏先生中了枪。中了枪了。"夏瑞芳的老搭档高凤池十七年后想起他被暗杀时，商务印书馆"正四面楚歌，谣言蜂起"：

> 一、适值向日本股东交涉收回股权；二、同业竞争剧烈，用种种阴险破坏；三、时局不靖，内战甚剧，几牵及全国；四.因时局关系，经济恐慌，公司与夏君之经济混淆，故形十分竭蹶；五、夏君本身负债累累，子女幼稚，中年遭变，犹如梁栋摧折，当时之危迫，无异坐困危城。

没有想到仅仅十多年，公司资本竟由数十万增至五百万元，每年营业自二三百万增至千万，职工自五六百增至三千余人。[41]

夏瑞芳死了，但他开创的事业已进入国人的日常生活，造福了整个中国。

1914年4月15日，教育家黄炎培来到江西饶州，在振修初等小学看到三十多个小学生正在读初小第五册第十一课《地球》，出自商务印书馆的共和国教科书。只有一二个同学有课本，其他的都是抄读，老师把整篇课文抄在了黑板上。此前，3月9日，他到安徽偏僻的东流县，在一所初等小学看到学生所读为商务出版的国文教科书。4月7日，他在江西南昌参观私立匡秀女学，有个班正在上课，用的是《共和国新国文教科书》初小第六册。[42]

八、"北大未从贼"

1914 年 3 月 24 日，从教育部辞职回到商务印书馆不久的蒋维乔在日记中写着：

> 阴雨　晨九时半到（编译）所。……十二时，沈君朵山（颐）有电话来，邀余往中华书局。余往，晤及（陆费）伯鸿、（戴）懋栽诸君，同往德兴饭店西餐。伯鸿言及，阅教育部有不正式之通知，令各书局将教科书改易，加入颂扬总统语。中华商务两家应协商抵拒办法，各派人入京与部磋商，其条件可遵者遵，不可遵者勿尊，二家一致进行。余允归与菊公（元济）商量而罢。回编译所，适菊公来，因告之。菊公亦赞成。[43]

商务和中华虽是竞争对手，但对于抵制袁世凯政府的蛮横干预立场是一致的。

12 月 27 日，教育总长傅增湘写信给张元济："总统近有改学制之议，大约高小以至中学高等直接为一校"，"高小以上各书若有编印者，可略缓也。"

他俩私交甚好，傅增湘才会私信里透露还没公开的事情。

1915 年元旦，张元济写信给傅增湘："明年直隶发起省教育会联合会，江苏省教育会同人正在研究议案，其对于学制亦多不主张更改……从前改革学制每以颁布之日为施行之期，往往学校基础未定，而纷更已来，故永无良善之效果。此层似亦不可不虑。"[44]

他不知道袁世凯就要称帝了，还在想着怎样跟袁政府讨价还价。

此时的商务印书馆正处于营业上升期。5 月 24 日，严修南下上海，参观商务的印刷厂，当天的日记中说："是厂用男女工约一千五六百人，事业之发达，视五年前又不同矣。观试美国运到最新式之五色印刷机器，一点钟可印四千张，较旧式之速率为一与六之比。厂中机器新旧间用。"[45]

8 月 11 日，《大公报》上还有共和国教科书的广告。而袁世凯已在准备称帝，杨度、严复、刘师培等六人署名的《筹安会宣言书》即将公开。8月18日，《大公报》在《闲评一》讽刺的就是舆论热点中的"筹安会"，因其以私人"学术团体"标榜：

"近在都城之下，居然有私人团体之集会？居然有关系治安私人团体之集会？居然有名为私人团体与政府无关系，而实则皆政局中之人物之集会？"

9月12日，《大公报》发表"无妄"的《对于国体问题之预测》，则是一篇嬉笑怒骂的讽刺文章：

> 且冒天下之大不韪，而悍然以发难，聪明伶俐如六君子岂肯无所恃而冒昧尝试者……万一风云不测，事或败于垂成，诸君子亦可告无罪于历代帝王太祖太宗曰，臣力竭矣，天也，非人事所能致。

此前，杨度的《君宪救国论》在《大公报》"来件"栏连载了六天。9月9日、10日，又在"录件"栏连载梁启超的《异哉所谓国体问题者》。

10月10日出版的《东方杂志》12卷10号，在"内外时报"栏选登了一组"关于筹安会之辩论"文章，包括梁启超的《异哉所谓国体问题者》和汪凤瀛的《致筹安会书》，同时附录古德诺的《共和与君主论》、杨度的《君宪救国论》。《东方杂志》没有只字评价，只在卷首说："吾国今日，几于无人不抱悲观主义矣。"

汪凤瀛在《致筹安会书》说："今国基甫定，人心初安，而公等于民主政体之下，忽倡君主立宪之异议，如果此说弥漫，不但使宗社党徒起复辟之心，这是招乱之源。"

《东方杂志》在发表反对袁世凯称帝的文章同时，也发表了支持称帝的文章作为附录，它自己的态度则在卷首的"悲观主义"中可知。

11月18日，夏瑞芳之后出任商务印书馆总经理的印有模病故，推高凤池（翰卿）暂行兼代，张元济一直不肯接任总经理，对此，当年入馆的陈叔通说："这是因为总经理是公司的代表，要向官厅进呈，要与官方应酬，而这件工作在士大夫中认为是不体面的。张在维新失败以后，断绝与官场往来……" 46

此时，原来的共和国教科书已不能用了。

11 月 26 日，张元济写信给傅增湘："敝处先将'共和'书更名'普通'，以为过渡时代之用，已送部复核（照审查图书规程令）"。

共和国教科书改名为普通教科书，连"共和"二字也不能用了。"普通教科书"删去了共和国教科书中有关"共和"、"平等"、"自由"等课文。

12 月 21 日，《大公报》上刊登"商务印书馆新编实用教科书出版预告"，还有"教育部最近审定普通教科书"的广告，又是"普通"，又是"实用"，就是要回避"共和"二字。

这一年商务印书馆的《辞源》问世，初版就卖了 20 万部，当月加印 10 万部。河南宛城的大街上有人吹吹打打，扛着《辞源》做为婚嫁礼品。（到 1949 年《辞源》发行了 400 万部）。

1916 年元旦，北京高等师范学校国文部教授同时在北大兼课的钱玄同，在北大教授马裕藻那儿读到官报，知道从这一天起改称中华帝国洪宪元年，感叹"民国历数尽于昨日……整四年也"。47

《大公报》在报头开始使用"洪宪元年"字样，3 月 24 日随着袁世凯被迫取消帝制，《大公报》也取消"洪宪元年"，改回民国五年。

《东方杂志》则一直不愿意使用"洪宪元年"，1916 年出版的《东方杂志》第十三卷第一号，只在边沿印上 1 月 10 日发行字样，第二号、第三号都是如此，第二号仅在"法令"这一栏有一则《洪宪元年度总预算》。

等到 4 月 10 日第四号出版时，帝制已在一片反对声中取消，《东方杂志》在目录页标明"民国五年四月十日发行"，封底也有"中华民国五年四月十日发行"这一行。《东方杂志》的选择并不孤立。上海报纸最初也是只标明公元年月日，淞沪警察厅给上海日报公会来函，威胁要禁止邮递、没收报纸，各报被迫以小小的6号字印上"洪宪纪元"字样,并将警察厅来函同时登出。

1915年10月26日,《北京大学分科暨预科周年概况报告书》说,1913年,分科共有学生七班,预科共有学生八班,合计约400人,每月经费29000元。

到1915年10月,分科共有学生30班,预科共有学生19班,合计约1400人。这两年,学生人数增加了1000人,每个月的经费部发经费为24000元,反而比以前少了5000元。

冯友兰就是1915年秋天进入北大的,他本来考取了热门的法科,却自愿转入冷门的文科,想学西方哲学。当时的北大号称有中国哲学、西方哲学和印度哲学三个学门,后两门因为没有师资,并未开课。他在北大三年,没有真正接触到西方哲学,连西方大哲学家的原著也一本没有见到,北大图书馆没有这类书。当时,在英国爱丁堡大学学过逻辑学的章士钊给北大一年级讲逻辑,他去旁听了两次,发现讲的并不是逻辑,而是中国哲学史——墨经。北大没有一个老师能教给他半点逻辑知识,对他影响最大的是国学门的教授黄侃,讲《文选》和《文心雕龙》,还有中国哲学门的教授陈黼宸,主要讲《诸子哲学》。[48]

这年八月中旬来到北京的安徽学子杨亮功,没有赶上北大的入学考试,考入国立工业专门学校,但听说北大旁听生还有余额,他宁愿在北大做个没有学籍的旁听生。一年后,他转为预科正科生,老师中有马裕藻、沈兼士、沈尹默。可惜期待他上京师大学堂的祖父辛亥那年就去世了。[49]

胡仁源担任北大校长时,聘请了不少章太炎的弟子到北大任教,包括马裕藻、沈兼士、钱玄同、朱希祖等,沈尹默是沈兼士的弟弟,也被当作章门弟子,其实他不是。黄侃1914年秋天入北大任教,不过29岁。北大文科原来桐城派古文家的势力最大,现在开始转移到他们身上。他们大多是浙江籍,只有黄侃是湖北人,却是章太炎最看重的弟子。

1915年8月,刘师培以"筹安会"名义召集学术界开会,动员众人支持袁世凯称帝，黄侃嗔目说："如是，请先生一身任之！"起身就走。[50]

袁世凯为了笼络一些北大教授，赠他们嘉禾勋章，黄侃拒绝接受。"二十饼金真可惜，且招双妓醉春风"，这两句诗说的就是此事，因为勋章证书费要二十银元。[51]

12月12日，北大教授马叙伦得知从明年起改为洪宪元年，愤然说："是不可以久居矣！"当天辞去北大和医专的教职，赢得了"挂冠教授"的称号。北大哲学门学生为他钱行，并合影留念，32人中就有冯友兰。[52]

校长胡仁源是京师大学堂早期的学生，曾留学日本、德国。袁世凯的大儿子袁克定派人劝他率北大的教授一起上书劝进，遭到他和教授们拒绝。[53]

"北大未从贼，很为读书人挣回一点脸。"北大从此引以为傲。

九、重回共和

1916年1月4日，《大公报》刊登商务印书馆的"教育部审定女学用书"广告，旁边另有一则有关"共和国教科书"的告白：

> 奉四年（即1915年）十二月二十二日教育部批准仍可通用。（教育部批）所请准将以前审定各种共和国教科书改正通用办法，尚属可行，俟筹备事竣后可照此办法通用。我国无论君主、民主尚取重民主义，所改亦无多也。

当时，《大公报》的报头已改用"洪宪元年"纪年，商务印书馆则为共和国教科书而深感无奈。

2月8日，商务印书馆又在《大公报》上刊登"普通教科书"出版的广告："新修身、新国文各书内容悉与从前审查之共和国教科书相同，中有一二课改篡字句处，亦属妥善。教育部最近批（12月7日）"。

钱玄同后来嘲笑袁世凯政府将教科书中"元年元旦南京设临时政府，举孙文为临时大总统"一语也删去。[54]

袁世凯的称帝梦因蔡锷、唐继尧等率先起兵反对，南方各省纷纷独立，几个月就破灭了。

3月22日，张元济写信给高梦旦，"共和书应于已动各省多登广告，用实用作陪。又共和书稿本应即还原。""共和书"就是共和国教科书，"实用"是实用教科书。"已动各省"就是独立的各省。

3月25日，他要求通告各分馆，"帝制取消，应推广'共和'书。并将'普通'书速即销去，勿退回。"又安排，"告同业，现非共和书不适用，勿再误会。"

"共和书"就是共和国教科书。3月30日，他查了一下，1914年，春季适用共和国教科书初小销了759万多本，1915年销了726万多本。还有几个分馆没有统计过来，大约相等。如此巨大的销量，这套共和国教科书对于商务馆的重要可以想见。

5月22日，商务印书馆为恢复使用"共和国"、"民国"教科书的书名，让陈叔通起草上教育部禀。

6月6日，59岁的袁世凯死了。当天，张元济在日记中说："闻袁世凯病毙"。[55]

第二天，《大公报》就袁世凯之死发表评论：

> 综计袁总统之官运，国家每经一次危劫，彼即高升一步。盖始终逢凶得吉、遇难成祥者。屈指回溯，甲午战败议和，实为袁氏发轫之始；戊戌之变，于是乎一高升；庚子之役，于是乎再高升；及辛亥大革命，于是乎大高升。总统之位既固，皇帝之瘾忽发。于是乎惹起全国唾骂，引动遍地干戈，生灵涂炭，国是阽危，至不可收拾之下，及以一瞑不视了之。虽亦由命尽禄绝，然神龙见首不见尾，其解决大局之手段，亦狡狯矣哉！……然而今日之事，已成不可解决之势，毅然以一死解决，快刀乱丝，一朝断决，论其一死之有功民国。殆较四年余之辛苦经营，盖尤万倍也。吾闻京电，敬为袁公吊。且为民国贺！

这一天，张元济给梁启超写信，索要他的新作《袁世凯之解剖》。

《东方杂志》在 7 月 10 日出版的第十三卷第七号头条发表杜亚泉的《天意与民意》说：

"辛亥革命运动之成功，与夫此次帝政运动之消灭，虽曰民意，而事态之变迁，与时机之辐辏，均有人力不至于此也。"

"以广义言，则民意亦天意，反背民意者，即为违逆天意。以狭义言，则民意之外，尚有天意。故凡运动选举以制多数于议院者，及威迫利诱，以制造民意者，虽能使一时之民意陷于迷乱，而天意终不能假托也。"[56]

《东方杂志》作为月刊，印刷出版的周期长，杜亚泉写作此文的时间也是袁离世不久。《大公报》那篇评论抓住的是袁世凯这个人，抓住了他的个性、个人动机，但没有把他放进一个更宽阔的社会政治转型背景里进行分析。而杜亚泉则把他放在整个中国的文化传统的背景下，着重讨论天意与民意的关系，开篇即引《尚书》的"天视自我民视，天听自我民听"和《左传》"民之所欲，天必从之"。袁世凯称帝是假托民意，制造民意，所谓国民代表百分之百赞成他做皇帝正是如此。事实上却是违背民意，也即违背了天意。

6 月 9 日，也就是袁世凯死后三天，张元济到编译所，"商定秋季备货照去年秋季打八折，其中《共和》十之八，《实用》十之二。"共和国教科书占了大头，后编的实用教科书只占十分之二。

6 月 10 日，商务印书馆向南方护国战争中出现的军务院发去递禀，"请推选《共和》书。再约时人介绍，分送各校"。[57] 就是希望通过刚刚在反袁战争中获胜的军务院，向各学校推荐共和国教科书。

7 月 21 日，《大公报》出现《介绍商务印书馆共和国、民国教科书》的大幅广告：

今大总统继任即以巩固共和，明令天下自此国基大定，首宜普及教育，以期根本革新，惟是采用教科书关系良非浅鲜，上海商务印书馆开设二十载，编辑经验极为宏富，民国成立后其出版有春季、秋季始业初、高小学共和教科书，共和国中学教科书，民国中学校教科书各若干种，均经教育部先后审定，久已风行海内，上年帝制论起，虽颇遭抨击而销路乃益形畅旺，诚以国民心理倾向共和，故对于共和国及民国各种教科书仍一致维持，始终采用。同人等以此益信其声价有定，在今日寔为最适用之善本，用敢介绍于全国学界，诸维鉴察是幸。

严修、张謇、唐绍仪、伍廷芳、王宠惠、梁启超、蔡元培、汤化龙、张一麐、黄炎培同启

这十个人无疑是当时政界、学界广有影响的名流。经过袁氏称帝造成的挫折，商务馆对于教科书的推广也是费了很大力气。

7月27日，张元济发现《共和国教科书》中"平等"、"自由"这两课还未恢复原稿。[58]

他在日记中记下这件事，有点着急，因下半年开课，就要重新使用共和国教科书了。

当时在河北香河县一个叫河北屯的小镇上小学的张中行（张璇），读的就是商务印书馆的共和国教科书，他到老不仅记得黄色纸书皮，石印手写大字，而且记得国文开卷是"人手足刀尺，山水田，狗牛羊"，都配有插图。[59]

1897年到1902年诞生的三个机构，国立的北大成长最为缓慢，直到此时，对社会的贡献还不如民营的《大公报》和商务印书馆。《大公报》曾是北方舆论的重镇，尤其晚清十年。商务印书馆出版的书刊影响了千千万万的读书人，仅共和国教科书的发行量就达到七八千万册。1915年，北大只有66个毕业生。1916年，有204人毕业，1917年，有163人毕业。从1898年开校算起，到1917年，将近20年，中间断了两年，整个北大只有970个毕业生。1916年12月6日，胡仁源辞去北大校长，当月26日，蔡元培被任命为校长。此时，北大的时代还没有到来。

注:

1、章锡琛《漫谈商务印书馆》，《商务印书馆九十年》，商务印书馆1987年，112页。

2、汪家熔校注《蒋维乔日记》1896—1914，商务印书馆2019年，476—481页。

3、张树年《我的父亲张元济》，百花文艺出版社2006年，16页。

4、《严复全集》卷八，福建教育出版社2014年，156—157、588页。

5、张人凤、柳和城编著《张元济年谱长编》，上海交通大学出版社2011年，349页。

6、《商务印书馆九十五年》，751—752页。

7、蒋维乔《创办初期之商务印书馆和中华书局》，张静庐辑注《中国现代出版史料·丁编》（下），中华书局1959年，398页。

8、劳祖德整理《郑孝胥日记》三，中华书局1993年，1433、1435、1142页。

9、《郑孝胥日记》三，1479—1480页。

10、荣孟源审校《吴虞日记》上册，四川人民出版社1984年，40页

11、连横《雅堂先生余集·大陆游记》，台湾省文献委员会1992年，傅国涌读书札记，未标注页码。

12、转引自萧超然《北京大学与五四运动》，北京大学出版社1986年，21页。

13、王道元《京师大学堂师范馆》，陈平原、夏晓虹编《北大旧事》，生活·读书·新知三联书店1998年，21页。

14、房兆楹辑《清末民初洋学学生题名录初辑》，中央研究院近代史研究所1962年，74页。

15、林能士编著《辛亥时期北方的革命活动》，正中书局1993年，18—30页。

16、《辛亥革命史资料新编》3，湖北人民出版社，594—598页。

17、萧超然等编著《北京大学校史（1898—1949）》增订本，北京大学出版社1988年，33页。

18、《吴景濂自述年谱》上，《近代史资料》总106号，43—45页。

19、《严复全集》卷八，501页。

20、《严复全集》卷八，466、282、502、503、504、505、284页。

21、高平叔编《蔡元培全集》第二卷，中华书局1984年版，162页。

22、《严复全集》卷八，506、286页。

23、《严复全集》卷八，284页。

24、魏麦人《沧海桑田话北大》，1947年3月1日的《北大化讯》第18—19期，14—18页。

25、蔡元培《北大成立二十五周年纪念会开会词》，高平叔编《蔡元培全集》第四卷，296页。

26、《严复全集》卷八，507页。

27、《严复全集》卷八，395—396页。

28、《严复全集》卷八，467、468页。

29、沈尹默《我和北大》，王世儒、闻笛编《我与北大——"老北大"话北大》，70页。

30、《严复全集》卷八，469页。

31、《朱希祖日记》上册，中华书局 2012年，110页。

32、转引自萧超然等编著《北京大学校史 1898—1949》增订本，41页。

33、《张元济书札》（增订本）下册，1278页。

34、1917年2月20日张元济致蔡元培，《张元济书札》（增订本）下册，1247页。

35、《郑孝胥日记》三，1497页。

36、《求恕斋日记》，转引自张人凤、柳和城编著《张元济年谱长编》上卷，395页。

37、上海市档案馆编《工部局董事会会议记录》，上海古籍出版社 2001年，521页。

38、上海市工商联合会编《上海总商会议事录》（二），上海古籍出版社 2006年，673—675页。

39、邓云乡《百年"商务"话沧桑》，《商务印书馆一百年》，514页。

40、《郑孝胥日记》三，1481页。

41、周越然《书与回忆》，辽宁教育出版社 1996年，256页；叶新整理《高凤池日记》，中华书局 2022年，12—13页。

42、《黄炎培日记》第一卷，华文出版社 2008年，69、49—50、65页。

43、蒋维乔日记原件影印，转引自汪家熔《民族魂——教科书变迁》，146页。

44、《张元济书札》（增订本）下册，1060页。

45、《张元济年谱长编》上卷，411页。

46、陈叔通《回忆商务印书馆》，《商务印书馆九十年》第134页。

47、《钱玄同日记》（整理本）上册，北京大学出版社 2014年，282页。

48、翟志成《冯友兰学思生命前传》，中央研究院近代史研究所 70—72页）

49、杨亮功《早期三十年教学生活·五四》，16—17页。

50、司马朝军、王文晖合撰《黄侃年谱》，湖北人民出版社 2005年，105页。

51、杨亮功《早期三十年的教学生活·五四》，黄山书社 2008年，23页。

52、卢礼阳《马叙伦年谱》，《马叙伦全集：我在六十岁以前　马叙伦年谱》，浙江古籍出版社 2021年，141页。

53、萧超然等编著《北京大学校史 1898—1949》增订本，43页。

54、《钱玄同日记》上册，1917年2月12日，309页。

55、张人凤整理《张元济日记》上册，河北教育出版社 2001年，46、48、53、63、94页。

56、许纪霖、田建业编《杜亚泉文存》，上海教育出版社 2003年，177、178页。

57、张人凤整理《张元济日记》上册，河北教育出版社 2001年，97页。

58、《张元济日记》上册，123页。

59、张中行《流年碎影》，作家出版社 2006年，32页。

商务印书馆和中华书局竞争的格局开始形成

商务印书馆放工时

商务印书馆编译所员工合影

严复

章士钊

夏瑞芳全家福

定審部育教

高等小學校　春季始業
第一冊　學生用

共和國教科書新國文

商務印書館發行

《共和国教科书新国文》第一册

第四篇

新潮

1917—1922

一、蔡元培来了

1917 年 1 月 4 日，蔡元培到北大就任。

就在前一天，《大公报》发表了《本报之新希望》：

> 顾吾以为新闻事业之天职有二：一在报道真确公正之新闻，一在铸造稳健切实之舆论。而二者相较，前者尤重。盖新闻不真确、不公正，则稳健切实之舆论无所根据也。
>
> ……
>
> 新闻者天下之公器，非记者一二人所可私，亦非一党一派所得而私……[1]

此文由胡政之（1889—1949）执笔。1916 年 10 月，王郅隆全面接收《大公报》后他被聘为经理兼总编辑。这一年，他只有 28 岁。入馆任事前他还去见了离馆已有四五年的英敛之。

他说，当时的报馆如衙门，主持人称"师爷"，全馆为天主教徒，只他一个人不是。七个访员就是记者，他说他们都是"脑中专电制造专家"，他开除了其中的六个，只留下一个，此人的父亲是总统府承宣官（即听差头），知道总统派车接谁和谁去看总统的消息，天津的消息多靠北京的电话。同时，他聘请了林白水、梁鸿志等人为特约访员，每天以电话向天津发消息，或以快邮寄稿。

胡政之 1907 年留学日本，在东京帝国大学读法律，民国初年在《大共和报》工作。此时正年轻，想在报界有所作为，他自己经常出马采。督军团开会时，天津的军阀"杨梆子"（杨以德）常说："请胡师爷去记"，派车去接他。[2]

1月9日，北大正式开学，蔡元培校长发表就职演讲，指出三点，一是抱定宗旨，二是砥砺德行，三是敬爱师友。他强调："大学者，研究高深学问者也。……所以诸君须抱定宗旨，为求学而来。入法科者，非为做官；入商科者，非为致富。"1月29日在《大公报》刊出时，题为《大学校长蔡孑民就职之演说词》。[3]

1月10日，《大公报》刊出《本报特辟教育实业专栏预告》，"本报同人以为今日救国大计惟在教民、富民，故教育、实业乃国家存亡关键。"北大的动向当然是他们关切的。

蔡元培在接受这一任命前，从法国回到上海，劝他不必就职的朋友很多，其中马君武反对最力，他们认为北大太腐败，进去了，如不整顿，反于自己的声名有碍。吴稚晖的意见是："中国事，云不可办，则几无一事可办；云可办，则其实亦无不可办"。孙中山认为他应当去。他到北京后，与范源廉、沈步洲等讨论了几次，"觉北京大学虽声名狼藉，然改良之策，亦未尝不可一试，故允为担任"。

1月18日，他给吴稚晖回信：

> 大约大学之所以不满人意者，一在学课之凌杂，二在风纪之败坏。救第一弊，在延聘纯粹之学问家，一面教授，一面与学生共同研究，以改造大学为纯粹研究学问之机关。救第二弊，在延聘学生之模范人物，以整饬学风。[4]

在这封信中，他希望吴能到北大讲授言语学概论，将来组织一个言语学研究所。

此前，他已于1月11日给教育部发出公函，称北大文科学长辞职，"查有前安徽高等学校校长陈独秀品学兼优，堪胜斯任"。并附了履历："陈独秀，安徽怀宁县人，日本东京日本大学毕业，曾任芜湖安徽公学教务长、安徽高等学校校长。"其实，有关陈的这些履历都不符实，当时陈在上海办《新青年》杂志，提倡新思潮，正在造成时势。两天后（1月13日），教育部也不核实这些履历，就下达了派陈独秀为北大文科学长的教育部令。1月15日北大布告公布。

早在1月6日，也就是蔡元培到北大两天后，钱玄同就在日记中说："陈独秀已任文科学长，足庆得人"。[5]北大的整顿从文科开始，以陈独秀为文科学长，就是第一步。

24岁的梁漱溟毕业于顺天府中学堂，因为在《东方杂志》发表的《究元决疑论》，蔡元培聘他为北大讲师，教授印度哲学概论。中学都没有正式毕业的刘半农也因这一年在《新青年》发表《我之文学改良观》，得蔡校长欣赏，聘为北大预科国文教员。

1月20日，北大开会，商议秋后改良大学编制事，与会的钱玄同认为："此次之改革在欲废去预科中与中学叠床架屋之各普通学科，用意极佳，我甚赞成。"[6]

2月5日，《大公报》的"特别记载"栏刊出《北京大学校长蔡孑民先生与本报记者之谈话》，内容包括三个方面，"教育界之注意点"、"欧洲战争之观察"、"对于大学之计划"，强调"大学乃研究学术之机关，进大学乃为终其身于讲学事业"。

"特别记载"是胡政之亲自主持采访的栏目。每期采访一位名流，谈论的话题从政治、外交、财政到社会、文化、教育、思想，无所不包，采访对象不限于中国人，也有外国在华名流。

从1月28日开设"特别记载"，2月1日刊出林琴南（林纾）的《论古文之不宜废》。年初，陈独秀主编的《新青年》第二卷第五号发表胡适的《文学改良刍议》一文，倡导"言文合一之国语"，以白话文取代文言文。林纾嘲笑白话是"引车卖浆之徒所操之语"，"不值一哂"，他认为"文无所谓古也"，欧洲文艺复兴并未将拉丁文废除，"知腊丁之不可废，则马、班、韩、柳，亦有其不宜废者"。马、班、韩、柳即司马迁、班固、韩愈、柳宗元。还在美国留学的胡适也读到了此文，4月9日写给陈独秀的信中，指出林琴南文中一句文法的错误，认为恰好可以证明古文当废。

以古文翻译西方小说而广受欢迎的林纾，长期与商务馆合作。此时，商务已对他的译稿不满。6月11日蒋维乔写信给张元济："琴南近来小说译稿多草率，又多错误，且来稿太多"。第二天张回信："稿多只可收受，惟草率错误应令改良。"[7]

蔡元培曾有意邀请汪精卫到北大任教。这年2月20日，张元济给他回信说，如果汪精卫有意进北大，商务馆自应作罢。在此之前，汪回国曾谈起要到南洋集资，专营出版。张元济表示要以商务馆这个印刷发行机关为之尽力。如汪有意如此，希望蔡能赞助，"盖出版之事业可以提撕多数国民，似比教育少数英才为尤要。稚晖、精卫实当其选，窃我兄公之天下也。"[8]

三天前（2月17日），汪精卫来访，张元济重申了前年的编书之约，"告以现既来沪，如能留此，甚至延聘到馆"。汪说自己还打算去法国，当晚张元济与高凤谦还商量过聘请吴稚晖、汪精卫的事。[9]

蔡元培也想邀请吴稚晖、汪精卫进北大。3月15日，他给汪的信中甚至将其视为中国今日的费希特，"弟深愿先生惠然肯来，主持国文类教科，以真正之国粹，唤起青年之精神。"[10]

这一天，汪精卫正在上海参观商务印书馆印刷厂。[11]

此时，他的声望甚高，南北两个最重要的出版、教育机构都如此看重他，而他终究无意做教育，也无意做出版。

4月28日，胡政之南下上海，住了四天。《大公报》从5月6日到14日连载他的通讯《南游杂记》（署名"冷观"），其中说：

> 大凡一国文化之进步，可于其出版物之多寡觇之。余此次到沪，本欲访问商务印书馆与中华书局等处，一查书业之盛况，乃因时间不足，未克如愿。惟有一日，

在宴会中晤商务书馆执事人某君,略谈该局情形。据云销路之大,自然推教科书。而从地方观察,则东三省与北方诸省,销数较南方为多。盖南中私塾,至今犹多,凡所习用,仍是《三字经》《百家姓》等书,积重难返。东三省各地,自来不讲教育,私塾绝少,近年争办学堂,故径行采用教科新本。又云四川销路亦佳,不过路不好走,每次运货,必受惊险,前曾有仪器一批,中途被劫,器为盗毁,所失甚大。广东销书之量,殊不算大。盖该地私自翻印之事颇盛,书馆贩卖因而受其影响。又云,本年该馆营业极佳,三个月间,销数已抵平常一年,盖受共和复活之赐云。[12]

胡政之未曾造访商务印书馆,无意中遇到了商务馆的人,得知教科书发行的一些情况。袁世凯之后,共和国教科书继续风行。但商务馆高层对于教科书向来抓得很紧。张元济日记中常提及他们之间的商议、斟酌。2月4日晚,他约高凤谦、庄俞、庄适等人便饭,谈编辑新教科书事,谈到了国文、修身和历史、地理等教科书的编辑。2月22日,他又与高凤谦、庄俞等人商议编《修身》教科书的事。[13]

对于商务馆上一年的营业情况,5月19日举行的股东常会上,郑孝胥报告1916年比1915年营业额多八万零四百三十六元六角二分。[14]

二、"薄海争传讨逆声"

7月1日,带辫子军进京调停黎元洪与段祺瑞"府院之争"的张勋拥溥仪复辟。当天,蔡元培应在北大任教的地理学家张相文之约同游西山,车到颐和园,换藤轿上山。午后,他们去静宜女学校拜访英敛之,没有碰到,只见到他妻子,正在谈话,得到蔡夫人弟弟黄干城的电话,促速归,回到颐和园,见到干城,才知张勋等复辟的消息,警厅已强迫商店悬挂黄龙旗。他到北京饭店暂住,晚上接了眷属。第二天早上乘火车去天津。

当时北大正在修校门,门旁另辟一门出入,留校的教职员中有一位"不肖分子"，在洞口插了一面龙旗。过了几天，讨伐张勋的军队进京，就在北大东斋的房顶上架起轻炮向张勋的住屋射击，事后有人把这两件事告诉蔡先生，蔡先生说："有这等事，真是滑稽得很。"一笑置之，对于插龙旗的这位"职员"，并不撤职查办，也未捆送法院。

第二天，天津《大公报》以《共和果从此告终乎》的大标题，以多个版面的篇幅，对实行复辟的情形、处置总统黎元洪的传闻、任命官吏的种种、北京的秩序、外交界反应等等作了详细报道。其中说到"清皇室态度纪闻"："传闻大内得复辟消息，世太保、清太妃等均大哭，云每年四百万元恐亦难保云。"

胡政之在第一张显著位置发表署名"冷观"的论评《复辟》，"吾人读法国革命史，诚知此举为必经之阶级。吾人观袁帝时代之往事，又不难推定其结果……"寥寥数语，冷静而不失乐观。第二张还有一篇署名"无妄"的时评《革命与复辟》，直言复辟是倒行逆施，"尊清室适以灭清室耳"。

消息传至上海，张元济这一天的日记说："今日见报，宣统复辟。""商定预备用书情形，共和勿过多印。"[15]

"共和"就是共和国教科书。此时正在学期末，暑假将开始的日子，商务印书馆本来要大批量印刷教科书，为应付下半年的需要。因担心"共和国教科书"又不能用了，临时决定不要多印。

7月3日，《大公报》的大标题依然是《共和果从此告终乎》，张勋传出上谕，不断封官晋爵；冯国璋在南京通电反对复辟；澄清了黎元洪自杀的传言；清宫内部已开始为权位而争，瑾太妃等痛哭不已。这一天的"紧要新闻"刊出梁启超反对复辟的通电全文。在论评《两日来之成绩》中，胡政之列举了复辟的"成绩"：恢复红顶花翎、三跪九叩、总督巡抚大学士；新增"忠勇亲王"一尊；骇走北京住民数千；骇倒北京报馆十数家；骇跌中交票值。

7月4、5两日，《大公报》连续以《讨贼之师起矣》为大标题，段祺瑞发表反对复辟的通电，并以讨逆军总司令名义发布布告，在马厂誓师讨贼，北洋军界发表全体公启，汤化龙、蒲殿俊、蓝公武、宪法研究会、宪政讨论会等个人或团体纷纷发出通电，支持袁世凯称帝的杨度也发表了反对张勋复辟的通电。各地军阀四起响应，到7月5日，军队刚从马厂出发，北京城就已一片"愁云惨雾"。

7月4日，胡政之发表评论《敬告国人》（署名"冷观"）指出：

> 中国不幸，而有张勋拥半人半兽之辫军，横行于津浦铁路以北……连日龙旗飘扬于共和之域，红顶花翎飞驰汽车，群妖议政薶軍逞威，国家人格扫地几尽，人类价值因以锐减，此诚人世之大变，民国之钜殃。使叛国之贼从此成功，则吾人在中华民国六年之生活，岂非成为毫无意味，更有何颜生息于世界。今段合肥已有反对之宣言，冯河间亦有否认之电报，其他方面亦遍传反对之声。正义长存，人心不死，讨贼之师已起，逆徒败灭宿顾可期。当今欲洗从前之辱，固非急起除逆，不足以挽回濒失之人格。

同一天，《大公报》以"紧要新闻"刊登《蔡鹤卿先生辞职书》，7月2日蔡元培向总统辞职，其中有一句话："不意日来北京空气之恶达于极点，元培决不能回京。"

张勋复辟，由于《大公报》报道中肯、详尽，发行量"从三千增至逾万"。7月5日，《大公报》刊登这样一则《本报特别启事》："本报日来销路飞涨，工人印刷劳苦异常。"当时的印报机还是人工手摇，没有用电力马达，工人得日夜赶印。

7月6日，《大公报》的报道以"薄海争传讨逆声"的大字标题，连篇累牍都是各地反对复辟的通电。到7月7日，张勋已是四面楚歌，《大公报》在"逆贼无死所矣"的大标题下详尽报道了全国各地各方面的反应。这一天，蔡元培在得义楼的饭局上碰到了胡政之。

7月13日，《大公报》以《讨逆功成》的特大标题报道张勋逃入荷兰使馆、残余辫子军被遣散等消息。

多年后，胡政之回首当年，不无骄傲："张勋复辟之役，本报言论纪事，翕合人心，销路大增，一时有辛亥年上海《民立报》之目。"[16] 这是英敛之退隐之后第一个难得的小高峰。

7月20日，蔡元培收到陈独秀来信，胡适、章士钊等人都表示如他继续任校长，他们必来北大任教。同一天，他收到北大教职员公函，请他回信。7月23日中午，他回到北大。[17]

张勋复辟发生时，在美国哥伦比亚大学做完了博士论文、已通过口试的胡适，正在归国的轮船上，他将要到北大任教。7月5日下午四时，船到日本横滨港，他才得知张勋拥宣统复辟的消息。他想："复辟之无成，固可断言。所可虑的，今日之武人派名为反对帝政复辟，实为祸乱根苗。此时之稳健派似欲利用武人派之反对复辟者以除张勋一派，暂时或有较大的联合，他日终将决裂。如此祸乱因仍，坐失建设之时会，世界将不能待我矣。"[18]

蔡元培先从《新青年》上认识了年轻的胡适，他一回国就被聘为北大教授，比他大了24岁的蔡先生夸他真是"旧学邃密"而且"新知深沉"。源自荷马史诗中的"吾辈已返，尔等且拭目以待"常挂在他的嘴边。早在这年1月，陈独秀写信对胡适说，蔡元培请他为文科学长，他举荐胡适以代，此时无人，暂时充乏。蔡盼胡适早日回国，就是不愿任学长，也可以担任哲学、文学教授。胡适归国前，蔡就与他有通信往来。

陈独秀、胡适、钱玄同、刘半农等人陆续聚集北大，他们是《新青年》的"台柱"。（随后周作人、鲁迅、李大钊、吴虞这些《新青年》作者也进入北大，有的成为编者。）

10月21日，顾颉刚给中学同学叶圣陶写信："校中今日之状况，深足令人鼓舞。"他列举了文科本科聘请的教员名单：章士钊（逻辑兼图书馆主任）、胡适之（中国哲学、修辞学）、吴梅（词曲时代文学）、李石曾（生物学）、陶孟和（社会学）、张相文（地理沿革史）、英国诗（辜鸿铭）……感叹说："是可谓极一时之盛矣。"信中特别提到章士钊的课大受学生欢迎，听讲者太多，教室太小，几个人合坐一椅都容不下，还有人站在窗外旁听。对于年轻的老师胡适，他的评价也很高，"将来造就，未可限量。"对于北大正在发生的改变他感到兴奋，说："吾校精神渐渐充足"。[19]

前一天（10月20日），北大选举本届评议会会员，文、理、法本科、预科各二人，工科二人当选，文科当选的就是章士钊和胡适之两人。

不久前，上海《申报》于10月10日有一篇报道称，陈独秀担任北大文科学长后，改革的第一件事就是学科的变动，要调和新旧两方面的思想，要点如下：第一，哲学中不当立中国哲学和西洋哲学之名，哲学史才用地域划分；第二，经书当以其性质分为文学、史学、哲学；第三，将中国文学史自古迄今，中国文学则自今迄古，文学史与文学分开。

顾颉刚是哲学门学生，胡适初到北大，中国哲学主要是讲墨子，以清代瑞安籍学者孙诒让的《墨子间诂》为蓝本。另由马彝初教授庄子。顾颉刚就不以为然，认为这只是哲学的材料、哲学的历史，不是哲学。他于10月23日呈请蔡元培和陈独秀变更中国哲学教授方法，陈、蔡都有批示，相隔三天，胡适就改墨子课为中国哲学史。他说："未审此呈与有力否。"[20]

1917年12月17日，北大纪念二十周年，吴梅教授写了两首纪念歌，其中一首有这样几句：

> ……到如今费多少桃李栽培，喜此时幸遇先生蔡，从头细揣算，匆匆岁月，已是廿年来。

幸遇先生蔡，北大开始有了活力。蒋梦麟说他在静水中丢了一块知识革命的石子。1917年考入北大的西南联大中文系教授罗庸在《纪念国立北京大学四十周年》一文说："近二十年的北大，如果在文化上，学术上，还能有点成就和影响，那便是靠了蔡先生以其人格创奠下的一种北大学风"。[21]

三、《公民须知》

胡适回国之初，在上海住了十二天，花了一天的工夫专去调查上海的出版界，发现他去国的这七年竟没有出过一部哲学书，文学书中只有王国维的一部《宋元戏曲史》很好，还有一部《中国外交史》算是好书，"上海的出版界——中国的出版界——这七年来简直没有两三部以上可看的书。不但高等学问的书一部都没有，就是要找一部轮船上火车上消遣的书，也找不出。"就是市面上的英文书也都是些 17 到 19 世纪的英文课本，与当下欧美的新思潮毫无关系。他非常失望。

他想起在日本东京丸善书店看到的英文书目，英、美两国一年前出版的新书几乎都有，与商务印书馆、伊文思书馆的书目一比较，他说"几乎要羞死了"。[22]

他在《我的歧路》中自述"二十年不谈政治"的由来：

"1917 年 7 月我回国时，船到横滨，便听见张勋复辟的消息；到了上海，看了出版界的孤陋，教育界的沉寂，我方才知道张勋复辟乃是极自然的现象，我方才打定二十年不谈政治的决心，要想在思想文艺上替中国政治建筑一个革新的基础。"[23]

张勋复辟迅速失败，《大公报》上很快出现了商务印书馆共和国教科书《公民须知》的广告，特别强调："教育部批　是书简要明晰堪资应用　准作为国民学校修身教科用书"。

1916 年 10 月，教育部颁布《修正国民学校令施行细则》，其中提出修身科"兼授公民须知"。就在 1917 年 1 月，商务印书馆推出了刘大绅编、教育部审定的共和国教科书《公民须知》一册，供国民学校修身科学生用，这是中国最早以"公民"命名的初级教科书，共分五章、十五节，对公民、公民之资格、公民之权利（自由、平等、选举与从政）、公民之义务（纳税与公债、服兵、守法、教育）、地方自治、国家之组织（国体与政体、立法、司法与行政），作了简明扼要的介绍。

作为出版界的重心，商务印书馆也不能说没有努力，但与年轻一代知识人的期望还是落差很大。

1918 年 11 月，当上海、北京在庆祝第一次世界大战的结束，美国总统威尔逊的"十四点和平原则"通过中国的报纸被人所知时，商务印书馆迅速出版了《美国总统威尔逊参战战演说》，收录八篇演讲词，并一下子推出两个版本，一是中译版，一是中英文对照版（封面写着"英汉合璧"）。翻译者是从美国留学归来的蒋梦麟，当时他在商务馆担任编辑，封面署名就是"哲学博士蒋梦麟译"。他的序言是 11 月 11 日写的。

上海《申报》等报纸上到处都有这书的广告，称之为"必读之书"，献给所有想知道"世界上最为重要且亟需解决的问题"的人。此书成了畅销书，短期内就重印几次。冯玉祥将军买了五百册，送给他手下的军官作为必读书。一些教会学校则将中英文对照版，作为教学用书。

11 月 23 日，上海的英文周报《密勒评论》在头版报道了此书的发行情况：

> 目前最跟得上潮流的出版品是一本刚由上海商务印书馆发行，收录威尔逊总统的主要战时演讲的书。该社把威尔逊总统阐述协约国政策以及提出永久和平原则的演讲稿编撰成册。其中的一个版本是演讲的中译及附注，另外一个版本因为提供给中国学校，则有演讲的中英文对照。该书由蒋梦麟先生翻译，译文相当准确流畅，威尔逊总统的各种滔滔雄辩，几乎没有遗漏之处。如果中国人民要了解这场刚刚才结束的大战为何爆发成因，威尔逊的演讲里头就有答案。[24]

中国人将希望寄托在威尔逊身上，以为他能代表公理战胜强权，包括蔡元培、陈独秀无不这样认为，陈独秀称他是"世上第一等好人"。胡适更是热烈地支持威尔逊。大批学生在东交民巷的美国驻华使馆前喊出了"威尔逊总统万岁"的口号。

四、红楼的"饱无堂"与"群言堂"

1918 年 1 月 2 日，钱玄同日记写着，陈独秀、刘文典都认为中国文化已成僵尸，想要保种救国，"非废灭汉文及中国历史不可"。他说这和鲁迅的主张相同，他也认为如此。[25] 这是激进的主张。

罗家伦记得胡适初到北大，"他的胆子还是很小，对一般旧教员的态度还是十分谦恭，后来因为他主张改良文学，而陈独秀、钱玄同等更变本加厉，大吹大擂，于是胡之气焰因而大盛"。黄侃上课时经常骂人，骂钱玄同，也骂胡适，他在课堂上大声说："胡适说做白话文痛快，世界上那里有痛快的事，金圣叹说过世界上最痛的事，莫过于砍头，世界上最快的事，莫过于饮酒。胡适之如果要痛快，可以去喝了酒，再仰起颈子来给人砍掉。"[26]

赞同胡适他们的学生后来办了《新潮》，追随黄侃他们的学生则办了《国故》。

罗家伦说，"当时我们除了读书以外，实在有一种自由讨论的空气，在那时我们几个人比较读外国书的风气很盛，其中以傅斯年、汪敬熙和我三个人，尤其喜买外国书。"

傅斯年和顾颉刚、俞平伯同住一个房间，汪敬熙、罗家伦几乎天天去他们那儿，去了就争辩。除了早晚在宿舍里争个不停，还有两个经常聚集的地方，一是北大一院二层楼上的国文教员休息室，钱玄同等老师也是时常在这里，另一个是一层楼的图书馆主任室（李大钊自 1918 年 1 月中旬起接替章士钊）。这两处，无师生之别，也不讲究客气、礼节这一套，大家提出问题，互相问难。大约每天下午三点以后，这两个房间的人就是满的。二层楼那间被叫做"群言堂"，顾炎武批评南方人"群居终日而言不及义"，因为房子里多半是南方人。一层楼那间叫"饱无堂"，顾炎武批评北方人"饱食终日无所用心"，这个房子以北方人为主。"这两个房子里面，当时确是充满学术自由的空气，大家都是持一种处士横议的态度，谈天的时候，也没有时间的观念，有时候从饱无堂出来，走到群言堂，或者从群言堂出来，走到饱无堂，总以讨论尽兴为止。……当时的文学革命可以说是从这两个地方讨论出来的，对于旧社会制度和旧思想的掊击也产生于这两个地方。"

"饱无堂"和"群言堂"虽以教授为主体，但也有许多学生时常光临，至于天天在那里的学生，只有傅斯年和罗家伦两人，他们的新潮社与饱无堂只隔着两个房间。[27]

"饱无堂"和"群言堂"都在北大红楼。1916 年 9 月，还在胡仁源校长任上，北大向比利时仪品公司贷款 20 万筹建，到 1918 年 3 月建成，9 月底投入使用。10 月 2 日起，文科开始在红楼上课，10 月 12 日到 22 日图书馆迁到红楼一层。校长室、文科学长室都在二层。

早在 1917 秋天，傅斯年、罗家伦、顾颉刚、徐彦之、潘安洵等学生就有自己办一份杂志的想法，他们不满意《新青年》上的一些文章。到了 1918 年秋天，得到陈独秀的支持，解决了经费问题。10 月 13 日，开第一次预备会。《新潮》这个中文刊名是根据罗家伦的提议，英文名称 The Renaissance 则是徐彦之提出的。11 月 19 日，开第二次会。图书馆主任李大钊把一个房间拨给新潮社用。

等《新潮》创刊号问世已是 1919 年 1 月，最初只印一千册，没想到大大风行，不到十天就再版，印了三千册，不到一个月第三次印了三千册，亚东拿去印合订本又是三千册。

到这年下半年，《新潮》的代卖处就有四十多处，不仅在北京、上海、天津、苏州、南京、武昌、长沙、广州、杭州、济南、开封、绍兴、梧州等城市，日本东京也有，连苏州的小镇甪直都有。顾颉刚在 4 月 14 日给当时在甪直教小学的叶圣陶写信说："女子高小也看《新潮》，可见人心的趋向了。"[28]

学生辈办的《新潮》与老师辈办的《新青年》相呼应。《新潮》创刊号一出来，1月11日，钱玄同就看了，认为傅斯年、罗家伦两个学生的文字最精彩，傅斯年评马叙伦的《庄子札记》，罗家伦评林琴南翻译的小说，"都说得很对"。[29]

与《新潮》差不多时间问世的《国民》杂志，成员中有北大学生周炳琳、张国焘、段锡朋、邓中夏、黄日葵、高君宇、许德珩等人，也有北大以外的人。1918年10月20日的成立会，蔡元培不仅作为来宾发表了演讲，还于12月15日写了《＜国民＞杂志序》，第一句话就是："《国民》杂志者，北京学生所印行者。"不是"北大学生"，而是"北京学生"。而《新潮发刊旨趣书》开篇就说："《新潮》者，北京大学学生集合同好撰辑之月刊杂志也。"

1919年1月22日，钱玄同买到一册《国民》，"这杂志也是大学里的学生办的。但宗旨和《新潮》很不同，大致偏重保守一方面，看了觉得没有什么精彩。"[30]

1月初，北大学生张煊、俞士镇、薛祥绥等人讨论办《国故》，向校长申请经费，得到开办费三百元。1月26日，《国故》月刊社在刘师培教授住处开成立会，以"昌明中国固有之学术"为宗旨，当天与会的老师有六人（总编辑就是刘师培、黄侃），学生数十人，刊物于3月出版。

"以一个大学来转移一时代学术或社会的风气，进而影响到整个国家青年的思想，恐怕要算蔡子民时代的北京大学。"[31]

《新潮》和《国故》的创刊，都得到了北大校方的支持。

2月1日，《新潮》第一卷第二号发表叶圣陶的《女子人格问题》，指出：

> 女子的不幸，既是事实……女子自身，应知道自己是个"人"，所以要把能力充分发展，做凡是"人"当做的事。又应知道"人"但当服从真理，那荒谬的"名分""伪道德"便该唾弃他，破坏他。至于他（女）和男子不同的地方，单单在生

理方面，这是天然的，光明的，绝不应牵涉善恶问题，优劣问题……

男女大家应该有个共同的概念：我们"人"，个个是进化历程中一个队员；个个要做到独立健全的地步；个个应当享光明，高洁，自由的幸福。

这篇文章被做过京师大学堂师范馆监督兼教务提调、当时的京师图书馆馆长江瀚看到了，他拿去给总统徐世昌看，说是青年的思想至此，那还得了。徐将这本《新潮》交给教育总长傅增湘，傅示意蔡元培，"要他辞退两个教员，开除两个学生，就是当时所谓四凶"，两个是《新青年》编辑，两个是《新潮》编辑。[32]

当年9月5日，傅斯年在《新潮之回顾与前瞻》一文说：

有位"文通先生"，惯和北大过不去，非一次了；有一天拿着两本《新潮》几本《新青年》送把地位最高的一个人看，加了许多非圣乱经，洪水猛兽，邪说横行的评语，怂恿这位地位最高的来处治北大和我们。这位地位最高的交给教育总长傅沅叔斟酌办理。接着就是所谓新参议院的张某要提查办蔡校长，弹劾傅总长的议案……接着就是谣言大起。校内校外，各地报纸上，甚至辽远若广州若成都也成了报界批评的问题。[33]

"文通先生"指林纾，"地位最高的一个人"当然是总统徐世昌。所谓"张某"的弹劾议案，陈独秀在3月30日出版的《每周评论》第15期发表《林纾的留声机》一文也说："林纾本来想藉重武力压倒新派的人，哪晓得他的伟丈夫不替他做主。他恼羞成怒，听说他又去运动他同乡的国会议员，在国会提出弹劾案，来弹劾教育总长和北京大学校长。"

林纾是福建人，参议院议员中有福建籍的张元奇，时年六十岁。

同一天出版的上海《新申报》有两条"北京电"，一条是"二十九日下午二钟"发的："参议院耆老派因北京大学暗潮甚烈，傅增湘不加制裁，拟提出弹劾案。"另一条是"二十九日下午五钟"发的电稿:"钱命教育部傅总长干涉北京大学,意在禁止新潮、撤换校长,傅以事实上万办不到,拟改为赠书规劝,并设法调和新旧。"[34]"钱"为当时的总理钱能训。

4月1日,《申报》第6版刊登一则消息,题为《傅教育弹劾说之由来》,提及张元奇:

> 近日北京大学教员学生等所发行之出版物多从新思潮方面主张鼓吹,以是大招一辈旧思想者所反对,其视此等出版物之作者几于大逆不道,屡次欲藉不正当之势力加以压制,此等暗潮酝酿已非一日,最近此辈旧思想者仇视益深,日前张君元奇竟赴教育部方面陈说此等出版物实为纲常名教之罪人,请教育总长加以取缔,当时携去《新青年》《新潮》等杂志为证,如教育总长无相当之制裁,则将由新国会提出弹劾教育总长案,并弹劾大学校长蔡元培氏,而尤集矢于大学文科学长陈独秀氏,陈氏系老同盟会会员,革命之役厥功颇伟,于中西学问造诣甚深,平日于中国学问及内典亦颇致力,近来更专注于学术方面,一学长地位之得失在陈氏初不措意,故自此讯传出以后大学方面即有陈氏辞职之说,盖陈氏辞职而后仍可于学术思想方面尽力,而同时可以免外间对于大学之攻击,但大学方面一般主张,以为一学长之去留在陈氏个人固无十分关系,但以全国最高学府不应受外间无理之干涉故,不以陈氏之去职为然,又据新国会中人言弹劾案之提出须得多数议员之赞成,此次弹劾傅总长之运动乃出于参院中少数耆老派之意见,决难成为事实,张元奇向传总长之警告不过恫喝而已。

3月26日,傅增湘确曾写信给蔡元培,只是说:"自《新潮》出版,辈下耆宿对于在事员生,不无微词……倘稍逾学术范围之外,将益启党派新旧之争……时论纠纷,喜为抨击,设有悠悠之辞,波及全体,尤为演进新机之累……"并未点名陈独秀和《新青年》。

4月2日,蔡元培给傅增湘回信,由傅斯年代笔,强调了"兼容并包之旨":

敝校一部分学生所组之《新潮》出版以后，又有《国故》之发行，新旧共张，无所缺倚……

尊示大旨谓《新潮》宜注意者二事：一则因批评而涉意气，二则张新说而悖旧谊……[35]

至于弹劾案一事，《新申报》于 4 月 16 日刊出的《北京特约通信——新旧思想冲突之余波》（署名"HK 生"）称，弹劾案是段书云等人提出的，反而是张元奇居间折冲调停。[36] 段书云是江苏籍的参议院议员，64 岁，同时担任参议院惩戒股委员长。

两年来，陈独秀担任北大文科学长，《新青年》的主要成员也是北大教授，外界总是将两者连在一起，2 月 15 日出版的《新青年》第六卷第二号专门为此发表《编辑部启事》：

《新青年》编辑部和做文章的人，虽然有几个在学校做教员，但是这个杂志完全是私人的组织。我们的议论完全归我们自己负责，和北京大学毫不相干。

用意十分明显。当时各种传言很多。早在 1 月 5 日，钱玄同和沈士远到中兴茶楼吃晚饭，同席有沈尹默、徐森玉。当天钱玄同日记记着：

森玉说现有陈衍、林纾等人为大学革新事求徐世昌来干涉。因此徐世昌便和傅增湘商量，要驱逐独秀，有改换学长，整顿文科之说。哈哈！你们也知道世界上有个北京大学！大学里有了文科学长吗？恐怕是京师大学堂的文科监督大人！

1 月 7 日，钱玄同碰到刘半农、沈尹默，听说蔡先生已回京：

关于所谓"整顿文科"，蔡君之意以为他们如其好好的来说，自然有个商量，或者竟实行去冬新定的大学改革计划，废除学长，请独秀做教授。如其他们竟以无道行之，则等他下上谕革职，到那时候当将两年来办学之情形和革职的理由撰成英、法、德文，通告世界文明国。[37]

更早，在一年前，1918 年 1 月 14 日，钱玄同就听说教育部中人称陈独秀为"无父党"，之所以不说他"无君"，因既带"共和"面具，就不便说他"无君"。[38]

1919 年 2 月 17 日到 18 日，林纾影射陈独秀、胡适、钱玄同等人的小说《荆生》发表在上海《新申报》，这是他早年在北京五城学堂的学生张厚载投寄的，张当时在北大法科将要毕业，在上海《神州日报》主持一个不定期的"半谷通信"栏目。2 月 26 日，他发表一则消息："近来北京学界忽盛传一种风说，谓北京大学文科学长陈独秀即将卸职，因有人在东海面前报告文科学长教员等言论思想多有过于激烈浮躁者，于学界前途大有影响，东海即面谕教育总长傅沅叔令其核办……"[39] "东海"，是总统徐世昌的号。

3 月 4 日，《申报》一则 2 日下午的"北京电"，"北京大学有教员陈独秀、胡适等四人驱逐出校，闻与出版物有关。" 3 月 6 日，有一篇比较详细的报道《北京大学新旧之暗潮》（静观），其中提及有传言说教育部训令将陈、胡、钱三氏辞退，"此议发自元首，元首之所以发动者，由于国史馆内一二耆老之进言。但经记者之详细调查，则知确无其事。"

3 月 16 日，陈独秀在《每周评论》第 13 期发表《关于北京大学的谣言》一文，点了林纾和张厚载的名：

> 迷顽可怜的国故党，看见《新青年》杂志里面，有几篇大学教习做的文章，他们因为反对《新青年》，便对大学造了种种谣言，其实连影儿都没有。
>
> ……《新青年》所讨论的，不过是文学、孔教、戏剧、守节、扶乩，这几个很平常问题，并不算什么新奇的议论，以后世界新思想的潮流，将要涌到中国来的很多。

3月18日，林琴南给蔡元培的公开信发表于《公言报》，信中就外间有关北大"谣琢纷集"的问题提出质疑，一是"覆孔孟、铲伦常"，二是"尽废古书，行用土语为文字"。3月21日，蔡元培写下《答林琴南君函》，随后发表在《北京大学日刊》（同时登出林琴南的信），也发表在《公言报》，不只是对林琴南说话，也是对徐世昌和其他守旧派而发的。信中亮出了北大的"兼容并包主义"：

（一）对于学说，仿世界各大学通例，循"思想自由"原则，取兼容并包主义……

（二）对于教员，以学诣为主。在校讲授，以无背于第一种之主张为界限。其在校外之言动，悉听自由，本校从不过问，亦不能代负责任。[40]

这篇文章成了中国教育史上有名的文献，后被商务印书馆选进复兴中学国文教科书中。

3月25日，《大公报》发表《林琴南再答蔡鹤卿书》，表示自己所求的"弟存孔子之道统也""伦常之关系者""古文之不宜屏弃也"，在蔡的回信中都已得到肯定，称许他雍容大度、并蓄兼收。

几天前（3月19日），蔡元培在写给《神州日报》编辑部的信中指出，文理合并，不设学长，而设一教务长，这是学长及教授会主任会议所定，评议会通过，定于暑假后实行。

至于上月两次"半谷通信"都说什么陈独秀、胡适、陶孟和、刘半农等四人，"以思想激烈，受政府干涉"。并说陈独秀已去了天津，态度颇消极，而陶、胡等三人则由校长以去就力争，才得不去职。这些全是谣言。

然而，仅仅一周后，3月26日晚上，在北京医专校长汤尔和家里开了一个有关陈独秀去留的会，汤是蔡的朋友，当初正是他和沈尹默推荐陈独秀为北大文科学长，这天晚上也是他极力主张去陈，主张"去陈"的还包括沈尹默、马夷初。相隔十六年，胡适读到汤尔和当时的日记，1935年12月23

日给他写信："此夜之会，先生记之甚略，然独秀因此离去北大，以后中国共产党的创立及后来国中思想的左倾，《新青年》的分化，北大自由主义的变弱，皆起于此夜之会。独秀在北大，颇受我与孟和（英美派）的影响，故不致十分左倾。独秀离开北大之后，渐渐脱离自由主义者的立场，就更左倾了。此夜之会，虽有尹默、夷初在后面捣鬼，然子民先生最敬重先生，是夜先生之议论风生，不但决定北大的命运，实开后来十余年的政治与思想的分野。此会之重要，也许不是这十六年的短历史所能论定。"[41]

收到汤的回信，胡适又写了一信："三月廿六夜之会上，蔡先生颇不愿于那时去独秀，先生力言其私德太坏，彼时蔡先生还是进德会的提倡者，故颇为尊议所动。我当时所诧怪者，当时小报所记，道路所传，都是无稽之谈，而学界领袖乃视为事实，视为铁证，岂不可怪？嫖妓是独秀和浮筠都干的事，而'挖伤某妓之下体'是谁见来？及今思之……当时外人借私行为攻击独秀，明明是攻击北大的新思潮的几个领袖的一种手段……"[42]

4月8日，北大选出马寅初为教务长，两天后在《北京大学日刊》公布。陈独秀虽还是北大教授，但给假一年，实际上从此离开了北大。

这次新旧之争，路透社曾有报道。4月19日，鲁迅写信给弟弟周作人："大学无甚事，新旧冲突事，已见于路透电，大有化为'世界的'之意。"[43]

4月29日，国民党人张继写信给《新潮》编者，对他们的言论表示佩服，民国以来，中国只是换了一块招牌，思想风俗全没有改，戏剧文学还是老样子，这就无怪乎袁世凯要坐龙椅，张勋要架出小宣统来。"诸君近来主张广义的文学革命即是思想革命，真是救中国的根本方法。"杭州一师学生施存统给《新潮》的信中说，"民国八年有一件极好的现象：就是出了许多新的东西，这个新的东西，是实行一切革命的基础。像《新潮》哪，《新教育》哪，都是民国八年才发生的。"[44]

7月24日，严复在给南昌熊纯如的信中说："北京大学陈、胡教员主张文白合一，在京久已闻之，彼之为此，意谓西国然也。不知西国为此，乃以语言合之文字，而彼则反是，以文字合之语言。今夫文字语言之所以以为优美者，以其名辞富有，著之手口，有以导达要纱精深之理想，状写奇异美丽之物态耳……须知此事，全属天演，革命时代，学说万千，然而施之人间，优者自存，劣者自败，虽千陈独秀，万胡适、钱玄同，岂能劫持其柄，则亦如春鸟秋虫，听其自鸣自止可耳。林琴南辈与之较论，亦可笑也。"[45]

到 8 月 4 日，《新申报》还在登载《林琴南特别启示》，为当时所盛传的林琴南欲运动议员弹劾北大校长蔡元培而辟谣。[46]

五、"五四"大游行

1919 年 5 月 4 日是星期天，为抗议日本强占德国原来在山东青岛的权益，北大等校三千多学生在天安门前集会。虽然学生对威尔逊在巴黎和会上不能主持公理已失望（陈独秀几个月前就发表文章称其为"威大炮"），但还是到东交民巷的公使馆区，打算递交一份说贴。因美国公使等外出，游行队伍转往赵家楼。

亲日的官员曹汝霖、陆宗舆、章宗祥已成为众矢之的，结果赵家楼的曹宅被烧，正在曹家的章宗祥被打。警察总监吴炳湘下令逮捕了三十二个学生，其中北大学生二十人，包括杨振声、许德珩、江绍原等。

当天，北大教授沈尹默与两位朋友在什刹海会贤堂面湖的楼上吃茶闲聊，不知道发生了什么，回家路上，"看见满街都是水流，街上人说道是消防队在救赵家楼曹宅的火，这火是北大学生们放的。"[47]

这把火其实是北京高师学生匡互生放的，北大学生段锡朋想拦也没拦住。

当晚，蔡元培对学生说："我做校长的有责任保护我的学生。我要救出这三十几个学生来。你们现在都回教室，我保证尽我最大的努力。"

学生运动成为第二天各大报纸的头版头条，《大公报》在头版的"北京特约通讯"栏目做了客观报道，题为《北京学界之大举动》，披露了罗家伦起草的《北京全体学界通告》，其中说："中国的土地可以征服而不可以断送 中国的人民可以杀戮而不可以低头"。

这一天，教育部要求北京各校校长将为首滋事学生一律开除。当天下午，蔡元培等14所大专院校校长在北大开会，认为"若指此次运动为学校运动，亦当由各校校长负责"，他表示"愿以一人抵罪"，当场议决成立校长团，向当局请愿营救被捕学生。

北大法科学生陶希圣说这是"一个简单、纯粹与明朗的事件"。这一天（5月5日），他们法律门一年级的第一课是刑法，教刑法的张孝簃是总检察厅首席检察官，他一走进课堂就被同学们包围，他们关切的是昨天运动的法律问题，以及被捕同学的责任问题。他回答："我是现任法官，对于现实的案件，不应表示法律见解。我只说八个字：法无可恕，情有可原。"

第二课是宪法课，给他们上课的是法制局参事钟赓言，一进讲台就声泪俱下。全堂学生也是声泪俱下。[48]

5月6日，《大公报》报道，政府方面"对于学生行动既闹出如此惊天动地事件，虽鉴于各学生爱国之忱，然暴动行为则所不许"。

5月7日，被捕的学生像英雄一样被放回。第二天，《大公报》的"北京特约通讯"继续以《争青岛怒潮之昨闻》为题，首先报道了学生已一律释放，"而连日各方面多请先将学生保释，且京外各界纷电政府，保释学生，情词尤为恳切，而前晚熊希龄、王宠惠等又一再向政府要求宣布外交方针，即将学生释放。教育部傅总长又亲赴警厅商请释放，故已于昨日（七日）上午十时拘押警厅之各校学生三十二人已一律释放回校。"

5月9日，上海商务印书馆停业一天，张元济说："是日因书业商会议决表抵抗日本及对于北京学生敬爱之意……"[49]

这一天，在苏州家中的大学生顾颉刚给老同学叶圣陶写信说，风潮之后，他碰见几个人，有人劈头就对他说，现在北大正在出锋头啊！他要写信给傅斯年、罗家伦，劝他们将风潮扩大，"再同各处兴起的团体联结一气，吾想此时的北京大学方为各处赞仰的时候，要做这件事比平时容易得多。"[50]

蔡元培认为约束不了正处于激动中的学生，宣布辞职南下。

5月13日，北京《晨报》发表《蔡元培辞去校长之真因》：有人问他能保证学生以后对外交问题不再有运动吗？他回答："是或难免，然我在七八等日屡与学生之干事部说过，大意谓：'学生爱国之表示在四日已淋漓尽致，无可复加。此后可安心用功，让一般国民积极进行，若学生中实有迫于爱国之热诚情不自已者，不妨于校外以国民之资格自由参加，万不可再用学生名义，尤不可再以学校为集会之机关。'"

这一天晚上九点，北大评议会和教授主任会召开联席会议，商量维持大学办法。评议会选出胡适等三人，教授会选出沈尹默等三人，协助刚卸任的工科学长温宗禹代行校务（因为教务长马寅初上任不到一个月就提出辞职），较重大的事务仍由两会开临时会议。两会同人认为蔡校长虽不在校，而他的精神在，他几年来苦心创建的种种组织还在，如果此时突然瓦解，不光他数年心血废于一旦，离大家希望他返校的目的也更远了。

5月7日，陈独秀写信给南下上海接待老师、美国哲学家杜威的胡适说："大学解散的话，现在还没有这种事实。但是少数阔人，确已觉得社会上有一班不安分的人，时常与他们为难，而且渐渐从言论到了实行时代。"[51]

5月22日，蒋梦麟给胡适信里说，他跟中华职业教育社的黄炎培、沈恩孚等人商议在南方另组一个大学，把北大让给旧派。[52]

当时也有北大南迁的说法。胡适和傅斯年、罗家伦等师生主张迁到上海的租界去，沈尹默坚决反对，在北大评议会上讨论，未能通过。[53]

6月6日的大总统令任命胡仁源为北大校长，遭到北大评议会和学生的强烈反对，7月30日就取消了。

北大在蔡元培离开之后，为什么还能照常运作？原因在于他在北大推动的教授治校，教授会运作正常，在没有校长的情况下仍然没有失去秩序。他在5月10日写给北大学生的信里就说："北京大学之教授会，已有成效，教务处亦已组成，校长一人之去留，决无妨于校务。"[54]

北大的评议会其实不是他任内首创的，1915年11月胡仁源任校长时就有过第一次选举，却是在他任内发扬光大了。

到1919年10月21日北大评议会议决，不分科也不分系，全校教授互选五分之一，此外加入教务长、庶务主任、图书馆主任、仪器室主任，直接进入评议会，但无表决权。同月25日，按新规则选举，共有15人当选，胡适以60票名列第一，选举产生的评议会开始正式运作。

《申报》报道："欧洲的大学组织有德谟克拉西之精神而缺效能，美洲的大学反之。北大吸收欧美大学的优点，使效能和德谟克拉西并存，诚为世界大学中的最新组织。"

北大虽为校长制，但一切事务的决定由评议会下面的各种委员会来操办，事实上校长不在的影响也不是很大。

六、目击巴黎和会

此时，《大公报》主笔胡政之作为中国派到巴黎和会唯一的新闻记者，正在现场采访，陆续发回大批专电、通讯，在《大公报》上设了两个专栏"巴黎特约通信"和"巴黎专电"。各国记者云集巴黎，美、英等国派出的记者有二百多人，日本也有三十多人，而他只是单枪匹马。这是他一辈子得意的壮举。

作为最早具有国际眼光的新闻人，他对世界局势有自己独到的看法。1918年11月12日，他在《大公报》发表评论《欧战停止》，第二天发表的评论《世界之新纪元》提出：

> 第一，中国已深入世界竞争之场，宜即一新全国之精神，打破锁国之旧思想，勉图了解新时代之新思潮。第二，新时代之外交公开、民族自决、弱国保护诸主义，

皆为抵制强权而设,非用以奖励自暴自弃之国民,故国民之振拔益不可缓。第三,战争惨祸虽已停止,而文化竞争、经济竞争之剧烈,其压迫力不在兵战之下,吾当急图自全之道。若徒侥幸于军国主义之覆败,随协约国人之喜而喜,则大昧于新时代新精神之真意义矣![55]

当年12月4日,他在王揖唐的资助下,动身前往巴黎。他进《大公报》也是王推荐的。在袁世凯时代,王曾任吉林巡按使,他任秘书长。王担任内务总长,他为内务部参事。因原定王为巴黎和会的总代表,所以让他以记者身份前往。

1919年1月23日,他抵达巴黎。从1月25日巴黎和会开幕到6月28日中国代表拒绝在和约上签字,他亲历了和会的全过程。他在《大公报》上刊登的有关巴黎和会的第一手采访,在中国所有的报纸中绝无仅有。

他采写的重要新闻通讯有《平和会议之光景》《外交人物之写真》《平和会议决定山东问题实纪》《1919年6月28日与中国》等。

对于几个出席巴黎和会的中国代表,他都有近距离的观察——

然陆征祥谦谨和平而绌于才断;王正廷悃愊无华而远于事实;顾维钧才调颇优而气骄量狭;施肇基资格虽老而性情乖乱;魏宸组口才虽有而欠缺条理。[56]

因为争代表席次,他们之间还起了风波,胡政之慨然说:"中国人办事,两人共事必闹意见,三人共事必生党派。"

中国驻外使馆的腐败令他心中难平。驻法公使胡维德在法国五年,平时最怕见外国人,丝毫不与外国人交际,除了每年国庆节使馆开一茶会招待本国留学生,绝不宴请外人,外人也很少和他交往。即使到法国外交部办事,也只与一般科员接洽,不要说见总长、次长,连见司长、科长都不容易。外交部之外那就更为隔绝。此人驻法五年,法国新闻界中有些人连其名字都不知道。使馆中人透露,胡维德这样做,每年可节省十万法郎。

驻英公使施肇基也一样，"以闭门存钱为不二方针"，根本谈不上什么外交，他们个人自以为得计，国事则深受其害。欧洲人对中国的事茫然无知，主要因驻外使节平时与外人隔绝。这次世界大战，华工在欧洲战场不下十万人，中国出兵海参崴，保护中东路也都有功绩，却被列为三等国家，这也是一大原因。

6月28日，胡政之代表中国报界在巴黎发表声明："中国不能签字于和约，因此约乃我国割去最大最神圣之省份……盖此不公正之事，世界史上未之先有也。……中国之不签字，得保其国家之尊严与名誉，以后如何，请看将来。"（这一声明到9月6日才在《大公报》见报。）

巴黎和会结束，他没有马上回国，继续在欧洲各国采访，先后到日本、美国、法国、比利时、意大利、瑞士、德国、等国。从1918年12月到1920年3月，《大公报》发表了他的一系列"欧美漫游记"。

七、一切都是新鲜的

1919年9月考入北大预科的魏建功说，"一切对我都是新鲜的。我好像久已饥饿了的人，接触到许多新鲜事物大有狼吞虎咽之概，只要是有关新思潮的东西都贪婪地接触一下。"他将这种感受称为"石破天惊"。[57]

这也不是他一个人的感受。10月份从山西大学转学过来的川岛也说——

> 进了北大，首先感到的是：它并非仅仅是一个纯学术的温床，诸凡耳所闻，目所见，一切都是新鲜，异样，心里感到舒畅。要是让我打比方，那就像一个满身被绳索捆紧了的，一向被关在铁屋子里感到窒息的人，乍松了绑，释放出来，到了一个充满阳光，充满新鲜空气的大花园里，嫩风拂过，遍体感到轻快。在刚来到北大时，连带的觉着红楼的所在地叫"汉花园"，也是一件极有意义的事。
>
> ……

在课室里听讲时，往日的柏拉图，亚里士多得，一下都变为 Plato, Aristotle 了，又添了柏格森，詹姆斯。以前所向往"沉思翰藻"，所倾慕的"神、理、气、味、格、律、声、色"，不但没有人摇头摆脑，拍桌打凳的来讲授，而且竟成为"妖孽"与"谬种"。

有马克思，也有克鲁普得金；有易卜生，也有斯特林堡；有莎比亚，王尔德，莫泊桑，梅特林克……也有但丁，席勒，托尔斯泰，高尔基……稍晚还来了一位竺震旦。

一向听惯了的"Might is Right"（有强权，无公理。），变成"公理战胜"，已经是新鲜的了，但还有更新的是："庶民的胜利"，"Bolshevism 的胜利"。

"竺震旦"是梁启超给印度诗人泰戈尔起的中文名。《庶民的胜利》和《Bolshevism 的胜利》都是李大钊的文章，发表在《新青年》第五卷第五号（标注的出版时间是 1918 年 10 月 15 日，实际出版时间已是 1919 年 1 月），其实当时并未激起多大的回响。

川岛说：

> 北京大学的绝大部分的学生，都穿着一件褪色的蓝布大褂，手里着一本洋装书，个个都精神抖擞的。老同学们给我指着某些人说，这就是罗家伦，康白情；那就是段锡朋，仔细看了也不过尔尔。倒是我仰慕已久的一些商务、中华出版的书籍的作者以及一些丛书的编者，不但亲见其人，而且获得亲炙，虽也不过尔尔，心里却以为是十分幸运的。[58]

此时北大约有三千学生，胡适初入北大时，本科、预科合在一起不过 1761 人。[59]

是年 10 月 7 日，国民党人张煊在写给粤军总司令陈炯明的信中说："观于北京大学数月来之举动，我西南数十万雄兵所不能为者，而彼能为之。"[60]

1920 年 1 月 29 日，孙中山在《致海外国民党同志书》中说，"自北京大学学生发生五四运动以来，一般爱国青年，无不以革新思想，为将来革新事业之预备……此种新文化运动，在我国今日，诚思想界空前之大变动……"毕生追求革命的孙中山开始意识到："吾党欲收革命之成功，必有赖于思想之变化"。[61]

这些思考直接影响了接下来的历史进程，但把蔡元培看作是"一枚北方革命的棋子"，则未免小看了蔡先生，也小看了北大。

2月13日，高一涵在日本，曾在中国留日学生会"统一纪念会"讲演，意外的大受欢迎，他写信给胡适，"此地有许多人，对于北京大学和新青年社同人作'天使'一般看待"。[62]

"天使"何去何从，却是此时该认真思考的问题。5月2日，已远在美国哥伦比亚大学攻读心理学的北大学生杨振声写信给新潮社同人：

> 时下中国的新思潮，可算发展的快极了！新出版的杂志，增加律也很速了，所以鼓荡社会的力量也很不少了！一般青年的新思想也都萌动了！但是他们都站起来了，向那一方向走呢；杂志上片断的知识，作为社会改造的指南，是不是要有危险呢？所以，我想我们以后的责任更加重大了！不但要用杂志上零碎的知识来引导社会、促动社会，还要供给社会一种有统系的知识，有本源的知识。就是我们要翻译几种重要的书籍，让我们中国人去研究一点根本的知识。打好了地基，然后才建设的稳固！[63]

1919年9月，蔡元培回到北大。当月20日，在"五四"后北大的第一个学期、也是第二十二年的开学式上，他在演讲中提出这样的期望："不知道本校学生这次的加入学潮，是激于一时的爱国热诚，为特别活动，一到研究学问的机会，仍是非常镇静的。外边流言，实是误会。"他再次强调："大学并不是贩卖毕业的机关，也不是灌输固定知识的机关，而是研究学理的机关。"他肯定了北大提倡消费公社、平民讲演、校役夜班和《新潮》杂志。

1917年到1920年就读于北大的罗家伦说："如师生间问难质疑，坐而论道的学风，一部分是京师大学堂的遗留，但到民国七、八年间而更甚。"1925 年 8 月 22 日，他想留学归国、到北大任教被拒之后，在巴黎写信给在汉堡的老校长蔡元培，说了这样一番话：

（一）个人心目中所想望之大学，尚系当年先生理想中所欲造成之北大，而在先生领率中之北大，一方面能于学术有积极发挥，一面能养成一种高超的人格。孟真所谓"愚忠"，即系忠于此种理想，非敢忠于一机关灵魂蜕化后之肢体也。

（二）因北大承先生当年领率时之流风余韵，有多少自由研究讨论发表之空气。……

（三）因北大比较为学术中心，有多少地方可以砥砺，而且书籍方面，在北京寻找亦较在他处为便。……

他说自己虽一度见拒于北大，也不敢灰心。[64]

即使在这位第一个给"五四"运动命名的学生领袖、《北京学界全体宣言》起草者心目中，北大的正常状态也是坐而论道，而不是街头运动，但自"五四"以来，学运将一直困扰北大，致力于学术的风气始终未能压倒干预社会的风气。

八、商务馆与北大的出版合同

1917 年 11 月 7 日，张元济接到蔡元培的来信，说北大设研究会，并打算出杂志，希望与商务印书馆合办，每季一册或两月一册，发行二千册大致上可以收回成本，如有余利北大得十之六，商务得十之四。双方首先签定了《北京大学月刊》的出版合同。北大教师很多重要的著作后来都交由商务印书馆出版。[65]

商务馆二十年来积累起来的实力和声望，不可小看。在夏瑞芳被暗杀之后，之所以能继续发展，靠的是一套制度。1918 年，南洋兄弟烟草公司创办人简照南、简玉阶兄弟索要商务印书馆的有关章程，当时南洋公司刚把总厂迁到上海，准备进行一系列的改组，希望参考商务印书馆的管理和人事等制度。

但是社会毕竟在巨大的变动中，北京大学已经变了，从戊戌以来的旧潮卷入了"五四"的新潮，商务印书馆作为老牌出版社也面临着巨大的变动，方针上必须有所调整。

1918 年 2 月 23 日，商务印书馆发出通告，对分馆代销外版书的制度、手续有所规定，明令禁止分馆销售《官眷风流史》《换巢鸾凤》《姨太太之秘密情欲宝鉴》《中国》和《礼拜六》《游戏杂志》等 121 种"近于诲淫及有关碍者"的图书杂志。这是为了保证自己的品格，不想被这些低俗读物所困扰。

4 月 15 日，张元济向掌握全局的高凤池提交辞职信，提出尖锐的批评，认为他们在守业方针上有 6 点分歧：

> 勿以为成效已著，而不思改良；勿以为旧贯宜仍，而不求进步；勿以为人才足用，而不广登进之途；勿以为故旧不遗，而不思去冗之策；勿以为用财宜节，并当用者而亦吝之；勿以为听言宜广，并不当听者而亦纳之。

从 1916 年开始，张元济就主张起用新人，9 月 6 日晚上，他约鲍咸昌、高梦旦、李拔可到会议室说，"余等以为本馆营业，非用新人、知识较优的，断难与学界、政界接洽。"只是高凤池认为"宜用旧人，少更动"。[66] 他们在用人等方面都存在着严重分歧。

张元济一生中只有一次没有跟上时代。就是清廷垮台是没有他料到的。他没有预先准备一套应对中华民国诞生的教科书，被陆费逵抢先了一步。其它时候，他始终是个喜新厌旧者。这是他自己的夫子自道。

夏瑞芳被刺，董事会要他做总经理，他不干，力推印有模（1863-1915），印死，董事会再次推他接任，他又力辞，这样做，就是表示自己无争权夺利之心，只有做事的心，这是他向高凤池再三表明心迹，无非是喜新厌旧主义，而不是来夺权的。

1918 年 10 月 18 日晚上，商务馆晚宴请教育会联合会代表和上海学界人士，黄炎培、沈信卿等人在场，张元济说，商务馆已与北大和尚志学会合作出版"高尚之书"，盼各省学者有新著述，交给他们印行。[67]

1919 年 4 月 1 日，北大学生罗家伦在《新潮》第一卷第四号发表《今日中国之杂志界》，将杂志分为官僚派、课艺派、杂乱派、学理派，杂乱派以《东方杂志》"最可以做代表"，"这个上下古今派的杂志，忽而工业，忽而政论，忽而农商，忽而灵学，真是五花八门，无奇不有，你说他旧吗？他又像新。你说他新吗？他实在不配。"学理派则分为脑筋混沌的和脑筋清楚的，商务馆出的《学生杂志》《妇女杂志》都被归入脑筋混沌的。

北京铁路管理传习所学生郑振铎后来发表《1919 的出版界》指出，"除了《北京大学丛书》和《尚志学会丛书》外，简直没有别的有价值的书了。"

这些来自新一代知识人的批评，和此前胡适的《归国杂感》一起，都指向了包括商务印书馆在内的出版业。

张元济他们也有危机意识，觉得杂志如果不改进，发行上就会一落千丈。

1918 年 12 月 25 日，张元济和高梦旦、王仙华商谈，"拟将《东方杂志》大减。一面抵制《青年》《进步》及其他同等之杂志，一面推广印，借以招徕广告。"第二天，得到北大又办《新潮》杂志的消息。第二天，高梦旦统计各杂志的销售情况，1917 年销售额 146000 元，而 1918 年只有 111000 元。[68] 杂志发行量的滑落趋势十分明显。1919 年 3 月 14 日，盘点滞销图书杂志，其中历年杂志还有十一万余。[69]

尽管杜亚泉笔锋稳健，但他的保守主义倾向，在思潮涌动的时代，已没有办法赢得更多年轻的读者。《东方杂志》的发行量不断下降，低谷时只有几千份。张元济多次在日记里谈及《东方杂志》的情况，5 月 24 日，他就和高梦旦、陶葆霖商量过由陶接管《东方杂志》，但没有付诸实施。8 月 5 日，他提及陶说"亚泉只能维持现状"，10 月 22 日，又提及陶说《东方杂志》

投稿中不乏佳作，只是杜亚泉不用，"实太偏于旧"。到 10 月 28 日，他们终于下决心把杜亚泉换下来，专管理化部的事。[70]《东方杂志》改内容，改版，开始慢慢跟上时代的变化。

1919 年后，中国大约有 640 种杂志问世，商务馆的杂志《小说月报》《妇女杂志》《教育杂志》《学生杂志》等，多为辛亥革命前后创办。

早在 1917 年 10 月 12 日，张元济写给高梦旦的信中就说《小说月报》"不适宜，应变通。"[71]

《小说月报》的半革新从 1920 年 1 月那期开始，经过半年，"销数步步下降，到第十号时，只印二千册。"主编王莼农辞职，《小说月报》交在了年轻的沈雁冰手上。他向高梦旦提出三点意见，一是现存稿子包括林纾的译稿都不能用，二是全部改用五号字，三是不能干涉他的编辑方针。当时，正好"文学研究会"成立，一批从事白话创作的文学新人正在跃跃欲试。

《小说月报》全革新之后的第一期印了 5 千册，各地分馆纷纷来电下期多发，第二期印了 7 千册，到第一卷末期，已印到一万册。[72]

1918 年 12 月以后，张元济他们的意见渐渐占了上风，商务印书馆把很多杂志都交到新人的手里。沈雁冰（茅盾）、郑振铎、叶圣陶等新人相继入馆，先后主编过《小说月报》。

1919 年 10 月 8 日，张元济写信给高凤池，"弟生平宗旨，以喜新厌旧为事，故不欲厕身于政界，后与粹翁相遇，以为得行其志，故甘为公司效劳。弟敢言公司今日所以能此成绩者，其一部分未始非鄙人喜新厌旧主义之所致。"[73]

九、商务馆拒绝孙文

1920 年 1 月 29 日，孙中山发表《致海外国民党同志书》（戴季陶起草），严厉地抨击商务印书馆，张元济等被视为"保皇党之余孽"——

我国印刷机关，惟商务印书馆号称宏大，而其在营业上有垄断性质，固无论矣，且为保皇党之余孽所把持。故其所出一切书籍，均带有保皇党气味，而又陈腐不堪读。不特此也，又且压制新出版物，凡属吾党印刷之件，及外界与新思想有关之著作，彼皆拒不代印。即如《孙文学说》一书，曾经其拒绝，不得已自己印刷。当此新文化倡导正盛之时，乃受该书馆所抑阻……[74]

孙中山对商务馆出版的教科书也很不满意。1919 年、1920 年间，有意要胡汉民、朱执信等人来编一套。戴季陶说："当时总理很恨商务印书馆的教科书，他说：商务印书馆的教科书实在太坏了，我们革命就要革这些教科书的命！总理就要我们几个同志编辑教科书。"[75]

此前，孙中山几次找商务印书馆出书，皆遭拒绝，心中不满。

1916 年 7 月 25 日，孙中山带着廖仲恺、胡汉民、张继、朱丁来商务馆参观，唐绍仪、温领甫作陪。[76]

当时孙中山刚完成一本《会议通则》（就是《民权初步》），教中国人怎样开会、怎样举手、怎样动议、怎样表决，就是罗伯特议事规则。这本小册子其实很重要。

1917 年 2 月 10 日，孙中山先是派邓家彦来商量，想将《会议通则》交商务印书馆印一万册，用连史纸、二号字，他们只要三千册书，版权商务馆。因张元济不在，邓留下了纸条。

四天以后（2 月 14 日），张元济想起这事，还在日记里记了一笔："孙文著述应去信询问。"

过了十天（2 月 24 日），张元济和孙中山、唐绍仪、廖仲恺、陆伯鸿等人有个饭局，不知有没有提到印书的事。[77]

《会议通则》初稿完成于 1916 年，1917 年 2 月定稿，4 月由中华书局出版。

蒋梦麟回忆，早在 1911 年 9 月，孙中山在美国旧金山就把一本英文的《议事之法则与次序》交给蒋梦麟和刘成禺，让他们译成中文。但蒋梦麟这一部分没完成。

1917年，蒋梦麟时回到上海与孙中山见面，孙拿出《会议通则》的稿本给他说："即将要出版了。"

廖仲恺回忆，孙中山为了使同盟会员养成开会议决的习惯，曾嘱咐他将一本英文的《民权初步》译为中文。

孙中山在《会议通则》自序中说，除了参考《罗伯特议事规则》，又参考了1891年美国女作家沙德氏编的《妇女的参政议事手册》。

就社会影响而论，《会议通则》还抵不上同年1月商务印书馆出版的共和国教科书《公民须知》，此书为刘大绅编，教育部审定，供国民学校修身科学生用，这是中国最早以"公民"命名的初级教科书。

《公民须知》对公民、公民之资格、公民之权利、公民之义务都有简明扼要的介绍。什么是公民？"公民者享有公权之国民也。……所以名为公民，亦只是表明由行使某种权利资格耳。公权者，国民对于国家地方参议监督之权利也。"何谓自由？"自由为国民权利之一，人人皆有之，惟公民所有，较普通国民更为完全耳。"接着列举自由权包括身体自由、居处自由、思想自由、信教自由、财产自由、营业自由、书信自由、集会自由和结社自由等，特别强调"思想自由，即言论著作不受非法禁制也。"在1917年张勋复辟之前，商务印书馆就以教科书的形式将这些权利、自由告知三四年级的小学生，如此简洁，如此明确。

与《会议通则》相隔两年，1919年4月，孙中山完成《孙文学说》之后，又派人探询商务印书馆的意思，能不能由他们出版。《孙文学说》是孙中山的主要理论著作。来人说，要么由商务馆印书出版，要么由他们出资，交商务印书馆来印。

4月7日和8日的张元济日记中都有记录。4月14日，"卢信公交来的《孙文学说》数卷，尚未完全。"高梦旦的意思"恐有不便"，张元济说"不如婉却"，"当往访信公，并交还原稿。告以政府横暴，言论出版太不自由，敝处难与抗，只可从缓。"[78]

他和高梦旦为此曾反复商量。他们认为，孙中山虽已退出南方军政府，但北洋政府并未取消通缉令，认为印孙中山的书，风险太大。

大约 5 月，《孙文学说》先由亚东图书馆出版，汪孟邹回忆，"如《孙文学说》也是我们印的"。6 月 5 日再在上海华强书局出版。北大曾翻印此书，段祺瑞的安福俱乐部也曾翻印。[79]《新青年》杂志就是亚东图书馆出的。

当年 8 月 14 日，朱执信、戴季陶等编的《星期评论》有广告说："孙文、孙中山、孙逸仙，中华民国的妈妈，中国人的先生，三民主义的宣传者，中国近代史的骨子，东方文明的曙光，黄色人种的福音，世界诸君想把他联在一块儿去研究批评，请买这部书看。"[80]

孙中山对商务印书馆拒绝承印《孙文学说》确实生气了。9 月 19 日，卢信公上门指责商务馆 4 月间不肯出版《孙文学说》事，说："今安福部及大学校均印，何以商务竟不肯印，阻碍伊之学说？孙文大怒，将登告白，遍告全国"，并出示了告白文稿。

张元济回答："此告白系孙君自有之权。且本馆出书系有关教育，亦极愿闻过。至当时不肯承印，实因官吏专制太甚，商人不敢与抗，并非反对孙君。"卢信公叫他写信给孙中山解释。

9 月 24 日、25 日，曹亚伯将谴责商务馆的告白送到了上海最大的报纸《申报》，内容跟卢信公出示的大致相同。

9 月 26 日，张元济写信给孙中山，解释退回《孙文学说》书稿的原因。[81]

商务印书馆只是不敢印当时认为政治上敏感的东西。1919 年 1 月 17 日，曾国藩的外孙、即将出任上海总商会会长的聂云台来商量印刷湖南善后会抨击湖南督军张敬尧的文件，最后商定"不印公司名字"。

当时皖系军阀卢永祥控制上海，严禁出版过激主义书刊。6 月 30 日，警察局曾奉命来商务馆查找某个俄国人印报的事，第二天又来函查问，要求索阅该报。可见当时军阀查得很紧。

在商言商，直到 1950 年 6 月 4 日，李拔可还在商务印书馆董事股东的年会上报告："前此业务，向来避免和政治接触。"

十、白话课本

1920 年 1 月 12 日，代理部务的教育次长傅岳棻签发第 12 号训令，同意全国教育会联合会关于推广国语，以消除文、言分歧，以期言、文一致的建议，令各省教育厅京师学务处，本年秋季起，凡国民学校一二年级先改国文为语体文。

3 月 10 日，张元济日记说，"商定将新法国文改为国语。"以后初小就叫国语教科书，高小仍叫国文教科书。

从这年 7 月起，商务印书馆出版《新法国语教科书》，其实不只是国语教科书，也不止是一二年级，而是所有年级都用语体文，还加上新式标点，生字加注音字母。其他各科也用白话文，这是一个十分重大的改变。商务印书馆赶在教育部前面，整个初小课本都采用白话。

7 月 17 日，《大公报》发表《小学改设国语科意见书》。

"新法国语教科书"以说明文为主，第 8 册有《中华民国成立的历史》《人民的权利义务》《公共的念头》《地方自治》《公民、公权》《选举》《三权》《学生自治》《国民外交》等，但趣味性不够。

同年，商务印书馆出版中学适用的四册《白话文范》，语言学家黎锦熙评价："这书虽因急于出版，内容欠精……但总算是第一部纯采语体文，全用新式标点并提行分段的中学教科书了。"

不仅小学，连中学也有白话教科书了。

张元济日记不断提及把国文改成国语。早在 1916 年 7 月 20 日，他与高梦旦商谈编译国文教科书时，就讨论过"前四册可用语体"。此时离教育部的通令还有三年半。7月31日，他听说教育总长范源濂将开谈话会，"小学教科拟用白话。"

到1920年，教育部才正式通令小学低年级用白话文。（1928年6月24日，张元济读了《白话文学史》上卷，给胡适写信："世间万物新陈代谢，今文生而古文死，亦时势之所必然，正无庸少见多怪耳。"

1921年8月，在北大国语统一筹备会常年大会上，会员张国仁提出各学校宜一律用国语教授一案："现在统一国语的声浪一天高过一天，真是一种好现象，可是还有更进一步的希望，就是各学校能用国语教授才好。……"

10月15日，教育部训令各学校一律组织国语研究会，以便将来各教员皆得研究国音，练习国语，预备各科都用国语教授。

从1920年到1921年，仅仅一年，教育部就完全同意各学校使用白话文，这个改变是巨大的。

1922年9月19日，商务馆董事会讨论新编教科书，第二年就出版了《新学制国语教科书》。这套教科书充分考虑到儿童的接受能力，贴近他们的生活和心理，低年级的前面都有一两页彩图，里面有插图，第一册第一课就是"狗，大狗，小狗"、"大狗叫、小狗跳"；第四十课是"猫欢喜，一只老鼠到嘴里。狗欢喜，两根骨头丢下地。鸡欢喜，三个小葱一把米。羊欢喜，四面都是青草地。人欢喜，五个朋友在一起。"

王天一回忆六七岁时候，在故乡江苏泰州上小学，他父亲在商务馆工作，不久给他寄来一包新出版的《儿童世界》，封面印刷精美，内容新颖，给他的童年生活引入了一个新天地。他说这是他最早接触的商务读物。

郑振铎主编的《儿童世界》创刊于1922年1月，不仅要培养儿童的文学兴趣，而且要培养科学兴趣，不仅要学还要干，除了科学知识介绍之外，还有"实验"、"手工"等栏目。

冰心从小读商务出版的教科书，12岁后到北京，她母亲定的杂志如《东方杂志》《妇女杂志》也都是商务出的。她说，"在我幼稚的心中，商务印书馆是一座屹立在上海的巍峨大厦，里面住着几位传授知识的大师，如张元济、高凤谦……"

1923 年春天，王天一到上海读书，下半年转入了商务的尚公小学，所有课文都是白话的，教材是新编的新学制教科书。

《新学制公民教科书》将公民理念告诉那个时代的小学生。因为有些学校不愿意选择白话，商务印书馆另编了一套《新撰公民教科书》，是用半文言写的一套教科书，内容跟《新学制公民教科书》大同小异，但它的表述是用半文言。

在这些教科书当中，人们可以读到省议会、国会、选举权、选举票和选举手续、代议制度的精神、人民的资格、人民的权利、人民的义务、大总统、国务员、法院、审计院、政党、好政府这些课文。《代议制度的精神》一课说：

> 就国会方面来说，议员要明白他们是人民的代表，无论议决的什么案件，都要以人民全体的福利为前提。就政府方面来说，第一，行政首领须将财政方面和政治方面一切事务详细报告于国会；第二，所有法律须交国会议决，然后公布。就人民方面来说，人民虽则选出代表组织国会来执行政权，却不可因此卸责；一方面应当监督议员的言论，一方面应当做议员的后盾。这都是代议制度的精神。

十一、《大公报》之变

1920 年 6 月 23 日，胡政之回国不久，《大公报》就刊出了《注意本报大改良》，引人注意的是"世界最新潮流"和"新文化"这些说法。

7 月 1 日，他在《大公报》发表《本报改造之旨趣》提出：

> 新闻为社会之缩影。吾国社会所最缺者，为世界知识。自来报纸所载世界消息，或传自机关作用之通信，或译自辗转传闻之外国报，东鳞西爪，模糊不明，以致读

者意趣索然。本报今后于世界潮流，国际形势，当编成系统，记叙本原，以期养成国民于世界的判断力。

……

报纸者天下之公器，非一人一党所得而私。吾人业新闻者，当竭其智力，为公共谋利益。本报入世十七年，就益以不负大公之名是勉。今后当益坚此念，作社会之公仆。小广告之设，所以便利平民。而社会之声一栏，更愿为公众发表意见之机关。[82]

从这一天起，《大公报》开辟了每天都有的"思潮"栏目，内容涉及科学、文学、哲学、法律、政治、社会学等。

当天发表的"宣言"说：

本报为顺应世界潮流，提倡文化运动，故特辟思潮一栏，用研究的精神求事理的真诚。不挟派别的意味，为一家一说张旗鼓，愿陈列其所知以供社会的批判。不愿矫饰其说，诱致社会于盲从……

内容包括译自英文的《欧洲均势之新局面》、译自俄文的名剧《樱桃园》、新小说《劳动者的家庭》，所有文章采用新式标点。

另有"世界新潮"和"经济大势"两个栏目，交错刊出。前者发表的文章如《欧洲人之废战运动》《日本自由劳动者组合之真相》《劳农俄国之真相》等，后者如《商业上英美之争霸》等，大致上都是有关国际政治、社会、经济方面的深度报道。

胡政之在上海报界欢迎会上指出："我国人与外国人隔阂太甚，必须注重国民交际。"通过报纸普及世界知识，养成国民的世界判断力，就是其中极为重要的一环。

他一回到天津，即着手改造《大公报》，除了注重国际新闻的报道，"以灌输政治常识自勉"，他认为英国国民富于政治能力有赖于报纸对国事的详细记载，久而久之养成了英国人丰富的政治常识。

7月2日，胡政之在《大公报》"论坛"栏发表《世界新旧势力奋斗中之中国》一文，认为中国处在当时的世界潮流中，"必须对于旧势力足以自立，然后对于新势力乃有所建树可言。"要想自立，首先是平息内乱，修养民生，其次是充实国防，而他所说的"充实国防"不是专指练兵，只有教育普及、科学昌明、工业发展，"有强健之国民，坚实之组织，则鼎立世界潮流中，自可安然无虞。"他担忧："二十年内，非再有国际战争，即不免各国社会革命，吾人虽爱和平，其如人之不能和平何。"此文提及1872年德文版马克斯和恩格斯的《公产党宣言书》（即《共产党宣言》）。

　　7月14日、15日，《大公报》连载他的论评《资本主义欤社会主义欤》说："中国自来四民平等，匹夫而傲王侯，布衣而致卿相，未尝有阶级也……中国本无欧洲之历史，复非欧洲之社会，若强将西方社会主义之说，移植中土，此与创造历史、创造社会无异，其为不当，不待智者而后知之……是以吾人主张中国之改造，当根据中国之历史国情，参酌世界之潮流趋势，采特殊之方针，取资本主义之长处，以谋殖产兴业，行社会主义之精神以弭社会革命"。

　　"抑今日中国改造之根本问题，尤在教育，方今资本主义，已成强弩之末，社会主义之实行，不过方法问题与时间问题。于此首当注意者，为一般国民之政治教育，盖往昔之政治，为特殊阶级之专业，而今后之政治，则国民全体之职务。"

　　他提醒国人，假如国民缺乏谋求公益的道德，并无担当公务的智识与能力，"公生活"扩大的结果，"将养成新官僚派，或少数暴民，矫窃公意，成少数专制之局"。

　　此时，直系与皖系之间发生了战争。7月19日，《大公报》发表《段合肥声讨曹吴之檄文》，段祺瑞是皖系首脑，直系首脑为曹锟、吴佩孚。由于皖系在战场上迅速战败，四天后，《大公报》就刊登了《段合肥声明遵令撤军及辞职之通电》。

　　与皖系渊源很深的《大公报》拥有人王郅隆仓皇出逃日本前夕，于8月

12 日发表声明，与《大公报》脱离关系，并提退股本。

同一天，胡政之发表《启事》，"余自欧洲返国……原欲以最新智识唤醒国人迷梦，今见社会空气愈益恶浊……将大公报主笔兼经理职务概行辞退……与大公报完全脱离关系，特此声明。"

《大公报》于当天休刊。

8 月 20 日，《大公报》接连发表三条"本报启事"，首先宣布：

> 本报现经改组，所有以前种种关系均已完全消灭，自今日起重行出版，抱定不党之宗旨，发为至公之言论，记载务求详实，内容力谋精良……

这是《大公报》上首次出现"不党"这个词。

同一版的"言论"栏发表了《本报今后之主张》(署名"雷行")，"对于政治……本报今后一空成见。对于政治之评判，一以行政之善不善为标准，贡献其所知，务使政治之进行，渐趋于正轨，蔚成真正法治之国家。""对于社会……报纸者，即提倡教育鼓励实业之武器，亦即促进自治劝导慈善之良师也。"

但《大公报》版面上，胡政之设计的"思潮"、"世界新潮"、"经济大势"等栏目都消失了，连报头的字体也变了样。1921 年 3 月 26 日，《大公报》上有一则闲评《不能不归咎于新文化》(署名"履冰")，当时南北发生两起逆伦案，一则毒毙其父，一则枪决其亲，文章一概归咎于新文化、家庭革命、非孝、共产等学说。

十二、北大"开风气则有余"

自 1919 年下半年起，美国哲学家杜威、英国哲学家罗素、法国数学家班乐、德国哲学家杜里舒、印度诗人泰戈尔等陆续到北大演讲。

1920 年 9 月，梁启超发起成立"讲学社"，打算每年邀请一位外国名哲来华演讲。商务印书馆愿意从第二年起每年资助五千元，以三年为限，还可以出版讲演稿。当年 10 月，第一个由"讲学社"请来的是英国哲学家罗素。原定物理学家爱因斯坦 1922 年到北大演讲，最后因故未来成。《东方杂志》这年 12 月还专门出了一期"爱因斯坦号"。

北大不仅邀请世界一流的学者来讲学，同样要向底层社会打开大门。什么是北大之大？这就是北大之大。

1920 年 1 月 18 日，蔡元培在北大平民夜校开学时演说："从前这个地方是不许旁人进去的；现在这个地方，人人都可以进去。从前马神庙北京大学挂着一块匾，仿佛一块虎头牌一样，人家见着的都以为这是学堂重地，不得擅入，把他看作全国最高的学府，只有大学学生同教员可以进去，旁人都是不能进去的——这种思想，在北京大学附近的人尤其如此——现在这块匾已经取去了。北京大学第一步的改变，便是校役夜班之开办。于是二十多年的京师大学堂里面，听差的也可以求学。"

当年 9 月，胡适在北大开学典礼上指出，北大被人叫做新文化运动中心，最近有个杂志引用了北大月刊编辑陈惺农的启事，北大四百多教职员、三千学生共办一个月刊，两年之久只出了 5 本，到他编辑时竟收不到稿子。"大学丛书"只出了 5 大本，翻译的"世界丛书"，5 个月从各处交来 100 多种，只有一种真值得出版。

"北大丛书"由商务印书馆出版，包括胡适《中国哲学史大纲》上卷、陈大齐的《心理学大纲》、周作人的《欧洲文学史》、陈映璜的《人类学》、梁漱溟的《印度哲学概论》五种，都是讲课的讲义。"世界丛书"也由商务印书馆出版，担任审查之责的是蔡元培、胡适、蒋梦麟、陶孟和四人。北大设有世界丛书社通讯处，主持收稿事务。

胡适的批评是尖锐的，北大之大，学术上还算不上大。他说，"北大现在并没有文化，更没有什么新文化。现在的新文化运动就是新名词运动，什么解放、改造、牺牲、奋斗、自由恋爱、共产主义、无政府主义，这是普及、传播，而是要提高。唯有真提高，才有真普及。若有人骂北大不活动，不要管他，若有人骂北大不热心，不要管他。但是若有人说北大的程度不高，学生的学问不好，学风不好，那才是真正的耻辱，我希望诸位要洗刷了他。"

北大不是要街头运动，而是要学术上的开创，胡适、蔡元培他们都很清楚的。胡适在 1921 年的北大开学典礼上说：

> 外界人说我们是学阀。我想要做学阀，必须造成像军阀、财阀一样的可怕的、有用的势力，能在人民的思想上发生重大的影响。如其仅仅是做门限是无用的。所以一方面要做蔡校长所说有为知识而求知识的精神，一方面又要造成有实力的为中国造历史、为文化开新纪元的学阀。这才是我们理想的目的。[83]

北大面临的最大问题就是学生已经不能坐下来平心静气学习了。

1921 年 12 月 7 日，北大发出校长布告，学生在课堂或实验室，对老师讲授和指导的方法偶与旧习惯不同，就不能平心静气，校长说，"世界学术进步，教授方法日新月异，本校虽未能于短时期间大事更张，要亦决无故步自封之理。"

一个多月前（11 月 4 日），法学院教授燕树棠、王世杰给教务长写信："比闻法律系习行政法、国际法学生诸君，对于杰、棠等教授方法有不愿依从者，颇以为异。杰、棠等以为纯粹讲义制，直接垄断学生思想力，间接防止学生翻阅参考书籍，有弊甚多。……将来学校图书增加，学生外国语程度提高时，此种简单讲义方法，或即为完全废除讲义制度之先步……"

第二天，这封信在《北京大学日刊》登出，所有人都可以看到。学生对教授的教学方法有意见，而教授提出了一套言之成理的陈述，给教务长写信，校方公开发表，大家都能看到。这是师生之间平等的交流。

1922 年 10 月 25 日，讲义费风潮后，蔡元培因胡适等劝说复职，胡适在师生大会上讲话："自今以往，希望打起精神，群趋向建设一条路上，可以为北京大学开一个新纪元，不要再在这种讲义费的小事情注意了。"李大钊讲话："我们要养成好校风，应该在校内人皆要有北大两个字在头脑里，'北'字不打紧，'大'字倒要着实发挥他。做成一个包罗万有的气象，既然在大字上着眼，那些小事自然就可以不管了。"[84]

12月17日，北大迎来建校二十五周年，胡适在《回顾与反省》一文说起五年来北大的成绩："开风气则有余，创造学术则不足。"李大钊也在纪念感言中说，北大在学术上的贡献实在太贫乏了，"只有学术上的发展值得作大学的纪念。只有学术上的建树，值得'北京大学万万岁'的欢呼！"许钦文记得李大钊一次演讲中说，许多同学都爱说"我们北大"，看重自己的学校是好的，可不要因此自高自大，要把北大的精神"大"开去才好。[85]

当时，也有人反感北大人的居高临下，对北大的不满不亚于对北洋政府的厌恶。1920年9月有人发表文章称北大为"学阀制造厂"，自"最高学府"一词发明以来，凡与北大沾边的人都以救世主自居。[86]

蔡元培一次次辞职之后，给北大师生写信，也都是告诫他们一定要在学术上做努力，这是他作为校长的叮嘱。

后来有人说，"五四"时代，"西洋人谈到远东的大学，心目中只有两所，一所是日本的东京帝大，另一所便是中国的北大。……日本人一向看不起中国，但提起北大，却不能不伸一伸大指，而看作与东大具有同样荣誉的学府。"[87]

冯友兰说，到美国申请研究院，不需要经过任何考试，只要有北大文凭就可以了，那是他们承认的大学。[88]

十三、"亚东第一之印书馆"

1920 年 3 月 8 日，张元济和高梦旦商谈，设立商务印书馆第二编译所，专办新事，以高薪聘任胡适，请其在北京主持，每年拨三万元，先试办一年。这只是他们一厢情愿的想法。

3 月 5 日，梁启超从欧洲回到上海，张元济亲到码头迎接。3 月 13 日，梁到商务馆，说集合几个志同道合的人编译新书，"铸造全国青年之思想"，张元济也认为是今日至要之举，约了高梦旦、陈叔通一起细谈，决定给梁拨二万作为预付版税，先试办一年。他们还讨论了一些细节，比如编一套"新智识丛书"，"题目的范围宜窄，如过激主义、消费组合等。"

两个"试办"的打算，可以看出商务馆此时与胡、梁这两代知识领袖合作的诚意。当时，张元济、高梦旦频频进京，与北大教授座谈，也是渴慕与代表了新思潮的新知识界合作。

不久，高梦旦在天津与梁见面，梁又提出想扩大计划，希望商务馆加拨二万元，为两年之布置。4 月 10 日，张元济给梁启超写信，要他先拿出两年计划，以便与同人商量。

4 月中旬，梁启超和蒋百里、张东荪等组织"共学社"，某种意义上也可以算商务的编译所，通过编译新书"培养新人才，宣传新文化，开拓新政治"。

6 月 12 日，张元济给梁的信中说，蒋百里来上海，已与共学社签约，并拨付了五千元，"甚盼有好书来，一慰世人渴望新知之愿。"[89]

"共学社"在商务馆共出版了 17 种丛书、82 种书，其中有"马克思研究丛书"，从 1920 年 9 月起出版了 7 种书；"时代丛书"中也有《布尔什维主义底心理》（1921 年）、《人生哲学与唯物史观》（1922 年）。

北大法科学生陶希圣就买了"共学社"的新书来读，其中有克鲁泡特金的《互助论》，考茨基的《阶级斗争》等书。[90]

和北大一样，商务馆没有回避过激主义、马克思主义，1921 年 7 月 24 日，针对胡适提出的"常识丛书"选目，张元济写了六条意见，第四条说："拟加《布尔什维克》，或仍称《过激主义》。"

1920 年 12 月 4 日，《北京大学日刊》登出《北京大学社会主义研究会通告》，社员有李大钊、何北衡等人。

1921 年 11 月 17 日，《北京大学日刊》公开刊登《北京大学发起马克思学说研究会启事》，发起人为邓中夏、罗章龙、黄日葵、刘仁静、何孟雄、高君宇（尚德）等 19 位北大学生。蔡元培身边的人看到这个启事，说了一句："今后学校不得太平了。"蔡先生还拨出西斋宿舍中两间宽敞的房子，给研究会作为活动场所，被他们亲切地叫做"亢慕义斋"，"亢慕义"是德文译音，全称为"共产主义小室"。[91] 作为校长，蔡先生的意思却是不安置他们，更不太平。

1921 年 4 月，商务印书馆编译所所长高梦旦到北京，多次去看胡适，请他到上海接替自己的位置，并恳切地说："我们那边缺少一个眼睛，我们盼望你来做我们的眼睛。"胡适在 4 月 27 日的日记说："得着一个商务印书馆，比得着什么学校更重要。但我是三十岁的人，我还有我自己的事业要做；我自己至少应该再做十年、二十年的自己【的】事业，况且我自己相信不是一个没有可以贡献的能力的人。"[92]

高梦旦对他说："北京大学固然重要，我们总希望你不会看不起商务印书馆的事业。我们的意思确是十分诚恳的。"他回答："我决不会看不起商务印书馆的工作。一个支配几千万儿童的知识思想的机关，当然比北京大学重要多了。我所虑的只是怕我自己干不了这件事。"[93] 他几次婉转辞谢，高邀请他夏天去上海玩三个月，他答应去住一二个月，看看里面的工作，并且看看自己配不配接受这样的付托。

当年暑假，他到上海住了四十五天，天天到商务馆编译所。最后他还是回了北大，临别前写下这样几句诗："多谢主人，我去了。两天之后，满身又是北京的尘土了！"

9 月 21 日，美国教育家、哥伦比亚大学教育学院院长孟禄访问中国，张元济和英文部主任邝富灼代表商务馆到北京饭店拜访，说中国的教育改革已有二十年，没有成效。"今世界大势变更，我国教育未上轨，不能不急图改良。本馆教科书约有七成供全国学生之用，自觉责任甚重，愈觉兢兢。"[94]

当时商务馆占有全国教科书市场的份额大约 70%。中华书局和其他所有出版社加在一起也不到 30%。胡适最终没有来，而是推荐了他早年在中国公学时的英文老师王云五。

王云五进馆后提出的《改进编译所意见书》，最重要的一点就是："编著书籍当激动潮流，不宜追逐潮流也"。这是他高瞻远瞩的地方。

张静庐从小爱书，从民国元年起，他几乎每天到书店集中的棋盘街徘徊，站在书店的大玻璃窗前瞪着新书的封面，自称"棋盘街巡阅使"，那时他唯一的希望就是进商务印书馆当练习生。[95]可见商务在那个时代爱书人心目中的地位。

1922 年，商务印书馆资本已达到 500 万元，比创业的时候增加了一百多倍。二十五年前创业的资本才 3750 元。

对于商务历年盈利的分配，张元济一直主张多为公司积累资金，少分红利给股东。历届董事会、股东会都有争吵。这一年根据张元济和部分同人的意见，商务采取了"股息公积"的办法：今后公司有盈余，分派股息一分以上时，应酌量提存股息公积。股息公积除积存巨数，于扩充股额时改作股份，或遇股息不足一分之年份酌提垫补外，非经股东会议决，概不提用。股息公积按常年八厘起息。

这在当时完全是一种新的举措。所以商务印书馆能短期积累现金，这个"肉烂在锅里"的办法是有用的。（1932 年"一二八"浩劫之后，商务之所以能迅速复兴，股息公积的一百几十万现金起了很大的作用。也就是这笔钱没有分掉保存在公司里面生利息，这是在 10 年后发生的作用。）

1921 年，心理学家张耀翔就"大学学生最能记忆之招牌"找了七十二个学生，让他们每人在五分钟内写出十家招牌名称，商务印书馆得到 51 票，位居第二（第一是瑞蚨祥，得了 57 票）。[96]

数以千万计的人从小读着商务印书馆的教科书长大，对"商务"念念不忘。

34 岁的王云五主持编译所之后，吸收大量新人才进馆，到 1924 年，编辑人数达 260 人，其中 196 人是 1921 年 4 月加入的，原有的旧人解雇了 145 人，几乎在三分之二以上，新人中包括了朱经农、竺可桢、任鸿隽、周鲠生、周予同、陶孟和、李石岑、顾颉刚、陶希圣等人，编译所的九个专业部长有七个起用了新人。商务馆在王云五手中完成了更新换代。

1924 年 7 月进商务馆编译所法制经济部的北大毕业生陶希圣发现，商务馆编辑的等级从桌子就可以看出，国内大学毕业而有教书经历的，月薪八十元，坐的是三尺长尺半宽的小桌子，加一硬板凳。日本明治大学一类学校毕业回国的，月薪一百二十元，桌子长到三尺半，宽到二尺，也是硬板凳。如果是日本帝国大学毕业回国的，月薪可到一百五十元，桌子长到四尺，宽到二尺半，藤椅子。如果是欧美一般大学毕业回国，月薪可至二百元，桌椅同于日本帝国大学的留学生。如果是英国牛津、剑桥，美国耶鲁、哈佛，回国后又有大学教授经历，那就是各部主任，月薪二百五十元，桌子上有拉上拉下的盖，除自己坐藤椅之外，还有一个便凳子，预备来接洽工作的人坐。而编译所的所长王云五不仅没有留过学，连国内的大学也没上过。[97]

当年 5 月，无锡荣家创办的公益商业中学毕业班学生，到上海参观商务印书馆总厂，在三个印刷工场不仅见识了各种先进的机器设备，也看到男女分工办事，秩序井然，感叹组织之严密，规模之宏大，从一家小书肆，俨然成了"亚东第一之印书馆"。[98]

十四、抛弃代议制

1920 年 7 月底，北大学生领袖、《国民》杂志社发起人之一张国焘南下上海，在法租界霞飞路渔阳里二号，与北大前文科学长陈独秀就为什么要组织中共有过许多讨论，他们谈及：

"我们觉得孙中山先生的三民主义和他领导的革命运动不够彻底。而无政府主义又过于空想，没有实行的方法。其他各派社会主义的议会政策又不能实现于中国，因中国在可见的将来不会有良好的议会制度。"[99]

北大图书馆前助理馆员毛泽东与另一位湖南新民学会会员何叔衡的看法与他们惊人相似。1921 年 1 月 1 日到 3 日，长沙大雪满城，新民学会部分会员就未来的路径选择开会讨论了三天。

何主张过激主义，"一次的扰乱，抵得二十年的教育"。毛立刻表示支持："社会政策，是补苴罅漏的政策，不成办法。社会民主主义，借议会为改造工具，但事实上议会的立法总是保护有产阶级的。无政府主义否认权力，这种主义恐怕永世都做不到。温和方法的共产主义，如罗素所主张极端的自由，放任资本家，亦是永世做不到的。急烈方法的共产主义，即所谓劳农主义，用阶级专政的方法，是可以预计效果的，故最宜采用。"

彭荫柏说："中国现尚无民主主义，但这主义已过时不能适用。"

讨论进入第三天，与会的十八人中有十二人表决赞成"波尔失委克"主义。赞成德谟克拉西的仅两人：任培道、邹泮清。[100]

从张国焘、陈独秀到毛泽东几乎不约而同达成了共识，就是拒绝程序民主，即代议制。抛弃代议制成为"五四"之后的主流思潮。留英归来的前北大校长严复在私信中对代议制政体也有自己的省思。

这样的倾向不是个别人的选择。

1920 年 9 月 10 日，商务印书馆出版的《东方杂志》第 17 卷第 17 号就发表过署名"昔尘"的文章《议会政治之失望》。9 月 15 日，梁启超主导的研究系将《解放与改造》半月刊改组为《改造》，在发刊词中提出十六项主张，其中第三项就是："同人确信政治改造首在打破旧式的代议政治，故主张国民总须得有组织的自决权。"[101]

《新青年》编辑和主要撰稿人陈独秀、李大钊、钱玄同、刘半农、沈尹默、高一涵、陶孟和、鲁迅、周作人、吴虞等，大多数都是北大教员，他们对代议制民主几乎都没有兴趣。

1922 年 5 月 14 日，胡适和蔡元培、丁文江、罗文干、王宠惠、梁漱溟、李大钊、陶孟和等十六人在《努力周报》联名发表《我们的政治主张》，这些人当时全在北大任职，签名者中仅汤尔和、陶知行（当时还不叫"陶行知"）和王粤秋三人不是北大的。也可以说他们的主张代表了相当一部分北大教授的主张。

虽然他们提出的三个基本要求第一个即是"宪政的政府"，但也只是要求南北协商召集民国六年（1917 年）解散的国会，没有进一步的阐述。他们主张的重点只是呼唤一个"好政府"，呼吁"好人"（"社会上的优秀分子"）出来与"恶势力"奋斗，批评政治、干预政治、改革政治。[102]

1923 年元旦，上海《民国日报》增刊发表《中国国民党宣言》，主张人民直接行使创制、复决、罢免各权，因为"现行代议制度已成民权之弩末"。[103] 事实也确乎如此。无论研究系、国民党，还是初生的共产党有着怎样不同的政治立场，而在"五四"大潮之后，他们几乎一致抛弃了代议制。

那几年，还在讨论代议制等相关论题的只有 1917 年在上海创办的《太平洋》双月刊，这一刊物初由泰东书局出版，后改由商务印书馆出版（李剑农、杨端六先后主编），王世杰、周鲠生、丁燮林等北大教授都是撰稿人，他们几乎都是留学欧洲归来，其中有专攻法学的。1922 年 9 月的《太平洋》第三卷第七号是"联省自治"问题专号，刊登了李剑农、杨端六、周鲠生、张季鸾、唐德昌、王世杰、朱希祖等人的论文，还有丁燮林、王世杰、李石曾、李四光、李麟玉、谭熙鸿等北大六教授联名发表的《分治与统一商榷书》。

王世杰于这年7月31日撰写的《论联邦与邦联书》也刊登在这一期。他与胡适是同龄人，1917年毕业于英国伦敦大学政治经济学专业，1920年获法国巴黎大学法学博士，当年冬天，应蔡元培之邀出任北大法学教授，随后担任法律系主任。

杨端六生于1885年，先后到日本、英国留学，在伦敦大学政治经济学院攻读货币银行专业，1920年5月回国任商务印书馆《东方杂志》撰述，后改任会计科长。

1923年12月5日，《太平洋》第四卷第四号发表唐德昌的《代议制发达之小史及在中国应行改良之点》，引言即说："中国自有议会以迄今日，只见其弊，未见其利……窃惟代议制之在今日，本以为强弩之末，此在欧美各国皆然……中国地大民稠，且人民知识较欧美各国尤为幼稚，其不能于旦夕间完全废止代议制，其理明甚。"所以他主张改良代议制——

> 中国自清季始有议会……近日各议员之人格日益堕落……人民之于议员，亦几视同蛇蝎，避之唯恐不及。呜呼！代议制在今日之中国，其弊可谓极矣。但事实上则又不能无议会，然则吾人对于中国之代议制，可不亟图改良之法乎？

他接着提出了十一条改良代议制及防止弊害之法，包括：严定选举人与被选举人之资格；速行调查户口划分选区；切实执行选举法，严惩舞弊，选举诉讼未判决前当选的议员，不得出现议会；选民不亲赴投票者须罚金；减少议员数目；缩短议员任期与会期；减少议员的岁费与出席费；议员不得有选举官吏权；设立议会图书馆；人民撤回议员权，等。[104]

这是唐德昌在汉口明德大学的讲演，他毕业于美国伊利诺大学和哥伦比亚大学，获政治经济硕士学位。

1924年1月6日，曾在北大新闻学会任讲师的报人邵飘萍在他创办的《京报》发表《众议院改选后便如何》一文：

> 世界各国对于代议制度之怀疑非一日矣。惟虽不满于代议制度，又苦无较善之方法以替代之，遂因循蹈袭以至于今。此在号称文明国家，宪政确有基础者莫不皆然。况如我国政治久无常轨，宪法等于具文，则所谓代议制度之自欺欺人，滑稽可笑，宁当然应有之现象耶。
>
> 欲对于代议制度之流弊加以矫正者，有最有力量之两种方法：一为去代议制而用直接制。此在人口极少之国家或可用之如我国之地广人众，事实上即无法可以采用。二为职业代表制。乃维持代议制度。惟议员皆由职业团体选出，即令代表某种职业之团体，代表者与被代表者间有深切之利害关系，方足发挥代议制度之精神。[105]

至此，也可以说在中国尝试并实践了不足二十年的代议制政体，已被知识界弃之如敝履，中国踏上了一条前途莫测的道路。

注：

1、王瑾、胡玫编《胡政之文集》下册，天津人民出版社2007年，1030、1031页。

2、《胡政之谈民元报业》，《人物杂志》第2年11期，1947年，《胡政之文集》下册，1109页。

3、钱玄同1917年1月10日说："大学预科今日开学，蔡先生演说真善美之论，其言美最详。"杨天石主编《钱玄同日记（整理本）》上，北京大学出版社2014年，300页。

4、《蔡元培书信集》上册，浙江教育出版社2000年，286页。

5、《钱玄同日记（整理本）》上，298页。

6、《钱玄同日记（整理本）》上，303页。

7、1917年6月11日商务印书馆编辑蒋维乔写信给张元济："琴南近来小说译稿多草率，又多错误，且来稿太多"。第二天张回信："稿多只可收受，惟草率错误应令改良。"《张元济日记》（上），308页。

8、《张元济书札》（增订本）下册，1247页。

9、《张元济日记》上册，225页。

10、高平叔、王世儒编注《蔡元培书信集》上册，浙江教育出版社2000年，296页。

11、《张元济日记》上册，245页。

12、《胡政之文集》下册，804 页。

13、《张元济日记》上册，213—214 页。

14、《股东会记录簿》，转引自《张元济年谱长编》，467 页。

15、《张元济日记》上册，325、324 页。

16、《回首一十七年》，《大公报》重庆版 1943 年 9 月 5 日，《胡政之文集》下册，1148 页

17、蔡元培日记，《蔡元培全集》16，浙江教育出版社 1998 年，35 页。

18、曹伯言整理《胡适日记全编2》，安徽教育出版社 2001 年，613 页。

19、《顾颉刚书信集》卷一，中华书局 2011 年，22—24 页。

20、《顾颉刚书信集》卷一，153 页。

21、1938 年 12 月 1 日，《国立北京大学四十年纪念文录》，《北京大学史料》第三卷 1937—1945，484 页。

22、胡适《归国杂感》，1918 年 1 月 15 日《新青年》第 4 卷第 1 号。

23、1922 年 6 月 18 日，《努力周报》第 7 期。

24、【美】埃雷斯·马内拉著，吴润璇译《1919：中国、印度、埃及、韩国，威尔逊主义及民族自决的起点》，台湾八旗文化 2018 年，169—170 页。

25、杨天石主编《钱玄同日记（整理本）》上册，326 页。

26、《罗家伦先生文存补遗》，中央研究院近代史研究所民国九十八年，53、55 页。

27、《罗家伦先生文存补遗》，55、56 页。

28、《顾颉刚书信集》卷一，56 页。

29、杨天石主编《钱玄同日记（整理本）》上册，340 页。

30、杨天石主编《钱玄同日记（整理本）》上册，343 页。

31、《罗家伦先生文存补遗》，中央研究院近代史研究所民国九十八年，52 页。

32、《罗家伦文存补遗》，57 页。

33、《新潮》第二卷第一号，1919 年 10 月。

34、转引自张旭、车树昇编著《林纾年谱长编》，福建教育出版社 2014 年，325 页。

35、《蔡元培书信集》上册，401—404 页。

36、转引自《林纾年谱长编》，330 页。

37、《钱玄同日记（整理本）》上册，338、339 页。

38、《钱玄同日记（整理本）》上，328 页。

39、转引自《林纾年谱长编》，314 页。

40、《蔡元培书信集》上册，387 页。

41、耿云志、欧阳哲生编《胡适书信集》1934—1949（中），北京大学出版 1996 年，667 页。

42、1935 年 12 月 28 日，《胡适来往书信选》中，中华书局 1979 年，281—282、290 页。

43、《鲁迅全集》11，人民文学出版社 1981 年，361 页。

44、《新潮》第二卷第二号，1919 年 12 月，《新潮》合订本第二册，上海书店 366、368 页。

45、《严复全集》卷八，372、373 页。

46、《林纾年谱长编》，338 页。

47、沈尹默《五四对我的影响》，《五四运动回忆录》下，中国社会科学出版社 1002 页。

48、陶希圣《潮流与点滴》，中国大百科全书出版社 2009 年，46—47 页。

49、《张元济日记》下册，771 页。

50、《顾颉刚书信集》卷一，61—62 页。

51、《陈独秀文章选编》上，生活·读书·新知三联书店 1984 年，398 页。

52、《胡适来往书信选》，47—48 页。

53、沈尹默《我和北大》，《五四运动回忆录》续，中国社会科学出版社 1979 年，168 页。

54、《蔡元培书信集》，414 页。

55、《胡政之文集》下册，670 页。

56、胡政之《外交人物之写真》，《胡政之文集》下册，835 页。

57、魏建功《我在五四前后所受的思想教育》，《五四运动回忆录》下册，中国社会科学出版社 1979 年，981 页。

58、川岛《五四回忆》，《五四运动回忆录》上册，中国社会科学出版社 1979 年，318、320—321 页。

59、江勇振《舍我其谁：胡适第二部 日正当中》上，浙江人民出版社 2013 年，68、69 页。

60、中国国民党党史会藏毛笔原件，转引自吕芳上《革命之再起》，中央研究院近代史研究所 1980 年，414 页。

61、《孙中山全集》第五卷，中华书局 1985 年，209—210 页。

62、高大同编著《高一涵先生年谱》，上海文化出版社 2011 年，45 页。

63、转引自季培刚《杨振声年谱》，学苑出版社 2015 年，41 页。

64、高平叔编《蔡元培全集》第三卷，中华书局 1984 年，343—344 页；罗家伦致蔡元培函，罗久芳·罗久蓉编辑校注《罗家伦先生文存补遗》，中央研究院近代史研究所 2009 年，214 页。

65、《张元济日记》（上），400 页。

66、《张元济日记》（上），157 页。

67、《张元济日记》（上），619 页）

68、《张元济日记》（上），670、671 页。

69、《张元济日记》（下），732 页。

70、《张元济日记》（下），778、828、889、891 页。《东方杂志》主编陶葆霖于 1920 年 7 月 8 日去世，由钱智修接任。

71、《张元济日记》（上），386 页。

72、茅盾《我走过的道路》上，人民文学出版社 1981 年，160、161、168 页。

73、《张元济书札》下册，945 页。

74、《孙中山全集》第五卷，210 页。

75、转引自吕芳上《革命之再起：中国国民党改组前对新思潮的回应 (1914-1924)》，中央研究院近代史研究所 1989 年，104 页。

76、《张元济日记》（上），122 页。

77、《张元济日记》（上），219、223、230 页。

78、《张元济日记》（下），748、749、753 页。

79、汪家熔编著《大变动时代的建设者》，193、194 页。

80、吕芳上《革命之再起》，113 页。

81、《张元济日记》（下），865、868、869 页。

82、《胡政之文集》下，1033 页。

83、胡适《在北大开学典礼会上的讲话》，《胡适全集》20 卷，72—73 页。

84、《申报》1922 年 10 月 28-29 日。

85、钦文《忆沙滩》，《五四运动回忆录》下，1006 页。

86、王无为《为北大学阅事与成舍我书》，《新人》第 1 卷第 6 号，转引自袁一丹《另起的新文化运动》，读书·生活·新知三联书店 2021 年，71 页。

87、魏麦人《沧海桑田话北大》，1947 年 3 月 1 日《北大化讯》第 18-19 期。

88、冯友兰《三松堂自序》，读书·生活·新知三联书店 1984 年，52—53 页。

89、《张元济年谱长编》，580、581、589、597 页。

90、陶希圣《潮流与点滴》，51—52 页。

91、罗章龙《逐臣自述——罗章龙回忆统稿》上册，九歌书坊 2015 年，75—77、89 页。

92、《胡适日记全编》3，226 页。

93、胡适《高梦旦先生小传》，《胡适文集》7，北京大学出版社 1998 年，605 页。

94、《张元济日记》（下），1059 页。

95、张静庐《在出版界二十年》，上海书店 1984 年，90 页。

96、《北京商店之招牌》，《晨报》六周年纪念刊。

97、陶希圣《潮流与点滴》，中国大百科全书出版社 2009 年，83 页。

98、江南大学《乐农史料》整理研究小组选编《荣德生与兴学育才》，上海古籍出版社 2003 年，261—262 页。

99、张国焘《我的回忆》上册，东方出版社 2004 年，65 页。

100、《新民学会会务报告》第二号，《五四时期的社团》（一），生活·读书·新知三联书店 1979 年，592、593 页。

101、《改造》发刊词，中共中央马克思、恩格斯、列宁、斯大林著作编译局研究室编《五四时期期刊介绍》第一集，人民出版社 1958 年，421 页。

102、胡适主编《努力周报》2，1922 年 5 月 14 日，《努力周报》（全一册）影印本，岳麓书社 1999 年。

103、《孙中山全集》第七卷，中华书局 1985 年，3 页。

104、唐德昌的《代议制发达之小史及在中国应行改良之点》，《太平洋》第四卷第四号，1、4—9 页。

105、方汉奇主编《邵飘萍选集》下册，中国人民大学出版社 1988 年，117 页。

蔡元培

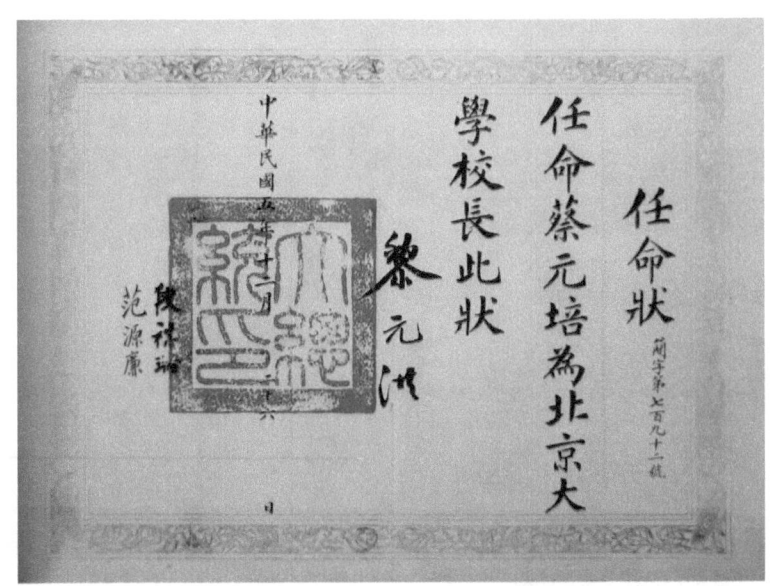

黎元洪任命蔡元培为北大校长

胡适

辜鸿铭

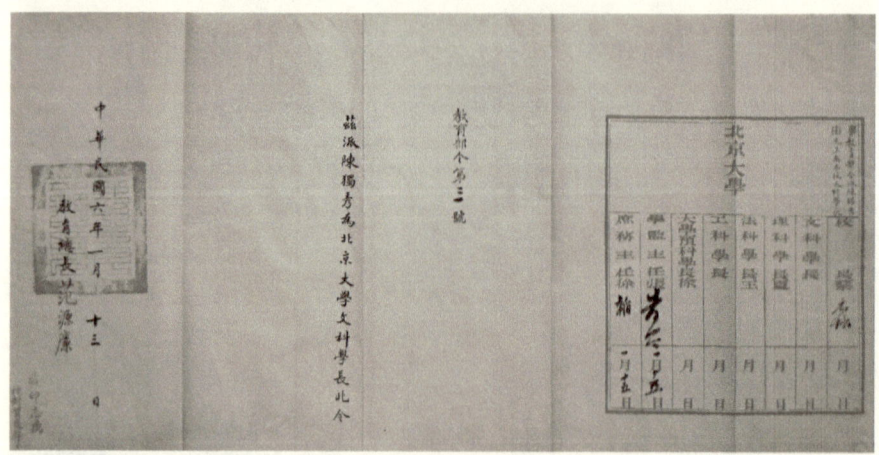

教育部派陈独秀为北大文科学长令

1918年6月，蔡元培、陈独秀、梁漱溟等与北大文科哲学门第二届毕业生冯友兰等合影

1919年，北大新闻学研究会第一届师生合影

左起蒋梦麟、蔡元培、胡适、李大钊1920年3月14日在北京西山卧佛寺

1919年6月1日，北京街头被捕的学生

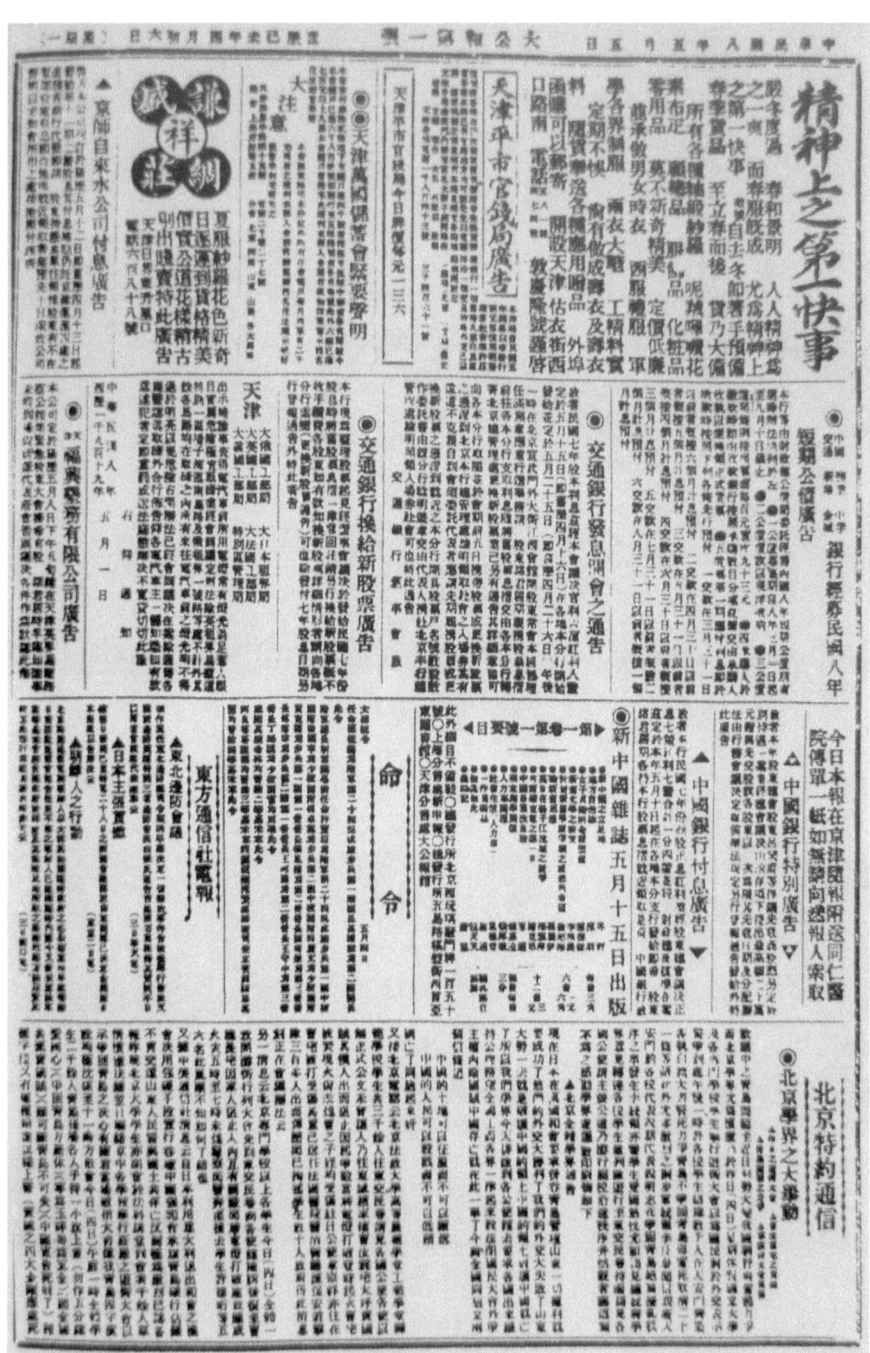

1919年5月5日《大公报》要闻版

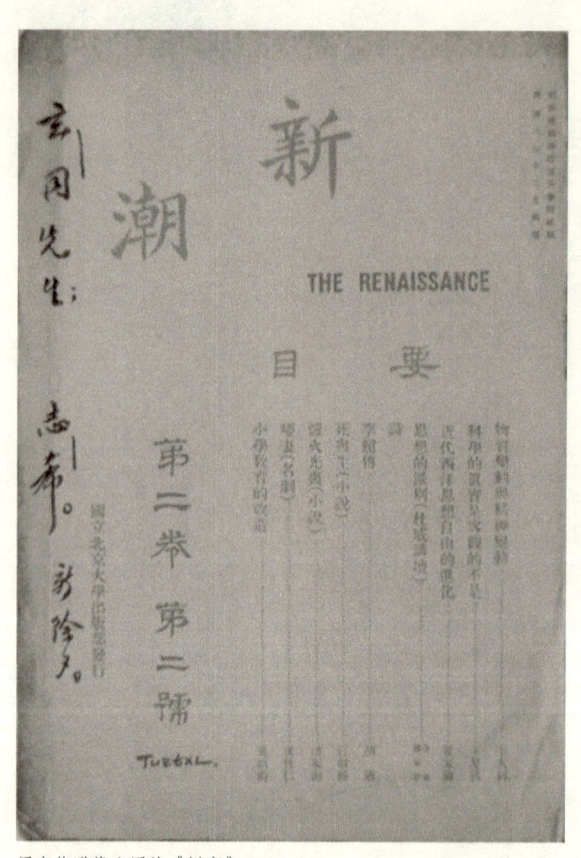

罗家伦赠钱玄同的《新潮》

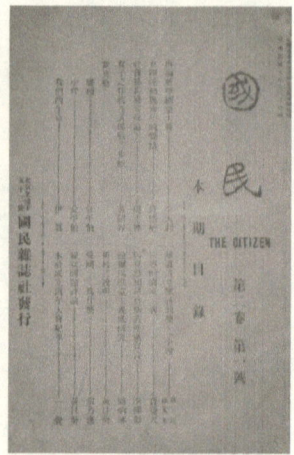

《国民》

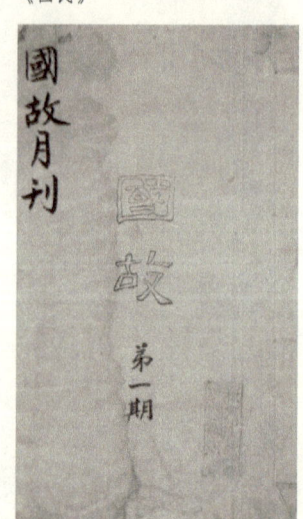

《国故》第一期

第五篇

———

转轨

1922—1931

一、北大的索薪运动

1922 年 7 月 24 日，北大预科入学考试，国文一共只有两道题，作文题是《述"五四"运动以来青年所得之教育》，胡适监考，有一个奉天高师附中的学生问他五四运动是个什么东西，是哪一年的事？他大为诧异，以为这个大概是一个特别的例外。不料他走出第一试场（一共有十五个试场），遇见其他监考的人，"他们说竟有十几个人不知道五四运动是什么的！有一个学生说运动是不用医药的卫生方法！"[1]

当天参加考试的河北籍考生许君远对这道作文题记忆深刻，他说很多中学生不清楚"五四"代表什么，不少考生当作"五项""四项"高栏、低栏之类，作文得零分的考生很多。

有一个成绩优秀的考生甚至列举了五十四种运动，结果得了零分，很不服气。

可见"五四"退潮之后的影响并没有今天想象的那么大。难怪中学生猛然见到《新青年》《新潮》，"对于那上边的种种离经叛道的话，惊异得不知怎样才好；然而同时又觉得很舒服很凉爽。"[2]

这年报考北大的有一千三百多人，共录取 212 人，许君远、废名、梁遇春、韩权华、尚钺、夏涛声等都在其中。许君远先读北大预科，后入英文系。他喜欢北大的自由空气，随心所欲的选课办法，尤其合乎他懒散的性情，"一经入了北大，对北大也就爱好起来。散漫，自由，朴素，北大的校风非常适合我的性格。我住椅子胡同第四寄宿舍，每天沿着北河沿走还几个来回。我像约翰生一样细数过皇城根的电杆，像王渔洋一样对着秋柳出过神。每当月色融融之夜，花阴寂寂之春，尤其按捺不住燃着烈火的心。北河沿原是一条填塞不流的废渠，它却给青年充满上美丽的幻想和丰富的诗情。"

虽然他未赶上"五四"的好时光，也算是赶上了尾巴。那时，他还可以在林损教授的课堂上见识"骂人多于讲学"的风采。每当酒酣耳热，林教授把马褂脱下，挽起袖子大说某人的见解并不行，某人的学识浅陋，听者如坐戏馆听说书般，一点也不感觉厌倦。在鲁迅的"中国小说史"课上，批判时事也多于书本的正面发挥。当时正是直系军阀曹锟与奉系军阀张作霖对峙之际，当他们听到鲁迅说古代门神从"神荼郁垒"不知何时换成了黑脸尉迟公和白脸秦琼，若干年后，说不定又被换成曹锟、张作霖了，教室里一片哄然。[3]

在北大自由的空气中，这一年有学生的讲义风潮，又有教师的索薪运动。

对于北大学生，蒋梦麟感慨地说，蔡先生和胡适他们料得不错，"他们沉醉于权力，自私到极点。有人一提到'校规'他们就会瞪起眼睛，噘起嘴巴，咬牙切齿，随时预备揍人。"[4]

1923年1月17日，蔡元培校长为抗议教育总长彭允彝践踏人权，不愿苟安在北京恶浊的政治空气中，随后发表《不合作的宣言》高调辞职。再次代理校长的蒋梦麟7月16日写信向胡适诉苦："半年的欠款，六百的饿教职员，三千的惹祸的学生，交了我手里，叫我什么办，我昨晚一夜睡不着觉。"当时胡适正在杭州烟霞洞养病。蒋梦麟在信中感叹："不过实在穷死！我个人则穷而且忙！"[5]

北大与北京其他国立院校面临的最紧迫问题就是经费无着，政府只是偶然发点经费，往往一欠就是一两年，教职员常常两三个月才能领到半个月的薪俸。所以，蒋梦麟说当大学校长真是伤透脑筋。[6]

自1921年以来，北大老师为讨薪与政府的冲突不断，常有人被打伤。

这年6月12日，高一涵教授给胡适写信说："北京教育经费恐怕一时无着落，不知商务印书馆可否将我的《政治思想史》的版权税支付若干？你能代我交涉一下吗？"[7]

这种状况一直没有得到解决。1925年6月17日顾颉刚房租到期，计无从出，写信向朋友求助："北大两月以来，只发两成薪水，竭蹶万分。直到今日，罗掘俱穷。"8月31日，他在日记中再次说："北大自端午节后尚未发过一文政费……至今日囊中干竭矣"。[8]

这一年到北大教西洋史的李璜每月薪水是二百八十元，不过只拿过两个月，到后来，每个月至多只领到五十六元。[9]

1926年3月29日下午，周作人去北大收二月份薪水一成半。[10]

这样一群一肚子墨水却连生计都无保障的教授在一起，难免生出事端来。李璜亲历北京那一阶段的街头运动，参与其中的北大教授既有国、共或青年党背景的，也有无党无派的，他们之所以上街，"大半因段政府发不出薪水，生活艰难，心境恶劣，借此发泄闷气而已"。[11]

最高学府教师薪水无着，学生更易失去耐心，卷入政治漩涡当中。思潮日趋激烈，不能说与此没有关联。

此时蔡元培对政治的热衷也不能不注意。毕业留校，1922年任北大校长室秘书的汪崇屏深得校长器重，受命参与跟当时驻扎洛阳、如日中天的直系军阀吴佩孚联络；另一个参与联络的是李大钊，因他与吴身边的白坚武是天津法政学堂的同学，在白坚武日记中可知他们那一阶段联系频繁。

直奉第一次战争，张作霖失败，在汪崇屏看来，"蔡先生从中的活动为重要关键。"他说，蔡元培对吴佩孚印象很好，孙、吴、蔡之间达成默契，"由吴统军、孙管党、蔡主政"，他甚至揣测，"当时也许得到孙中山先生的默许，南北议和后，由蔡先生管政，也就是蔡先生当总统。"他认为，蔡与广东的国民党不太融洽，"所以在北京独行其是，想自己建立一番事业。"在他看来，蔡智慧超人，胸怀磊落，兼收并蓄，"胆量、勇气、魄力都很够，只是书生不懂政治的诡谲。"[12]

由于缺乏其他的史料，汪的说法只是一家之言，但蔡元培怀有政治热情不是什么秘密。1922年5月14日，《努力周报》发表胡适起草的《我们的政治主张》，提出"好政府主义"，签名的十六个人中就有蔡元培和王宠惠、罗文干等。他辞职也是为"罗文干案"。当时，他的声望正高。1923年1月6日，上海的英文《密勒氏评论报》历时几个月投票，公布"中国当今十二位大人物"，蔡先生得票959票，名列第六，与孙中山、冯玉祥、王宠惠、吴佩孚等一起当选。当年12月，在一次民意测验中，被访问者主要是青年学生，问及心目中国内大人物是哪几位？孙中山、陈独秀、蔡元培三人票数最多。[13]

1923年1月18日，北大全体学生大会决定"驱彭挽蔡""警告国会"。次日，北大等高校学生上千人齐集众议院，想拦阻议员给教育总长彭允彝投同意票，军警打伤三百多人，其中重伤五十多人。第二天，北大学生干事会重组，《晨报》刊登的八个股负责人名单上，黄日葵、邓中夏、范体仁、何孟雄等人，都属早期共产主义运动中的活跃分子。北大学生干事会出版的《北大学生新闻》公开呼吁"和全国人民在一起，用革命的手段推翻反动军阀的统治"。

3月2日是元宵节，北大等高校学生提灯游行，警察打伤190人，重伤30人，其中北大学生11人。当天北大学生发表宣言：打倒军阀、否认国会、反对政府、团结内部。[14]

蔡元培虽离开了北大，但辞职未成，他一再嘱咐学生不要离开学生本位。1923年春天，他给北大学生的信里恳切指出："务望注意远大，善自抑制，专力为学术之预备，毋被卷入政治漩涡，以免旷时失学，而贻无穷之悔。"他的告诫几乎无效。[15]

十年后，胡适做出一个判断，变化就是从这一年开始的。此前是"维多利亚思想时代，从梁任公到《新青年》，多是侧重个人的解放"；1923年以后则是"集团主义（Cllectivism）时代"，"无论为民族主义运动，或共产主义运动，皆属于这个反个人主义的倾向。"[16]

这一转向有诸多的因素在起作用，其一、政局不断变动，没有稳定的制度秩序；其二、北洋政府财政困难，军费开支浩繁，顾不上教育经费，虽然教育费只占预算的3%，自1921年以后就常常拖欠；其三、苏俄的影响，

1922 年苏俄代表越飞一次次给吴佩孚写信，寻求合作，吴没有接受，苏俄之后才在武器等方面支持冯玉祥。但孙中山这一年与越飞接了上头，1923 年 1月 26 日发表《孙文越飞联合宣言》；其四、国家主义、共产主义和三民主义为意识形态的政党在军阀争权的空间中争取各自的群众；其五、蔡元培早就洞察到，"五四"的有限胜利助长了学生的骄傲情绪，"他们既然尝到权力的滋味，以后他们的欲望恐怕难以满足了。"[17] 到 1925 年，《民铎》杂志甚至称学生为"丘九"，说他们动不动就要闹事。（天津《大公报》也发表文章说，社会对大学生不满。）

1923 年秋天，在筹备北大二十五周年校庆时，有过一次问卷调查，其中问及"你对于目前学生运动有何意见"，赞成学生运动的有 422 人，占全部回收卷的 59.6%，反对的 286 人，占 40.4%。[18]

这是主张走温和改革路线的胡适不愿看到的，当他病休回到北大，要面对的就是教授内部的激烈冲撞，北大评议会内此时明显出现了两种声音。

二、报道曹锟"贿选"

1923 年 6 月 14 日，《大公报》以大篇幅详细报道了《又一总统被迫下野》，指的是黎元洪第二次总统任期上被直系军阀曹锟赶下台。

从那时起，曹锟要做总统的舆论甚嚣尘上。《大公报》的立场也是明确的，曾以《反对曹锟作总统之外论》为题转载上海《字林西报》的社论，有关曹锟贿选的报道也是连篇累牍。

当时，浙江籍的众议院议员邵瑞彭把所得 5000 元支票正、反两面拍照登在报纸上，而且到京师地方检察厅告发，要求侦查起诉。邵瑞彭的消息经常出现在《大公报》上。其中有一则《邵议员瑞彭之履历》：

> 邵瑞彭一字次公，浙江淳安人，为国会中年最少者，其人研究旧式汉学者，兼

通西文天算，平居喜为考订之学，其擅长在音韵、图纬二类……著书凡十余种，皆恪守清儒师法……其性情，本恬淡冲退，与人无竞，此次攻讦大选，行动激昂，颇出人意料之外云。

举国舆论铺天盖地都说曹锟贿选，拿到支票的议员却认为这不过是历年的欠薪。也有人拿了支票照样不给曹锟投票的议员。议员汪建刚称，众议院会议科送来补发的岁费5000元，并未附带什么调剂，他也没有在选票上写过曹锟的名字。[19]

当年10月5日，曹锟以480票当选为总统，参与投票的共590人。

《大公报》上继续有邵瑞彭的消息，《邵瑞彭致京师地检厅函》是他10月8日给京师地方检察厅的信，告发高凌霄、王毓芝、吴景濂等因运动曹锟当选为大总统，向议员行贿，请依法起诉。自递上诉状后，"以北京在暴力范围之内，诚恐该被告等挟嫌寻衅，致遭危险"，他已移居天津日租界息游别墅19号。

《大公报》又刊登《邵瑞彭告发贿选二次呈文》，在他第二次给京师地检厅的呈文中说，.他收到的支票就是被告之一边守靖即边洁卿等所签发。"洁记"，即边洁卿之名，而大有银行就是供给他们行贿的银行，他收到的支票是第十九号。

《大公报》在《邵瑞彭由津到沪》这则消息中，披露了邵对检厅不受理的感慨。邵出京后，住在天津，"侦探密布室外，时以电话向省署报告其行动，邵君苦之，乃不得已而南下。"他的诉状，京师地检厅已声明不肯受理，他认为目下北方已完全处于暴力之下，"况复曹锟当选，势益凶悍。检厅之不受理，亦意中事。惟是非之公，非一手所能掩尽天下人之耳目，尤非受理不受理所能限制。"

12月17日，北大25周年校庆纪念日，对师生做的民意测验第一问就是"你对于曹锟做总统有何感想？"在收回的801张问卷中，超过97%的人反对他做总统，赞成的不到 3%。

《大公报》刊登《吴佩孚之迷信易理——扶乩占卦几为日常之功课》：

> 吴佩孚近来颇耽星相阴阳卜筮之说，每夜二三点时，必起而观星，以推测某方之吉凶，而定翌日之进止，每于公务之暇，撰注周易，以预言吉凶为主，而尤详于用兵。彼自卜之卦，谓年五十八可登大位，年六十二必死。若年六十二幸不死则寿至百岁。又预卜统一大业之成功，谓三年之内，可统一西南，五年之内可统一东北，且削平直系内部之诸反侧者。其迷信阴阳也。谓洛阳宅居中国之中，有王者气象，惜北邙山太低，不能与龙山相称……

1924 年 10 月 23 日，当吴佩孚率军在山海关前线与张作霖的奉系军队鏖战之时，冯玉祥、王承斌反戈一击，当天《大公报》发出号外，第二天，刊登一则消息《吴佩孚之哀鸣》，称吴密电曹锟，冯、王态度"令人可疑，大势殊难逆睹，望总统急谋安全之法，准备避难"。同一版面的国内要闻，头条就是《北京政局之剧变》，副题是"冯王反戈回京 曹吴倒矣"，第二条是《曹锟避入东交民巷》。

《大公报》在政治上倾向段祺瑞的皖系，此前，9 月 18 日，《大公报》刊登《段合肥对于时局之通电》："痛国事日非，生灵涂炭，维持拯救，用全力以尽职责……年来政治，目不忍睹，耳不忍闻，上林已作污秽之场，中枢俨成赃私之肆。不知国家人民为何物，礼义廉耻为何事。"矛头指向曹吴。

当天，天津警察厅致函直隶邮务管理局，禁止寄递《大公报》：

> ……兹查《新中华报》及《大公报》所载消息，言论悖谬，迹近造谣。戒严期内，未免惑动观听。相应函请贵厅饬警禁止各派报所派售以及送报人分送，并停止邮局寄递，以清乱源……

《大公报》上一次禁止寄递还是 1905 年，袁世凯为直隶总督时。

曹锟倒台，段祺瑞有了机会，定于 11 月 24 日进京组织临时执政府，他担任临时执政。11 月 21 日，《大公报》刊登《合肥东山再起之通电》，中间还有段祺瑞的大幅照片。

段进京之后，《大公报》不时有贿选议员命运的报道，"国内专电"刊登过一则消息：

> 北京电 逮捕贿选议员，系章士钊根据去年邵瑞彭控告，令地检厅长检举，计吴景濂等七十余人，尚未逮捕，经手贿款之人，有直隶两银行，已觅有证据。

此时章士钊为临时执政府的司法总长，签署了逮捕受贿议员令，地检厅也从大有银行、直隶省银行等银行搜到了 480 多张支票收据。《大公报》刊登的《可怜猪仔》也只是说贿选议员谷芝瑞、陈家鼎等数人被"传讯"，《雷厉风行之逮捕议员案续闻》说传讯名单内共有 130 余人，等证据齐备始行起诉，"外传付之监狱，则并无此事"。事实上，虽然发出了给"受贿议员"的传票，因证据不足，最终并没有一个议员被起诉。

1923 年 9 月 1 日，王郅隆在日本的一次地震中丧生。从 1922 年到 1925 年，《大公报》的实际主持人是翁湛之。

1925 年 11 月，冯玉祥的国民军与奉系军阀、直隶保安司令李景林为争夺天津发生战争。

11 月 2 日，《大公报》发表消息《本埠已宣布戒严》。

11 月 24 日，《大公报》发表粗体浓黑大字《翁湛之启事》："鄙人自欧游归后，因各务纠纷，对于馆事殊有难以兼顾之势，诚恐精神不及，或有贻误。兹特郑重声明凡关馆中各事，不经鄙人画押盖章者概不承认负责，特此声明。"

此前几个月，《大公报》的版面还是固定的 8 个版，广告照常刊登，栏目也没有缩减。撑到 11 月 27 日，宣告停刊。

三、北大闹独立

1925 年 3 月 14 日，王九龄将出任段祺瑞临时执政府教育总长，北大评议会讨论议决："以本校名义反对之，如王来到任，本校即与教部脱离关系。"因事先没有声明开会事由，到会人数不过半，竟作出这样重大的决定，胡适等教授质问蒋梦麟，提出抗议。4 天后（3 月 18 日）北大举行评议会和教务会议的谈话会，当场改为正式会，议决"以后进行由联席会议决行之"。

因评议会有这样强硬的态度，这天上午，蒋梦麟到南池子见王九龄时直言相告，请其注意。王回答，自己原不想到任，只以某种原因，不能不到部一试。说话时神态颇为局促。蒋对人说，"我们今天对王有以前对付彭（允彝）的方法对之，即一面与教部脱离关系，一面仍以正当手段追索积欠经费，北大已决定奋斗到底，即不幸当局竟出以武力压迫，亦不畏惧。总之，宁为玉碎，勿为瓦全。"[20]

北大宣布与教育部脱离并不突然，早在 1923 年 6 月 24 日蔡元培给北大教职员的信中就曾提出："对于北大及其他北京国立各校之根本救济，鄙意宜与北京政府划断直接关系，而别组董事会以经营之"。同日，他给北大学生会的信中也说："北大校务，以诸教授为中心。大学教授由本校聘请，与北京政府无直接关系，但使经费有着，尽可独立进行。……考北大经费每年七十余万，北京政府之不足以言，既已彰著，鄙意宜别组董事会以维持而发展之"。他在给北京国立各校教职员联席会议的信中也表示："若不急筹高等教育独立之良法，势必同归于尽。"

后两信公开发表在这年 8 月的《教育杂志》上，他的这一主张不是什么秘密。[21] 也是这年 2 月 5 日，《晨报副刊》发表过商务印书馆几位年轻编辑王伯祥、郑振铎、叶圣陶、顾颉刚联署的《我们对于北京国立学校南迁的主张》，主张北大等校南迁上海。

包括北大在内，当时北京教育界遇到的首要问题，就是政府拖欠经费，教职员发不出薪水。王九龄"武装就职"不过一个月就辞职了，由司法总长章士钊兼任。1925 年 5 月 15 日，北大学生就到临时执政府请愿，要求罢免章士钊。8 月 18 日，北大评议会以 7 票比 6 票宣告脱离教育部独立，"议决：以本会名誉宣布不承认章士钊为教育总长，拒绝收受章士钊签署之教育部文件。"赞成独立的是李石曾、马裕藻、朱希祖、沈尹默、谭仲逵、冯祖申等 6 人，反对者为周鲠生、王世杰、高一涵、皮宗石、王星拱、丁燮林等 6 人，主持会议的顾孟余投了赞成票。8 月 20 日的《晨报》以《北京大学宣告独立》为题做了报道。

当时蒋梦麟不在北京，没有电告他，评议会就令文牍课退回教育部公事三件。北大评议会的分歧不仅是教授中不同意见的反应，也是社会急剧分化的表现。李石曾、马裕藻、沈尹默对章士钊解散女师大极为不满，这是此次"独立"的直接诱因。顾颉刚后来（1927 年 6 月 9 日）写信给罗家伦，说到马裕藻他们自从占主任地位，一意培植自己势力，学业荒芜，在北大只担任一小时课，也只报告学校新闻，并不教书。"到现在，他们再没有维系人心的力量，不过握得几个主任，抢得评议会中若干议员，死不放松，以固其地位而已。他们虽非共产党，而颇受共产党的同化，凡异己者尽力抵排，必使体无完肤而后已。"[22]

对于"北大独立案"，胡适、陈源、陶孟和、燕树棠、颜任光等五教授致函评议会，表示严重抗议，他们认为：一、这不是评议会权限内的事，二、使学校日日陷在政潮、学潮的漩涡中。8 月 20 日，北大地质系教授李四光认为他们的理由正大光明，写信表示赞同。8 月 21 日，胡适、李四光、周鲠生、王世杰、高一涵、陈源、陶孟和、燕树棠、颜任光、丁燮林、陈翰笙、邓以蛰、高仁山等 17 个教授发出《为北大脱离教部关系事致本校同事的公函》，"认为学校为教学的机关，不应该自己滚到政治漩涡里去，尤不应该自己滚到党派政争的漩涡里去。"主张：

（一）本校应该早日脱离一般的政潮与学潮，努力向学问的路上走，为国家留一个研究学术的机关。

（二）本校同人要做学校以外的活动的，应该各以个人名义出去活动，不要牵动学校。

（三）本校评议会今后应该用其大部分的精力去谋学校内部的改革，不当轻易干预其职权以外的事业。

这是胡适一贯的想法，无论如何要在黑暗的北京城里，努力保存这个"力薄而希望大"的北大。[23] 他那时很想团结北大的同事，提出"北大人"口号，就是标榜北大为全国学术的中心。[24]

然而，北大的两派越来越难相容了，所谓浙派、皖派，或法德日派与英美派，夹在中间的也不知所以。（从1925年起，每月聚餐一次的"驼群社"，取任重致远之意，经常参加的沈士远、沈兼士、沈尹默三兄弟及马裕藻、马衡、马廉三兄弟、朱希祖、刘半农、周作人、俞平伯、陈百年、徐旭生等人，这批人基本上属于浙派。）[25]

8月22日，蒋梦麟回京，第二天在毛家湾家中开会决定26日召开评议会和教务会议的联席会议。8月26日，马裕藻、李石曾、周作人等17教授发表"为反对章士钊事致本校同事的公函"，就是针对胡适等17教授的。同一天，马裕藻、李石曾、周作人、周树人、钱玄同、沈尹默、朱家骅、顾孟余、林损、刘文典等41个北大教员发出"反对章士钊的宣言"。在女师大风潮的背后，也可以看到马裕藻这些北大教授的身影，他们多在那里兼课，当时公开发表宣言支持学生的几个教授也都在这份"反章"宣言的名单上。当天，顾颉刚写给胡适信中说："此次北大内部欲借女师大学潮为党争之具，心地均不坦白"。[26]

联席会拖到 28 日才召开，共 24 人出席，马裕藻、李石曾等人坚持联席会议无复议之权，此会只是谈话会。胡适等人让步，同意作为谈话会，但仍可投票复决，表决案只采取建议书的形式，对学校无拘束力。马裕藻等坚持不认谈话会有表决权。争执不下，胡适提出退席，众人挽留，李石曾才承认可以用个人签名方式提出建议书。胡适向校长提出建议书，"请其对于本月 18 日评议会议决案斟酌情形停止执行。"签名同意的 12 人，不签名的也是 12 人，王世杰另提建议书，"同人愿建议评议会请求议定：评议会凡对于政治问题，以及其他与本校无直接关系之重大问题，倘有所议决，须经评议会之二度议决，或经由评议会与教务会议联席会议之复决，或经由教授大会之表决，方能执行。"签名的 22 人，不签名的仅李石曾、顾孟余二人，第二天在《北京大学日刊》刊出。

8 月 31 日，蒋梦麟召集评议会，报告斟酌情形，不能继续执行评议会原案的苦衷。9 月 3 日又在《北京大学日刊》刊登启事，向本校同人报告。

教育部提出阁议不再给北大拨款，并拟通告银行界不向北大通融。教育部与北大的主要关系也就是拨经费。

北大向教育部闹独立，成为当时的重大新闻。《京报》9 月 6 日报道，政府在发放一部分教育经费时，独北大不给。9 月 13 日《申报》报道，李石曾在蒋梦麟面前说经费决无问题，因北大直接向财政部领款，已有成例，且财政部长李思浩对此不能不帮忙。即使领不到款，借款也可支持几个月，广州大学、中法大学应得余款尚有几十万可以暂时挪用，章士钊的教育总长生命又能苟延几个月呢？

此前，《晨报》9 月 8 日就有报道，关于北大经费，教育部专门司司长刘百昭在北海遇到李思浩，问应付方法。李答："停给北大经费，既经国务会议决定，余为国务员之一，当然遵照执行，外传余单独对北大付款一节，纯系揣测之词。拟即日登报声明。惟北大教授中多为旧好，极愿此事和平解决"。

蒋梦麟与章士钊私谊虽笃，却也无从挽回，只好告诉收发课，自 9 月 1

日起不收教育部文件。章士钊向国务院提出解散北大令，内阁中有司法总长杨庶堪、代理农商总长莫德惠反对。

北大开学在即，教育部停发经费，蒋梦麟连日奔走，只从一家银行借得四万元。9 月 8 日先给教职员发放薪俸一个月之六成五。《申报》记者问北大脱离教育部，对北大前途有妨碍否？蒋回答："本校内部组织，甚形巩固，与教部脱离关系，前途决不发生问题。"[27]

9 月，胡适离开北大，10 月提出辞职，就是想离开这个是非之地。所以，他自称北大的"逃兵"。

四、"五卅"的血

1925 年 5 月 30 日下午，上海天气闷热，"躺在马路上的太阳光反射出不可轻视的热力"。[28]三点三十七分，南京路上，巡捕房头目爱活生下令向涌到老闸捕房的游行人群开枪，造成多名学生、市民死伤。事发之时，商务印书馆编辑沈雁冰（他的另一不公开身份是中共党员）和上海大学的学生宣传队在一起，正在不远处的先施公司门前，"忽然听得前边连续不断的枪声，潮水般的人群从前边退下来"，把他们挤到了先施公司里面。当夜，他就以文学语言写下《五月三十日的下午》，表达内心激愤、不平的情绪。

商务馆的另一编辑郑振铎从下午到晚上，接连去现场看了二次，在老闸捕房门口看到高头大马上的英捕和印捕在挥舞皮鞭，血都沸了。

次日，商务馆编辑王伯祥、叶圣陶到大马路看动静，路人少极了，店铺里也仿佛少见人影，他们到老闸捕房门口想看看血迹，可是什么也没有了——

"血曾经躺在这块地方，总有渗入这块土里的吧。……血灌溉着，血滋润着，将会看到血的花开在这里，血的果结在这里。"

叶圣陶当天写下的《五月三十一日急雨中》如此说。

6月1日、6月2日，巡捕又开枪打死多人，事态还在继续恶化。这一天，商务印书馆董事会决定下午及4日停业一天半，抗议帝国主义制造"五卅"惨案，对死难通报表示哀悼。这是个不同寻常的决定，除了六年前"五四"停业声援学生，商务馆创立已有二十八个年头，大批教科书、各种出版物影响遍及国内城乡，虽长期稳居中国出版业的龙头地位，但也面临越来越激烈的同业竞争，比如中华书局等。此前4月28日，商务馆第304次董事会上讨论此事，郑孝胥建议仍应从教科书入手。张元济说，自己当初进公司就是这样主张，曾与夏瑞芳相约扶助教育，但他此时的眼光看得更远，认为扶助教育更有一种办法，就是出学术之书，"他家力量所不能出版者，本馆可以多出。欧美名著现已译成多种，尚应继续进行。现在编译百科全书，一二年后当可出版。"去年影印《四库全书》的计划虽功败垂成，还是要相机进行。商务馆致力为国人提供高品质的读物，珍惜每一天的工作和营业，轻易不会停业，更不愿卷入社会风潮。

"五卅"惨剧，上海各大报纸包括《民国日报》都不能报道真相。沈雁冰（茅盾）的小说《虹》以梅女士的视角记录了：

"昨天的大事件竟没有评论。在第三张上找到纪事了，也只有短短的一段，轻描淡写的几笔。她使劲把报纸摔在地下，匆匆跑出去将上海大大小小各报一股脑儿买来，翻了半天，纪事是相同的，评论间或有，也是不痛不痒地只说什么法律解决，要求公道那一类话。"

茅盾和郑振铎、叶圣陶、胡愈之等编辑坐不住了，6月3日，他们就以"上海学术团体对外联合会"的名义创办了《公理日报》，报头是叶圣陶写的，商务馆发行所的青年员工廖陈云等人上街卖报。商务馆高层暗中给予了经济上的支持，动用了公司的公款，张元济、高梦旦、王云五每人各捐了100元。但商务馆高层不肯承印此报，他们只好在闸北找到一家肯承印的小印刷厂，每天印一万五千到二万份，印刷费在80元以上，而卖报收入仅30多元，加上印刷厂也受到压力，不肯承印，不得不于6月24日发表停刊宣言，向读者告别。除了《公理日报》，他们的文章还刊登在《文学周报》上，情绪激烈，充满文学色彩，与商务高层有节制的表达明显不同。所以，他们私下里对商务馆高层的立场也很有意见。6月3日早晨，王伯祥和叶圣陶到车站看形势，买了报纸回来，经过商务馆，见门口和周围都有保卫团马步队持械守护，愤怒极了，认为是商务馆当局请来驱散中华工人的。（外界常有人来厂要求罢工，以为援助。）叶圣陶立即起草质问总务处书，多人连署发出。他们还集合同人在花园开会，要求总务处负责人到场说明，高梦旦、庄百俞来了，力言无此事，提出三个条件后散去。当时，商务馆同人已发起"五卅"事件后援会，捐款支持罢工工人。要求罢工的声浪冲击商务馆，6月5日，商务馆专门举行了一次特别董事会议，讨论应付外界要求罢工事。会议议决"由总务处相机应付，至万不得已时暂时停工"。6月21日，商务印书馆工会诞生，参加成立大会的有数千人，商务馆高层虽忧心忡忡，却也十分无奈。23日，商务馆董事会开会，认可捐助上海失业工人一万元，所有捐款由公司同人"五卅"事件后援会支配。

惨案发生后，商务馆编译所所长王云五就向法制经济部编辑、北大法律系毕业的陶希圣咨询，并投书英文《大陆报》，陶希圣也在《公理日报》发表了法律意见。到6月25日，商务馆最具影响力的《东方杂志》推出了"五卅事件临时增刊"，这是《东方杂志》问世二十多年来罕有的举动，特刊的第一篇就是王云五的《五卅事件之责任与善后》长文，有一万五千字，句句站在法律的角度，有理有据有节。文章先从中国学生的责任说起，从道德的责任而言，5月30日学生游行演讲的目的，一是工人被杀伤，报纸不登载；二是公共租界工部局历年提出压制舆论的出版附律案，及侵犯主权的交易所领照案，虽以不足法定人数未能议及。本年竟下大决心，于纳税人年会后不久再召集特别会议，必欲通过而后已。从道德方面评价，第一是基于人道主义，第二是基于民治精神。他详细予以论述。再谈学生法律上的责任，他援引临时约法、治安警察法、暂行刑律为学生辩护，认为租界系中国领土，受中国法律的保护及裁制。接着谈英捕及租界当局的责任问题，从国际法上的责任而言，英国人违背条约、残杀无抵抗能力者、侵犯我国主权、侮辱我国人民。就法律上的责任而言，他援引英国法律指出，学生市民方面既无强暴行为，且手无寸铁，更不能致人于死或重大之伤害。就道德上的责任来说，至少负违反人道主义、欺伪和挑拨等责任。最后他指出病源在于不平等条约。

接下来是陶希圣的《五卅惨杀事件事实之分析与证明》，用捕头们在会审公堂的证言作为判断依据，分析捕房开枪杀人的法律责任，十分有力。还附有《五卅惨案死亡调查表》，到 6 月 4 日共有 28 人，其中 5 月 30 日受伤死亡的 10 人。其他，胡愈之执笔的《五卅事件纪实》以及《会审公堂记录摘要》《重要函电汇录》等，都是重要的纪实材料。

在铺天盖地的抗议声浪中，没有比《东方杂志》这一期增刊更有说服力的。因此开罪了租界的英国人，捕房律师到租界会审公廨起诉作为发行人的王云五，英国副领事陪审，力主以煽动文字的罪名判他一年或半年徒刑。商务印书馆以 200 两白银聘请陈锐霆大律师为辩护人，辩诉状的资料由陶希圣提供。

当年 9 月 12 日，张元济给李拔可的信里还提到这个官司，"《五卅增刊》昨又传讯，《时事新报》所载较详，今剪呈。看来无甚妨碍。"[29] 这个增刊虽然惹了官司，《东方杂志》的销路却迅速窜升，达到创刊以来的最高峰。

经多次开庭，王云五最后被判无罪，只是指控增刊前面一幅漫画插页，有煽动中国人反英之嫌，判令缴纳 200 元保证金，一年以后，如不再发生同样事件，即予发还。王云五回忆，主要是会审官之一关炯之从中起的作用，"关炯之毕竟具有国家意识，极力反对，才有此结果。"多年后关退职，偶与他相遇，告诉他这个内情。在群情激愤的时刻，捕房律师力主缓解，估计也起了些作用。

期间，商务印书馆还赶编赶印了一本《爱国教材》，叶圣陶的儿子至善在尚公学校读书，相当于商务馆的实验小学，就在国语课上念过，老师教得很动感情，学生们都受到感染。多年后忆及，他还关心着那些课文后来有没有收进正式的课本。

当年10月，全国教育联合会第十一届年会在长沙举行，通过提案"今后教育宜注意民族主义案"，办法包括：公民教育应对于一般平民提倡民族主义，以养成独立自主之国民；儿童教育多采用国耻图画、国耻故事，以引起其爱国家，爱种族之观念。

之前，商务印书馆就已在7月5日的《申报》、8月8日的长沙《大公报》刊登广告，新学制教科书的内容编制，"其主旨兼以民族主义为救国方略，以民治主义为立国方针。"[30]

五、"救国不忘读书"

五卅惨案震动全国，1925年6月5日，北大教授一面发表宣言，痛陈"内政不修，实为招辱之媒，养军数额，为世界冠，不惟不能御侮，而适以致侮"；一面联名上书段祺瑞，并推蒋梦麟、李石曾、王世杰、沈士远为代表，要求采取有力措施，派军舰到上海。[31]

6月8日上午，北大教职员和学生约1500多人，前往临时执政府和段祺瑞住处吉兆胡同请愿，蒋梦麟、王世杰、周鲠生、胡庶华等四位代表当面要求段立即派兵到上海租界，并请日英政府召回公使，段答复："此事关系重大，宜慎重考虑，明日阁议席上当可提出，交众详细讨论，再行决定"。

6月10日，北大教职员沪案后援会成立，推出46个委员，国民党籍的北大教授、德文系主任朱家骅成为风头最健的人物之一，经常担任游行示威的指挥或总司令。后援会分股办事，经济股当天议决由学校向银行借款一万一千余元，从教职员薪水中分两月扣还，先汇上海万元。6月12日《北京大学日刊》刊出《北大援助沪案罢业工人募捐团启事》，第一天募到500

多元，托胡适代交银行，电汇上海 500 元。

6月22日，胡适与罗文干、丁文江、颜任光四人给英国人民和议会发了一份 3000 多字的长电，"以很爽朗锋利的英文，叙说该案的内容，暴露英方军警的暴行"，正在英国留学的罗家伦印了 5000 份，送给英国职工联合总会秘书长席屈林散发，通过工党议员在国会中发生了影响。[32] 此电出于北大教职员沪案后援会 6月11日的提议，请陈源、张歆海、胡适、颜任光、陶孟和专作文章寄送英美。

当时，北大教授给纽约《世界日报》社的复电称："吾国人民今举国共愤，党见全消，一致以保卫国家之尊严为己任。此时国家之尊严与人道正谊实为一致……吾人将用和平作战之方法，以罢工拒货为战器。"事实上，共愤有之，党见未消。不说国、共和国家主义这些党派之间的分歧，鲁迅就嘲讽"而独有中国人，则市民被杀之后，……向世界搜求公道"。周作人也不无讥讽的谈到"在北大的人也只是发表几篇外国文的宣言"。[33]

6月24日，蔡元培接到北大教职员沪案后援会来电，复电中希望他们："言论上务以平等、公道为标帜，避去偏激名词。"[34] 他的担心决不是多余的。

更为激动的是北大学生，6月2日下午北大学生开全体大会，讨论罢课问题，群情激昂，当场表决次日起停止上课，通电全国，组织演讲团等。

6月3日，北京各校在北大第三院会集，结队游行，队伍抵达东交民巷时，走在前面的北大队伍迟滞不进，北大女生谭惕吾冲上去夺下旗帜，说："时已至此，还怕死吗！"大队随着她前进，到了栅门，大门紧闭，才高呼口号而返。那几天，谭惕吾情绪激烈，几乎天天出去演讲。

6月9日晚上，老师顾颉刚看见她面容憔悴，嗓音干哑，才知她在救国团日夜操劳，每夜到二三点才睡，早上五六点即起。埋头学问的顾颉刚受她感染，不忍不去参加第二天的教职员会。6月10日，她冒着大雨参加游行，身上穿的两重衣服都湿透了。受她感召，6月12日，顾颉刚生平第一次去街头派传单，从安定门到鼓楼大街回来。并参与编辑《救国特刊》。[35]

北大学生组织了大规模的讲演团，包括自行车队，到铁路沿线农村宣传。自 6 月 18 日起，还根据讲演的路程、地点、装备和对象，分为远道讲演队、四郊讲演队、固定讲演队、提灯讲演队和军队讲演队等。[36]

谭惕吾对胡适不以救国团加入募捐团体，"甚愤激"。救国团宣言不仅要联合农工商学军警政界，甚至提出"从事武装民众运动"。[37]这种姿态显然是胡适不能接受的。（没多久救国团就分裂、瓦解了。）

8 月 31 日，胡适南下前夕，在天津写下《爱国运动与求学》一文（发表在几天后出版的《现代评论》）：

> ……国家的纷扰，外间的刺激，只应该增加你求学的热心与兴趣，而不应该引诱你跟着大家去呐喊，呐喊救不了国家。即使呐喊也算是救国运动的一部分，你也不可忘记你的事业有比呐喊重要十倍百倍的。你的事业是要把你自己造成一个有眼光有能力的人才。
>
> ……在一个扰攘纷乱的时期里跟着人家乱跑乱喊，不能就算是尽了爱国的责任，此外还有更难更可贵的任务：在纷乱的喊声里，能立定脚跟，打定主意，救出你自己，努力把你这块材料铸造成个有用的东西！[38]

当时秋季开学在即。9 月 8 日，北大学生会发出的上课宣言，不妨看作是对胡适的正面回应："因念同人所负职责不专在奔走呼号，而在预储能力，以为他日任重之需，实以救国事业，决非空言所能奏效，尤非倏尔说能完成。……所谓救国不忘读书者是也。"[39]

六、罢工潮

"五卅"引发的上海罢工浪潮波及商务印书馆，不仅发行所、印刷所的店员、工人卷入，编译所和总务处的职员都卷了进去。商务馆高层一直担心的事还是发生了。

8月19日，罢工由发行所首先发动，印刷所立即响应。从21日到22日凌晨168人参加的会上作出罢工决议，已经加入共产党的发行所店员廖陈云当选为罢工临时委员长。

廖陈云1919年高小毕业，因家贫未能继续升学，到商务馆发行所当学徒。（以后以"陈云"之名为世所知。）

23日下午，约四千罢工的职工在编译所对面东方图书馆前面的广场开大会，24日，编译所全体公决罢工。当天下午，公司代表张元济、鲍咸昌、高凤池、高梦旦、王显华、王云五等与十二位职工代表举行第一次谈判。26日，劳资双方代表继续谈判，突然淞沪镇守使派一营长带了几个卫兵闯进会议室，限双方立即签字复工。劳资双方都不作声，该营长威胁明天派兵来，一定要复工。说着就往外走，王云五赶上去，拉住他，扑的跪在地下哀求："请营长宽限一二天，我们自己解决，千万不要派兵来。"王对大家痛哭道："我们双方都让步一点，免得外人来干涉。"

此前，1917年3月22日，商务馆印刷所排字房因组织工会，鲍咸昌辞退4个工人发生工潮，到3月30日以妥协结束。那次的事情比较单纯，而这次罢工却有共产党背景，上海印刷总工会委员长徐梅坤每天向陈独秀口头汇报，陈亲自作指示，他的想法体现在商务员工的《罢工宣言》中，有两点交涉原则："在不妨害公司存在的范围内，代表同人提出合理的要求"；"在十分谅解对方的精神下，为同人求得应有的利益"。没有这两点原则，此次罢工也不见得那么快平息。27日，双方再次谈判，讨价还价一整天，资方作出让步，劳方也有让步，晚上九点达成协议，代表资方签字的是鲍咸昌，代表劳方的是罢工执行委员会的十三个委员。

张元济对和平解决深表欣慰，发言说："昨见同人四团体宣言，内有不妨碍公司存在云云，具见同人对于公司的爱护，不胜钦佩！但存在须带有发展之可能，则其存在乃为有意味，今公司在此社会环境内，发展极困难，故希同人对于此点，尚多维护公司发展之可能。"[40]

不料，仅仅几个月后，当年 12 月 22 日商务馆又发生了一次罢工，工会要求恢复已辞退的同人，并提出增加工资的要求。当天午后的董事会特别会议上张元济指出："此次罢工要求被辞同人复职，实无办法。元济等再四思维，此无非由于办事人处置无方，只得提出总辞职。"并宣读了辞职书，董事会讨论结果，不同意辞职，哪怕不得已时暂时宣告休业。23 日张元济回答工会："各董事以为诸同人要求条件，有属于不可能者，有出于误会者。故在今日各报上再为说明，并切望诸同人于明日复工"。24 日他到发行所劝说无效。25 日，经理王显华主张动用驻厂军警、武装调停。当天在高凤池家召开的董事会特别会议上，张元济声泪俱下，力主和平谈判。夏鹏到厂向工人代表保证决不带走一人，晚上谈判达成协议。

自"五卅"以来，工会活动频繁，代表外出开会，都不扣工资，这是张元济的意思，就是要给工会好感，这成为 1925 年 8 月、12 月两次罢工和平解决、劳资协调的基础。

工潮虽告平息，张元济心力交瘁。12 月 28 日，他起草了一份给董事会的辞职信，请求辞去监理之职："现在潮流甚激，断不能以一二十年前陈腐之思想、简略之方法与之周旋，必须开诚布公，一切为根本之解决。公司组织亦不能不大加改革。改革之事恐非吾辈脑力之所能。"窃谓欲保全公司，不能不易旧制度，尤不能不用新人才。"

此时离夏瑞芳之死已近 11 年，商务馆创立近 30 年，正面对着一个变幻莫测的时代。此后一段时间，商务馆内部保持了相对的平静。1926 年 8 月 8 日，在商务馆 30 年纪念大会上，商务工会、职工会送来一块匾额，上面是"扬帆同舟"四个字。张元济发言："劳资之怨，在西方尚未解决，不过西方不能解决之问题，难道不可在东方先行解决？难道不可在本馆先行解决？解决之途径，不外诚意合作。在十余年前，同业迭起，记得夏粹芳先生曾说过：'本馆日益扩充，譬如行舟，大者掉转不灵，恐被其它小舟追上前去啊！'现在我们公司更大了。不是更为可怕吗？不然，我们全体的职工，已实行'扬帆同舟'主义，就不怕了"。

七、"三一八"的血

李璜说，"北大当时虽是政治活动的发难中心地，但北大的教授学生对于学问上仍是异常认真，有所表现。"[41]

北大晚上也会排课，一是因教授在他校兼课，白天排不上，二是选这门课的有各系学生，晚上才有共同时间。北大的传统是只要你愿意来学，来者不拒，不只本校学生要照顾，连外校或没有考上学校的也给他找椅子。教室小了，往大教室挪，有的教授在大礼堂上课。（比如陈启修的经济学课就在三院大礼堂）所以，北大学生有三种，有正式学生，有旁听生，还有自由听讲的学生（或称偷听生）。[42]

王凡西从杭州考入北大预科是 1925 年下半年，与河南来的王实味、湖北来的胡风正好分在同一个小班，同一个宿舍。他形容自己踏入北大校门的感受就像是"一个虔诚的教徒走进了有名的圣堂"，虽然蔡元培挂冠而去，陈独秀早不在了，胡适也不在，"可是校中还有不少我所崇拜的教授留着，又有那个藏书丰富的图书馆。号房里出售的各色各样期刊，也引起了我莫大兴趣。这里不仅让我看到了一个所谓学府的规模，它的壮丽的形相，而且也让我呼吸到了学问的空气，一种文化的气息，它让我们仿佛捉摸到了民族、时代，乃至世界进展的脉搏。此种崇敬与兴奋的心情，在当时从全国各地远道前来的年轻求知者中，一定是很普遍的。"很快他就发现，北京的政治情势很不稳定，"在不稳定中急剧地向左倾斜"。[43] 他也在这种时代氛围中悄悄加入了共产党。王实味、胡风走的也是与他相似的道路。

当年 10 月 26 日，关税会议正在进行，朱家骅、徐旭生、顾孟余等教授带着学生游行，10 多名北大师生在新华门外示威时被警察用枪头、佩刀击伤。10 月 29 日，北大教职员发表宣言，责问政府对于流血惨剧的责任，给以严重的警告，防止同样事变发生。在必要之时，且应当取相当制裁手段。[44]

这次不痛快引发了一个月后更大的示威游行。11 月 28 日，"国民革命万岁"、"要求段祺瑞下野"的口号都公开喊出来了，王实味接到通知，参加了这次行动，沿途贴标语、散传单。参加游行的北大教授很多，包括沈兼士、林语堂、李璜等人，朱家骅打大旗走在最前面，旗上大书"关税自主国民运动"。

不久（1925 年 12 月 9 日），《北京大学日刊》发表北大学生会对时局宣言，毫无遮掩地重申他们的要求和目标：

> 第一、推翻帝国主义统治下的军阀官僚的卖国政府——无论是现在的段祺瑞政府，或者是什么摄政内阁、责任内阁等等的变相形式，我们都要反对并努力打倒。
> 第二、建设为民众谋利益的国民政府——在真正国民政府未产生以前，组织国民政府临时委员会，解决目前一切对内对外的问题。[45]

顾颉刚却在当天日记中笑话："嘻，岂有革命而向执政请愿者！近来所有群众运动皆由国民党主持，党中好争权利而不敢牺牲，故有此等笑柄。"

军阀统治渐渐走向末路，自 1924 年 10 月冯玉祥政变推倒曹锟以后，议会政治连形式也维持不下去了。不同政治势力在北大等高校师生中活动，竞争白热化，但激进的倾向则是一致的，国民党右翼、左翼和共产党、国家主义派，都在学生中获得了相当的拥护。[46]

顾颉刚并不清楚其中的复杂性，两个不同的国民党北京党部，一个右派，一个左派，当时还是国共合作，共产党在国民党左派旗帜下活动，而又与他们有所不同，加上国家主义派，北大成为各派力量争夺的重点。北大学生会选举，班级代表选举时就有各党派的竞争，在陶钝所在文预科的班里，左派与国家主义派谈判，左派在四个代表中占三席，国家主义派占一席，右派就没戏了。[47]

到后来，共产党与国家主义派水火不容，甚至演出过大打出手的武剧。奉系郭松龄部联合冯玉祥反戈倒张作霖，各有苏俄和日本的背景，1926年1月29日，国家主义各团体联合会发起"反对日俄进兵东三省大会"，预告在北大贴出，共产党人就到筹备会来闹了一场，谭惕吾等四人受伤，大会也就流产了。顾颉刚得知这一消息，"闻之骇绝"，2月1日给受伤者之一谭惕吾写了一封长信。[48]

3月10日下午，国家主义派在北大第三院礼堂开"反俄援侨大会"，陈启修等左派前来砸场，"石头瓦块齐飞，椅子变成棍子相打"，礼堂的玻璃窗全破了，椅子都碎成了棍子，双方都有受伤，住进同一医院。顾孟余对李璜说："老兄与豹隐（陈启修）教书都不错，还是好好的教书罢！"[49]而顾孟余自己也卷入了政治。

难怪一心想安静做学问的顾颉刚生出求去之意，3月16日他写信给胡适说："校中党派意见太深，在极小的地方倾轧得无微不至，和旧家庭的妯娌姑媳一般，消耗精神于无用之地，至可悲观。和前数年之北大颇有革新气象者大不同了。我虽不加入漩涡，但看着终觉头痛。将来有机会，颇想舍之他去。"[50]两天后，就发生了"三一八"惨剧。

此事起因是冯玉祥的国民军与奉军之间的军事冲突，引起了"八国通牒"，内外因素纠缠在一起。3月17日学生到国务院请愿有人受伤，当天在北大开会，决定次日在天安门举行反对八国通牒大会，推举的大会主席团名单中就有蒋梦麟。[51]他事前已得到消息，说政府已经下令，如果学生包围执政府，军队就要开枪。因此，他警告学生不可冒险，并设法阻止他们参加。但他们压根听不进他的劝告。列名主席团的北大教授还有李石曾、李大钊、顾孟余、陈启修等多人。第二天，顾孟余、陈启修等出现在天安门集会主席台上。（与此同时，由另一个国民党北京市党部、孙文主义学会、国家主义团体联合会、国家主义青年团等 50 个团体组织的请愿，以李璜、傅启学等为代表向外交部、国务总理贾德耀请愿，"声明与天安门并非一事"。）

在铁狮子胡同的执政府门前，北大教授陈翰笙目击了弹飞刀砍的惨烈一幕。奉命参加示威的王实味也在现场。李大钊被挤掉了一只鞋。北大学生会主席邓文辉伏在在地上，一颗子弹穿过好几个人的身体，打在他的左腿，已成强弩之末，只是震动了一下，居然没有穿进肉里。他顺手捡起掉在地上的弹头，上面满是鲜血。[52]

下午四点左右，蒋梦麟听到惨剧的消息马上赶到出事地点，只见执政府前男女学生伤亡枕藉，连伤者与死者都难分辨。[53]

死难的 47 人以大学生为主，蒋梦麟致电在上海的胡适，并请他转告蔡元培，北大学生惨死三人，重伤十余人。他们回电："望联合各校要求惩凶，但不可陈义过高。"

惨死的三位北大学生中，张仲超，23 岁，陕西三原人，1924 年从南开中学考入北大物理系，加入了国民党和共产党，事发前已奉命南下黄埔军校学习，行装都已打点好。到执政府门前他还向士兵散发传单，高唱《国民革命歌》，高呼"打倒段祺瑞"不止，"系带铳物伤，因脚踏伤身死"。

李家珍，21 岁，湖南醴陵的贫寒农家子弟，1924 年考入北大预科，欣喜至极，"求学得所，夙愿已尝"，得知"八国通牒"，他说："此即第二次八国联军，若不急起外抗强权，内督政府，则吾国乃真亡矣！"执政府卫队的拦阻令他气愤："难道不让我们进去，还把我们当敌人吗？"枪响之后他还说："不怕，不敢打人！"子弹射穿过他右腿根部动脉，被其他遇害者压在身上，流血过多而亡。

黄克仁，19 岁，出生于湖南长沙一个贫困家庭，学费全靠亲友接济，1925 年考入北大预科，平时埋头攻读，但被"八国通牒"激怒，认为事关国家存亡，愤然加入到北大学生队伍，"系尖刀物扎伤，因枪子击伤身死"。

当天，北大学生会发出通电，"查此次惨变，系段祺瑞所主使，段祺瑞

身为执政，竟敢惨杀爱国群众，祸国害民，实属罪不容诛。"（刊登在第二天的《京报》）

第二天，北大学生会发出紧急通电，提出三项对内目标：1、惩办凶犯段祺瑞；2、解散段祺瑞政府；3、组织国民政府。（刊登在3月22日的《京报》）

3月20日发表的《北大教职员恳切宣言》提出，3月18日的请愿，绝非一党一系的群众运动，死伤者大半是毫无党籍的青年；不特本校许多同人、在场的新闻记者目击，北京报纸无论其党派色彩如何，也都公认当时事势绝无使用枪械的必要。对此次惨杀事件最应负责之人自然是段祺瑞、宋玉珍（府卫队长官）以及重要嫌疑犯贾内阁与府院秘书长等，但是国民军当局，既负有保护北京市民生命安全的责任，对于此次事变的发生，直接的或间接的亦决不能不负重大责任。所以，他们主张北京军警当局为补救计，应立即拘捕段祺瑞、宋玉珍等官僚、兵士，分别交普通法庭和军事法庭，依法处以杀人罪。（宣言发表于3月21日《国民新报》和《京报》。）

3月22日，《世界日报》发表北大学生会给国民军将领冯玉祥、张之江、李鸣钟、鹿钟麟的要求，请他们表明态度，根据民众要求，立即严惩段祺瑞及其党徒，这是自白于民众的唯一道路。

北大教授陈源、王世杰等人在《现代评论》，与周作人、鲁迅等人在《语丝》周刊发表的文章，对于殉难者的哀悼则是一致的，主要分歧在于徐谦等群众领袖是否应负道义责任这一点上，这也是北大内部英美派与留日德法派之争的延续。其实，他们主要不是地域或留学背景的差异，而是对时局的看法及情绪、心态的不同。鲁迅的《纪念刘和珍君》在后世影响深远，王世杰《论三月十八日惨剧》等文则不为人熟知，而正是后者提出了这样的疑问——"元首犯罪，也能与庶民百姓一样受制裁吗？"

3月24日，蒋梦麟在北大殉难学生追悼大会上沉痛地说："在我代理校长任内，学生举行爱国运动，不幸有此次之大牺牲，李、黄、张三生之死，就其各人之家庭言，均损失一贤子孙，其家属接此种凶耗，不知如何痛心；

就国家社会言，损失如许求专门知识之良好学生，此种学生之培植，由小学而大学，殊不易易，将来即少如许有用之材；就同学方面言，大家亦损失许多互相切磋琢磨之朋友。任就一方面言之，均损失不小。我任校长，使人家之子弟，社会国家之人材，同学之朋友，如此牺牲，而又无法避免与挽救，此心诚不知如何悲痛！"说到这里他"潸然泪下"。接着，他对政府的暴行进行了猛烈的抨击："处此人权旁落，豺狼当道之时，民众与政府相搏，不啻与虎狼相斗，终必为虎狼所噬。古人谓苛政猛于虎，有慨乎其言矣！"话未说完，"不禁放声大哭，台下致祭者亦有相对痛哭者，一时全场顿成惨淡悲哀景象。"

3月26日，他发出布告："本校定本月30日开学，因此次同学惨死，开学后停课一星期，以志哀悼。"

4月6日，以王震东等6位北大学生名义委托律师潘大道，为三位北大学生被杀，向京师地检厅递交了告发段祺瑞和全体国务员的诉状，"查现行临时政府制，对于临时执政之犯罪，并无特别之规定，在民主国家法律之前，人人平等之原则上，自应与一般人民同受普通法庭之审判"。[54]

"三一八"惨案的消息传到上海，3月19日，商务印书馆编辑叶圣陶写下《致死伤的同胞》："他们杀伤你们，我知道也会杀伤我。你们遭到枪击而死而伤，难道单只是你们的命运么？……"

几天后，郑振铎创作了活报剧《春的中国》，以3月20日上海一个工厂的青年对话回应"三一八"惨案，认为冯玉祥的国民军"总有些默许的嫌疑"，军阀都是一丘之貉。剧中借青年丁之口说出："我们是要说话的，不管他有没有效果！不能因为没有效果便不说。我们是为了正义，为了中国，而说话的。且不应该说空话而已，还应该进一步而做去……这种的大惨杀事件，非惟不足以阻止我们的前进，且更足以使我们明白我们之益不可不努力，没有无代价的成功，也没有无流血的革命。大残虐的发生，便是预示着大变动的将实现……"[55]

3月27日，郑振铎、叶圣陶、王伯祥、夏丏尊、丰子恺、周越然、周予同、李石岑、徐悲鸿等数十人联名在上海《民国日报》发表宣言，其中商务馆的编辑居多。他们在谴责杀戮之后表示："段氏即去，中央政府仍不应由军阀或军阀之傀儡所操持"。[56]

商务印书馆的多家刊物也都及时作出反应。4月出版的《东方杂志》发表张梓生《三月十八日国务院前大惨杀事件》，这是对"三一八"的综述。在"群众请愿之性质"一部分，他引用亲历者朱自清、陈翰笙的记录，并引用京师地方检察厅检查结果："……此次集会请愿宗旨尚属正当，又无不正侵害之行为……"关于死亡及受伤情形，根据3月20日北京大学教职员宣言，被枪杀二百余人，其中死亡者截止19日晚上已达62人。4月2日京师地方检察厅致陆军部公函，截止该日，共验尸43具，伤45人，受伤未验的73人。北京大学学生代表律师潘大道向检察厅告发，依据中国济难会调查，死者47人，伤者132人，失踪40人。潘大道律师的诉状提出应注意的几点包括：七、卫队开枪不止一处时间也不甚短；八、开枪之后群众即向后奔逃，伤亡者之伤痕多系弹从后入；九、伤亡之人多系倒卧铁狮子胡同东棚门内外，距国务院大门甚远，显见卫队追击迫杀，不肯放手；十、伤亡者什物衣履多被劫掠。此数节皆与死亡及受伤情形有重大关系者。他引述医生的报告，"卫队所用子弹为开花弹，则政府当局之狠，更可想见！"

关于惨杀的责任，清华学生向法庭控告国务院总理贾德耀等，北大学生向法庭控告临时执政段祺瑞及贾德耀等人。京师地方检察厅检查结果，卫队官兵枪击死伤多人，有触犯刑律第311条的重大嫌疑。据曾到场之人的意见，此次卫队杀人事先有周密之布置。他责问，有事先布置执政府卫队以从事杀人之权者何人？恐段祺瑞、贾德耀以次诸人虽有百口，亦无以自辩矣。贾德耀内阁曾联带引咎辞职，也是他们对于惨案应负责任的证据。

4月20日出版的《教育杂志》，头条就是李石岑的《悼三月十八北京被杀学生》，面对青年的血，沉痛表达知识界应该反省——

一国中所贵有智识阶级，为其能远瞩国家前途之危险而思所以预防；近睹国家现象之险恶而谋有以补救；常能先人而不为人所先，常能自动而不为他所动，故智识阶级每为新时代之率先倡导者，每为簌新国家之披荆斩棘者。今返观吾国，反冲破旧时代之网罗者，每为智识未备、学业未成之学生；如"五四"、如"五卅"，更如今之"三一八"，不仅牺牲时间与课业以从事于破天荒之解放运动，并牺牲数十性命以为其代价。而彼号称智识阶级者反熟视无睹，更从而讥议其旁，是实智识阶级之耻辱。在智识阶级以放弃天职而幸存，在智识未备之学生以完其天职而得祸。

　　这一期开头的插图有大量"三一八"现场的照片，既有惨案发生前（包括开枪前5分钟）集会、游行的照片，也有惨案发生后北京大学生送殡的照片。下一期的《教育杂志》继续关注"三一八"，在"教育界消息"栏除了全文刊载京师地方检察厅4月3日就惨案调查结果移送陆军部的公函，其中说，此案应归军事审判厅审理，"除贾德耀等被诉命令杀人部分，仍由本厅归案办理外，相应抄录本案全卷三宗，连同尸身照相，死伤人员清单，暨卫队旅原送各物证，一并移送贵部，请即查明行凶人犯，依法审判。"另外还详细报道了"三一八"惨案之后上海学校的风潮。

　　5月10日，商务印书馆出的《学生杂志》发表社评《"三一八"惨案之责任问题》（署名"天一"），引述赵莚传《谁的责任》一文观点，将法律上的责任和道义上的责任都讲清楚了：

　　　　政府当局应负重大责任。那些主谋的要人，指挥的军官，开枪的卫兵，都应按照罪名，受法律上的处分。

　　　　做领袖的人，散布传说，引人入陷阱，已属不容宽恕；到了赴院请愿之时，又未身临其地，这种临难苟免的态度，果是立在群众面前的人所应采取的么？所以他应负道义上的责任。

　　社评完全同意这些观点，只是对于法律能惩处有权位者不抱什么指望，对那些"志不在小"的领袖来承担道义责任，也认为不可能。社评呼吁以后各人负责，不要迷信什么领袖，就是要从事救国运动，"不过死有死的道理，要死得明明白白，要死得正正当当，不要枉死，不要冤死，若是值不得而死，便是枉死，上人当而死，便是冤死，这个当中，全在你自己的知识的抉择了。"最后指出三点：

第一要认清楚事情，大小、轻重、缓急，万万不可专听人家几句激励话，就糊糊涂涂地去干。第二要认清楚自己，一个人有一个人的年龄、地位和才能智力，切不可不自量力，反使大事败坏。第三要认清楚别人，切不可受人利用，也不可利用别人。

《学生杂志》主要面向中学生，这些告诫恳切、诚实、清醒，在以后的数十年甚至更漫长的时光中，这三点"要认清楚"都可以说句句击中要害。如果说《教育杂志》面向教师和教育研究者，李石岑的文章主要表达成年知识分子需要反省，那么《学生杂志》则是一种提醒，希望青年学生不要再做糊涂的牺牲。

从"五卅"到"三一八"不到 10 个月，从南到北，发生了两次惨剧。张梓生在《东方杂志》责问："呜呼，华族非亡国之民，而一年之内，先后遭外国捕房巡捕及本国政府卫兵之屠杀，人道何存？法律何存？"

李石岑在《教育杂志》上也有类似的愤怒："此次大屠杀的对象是学生，与空前的'五卅'惨案用意正同，而'五卅'惨案中枪杀学生的，是恃强凌弱的帝国主义者，此次却是自己的同胞，自己国内的元首与阁员，真是全人类的奇耻与隐痛。"

正是这些血案划分了一个时代，存续十五年的北洋体制就是在青年学生的血泊中瓦解的。民国因此分成了两段，思潮越来越急，代议制民主在中国的第一次尝试和实践，至此彻底走到尽头，一种未曾经历过的党国模式正随着北伐的枪炮声，从南到北呼啸而来。

八、山穷水尽的北大

本已埋头学业的北大史学系女生谭惕吾，到医院去照顾"三一八"受伤的同学，在她们的呻吟中受到更深的刺激，在医院给老师顾颉刚写信说："自此以后，虽欲读书，不可得矣！""在这样的时势中如何再能安心读书呢！我只得改一条路走了！"[57]

这不只是她一个人的感受，许多学生也跟她一样被这次大流血震撼了。王凡西说，在北大的宿舍里，最容易听到同学们在悲愤中发出"百无一用是书生"的感慨。在他看来，"三一八"带来了"一种决定性的转变"，"结束了北京知识青年的一个特有的时代"，在此之前，操军权的冯玉祥系，操政权的安福系与政学系，以及国民党、共产党和研究系的领袖之间，"似乎彼此并不存在着不可调和的斗争。人事关系错综复杂，思想界限很不清楚。"这个时代他称之为"革命的浪漫的、文学的、蜜月式的阶段"，"这个阶段在历史上经常以热的铅和红的血来结束"，"三一八"恰好提供了这两样必需的东西。[58]

五年后胡适从杨四穆（名廉，在北大时曾是学生领袖，参加过共产党）那里听说：

> "三一八"一案也是共产党故意闹出来的。段宅卫兵开枪，适中其计。[59]

王凡西、王实味加入了共产党，谭惕吾是国家主义派，1920 年入北大预科、1922 年进经济系本科的周德伟，深受陶孟和、顾孟余等教授的赏识，早在长沙读中学时接触到《甲寅》周刊，有了明确的宪政意识，但他也在 1925年 5 月加入了国民党。中学时一直坚持先读书、后救国，认为学生时期不宜参加政党的陶钝，到1926年1月也在翠花胡同8号加入了国民党。他们代表了三种不同的主义，进入北大时，几乎都怀抱求学的心愿，却分别被不同的党派宣传抓住了，这是那个时代北大的生态，也是蒋梦麟们无可奈何的。北伐的呼啸声已从南方响起，放下书本、拿起武器成为许多学生的选择。

王凡西记得，北大那一带，"不单住着北大的学生，而且住着各式各样的青年文化人。他们多数是贫苦的，孜孜向学的，思想与生活却有点放荡不羁的。……常见的是手里捧着厚大的洋装书，或握着新出版的期刊的人，他们多半蓬松头发，身上胡乱套一件蓝布大褂，足下穿着老布鞋或破布鞋。"他在这里遇到了冯雪峰、潘漠华等人。冯、潘曾在杭州组织"湖畔诗社"，此时或在北大旁听，或正式入学，也都在这期间加入了共产党。

从1925年到1926年间，北大的共产党员不多，北大支部不过二三十人，王实味已于1926年初入党。1926年春末，人数突增到了二百多，那批穿布鞋的年轻人中有许多这时入党，他们同时都被"加入国民党"。[60] 顾颉刚从一女生那里听说，北大女生宿舍中，国民党员最多，国家主义者最少，不入党者不过数人。[61] 可见当时的风气。

1926年4月9日，段祺瑞逃入东交民巷。4月16日，冯玉祥的国民军退出北京，段祺瑞复职，20日逃往天津。无心问政的顾颉刚在日记中感叹："一年半间事，变幻至此。"在国民军撤离北京前，张作霖曾信誓旦旦奉军一兵一卒都不进城，到4月22日已进城万余人矣。4月26日也就是《京报》创办人邵飘萍被枪毙那天，顾颉刚听说奉系准备通缉208人，其中北大160人。

当晚，曾做过国务总理的孙宝琦告诉蒋梦麟，他的名字上了黑名单。正好王宠惠来访，他不假思索，连忙跳上王宠惠那辆军警不会盘查的红牌汽车，直驶东交民巷使馆区，在六国饭店一住就是三个月，经常写字消遣。在那里躲避的还有朱家骅等教授。[62]

也是当晚，徐志摩给胡适写信："最近的消息，是邵飘萍主笔归天，方才有人说梦麟也躲了。我知道大学几位大领袖早就合伙了在交民巷里住

家——暂时不进行他们'打倒帝国主义'的工作。何苦来，这发寒热似的做人！" 63

第二天早晨，挑水夫悄悄告诉顾颉刚家的女佣，昨夜北大大烧，他们一夜未眠。他去学校看了一转，没有什么异样，猜想烧去的只是和党务有关的文件吧。他与政治没有什么牵连，大约没有什么危险，但也陷入了不安当中。6月21日，他与北大同事、学生多人在北海荡舟，虽有微风明月，歌声轻婉，然念及学校濒危，秋间不知还能否再聚，"此游或竟为我等最后之一幕。又念旧日游侣已不能复合，人生聚散如此无常，终不免悒悒耳。" 64

胡适离京七八个月后，1926年5月13日回过一次北大，7月又去了欧洲。李璜回忆，"奉军入北京后，军纪并不佳；因之北京各大学虽仍上课不辍，然而教授中之有政治色彩者，均不自安，纷纷南下，我虽已得北大续聘消息，也认为迁地工作，较为合适。"他于6月底南下，转往四川大学。65

8月5日，顾颉刚离京南下，前往厦门大学。此时北大欠薪已一年余，不知何日可以拿到。他负债已达2000元。后来，他给胡适信里说不得已离开北大，是因欠薪过多，无法维持其清苦的生活。66

林语堂已在厦大。8月26日，鲁迅也动身前往厦大。王世杰、叶公超、李四光等教授都已南下，北大教授兼校长室秘书李大钊转入了地下。

这一年，北大经费已山穷水尽，校役生计无着，工余只好外出拉车维持生计。

10月3日的《申报》报道，北大通告，因为经费无着，北大教员总投票，有效表决数151票，愿上课的仅47票，不愿上课的84票，附条件愿上课的20票。

自1921年以来，政府就不能按月照发教育经费，到1927年2月10日，已拖欠一年零七个月之久。

九、"四不"方针

邵飘萍被杀，震撼报界，彼此相识近十年的胡政之写下《哀飘萍》，刊登在 1926 年 5 月 9 日的《国闻周报》。他指出所谓"宣传赤化"罪名不过莫须有。但他也认为飘萍不无可议之处，比如"刻意迎合青年"，"要其人行止不检，醉心虚荣，学养不纯，定识缺乏。以过人之聪明，居万恶之社会，操危险之职业，营逾分之生活，罹危致死，不外乎此。"

不久，他与老友张季鸾在天津相遇。他住在日租界的熙来饭店，张住在息游别墅，两处相去不远，天天往来，都从关门已半年的大公报馆门口路过，季鸾很感慨惜，促他"收复老巢，恢复旧业"，便找吴鼎昌商量。两年前，他们在上海还谈过合作办一日报一周刊一通讯社的事。他们三个都是留日学生，这一年，张 38 岁、胡 37 岁、吴 42 岁。张、胡自辛亥以来一直在新闻界服务，有充足的经验，却一直壮志难酬。吴是银行家，"四行储蓄会"掌握在他手中，也很想办一张报纸。曾做过财政总长、盐务署长的张弧一病不起时对胡政之说，懊悔有钱在手时没有办两件事，一家银行，一家报馆。吴有了银行，就想涉足舆论，办报正是他的志愿之一。

他们很快就达成共识。张季鸾说："欲言论独立，贵经济自存。"胡政之也说："要谋求发达，首在经济独立，报社营业若能独立，始有发展之机。"吴鼎昌认为："一般的报馆办不好，主要因为资本不足，滥拉政治关系，拿津贴，政局一有波动，报就垮了。"

他们相约：（一）资金由吴一人筹措，不向任何方面募款。（二）三人专心办报，三年之内都不得担任任何有俸给的公职。（三）胡、张以劳力入股，每届年终，由报馆送与相当股额之股票。（四）吴任社长，胡任经理兼副总编辑，张任总编辑兼副经理。（五）三人组成社评委员会，研究时事问题，商榷意见，决定主张，文字虽分任撰述，而张则负整理修正之责，意见不同时，以多数决定，三人意见不同时从张。这差不多就是他们创业时的宪法。

吴鼎昌拿出 5 万元，以 1 万元盘下旧《大公报》的机器和房产等。

当年 8 月，曾与胡政之一同办过《新社会报》的另一报人林白水又在天桥被枪毙。8 月 25 日，他再次撰文悼念，痛心惋惜。他和张季鸾在报界久矣，深知报界之弊，此次复活《大公报》，决意走出一条新路，也就是办一份超越党派、经济独立的民间报纸，这即是复刊当天提出"四不"方针（"不党"、"不卖"、"不私"、"不盲"）的由来。

当报纸筹备之时，蒋介石已在广州誓师北伐。所以，北伐的新闻成为他们报道、评论的重点。9 月 1 日当天，胡政之署名"冷观"的消息《武汉告警中之大局写真》称，岳州已易手，党军兵发武汉，吴佩孚遇到了前所未有的对手。但他又说，"中国人终是中国人"，"即举世号为共产派新军阀之蒋介石，其举动亦不脱中国人习气，盖广东现在完全浙江人势力，蒋氏援引同乡，无所不至，各机关书记且多浙籍，粤人侧目久矣，所谓左右派之争犹是表面上话，实际浙人非浙人争饭碗而已。蒋若北伐无功，则广东内部，或借左右派招牌为排除浙人之计，而发生变动，要未可知，然而万一有此情形，亦只民党内部变化……"

第二天（9 月 2 日）刊出专电"武汉形势剧变"，北伐军距武昌仅 30 里。同日的论评《战卜》是吴鼎昌写的（以"前溪"的笔名），"近年以来，战事缠绵如故，而人心向背不明。祖刘祖吕，左右皆非；兴楚兴汉，端倪未见。"这是他们当时的态度。多年的经验让他们不敢相信，中国已产生一种足以翻转时局的力量，而国民党就是。同一天，张季鸾执笔的另外两篇论评也是如此，《劝南北猛省》直言："国民党若自信能以武力统一中国，实为大误。"同时认为北洋派如果认为能讨灭国民党也是梦想。9 月 3 日，他在《南征北伐可以已矣》呼吁各方，"推诚协商，为政治开一和平的彻底改造之途径"。9 月 4 日，吴佩孚已在武昌战败，《回头是岸》一文认为，"无论战局变迁如何，北洋正统从此已矣"，原因是北方已无组织，不再有像袁世凯那样笼罩一切的人物。一面认为，党军虽统一个政治的主义与目标之下，但他们反对国民党所提倡的"以党治国"，对其亲俄色彩之浓、宣传工潮学潮之烈，都充满警惕。并认为无论党不党都是中国人，盼望双方回头是岸，舍武力而谋和平。其实，他们并不是明白，真正和平的可能性甚小。（1926 年 10 月 13 日社评《说和》只是表达对和平的盼望而已。）

自 9 月 8 日起，《大公报》将论评改为社评，《武汉陷落与孙蒋开战》说，南军"由粤入湘，期月之间，实现会师武汉之理想，此固十五年来一大快事，亦是证明新旧势力搏击，旧势力渐入天然淘汰之境。尔后问题，不在旧势力之如何铲除，而在新势力之如何大成。"对于旧势力北洋系的陨落，此时他们已看得很清楚，没有什么犹豫了。

9 月 25 日的社评《段芝泉与吴佩孚》指出，段祺瑞和吴佩孚在北洋系军人中虽是铁中铮铮，庸中佼佼，"却害了一个共同毛病叫做'不知政治'四个大字……一登台，便老气横秋，想模仿袁世凯，却并不知袁世凯本领安在，比袁世凯口气还大十倍……那政治玩意，实在与两位性情不合，不是好玩的。北洋系中想玩的人，还多的狠；北洋系外想玩的人，更多的狠，让他们玩吧。我们并不是已经知道政治舞台上有什么好角色，请两位让贤；不过是二簧听厌了，北方还有梆子，南方也有昆曲，想改革调门听听；梆子昆曲唱得好不好，是我们听戏人的运气。"

对于旧势力的谢幕，他们也不是从实力推出来的，10 月 15 日的社评《时局的趋势》已说穿了：

现在眼前明白的事，就是有组织，胜过无组织；有主张，胜过无主张。空言无补，需有事实，虚声无用，需有实力，此实力并非兵力，乃精神上的力。

国民党拿出什么三民主义、五权宪法，便可风靡南北。其实国民心理，并不是真了解主义、懂得宪法，不过他们热心，拼命向民众宣传；别一方面，又从没有一种对抗的东西，向民众去解释。……中国十五年来，谈政治、办党会者何止一个国民党，可惜大家都去崇拜武力。

他们发现，旧势力开始抄新势力的办法，也打出某某主义的旗号，10月17日的《大公报》社评《主义值钱？》对此不无嘲讽："自从蒋介石抬出三民主义大出锋头后，许多人都觉得主义是值钱的。于是乎孙传芳标榜三爱（爱国爱民爱敌），东三省主张三权（民权国权人权）"。国民党人的宣传、动员，就是精神上的力量，而这正是北洋旧势力所缺乏的，所以也开始依样画葫芦。

《大公报》当时的态度在9月23日吴鼎昌执笔的社评《军阀与党阀》中已表明了，既不赞成军阀专制，也不赞成党阀专制。在1926年9月的中国，《大公报》只想独立地报道事实，评判时局，告诉读者正在发生什么，他们又是怎么看的。

当年进入清华学校的徐铸成开学刚几天，每到午饭后，总看到一大堆人挤着看一份报纸。后来，有人索性把这份报纸挂在中央，以便每张两面都可让人挤着看。原来是新复刊的《大公报》。当晚，他去图书馆借了前几天的报纸细细阅读。掀开版面，就感到有一股与众不同的清新之气扑面而来。三、四版全是综合国内外的重要新闻，没有广告，编排得参差错落，不像别的报纸那样呆板。特别是头条和几个三栏标题，准确而生动，如袁子才《随园诗话》所说"立在纸上"，而不是躺在纸上，有强烈的吸引力，吸引人急于去阅读新闻的全文。社评内容言之有物，见解每多精辟而不流于俗，虽是文言文，而通晓易懂。他自少年时开始阅报，从来没有看到这样一份生气盎然的报纸，立即产生一种信任感，感到一字一句都是可信的，要了解时事，不能离开它。[67]清华半年，每到晚上他还喜欢常泡在图书馆的书库，曾将《东方杂志》从创刊号开始翻阅。

自11月7日起，《大公报》社评不再署名，代表社方意见，不代表本人。张季鸾说，"名誉心本来是好事，但容易转到虚荣。以卖名为务，往往误了报人应尽之责。"决定写评论不署名，也含有此意。[68]"因力戒个人卖名之恶习，报上作文字，不惟不署名，并且不涉及作者个人之一切"。[69]

胡政之说起三个人的合作，吴长于计划，负责经营，张长于交际，思想与文字都好，尽量让他发挥他的能力。编辑部是个约 40 平方米的大房间，进门几步，东西两排写字台，编辑、记者和译新闻电的人员都在这里工作，往里头是一张大写字台，那是张季鸾的座位，对面是要闻编辑。许多社评，多是他们三人或胡、张商讨后，由一人执笔，久而久之甚至难以辨认出自谁的手笔。

11 月 30 日《大公报》发表社评《话说天下大势》，希望南北各方，"各以其现在武力所能保持之范围内，各施其政，互不侵扰"。

十、李大钊之死

1926 年下半年，千家驹从浙江义乌考入北大预科，正是北大凋零时。对王实味一生思想、命运将产生重大影响的李芬，和他未来的妻子刘莹也于此时考入北大，她们都是共产党员，同在一个支部，因此相识。十几年后，他在延安写《野百合花》，提笔就想起李芬之死。

因经费无着，北大拖到 11 月中旬才陆续开课（预科新生一年级 11 日上课、二年级 15 日上课，本科 18 日上课）。为此学生多次向校方发出"读书"呼吁。

在北伐行进的脚步声中，张作霖也在加紧反对"赤化"，北大图书馆里那些马克思主义的外文书悄悄收了起来，不外借了。北大成为便衣侦探首先注意的地方，"学校的每一个角落，沙滩一带的饭馆和小公寓，也经常有这批人的踪迹。"[70]

穿灰大褂的侦缉队到处捉拿"赤化"分子，一般不在学生宿所惊动大家。

那时社会正在失去对学生的好感，吴鼎昌在 9 月 26 日的《国闻周报》

发表《敬告学生》一文："学生须知今日社会所以厌恶学生者，非厌恶学生爱国之热诚，实厌恶学生轨外之暴动"。学生的倾向为何日趋激烈？不久后（11月2日）他在《大公报》发表的《社会上最大危机》一语说破："民国十五年矣，以抽象的统计，此种知识阶级因生计而迫于过激者，已在数十万以上。今后数目，再与年俱增。今后势力，即与年俱长。"[71]

10月16日，远在厦门的顾颉刚听说北大学生常有被捕，有人甚至有生命危险，他在日记中感叹"北京学生界之不安宁"。[72] 在北大学生眼里，只要有学生被捕，本校同学到总务课报告，请求学校出面保释，不论被捕学生是什么党派，也不管出于什么政治原因，总会以学校名义去一封信。如果情节不重，一般借此释放。[73]

1927年1月24日，李大钊写信给柏文蔚、王法勤、徐谦、顾孟余，"胡政之君不久当赴汉口，他的国闻社和《大公报》对于吾党表示相当的好意，望兄等与为比较的亲切之接洽。"[74]

2月，胡政之南下，在汉口停留了一个礼拜，亲眼见识了国民党的新花样，"最触目者为宣传品……文字有印刷在墙壁者，以孙中山遗嘱和建国大纲，并国民党两次代表大会决议为多，蓝底白字，鲜艳夺目，比什么广生行双妹牌香水，或仁丹胡子牌的广告还要好看"，各党部、各军政治部、各团体宣传品满街都是，用洋布写斗大的字，横挂在大街当中，临风招展。"工农兵联合起来"、"农工兵是好兄弟"、"肃清党内外腐败庸劣分子"、"一切权力属于党"、"只有党的自由，没有个人的自由"，"欢迎汪（精卫）主席复职"，这些标语到处都见。"打倒军阀"、"打倒帝国主义"、"打倒资本家"，东洋车夫及几岁小孩都可以叫得出。街头七八岁小孩手持竹竿，追赶一条狗，甲嚷着"打倒吴××啊"，乙嚷着"打倒×××啊"。他还听到一种说法，国民党现在要融合名家、法家、墨家三种精神来改造中国。"他们好讲彻底的理论，不许模棱含糊，这是名家道理；整齐严肃，讲究党纪，这是法家理想；生活简单，吃苦耐劳，这是墨家精神。在现在看来，至少他们是在往这方面努力。"

3月6日到9日，《大公报》连载他的《南行视察记》，不仅记录了他的观察，还有他根据此行见闻作出的判断：

> 现在中国正是新旧过渡时代，偌大一个国家，许长一部历史，要想除旧布新，实在不大容易。况且事业要人来做，一个时代有一个时代的需要，会宣传的人，不见得会办事；会办事的人，不见得会宣传。恰巧目下又正是破坏与建设应当双方并进的时代，于是处处都感觉到有事没人干，干事非其人。

3月16日，北大学生白渊、余锡（遐）、刘存鉴等遭警察拘捕，起因是邮局检查员扣留了他们编的《涪陵月刊》。代理北大校务的余文灿派人到警厅询问，设法营救。3月17日，北大校务会上详细讨论，决定即日设法营救白、余二生。3月25日，《大公报》发表社评《北京逮捕学生事》，认为这不是"安人心定大局之道也"。

不久，《大公报》报道，南方传来清党的消息，蒋介石、柏文蔚、宋子文、李宗仁、李济深、黄绍竑、李石曾、吴稚晖、白崇禧、蔡元培4月5日在上海开会，据闻，"争论甚烈，认国共产关系有修正必要。已定方针，对共产党取缔。"

第二天（4月6日），北大教授李大钊和北大讲师路友于、女生张挹兰等在苏联驻北京大使馆被捕。4月7日，《大公报》发表特讯："破天荒，安国军搜查俄馆界，事先得外交团许可，李大钊等数十人被捕。"（李大钊是中共创始人之一，所谓"南陈北李"相携组党，当时是中共在北方的主要领导人，这几乎是公开的。1924年6月内务部下令通缉李大钊，罪名是提倡共产主义，北大评议会和代校长蒋梦麟致函教育部，要求内政部取消这一通缉令。1925年3月20日，教育总长王九龄向北大发出训令，要求严密查察、认真防范"共产党首"李大钊的行动，北大的公开声明还是保护李大钊："本校对于学术上之研究向主自由，不加干涉；然从未容许任何派别藉本校为政治活动之地。"）

除了北大校方出面，北大教授们也都在尽力营救，包括一些平日与李大钊政见不同的人。4月11日，《晨报》报道，4月9日下午7时，国立九校校长议决营救李大钊等办法，"李大钊之犯罪行为，九校方面虽不敢稍加干涉，但李为九校教员，义难坐视，急盼官方移交法庭审讯。"并推出北大校长余文灿和师大校长张贻惠向军团长张学良求情。

这一天，顾颉刚在厦门看报，知李大钊被捕，担心他生命有危险。

许多北大学生也在数着日子等待，希望得到李大钊他们释放的消息。陶钝每天早上顺着北河沿往北走，散步到汉花园再往回转。在汉花园等报童来了，买一份报看着，再沿着河东到河西的小路回来。翻开报纸他首先找有没有李大钊一案的消息。4月29日早晨，报一到手，劈头就是李大钊等二十人被处死刑昨日执行的标题。[75]

《大公报》当天的标题是《李大钊等二十人处绞》，《晨报》则以《判决党人二十名死刑》为题，报道很详细，因看守所只有两架绞刑台，每人须18分钟才绝命，从2时起行刑直到5时，"首登绞刑台者，为李大钊，闻李神色未变，从容就死，而其他则不免望刑而畏，面无人色矣。"报上刊登了李大钊和北大教育系三年级女生张挹兰的照片，她头发剪得很短，蓬松着，面黄肌瘦，一双放过的脚，一件褪色的布大褂，没有一点装饰品，同学都尊敬她，都知道她功课好，人品正。她是《妇女周刊》编辑，不久前当选为国民党特别市党部妇女部长。[76]周作人几次在文章中提及这位女生。《晨报》有同时被绞死的二十人名单，其中包括路友于和北大物理系二年级学生邓文辉。

李大钊之死促使北大29个教授南下。

忽然有一天，周作人的妻子在路上看见一队军警拥着一辆大车往南去天桥，再一看大车上北大教育学系教授高仁山一人端然坐着，戴着一顶皮帽子。她回到家里，慌张地说，高仁山先生不行了！那一天是1927年9月28日，高仁山被捕。关押到1928年1月15日被处死。

周作人说："在三一八那年之前，学生与教授在社会上似乎保有一种权威和地位，虽然政府讨厌他们，但不敢轻易动手"，"三一八正是冬初的严霜，而李、高二君则成了以后众多牺牲的先驱。"[77]

十一、"四一二"的血

沈雁冰（茅盾）已在商务印书馆服务了十年，1925年，他几乎把主要时间和精力都放在了政治斗争上面。1926年元旦，他登上开往广州的轮船，参加中国国民党"二大"，作为跨党的党员，他是国民党上海特别市党部宣传部长，上海市党员大会选出的五个代表之一，会后还奉共产党之命，留在广州的国民党中宣部担任秘书，直到3月底才回到上海。香港报纸说他是"赤化分子"，上海驻军已派人到商务馆问过几次。他于4月12日正式辞职，郑振铎带来一张900元的支票，这是他的退职金。还有一张额外给他的商务馆股票，票面百元，市值至少250元。同事叶圣陶说，馆方婉言辞退了他，其实他也没有工夫给商务馆编书了。商务馆高层一直小心翼翼，保持着与现实政治的距离，特别想在时代的夹缝中求平稳。

1927年2月19日下午，商务印书馆工会奉上海总工会命令参加上海全市总同盟罢工，这完全是政治性罢工，不是针对公司的。鲍咸昌在当天举行的董事会第322次会议上说："此为大势所驱，只可任其自然。"张元济说："此次罢工完全为对外之事，鄙意惟有忍耐、和平，认清同人之意而为要。"

当时北伐军已逼近上海，形势非常紧张，街头张贴着散发罢工传单者格杀勿论的布告，当天上街的叶圣陶、王伯祥都看到了。军阀把商务印书馆视为"赤化分子"大本营，工会在天通庵路的商务馆新厂召集纠察队开动员会时，被铁甲车包围，9名工人被捕，押到龙华的司令部。商务馆印刷厂的装箱打包工、工会委员长（也是上海总工会的副委员长、代理委员长）王景云也在其中，工会向张元济求救，夏筱芳、李拔可、高梦旦代表公司出面交涉，将他们保释出来。

2月24日，根据上海市总工会的复工通告，商务馆当天下午开工。

3月21日，共产党组织的第三次上海工人起义，商务馆工人组织了二百多人的纠察队，以东方图书馆内的同人俱乐部为大本营，结果牺牲6人，重伤十多人，张元济曾到医院慰问。这些伤员的医疗费后来也由公司出了。"四一二"以后，工人内部的政治对立，导致许多工会骨干被捕，此事与馆方无关，公司不介入双方斗争。其中，被捕工人任其祥还是馆方向苏州的江苏高等法院担保他是"安分守己"的好职工而获释的。

对商务馆来说，这只是保护自己的员工，并无政治立场，但强烈的不安感笼罩着张元济他们。4月11日，他给梁启超写信说："时局骤变，举国若狂，云谲波诡，不知伊于胡底。避世避地正在此时。"同一天，他给清华校长曹云祥的信中也说："际此时变，愈益艰难，万端待理……沪局骤变，闸北顿遭巨灾，至堪怜。惟敝公司幸托福庇，尚未殃及。"[78]

此时，仍在庆幸商务馆"尚未殃及"的他，却不知第二天将要发生什么。

白崇禧的北伐军进入上海后，蒋介石在一批国民党元老支持下决定清党。白误以为商务印书馆的工厂是"共产党之全国总机构"，其工人有手枪、手榴弹等武器"。其实，只是上海总工会工人纠察队总指挥部设在东方图书馆四楼。4月12日拂晓，白崇禧他们第一步要解决的就是商务馆的工厂——

> 在开始行动前，我知道商务印书馆工友中有不少系地方帮会分子，所以我派员与上海帮会首领杜月笙、黄金荣等密商，借得工会之符号衣服，分给采取行动之人员，化装成工人混入工厂，以便策应外面包围之部队。事前，我还派人与驻沪法国领事交涉，请其准许清党之部队经过法租界，因为由法租界至商务印书馆工厂是一条捷径。法国领事初不允许，我说："共产党是国际之敌人，他们以打倒帝国主义为号召，我们应该合作清除才对。"经我晓以大义，法领事才表示同意。清党工作我原定三日至七日完成；不料四月十二日早上，便突破了共党在上海之大本营——

商务印书馆工厂。[79]

第二天午后一点半，商务馆编辑胡愈之在宝山路上目睹国民党军队向游行的徒手群众（其中杂有妇女和童工）开枪，机关枪瞄准扫射十五六分钟，"宝山路一带百余丈之马路，立时变为血海。群众所持青天白日旗，遍染鲜血，弃置满地。……事后兵士又闯入对面义品里居户，捕得青布短衣之工人，即在路上枪毙。"

当晚，他起草了一封给国民党元老蔡元培、吴稚晖、李石曾的信，郑振铎、周予同、李石岑等同事都在信上签了名。此信公开发表在4月15日的《商报》上。4月21日，离开上海不过一个月的王伯祥回到馆中，"苍茫如隔世矣"。他与郑振铎、李石岑、叶圣陶、胡愈之等同事见面，闻宝山路事变之惨，不禁为之浩叹。

为免遭不测，一个月后，郑振铎远赴法国游学。次年1月，胡愈之也前往法国留学，商务印书馆不仅给他保留职位，还允许他作为《东方杂志》特约通讯员，从国外寄稿回来，给他优厚稿费，补助留学之用。

十二、《党祸》

对于"四一二"惨剧，《大公报》从4月13日起连日都有专电报道。4月22日，发表社评《青年与党祸》："以杀止杀，一时之计也。以仁止杀，宪政之机也。且以杀止杀，杀机不能永止。惟以仁止杀，始能真拨乱而反治。""鄂湘等处，几于获共党必杀，其详细统计，直不可稽。尤可悯者，其中竟有十数岁之幼龄男女"；"施死刑于幼年男女，乃世界古今任何政体下所稀有矣"，"既失中国哀矜勿喜之精神，亦乖各国近代法治之意义。"王实味念念不忘的北大女生李芬，1928年春天在家乡湖南宝庆被惨杀，"赴死之前，她曾把所有的三套衬衣裤都穿在身上，用针线上下密密缝在一起：因为，当时宝庆青年女共产党员被捕枪决后，常由军队纵使流氓去奸尸！"这成为他十四年后在延安写作《野百合花》的动因。

4月29日，《大公报》发表社评《党祸》："若夫宁沪所标榜之反共，吾人姑不论政策，而论蒋介石之责任。孙中山末年之联俄容共，孰倡之，蒋倡之；孰行之，蒋行之。故共产党之发展，蒋实为第一责任人。然爱之则加诸膝，恶之则投诸渊，前后之间，判若两人。且取缔则取缔已耳，若沪若粤，皆杀机大开，继续不已是等于自养共产党而自杀之。无论事实上理由如何，道德上不能免其罪也。当痛念中国青年，今日已陷极大之危机……夫新中国之建设，终须赖全国有志青年奋斗，而非自私自利之寄生阶级所能办。则对于各方杀机之开，势不能不大声疾呼，极端抗议。"

张季鸾他们并不认同共产党，只是反对国民党以如此残酷的方式清党。

7月3日，《大公报》发表社评《党治与人权》，反对南京当局滥杀共产党人，主张保护人权，"然凡共党是否俱应处死？国民党之党化的法律中，有无此项规定？即曰有之，而南京当局何以知各地借清党杀人者之必无冤诬？且解释清党之义，不过驱跨党分子而出之耳，何以动辄死之？……夫反对宁政府最烈者，应莫如汪精卫、谭延闿，乃宁方于汪谭仍欢迎其合作，而独于奉汪谭等命令之无名青年，则格杀无论，此诚国民党治之最大污点矣。然而号称帝国主义国家之英国日本等，且莫不有共产党，而未闻遇共产党即杀，何以主张全民革命之国民党，而杀戮异己如是？然则国民党其学意大利欤？然意大利之于反对党，亦不过驱逐禁锢而止，且未闻其嗜杀也。则有何说哉？

岂有以嗜杀止乱者，宁政府而长此用军法杀人，将日渐陷于专制政治之途。虽曰反共，而去近代政治革命之意义日远。其自杀之可畏，较之共党之祸为尤烈矣。蒋胡诸氏，可不惧哉！"

7月8日，《大公报》又发表社评《联俄与反共》："近以国共交恶，汉宁反目，反共运动，盛于东南各省，杀戮逮系，其周密狠辣，殆十倍于标榜反赤之北方。"

7月28日的《大公报》社评说:"凡反党治者即反革命,失公民权,其性质本极狭而峻严"。

8月18日,《大公报》发表社评《上海之特别军法处》:"政治刑事犯而付军法,且特立机关,执行杀戮,此种制度,为任何文明国家所不许,亦古来专制政体下所从无。……况处置共党者,名义耳,共党未必能捕,捕者未必为共。况若再有诬陷之行为,对于欲捕者或所仇者,而辄以共党目之……甚至有藉此诈财之事。……国民之公共要求,为得善政。善政之第一事,为司法衡平。不论何人何案,不依法律,不应受刑。不论何党何派,凡能尊重人权人道者,为良势力。反之,为恶势力……上海党狱,不过全国以军法滥杀无辜或罪不及死者之一部分耳。对此茫茫,孰能无乱离之痛哉。"

此时,北方仍掌握在奉系军阀手中,南京、武汉的对立使时局又出现变数。7月29日的《大公报》社评《假定下时局的一种判断》做了一番推演:

> 我们假定拿中国现在势力,分为南北两组,南组对立的是武汉与南京,可左可右的举足重轻的是冯玉祥。北组对立的是奉天与冯玉祥,可左可右的举足重轻的是阎锡山。……现在任何实力派都说不上有绝对的权威,所以与其说是斗力,无宁说是斗智。既讲斗智,这第三者之参加何方,便大有关系了。

此后的时局演变大致上没有逃出这一判断。8月12日的《大公报》社评《又一变化之南北大局观》说:"南方作战,为打军阀,今南方本身骎骎然将近于军阀"。9月25日,《大公报》的社评《北方匪祸》说:"国民党太无建设经验,财政经验,人才尤少,而后政费必成问题,影响所及,或且别生事故,前途茫茫,未可乐观。夫北京则办事条理,较见优良,规模久具,维持较易。"张季鸾他们为什么对国民党不乐观,还有一个因素,就是10月2日在社评《病的时局》指出的:

去年党军北伐，一战而破吴，再战而败孙，气吞江南，锐不可当，宛若南方之
月可统一北部者。曾几何时，宁汉交哄，白李厌战，蒋介石不得已弃兵而去，所谓
北伐之功，殆成陈迹。

从 11 月 5 日起，到 11 月 15 日，《大公报》连载了 11 天的《南游杂感》
（署名：成季），称共产党"惨酷好杀"，甚至食人之肉，玩弄妇女，逼死人
命等。对国民党则有这样几点看法：

（一）国民党弱点虽多，但在今后五十年内将居领导地位。（二）国民党
的弱点，不是党的整个政策问题，而是一小部分党魁措置乖方，不能动摇根
本。（三）"南方人民，因共产党的无道，固然有些人对革命怀疑，但社会
一般的心理、毕竟并不因怀疑革命，而情愿延长混乱麻木的现状。"（四）"就
党员及民众的口碑看起来，在最近的将来，蒋介石必成为国民党的中心人
物。"（五）党军质不如昔，量则胜之。（六）党人统治下的民生憔悴，固是事实。
试问非党人统治下的民生又怎样？况中国民生困难、原因复杂。

但对于国民党当时的路线，《大公报》并不认同，12 月 24 日的社评《从
共产党到法西斯蒂》："今国民党既排斥共产党之根本理论，而徒学其一党专政，
是诚画虎不成之流矣。抑观国民党今日所谓专政，反类义大利之法西斯蒂"。

《大公报》于这年最后一天发表的社评《辞岁》仍相信："现在无论何方
有力人物，其气魄才力，皆不足以当收拾中国全局之任。"对于蒋介石，《大
公报》也没有太放在眼里，不仅在清党问题上认为他实为第一责任人，9 月
15 日的社评称蒋："尽瘁革命，不为无功。封建独裁，思想实谬。以人才言，
宜予保全。为大局言，宜令隐退。"报道蒋与宋美龄联姻消息的基调也是批评
和嘲讽。10 月 15 日连载的通讯《南政杂记》，直言蒋"以中心领袖的资格"
厌旧喜新、压迫弱者："毕竟蒋总司令，才智高人一等，一方恋爱，一方又
革命。弃三取一，分道并行，铁腕柔情，同时互用。"12 月 2 日张季鸾执笔
的社评《蒋介石之人生观》批驳蒋的"人生若无美满姻缘一切皆无意味"论，

感慨："累累河边之骨，凄凄梦里之人，兵士殉生，将帅恋爱，人生不平，至此极矣。"

十三、"滩险浪急"

从 1925 年到 1927 年，这三年可以称作"新书业的黄金时代"。"上海的新书店，旧书店，凡能够弄得到印刷机器的，无论谁，都马上可以发财；同样，印刷所的老板们也可以靠此发了财……""买书的主顾确实增多了，就是向来对于新书不感兴味的工商界也要为明了三民主义或共产主义而读书了。就连过去不易销去的新书，这时候也连带的比较平时多销去几本了。狂热的情形到十六年清党运动以后才一落千丈。此后的新书业，真度着艰苦困顿的日子……"[80]

国民党势力席卷江南不久，即以江苏暨上海财政委员会名义向企业界募"二五附税"国库券，商务印书馆被摊派认购 20 万元。1927 年 5 月 14 日，董事会上讨论良久，苦无应对之策，最后只是议决"由总务处设法商减，相机办理"。而工会还在要求增加工资，6 月 13 日，董事会特别会议议决，将公司困难情形向工会统一委员会及同人代表恳切说明，请他们谅解。

这一年，商务馆的业务大受影响，1926 年出版新书 595 种、1210 册，营业额将近 974 万元，1927 年仅出新书 297 种、535 册，营业额不足 792 万元。

6 月 4 日，张元济给傅增湘回信："狂风骤雨此间总算过去，以云安稳似比北方为优"。傅寄来樊樊山托售书目 55 种、141 本，索价六千元，"商之同人，多以为际此时局，金融停滞，凡此不亟之支出，拟一概停止。"[81]

8 月 15 日，他给陈邦福的信中说："惟频年丧乱，所营商业多半坠失，即商务印书馆向可支持，今年亦一落千丈"。[82]

10 月 3 日，他写信给梁启超："顾以本馆所处环境，亦岌岌不可终日。

迩者时势又变，益不能测其究竟。营业退落不言可知……"

这一年，张元济已六十一岁。上一年4月已辞去监理一职。10月17日晚上，他遭到绑票，索要二十万，在盗窟六个昼夜，最后以一万元获释。

12月27日，他给陶瑗的信中也说："惟弟虽去职，然颇知馆中状况，濒于危殆……"[83]

1927年的政局转移给商务印书馆带来了暂时的困难。12月30日，董事会这一年最后一次开会，讨论一年多前就已提出的同人消费合作社，张元济认为："当此生计困难之时，或于同人不无小有裨益。"

"世事白云苍狗，风涛荡激。顺潮流左右应付，稳度过，滩险浪急。"商务印书馆八十周年时，茅盾写下了这几句话。"风涛荡激""滩险浪急"正好可以形容当时的局面。

1928年3月6日，张元济给傅增湘的信中说，"商馆营业大退，财力之绌可知。《四库全书》事恐无以副君厚望矣。"[84]

原来他答应过傅增湘由商务印书馆影印全套《四库全书》。

十四、面目全非

1927年8月底，千家驹回到北京，相隔两个月，他发现北大已面目全非，连校名都改了。张作霖的大元帅府组成后，京师大学堂毕业的刘哲出任教育总长。7月30日，刘哲呈文将北京九校合并为一，总称国立京师大学校，8月4日在内阁通过。

北大易名之前，经济上正面临极大的困难。《晨报》于这年6月20日报道，北大因经费困难，对学生的学宿费不得不从严征收，将近期末考试还有不少学生没有缴费注册，学校决议一律予以休学。前日发出布告，共有155人。

7月23日《晨报》报道，北大欠自来水公司的水费达四五千之多，这次虽领到了经费三成五，在发放教职员薪俸及各部分维持费之后，已没有余款付水费。自来水公司即将水管封锁，断绝水源，至今已有三天。一星期后（7月30日）又报道北大自来水断绝，以井水代用，甚感不便，特向自来水公司交涉，极力设法先付欠费数百元，即放水，而自来水公司坚持要先付半数。经再四交涉，自来水公司坚持要先付 2 个月欠费，才能开管放水。北大多方设法，挪借了一千多元，照数付给 3 个月欠费，8 月 3 日才放水。

8 月 26 日，刘哲兼任京师大学校校长，北大被一分为三，文理二部作为京师大学校的文科、理科，法科与法政大学合为法科。（不过，文科校门上"国立北京大学"的匾额直到 1928 年 3 月 30 日才被换成"京师大学校"。[85]）

8 月 29 日，理科学长布告教育部训令："近年各校设有学生会、学生联合会等名目开会，虚耗光阴外，则荒废学业，每念及此，良深叹惜，应即一律取消。嗣后凡未经各学长主任许可之会，均不准自由召集"。

9 月 8 日，刘哲以教育总长名义训令国立京师大学校文科："所有国文一课，无论编纂何项讲义及课本，均不准再用白话文体，以昭划一而重国学。"

《大公报》对此不以为然，几天后（9 月 11 日）发表社评《论教育部禁用白话文事》，认为白话文也有缺憾，句式欧化，用词生涩，纠缠不清，不简明，但是，"漫倡复古，殊不足应时代之需要矣。"

9 月 24 日，国立京师大学校贴出布告：

> 查近年来各学校学生往往列名党籍，参加政治运动，不独荒废学业贻误终身……所有各部学生，无论旧生新生，在报到之时均须亲署不入党籍之书……

9 月 28 日，《大公报》发表社评《北京当局与学生问题》，北京前日有军警搜查学生公寓，听说学生有三十八人被捕，指出：1、"吾人主张学生不宜参加实际政治，但不能并学生对于国家大事之注意与热心而亦加反对"；2、对学生党案，应宽大感化；3、言论愈自由之国家，内乱愈少，政权愈巩固。

京师戒严司令部致函各学校，防止学生南下广东，10月2日的《大公报》社评就以《防学生赴粤》为题。

京师大学校有意请曾几次出任司法总长的张耀曾教授法学，这虽是他的专业，又赋闲在家，但他看到当时的大学凌乱涣散不堪，其他的不论，听说每班学生上课多的十余人，少的仅二三人。他在10月15日的日记中说："吾辈精心苦口，只博此二三人之听，殊觉不值"。[86]

更荒唐的是，10月20日，京师大学校在校务会议通过议决案：各科部一律禁用白话文。还有：各科部学生有未填写（不）入党愿书者，限一周内汇齐送校；其不愿填写者，由学长开列名单送请校长处分。甚至要求教学生作八股文。

刘哲常常扬言："谁要不听我的话，就是共产党，我这里有替他预备下的棺材，有机会先枪毙几个再说。"闹得人心惶惶。期末考试出了问题，各班推代表前往教育部请愿，千家驹也在其中，刘哲公开对他们说："你们这些当代表的没有一个好东西，平素不用功，醉心'平等''自由'之说，所以最害怕考试。你们迷信胡适、蒋梦麟之流，他们都是'赤化分子'……"并威胁他们，好好用功，准备补考，不许再捣乱，如捣乱就把他们统统抓起来。

1928年3月的一个晚上，千家驹被侦缉队逮捕，同案23人，被枪毙了13人，他在供词中只承认加入共青团，隐瞒了共产党员身份，被移送陆军监狱。[87]

5月22日校内张贴布告，称千家驹"久未来科受课，应即开除学籍"。但等他从狱中出来，北京已是青天白日旗的天下。

这时，有位日本青年吉川幸次郎要到北大当旁听生，汽车经过张作霖的大元帅府，灰色军装的卫兵分立两侧，"枪尖上带着红穗子，挂着青龙刀。正是春天，柳絮飞扬上升"。没有多久，他就目睹了张作霖离开北京，北伐军抵达城外，城内家家户户挂出了青天白日旗，"原来旗上的白日，四周是像锯齿那样凸凹不圆的。之后才有了北京大学的复兴。"

他发现，北大的先生在迎接北伐军时十分喜悦，白崇禧的军队到南苑时，朱希祖教授代表北京的文化人致欢迎辞，说你们北伐军来到北京，是把从辽、金、元以至清朝，在不洁势力统治下的北京，恢复成最纯粹的中国。吉川幸次郎在报纸上读到，感叹中国人的思维方式尺度很大，话题要从几百年前的辽代开始。他之后上过朱希祖开的中国文学史课，只是不大听得懂"胡子朱"的浙江海盐口音。

北京改名北平，北大并没有恢复旧名，张作霖时代常有警察出入北大，等到北伐成功，北大的先生，就是当时中国具有最高权威的文化人。他还发现北大的教室没有讲台。此时，北大的重点已移到新国学方面，开始人人安心为学。[88]

19 岁的山东少年牟宗三考进北大预科也是这一年，"中华民国进入一个新时代。结束了李鸿章、袁世凯留下来的北洋军人的统治，换上了自南方兴起的黄埔军人的统治。一个新的时代开始，一个更多难的时代也开始。"只是当时人们还没有意识到。像他那样的大学生正是被争取的对象，党人大肆活动，其中也有吸引他的地方，他成了国民党的预备党员，"他们那时的意识大体是共产党的意识……这意识沾染了那时的国民党，而且沾染得很深。"[89]

十五、北都易帜和新都观政

到 1928 年 2 月 11 日，时局仍不明朗，这一天的《大公报》社评题为《时局之谜》，给南北各打一巴掌："南北政府社会的文武新旧领袖人物，大家脸上都抹的红红绿绿，没一个干净漂亮的脸子，要讲罪恶，谁都有分。"

等到北伐再起，南方的北伐军逼近京津，《大公报》对于民心的恐惧不安常有报道和评论，4 月 15 日的报道说一个月来过津出关的难民就有五万人。4 月 27 日的社评《恐怖与希望》表达了这种心态："战局暗淡，密布中原，迤来接近战区之京津人民，颇流露出一种恐怖之色。盖一则不知在战中，各个生命财产之危险若何，一则不知在战后，国家布政施令之变化又若何。疑惧丛生，百事俱废。"

以往内战多年，"而乡间农民与城市小工，仍能日出而作日入而息"，而这次战事连绵三年，范围之广，都是前所未有，破坏之大也过从前。这是 5 月 23 日社评《中原社会之大危机》所作的论断。

没想到 6 月 2 日张作霖竟不战而出关了。当日下午，人心惶惶之际，胡政之在元帅府春耦斋采访了杨宇霆，目睹府卫队纷纷将行李装上大车往车站拉，帅府上下面露惊慌，连打扫卫生的也没了。杨告诉他，张出关"并非军事失败，全系政治关系，各方面既不愿张在北京过问国事，则张自离开，情愿卸除目标，盖公私兼顾，业已煞费苦心者矣"。次日，《大公报》发出"北京电话"《杨宇霆谈时局》。

更不料张作霖一出关即被日军炸死。

6 月 8 日上午十一时以后，青天白日旗已遍布北京，小街僻巷也可看见党旗和新国旗飞扬，投机者沿街叫卖，每旗一面，要价四五角不等。两天后（6 月 10 日），《大公报》以《北都易帜记》为题做了报道。

胡政之接连采访率大军进入北京的阎锡山、白崇禧，14 日、15 日，《阎白访问记》《再度访阎记》就见报了。白崇禧对他说："北京殊不宜再作革命政府之首都，一因外交环境太坏，外交历史太深，受劫制，大于政府不利；二因社会太腐化酸化，不宜于新政治"。问及蒋介石辞职之事，阎锡山表示辞职尚说不上，蒋以京津已下，军事可告结束，与各方相商，欲卸除革命全军总司令之职务。只是大家认为时机未到，当然不能允其卸责。

改旗易帜的这几天，胡政之正好在北京，"除掉三两夜特别戒严，行路不便之外，真可算匕鬯不惊，市廛无扰。直到现在，攘往熙来，恢复原状，除掉街上多几件中山装，拜客变成旱衙门之外，又几乎一切如常，了无异状。这样的革命，真是中外罕见。"这是他 6 月 17 日发表的《从北京到天津的印象》

所说。

两年的对峙和不安结束了，如此和平，这是很多人没有想到的。《大公报》的消息、采访和评论，甚至广告，对新旧交替的这一重大时刻及时作出回应，留下了准确、具体而清晰的记录。在北大旁听的日本学生吉川幸次郎都知道，当时最权威的报纸是《大公报》。[90]

6月20日，《大公报》以一篇社评《张作霖死亡之公表》为其盖棺定论："夫张氏崛起草莽，未尝学问，遭逢时会，扶摇直上……驾驭绿林兄弟，使贪使诈，行权弄术，盖纯为旧式枭雄式人物……按张氏立身施政，完全旧式思想，其失败处亦在漠视国民思潮，不肯顺应潮流……"

对于蒋介石，《大公报》的口气开始有了变化，6月11日的社评《论蒋介石辞军职事》说，"蒋氏此举，足以将革命军人之面目，重新昭示于天下……可谓实获我心者矣。"7月2日的社评《欢迎与期望》："蒋君自清季献身革命事业，出生入死，到底不懈……乃于欣幸之外，充满期待与责望。"

前一天（7月1日），张季鸾在河南新乡采访冯玉祥之后，在郑州的火车上首次与蒋介石见面，并随往北平。月底，他又搭乘冯玉祥的车，于8月1日抵达南京，随后以"榆民"的笔名发表通信《新都观政记》（从8月27日连载到9月1日），不仅有对蒋介石对国民党要人访谈的详情，首篇《区党部与领袖》就披露了此时的国民党基层的区党部并不把领袖太当回事，当天在北伐阵亡将士追悼会上，蒋介石在愤怒中指责喊"打倒吴稚晖"等口号的党员，蒋所属的区党部举行党员大会议决，竟以书面警告蒋，质问其究系以何种资格讲话，若是总司令身份那是以军治党，否则所喊口号并不违法，何以干涉？南京的中央要人对于本区大会大半必到。蒋虽未到会，也派代表列席，接受了警告书。他察觉党潮涌动，蒋等领袖也深感无奈。他说，党务情况虽不知其详，然党中争执大抵如夫妻反目，时作时辍，还是要接待宾客、办理家务，外人不可深考，也不必惊讶。党潮之烈无过于去冬今春间，而依然能起北伐之师，统一黄河流域，则对于国民党的党潮，不必大惊小怪。这个表述生动而深刻，几乎洞穿了国民党内的纠纷。

他观察新南京的政治空气，与北京不同，首先就是政界的"勤事而起早"，各部院办公最晚是八点开始，重要官吏一般都无烟赌之好，晚上也没什么看戏之类娱乐，十点后大概都休息了，秦淮河上也少有在职官吏。领袖人物苦于会议多而久，国府会议从上午八点一直开到下午一点，下午还会有其他的会。

从这时起，商务印书馆、中华书局、世界书局的三民主义教科书广告刊登在《大公报》上。8 月 15 日，《大公报》在头版刊登五洲影片公司的电影广告《蒋介石北伐记》，另加影新闻片《张作霖被炸》。

9 月 1 日考进《大公报》当练习生的孔昭恺第一次见到张季鸾和胡政之，在他眼里，张相貌清癯，是个文弱书生，胡则胖胖的，像个大老板。吃夜点的时候，张、胡与大家说说笑笑，很随便，说到兴头上，胡经常纵声大笑。夜点是粥、饼子和豆腐干之类，另有一小碟专为胡预备的盐渍小辣椒。编辑部里报纸很多，本地的，北平的，上海的，还有日本寄来的，他亲见胡政之津津有味地在那里看报，认为他也许是唯一博览群报的人。

9 月 16 日，胡政之从天津出发，深入东北，与张学良接触，不仅报道东北易帜的内幕，还以长篇通讯《东北之游》对东三省的外交、交通、社会等方方面面做了第一手的报道，在《大公报》从 9 月 24 日连载到 10 月 14 日。

他们迫切想认识刚统一全国的国民党及其领袖们，以便对未来作出更准确的判断。张、胡、吴亲自出马，为《大公报》发回的通讯，将他们看到的细节一一向读者呈现。

同年 11 月 26 日，吴鼎昌南下，见闻采访以《南行记者杂录》为题在《大公报》连载多日。他路经开封车站，进出墙柱上两两相对的标语："厉行党的专政"、"建设民主政治"，因有旅客惊讶语意矛盾，引起他的注意。他却想到，如果新掌权柄的国民党，"做上一句工作时，能时时刻刻注意下一句的目的，则为宪政而训政之苦衷，自可昭然于天下"。

11 月 29 日，他到南京，听说党国要人多数以上海为根据地，在朝在野，或官或商，或文或武，往来于京沪间的人很多，每到星期四后常会听到，要去上海"写意"二三日之说。南京的房主商店大多只是粉饰门面。秦淮河畔似乎一切照旧，尘嚣之中多了一所最新式的宣传三民主义的小学校而已。南京成为新都之后，有三"多"，纪念多、演说多、会议多。法定的纪念周之外，时髦的新婚银婚金婚马蹄婚等纪念，也要恭读总理遗嘱，静默三分钟，连乳臭小儿对此都已熟悉，世人称之为"党化彻底"，他还听到有人议论这是"开倒车三百年，厉行宗教化也"。

关于政治，他觉得国民党只做到"党外无党"，尚未做到"党内无派"，又因为党内无派做不到，党外无党也白费功夫。因党外无党更使得党内派争更加激烈。他跟冯玉祥见面时随口说了一句"僵局"多耳，冯接口就是"将军"多耳。他观察，国民党内目前没有墨索里尼式的人物，能统一全党的意志，也无列宁、斯大林这样的人物，将来如何不得而知。关于军事问题，他的观察是，各军事领袖出身经历、思想志趣各不相同，起居饮食、交际应酬、家庭环境等也都相去甚远，"全靠一块国民党金字招牌，笼罩一起，同床共被，本是一件极难之事"。是不是会发生"绝大厉害冲突之事"，目前毫无所闻，将来又有谁能断定？那只有仿《空城计》中的戏词，"望先总理大显威灵"而已。[91]

十六、北大争校名

1928年5月21日，胡适在南京中央大学演讲时沉痛地说，九年前，中大的前身南高，"以稳健、保守自持，北大以激烈、改革为事"，代表了两种不同的学风，"今者北大同人，死者死，杀者杀，逃者逃，北大久不为北大……"[92]

那一刻，北大面临的首当其冲的问题却是恢复校名。

6月8日，国民政府决议将北大改名为中华大学，次日颁发了国民政府令。6月15日南京大学院开会，蔡元培报告时说到北大改名为"中华大学"，他自己不愿兼校长，请会中决定推李石曾为校长。胡适起立说："北京大学之名不宜废掉"，李的派别观念太深，不很适宜做校长。吴稚晖说"北大之名宜废"，李做校长是"天与之，人归之"。会上争论很激烈。[93]

当月，北大同学会派成舍我等为代表，到南京请愿，呈文说："北京大学自五四运动以后，久已驰名于世界，欧美各国大学，多已承认学生出国留学者，可以不经考试而入学。""各国先例，凡具历史地位事物之名称，决不轻于更易"。

7月8日，《京报》发表北大复校运动委员会的呈文，指出即使奉系军阀摧残北大时，也还顾念北大有国际上的位置，虽然强改中文名为"京师大学"，而西文还是沿用旧名。今一旦改为"中华大学"，不啻将国际间已得的荣誉弃如敝屣。北大久为中外人士钦仰，所以时有世界珍贵图书的赠与，世界著名教授的交换。世界著名学者班乐卫、杜威等都以得到北大授予的博士为荣，凡世界知名之士都以在北大讲演为荣。一旦易名，不特毁了世界诸上许多学者的希望，而最高学府的精神也从此消散。

北京虽易名为北平，实际与北大的存在无关，北大创名之始，虽缘于地名而起，而时至今日，北大已成为文化史之一专名，国际间之誉辞，早已超越地域的意义。

7月10日，北大举行"庆祝北伐胜利大会"，墙上张贴"北大复活 反对改名华大"的大标语，李宗仁讲话说："诸位学生，应抱坚确之目的而读书，勿为作官而读书。提到北大：1、自蔡元培任校长，北大在社会上的基础日趋巩固；2、北大为文化之中心，北大之名，深入人民思想 3、民众爱国之心，实由北大激发而成。遗憾的是：1、关于西洋学说，无系统的研究；2、关于中国旧学说道德仅有怀疑的批评，而无深刻的研究；3、因提倡爱国运动，青年有虚骄之风。"这一天，罗家伦和陶冶公以同学资格发言，大会从上午8点一直开到午后1点15分。第二天《京报》有细致报道。

7月17日，蒋介石到北大三院大礼堂讲演，同行的有宋美龄、邵力子、陈布雷等，蒋穿白纱普通制服，戴平顶草帽。宋美龄穿白底黑线的四方格纱旗袍，手持汗伞。当蒋、宋等进入礼堂时，掌声雷动，全体起立。听众约一千多人，座位不够，后面有人站着。

蒋在演讲中赞许"北大是中国新文化发源地，自五四运动以后，各地革命工作，民众运动，几皆以北大为中心"。他讲到："教职员数年来，甚受苦痛，教育基金动摇，教职员困苦万状。学生亦不能安心求学，不能得到学问。且虽有此苦痛，而犹努力奋斗，始终不怠。此种成绩必要保持。比革命军成绩还要宝贵。现军阀既倒，对于教育基金教职员生活及学生求学，国府定有办法……今天一到北大，北大是文化中心最高学府，便有秩序条理，与他校不同，甚觉安慰。"提及"三一八"惨案，"青年同胞，死者尤多"，"三一八案死难同志，有未葬者，有未恤者，要求学界组织一会调查，以便呈请国府议恤。庶已死青年同志，可以瞑目，不致含冤。"

虽然他给北大戴了很多高帽，并对"三一八"多有致意，但他讲话的重点则落在统一思想上：

"故以后无论何种运动，须以三民主义为中心。不要如前之共产主义、三民主义、无产主义、国家主义等，思想不统一，致国家亦不统一。诸君一定明白，若一国家将乱时，思想必极复杂。思想如统一，国家必健全。望努力做思想统一工作，否则有亡国之虞。希望大家来负担此责，以三民主义为统一思想之根据，俾完成革命。"

他从上午9：55进场，讲到10：50，不足一小时。[94]

在场的北大学生陶钝记得："他说话，喉咙很尖窄，气脉短促，一句一句地，不会一下子说下去。"《大公报》记者徐铸成听了蒋在西直门陆军大学的训话，在报上发了"独家新闻"，也说："蒋拙于言词，宁波口音极重，几乎每句都带有'这个、这个'。"

陶钝说，蒋的讲话不受欢迎，站着的人逐渐散去，坐着的人也抽签似地走了。[95]

第二天，《大公报》有详细报道，题为《蒋在北大讲演》，副题"高唱废不平等条约，现在革命并未成功"。

李宗仁、蒋介石都口称"北大"，北大校名此时并未恢复。8 月 23 日，《大公报》发表文章说，北平既失首都之号召力，许多有名教员多改业易途，离北而南。"昔年大名鼎鼎之北京大学，近日声光已远逊前。……若政府漠然相视，认为无足轻重，则北平学界之零落，不转瞬当与北平市面，共其悲惨之运命。"

9 月 25 日，国民政府推行大学区制，北大校名又被改为"北平大学"。第二天，北大复校委员会议决，由 13 个同学组成武力护校团。9 月 29 日，《大公报》刊登北大学生李增浓的来信《为什么要求北京大学的存在？》，认为"北大有北大之独特的精神"，反对任意改变原有学制和传统。11 月 17 日，北大学生会筹备会决议，确立护校三大原则：1、保存整个的北大，不是保存北大的一二三院；2、永远保存"国立北京大学"的名称；3、反对大学区制，本校直接隶于教育机关。

12 月 17 日是北大三十周年校庆日，照例应该庆祝，因为正在争取复校，无心及此，夜里几十个同学提灯巡游景山东街、北河沿一带，在朔风怒吼里高喊口号，显得有些悲壮。"朔风吼天，枯枝摇雪。灯光疏暗，呼声弗扬。虽云志庆，实写悲也。"[96]

五年前，北大二十五周年校庆时，蒋梦麟等人在讲演中，无不期待等到北大三十周年时，可与世界著名大学并驾齐驱。不料此时连校名都保不住。

十七、北大的民意测验

1929 年 1 月 22 日，北大校名改为"北平大学北大学院"。日本学生吉川幸次郎拿到的"北大学院旁听证"就是这一时期的。在北大人心中，北大改名后还是北大。3月5日早餐后，时为史学系主任的朱希祖，先后到陈垣、陈寅恪家，请他们兼任"北大史学系讲师"，又请了陈衡哲。他在3月8日的日记中说，"午后二时至北京大学访陈百年君"。

陈百年即陈大齐，北大心理学教授，此时任北平大学北大学院院长。

3月14日，朱希祖写信给陈百年，"辞去北京大学教授，以北大对人待遇不平。"当天午后，陈就来挽留。第二天，北大送来通知，有各系主任名单，还是要他主持史学系。17日，"北大选举教务长"，又选出评议员七人，他也在其中。21日上午他去陈大齐家，答应取消辞职，"并允就北大组织委员会长及财务委员会委员"。[97] 此时北大校名还未恢复。

直到6月27日，北平大学区制正式取消，下午，北大学生会悬旗庆祝北大复校。次日，《大公报》刊登新闻《北大恢复》。（另一说法，7月9日，蒋介石到北平，听了北大学院院长陈大齐的陈诉，说了一句："地名虽然改了，学校还应该用旧名字。"）7月14日，北大学生会发出《北京大学复校宣言》。

8月，北大学生会、全体教职员分别致电蔡元培，请他长校。9月16日，国民政府果然任命他为北大校长，未到校前由陈大齐代理。但他始终没有到校。

自"三一八"以来北大的变化可谓大矣。刚回到燕京大学不久的顾颉刚在6月7日的日记中感叹，他与一批北大女生来往已有六年，"嫁者嫁，死者死，亡命者亡命，此一二十人中，今日留平者不过三数人耳。转瞬暑假，渠等亦毕业矣。"9月21日，陈大齐登门邀他任北大教职，他以北大党派太多、攻讦太甚而婉言谢绝。[98]

当年12月，北大迎来31周年校庆，举行了一次民意测验，从12月16日到18日发出一千九百多张测验单，收回571张，其中96%是学生，99%的人年龄在20岁到26岁，99%是男性，基本上可以代表北大学生的看法。测验的题目共19道，答案公布在12月24日的《北京大学日刊》上。

当时正值北伐之后，南京国民政府建立不久，国内仍在不断的纷争和内战中。第一个问题：这次内战有革命意义吗？回答"没有"的占235人，回答有的只有 13 人，多数人没有回答。第四个问题"革命军与军阀的区别是什么？"回答"没有区别"的 107 人，回答"革命军安民军阀扰民"和"革命军救国军阀亡国"的有 97 和 51 人，两者合在一起要比前一个答案人数多。第五题"现在中国握有兵权者，哪个不是军阀？"回答"都是军阀"的 138 人。第八题"最适宜于中国的主义是什么主义？"回答"三民主义"的 179 人，"军阀主义"的 16 人，"重商主义"的 11 人，"共产主义"的 7 人，"无政府主义"的 4 人，"法西斯主义"的 3 人，"重农主义"的 1 人。第九题是"现在的政治家你最佩服的是那一个？"回答是"汪精卫"的人最多，有 97 人，其次是意大利的莫索里尼，有 53 人，阎锡山有 19 人，蒋介石只有 11 人。

在 1929 年冬天的中国，在北大学生眼里，汪精卫的影响在蒋介石之上，三民主义在青年学生中有一定吸引力。蒋的个人权威在年轻一代学生心目中尚没有树立起来，他在北大的演讲没有受到热烈欢迎也可想见。

第十题"现在的文学家你最喜欢的是那一个？"回答鲁迅的人最多，有 82 人，其次郭沫若有 75 人，凌叔华 27 人，谢冰心 26 人，郁达夫、周作人 9 人，蔡元培 8 人，陈独秀 2 人，张竞生 2 人，林损 1 人。第十一题"现在的思想家你最崇拜的是那一个？"选"陈独秀"的 39 人，选"胡适"的 27 人，选"吴稚晖"的 11 人，选"冯玉祥"的 2 人。大部分人没有回答这个问题。而在 571 人中，选择他们的不过是小部分人。

第十二题和十三题是关于北大的，回答最为踊跃，各种答案也最多样化。"北大最大的缺点是那一样？"回答"无大规模图书馆"的有 139 人，"未能接收景山作校园"的 93 人，"无好教授"的 81 人，"名不符实"的 60 人，"自大"的 58 人，"学生好出风头"的 41 人，"组织散漫"的 34 人，"恋爱不用公开"的 11 人，还有 1 人的回答是"听差横"。第十三题"北大最大的优点是那一样？"回答"规模宏大"的 123 人，"书多"的 117 人，"自由"的 75 人，"有革命精神"的 64 人，"学生军好"的 47 人，"有花王"的 30 人。第十七题"你对北大这次纪念会批评怎样？"回答"规模大"的有 71 人，回答"好"的 24 人，"用钱太多"的 10 人，"劳民伤财"的 2 人。这大概代表了当时学生对北大的种种不同认识。

自 1927 年以来受京师大学时代的摧残，北大学生锐减，近几年毕业人数不及 1924 年的三分之二。《北大学生前后之统计》历次毕业 3822 人（其中优级师范生 303 人），在校学生 1239 人。本科毕业生 1924 年最多，1922 年次之，1923 年又次之，1919 年五四运动以后，实为北大全盛时期。[99]

1919 年前后那几年，北大站在主动的地位，引领思潮，走在了时代的前面。1923 年之后，北大渐渐被时代所裹挟，落在整个时代的困境当中，"五卅""三一八"以来的遭遇，一直是被动的，面对北伐造成的新政权，同样是被动的，改变北大的处境，就是回到学术本位。这一点，陈大齐在《北京大学卅一周年纪念刊》上发表的《我们今后的责任》说得很明白：

"本校要想保持过去的光荣，并且发扬而光大之，唯一的方法只有在学术上努力做出些成绩来……大学的职务本在于发扬学术"。

这也是蒋梦麟的意见，他认为中国目前必须建一学术重心。

十八、王云五策划《万有文库》

顾颉刚北大毕业后，1922 年进商务印书馆当编辑，1923 年 4 月 29 日，他给马裕藻写信，对商务馆有诸多不满："在馆五月，觉得虽是承担编辑的事，却与学问无关。馆中主持的人，一方面逼人努力出货，一方面禁止人家的读书研究。在他们想，做了研究就迟了出货；而在我们想，没有研究便无从出货。这两个抵牾的观念，使我感受到在馆服务甚是乏味的事。"[100] 在给胡适等人的信中，他也有这样的抱怨。

他在商务馆编过《新学制中学国文课本》，和王钟麒合编过《现代初中本国史》上下册，开篇不提盘古，对三皇五帝只是略叙其事，加上"所谓"，表示并不真实。（此前夏曾佑编的《最新中学中国历史教科书》也把三皇五帝时代称为"传疑时代"）他和史地部主任朱经农谈过，朱说："现在的政府大概还管不到这些事罢，你只要写得隐讳些就是了。"

等到国民党在南京建立政府，有人指控《现代初中本国史》"非圣无法"，要查禁此书，戴季陶说："中国所以能团结为一体，全由于人民共信自己为出于一个祖先；如今说没有三皇、五帝，就是把全国人民团结为一体的要求解散了，这还了得！"又说："民族问题是一个大问题，学者们随意讨论是许可的，至于书店出版教科书，大量发行，那就是犯罪，应该严办。"话传到上海，商务印书馆几个主事人大为发急。张元济赶到南京，与吴稚晖商量解决办法。当时国民政府的处罚很严厉，说："这部教科书前后共印了160万部，该罚商务160万元。"商务馆请吴稚晖出面说情，免了罚款，只是禁止发行，了结此案。

顾颉刚感叹，这是自己为讨论古史在商务馆所闯出的祸，也是中华民国的一件文字狱。[101]

1929年3月19日，他听说《现代初中本国史》教科书已由教育部行文各省教育厅，禁止采用，各学校已接到令文。几天后（3月22日），他遇到王云五，为此表示歉意，说因中山大学同事攻击他个人之故，殃及商务馆。王云五说："此事是多方面的，商务营业既大，为他书肆所忌，而此书尤畅销（每版五千，已五十版），一方面也。对于大学院之攻击，又一方面也。中山大学之事，不过一方面而已。非其主因也。"又说"商务有此事，亦甚荣耀"。

5月16日，他在当天的《新晨报》看到"严重反动教科"的新闻，"事历数月而忽然见此，其吓我耶？"

9月15日，他接到梁漱溟来信，得知教科书被禁出于山东的参议员王鸿一提案，执笔的陈亚三也是北大同学，与梁漱溟和罗常培无关。[102]

这年秋天，王云五筹划的"万有文库"开始印行（到1934年共出1010种2000册，为第一集，到1936年又印700种2000册，共出了1700种，

4000 册，合计 2 亿 4 千万字）。

王云五到商务馆后，聘请大量专才如竺可桢等，创"各科小丛书"，陆续出了三四百种，他想在这个基础上将"汉译世界名著""国学基本丛书"也包括进来，最初拟凑一千种，叫"千种丛书"，后来觉得还不足，定名为"万有文库"，目标是万册，约 6 亿字。

1928 年，42 岁的王云五雄心万丈，"要使任何一个个人或者家庭，以及新建的图书馆"，都能方便地建立起基本的收藏。在商务馆的高层会议上，张元济、高梦旦等赞成这一空前之举，但也有人担心首印多了，最后接受王云五的提案，首印 5000 套。

自 1929 年 7 月开始预约，360 元一套，3 个月内效果不佳，这个计划几乎夭折。1928 年银行家钱新之出任浙江省财政厅长，在整顿财政时，"相沿下来的一笔陋规，原可归公，但亦不妨由私人利用；如能用以举办一项公益，实最适当"，偶尔得知"万有文库"预约，要来了目录和样张，这笔钱按预约价可订 70 多部，全省各县都可赠一部，商务馆以优惠价给 80 多部。王云五迅速拟订"集体预约办法"，特别优惠，让各分馆联系各地教育厅和其他机构，很快订购就有了起色，突破 6000 套，接着到了 8000 套。

东北易帜之后，张学良也要预定一套"万有文库"，给商务分馆写信称，"敝人拟定《万有文库》"，并提出一个要求，希望能专门为他另外定制套布面精装的，并将他家的族记烫印上去，一切额外费用由其承担。他用商量的口气说："能否如此办法，或请商诸总馆。"此事成了新闻，被当时的《上海画报》报道出来。[103]

1929 年 6 月 2 日开馆的四川省大邑县图书馆，收到了刘湘、刘文辉等人捐献的藏书和新购书籍，其中就包括"万有文库"。[104]

1930 年 3 月王云五正式出任商务馆总经理后，前往日、美、英、法、德、比等国访问。6 月 1 日，《纽约时报》发表评论《为苦难的中国提供书本而非子弹》，对"万有文库"（本纪元世间还未有过的最大规模的图书）和王云五的贡献赞誉有加：

当中国的军阀们用数以千百万计的民脂民膏从事于个人权力的维持与扩张的赌博时，一位卓具才华的中国老百姓却以巨大的资财为中国人民教育的普及而赌博。这位勇敢的人物就是王云五先生。……

王先生的巨大赌博已经赢定，它不是为他个人增加分毫财富，而是出版了一部称为"万有文库"的巨著，这部巨著共二千册，不仅囊括了中国历史典籍的精华，而且将世界各国的文学、历史、哲学、诗以及科学著作译为现代的中国文字，悉数纳入。

……王先生所领导的公司主要并不在牟利，而在使中国的教育的机会更容易，费用更低廉，这确是解决中国重重灾难的基本途径。

在"万有文库"第一集一千种书中，有一册董之学的《各国民权运动史》，原是"百科小丛书"之一，1930年10月初版，介绍了英国、美国、法国、德国、俄国、日本和中国的民权运动史。在"万有文库"中，这只是一本很不起眼的小册子，不过116页，而一本书的力量真是难以估计，没有人会想到多年后这本小书将成为一个名叫林昭的北大女生心爱之书，她从中汲取精神资源，找到了追求的方向。1962年8月她开庭时交上的这本书也被作为"罪证"，列入了起诉书，她在狱中写下的起诉书批注及给《人民日报》编辑部的信中曾两次提及此书。

这本书对于中国民权运动史的概括突出了孙中山的革命这一路径，忽略了晚清立宪运动这条路径。对俄国十月革命后的介绍也是雾里看花，有许多不准确处。但是，作为一本介绍世界各国民权运动的简史，它还是提供了一些基本的史实和线索，比如对日本、英国的介绍。

在这本书的《导言》中，作者指出，民权运动的方向和对象是相同的，都是反对专横。要求民权的，同时须要求民主政体，以确立人民的统治权，使人民参加实际政治，然后民权才有比较可靠的保障。要求民治的，也要求人权，然后其生命财产乃得不受非法侵蚀。两方面其实是不可分开的。从历史上看，商业和工业是民权运动的两大原动力。13 世纪英国商业勃兴导致市民阶层崛起，1914 年前因工业发展工人队伍扩大，德国专制政府也不得不向工人领袖有让步，以及英国工党在 1929 年的选举中获胜，都可以为证。

1930 年，商务印书馆的营业额超过 1200 多万元，1931 年达到了 1438 万元。

十九、定县实验报道

《大公报》复刊不久，1926 年 10 月，晏阳初和中华平民教育促进会总会选中了距离北京约五百里地的河北定县，作为他们推行平民教育理想的实验中心，有 62 个村成为乡村实验区。陆续来到定县的除耶鲁大学出身的晏阳初，冯锐是美国康奈尔大学农学博士、瞿菊农是哈佛大学教育学博士、冯梯霞是康奈尔大学博士、李景汉是哥伦比亚大学社会学博士、刘拓是美国艾阿华大学博士、汤茂如是哥伦比亚大学教育硕士……一批受过最好教育的留学生，真正下乡与农民生活、工作在一起，不是体验式的，而是扎下根来。自"五四"时代喊出"回到农村"、"回到民间"的口号以来，这还是第一次。

到 1929 年 7 月，晏阳初举家迁居定县，平教会总部虽还在北平，实际上全部重心多移到了定县，北平总部反倒像个通讯机关。他们把目光从都市转到乡村，切实做改造乡村的工作，为大多数农民解决切身问题。这个极可喜的现象引起了胡政之、张季鸾的重视，这年 12 月 21 日，初出茅庐的记者徐铸成受命到定县采访，第二天清晨见到汤茂如，跟他说："平教会以前的工作，多在城市的，后来感觉到要解决中国平民教育，非从乡村下手不可，因此决定觅一试验区，用全力试验了数年，等有了可靠的成绩，再推行于全国。经过几度考察，觉得定县比较最适宜。"

当他们初来时，只能在翟城村的一个破庙落脚，日间外出向村民宣传生计改良等，慢慢赢得信任，先是给他们几亩公地试验，一年后收成的棉花和玉蜀黍确比村民种的又大又多，农具也轻巧，再交给他们 48 亩公地，成立农场，向邻近各村推广，平民学校渐次办起来，并在 62 个村开始作极精密的社会调查。三年来，表演平民学校、育才学校、平民师范学校、平民问字处、平民图书馆、阅报所、游行演讲团相继出现，仅表演平民学校就有 40 多处，经常举行的平民教育运动会、成绩展览会也引起乡民的兴趣。猪种、鸡种、羊种、棉花和玉蜀黍等的改良，各种农具的改进……都在进行。社会调查也有了眉目。平教会还有更久远的计划，要一步一步推动。

平教会试验区办事处在县城中心的旧贡院，大门前刷着极大的六个字："除文盲"、"作新民"，两边是"我们要有科学的头脑"、"我们要有农工的身手。"进门，两旁是小规模的铁工厂和木工厂，专为计划和建造改良农具。后面是平民师范班的教室和宿舍。最后面是个极破败的大殿，过去驻扎兵队时作为马房，他们花了很少的钱一改造，居然成了壮丽的三层大楼，下层是图书馆，藏书很多，二层是调查部，二十多个工作人员天天在那里整理各乡村调查的结果，第三层是平民文艺科和艺术科，编制平民读物和各种宣传品，平民千字课和各种挂图从这里源源不断地出来，仅已编成的各种浅近的小说和各类文艺读物，就有一二百种。

让记者最感兴趣的则是社会调查表，费了二年，已整理出大部分，冯梯霞、李景汉先后主持的这个调查，把乡间哀哀无告的乡民的疾苦，用数目字表现出来了，通过整理出来的二百多张调查表，定县乡村的社会经济生活和风俗习惯教育情况，乃至乡村的需要和急切应改良的和应提倡的，几乎可以一目了然。从土壤的分布、人口的统计到男女结婚年龄的统计、婴孩死亡的统计、文盲和半文盲的统计……平常在书本里看到统计文章便讨厌的徐铸成，这次看了，差不多没有一张不引起兴趣，汤茂如在旁边一一为他解释。调查中最惊人的是，有五个村五年中生的 383 个婴孩死了 107 个，几占三分之一，原因是女子结婚年龄太小，接生婆太缺常识，调查结果出来，平教会的健康教育科和当地合作办一个产婆训练学校。他还看到，在调查的 62 个村三年来花在迎神庙会上的钱，达五六万以上，而教育经费反不及此数。他说，这实在是一个极有兴趣的比较统计。

冯锐主持的生计教育已有两个试验农场，他在那里看到五百多斤的大猪，也看到瑞士乳羊，美国引入的力行白鸡，产卵多，鸡身又大。听说仅改良鸡种一项，普遍之后，定县全年的生产费可以增加 140 万元。当地最大宗的农产是高粱、棉花和玉蜀黍，他们努力选种的也是这几种。试验农场的目的也是能推广大到农民间去。三年下来，当地农民多已明确的认识平教会是他们最密切的朋友。

短短几天，徐铸成感到，定县试验区办事处差不多已成了一个小小的新村，生活极简单，有规律，而极富有兴趣，有极简单的运动场、小小的医院、简单的图书馆。那两天，他正好赶上圣诞节联欢会，由基督徒发起，邀请非基督徒参加，有茶点，有各种游艺。平教会办事处每星期开两次读书会，报告读书心得，他也参加了一次。定县所见，让他看到了一种希望。过去他认为，用教育和社会下层改良的办法来救垂危的中国，太纡远、太空泛了，现在他相信这才是"最前线之革命工作"，政治上的革新运动，如果没有下层多方面的奋力改进，将完全失掉意义。像平教会这种试验工作，一步一步虽走得很慢，但进一步便是一步，得一分便是一分，决不是任何武力和政治力量能够企及的。

徐铸成寄回的通讯《定县平教村治参观记》，从 1930 年 1 月 8 日到 12 日，在《大公报》连载了 4 天，没有署名。（不过《国闻周报》全文转载这篇通讯时，署上了"徐铸成"的名字。）1 月 10 日，还配发了胡政之执笔的社评《定县之平教与村治运动》，呼应记者来自一线的报道。社评提供几点思路都很有见地，一是切望主持平民教育和村治运动者，时刻不要忘记自己就在民间中间，并非超越民众之外，让民众在不知不觉中受感化，而逐渐改造其精神生活和经济生活。二是定县试验全年费用 16 万元，这是其他地方不能效仿的，希望定县所做的不是用巨款"强立一其他地区不可能的模范事业"，而是由此寻出一条路径，以供全国新建设之用。三是要想实现真正的民主政治，非培养民众的政治知识和能力不可，平教会虽将公民教育列为三大目的之一，而实际实施似还没有顾及，这是一个缺憾。

定县在改变，而广大的农村还处于一种什么样的状态？农民的生存境况到底如何？当年 10 月，中原大战刚结束，《大公报》即把目光转向贫穷、落后的农村，这是一般报纸向来不关注的。第一步选择河北南部各县，派出旅行通讯员深入调查真实情况，并不吝版面逐日披露。

河北南部不是战地，也不是战区，论历史开化最早，论现在也该属于小康。可是通讯员发回来的调查报告，却让读者触目惊心。生活在中原文明的核心区域，农民集体迷信归依于所谓红枪会、白枪会、黄枪会、黑枪会、绿枪会、花枪会、孝衣会、孝帽子会、篮子会、九公会、八卦会、真武会……形形色色，名目繁多，覆盖面极广，哀苦无告的百姓跟从所谓传法师或代传法师者，读老本咒、止血咒，学什么分身法、土遁法，一县之内入会的几乎占到人口半数。更邪门的是在河北南北、河南北部一带，秘密盛行一个"邪门教"，组织中有帝皇和正宫、西宫之称，等级有尚书、侍郎、状元、榜眼之类，穿红衬衣、戴黄臂章，教义则不详。不要简单地笑话这些同胞大众愚昧，他们之所以迷信，也是出于不得已和无聊赖。人类的本能就是求生，多年来政局动荡，匪患不宁，匪民不分，他们迷信，他们参加这些什么会、什么教，出于恐惧、出于自保，无不是求生存的挣扎。衣食不保，苛捐杂税却少不了，最可怕的刺激性的娱乐在乡间横行，海洛因变成红绿黄灰白的五色金丹，土娼跋扈、梅毒流行，成为乡间的特色。这一切足以令人生出文明衰亡之叹。

11 月 1 日深夜，张季鸾写下社评《中国文明在哪里？》：

中国政治为都会政治，一切主义政策，皆都会之主义政策……要以都会生活为其背景，至于全国数百万方里中百分之九十以上大多数同胞之真正生活状态如何，则大抵茫然无所感知……

从冀南数县的调查，实已不胜文明衰亡之痛，此地还算是全国较为完好无事的地区，其穷且乱如此，人民失教如此，社会风俗的蒙昧退步如此，那么战区又如何？长江共祸、西北奇灾之地又如何？

所以他少有地喊出了"中国文明在哪里？主义政策在哪里？"

二十、中原大战的独家报道

张季鸾会客，是他获得新闻的途径之一，更是撰写社评的重要灵感来源。从下午起，他就不断会客，常到深夜客散才动笔。1927 年 2 月 20 日，吴宓到天津，与他谈起近期回陕西的见闻，第二天，一篇《西安归客谈》即出现在报纸上。当年 12 月初，以文学才能自负的吴宓给他写信说，以他的政治见地和自己的文学水准同编一报，则珠联璧合，声光不可限量。1928 年初，吴宓主编的"文学副刊"即出现在《大公报》上，持续了多年。当时留学巴黎的年轻女作家陈学昭也被他们聘为驻欧特派记者，每周发回一篇稿子，触角伸向了遥远的法国。

《大公报》从复刊之初日印二千份，到 1928 年底有了 12000 份发行量。最初连剧院广告都要派人去门口抄，免费刊登。至此广告经营也渐有起色，月收入有 3200 元。1928 年 2 月 25 日，张耀曾发现《顺天时报》涉及他的不实报道（所谓"奉桂妥协，张耀曾奔走最力"），也想起《大公报》，第二天就给张季鸾写信，"嘱其注意顺天之谣言，代为相机说明"。[105]

张季鸾、胡政之用心办报，可以说倾注了全力。吴鼎昌也几乎天天到报馆来，还不时动手撰写社评。

张季鸾说，"我的注意力只花在第一张上，自己看了还可以。以下的各版，就不足观了。"

当时《大公报》日出三张，要闻两版都在第一张。要闻版的主要标题由他来写，1929 年春天，桂系与蒋介石闹翻，战争一触即发。矛盾虽由来更久，却是由桂系控制的武汉政治分会 2 月 22 日将湖南省主席鲁涤平免职而引发。政治内幕复杂，新闻头绪纷繁，3 月 4 日夜里，专电到达，他写了一个大标题"洞庭湖掀起大江潮"。让徐铸成钦佩不已，一句话就把"山雨欲来"的混战形势，一针见血地点出来了。[106] 从 4 月 14 日的社评《桂系失败之教训》来看，张季鸾已偏向蒋介石，逐渐认同他为"中心势力"——

"在民主的组织未完成以前，维持国家，端赖有中心势力。吾人由此意义而赞成国民党之一党专政。"

接着，冯玉祥又遭挫。5 月 28 日，《大公报》刊出专电"中央不血刃而定河南。冯复阎即日下野，阎催定行期。"7 月，初出茅庐的徐铸成被派往太原，临行前，张季鸾嘱咐他了解新闻要全面，要细心区别哪些新闻可以发表，哪些可通电报，哪些只在通讯里顺便带几笔就可。此行的主要目的是摸摸阎、冯关系的底细，反蒋大局势近期能否形成？他通过张季鸾的老关系李书成等人，不断发回各种电讯、消息，受到张快信表扬。特别是通讯《晋祠访冯记》《政讯沉寂之太原》《闲静之晋祠》《太原与晋祠》等，有些看似闲笔，实在不经意间透露出不少重要信息。年末，听说阎、冯关系恶化，他再往太原，在风雪中到五台见到了冯玉祥，写出了轰动一时的通讯。[107]

1930 年 3 月，张季鸾私下找他说，太原方面可能最近要发生新的变化，要他再度前往。他凭直觉感到冯玉祥已离开太原，并得到证实。冯 3 月 9 日悄悄前往潼关，当时这是个秘密。太原电报局的新闻电、商电都要经过检查。他通过一个发报员关系，发了一个普通商电："天津四面钟对过胡霖表兄鉴：二舅真晚西逝。但请勿告外祖，以免过悲。寿。"

大战在即，尚未揭幕，张季鸾收到此电，不好明说，却在 3 月 12 日要闻版的头条新闻前，用五号小字登了一行消息："据太原来人谈，冯玉祥从 11 日起，不见客。"埋了一个伏笔，不加任何说明。三天后，消息就揭开了。[108]

3 月 14 日，在潼关军中的冯玉祥早晨 5 点起来就读《大公报》社评，可见有多么重视。

中原大战在即，4 月 23 日，阎锡山掌控的北平警备司令部交际处约谈《大公报》，说他们的言论偏袒蒋。次日刊出《本报特别启事》，郑重声明："查本报自有其历史，同人自有其人格，独立营业，海内共知，贿赂津贴，向所不受。故北平当局所得报告，纯非事实……袒蒋不知所措，攻阎更所未闻。本报近在南方全被扣留，又于北平将遭干涉，国乱政纷，自由扫地，言之可叹……本报绝不变其独立公正之立场，决无受任何方面贿赂津贴之情事。"

4 月 25、26 日，《大公报》接连发表社评表达自己的独立立场。《诉之公众》重申"不卖"的宗旨，"对于威吓利诱，不屈不挠，固不敢立异鸣高，亦不屑迎旨取容。至于本报事业前途如何，则深信社会公众同情，能使吾报成长发达于过去者，终能以公道正义，保障其将来。"《对于言论自由之初步认识》表示："言论界本为国家应有的一种独立的职业，并非天然应为治者之应声虫"，"言论界有主张批评之自由"。

《大公报》没有前线记者，却不断有前线的消息，原来胡政之交代孔昭恺找老朋友、平汉铁路局警务处长鲍午桥要消息，铁路沿线每天都有自备电报报告消息，常有战事最激烈的河南的消息，以"本报特讯"登出来，不说来自北平，可说是一次"远距离"军事采访。[109]

胡政之回忆，时局紧张时期，往往凌晨二点后接到北平电话，还得抽换社评，另写一篇。向来体质很弱的张季鸾常常通宵工作，深夜会客，等客人去后才执笔写社评，排字房的工友等在面前，每写几百字就先付排，全文还没写好，前面的已先排出，自校自改，通篇完成，各分段落，一气呵成。徐铸成、孔昭恺都曾目睹这一场景。

胡政之也经常亲自出门采访，东北就去了多次，当中原大战最紧张之际，

9 月他再度出关。张学良的态度关系战争的胜负。事前和张季鸾约定，如张决定拥蒋、出兵干涉，即发回一电，"请速汇款五百元"，如入关袒护阎、冯，则电文为"请来款接济"。[110]

9 月 17 日，张学良向他透露次日通电入关深夜的消息，《大公报》在次日要闻版头条独家刊出专电《东北对时局态度揭开 根据三月东电呼吁和平》时，张学良劝告各方罢兵、静候中央处置的通电才发出。19 日，《大公报》详细披露张学良通电发出前跟本报记者的谈话，张表示，自己只是站在中间而偏向南方而已经，也不尽与南京的期望吻合，决不为落井下石之举。

大战既定，胡政之于 11 月 9 日南下，到南京走了一趟，不仅发回专电，还有通信《新都印象记》从 11 月 15 日到 12 月 5 日起陆续见报。此行是他第一次见到蒋介石，发现蒋状极谦和，说话很少，而听话颇凝神注意。蒋一见面即莞尔笑说："战事告终，今后建设，端赖全国智识阶段，群策群力，共谋进行，报界亦与有重责也。"他提及，"今日急迫应办之事，莫过于剿除'匪共'。""'剿共'之事，军事与政治宜并重"。蒋完全同意，称自己不日将亲往汉口。陈布雷告诉他，蒋乃刚毅木讷一路人，平常沉默寡言，今天说话之多，并不多见。他观察蒋的会客室极简朴，既无旧日军阀穷奢极欲之气象，也没有多少时髦阔人欧式生活的痕迹。客室后面，时见女佣往来，可以想见居处的偏仄。与立法院长胡汉民会见时，他也发现起居之俭朴简单，似更在蒋之上。

12 月 4 日，《大公报》社评《剿共清共之基本工作》指出："共匪势力之养成，完全由于政治关系，故剿共清共之基本工作，不在军事而在于政治。政府果欲收剿匪之大功，宜更于军事除外，就党务、行政、生计、教育彻底计划，庶乎军事易于奏功，善后得期实效。"

然而，"剿共"并不顺利，"不在军事而在于政治"的策略也很难推行。没多久，《新闻报》记者陶菊隐兼职替《大公报》写"汉口特约通信"，就隐约透露了"剿共"军事上的失败，13 月 30 日，十八师师长兼前敌总指挥张辉瓒在江西兴国和吉安之间的龙冈全军覆灭，被俘半个月后，"有木板一方，由赣江上游漂流而下，上载一首级，血肉模糊，旁有字曰'张辉瓒首级'。"当张归葬湖南岳麓山时，有旧部送上挽联："感公知己十年前，闻道没全师，天涯欲祭疑公在；受命专征千里外，伤心问忠骨，江波无语载元归"。徐铸成记得，张季鸾顺手钩了一个小标题："江声【波】无语载元归"。

二十一、蒋梦麟重返北大

1930年1月7日，北大学生会得知蔡元培辞北大校长职，致电教育部挽留。

9月24日，蔡元培的辞职获准。一个月后，教育部回复北大教职员："大学校长不得兼职一案，实为整顿大学教育唯一要图，在大学组织法，早有规定。"蔡元培既是国府委员，不能兼任北大校长。

12月12日，蒋介石签署手令："蒋梦麟为北京大学校校长。"

12月18日《北平晨报》发表文章《北大三十二岁了》。重回北大的胡适在演讲中说："愿今日下种子，不独恢复北大光荣，且发扬而光大之……22日蒋先生来平回长北大，今后不独恢复北大过去之光荣，且建设未来之光荣。"

12月23日，蒋梦麟到校，在欢迎会上说：

"今天兄弟有说不出的感情，因北大系余九年服务之学校，中间离校四五年，但对于学校，靡时或忘，兄弟三十余岁入北大任职，四十余岁出北大，青年最好之光阴，完全消磨于此校……我为人，并非神，因环境关系，他人所做不到者，余亦做不到。但愿以我之精力能力用在北大，凡北大之事，均须顾问。北大以外之事，均不问讯。至于改良计划，现尚非谈论之时，不知病源，不能开药方。故兄弟不愿唱高调，但须切实办学。

北大以前宗旨在养成健全之个人，但无合作习惯，今后一方继续发展个性，他方须养成合作之习惯。余拟留意同学活动及组织，希望北大同学毕业后，均为社会国家有用之才。现北大最感困难者为聘请教授，经费问题次之。以前全国人才集中北大，大学不多，且未整顿，故北大易聘优秀教授。"[111]

蒋梦麟重返北大，胡适、傅斯年都想帮助他革新北大，最大的困难就是经费，当时北大各项设备的价值都已远落后于国内各大学，而且教授薪俸太低。

1931 年 1 月 8 日，傅斯年跟朱家骅长谈，主要是关于北大本年向中英庚款董事会申请补助的事，朱一开始表示平津一带不愿多放款，北大范围太小等，他一一详为解释，"惟其平津局面如此，更当资助，以系人心，特别是北大。北大乃开明主义之寄象，在此时中国，乃惟一之炎星，后来无论动与不动，终当大有贡献。"最后朱答应如北大请款，必可补助。第二天，他给蒋梦麟、胡适写信，"如请款，不可少请，最少十万，二十似亦无不可。"[112]

当月，经顾临提议，中华教育文化基金会通过与北大合作研究特款办法，每年捐助北大 20 万，北大再出 20 万，5 年中合计有 200 万专作提高学术研究之用（包括设立研究讲座、助学金和奖学金、购置图书仪器及其他相关设备等）。1 月 14 日，《申报》及时报道了中基会资助北大革新事业的消息。

4 月 28 日，《京报》刊登蒋梦麟有关"整顿北大"的谈话：

> 一、教授薪金全数不得超过 50%，现在占了 70%，教授钟点过多，且在他校兼课，今后拟减少钟点，提高教授待遇，绝对限制在外兼课，使教授有充分时间，研究学问，富藏高深学问之储蓄。二、各学院平均发展，都有革新的必要。
>
> 如既不提高教授待遇，又不充实图书馆，则全国高等教育毫无办法。欧美有百年以上之大学，而中国年龄较高之北京大学，仅有三十余岁，现在如不整顿大学，待工商业发达后，需要各种人才，而大学不能供给国家之需要，则危险殊深。

他在南京和蒋介石说到限制教授在外兼课，蒋对此非常赞成。因为限制兼课要得罪人，蒋嘱他不必过虑，只要减少钟点，提高待遇，就有办法。

5月13日，蒋梦麟着手整顿北大各学院，拟暑假后各学院请专任教授若干人，月薪600元到1000元不等。依其所任的课目与钟点，而酌量其数量之多寡，已非正式的征求被聘者的同意。

从这一年起，北大实行教授专任制，在他校兼课不得超过4小时，超时的只能聘为讲师，闻一多、向达、唐兰、顾随等人在北大都只能做讲师。请与北大有渊源的名学者（如钱玄同、沈兼士等）为名誉教授，回校兼课是蒋梦麟的独创。[113]

当年7月，北大与中基会签署合作办法，共同组织"合作研究特款顾问委员会"。助学金名额全校暂定15名，每名每年200元，为补助成绩优良学生之用。奖学金分两种，甲种2名资送有研究成绩之学生，往国外继续研究之用。乙种15名，每名每年600元，为津贴各系有研究成绩之学生，在本校继续研究之用。研究教授的年俸，自4800元至7200元不等。此外每一教授，每年应有1500元以内之设备费。研究教授，每周至少授课6小时，并担任学术研究，及指导学生的研究工作，不得兼任校外教务或事务。（中基会给北大助研讲座9人和专任讲授15人。）

1931年1月31日，傅斯年、胡适动员顾颉刚来北大专任教授，月薪450元，还想让他当史学系主任。但他考虑"北大实是非之场，能不去时总不想去"，只答应在北大兼课。[114]

二十二、"中国最好的报纸"

1931年1月24日，顾颉刚从南方回到北平，翻看积了一个月的《大公报》，当天在日记中说："大公报，为北方最好之报，虽在天津而畅销北平。"这次南下，周予同、谭惕吾也都说《大公报》好，他在南京喝茶时也买到过此报，认为在南方也畅销。感叹："出其言善，千里应之"，不虚也。[115]

2月11日，下野的冯玉祥在日记中说，"不看新书、新报如何不落后？须赶紧设法去购买"，首先想到的就是《大公报》。2月14日，他看到《大公报》上登的江西苏维埃银行钞票像中有马克思和列宁，感慨地说："二人的势力日涨，私有制度恐不久要打倒矣。"[116]

5月22日，《大公报》满一万号，出了6大张"纪念特刊"，共24个版面，蒋介石、张学良、胡汉民、白崇禧等政要将军，胡适、蒋廷黻等学者名流，乃至各国政要名人纷纷发来贺词，此时，《大公报》日发行超过5万份，每月广告过万元，已是举国舆论的重镇，蒋介石称之为"中国第一流之新闻纸"。胡适的贺词《后生可畏》一语中的，说出了《大公报》成为"中国最好的报纸"的原由，"不过是因为他在这几年之中做到了两项最低限度的报纸职务：第一是登载确实的消息，第二是发表负责任的评论。"

当天，由张季鸾执笔的社评《大公报一万号纪念辞》重申"四不"方针，特别是不盲（不盲从、不盲信、不盲动、不盲争），他以为舆论之养成，并非偶然，"必也集全国最高智识之权威，而辩论，而研究之，最后锻炼而成之结晶体，始为舆论。依此舆论而行之政治及社会事业，始能不误轻重缓急，不入迷途。国家果有此等舆论，始可永免内乱，可不受障碍而迈进。"

到阅报室读《大公报》，几乎是清华大学历史系学生夏鼐每天的必修课，副刊、评论都有吸引他之处，在他的日记中不时留下痕迹。这年9月1日他在日记中说，"今天《大公报》发起救灾日运动。今年的水灾是近年来所未有的，尤其因为发生在武汉、皖、苏等交通便利消息灵活的地方，更容易引人注意。《大公报》差不多大半登载水灾的消息，然而像去年甘陕的旱灾，恐也未必轻松，托福于消息的不便利，吾们只能模糊的知道一点儿，因而也不能怎样大大地打动我们的心。"[117]

《大公报》向来重视灾情报道，陕甘旱灾也曾大篇幅报道，可能夏鼐未怎么留意。

注:

1、曹伯言整理《胡适日记全编》3,安徽教育出版社 2001 年,737—738 页。

2、《学生杂志》1925 年 5 月 5 日,转引自吕芳上《从学生运动到运动学生》,中央研究院近代史研究所 1994 年,424 页。

3、《许君远文存》,台北秀威出版公司 2009 年,323、326-327 页。

4、蒋梦麟《西潮·新潮》,岳麓书社 2000 年,132 页。

5、《胡适来往书信选》上册,210、211 页。

6、《西潮·新潮》,136—137 页。

7、《胡适来往书信选》上册,207—208 页。

8、《顾颉刚日记》第一卷,630、658 页。

9、《学钝室回忆录》节录本,73 页。

10、《周作人日记》影印本中,大象出版社 1996 年,483 页。

11、《学钝室回忆录》节录本,78 页。

12、访问王聿均、纪录刘凤翰《汪崇屏先生口述历史》,九州出版社 2012 年,29、124、126、25、123、124 页。

13、《北京大学日刊》1924 年 3 月 4 日到 7 日。

14、转引自吕芳上《从学生运动到运动学生》,205—206、209、212 页。

15、1925 年 5 月 13 日,蔡元培给胡适回信,对于北大当确定方针,纯从研究学问方面进行,他"极端赞同"。《蔡元培书信集》上册,666、721 页。

16、1933 年 12 月 22 日,《胡适日记全编》6,257 页。

17、蒋梦麟《西潮·新潮》,125—126 页。

18、朱悟禅《北大二十五周年纪念日民意测量分析》,《新民国杂志》第一卷第五期,1924 年 3 月 30 日。转引自杨天宏《革故鼎新:民国前期的法律与政治》,生活·读书·新知三联书店 2018 年,404 页。

19、杨天宏《曹锟"贿选"控告的法律证据研究》,《革故鼎新:民国前期的法律与政治》,107 页。

20、《申报》1925 年 3 月 19 日。

21、《蔡元培书信集》上,668、670、672 页。

22、《顾颉刚书信集》卷一,250 页。

23、《胡适之对学潮之谈话》,1921 年 7 月 23 日,上海《民国日报》,转引自吕芳上《从学生运动到运动学生》,199 页。

24、《学钝室回忆录》节录本,75 页。

25、《顾颉刚日记》第一卷,673-674 页。《朱希祖日记》上,1929 年 1 月 27 日,中华书局 2012 年,126 页。

26、《顾颉刚书信集》卷一，426 页。

27、《申报》1925 年 9 月 11 日。

28、茅盾《虹》，《茅盾全集》2，人民文学出版社 1984 年，243 页。

29、《张元济书札》中，535 页。

30、转引《五卅惨案后的反英运动》，196-197 页。

31、（1925 年 6 月《东方杂志》第二十二卷 "五卅事件临时增刊"。

32、《胡适之先生年谱长编初稿》第二册，594—595 页。

33、周作人《知堂回想录》下，河北教育出版社 512-513 页。

34、《蔡元培书信集》上，722 页。

35、（《顾颉刚日记》第一卷，624-629 页。

36、李健民《五卅惨案后的反英运动》，28 页。

37、《北京大学日刊》1925 年 6 月 17 日，萧超然等著《北京大学校史》（增订本），173 页。

38、《现代评论》第二卷第卅九期，8—9 页。

39、《晨报》1925 年 9 月 10 日，《北京大学史料》第二卷 3，2418-2419 页。

40、钱普齐《张元济与陈独秀》，《出版大家张元济——张元济研究论文集》，467 页。

41、《学钝室回忆录》节录本，73 页。

42、陶钝《风雨北大》，《我与北大》，397 页。

43、王凡西《双山回忆录》，东方出版社 2004 年，14—15 页。

44、《北大教授继续努力关税自主运动》，《晨报》1925 年 11 月 3 日。

45、《北京大学史料》第二卷 3，2422 页。

46、《顾颉刚日记》第一卷，684 页。

47、陶钝《风雨北大》，王世儒、闻笛编《我与北大——"老北大"话北大》，401 页。

48、《顾颉刚书信集》卷二 253-255 页。

49、《学钝室回忆录》节录本，78—82 页。

50、《顾颉刚书信集》卷一，429 页。

51、江长仁编《 "三一八"惨案资料汇编》，北京出版社 1985 年，91 页。

52、转引自陈平原《北大旧事》，266 页。

53、蒋梦麟《西潮·新潮》，135 页。

54、《三一八运动资料》，人民出版社 1984 年，148-152 页。

55、上述两文都发表于 1926 年 3 月 28 日出版的《文学周报》第 218 期。

56、《 "三一八"惨案资料汇编》，174-176 页。

57、《顾颉刚书信集》卷一，149 页；卷二，343 页；卷二，256 页。

58、王凡西《双山回忆录》，17-18、20 页。

59、1931 年 3 月 20 日，《胡适日记全编》6，安徽教育出版社 2001 年，91 页。

60、王凡西《双山回忆录》，31 页。

61、《顾颉刚日记》1926年7月15日，768页。

62、《西潮·新潮》，148—149页。

63、《胡适来往书信选》中，中华书局1979年，373页。

64、《顾颉刚日记》第一卷，734、740、759页。

65、《学钝室回忆录》，93—94页。

66、《顾颉刚书信集》卷一197、454页，卷二228页。

67、《报人张季鸾传》，《徐铸成传记三种》，学林出版社1999年，56—57页。

68、《无我与无私》1938年6月，载《战时新闻工作入门》。

69、《我们有甚么面子？》，《国闻周报》18期，1935年1月17日。

70、王凡西《双山回忆录》，22、29页。

71、《吴鼎昌文集》，69、86页。

72、《顾颉刚日记》，807页。

73、陶钝《风雨北大》，王世儒、闻笛编《我与北大——"老北大"话北大》，409页。

74、《李大钊文集》下，人民出版社1984年，959页。

75、陶钝《风雨北大》，王世儒、闻笛编《我与北大——"老北大"话北大》，413页。

76、陶钝《风雨北大》，王世儒、闻笛编《我与北大——"老北大"话北大》，416页。

77、周作人《红楼内外》，陈平原、夏晓虹编《北大旧事》，400、410页。

78、《张元济书札》下册，1002、1031页。

79、访问兼记录：贾廷诗、马天纲、陈三井、陈存恭，校阅：郭廷以《白崇禧先生访问记录》上册，中央研究院近代史研究所1989年，75页。

80、张静庐《在出版界二十年》，上海书店1984年，126—128页。

81、《张元济书札》（增订本）下，1130、1132页。

82、《张元济书札》（增订本）中，745页。

83、《张元济书札》（增订本）下，1032、987页。

84、《张元济书札》（增订本）下，1147页。

85、《晨报》1928年3月31日。

86、张耀曾《宪政救国之梦——张耀曾先生文存》，法律出版社2004年，207页。

87、千家驹《七十年的经历》，香港镜报文化企业有限公司1986年，40—42页。

88、【日】吉川幸次郎著，钱婉约译《我的留学记》，光明日报出版社1999年，52-53、68、48、72页。

89、牟宗三《五十自述》，鹅湖出版社1989年，25—26。

90、【日】吉川幸次郎著，钱婉约译《我的留学记》，光明日报出版社1999年，72页。

91、《吴鼎昌文集》，230-249页。

92、《胡适日记全编》5，121—122页。

93、《胡适日记全编》5，155页。

94、《蒋介石在北大演说，欲国家健全须思想统一》，《京报》1928年7月18日。

95、陶钝《风雨北大》，王世儒、闻笛编《我与北大——"老北大"话北大》，428页。

96、《国立北京大学史略》，1933年印行。

97、《朱希祖日记》上册，中华书局2012年，138、141页。

98、《顾颉刚日记》卷二，290、325页。

99、《申报》1929年12月27日。

100、《顾颉刚书信集》卷二，12页。

101、顾颉刚《商务印书馆和我的史学研究》，《商务印书馆九十年》，商务印书馆1987年，297—298页。

102、《顾颉刚日记》第二卷，264、265、283、324页。

103、张伟《往昔岁月的图文写真——1925-1933年的《上海画报》，《老照片》第四十三辑，山东画报出版社2005年10月，124-125页。

104、吴宏远《民国时期的大邑县图书馆》，《老照片》第70辑，176页。

105、杨琥编《宪政救国之梦：张耀曾先生文存》，法律出版社2004年，226—227页。

106、徐铸成《旧闻杂忆》，辽宁教育出版社2000年，89、91页。

107、徐铸成《报海旧闻》，上海人民出版社1981年,148—149页;《徐铸成回忆录》，生活·读书·新知三联书店1998年，49页。

108、徐铸成《报海旧闻》，153—154页。

109、孔昭恺《旧大公报坐科记》，中国文史出版社1991年，13-14页。

110、《徐铸成回忆录》，52页，孔昭恺记得是"三百元"，14页。

111、《京报》1930年12月24日。

112、《傅斯年遗札》第一卷，中央研究院历史语言研究所2011年，345-346页。

113、陈平原《老北大的故事》，246页。

114、《顾颉刚日记》卷2,489、506页。

115、《顾颉刚日记》二，487页。

116、《冯玉祥日记》第三册，江苏古籍出版社1992年，370、371页。

117、《夏鼐日记》卷一，华东师范大学出版社2011年，68-69页。

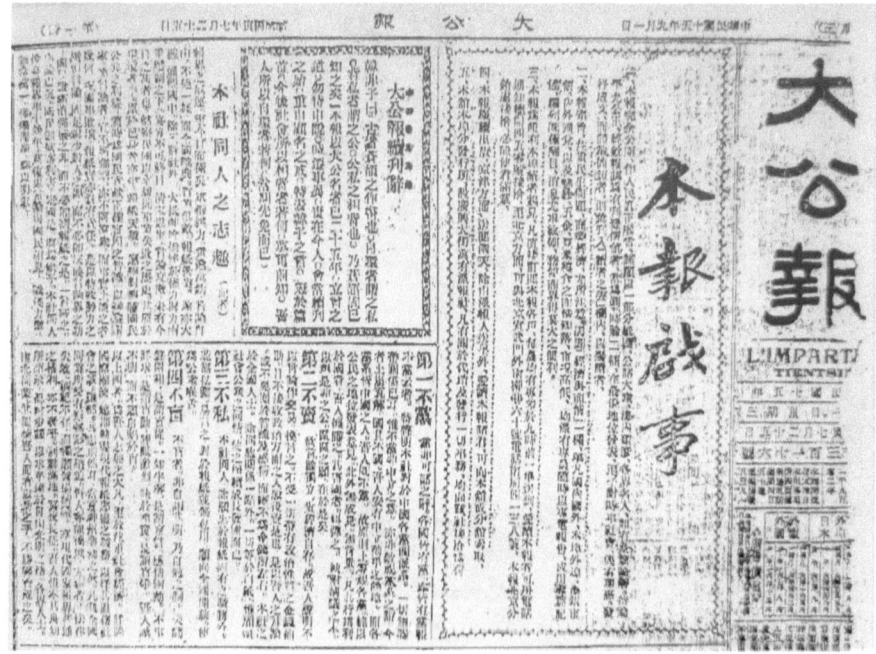

1926年9月1日《大公报》续刊提出"四不"方针

张季鸾

胡政之

1925年商务印书馆发行所职工会第一届执委会

1927年10月商务印书馆编译所全体编辑合影

商务印书馆的新式印刷机

1922年北大研究所国学门成立，董作宾、蒋梦麟、胡适、马衡、朱希祖、顾颉刚、陈垣等合影

北大文科研究所1923年开始出版的《国学季刊》编委左起徐炳昶、沈兼士、马衡、胡适、顾颉刚、朱希祖、陈垣

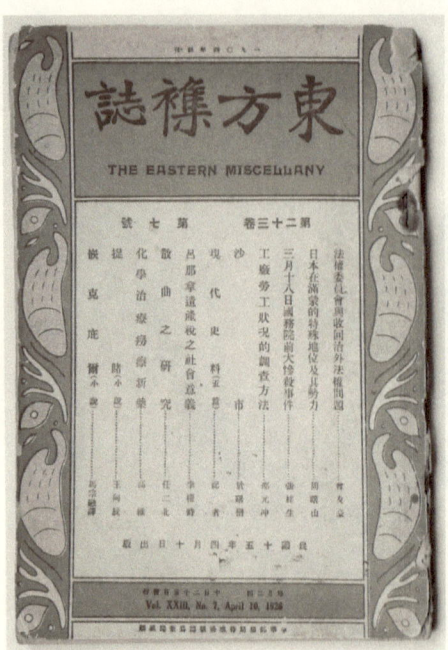

1926年"三一八"后出版的《东方杂志》

北大阅览室

第六篇

—

国难

1931—1937

一、《明耻教战》

1931年9月，商务印书馆为创业三十五周年而出版了《三十五年之中国教育》巨册，王云五在导言中写道，三十五年来商务馆共出书8039种、18708册，"中国民营新出版业，此其最大最悠久者。其基业在于印刷与编译。其功用在于文化之促进与教育之普及，而其目的则在中国文明之再造。故其创始与发展，与中国革新运动相因应。"

"文明之再造"，不仅是商务印书馆的追求，也是北大和《大公报》的目标。

9月17日，北大新学期开学。全国教育界都注目于北大的中兴，胡适不无得意地称北大的新阵容可以使"旌旗变色"，建立起一个"新北大"的底子。为此，他和蒋梦麟等人从这年1月一直忙到了这一天。三天前（9月14日），胡适在北大纪念周上演讲时说："北大前此只有虚名，以后全看我们能否做到一点实际。以前'大'，只是矮人国里出头，以后须十分努力。"[1] 燕树棠教授也说："希望今后努力充实北大，造成中国之学术中心。"

9月18日夜间，日军蓄意炸毁南满铁路的一段路轨，并以此为借口炮轰沈阳北大营。第二天，《大公报》在要闻版下角登了一小段加框的"最后消息"：

> 今晨四时消息，据交通方面得到报告，昨夜十一时许，有某国兵在沈阳演习夜战，城内炮声突起，居民颇不安。铁路之老叉道口，亦有某国兵甚多，因此夜半应行通过该处之平吉火车，当时为慎重起见，亦未能开行云。

徐铸成后来遍翻平、津、沪及各地的报纸，如此重大的新闻只有《大公报》一家登载了。原来，守候在北宁路局的《大公报》记者汪松年忽然给报馆来电话，说路局局长高纪毅正与沈阳局通话，告以上述紧急情况。话未说完，电话即被掐断。此时，要闻版已截稿，编辑许萱伯将这条消息编为"最后消息"，嵌入版面。[2]

"某国兵……演习夜战"的说法却引起许多读者的不满，纷纷打电话到编辑部质问，孔昭恺就接到过几次，还挨过骂。

这天早晨，胡适得知沈阳的大祸，空前的国难临到了，"八个月辛苦筹备的新北大，不久也就要被摧毁了！"

当天，顾颉刚在北大头一次上《尚书》研究课，"九一八"的消息传来，还有二十多人上课。

上午，正在北平的胡政之马上赶到协和医院访问张学良，侍卫已得知沈阳事变，都在窃窃私语，颇有几分紧张。张学良在匆忙中告诉他："实告君，吾早已令我部士兵，对日兵挑衅不得抵抗，故北大营我军，早令收缴军械，存于库房……日本此次既未下最后通牒，又未宣告开战，而实际采取军事行动，令人不解，仍望国民冷静隐忍，勿生枝节。"

9月20日，《大公报》以《本报记者谒张谈话》为题刊登这一采访，同时登出大新闻，"望国民镇静以救国难！日军于昨晨突占领沈阳，同时占领长春、营口、安东……我军全未抵抗"。当天发表的社评《日军占领沈阳长春营口等处》说："天灾方亟，外祸复乘，国难无穷，伤心曷极……"回顾甲午之战前，举国请战，独有李鸿章主张持重，国贼之谤，积毁销骨，"我国国民当此时机，务须共助政府，镇静应付，哀悼死难同胞，警惕未来变局，举国一致，以当大难。"

对于这一天的到来，《大公报》早有预感，几年来，一直在提醒国人。这年七、八月以来，张季鸾接连发表了《再论日本大陆政策》等一系列社评。

北大学生会发表通电，一致抗日，誓作政府后盾。第二天，全体学生在第二院大礼堂集会，讨论对日方针，气氛悲壮，群情激昂，当场议决组织北大反日会。北大教职员对日委员会执行委员会第一次会议决议，致电南京国民党中央党部和国民政府，提出四条要求，第一条即"要求日本立即撤兵，恢复被占领地在占领以前之原状"。同时致函张学良，认为他守土有责，虽不得已而出于不抵抗之一途，希望他积极备战。[3]

大学生情绪激荡，《大公报》于10月9日发表社评《废学不能救国》，"非到最后五分钟，应国家不得已之需要，而后青年学生始可出而牺牲。"

10月6日，张季鸾在《大公报》发表社评《望军政各方大觉悟》指出：

> 往事如烟，不堪回首！国家今日受此奇辱，人民遭此奇劫，凡过去现在政治上负责之人，虽自杀亦无以谢国民。一笔误国殃民账，实已不堪算，不能算！……是以吾人愿大声疾呼以告朝野各方曰：无论如何，须恢复统一，须维持舞台，须绝对不起内争，尤其不许有兵争！须以群力维持金融财政！在朝者应极力向国人谢罪，在野者则不应乘机有所企图。……吾以为凡与政治有关之人，应一致觉悟；在过去政治舞台有得意，有失意，有冤亲，有恩怨，而今则绝对无之。恩怨皆消，冤亲同尽！所余者，只破碎之河山，危辱之民众，当此时机，惟有同声一恸，尚何处须策略，何事值竞争哉？

字字句句，沉痛无比，没有私心，没有党见。

当年仅十岁的任以都（任鸿隽和陈衡哲的女儿）从那时起每天一定看报，《北平晨报》《大公报》和Peking Chronicle（英文报）都是每天必读的。[4]

十一岁的许良英在台州海门上小学，也从此养成读报的习惯。

10月10日出版的《东方杂志》28卷第19号出了临时附刊（第20号也有临时附刊），首篇是何炳松的《中日问题和世界形势》：

> 日本这次乘世界多事我们多难的时候，突然不顾法理，以武力侵占我国的东三省。依国际惯例，我国对于此种暴行，除立即用武力作正当的防卫以外，不应该再有第二条路走。……但是我们自己平时既无准备，一旦大难临头，就只有盼望他国

援手的一法。……其实天助自助者却是一句不朽的格言，不能自助而希望人助，世界上那有这种便宜？

他的结论是："我们要想中国长存，除自己努力外，别无第二条路。"

事变发生第三天（9月21日），《大公报》破天荒召开从未有过的编辑会议，张季鸾郑重宣布，国家已面临紧要关头，"我和吴、胡两先生已商定，报纸今后更应负起郑重责任"，确立编辑方针是明耻教战。具体措施是，编一个"六十年来中国与日本"专栏，明耻；办一个"军事周刊"，教战。

他在10月7日的社评《明耻教战》中表示："尤有一重要工作，谓宜由全国上下，彻底明白国耻之由来，真切了解国家之环境，实际研讨雪耻之方案。易言之，昔人所谓明耻教战者，今则明耻，更较教战为尤亟。"

11月26日，他在社评《转祸为福在共同努力》反复强调，"须持久奋斗以破敌"，"持久的斗争，将经历长期的痛苦"。从12月4日至9日，《大公报》每天在社评旁边的显要位置连载剧作家熊佛西的剧本《卧薪尝胆》，也是这个意思。

1932年1月8日，《大公报》请军事学家蒋百里主编的《军事周刊》发刊，《本刊的旨趣》指出，国家受了重大外患，被人占领了三省，做纸上谈兵，犹如亡了羊才来议论补牢的办法，还说不到补牢，这根本上就可耻万分。我们想借这个周刊，使军事以外的各界人士，很容易得到军事知识，感觉国防的必要，好一齐努力向光明的出路迈进。"甚么叫全国总动员？就是国家平日，一切的一切，都暗含着有国防性，一旦有事，立刻可将全国公私一切有形无形的力量；用到卫国保土上去，这就是全国总动员。为达此目的之计，国民平日，必须个个都对于军事问题，有认识，有抱负，都直接间接的尽力而后可。"

3月11日，《军事周刊》第10期推出"日本军备专号"，在《人为刀俎，我为鱼肉，寇入已深！国民速醒！》的醒目标题下，再次强调了《大公报》

"明耻教战"的抗日策略:"拥护正义,抵抗强权,收回失地,再造文明,实吾四百兆神明胄裔当前之重责,兵法有云,知己知彼,百战百胜,盖明耻始可教战,知敌始能用兵。"(到1933年3月《军事周刊》改为双周刊,9月又恢复为周刊,一直出到12月30日第89期才停刊。)

这是"教战"。

不仅要抵御外敌,更要"再造文明",张季鸾他们与王云五、胡适他们心意相通。

1932年1月11日起,《大公报》第三版推出"六十年来中国与日本"特辑,由31岁的王芸生负责收集材料,逐日编撰,表示"前事不忘,后事之师,国耻认明,国难可救"。

从这一天到1934年4月,《六十年来中国与日本》共连载了二年多,原计划从1871年的《中日修好条规》一直编到"九一八"为止,结果只编到1919年五四运动,未能继续下去。

这是"明耻"。

王芸生曾参加过国、共两党,1927年退出政治从事新闻,在与《大公报》的笔战中被张季鸾看中,1929年进入《大公报》。

专栏一边连载,一边出单行本,连载三个多月,就结集出版了第一卷。当年8月5日,清华大学学生夏鼐已读完这一卷,以后一路追读。[5]

1934年7月21日,蒋介石电询吴鼎昌"中日六十年来之关系"的著者是否王芸生,想请他上庐山讲课。

二、"北大学生南下示威团"

1931年11月9日下午,北大学生会执委会与抗日会召开紧急联席会议,议决停课一天,到顺成王府向张学良请愿,请发北大学生枪支。

11月30日，北大学生会接到200多位同学的联名信，要求开大会，讨论抗日救国进行办法，议及罢课问题时，会场顿时分为赞成与反对两派，争执剧烈，演成流血的不幸结果，经济系二年级生朱孟祥的头被打破。

　　中文系一年级新生张中行听到有人提议到南京请愿，台下有人站起来，慷慨激昂地喊："这样的政府，我们不该向它请愿，应该示威。"很多人喊："对"。"北大学生南下示威团"就这样诞生了。12月1日上午，230多名北大学生在前门东车站上车，他熟悉的只有同屋的陈虞朴。"我参加，还包含一点私情，是借坐车不买票的机会，到南京看看。推想陈虞朴也是如此"。到了南京，他们乘机游览了台城和鸡鸣寺等处。[6]

　　当天，顾颉刚从报纸上得知北大从即日起罢课，但第二天他还去北大上课2小时。[7] 可见也不是全体罢课，罢课者自罢课，上课者自上课。北大学生自由散漫惯了，这一次也不例外。

　　教育部给蒋梦麟发来电报："报载北大学生将全体来京请愿，务须设法止之，并盼电覆。"

　　12月2日，第二批北大学生120多人南下。南下的北大学生达到三百四十五人。经济系学生千家驹被推为宣传委员，在火车上起草了《北京大学全体同学南下示威告全国民众书》：

> 　　本团是北京大学全体学生所组织的示威团。北京大学过去是全国文化的中心，是五四运动的策源地！我们有领导全国民众的重大责任，我们有挽救濒于沦亡的民族尊严的义务，因此我们组织示威团，到南京上海示威去！命令政府立即收回东北失地，立即退出国联，立即全国总动员对日本绝交！如政府不能执行这种决议，我们就要一致联合起来打倒他！

　　"命令政府"，不执行就打倒，这口气当然是政府不能接受的。他们到了南京，将这份告民众书交给美吉印刷局印刷，就被南京卫戍司令部扣留没收，并在报纸上称之为"反动传单"。北大南下示威团派三个代表去质问扣留的理由，并要求发还，他们说理由是没有的，为什么人家请愿你们要示威，究竟对谁示威？再者，宣言太不给政府留面子，会使人们发生不好的印象。来函警告："该示威团到京以后，扬言示威，行动离奇，言词荒诞，印刷传单，诬蔑政府，与共产党之口吻如出一辙。"

北大学生南下示威团的到来惊动了蒋介石，他在日记中表示："殊为可叹，不向敌国示威，而向政府示威，此中国之所以被辱也，设法制止之。"[8]

12月4日，吴廷谬、千家驹等代表北大南下示威团在中央大学举行记者招待会反驳政府，"至于说到面子问题，我们不问什么面子不面子，而只问宣言中的话是否事实，如不是事实，我们非但立刻改正，且愿受不'反动'即'革命'的政府之惩罚；反之，若是事实，则我们以为一个'革命'的政府，一个革命家应该承认现实，承认错误，不应该讳疾忌医，以为把人民的口钳制住了，事实便会消灭了去的。"

千家驹自上次被捕已自动脱党，吴廷谬也不是中共地下党员，不过围绕着他们的许多学运积极分子，如赵作霖、罗竹风、刘霖云等都是中共党员。所以他认为得到了中共地下党的支持。[9]

同一天，北大全体教职员开会，因为第二天就是国联讨论中日问题最后决定日，不能不有所表示。许德珩教授提议即日召集市民大会举行示威，大家认为此举应当慎重，没有通过。燕树棠教授提议组织代表团去南京向政府质问六事，包括反对锦州为中立区，请政府宣布有无丧权辱国的外交方针，誓死不承认中日间关于东三省一切未解决的条约，不承认东三省新政权。并推举周炳琳教授等五人作为赴京代表，胡适提议组织对日问题研究会，都获通过。最后决定发表宣言表示对日坚决态度。

当天的《大公报》要闻版以"川流不息之请愿潮"为主标题，眉题为："千余学生昨抵京 今日更将续往 教部令学生照章乘车 以维路政……"同一版面有一则《北大复课》的简短消息。

第二天，《大公报》的社评以《学生请愿潮》为题，其中说："连日北平学生，整批南下，无票登车，秩序大乱……青年爱国，热诚请愿，其心诚可嘉，其方法则殊不能得社会多数之赞同……迭次请愿之结果，不过喊口号数声，得报纸上新闻一段，事等机械，别无效果，甚无谓也。"社评不赞同"轻泄其气，耗用其力，卷入'请愿团'中，仅发挥些许'请愿热'，停课废学"之举，而主张造就持久战的新战士。

这天中午，北大南下示威团喊着"反对政府出卖东三省""打倒卖国政府"等口号，整队走出中央大学校门，遭到军警拦截、抓捕。蒋介石当天的日记说："北平大学生示威团在京暴动，殴辱军警，乃即拘捕百余人，惟禁止军警开枪。"他认为学生是为"反动派所鼓惑，来京请愿北上，故意捣乱，破坏政府"。[10]

次日（12月6日），《大公报》报道"首都发生重大学潮——北大示威团与警察冲突 中大学生援北大亦举行示威 呜呼青年热情！！！呜呼国家地位！！！"请愿潮阻断了南北交通。北大学生发表为同学被捕告民众书，政府及各报纸说北大学生已送回北平，完全是欺人之谈。辞职不成的北大校长蒋梦麟特请理学院院长刘树杞、秘书长王烈、秘书郑天挺、注册主任樊际昌四人南下，料理一切。

一百八十七名被捕的北大学生先是被关押在南京孝陵卫的军营里，第二天夜里被押到火车上，专车北返。三个士兵捆一个学生，他们接到的命令是，"由军营送上火车，不听话，可以用绳子捆，但骂不许还言，打不许还手。"[11]

但南下请愿潮并未就此平息，这一天，因请愿学生太多，车辆无法容纳，学生又不肯散，北平东车站被封锁，平津交通断绝，连当天的《大公报》都没法送到北平。[12]

不过，顾颉刚当时就听说，"北方人去，为的是瞻仰新京；南方人去，为的是回家走一趟。却弄得平津道上，交通断绝；口号是救国而行为是害国，为敌人所窃笑。"[13]这与学生张中行的说法一致。

12月7日，《大公报》发表社评《愿青年勉抑感情诉之理智》，劝告学生勿占车站，索车辆，断交通，"不特个人之爱憎，不容横梗于胸中，尤不应举国家与民族之生命，殉一时的党派之情感，本此立论，则学生如此请愿之行动，大可议矣。"

同一天，《北平晨报》报道蒋梦麟为北大学生南下示威团与警察冲突、引起严重纠纷而引责自劾。他认为学生肇事，责在校长，致电教育部，引咎辞职，并自请查办。教育部回电挽留，他坚请辞职，将校长职权交给校务会议，北大师生一致挽留。

千家驹他们回到北大的第二天，却意外地收受到蒋介石发来的慰问电，他们嗤之以鼻。[14]

12月15日，部分北大学生发出《复课运动紧急启事》，21日，二百多人签名发表《复课宣言》：

> 我们爱国之心并不后人，我们只觉得这样长期的罢课下去，书没有读，国也没有救，而只是白白地牺牲在一个好听的名词——爱国——之下……那些喜欢读书的同学，让他们由学术上的努力，用学术救国；那些激于义愤，无心上课的同学，亦可以用他们的热血去做抗日的工作——做抗日工作的同学可要求学校不点名。

因北大学生会内有人私自致电国民政府，否认南下示威团在南京的一切行动，学生会实际上分裂了。

12月20日，北大留校同学学生会和南下示威团合组"非常学生会"（与经常班代表制不同，故名"非常"），执行原学生会和抗日会的一切职权。当天，"非常学生会"写信挽留校长。蒋梦麟已于前一天离开北大，22日他在天津给胡适、傅斯年写信说，这次离校不是突然的，他和周炳琳商量了不知多少回才做的决定——

"学校的致命伤在经费的积欠，教员的灰心。两位也知道好多教员，真是穷得没有饭吃。第一批学生南下的时候，我们两人已议决了把北大放弃不办。

"一个学校要办好，至少要有四、五年的计划。第一年的计划，不到三个月就破坏。现在简直今天计划不了明天，还有什么希望呢！

学生的跋扈——背了爱国招牌更利害了——真使人难受。好好的一个人，为什么要听群众无理的命令呢！"

他甚至气愤地说："办学如养土匪兵一样，不如不办"。[15]

此前11月1日，蒋梦麟曾到南京催款，致电教育部、财政部要经费。12月10日，财政部国库司长余梅荪给他复电："现在财政艰窘万分，容即赶为筹汇"。可见经费拖欠，难以为继。

12月25日，北大"非常学生会"通告，根据总签名的结果，即日复课。主张复课的471人，主张罢课的仅74人。

至此，北大经费仍无着落。到1932年元旦，杨亮功和赵志远为此专程南下，赶到杭州来找蒋梦麟。[16]

1月6日，《京报》报道《北大复课后上课者寥寥》："目前虽已宣布上课，惟以经费积欠五月余，多数教授多已请假，事实上实际上课之学生，不及十分之二三。"

"非常学生会"全体执行委员因种种困难总辞职。2月16日，北大学生会临时执行委员会电促蒋梦麟校长急速回校，主持校务。

2月27日，北大发出布告，"校务会议议决：本校新旧各学生会现在纠纷正多，均不能代表全体学生，应一概不予津贴并不得代印宣传品，俟统一的学生会产生后再行核办。"

三、纸灰飞扬"一二八"

1932年1月1日，《东方杂志》第29卷第1号出版，俞颂华的《东北事件之国际舆论》译述了各国几十种报纸对于中日问题的评论，既有谴责日本的，也有袒护日本的。在日本报章上，因为当局压迫言论自由，除了东大教授横田喜三郎发表的正论，其他人几乎都噤若寒蝉，俞颂华的结论是：

> 问题的解决须靠国人自己的努力，苟我们能本自己的力量，促这问题于我有利的解决，则各国言论界上亲我者，当必更振振有词，申斥日本，而彼一部分袒日者亦可觉其非，否则亲我者将爱莫能助。而袒日者将沾沾自喜了。

国际联盟有关东北问题的巴黎决议案出来后，对于国联调查委员会应取什么态度，《东方杂志》邀请研究政治、法律和外交的教授、专家发表意见，共收到王世杰、陶希圣等 23 人来信，原定发表于 2 月 1 日出版的《东方杂志》。《编者的话》说："这二十三位专门家，除了一致不满意于巴黎决议案外，因各人观点的不同，见解有很大的差别，尤其对于国联调查团应取的态度，许多人主张互相冲突……最后的审择和批判，保留给我们的读者。"

这一期还未来得及上市，"一二八"的炮就响了。

1 月 27 日，《大公报》报道："沪局在最紧急关头！日领向市府提最后通牒，市府议办法未宣布。"

1 月 28 日白天，顾颉刚从北平南下上海，发现商务印书馆的同人都很安闲，以为上海市长吴铁城已签字答应日本的无理要求，抗日会已封闭，太平无事了。不过他也发现，闸北还是有很多人在搬家。他吃了中饭，从饭馆出来，宝山路上车马堵塞，好不容易才赶上下午三点由上海北站开往杭州的末班车。[17]

当夜，无车可以北返的北大校长蒋梦麟滞留上海租界的旅馆里，突然被一阵炮声惊醒，接着是机枪声，枪炮声终夜不断，天空都被炮火映得通红。第二天早上，他爬到旅馆十层的楼顶，发现商务印书馆正在起火燃烧，心里说不出的难过。好几架日本轰炸机轮番轰炸商务馆的房子。黑烟冲天，纸片漫天飞舞，有些碎片上还可以看到"商务印书馆"的字样。[18]

有六枚燃烧弹击中了商务印书馆总馆、总厂，直烧到第二天，连铅字、铅版都被熔为流质，道路、沟渠之中触目都是。

2月1日早晨，日本浪人到东方图书馆纵火，"顿时火势燎原，纸灰飞扬，烟火冲天，遥望可见"。到傍晚，这一巍峨璀灿的五层大楼才被彻底焚毁，大量珍贵藏书化为灰烬，东北风把纸灰从闸北吹到沪西张元济家的院子里，他禁不住潸然泪下，对老妻说："工厂机器、设备都可重建，唯独我数十年辛勤搜集所得的几十万册书籍，今日毁于敌人炮火，是无从复得，从此在地球上消失了。"他叹了口气，接着说："这也可算是我的罪过。如果我不将这五十多万册搜购起来，集中保存在图书馆中，让它仍散存在全国各地，岂不可避免这场浩劫！"[19]

心痛的不仅是张元济，制版工人徐震水和他12岁的儿子徐志放，正在租界的北火车站，"远远望去，纸灰漫天，痛人心肺"。商务馆校史处的王绍曾等人也住在沪西，在炮声、爆炸声中登楼远眺，看到闸北浓烟闭天，乌云翻滚，沪西上空，到处漂浮着纸灰，落在庭院里，到处可见。王绍曾他们获知商务馆总厂被毁，心情十分沉重，一起到张元济家慰问，老人见到他们，抱头痛哭，呜咽得连话都说不出来。使他感到痛心的不只是三十五年惨淡经营的商务印书馆毁于一旦，几十年苦心搜罗的大批珍贵的文化典籍惨遭毁灭，更是无法弥补的损失。

自1909年初建涵芬楼，到1926年建成东方图书馆，经二十多年的搜罗、积累，汇集了天下图书精华，中文书有46万多册、外文书有8万多册，图表、照片5000多种，光是全国各地的地方志就有2665种、25838册，其中包括很多孤本，还有不少宋、元、明的善本书。正是凭借这些收藏，商务馆出版了古籍丛书43种，包括"涵芬楼秘笈""四部丛刊""四库全书珍本初集""丛书集成初编""影印元明善本丛书""百衲本二十四史"等。自1917年以来，商务馆一直想影印出版"四库全书"，因时局动荡没有完成。当时从清史馆借来的《嘉庆重修一统志》，正准备影印出版，被毁去数十页，成为残本。1933年张元济编撰《涵芬楼烬余书录》时，引为终身遗憾的是这次毁掉的三部书，一部是张金吾辑《诒经堂续经解》稿本，一部是何焯手校的《古今逸史》，另一部就是眉山《七史》本《周书》。他对王绍曾他们说："眉山《七史》，惟《周书》最罕见。"涵芬楼收藏的是海内孤本，当时正在拍照，准备付印，收拾余烬，只剩下残叶百数十叶。[20]

被毁的还有正在发排的原稿。老舍自1926年起在伦敦创作的《老张的哲学》等小说都是在《小说月报》首发的。1931年，他在济南完成第五部长篇小说《大明湖》，《小说月报》准备连载，年底这一期的"要目预告"说："《大明湖》（长篇创作）心理的刻划，将要代替了行动表态的逼肖，为老舍先生创作之特别（的特点），全文约二十万字。"正交到印刷厂付排的原稿，一夜之间化为灰烬，只有编辑张西山、郑振铎、徐调孚和排字工人读过。《小说月报》的"新年特大号"刚装订出一本清样给了徐调孚，成为唯一的孤本。

老舍的小说《小坡的生日》底版也烧毁了。他向来不留底稿，一笔写下来就可直接付排。最令人心痛的是，《大明湖》就此永远消失了。

顾颉刚曾应古文字学家容庚之嘱将张荫麟的文稿《基督教史》转寄给《东方杂志》，2月12日他写信给容庚："现在商务书馆全成灰烬，此文当已不在人间，乞转告。"[21]

王力在法国译了20多个剧本，商务馆只出了10多部，其他的手稿也都毁了。

以《英语模范读本》广为人知的编辑周越然，在天通庵附近的私宅也被殃及，许多珍贵的藏书化为乌有，包括168箱、3000多种古书，16橱、2000多种西文书（内有数十册绝版书），只有一本《袖珍牛津字典》幸存下来。[22]

商务印书馆被毁，惊动全国，尤其新闻界、教育界，《申报》《大公报》等大报无不深感痛惜。《大公报》连续报道并发表评论，"商务印书馆为纯粹文化事业，私人财产。然而日本陆战队竟悍然轰击起火，使损失达数百万。

此种残酷的灭绝人道的之手段，在正式交战国之间亦极罕见。"

2月1日，蔡元培、刘光华、邹鲁、王世杰、蒋梦麟、梅贻琦等代表中央研究院、中央大学、中山大学、武汉大学和北大、清华致电日内瓦的国联文化合作委员会："日本陆战队及飞机二十余架，迭在上海之闸北、江湾等区域，横施暴行，并故意摧毁文化机关，即如中国最大出版事业商务印书馆、东方图书馆、暨南大学等，被焚毁殆尽。"要求转达国联行政院迅速采取有效措施，制止日军此类迫害文化事业及人类进步之残暴行为。

同时，蔡元培以个人名义分电爱因斯坦、杜威及哈佛大学校长劳伦斯·类厄尔等人：

"迄今为止，文化教育机构，如商务印书馆（过去二十年来，全中国教科书的百分之七十五由该馆提供）连同它那无法以价值估算的东方图书馆……已被夷为平地。

……希望全世界的知识界领袖人士仗义而起，公开谴责日本军方毁灭中国文化教育机构的野蛮行为，并提出措施，制止日本方面进一步采取这种行动。"[23]

上海律师公会、各大学联合会、中国著作者会，胡适、蒋梦麟、丁文江、傅斯年、梅贻琦等北大、清华教授，上海的英美基督教传教士上百人纷纷发表宣言、通电。上海商会等团体致电美国总统胡佛，谴责日本军队飞机掷弹并纵火，且将中国文化有关之商务印书馆焚毁，古版图书尽付一炬，请求主持公道，以强力制止日本暴行。

国民党政要孙科、孔祥熙、吴铁城等通电全国，为商务印书馆等文化、教育机关付之一炬而抗议，教育部长朱家骅、次长段锡朋专电慰问商务馆。3月6日，中国国民党中央执行委员会从洛阳发出通电："此次暴日侵沪利用飞机大肆轰炸，竟使该馆三十年来所经营之文化事业，悉成灰烬，殊堪痛惜。将来恢复旧业时，本会愿予以一切援助以促其成也。"[24]

侵华日本海军陆战队司令盐泽幸一声称："烧毁闸北几条街，一年半年就可以恢复。只有把商务印书馆、东方图书馆这个中国最重要的文化机关焚毁了，它则永远不能恢复。"[25] 连日本武夫都明白单靠军事力量摧毁不了一个古老民族，更重要的是毁灭它的文化。此人当时接受过英文《字林西报》的采访，"此短小人物固最近数为火烧闸北，惊动世界之主动人也，然察其神色，竟似全不知有此事云。"[26]

日军之所以在上海发动"一二八"事变，一方面是要转移视线，当时东北正在扶植伪满洲国。这一点 2 月 9 日的《大公报》社评《上海战事之重要性》已一语道破，日本之所以在上海挑起战端，无非是"转移中外视线，使我先其所急，无暇顾及东北之领土主权。且使远东利害关系之主要诸国，实逼处此，只能亟求保全长江商务。而默认其在东北之自由。"日本出版的信夫清三郎《日本外交史》证实，关东军高级参谋板垣征四郎打电报给驻上海武官田中隆吉："请在上海发动事变，以转移各国视线。"[27]

伪满洲国于 1932 年 3 月 9 日宣布成立。

另一方面，将这家最大的出版机构作为首要攻击目标之一，是对商务印书馆抗日立场的惩罚。一年后（1933 年 2 月 11 日），一封署名"日本国军署"就是浪人"自警团"的恐吓信说得很清楚：

> 商务印书馆敬鉴：尔中国败孔道，立学堂，读些国语三民主义，兴立共和，打倒帝国主义。恶劣之道行于天下。腐败尔国青年子弟。敌我日货，使我损款，修尔吉海，绝我南满。尔馆独销学校之书，印些腐败之物。上海毁烧尔馆，尔书馆还是恶习不改，仍印三民之书，党部之语。我国不忍旁观，所以烧毁尔书馆。今若不速改恶习，我军到处，是商务书馆尽烧毁。我日国有言在先，那时莫悔。
>
> 尔国若立圣道，读孔孟之书，不敌我日本之货，仍是好国。若不然我日本虽小，将决一死战。请大国度之。并问宝馆大安。请大国早回玉音。"[28]

东方图书馆正是被日本浪人武装"自警团""在乡军人会"放火烧毁的。

日本学者实藤惠秀1938年专程来华，挑选被日军没收的书刊，以各种期刊的创刊号为主。他在1940年出版的《日本文化对中国的影响》说，商务印书馆"是中国最大的出版社，在上海事变之前，每年新版书在四千册左右；大部分的抗日教科书是他所印刷。上海事变时，他是中国部队的据点，因此成为我军的轰炸目标。这是大多数读者记忆犹新的"。[29]

就在"一二八"之后，上海日本侨民联合会会长河端对来视察的八位日本基督教传教士说：

> 商务印书馆不但为排日宣传之中心，且当冲突时，为闸北中国军队主要防御地，轰击日军而落入公共租界内之炮弹即大都由此方面发出。故商务印书馆之被毁，在文化上因甚觉可惜，而在战略上观之，则在当时固绝对必要者也。[30]

对于"排日宣传中心说"，商务印书馆驳斥："本馆教科书采用外交史材料意在供给事实，中国国际事实有历史价值者颇多。本馆编译方针向主真实，有时因真实之故开罪他人，在所不免，然若认求真为'煽动'则纯属误会矣。"

所谓"抗日教科书"并非事实，就是"一二八"后的复兴教科书，也是常规教科书。（但商务馆所出的书刊确有反日的民族主义倾向，1931年后日本就开始加紧攻击中国的教科书，而商务馆是最大的教科书出版单位。）

对于"中国军队主要防御地"的说法，当时中外通讯社、报纸铺天盖地的报道中只字都未提及。商务印书馆驳斥这是因果倒置，"在日军飞机掷弹轰炸之前，本馆总厂及各附属机关中绝无军队或便衣兵士踪迹"，轰炸之后，"中日两军屡进屡退，各据以为壁垒，当亦事属可能，设非日军有意摧残此文化机构，则本馆在闸北之各项建筑及设备价值千余万，又何至毁灭无余，悉成焦土。"

英文《密勒氏评论报》作证说，"就本报所知，当沪变期间，凡沿租界边疆十余处以观察闸北战事之各中立国军事观察者均能出而证明该馆厂屋并未被华军用为堡垒，该馆厂屋深处华军防线之内，且于战事初起之第一日即被炸毁。后来华军被迫后退时，确曾用该馆颓垣为战壕，然战事初起时该馆厂屋并未被用，则确系显然之事实。"

商务馆还引用"一二八"事变后多人的声明及《大美晚报》的社论，驳斥日了方的说法。[31]

上海英文《密勒氏评论报》当时就提出质问：

> 日人之破坏该馆实另有其目的焉，盖该馆在最近三十年来在中国民族觉醒上实占一枢纽之地位也。然该馆即使因与教育部及其它教育机关接近之故，出版课本以灌输爱国情感于中国少年之脑中，岂即此一事果足为日人破坏该馆之充分理由？[32]

四、王云五："争一点点的气"

1932年1月29日，商务印书馆大难临头，44岁的总经理王云五彻夜苦思，最后决定担负起复兴责任。这样做虽然可能陷入极度的危险中，何况他只是一个极小的股东，与公司的关系也不过十年，但他一转念，"敌人把我打倒，我不力图再起，这是一个怯弱者。"又念及，一倒便不会翻身，适足以暴露民族的弱点，自命为文化事业的机关尚且如此，更是民族之耻。此外他又想起，这个机关三十几年来对于文化教育的贡献不为不大；如果一旦消灭，而且继起者无人，读书界将陷于饥谨。[33]

2月13日，已退居二线的张元济写信对胡适说，商务印书馆"未必不可恢复"，"平地尚可为山，况所覆者犹不止于一篑。设竟从此澌灭，未免太为日本人所轻。"对国民党当局他已不存希望，"所最望者，主持国事、皈依三民主义之人，真能致民于生，而不再致民于死，则吾辈或尚有可措手之处，否则，摧灭者岂仅一商务印书馆耶？"[34]

然而，真要恢复又谈何容易，2月4日，他写信给老友傅增湘："商馆在沪部分决定全停。依此情况，恢复大非易易……"3月17日，他又写信说："闸北交通渐复，连日勘视总厂，可谓百不存一。东方图书馆竟片纸无存，最为痛心。全部保火险将近七百万，兵险则无人肯承保者。"

不算无形的损失，根据当时的统计，商务印书馆的有形损失达16330504元。

3月21日，张元济给学者瞿宣颖回信时说："日军蹂躏闸北，商务印书馆受祸尤惨。战后查勘，几于百不存一。东方图书馆数十万卷尽成灰烬。方志一门，凡二万六千余册，一旦化为乌有，宁不痛心。"

最棘手的是商务印书馆的3604名职工将面临失业。听到商务馆总厂吃着炸弹，全厂都烧着了的消息，看见小孩捉得一些满天井飞扬的黑东西，编辑李先生一眼就认出那是纸灰，"他立刻明白了，他的心直跳！东洋人砸了他的饭碗，东洋人砸了几千人的饭碗，东洋人破坏了中国最大的出版机关文化机关了！"商务馆登报解雇旧有职员工人，不能按原有契约付给退职金，于是失业的同事们组织起来争退职金。[35]

《右第二章》发表在《东方杂志》当年10月、11月号合刊上，茅盾的这篇小说写实的成分远大于虚构。

令王云五和张元济最为头痛的就是这一大问题。4月16日，张元济给商务馆工作人员胡文楷回信说："计两月以来，公司专办清理业务，纷如乱丝，亦不知何时方能就绪。承询复业，此时尚未能计及。仅仅由北平、香港两厂稍印学校需用之教科书，暂以维持公司之生命而已。元济不肖，数十年来，惟思于教育上稍尽职责，虽遭挫折，此志不渝。"

5月9日，他给胡适写信："商务印书馆事，两月以来众人精神完全对付工会，弟不忍三十余年之经营一蹶不振，故仍愿竭其垂敝之精力，稍为云五、拔可诸子分尺寸之劳。在此数十日中，可谓吃尽生平未尝所谓资本家之苦。"当时在一线主事的是王云五、李拔可诸人。

6月22日，他给罗家伦的信中也在诉苦："商馆被难以后，工会缠扰，苦不堪言。近日甫经解决，总共费去七十余万。吾国安有所谓资本家？如此压迫，其何能堪？岫庐兄数月以来，焦头烂额。总思早日恢复，为社会稍尽义务。现定来月开股东会。如无意外，或可重张旗鼓。"[36]

"工会缠扰，苦不堪言"，这八个字道不尽当时的苦处。岫庐就是王云五，身为第一线的掌舵人，更是费尽周折。他后来回顾当时情景，明知前途很危险，却被"战场的血"兴奋了，而不觉其危险。明知前途很困难，却把应付困难当作最大的兴趣，把解决困难当作最优的奖励。

当时的现实远没有他事后说的这么轻松。胡适在北平给他写信："南中人来，言先生须发皆白，而仍不见谅于人"。这是当时的实情。[37]

商务馆复业时积存的 200 多万元现款，发还同人存款 80 多万元，补助解雇同人 60 多万元，偿还其他债务近 20 万元，剩余不足 30 万元（幸得阴历年终收账款数十万元）。

周越然因《英语模范读本》畅销，成为"版税大王"。"一二八"事变，商务馆全毁，停业了几个月，他以为版税无着矣。没想到，复业不到一个月，就将"一二八"前未付清的版税 1700 余元送到他家。他禁不住赞叹："商务之诚实可靠，商务之顾全信用，真可令人佩服！"[38]

6月21日，《生活周刊》主编邹韬奋给王云五写信，说云南分销处来信报告，《生活周刊》被云南省党部以"言论不检，诋毁中央"着令停销，并说将《生活周刊》呈请党部审核的是商务印书馆云南分馆。6月25日，王云五回信，"以意度之，分馆似不至有此举"，他已去函彻查。7月23日，他收到商务云南分馆的答复，本是意在推广，却不料引起误会，极为抱歉。同时抄送了 7月11日云南分馆的来信，起因是国民党云南省党部 5月25日召集各书店谈话共商查禁反动书刊事宜，命令各书店送书检查，他们就将新到的书送检，其中就有《生活周刊》。当时《生活周刊》委托他们每期代销 50 册，"故滇馆自信实为爱护及推销该刊之一，况送党部检查亦尤爱护太过，以为该刊言论纯正，决无反动之嫌，不过一种手续而已。孰料党部有暂时停销之命，如果始料所及，何必代为推销。既代为推销又望党部停销，人非丧心病狂，安有此种矛盾举动。"7月28日，邹韬奋给王云五回信，接受了这一解释。[39]

这是国难中发生的一支小插曲。

8月1日，王云五发表《商务印书馆总馆复业启事》，提出"为国难而牺牲 为文化而奋斗"的口号。北平、香港两个印刷厂24小时开机生产，到10月，一千多万册小学用书、一百多万册中学用书和几十万册字典和参考书就进入了市场。

南京国民政府也提供了一些帮助，8月17日，教育部要求各学校采用商务印书馆的课本，10月12日，又呼吁各地政府置办一套《万有文库》。

11月23日，张元济写信给侄子树源，不无兴奋："商务印书馆现在积极进行，每日出新书一种，旧书每日约可得平均十种，至快须明年秋季方能将需要之书全数出齐。股票已涨至每股六十三元。"[40]

他在写给美国金恩出版公司普林顿的信中说："鄙人年已衰迈，不在政界，现唯从事补助教育，唤醒国民。商务印书馆及东方图书馆均拟力图恢复。"[41]

《东方杂志》在知识分子和学生中一直拥有稳定的读者。1931年1月9日下午，燕京一年级学生夏鼐看《东方杂志》27卷17号、18号，当天的日记说，"近几年来的《东方杂志》，我差不多每本从第一篇看到末一篇。这种笨读的方法，也觉得很可笑。"他的日记中经常出现读《东方杂志》的记录，5月9日、10日，《东方杂志》37卷23号、23号关于产业合理化运动和世界失业问题的系列文章，都引起了他的注意。"一二八"事变次日，已转入清华的他从报纸得知，"神经冲动得很厉害，静不下心去读书。"比"九一八"带来的震撼还大。1月30日，他在日记中写着："日军攻打闸北，商务总厂被焚，损失在千万以上。"[42] 很长一段时间，他将看不到《东方杂志》了。

随着商务馆的复业，到10月16日，《东方杂志》在停刊8个半月之后复刊，王云五写了简短有力的《卷头语》：

谁都知道在商务印书馆被毁以至复业的程途中，我至少也算是挣扎得最苦的一个人，我为什么这般的挣扎；这或许是许多人所想知道，却没有知道透彻的。

为的是维持企业吗？像商务印书馆这样企业，固然大有维持的必要；但我不过是其中一个很小的股东，而且和它的关系也不算很久。为个人计，似乎不值得这般的挣扎；为事业计，似乎也还有更值得致力的地方。

为的是维持文化吗？过去的商务印书馆，对于文化事业固然有相当的贡献；但是可为文化致力的地方也很多，不限于一个商务印书馆；似乎也不值得把它看做第二生命。

我所以不顾艰苦，不避嫌怨，力排万难把商务印书馆恢复；并没有什么高远的目的，只是为我们中国人争一点点的气。

这最后一语道出的不仅是王云五，也是商务印书馆许多人的心声。

这一期的《编者作者与读者》说："一二八事变发生那一天，《东方杂志》第二十九卷第三号已开始发卖，第四号和第五号正在排印中。从今年起，我们打算提早《东方杂志》出版的日期。所以那时虽已迫近旧历的除夕，我们排字印刷工友，我们的发行所职员，还是不断地工作。直到 1 月 28 日夜间，闸北的炮声响了，工作方停顿下来，同事工友们大部分都住居在闸北战区，临时仓皇出走。以后接连数天，日军轰炸机向商务印书馆及东方图书馆掷弹，房屋全部被毁。《东方杂志》旧编辑部本来是在东方图书馆楼下，日军撤退后，我们前往检点，只剩下了钢骨水泥的屋梁和墙壁，依然屹立着，烧残的纸灰，经过雨淋化成了泥泞，积得有三、四尺高，此外就找不到什么了。"

《东方杂志》复刊不久，在答复读者时明确表态，不愿意"变成坊间流行的庸俗读物，失却学术上的固有地位"。因商务馆其他几个主要杂志暂时不能复刊，《东方杂志》又新增了"教育"、"文艺"和"妇女与家庭"三个栏目。

1933 年 1 月，山海关陷于日军之手，《东方杂志》的"东方论坛"发出了"寇深矣"的声音，2 月 1 日出版的《东方杂志》，"东方画报"的封面画就是"关山月"，日本太阳旗在天下第一关飘扬，天上的月亮禁不住潸然泪下。

同期还有东北义勇军活动的照片。

面对强敌压境，王云五带着商务馆重新走上了复兴之路。到这年 8 月 1 日，仅仅一年，去年 10 月开始筹备的"大学丛书"即已推出，秋季开学前至少可出四、五十种，让千千万万小学生受益的"小学生文库"启动了，新版的"复兴教科书"将陆续出齐。王云五在复业周年纪念会上说："从前我曾经说过，我们努力恢复商务印书馆间接上也可以为国家国民争一点面子，现在商务印书馆虽然渐渐恢复，但是最后的成功，还要靠着我们持久的努力，从前要争的是能奋斗的面子，今后要争的是能持久的面子。"

"持久"这个词，在《大公报》社评中也不断出现。

1934 年 1 月编印的赠品《商务印书馆复业后概况》，记录了复业之后生产、出版、营业的情况，特别是被毁前的宝山路总厂全景等照片，令人伤心。

五、"这与你无涉"

在东北沦陷、"满洲国"出现之后，《大公报》上关于东北的第一手消息仍然不断，原来胡政之找到了在哈尔滨邮局工作、热爱写作的陈纪滢，请他担任秘密通讯员。从 1932 年 4 月起，他每周写一篇通讯，每篇二三千字，挂号寄到"天津法租界三十号路 181 号李大为收"，所谓"李大为"就是大公报的代号。通讯之外，他还提供了大量几十字到一、二百字的电讯新闻。

1933 年 9 月 18 日，《大公报》从 13 版到 15 版推出大篇幅的"九一八纪念特刊"，刊登署名"特派记者生人"的调查记《沦陷二年之东北概观——本报特派记者调查记》，特刊之轰动可想而知。

这篇调查记就是当年 5 月陈纪滢受张季鸾之命秘密采访完成的。从 6 月底起，他在邮局正好有半年休假，历时两个半月，直到 9 月 16 日上午他赶到天津的大公报馆，"受到英雄式的凯旋欢迎"。胡政之要他即刻动笔，从当天下午一点起，一直写到第二天下午五点，只是中间睡了六个小时，共写了三万六千字，加上照片，排了整整三大版。

当天，胡政之执笔的社评《国丧二周纪念辞》断言，日本在东北即使军事成功、政治把持、经济垄断，也终必失败：

> 盖我三千万同胞，经日本两年间不断的威胁利诱、高压防范，其民族意识，依然旺盛，祖国之思，仍旧深挚，此观于本报特派记者，此次深入东北内地，安全完成使命，即可证明。盖中国人终是中国人，日本尽管用尽心机，亦断不能毁灭我东北民众与关内同胞脉脉相通之情愫，是以今后吾国上下，只应努力奋发，改造政治，人人自振，以求早救我辽吉黑热四省同胞于水深火热之中。

这一全国独此一家的纪念特刊轰动一时，惹恼了日本，引起外交抗议。外交部来了电话，陈纪滢向胡政之表示歉意，胡的回答是："这与你无涉，报馆既刊出，即应由报馆负责。"[43]

"本报特派记者"的东北调查记在《大公报》继续刊出，10月10日又登了一篇《日人操纵下之伪国邮政海关》。

到1934年9月18日，《大公报》依然准备了"九一八三周年纪念特刊"，从13版到16版，有特派记者的长篇报道《沦陷三年之东北纪要》和《热河视察记》。

面对覆巢之下的国难，张季鸾他们很清楚，"我们报人不可妄自菲薄，报人的修养与政治家的修养实在是一样，而报人感觉之锐敏，注意之广泛或过之。"[44]

1928年，二十出头的徐铸成初入报馆，胡政之找他谈心说："不要看轻报馆这个事业，办好了，可以安身立命。"张季鸾也曾含笑对他说："铸成，你把记者的作用看得太轻了，成熟的记者应该是第一等的政治家，美国的总统候选人不是有许多曾做过记者的吗！"他们不只是说说而已。

张、胡两人在报界当过翻译、编辑、采访、撰述，一直没有离开过报界，认识的国外同业尤其日本同业最多，有二十年以上的接触。他们都曾留学日本，对于日本的事情，平常相当留意，因职业关系，对日本的政治军事情形也不十分隔膜。

胡政之对日本记者松本说："《大公报》中写评论的人中，没有一个不会日文的，这就是证明。虽说日本现在欺侮我们中国，但是《大公报》中写评论的人，即使不全是亲日派，至少也是知日派。"[45]

"九一八"前后，关于日本问题，《大公报》发言最多，日本人认为颇能抓到他们的痒处，因此，对《大公报》特别重视。张群说："季鸾最懂得日本，连日本人也得佩服。"[46]

大公报馆起初在天津日租界，立言不得不慎重。1931年11月8日，日租界发生事变，《大公报》自10日起停刊6天，迁到法租界。但胡政之和张季鸾绕室彷徨，再三考虑，最后还是决定：时机尚未成熟，为国家前途计，绝不能作孤注之一掷，仍主张保持和平，培养国力，而不采取激烈态度。

日本人也认为《大公报》最了解日本，并当作研究中国对日动向的依据。因此张季鸾他们感到责任重大，在言论上更不能不力求慎重。当时的一般舆论主战的多，而《大公报》则矢口不言开战，使日本人无从判断。

他们的主张（缓抗论）却为不少国人所不谅，自"九一八"以来，大公报馆四次被扔炸弹（都没有登报声张），张季鸾也收到过装有炸弹的邮包，还好未伤人。1932年1月19日，《大公报》在"读者论坛"上给读者回信："如在个人，匹夫受辱，拔剑而起，挺身而出，生死荣瘁，何足介意。独关国家问题，影响悠久，非尽可以置利害于不顾"。"同人爱国不敢后人，持论不求苟同，见仁见智，一本良知"，"宁牺牲报纸销路，也不向社会空气低头"。

胡政之后来说，"七七"事变以前，《大公报》论及日本问题，不愿透露国策真相，只好虚虚实实，真是"勾心斗角"，煞费苦心。

1935年春天，陈纪滢在上海的旅店里当着张季鸾面说："咱们报的主张未免太低调了！"张季鸾笑了笑说："这就是《大公报》与他人不同之处，也就是'不盲'誓约的实践！"他接着又说："你想想，我们拿什么跟日本打仗？我们的国防建设，如此脆弱，经济基础，也非常不稳固。中央正埋头苦干，力求内部安定，这时候真需要全国人民力持镇静，发愤图强，给中央一个从容准备的时间，不泄一时之愤，跟日本作最后清算，才能获得胜利。"[47]

直到他去世，1941年9月8日，重庆《大公报》发表社评《敬悼季鸾先生》说："国人读报，有一传统错误，即以攻击政府为敢言，以防言丑诋为痛快；国难以来，少数读者于先生每有不谅，甚且曲为揣测，而不知先生之维护国家中心，以利兴复大计，固国士之同心也。"

《大公报》公祭张季鸾文也说："九一八后舆情激昂，众论兴奋，爱国青年有以本报不主对日宣战而以炸弹相饷者，当时先生与同人商榷，认为时机未至，不忍以高论媚俗，始终主张持重，宁一时自损营业，在所不顾。"

曾任《中央日报》总编辑的程沧波说，《大公报》与张季鸾是"九一八"以后时代的宠儿，是近代中国报纸与报人中最幸运的。说他最幸运，就是说他把一个报人能发挥的作用发挥到了极限。

当然，胡政之的作为同样不可忽视。1935年6月13日，蒋介石身边的幕僚陈布雷看到胡政之访日时写给吴鼎昌的长函，谈的是日本稳健派、激进派对中国的不同立场。7月29日，陈布雷读25日《大公报》上有关日本陆军大异动后之军部趋势，将要点详细抄在日记上，可见重视。[48]

六、"北大真大啊！"

1932年10月5日，顾颉刚到北大上课，当天在日记中说："北大学生太浮动，太懒惰……予向不能面责人，今日乃面责之。谓居今之世，像我们这样有饭吃，有书读者，在国内已为特殊的享受，我们固然受时代的刺激太多，不能安心学问，但如我们而犹不努力，则更无可以努力之人矣。"

11月2日，他又在日记中感慨："北大学生，愈来愈少。如何改变这不好学的风气，大是难题。如北大再不克自拔，则数年后燕大殆成文化中心矣。"[49] "愈来愈少"是指来上课的学生。

1933年1月2日、3日，他连日执笔起草《致北大选课同学书》，洋洋数千言，恳切劝告这些学生：

"这半年来，我每次进城上课，坐在车里，常常想到北大的学风，真不禁心痛。北大，全国看作最高学府的。北大同学自己，更是高呼'北大有光荣的历史'的。实在说起来，可纪念的只有一次五四运动，此外还有什么呢？北大的所以得有崇高的地位，并不是用真学问去取得的，乃是由于在中国的大学里设立最早之故……唉，北大的光荣仿佛只是一场春梦……教员呢，很多是敷衍，我每次上大楼，只看见一排全是请假条！学生呢，敷衍的更多，选课只是骗教员，拿了讲义便不上课，考不出就放弃！照这样子下去，势不能逃出天演淘汰的公例。"[50]

信未写完，最后也没有发出。

生气的不止是北大毕业的顾颉刚，在北大兼课、教授西洋近代政治思想的清华教授浦薛凤，第二次到北大上课，发现有个学生竟在翻报纸，他勃然大怒，加以申斥："上课不应如此无礼；予非为贪取薪金而来兼课，只因贵校缺乏此门师资，一再敦请，所以答应，汝既不听讲而作笔记，请即离开课堂。"整个教室一片肃静，这位学生看了他几眼，把报纸放在书桌下，拿起铅笔，翻看笔记本，作预备记录之状。这一消息不胫而走，有一位北大教授微笑着对他说："先生此一做法，也有好处，吾北大一切固然以老卖老，但让听课学生过分放任，亦无道理。"[51]

时局日益不安，1933年1月6日，顾颉刚在日记中说："日来人心浮动之甚，迁家者甚多，各学校学皆请求停考。"1月11日，北大选修他课的有24人，来参加考试的仅6人，"余皆逃归矣"。2月15日，北大开课已是第六天，他去上课，不见有教职员，学生也寥寥无几，上他课的仅 6 人，他感叹"此真亡国气象"。

1934 年 1 月 21 日晚，他第一次严厉训斥一个学生，"希望北大颓败的风气，能得一些微的改革。"

不过他也发现，"北大学生很有几个用功的，当成就之。"[52]

用功的学生中包括了湖南常德来的吴相湘，他毕业后到湖南岳阳一中学教历史，口头禅就是"顾颉刚先生说"，有一位高二学生考试答题时，甚至把他的口头禅"顾颉刚先生说"也写了上去。[53]

许多学生拿到了讲义就不来上课，顾颉刚在 1932 年 12 月 8 日又得知有女生说："顾某学问太高，编的讲义太深，我们看不懂"。[54] 这些原因之外，还有一点，他可能不明白，张中行就选修了他的课，认为他，"待人好，诚恳和气，讲课十分认真。可惜天道啬，多有笔才而少有口才。看过《古史辨》自序的人都知道，那是倚马万言，可是讲课，常常嗫嚅一会儿，还是说不出来，就急得拿起粉笔写。"[55] 吴相湘也说他——"极不善于言词，口吃似呐呐不能出声，上课时总是写黑板。但课余与一二同学讨论，则多受其益。"[56] 所以，他上课时常常把黑板写得满满的。

当然，北大学风散漫也是事实，如同北大的包容开放是事实一样。"北大，除女生宿舍之外，门（包括教室的门）都是敞开的，非本校学生（本校的当然更不在话下），愿意听，可以推门进去，找个空位坐下，听，没有人管，也没有人因惊异而看一眼。这样，显然，某门课旁听者多，上课的人就多，反之就少。"[57]

钱穆的课和胡适的课都大受欢迎，旁听者众多。

从 1933 年秋季起，钱穆的中国通史课，每周四个小时，分两次讲，每次开二院的大礼堂，"每一堂常近三百人，坐立皆满"。上课前，他总是低着头，对满堂的学生一眼也不看，自顾自的用一只手翻书，不停的翻，翻，翻，足翻到一分钟以上，全部学生都坐定了，聚精会神地等着他，他不翻书了，抬起头滔滔不绝地讲下去。越讲越有趣味，听的人也越听越有趣味。原来开讲前的翻书只是他的一种习惯，而不是在上面寻什么材料。[58]

无论冬夏，他讲课不时用手帕擦汗，"真是用全身热和力来口讲手写"。[59]

张中行选修过两年钱穆的课，说他讲课常常走动，"口讲指画，间以嬉笑，显露锋芒。但语音只能南腔而不能北调，北方同学听着就有些费力，比如初上课时常听他说'王五'，不知何意，后来才知道，这是说'黄河'。"[60]但也有人说他的无锡官话从东西南北来的人都听得懂。

与张中行同一年考入北大的何兹全（初在政治系，再转史学系）记得，"他讲课讲到得意处，像和人争论问题一样，高声辩论，面红耳赤，在讲台上龙行虎变走来走去，这头走到那头，那头走到这头。"说他"讲课很有声势，也很有特点，虽然一口无锡方言，不怎么好懂，但仍然吸引人"。[61]

钱穆对本国以往历史的"温情与敬意"感染和打动了许多学生。旁听的不仅有北大文学院的高年级生、其他学院的学生，还有北平其他各校的学生，其中就有清华肄业的杨联陞。有个学生从高三起就来听课，从北平到昆明一连听了六年。

钱穆发现，常有四、五个日本学生前来旁听。他们在中国已有年数，其中有一人在西安邮局服务超过十年，往来于北平、西安，到过山西、河南等地，他知道他们是日本侵华前的先遣分子，经常到琉璃厂、隆福寺各大旧书铺，了解北平各大学教授购书的情形，熟悉教授们治学的偏好，以备不时之需。"其处心积虑之深细无不至，可惊，亦可叹。"[62]他的这门课从北大讲到西南联大，成为《国史大纲》的基础。

1934 年 12 月 5 日，申寿生给《独立评论》写稿："胡适之先生有几点钟的课就是在天黑的时候，不知的又将认为是'不重要的课'了，那晓这正是胡先生讲学的号召力大，这时候方能多使些人得旁听的机【会】呢。在北大，凡是讲学能力大的教授，都是常有别系的人去听的，校外的人也有。这正是北大伟大处，北大学生的伟大处"。[63]

胡适在这一期《独立评论》的《编辑后记》写了一段话："有人说，北平的沙滩一带，从北河沿直到地安门，可说是北平的'拉丁区'。在这里，有许多从各地来的学生，或是预备考大学，或是在北大的各系'偷听'，或是自己做点专题研究。北大的'偷听'，是一个有趣的制度：旁听是要考的，要缴费的，'偷听'是不考的，不注册的，不须缴费的。只要讲堂容得下，教员从不追究这些为学问知识而来的'野'学生。往往讲堂上的人数比点名册上的人数多到一倍或两倍以上。'偷听'的人不限于在沙滩一带寄住的学生，其中也有北平各学校的学生，但多数是那个'拉丁区'的居民。——'寿生'先生也是这个'拉丁区'的一个居民"。[64]

北大学生有充分的选课自由，根据《（民国二十三年度）国立北京大学一览》，文学院除了一年级的几门必修课，其他课程都由各系自行安排，实行学分制。各系都要求学生多选外系的课程。中文系要求学生多选史学、哲学、外国语文各系的课程，哲学系规定除了本系的课程和共同课程，"宜选习社会科学或自然科学之一门"。[65]

院系之间可以自由选课，时值国难当前，史学系学生吴相湘就特别选修了张忠绂教授在政治系开的中国近代外交史等课程。[66]

中文系学生张中行选了本系刘半农的古声律学课，还有刘文典的六朝文，想听听骈体文，看看胆敢顶撞蒋介石的人物，也选了外系顾颉刚开的《尚书·禹贡》课（目的只是想看看编《古史辨》的人物），这是学校注册科登记的。至于自由选听的范围就更广了，他在史学系听过孟森的明清史、钱穆的古代史、马衡的金石学，在哲学系听过汤用彤的哲学概论、马叙伦的宋明理学、熊十力的新唯识论，英文系温源宁等教授的课，甚至跳出文学院去理学院的生物馆，听下肢瘫痪、坐在藤椅上被抬上讲台的葛利普讲地质学。[67]

有的课正式选课的人寥寥无几，甚至只有一个人选修，有一次，何兹全到北大二院办事，跑进一个教室问路，正好撞见一个教授对一个学生讲课。老师就是鼎鼎大名的心理系教授汪敬熙。如果学生下一课要请假，那得提前跟老师说，免得他白跑。[68]

其实，即使有很多人选课，真正来上课的也可能只是少数。

有一位北大同事对顾颉刚说，有一次大风天，有 50 多学生选课，只到了一个人。另一同事对他说，北大恒例，上课的等于选课的十分之一。1932年 9 月起，他改上"中国古代地理沿革"课，选课的 24 人，常常来上课的有 12 人，他自我安慰，达到了二分之一，照北大的普通情形来看已是值得满意的。但他还是很不高兴，为母校的前途而忧。[69]

1933 年暑假后，张中行选修刘半农的古声律学课，每次上课有十几个人，到了期末考试，应考的其实就他一个人。也有像钱玄同的音韵课，考卷一收齐，看也不看，就直奔注册科，学校有个木戳，盖上"及格"了事。[70]

作为"拉丁区"一员的金克木搭上了北大外文系法文组的"末班车"，到 1933 年，法文、德文、日文、俄文几个组要取消，外文系实际上要成为英文系。法文组的课只有一个正式学生，教授欢迎他这个"无票乘车者"。他听过梁宗岱教授在毕业班开的法国文学课，也只有几个学生，"他不去教室，在法文图书室上课。师生围在一张长方桌周围，用法文闲聊天。要查什么书就随手在书架上拿……他讲的法文中夹着中文、英文、德文的诗句原文。大家嘻嘻哈哈。也没有课本、讲义。"[71]

北大不排斥旁听生，也不排斥偷听生。"正式生不如旁听生，旁听生不如偷听生。"这句话曾经流行，陶希圣就认同这个说法，"因为旁听是对于那门课程有需要，偷听是对于那个教授讲学有兴趣。偷听生写出的论文有时比正班生和旁听生还要好些。"[72]

有一次胡适在课堂上问："你们哪位是偷听生？没关系，能来偷听更是好学之士。我只希望你们给我一个名字，是我班上的学生。"正式生何兹全听了，心里很感动。[73]

在中国大学就读的黄晖经常到北大偷听胡适的课。黄晖毕业后写了《〈论衡〉校释》，胡适认为"算是一千年来注释《论衡》最好的一部书"，推荐出版。[74]

赵印棠是北大的旁听生，胡适发现他对音韵学有研究，就提拔他当了讲师，后来成为教授。[75]

1936 年 6 月 7 日晚上，史学系四年级学生张政烺在与国文系同学李光璧闲聊，听说胡适在文学史课堂上提到《封神演义》的作者到底是谁，同学如有意见可以提出来。第二天，他写了一封信给胡适，说自己本年因史学系的功课忙，没有选修这门文学史课程。对《封神演义》的作者，他考证是明代的陆长庚，引了多种地方志史料。胡适接到信很高兴，6 月 10 日回信感谢他的指示，并说："你若不反对，我想把你的原信送给《独立评论》发表。"[76]

"北大真大啊！"这是胡适由衷的感慨。

北大的教授可以自由开课，钱穆开了一年"近三百年学术史"，又改开"中国政治制度史"，结果无人选课，法学院院长周炳琳对同事说，学生来校只知西洋政治，不知中国政治，现在文学院开了此课，当令学生前往听讲。政治系全班学生选听此课，史学系学生也来旁听。[77]

胡适、傅斯年在国文系开一门课，又在史学系、哲学系另开"中国近世思想史"和"中国上古史单题研究"。

按北大传统或学生惯例，选定之课可任意缺席，未选之课可随时旁听。

史学系学生何兹全选修了政治系教授陶希圣开的两门课，中国社会史和中国政治思想史，影响了他一生，他说自己研究中国社会经济史，主要就是受陶希圣的影响，大学时代开始在陶主编的《食货》发表研究文章。[78]

1931 年下半年，陶希圣到北大法学院政治系任教授，终于拿到了在档案库里搁了九年的北大毕业证书，白纸都已变黄了。此前，他在安庆教书、在商务馆做编辑，在南京中央大学任教，一直没有需要文凭证明学历。

七、乡村建设

1930 年 3 月 24 日，《大公报》以《魔窟桃源——四川小三峡之建设》为题报道了卢作孚在重庆北碚的实验，重点报道了温泉公园、北川铁道和科学馆。4 月 9 日，又发表社评《川局混乱中之地方建设》，肯定卢作孚在混乱的四川成功地在"小三峡"做了一番建设事业，"可证明苟有人才，从事地方建设，虽在不良之环境中，亦尽有事业可做。"认为这种"地方的健全中心势力"之造成，乃是打倒军阀的根本力量。

卢作孚在北碚的建设，让人想起定县。晏阳初和平教会在那里的工作一直在继续，而且引起了越来越多的关注，胡适他们办的《独立评论》就常有关于"定县实验"的讨论。《大公报》也一直在注视着定县，1933 年 10 月 14 日的一则"特讯"再次将定县带到公众面前。《大公报》一向赞赏平教会救愚、救穷、救弱、救私，也就是"除文盲，作新民"的工作。

1934 年 5 月 13 日，《大公报》的"星期论文"刊出清华大学历史系教授蒋廷黻的《平教会的实在贡献》。

这个专栏于年初推出，专邀胡适、傅斯年、丁文江、翁文灏、杨振声等教授执笔，这是《大公报》迈出与学术界深度合作的重要一步，几个留日学生主办的这份民间报纸，与留学欧美归国的知识分子开始紧密结合，虽然他们之前就一直有互动，但没有这么密切的合作。他们都关心这个国族的兴衰，注目于文明的重建，或者说这个古老国家的现代化，建设性是他们达成共识的最重要基础。这一点，定县的晏阳初一班人与他们也是一致的。对于定县平教会的工作蒋廷黻向来是忽视的，以为就是平民千字课，认识千字又有什么好处呢？直到他亲自到定县考察了一番，才发现其真正价值。

平教会从各村选一两个受过千字课的青年农民，在保健所里教他们治十种最普通而最容易治的病，给他们十种药，让他们回村作保健委员，在村里替农民种牛痘、治皮肤病等。平教会造出一个新式的纺纱机，两人合作就能同时纺八十八枝纱。农民利用这个机器，可以在农闲纺纱，不必向外面买棉纱。他看到，平教会此外的事业还有很多，从改良猪种、棉种，到改良和提倡家庭工业，从卫生、教育到合作、金融流通等都在推行。

但在他眼里，平教会的实在贡献还不是这些，而是把科学和农村连接起来。"科学——自然科学及社会科学——好比一个泉源。平教会开了沟渠，接上管子，把泉源的水引到民间去了。换句话说，平教会的试验找到了改造中国农村的技艺和方案。这个技术的中心是各村的同学会。实际在各村办教育、合作、卫生等事业的是同学会的会员，平教会不过站在旁边作指导者。这些同学会员的知识资本就是千字课。这新千字文就是现代知识流到民间的沟渠。"

他看了千字文等出版品和当地的平民图书馆，感到平教会的教育是真正的活教育，真正在造就新国民。他认为平教会找到了改造农村的方案。稍加修改，因地制宜，这个方案可以推行到全国。

与四五年前徐铸成采访定县时相比，定县实验无疑有了更多进展，更加注重训练人，抓住了人的教育这个中心，这与卢作孚在北碚、在民生公司悟到"人的现代化"是一致的。

这年上半年，晏阳初、陈筑山到天津，在南开大学秀山堂与张季鸾、胡政之、何廉有过一席长谈。这五个人，两位来自定县的乡村建设家，两位报人，一位经济学家，张、胡都认为在天津轻易听不见这样有热情的聚谈。那天，晏阳初谈了很多，张季鸾说最要紧的是这段话："大家试想，将来建国，靠现在的儿童；现在救国靠谁？是不是靠这八千万无教育的农民负此责任？我们救亡一定要抓住这八千万青年，组织训练起来。此外再无依赖的。但是这些青年，谁去教育，怎样教育？我们平教会近年的事业，就是专以此为对象。换句话说：就是将国家教育系统上所不闻不问的这一阶段的农村青年，给他们文字智识，与其他公民训练及保健卫生的知识与训练。"这番话引起了他深深的共鸣，自1928年以来，他就常常想到，从国防上说训练农村青年是最紧要的一件事。"讲起国防来，问题重大，千头万绪，但国防基础，总之是人。中国号称人多，但无组织无训练，就等于无人。就论体格，现在壮丁的体格，大概也退化了。因为供给壮丁的源泉，是农村，而经济破产生活困穷，加以鸦片白面之害，所以农民体格，渐渐衰落下来。况且只是体格好，还不够，必须要有公民常识、爱国精神，方能有用。这是更非训练不可。训练之法，最好从农村青年起。中国最怕的，不但是无武器，并且无人。"[79]

10月9日，《大公报》发表晏阳初的《农村运动的使命及其实现的方法与步骤》，也可看作是他那天一席话的归纳：

"中国今日的生死问题，不是别的，是民族衰老，民族堕落，民族涣散，根本是'人'的问题；是构成中国的主人，害了几千年积累而成的、很复杂的病，而且病至垂危，有无起死回生的方药的问题。这个问题的严重性，比较任何问题都严重；它的根本性，也比任何问题还根本。"

他说，他们的农村运动，就是对着这个问题应运而生的。"它对于民族的衰老，要培养它的新生命；对于民族的堕落，要振拔它的新人格；对于民族的涣散，要促成它的新团结新组织。"所以他说农村运动担负着"民族再造"的使命。研究实验的区域虽只在一县一乡村，目的却是为整个民族生活的改造，他的着眼点就是要抓住他跟张季鸾他们说的那八千万农村青年。"民族再造"也可以看作是"文明再造"的另一说法。

第二天的《大公报》社评《民国二十三年国庆纪念辞》，也将目光聚焦于乡村建设实验派，"他们放弃了都市优游安乐的生活，躬入民间，努力于乡村建设，帮助农民，提高智商，增进生产，改进组织，这更是新兴的有力的一种社会运动，值得我们的同情。"

晏阳初他们的定县实验，梁漱溟在山东邹平的乡村建设，星星点点慢慢汇聚起来，"乡村建设协进会"出现了，1933年7月13日，《大公报》的社评就是《乡村建设协进会之成立》。

1934 年 11 月 4 日,"乡村建设学会"与《大公报》合作的《乡村建设》创刊,初为双周刊,自第 25 期起改为周刊,第 60 期后又恢复为双周刊,到 1936 年 2 月 26 日终刊,共了 70 期。这个周刊为致力于乡村建设的人提供了一个"公共的言论机关",瞿菊农、李景汉、梁漱溟等人的声音都可以在这里听到。

11 月初,北大教授周作人与俞平伯到定县走了一圈之后,在 1935 年元旦出版的《国闻周报》发表《保定定县之游》,他对平教会认识之清楚感触尤深,说他们认清自己的工作对象是农民,是眼前生活着行动着的农村的住民,并认清他们想要什么,眼下最迫切的需要是什么,不想要什么。所以他认为,"平教会的特色,亦是普天下说不能及的了不得处,就是知道清楚这些事情而动手去做。"他听当地人说起平教会的所作所为,都令他们受益,从粮食多收、鸡多生蛋、猪长肉多而快到合作社、保健所、平民学校,"所以于人民生活上多少有些利益,平教会也多少得到信用。不唱高调、不谈空论,讲什么道德纲常,对饭还吃不饱的人去说仁义……现在平教会知道而且能为农民谋衣食,真真是为世希有也。"[80]晏阳初关注的人的训练是在关心人的生活基础上的,没有这个基础,所谓"训练"就是空话。

在更广大的农村,亿万农民没有机会遇到晏阳初和平教会。一场水患灾害就足以让他们流离失所,朝不保夕,这是更惯常的命运。

1935 年 7 月,燕京大学刚毕业的萧乾初进《大公报》编《文艺》副刊,正遇上黄河决口,山东、苏北等地水灾,南方也有严重的水患。他同胡政之约定,预先编好几期副刊,报馆就派他到灾区采访。专画民间生活的画家赵望云与他同行,自 1928 年 3 月 3 日起,赵望云的旅行写生通讯就出现在《大公报》上,用画面忠实地记录了底层民众的生活侧面。

他们抵达济宁火车站,四周是一片汪洋,不长的站台上,挤满了老老少少的难民。站台上,铁轨旁,郊野的田塍和坟堆上,到处是一望无际的灾民。萧乾目睹,饥饿使男女老少两眼落了坑、失去了光芒,大头瘦脸的婴儿抓着松软无乳的奶头，苍老夫人扶着拐杖合目想念几代创建的家园，八十老翁仰头叹息"天哪天哪"……铁道旁被丢弃的灾童哭了整天，声嘶力弱了，卷缩在地上，脸上的泪痕和泥混在一起，没有人来认领，他听到许多难民在摇头自语，"谁家的孩子谁也不敢认。认了吃啥？"当晚，在小客栈的斗室里，他们一个画，一个写。

9月27日，"本报特派员水灾观察报告"第一篇《鲁西流民图——济宁车站之素描》见报，直到10月15日，《大明湖畔啼哭声》《苏北灾区流民图》等一系列特写相继刊出。萧乾的文字和赵望云画中的流民感动了不少读者，纷纷寄来捐款。大公报馆早就在呼吁救灾，还专门成立了赈灾委员会，虽杯水车薪，却在尽力而为。

在济宁，萧乾看到用铁锹挑着篮子的白须老人，在给难民诵读"关帝君血泪救劫文"，老泪纵横地劝他们要忍耐、要相亲相爱。在苏北，他看到嗷嗷待哺的灾民在吃一个"善人"舍的"渡命丸"或"仙丸"，一种指头大小的灰色丸子，主要成分是大枣、糯米和黄豆。听说一天吃三粒就可以过活。他却想，二百担"仙丸"还不如换成几袋黑馍中用。灾民中还出现了仙医，拿着一叠印了"佛"字的黄裱纸医病……他说不能不称赞这些热心善人对灾民的深切同情，他担忧的是，"中国是陷在贫、弱、愚各种陷阱里。当我们搀扶民众由一个井口爬出时，切不可把他再推到另一个井口里去。"[81] 晏阳初他们的定县实验针对的正是贫、弱、愚这些问题。

八、《复兴公民教科书》

1933年元旦出版的《东方杂志》推出大型专题"新年的梦想"，142个参与征文的知识分子中，多数人做的都是大同梦、社会主义梦，少的是公民梦。但商务印书馆对公民教育的重视由来已久，从修身、新修身到公民教科书可以证明。

根据 1932 年的课程标准，从 1933 年到 1934 年，商务馆编了最后两套教科书，一套是秋季始业，一套是春季始业，名为"复兴教科书"，既有商务馆复兴之意，也寓民族复兴之义。但这两套教科书并没有因局势紧急而泛政治化。1933 年 6 月初版的初级小学《复兴国语教科书》，《编辑大意》第二条"编辑主旨"将培养儿童的阅读能力和兴趣放在首位，其次是养成健全公民，然后是"灌输党义，提倡科学"，将"党义"一项跟"科学"合在一起，可见其无奈。第六条特别强调，"本书形式优美，插图丰富，含有艺术兴趣，可使儿童乐于阅读。"

打开商务馆出的《复兴国语教科书》第三册，虽也有《国旗歌》这样的课文，更多的却是小鸟、小羊、小猫、狐狸、老鼠、鸽子、兔子的课文。有人批评这样的教科书只是"鸟言兽语"，缺乏民族思想，其实也有《苏武牧羊》《班超定西域》《淝水之战》《岳飞抗金》等课文，高小第四册就有《文天祥》《顾炎武》等课文。即使"羊拒狗""狗拒狼"的课文也都有寓意。日本人就认为其中民族思想太浓，指控他们是"仇日教育"。"复兴历史教科书"第四册的 20 课几乎都围绕近代中国遭受国难的主题。

按照教育部规定的国语科标准所附"教材编选应注意各点"，一定要有孙中山的课文。虽然复兴课本都编得比较朴实，没有太夸张和神化，但孙中山在课文中的比例还是很高。初小"复兴国语教科书"至少有 5 课，其中第三册有两课《把大家的生活都改良》和《不敢欺中山先生》，第五册有一课《一个教训》，孙中山说"中国人像一盘散沙，必须团结起来，才会有救。"第七册有两课，一是讲孙中山小时候反对村里三家蓄奴，一是讲不要官吏勒索，实行自治。"复兴常识教科书"中也有关于孙中山的课文，比如初小第三册《中山先生帮爸爸种田》，并配有插图。

十多年前，商务印书馆拒绝出版孙中山的《会议通则》《孙文学说》是因为惧怕，基于同样的原因，如今却必须将孙中山的故事编进教科书。

"复兴公民教科书"高小共 4 册，每学期一册，胡宗瑞、赵琼编，王云五、傅经纬校订的第二册包括公正，尊重别人的意见，公平竞胜，对于不幸者的同情，诚实，互助，宽恕，集会的方法，会议的方法，怎样对付和我争论的人，以及孙中山主张的选举、罢免、创制和复决权等。课文常用小故事来说明，对于集会和会议的方法都说得很详细。《尊重别人的意见》一课说：

> 要知道无论我的思想学识是否胜过别人，我的见解未必一定高出于人，别人的意见未必全无理由，对于别人和我不同的意见也要尊重。即使别人的意见，我认为确有谬误的地方，也只能就事论事。

《公平竞胜》一课指出，第一要严守各项规则。二要态度公正，举动光明，尽自己本领努力竞争。三服从评判员的裁判，不可妄加指摘。四要和竞争对方始终保持友好态度。五要谦和快乐，胜不骄傲，败不懊丧。这样的观念一旦在一个小学生的生命中扎根，一个健全公民的基础就有了。

由赵景源、魏志澄编，王云五、傅经纬校订的《复兴公民教科书》第四册有较多深具时代烙印的内容，包括"以党治国""建国大纲""五权宪法"等，在观念上也有牺牲个人自由、争团体自由等。当然，也有讲法治精神的课文："无论政府和人民，都受法律的拘束，都得法律的保护，这就叫做法治。我们要维持这制度，必须人人具有法治的精神。"

《复兴初级中学教科书公民》共三册，一年一册，第一册道德，第二册政法，第三册经济。这一版的公民课本，虽已深受三民主义意识形态的影响，但还保留着相对独立的公民教育内容。第一册是孙伯睿编写的，1933 年 7 月初版，到 11 月已加印 70 次。对于什么是公民？首先是拥有国籍的国民，但国民不见得就是公民，国民中有公民权的，才是公民。什么是国家？回答是："国家是人类的共同生活团体，多数人相结合为一体，以完成共同生活，就是国家。组织国家的多数人，就是国民。"什么是自治制度？是训练行使民权的机会，是民权政治的基础。自治的实行是否圆满，不独和地方有关，有时且可影响全国。所以公民应当了解自治的本质，养成自治的精神，并充分行使应有的政权，以尽做公民的义务。

在"国家道德"这一章有"尊重舆论"一小节：

> 民主政治是舆论政治。国民既将政权委托于政府，政府的设施是否正当，还要取决于国民。国民对于政治的意见，叫做舆论。国民真正的舆论，政府应当采取，作成法律，期其实行。
>
> 舆论是一般国民的公共意见。一个政党的意见，不是舆论。一个报纸的主张，也不是舆论。真正的舆论是由国民几经讨论而后成立。国民关于舆论，应当有尊重少数和服从多数的精神。
>
> 社会国家的事情非常复杂，一个问题发生，不止一个原因。一个问题解决，也不止一个结果。社会国家的问题都有关于国计民生，解决问题，又不能同自然科学一样，先事试验。所以一个公共意见须经有见识的专家发表言论，并须容纳反对的主张，而后为最终的决定。如果多数人的意见偶合，便压迫少数人的议论批评，却不是真正的舆论了。[82]

初中一年级的公民教科书能对舆论作出如此清晰笃定的解释，这样的公民教育还是有一定价值的。

1933年出版的"复兴初级中学教科书"也没有回避社会主义问题。《公民》第一册《社会道德》这一章的最后一小节《社会改良》，认为改良社会的方法很多，大致上可分两类，一是渐进的妥协的方法，二是急进的彻底的方法——这是社会主义者的主张。社会主义也有种种的不同：（1）国家社会主义，主张由国家去办经济事业，可以除却私人事业种种的弊害。（2）基督教的社会主义，以爱为中心观念。今日基督徒主张将爱的教义适用于贫民救济的问题。（3）共产主义，以为社会中一切罪恶全由于贫富悬殊；贫富悬殊，又源于私有财产制度。主张将动产不动产，和一切生产机关，归于公有。（4）

工团社会主义，主张组织劳动团体，保护劳动者的自由，使劳动者直接管理经济事业。（5）国际社会主义，主张劳动者的解放应由世界的劳动者携手，驱逐资本主义，灭绝资本家。[83]

《复兴高级中学公民》课本共有四册，内容就比较深了，第一册是社会问题政治概要，第二册是经济概要，第三册是法律大意，第四册是伦理大意。

1923年出生于无锡的李慎之对这些公民课本印象深刻，他在中小学时代读的就是这套"复兴公民教科书"。

在公民教科书之外，商务馆还编译过一套"公民教育丛书"，包括《美国公民教育》《法国公民教育》《英国公民教育》《德国公民教育》《瑞士公民教育》《意大利公民教育》《苏联公民教育》《日本公民教育》。1937年《独立评论》停刊前，还在刊登商务馆这套书的广告。

他们推出的"师范小丛书""现代教育名著""中山文化教育馆中山文库"中都有一册《公民教育》。从修身到公民，对于公民教育的重视，是商务馆一贯的宗旨。针对小学公民教育，不仅有教材，配套的有"小学教育丛书"中有《小学公民训练之理论与实际》，"师范小丛书"中有《小学公民训练概论》，"小学教师丛书"中有《小学公民训练教材和教法》，此外有《学生自治须知》《公民教学法》等。"小学生文库"中除了《国家浅说》《政治浅说》《民权初步摘要》《民权主义浅说》《法律》等，还有一本《好公民》。"民众基本丛书"中也有一册《怎样做公民》。

长期以来，《教育杂志》也发表了大量关于公民教育的文章，或是编译，或是讨论，或是教学设计，或是实践思路。

日本方面对商务印书馆的教科书和这些书中提倡的公民教育、民族意识等内容都深怀敌意。

九、宪法问题

1933 年 1 月 21 日，《大公报》要闻版报道，国民政府立法院组织"宪法草案起草委员会"，立法院长孙科兼任委员长，张知本、吴经熊为副委员长，开始宪法起草工作。

4 月 1 日，《东方杂志》出了一期"宪法问题专号"，除了发表孙科、张知本、高一涵、何炳松、李圣五、吴颂皋、伍朝枢等人的十七篇文章，还附有辛亥以来中国制宪运动的文献，包括《中华民国临时政府组织大纲》《中华民国临时约法》《中华民国约法》《中华民国宪法》《中华民国训政时期约法》。这些文章不仅就宪法与教育、宪法与宪法法院、宪法上的监察权、行政审判等问题，宪法关于人民权利、特别是人民身体自由的手续等问题进行了探讨，而且介绍了西班牙、苏联、日本、美国、德国等国宪法的特点。

6 月 8 日，吴经熊闭门一个月起草的宪法草案初稿以个人名义公布，供各界批评。11 月 22 日，胡适从《国闻周报》上读到张佛泉的《民元以来我国在政制上的传统错误》，大为赞赏。其中批判吴经熊宪法草案中的政制设计：

> 不是内阁制，不是总统制，也不是委员制。
>
> 但在另一方面讲，它又似内阁制，因为总统无权；似总统制，因立法与行政无密切联系；似委员制，因责无专归。
>
> 结果，我们可以说，我们的制度，有了一切制度的坏处，而没有任何一制度的好处。

张佛泉 1931 年燕京大学毕业后进入《大公报》，从 9 月 4 日起主编《现代思潮》，1932 年 8 月赴美国留学，学成后还是回到《大公报》，胡适介绍他到北大政治系任教。

1934年元旦，商务印书馆在《东方杂志》有一页广告，醒目的大字标题赫然就是："制宪声中之读物"，除了重点介绍王世杰的《比较宪法》和两种译本《英宪精义》《宪政制度之新问题》，还推荐了张慰慈的《宪法》（"万有文库单行本"）、薛学海的《薛著宪政论》及《英国宪法政治小史》《德国新宪法论》《宪法学原理》等，让人想起二三十年前清廷预备立宪之际，商务印书馆推出大量相关读物的热情。

3月1日，《大公报》报道，立法院以宪法起草委员会名义公布宪法草案正式初稿，征求国人的意见，一个月内将各种意见寄交立法院编译处（后来又延长了一个月）。《大公报》在一个月内接连发表一系列社评：《读宪法草案初稿》（3月3日）、《宪草初稿之思想体系》（3月9日）、《再论宪法之思想体系》（3月13日）、《宪草中之国民大会》（3月16日）、《错误的民治观念与立宪》（3月31日），对宪法草案有许多具体的批评，希望国人一起研究讨论。

张佛泉在3月26日出版的《国闻周报》又发表《批评宪法草案以前》，指出："目前所要立的宪法，不是因为国民党训政与宪政已经成功，所以才在最后宪政权于人民。正正相反，因为沈阳事变后，群情沸腾，国民政府感到压迫过甚，党内开明人物，如孙科先生诸公，才首先主张提前施行宪政，还政于民。"他从学理分析出发，得出的结论是："将中山先生的五权论铸为永久法典的时机，还未完全成熟。""就现状而论，我绝见不到有什么非立宪不可的必要。若只为敷衍国民而立宪，只为搪塞有野心的政客而立宪（宪法中如必定中国为'三民主义共和国'，三民主义以外的党，实恐因此'搪塞'而得到永久的'蔽塞'。）只为将有待试验的活理论一下铸死而立宪，我倒诚意地建议政府在征求批评之后，便连宪稿及批评一并封存起来，先尽着容纳不同的党见，实行各重要省市的自治选举等切着实际的大事去办，等一个较成熟的时机再谈创制将垂诸久远的宪法吧。"[84]

《大公报》4月11日刊登一篇通信，国民党元老胡汉民发表对宪草的意见，认为"苟军权统治之力量一日不能消灭，则我人当在根本上否定此宪草为无何种价值，盖徒然一白纸黑字之宪法，断不能臻中国于宪法之治。"胡汉民在与蒋介石的国民党内的权争失败了，此时离他被幽禁汤山的日子不远，不免对军权充满警惕。

这一年，《东方杂志》上关于宪法草案的讨论也没有停过。4月1日出版的第三十一卷第七号有苏松芬的《国民大会的组织与选举问题》，及《印度宪政的发展》译文。4月16日出版的第三十一卷第八号，不仅"东方论坛"的首篇就是《读了宪法草案之后》，同时又推出一个"宪法问题"专题，集中发表了张知本、周鲠生、林家瑞、苏松芬等六人的文章。

张知本与胡汉民一样警惕军权，在《怎样才是五权宪法》一文中，他特别提到"军人当选大总统的限制"，草案中有一条"军人非退职三年后，不得当选为大总统"，他说，"这本是我个人独创的见解，各国宪法中稀有其例，不过各国宪法中虽无此项明文，而他们的政治素养和习惯，却多具有这种精神。"这位辛亥革命元老，目睹民国以来武人跋扈、觊觎总统职位，由此造成的种种祸端，痛感在宪法上限制军人当选就是预防军阀发生的一种制度安排。此外，"军人不得发表政治上之言论"，也是他主张要在宪法中如此规定，他认为这和军人可以当选大总统的弊害是不相上下的，"他的主张得遂，必将得意忘形，跋扈专横，政府就是他，他就是政府。主张不遂，必将挟其武力，来贯彻他的主张，内战之祸，势所难免。"他认为，在宪法中限制军人当选大总统，可以说是防制军人"当"政，限制军人发表政治上的言论，可说是防制军人"干"政。

法学家周鲠生在《宪法草案评》一文中强调，最引起争论的大约要算政制那部分，这也是宪草的重点。关于国民大会，他提出三点不同意见，一是代表人数太多；二是集会期三年召集一次、每次一个月为限，集会机会太少；国民委员会制度的缺陷（由国大选举，但不以国大代表为限制，职权太大，等）。"草案中关于中央政制最令人有重床叠架、权限不清之感的处所，就在国民政府，总统与行政院三个机关之并设，而各有其职权。"[85]

这也正是张佛泉那篇大受胡适欣赏的文章中批评的要点之一，是当时政治学家和宪法学家都能看到的问题。

这年7月9日，《宪法草案初稿审查修正案》在各报披露，征求国人的批评。10月1日出版的《东方杂志》发表钱端升、陈之迈等人的三篇文章。钱端升在《评立宪运动及宪草修正案》文中，首先讨论了中国现时应否立宪的问题，基于民治、法治的学理和中国当时的现实处境，他不主张于此时立宪，这一点与张佛泉的意见是一致的，不同的是他并不主张民治，在这年元旦出版的《东方杂志》发表《民主政治乎？极权国家乎？》长文，公开表示"中国所需要的也是一个有能力、有理想的独裁"。

接着，他批评宪草初稿及修正稿都犯了一个根本毛病，"就是草宪者在一方固不满于现存的局面但在又一方也没有一定的要求。他们唯一的要求，就是要一个宪法。至于什么样的宪法，他们却缺乏很固定的主张。"既然立宪已势在必行，他就宪法的原则提出了几点看法，比如，"宪法可尽量的以三民主义为根据，但在文字上以少采国民党所特有的名词为佳。因为宪治既为党治的替身，则凡足以引起一般人民反感者自以愈少愈妙。民选的机关，及机关的人数愈少愈好，选举次数也愈少愈好。因为人民的程度不容许选举制度的成功。[86]

吴经熊对外界关于宪法草案第一条规定"中华民国为三民主义共和国"的批评不以为然，反而认为"以主义冠国体，在中国是创例，而且是《草案》全部最关紧要的一条，实在不啻画龙点睛"。他指出，在此之前，苏俄宪法就有"苏联系社会主义苏维埃共和联邦"、1931年的西班牙共和宪法就有"西班牙为劳动阶级民主共和国"的规定。

他与钱端升、张佛泉有相似的留学和专业背景，他们看得到的问题，他未必就看不清，但作为宪草主要执笔者，他必须按孙中山的设计，还必须为此进行辩护。民国元年的《临时约法》未能实现孙中山的五权宪法主张，这次国民党主导制宪完全要根据这一设计，吴经熊个人能发挥的余地极为有限。

1935 年 7 月 1 日，他在《东方杂志》第 33 卷第 13 号发表《中华民国宪法草案的特色》长文，可以看作是对外界批评的回应，也是他为这次参与起草宪法草案做的一个小结。他说，从 1933 年 3 月开始，宪法草案的起草工作历时三年多，超过了任何一国宪法会议花在制宪上的时间，他列举了美国费城制宪不足四个月，苏俄不过八个月，德国战后七个月……这次宪法草案是按审慎、缜密的计划进行的，绝不是草率出台的。其次，这个宪法草案不是闭门造车、凭空想象的产物，而是与舆论融合的。查别国制宪都是将全责交给宪法会议，不令国人参加意见的，甚至有闭门不许走漏消息的，如费城的宪法会议。同时，他也承认，这是根据孙中山的三民主义、五权宪法，并斟酌现实需要而议订的。

十、民主还是独裁？

自 1933 年 12 月起，胡适和《独立评论》同人，主要是北大、清华的教授开始比较集中地讨论政制问题，参与者包括他和蒋廷黻、吴景超、常燕生，还可以算上在《东方杂志》撰文的钱端升等。

从 1934 年 1 月起，他们开始为《大公报》写"星期论文"，又把这一讨论带到《大公报》的版面，讨论断续将近一年。1934 年 12 月 9 日，胡适为《东方杂志》"过去一年之回顾"征文而写的《一年来关于民治与独裁的讨论》，可以看作是他的一个小结。在逐一反驳了蒋廷黻、钱端升等主张专制或独裁的观点之后，他说：

"在这一年中，有一个很奇怪的矛盾现象：一方面是党部人员公然鼓吹'领袖独裁政治'，而一方面又是政府郑重的进行制定宪法的工作，正式开始所谓'宪政时期'。已公布的宪法草案，是经过一年的讨论与修正的结果，这几天就要提交五中全会去议决了。然而'领袖独裁'的喊声并不因此而降低。"

他注意到此前10月20日北平出版的《人民评论》第57期发表《斥胡适之自由思想》，公然主张领袖独裁制。同一期另有《为五全大会代表进一言》一文，其中建议："即由党产生党魁以宣布独裁，既不必再循训政之故辙，亦不必急于召开空洞无物，徒供军阀政客贪污土劣利用之国民大会。"

正当他为此感到不解之时，11月27日，汪精卫、蒋介石联名通电全国，其中有这样一句话："盖中国今日之环境与时代实无产生意、俄政制之必要与可能也。"同日，蒋介石发表答复日本《大阪每日新闻》记者的谈话中也明确："中国与意大利、德意志、土耳其国情不同，故无独裁之必要。"[87] 那一刻，汪、蒋握手言和、公开承诺不走独裁之路，至少给胡适带来了一些小小的鼓舞。

此文还未刊出（这一期的《东方杂志》要到1935年元旦出版），新一轮民主与独裁的讨论又在《大公报》上开始了。

1934年12月9日，胡适在《大公报》的"星期论文"以《汪蒋通电里提起的自由》为题，他说："国内问题取决于政治，不取决于武力"，"人民及社会团体间，依法享有言论结社之自由。但使不以武力及暴动为背景，则政府必当予以保障而不加以防制。"对于汪蒋通电里提出的这些原则他深表赞赏，认为通电中用"不以武力及暴动为背景"一语，要比宪法草案中用"依法"和"非依法律"一类字样，清楚多了。他自然而然想起了汪蒋通电前后几天，就有无制服、无公文的人员到北大东斋搜查并在路上拘捕学生，清华大学文学院院长冯友兰在办公室被无公文的人员拿出手枪来逮捕。

12月8日，胡政之收到此文，给胡适写信说：

> 大著痛快之至，仆擅删四字，因"共产"太刺目而"特务"尤忌讳。敝报前载北大东斋特务捕人事，几发生捣毁驻平办事处之事，其理由即责备不应用特务字样也。数月来所受干涉为二十年未经之苦，前于《于学忠适从何来》文中略发牢骚，

亦引起平方不满，曾来书面警告，谓是"以示薄惩"。……

大作或有反响，彼此共同负责，当无大碍，敝处日内当再为文作桴鼓之应。[88]

胡适的老朋友、地质学家丁文江不同意胡适关于"民主宪政只是一种幼稚园的政治制度"的说法，12 月 18 日在《大公报》"星期论文"发表《民主政治与独裁政治》认为，"在今日的中国，独裁政治与民主政治都是不可能的，但是民主政治不可能的程度比独裁政治更大。"他直言："汪蒋两先生尽管通电来说独裁政治不是必要，而事实上国民政府何尝不是变相的独裁，不过不是蒋廷黻、钱端升两先生理想的独裁而已。岂但我们的政治没有脱离革命的方式，我们的国家正遇着空前的外患，——不久或者要遇着空前的经济恐慌。在没有渡过这双重国难以前，要讲民主政治，是不切事实的。"因此他主张往"新式的独裁"路上努力，第一步就是"放弃民主政治的主张"。这当然是胡适不能同意的。

这一轮的讨论比上一轮还要深入，吴景超、张奚若、丁文江等见解不同的文章作为"星期论文"陆续在《大公报》发表，有的由《独立评论》转载。《国闻周报》《独立评论》上也刊登了张佛泉、陶希圣、陶孟和、陈之迈、吴景超等人的讨论文章。

12 月 30 日，清华大学社会学系教授吴景超在《大公报》发表《中国的政制问题》，将这个问题清晰地分为三个方面：

第一，中国现在实行的是一种什么政治？是独裁政治，还是民主政治？这是一个事实的问题。

第二，我们愿意要由一种什么政治？这是一个价值的问题。

第三，怎么就可以达到我们愿意要有的政治？这是一个技术上的问题。

对这三点，他的看法是，"中国现在的政治，是一党独裁的政治，而在这一党独裁的政治中，少数的领袖占有很大的势力。"他认为这一点不单在野的许多人这样看，就是在朝的人也是同意的。"关于第二点，因为包含一个价值问题，所以意见就分歧了。"他表示与胡适一样赞成民主政治，"我个人赞成民主政治的理由是很简单的：第一，民主政治是理智的政治，谁能够说服大众，谁就可以当权；第二，民主政治是自由的政治，我们的主张，无论是赞成政府，或反对政府，都有充分发表的机会；第三，民主政治是和平的政治，假如我们对于政府不满意，可以提出我们的主张来，以求民众的拥护，假如民众赞成我们，我们便可上台，不必流血，不必革命；第四，民主政治是大众的政治，凡是公民，都有参政的权利与义务，民众与政治，可以打成一片，没有统治者与被治者的分别。"据他观察，"中国的智识阶级多数是偏向民主政治的，就是国民党在理论上也是赞成民主政治，不过觉得实行民主政治还没有到时候就是了。"对于技术上的问题，他认为，要努力在中国的环境中培植民主政治的条件，"这是和平的——同时却是很吃力的——工作，大部分可以用教育的方式完成的。"如何用教育方式来完成？他的文章没有展开。

1935年1月20日，清华大学政治系教授陈之迈在《独立评论》发表《民主与独裁的讨论》，简明扼要地提出，"被治者有和平的方法来产生及推倒统治者是民主政治的神髓，抓住了这层便有了民主政治。"对于汪蒋通电中提出的"国内问题取决于政治，不取决于武力"，他认为便是民主政治的根本，他认为，"我们对于民主政治，不可能陈义太高，太重理想，而着眼于把它的根本一把抓住。对于现存的带民主色彩的制度，如目前的国民党全代会，能代表一部分应有选权的人民，并能产生稍为类似内阁制的政府，应认为是一种进步……对宪草里规定的国民大会，则应努力使它成功。我们不斤斤于普选，因为那只是程度问题；我们不斤斤于代表机关是否真能代表人民，因为那国的议会都不是反映着社会的一面好镜子。"他强调的是"先抓住了民主政治的根本"，就是"国内问题取决于政治，不取决于武力"。

胡适指出，陈之迈所说正好可以补充吴景超所谓的"技术"问题。2月

17 日，他在《大公报》发表《从民主与独裁的讨论里求得一个共同政治信仰》，尤为认同吴景超和陈之迈的见解，认为他们"清楚锐的分析，——已可算是得着了一点新的意义了"。

北大政治系教授陶希圣在 1 月 20 日的《独立评论》发表《民主与独裁的争论》一文说，"胡适之先生主张的民主政治，很显然的是议会政治……如果以议会政治论和国民党相争，国民党内没有人能够同意。"胡适一方面表示，我们现在并不愿意"以议会政治论和国民党相争"。一方面认为，"国民党的'法源'，《建国大纲》的第十四条和二十四条都是一种议会政治论。所以新宪草规定的国民大会，立法院，监察院，省参议会，县议会等，都是议会政治的几种方式。国民党如果不推翻孙中山先生的遗教，迟早总得走上民主宪政的路。而在这样走上民主宪政的过程上，国民党是可以得着党外关心国事的人的好意的赞助的。"

胡适在思考如何平心静气地求得最低限度的共同信仰时，想到了陈之迈指出的路线，就是汪蒋通电提出的"国内问题取决于政治，不取决于武力"，认为这是一条坦坦大路，"党外的人也应该明白中山先生手创的政党是以民主宪政为最高理想的，大家都应该承认眼前一切'带民主色彩的制度'（如新宪法草案之类），都是实现民主宪政的历史步骤，都是一种进步的努力，都值得我们的诚意的赞助使它早日实现的。"

参与这场"民主与独裁"讨论的有政治学家、经济学家、法学家、社会学家，也有历史学家、地质学家，他们有不同的学科背景，观点也各不相同，甚至非常对立，但是讨论问题的态度是从容、理性的，不以观点不同而剑拔弩张，各人均经过认真的思考，并摆事实说道理，对话的姿态大于论战，关于民主还是独裁的这两轮讨论，大致代表了受过最好的学术训练、真正关怀国族命运的知识分子在当时环境下最真实的声音。他们争的不是输赢，更不是权力或利益，而是以自己所属的国族为念，要说"最低限度的共同信仰"，在他们之间其实并不缺乏。

1935 年 2 月 13 日，《大公报》发表社评《中国不适宜于独裁》，与胡适的观点基本一致——

> 今后训政结束之后，国民党之地位，自仍可为中心势力，但同时宜本遗教所示，以培养民主政治之宪政为目标。

从 2 月 13 日到 24 日，《大公报》连载张君劢的《民主独裁以外之第三种政治》，主张折中独裁制和民主制，搞一个集中心力的"国家民主政治"，与胡适的想法就不大一样了。

4 月 16 日，张季鸾与陈布雷在重庆康宅夜谈，张认为：

> "独裁""民主"之争甚属无谓，"独裁"两字为日本译语，表面上与专制无异，何如延长训政较有根据。[89]

十一、经济新闻可登头条

1930 年 7 月 21 日，《大公报》刊出徐铸成采写的通信《久大、永利两厂参观记》。塘沽，因范旭东先后在此创办久大精盐厂、永利碱厂，已成为中国化学工业的耶路撒冷。永利、南开、大公报，也被合称为"天津三宝"，《大公报》股东名单上就有范旭东，也有张伯苓。

1915 年建厂的久大盐厂已从一个厂变成 6 个，资本从五万增加到了 200 多万，工人有 800 多人，厂区面积 300 多亩，加上盐滩，合计达 2400 多亩，盐池池场都清洁宽广，出品销往全国，食精盐的无不闻久大之名。塘沽一带屋宇交错，大部分都是久大及其附属机关。这样一个上了规模的企业，却因南北内战频仍，时局变幻，而停工了 8 个月。徐铸成目睹"全厂冷落，可以罗雀，烟突林立，而暗若寒蝉"，不禁感概系之。

1917 年创始的永利公司，从筹备到出货都没有假手于外人，近年出品日精，推销日广，远及南洋、日本。以化学工业品行销国外，这在中国还是前所未有的，足以令中国人感到扬眉吐气。他见识了永利最高的建筑有十一层，自翻砂到出品，设备都极完密，原料石灰和盐也是自炼，石灰的溶解、盐化为液体，阿姆尼亚、硫酸的提取，分工极细。每天可产出纯细的白碱百多吨。这一切都引起了徐铸成的注意，他认为更值得大书特书的还是久大、永利早就实行了三八制，也就是 8 小时工作制，比宝成纱厂还要早已年。工人待遇极优，最低工资为 10 元，一般在 15 元左右。工人宿所清洁，医院、浴室、理发室，应有尽有。有一大烤面包房，取价极廉，由工厂按名按期给面包券，凭券换取面包。日用品有消费合作社，工人、职员、工厂出资合办，商品充足，俨然一个小规模的百货公司。工人生活丰富，工余有旧剧社等组织。久大虽停工，工人也没有解职，有许多在工人学校补习。他还参观了黄海化学工业研究社，图书馆、实验室都很完备。

"永久黄"企业的成绩是《大公报》一向重视的，此前，1930 年 1 月 5 日曾发表社评《实行奖励特种工业》，希望南京政府以官股加入天津永利制碱公司非为"分利攘权"，要求官股加入后，"政府在该项企业所居之地位，应与商人平等，不宜再带历来官商合办事业之积习。"

1934 年 3 月 18 日，《大公报》的"星期论文"是化学家任鸿隽执笔的《科学与国防》，他说现代军备与工业不可分离，"如钢铁，如酸碱，其本身固是重要工业"。其时，永利公司正好在酸碱工业上有突破，《大公报》极为重视。3 月 29 日发表社评《基本工业之新发轫》说："中国今后之存亡问题将决于能否工业化，而工业化之能否成功，又将视基本工业之能否存在与发达。"看一国的工业程度，常可以一国硫酸需用量来判断，因硫酸为化学工业上最重要之品，包括无烟火药、炸药、酸类、碱等都以此作原料。社评对范旭东十九年来在化学工业界筚路蓝缕、茹苦含辛给予很高评价，认为他"以实验室所发明之方法，用大规模之制造以应国家社会需要者也"，"小之足以兴工业，辟生机，大之足以裕军费，利国防"。

从这一天起，《大公报》还不吝版面，多日连载范旭东的长文《永利公司完成酸碱工业之意义》，他郑重指出，"如要立国，就应有独立的化学工业。酸碱工业是一切化学工业的基本原料。""酸碱就是一切化学工业的基本原料，一个国家的酸碱工业如果办不好，其他化学工业要想办得好，是绝对不可能的。""现在总算替中国化学工业树起了一只脚，我们的制品，在亚洲享受最高的盛誉，我们碱业独立，绝对不至再有问题，我们可以保证，这一页可歌可泣的工业史，我们自己读起来，也觉得万分的愉快！"

从 1936 年 9 月 9 日到 11 日，因天津另一家重要企业——东亚毛呢纺织公司的新厂落成，《大公报》连续三天以《津市工业访问记》为题，做了深入细致的报道。基督徒宋棐卿 1930 年到天津筹办"东亚"，创造了第一个著名的国产毛线品牌"抵羊"。如果说酸碱还有国防价值，毛线则关乎民生日用。1936 年 7 月，占地 40 亩的"东亚"新厂房竣工，宽大的厂房，通风、采光俱佳，还有排尘、消防设施，这在当时都是不多见的。"东亚"资本达 80 多万，日产毛线 5000 磅，遍销全国，并输出南洋等地。记者在车间看到，通过十八道精细的工序，"四六股"毛线出来了，再经染色、打包，提供手织或机织的成品，品种有 10 多种，颜色多达三百多种。其时，工人 396 人，40% 是女工，实行 10 小时工作制，忙增加半个小时，月工资一般为 14 元到 18 元，这在当时是不低的报酬。厂里有饭厅、浴室、篮球场等，外地工人有男女单身宿舍。在记者眼里，"该厂工作情形极为努力，到处生机勃勃，正可代表我国一有希望之新兴工业，且该厂对工人之待遇及设备，俱甚完善合理，劳资双方齐一心志，前途尤为可嘉。"《访问记》特别肯定这家企业，"没有仅为牟利而辜负购买者之信任，牢记本身为我国工业界之一斗士也。"

天津以外的企业，《大公报》也多有留意，对于"九一八"之前，杜重远在东北创立的肇新陶瓷公司，就有大篇幅的报道。卢作孚办的民生公司也较早进入他们的视野。

对实业报道的重视，源自他们一贯注重民生、关心商业经济的思路。《大公报》复刊当天（1926 年 9 月 1 日）的《本报启事》第二条就特别表明：

> 本报宗旨，注重民生问题，商业经济，尤所注意。因辟《经济与商情》一栏，举凡国内国外，本市外市，金银市价，内外汇兑，以及棉纺、五金、豆米粮食之商情涨落，市况高低，均派有专员随时以专电报告，或用专篇记述，编列既极醒目，消息尤求敏确，务使商界得莫大之便利。

胡政之和张季鸾在这方面是有共识的，"我们办报的旨趣，不仅是在政治上要办成有远见、有主张，能代表舆论，尤其是在经济方面，要有见地、有特色、有权威，准确地反映情况，指出症结所在和前途瞻望。"

从 1928 年元旦起，《大公报》就跟经济学家何廉合作推出《统计周报》（到 1929 年），4 月 30 日，何廉发表《统计与工商业之关系》（《大公报·统计周报》第 17 号）指出："中国人经营工商业，素来全凭命运——靠着财神吃饭……外人之经营工商业，一举一动，都有预定的政策以做标准，所以在他们的眼光看来，无论经营任何工商业，事实、数量、报告等等与资本、原料、劳工等同一重要。因为原料是制造的物质，而事实乃政策的基础。换句话说，工商政策是否妥当，全看其有无事实的统计的根据为断。"

继 1930 年 3 月到 1931 年 3 月的《经济研究周刊》之后，1933 年 3 月 1 日，《大公报》又创办了《经济周刊》（到 1937 年 7 月 21 日停刊，共出版了 227 期），以讨论中国及世界的实际经济状况为宗旨，主要发表有关中国经济及世界经济的研究性论文、实地调查报告、统计数据的分析等，完全交给何廉主持的南开大学经济学院主办，当天发表的《本刊之旨趣》指出：

> 我们的政治国难，不全是由帝国主义的国家的侵略政策造成的，大部分的原因还在我们中国人自己身上。同样，我们的经济的国难，亦不见得全是受了世界经济衰落的影响，大部分也是由于国内的纷乱情形所致。然而帝国主义国家的侵略政策

与我们的政治国难,世界经济的衰落与我们的经济国难,都是有密切关系的。

何廉、方显廷等术业有专攻的南开教授期望在专业研究的余暇,有系统地把中国及世界经济的方方面面,用浅近的文字和图表介绍给读者。

他俩所代表的南开经济学人正在致力于国情调查,以期在正确判断的基础上寻求对策。了解国情的第一步,就是他们对城市工业及乡村手工业的大量调查。他们的调查报告和专题论文率先通过《大公报》的这些周刊发表,分享给社会各界。

他们先后主持完成了《中国工业化程度及其影响》《棉纺织业之危机》《中国乡村工业与乡村建设》《中国之工业化与乡村工业》《中国工业现有困难的分析》《中国工业发展的前途》《中国水泥工业之鸟瞰》《天津地毯工业》《天津针织工业》《天津织布工业》《天津鞋业之组织》《高阳土布工业的组织现状和改革的建议》《高阳棉市之交易情形》等一系列专题,这些扎实的成果能迅速呈现在公共视野,正是第一流的学人与报人合作的产物。

11月8日,《大公报》发表方显廷和陈振汉的《中国工业发展的前途》指出,"大工业的发展在中国很有问题,而乡村小规模工业的发展前途则是很光明的"。

1935年3月3日,《大公报》发表何廉的《我国经济之矛盾与出路》,认为中国经济的出路、产业的现代化,"应以增进全国人数百分之八十的农民经济能力为主题,须从建设全国面积百分之九十的内地农村社会去努力"。"改善交通,使农产品得到新的市场,可促进农村繁荣,扩充工业品的需要"。这些看似没有什么高深的见解,却是脚踩在中国土地上的学者在洞彻国情之后得出来的。

6月28日,《大公报》在《经济建设的出路》社评中说,"只有工业化,才是民族经济建设的出路。"早在1932年5月1日发表的社评《中国之工业问题》就提出:"国防问题,工业问题也。"政府和国民都须认识到救国的亟务在于工业化，可在全国成立无数工业小中心，因地制宜，使各项工业连带发展，渐渐达成全国工业化的目的。有了《大公报》的《经济周刊》和专业经济学人的言论，这样的断言也不致于成为泛泛空论，而是有根有底。

《大公报》与不同专业知识分子圈子的合作，比如关心宪政民主的胡适们、关心乡村建设的晏阳初们、关心经济调查和研究的何廉们，与文学圈子中的旧派吴宓、新派沈从文等人先后的合作⋯⋯ 都是那个时代发生的故事，大大拓宽了媒体介入社会生活、经济生活和精神生活的可能性。在知识分子眼里，《大公报》的地位也极高。1934 年 3 月 9 日，胡适在日记里说："《大公报》一班人有魄力，有远见，可【所】以能造成这样一个大势力。"[90] 这年 12 月 7 日，傅斯年给胡适的信里称《大公报》销路极大，"文章之效力甚值注意"。[91]

在蒋介石等人的眼里，《大公报》的地位也举足轻重，早在 1929 年蒋给全国报界的电文就以《大公报》为首。1932 年 7 月，因风传东南有法西斯蒂团体的运动，并说蒋介石同情此事。事关重大，大公报社特意致电询问真相，7 月 10 日蒋在汉口回电。第二天，《大公报》以《蒋委员长明志辟谣——反对中国国民党以外之组织方式 惟一志愿为复兴国民党革命精神》为题全文刊出：

> 中国革命的组织和方式，只有以中国国民党孙总理所定之固有组织和方式，方能完成中国国民革命的使命⋯⋯今日中国革命之所以失败者，即背叛孙总理之反革命分子破坏中国国民党固有之组织与方式所致。如又欲仿效意大利之所谓法西斯蒂之组织，来强行之于中国，是何异共产党欲以中国为共产化。
>
> 故中正可以坦白直率答复贵报曰，中正生为中国国民党之党员、死为中国国民党之党魂，只知中国革命的组织，惟有一个中国国民党组织。而中国革命的方式，亦惟有一个中国国民党国民革命的方式，为中国革命惟一无二之途径。如有其他的组织中正不惟不能赞同，而且绝对反对。中正今日之志愿乃在复兴中国国民党十三年之革命精神，与其独一无二国民革命之组织和方式，而以实现三民主义自任也⋯⋯[92]

吴鼎昌在 1935 年 12 月入阁之前，与蒋介石已有很深接触，密电往还不断。当年 9 月 10 日，他给蒋的密电中说："回沪后密嘱季鸾以记者资格分访日、苏两大使，一谈时局。有吉（有吉明时年 6 月任日本驻华大使）认季鸾主张对以后中日交涉，宜从容进行之说为合理。鲍使（鲍格莫洛夫 1933 年 5 月起任苏联驻华大使）表示，中苏交涉，现无法进行，回任五个月中，欲谒公面谈而未得，外部亦冷淡。渠有许多话想与公面谈，并盼昌得便赴京晤叙等语。昌意目前交涉，<u>亟应日苏并重</u>，不过明暗之分，并无轻重之别，似宜密任专员，随时与鲍使交换意见为是。"[93]

11 月 18 日，他又密电蒋："昨得张季鸾先生电云：仙阁（察哈尔省政府主席萧振瀛）、绍文（北平市长秦德纯）告弟，土肥（日本奉天特务机关长土肥原贤二）坐催变局，推宕计穷，全代会后必不能再延，对方对新组织物具体案，但曾赞同不脱离中央之原则。仙阁谓，若中央谅解，在此原则下从速周旋，当保全不少，三五日后局势更坏。明轩（宋哲元）亟盼礼卿（吴忠信）来传达大计，决定一切。萧、秦语时皆泣，嘱电兄。"

期间，吴鼎昌受蒋介石之托，以民间形式组成赴日经济考察团，他任团长，陈光甫、刘鸿生、徐新六、钱永铭、周作民、宋汉章等银行界和企业界的重要人物都在其中，本来也在名单上的荣宗敬、郭顺等有事未成行。[94] 他也以懂经济而被起用，出任国民政府实业部长，辞去《大公报》董事长一职。

《大公报》重视经济新闻与吴鼎昌也不无关系，自 1934 年起，总要在年末或岁首进行世界经济动向的预测与分析，1936 年以后，《大公报》加强经济报道，有关经济建设的报道、论述、通讯常被安排在要闻版上。5 月，杜文思的《占输出首位之我国桐油业概况》，日文的《上海日报》等不及全文连载完毕，就翻译转载。9 月，《大公报》破天荒在第一版刊出《华北棉业概况》，引起编辑部的议论，范长江、王芸生等人都有看法，胡政之说："这个问题提得好。这也涉及到我们报纸长远的基本航向。我和张先生的意见是一致的：社会活动中心是经济活动。暴日之所以能够侵略中国，是为了进一步扩张、发展它的经济。就中国说，社会纷争扰攘，是因为社会经济问题未能妥善解决。就报道说，一旦政治安定，社会正常，哪还会有这么多政治、军事要闻？报纸第一版也好，其他版也好，恐怕大多数都将是有关经济、产业的报道。"[95]

在经济报道这方面，尽管他们已有相当重视，但当1936年9月1日在《大公报》复刊十年时，张季鸾深感不足的是，各国报纸近年莫不注重关于国民经济的纪述与主张，中国也是急需，他们虽愿于此努力，"而十年未迈初步"。他有谦虚的成分，也是真实的自省。

十二、"精神国防线"

1931年9月考入北大中文系的张中行记得，老教授黄节在课堂上讲明清之际顾炎武的诗，以激发学生的亡国之痛、忧民之心，讲到《海上》四首七律第二首，"名王白马江东去，故国降幡海上来"，他一面朗诵一面慨叹，似乎陪着顾炎武痛哭流涕。满堂学生自然领会，他口中说的是明朝，心中想的是现在，都为他的悲愤而深深感动。

1932年春天，张中行在北大操场听满口余杭话的章太炎演讲，由刘半农翻译，钱玄同写黑板，他记住了章太炎的最后一句话："也应该注意防范，不要赶走了秦桧，迎来石敬瑭啊！"[96]

"九一八"之后，北大一些教授聚在一起商讨"书生如何报国"，都以为编撰一部中国通史，以提倡民族精神为当务之急。当时，中国通史是北大文学院一年级新生的必修课，由胡适讲文学史、汤用彤讲佛教传布史、顾颉刚讲上古史、丁文江讲中国人种与部族。[97] 1933年下半年，吴相湘由湖南常德考入北大史学系时，中国通史已由钱穆一个人来讲，聘了常来北大旁听的学生贺次君作助教。

1931年3月4日，《北京大学日刊》刊载傅斯年给蒋梦麟校长的信，他到北平22个月，三次在小摊上看到北大流出去的书，"希望先生主持的北大不弹高调，不必去增加刊物，扩充地盘，先费一下子心，把这个图书馆于最短期间改成北大教员的研究室，北大同学的读书室。否则北大永远不是一个学校，而是一个……的栖流所。"

3月5日，周作人给傅斯年写信，"学校应该有设备完全内容充实的图书馆供人利用，使人家多来馆阅览，少借书出去。这个我想北大亦尚未能做到。鄙人曾对梦麟先生说过，要整顿北大，提倡讲学，该赶紧在松公府将图书馆办起来，有适宜的阅览室研究室，有合用的参考书籍，种种方便，教员学生要读书或著作自然都到那里去，不会像以前的下课之后急忙回家或公寓去了。"第二天的《北京大学日刊》也登了。

北大图书馆给何兹全印象最深的是一个管取书的老头，高高、瘦瘦的，非常和气。你要借什么书就问他要，他用手指敲敲脑袋，略一寻思，就说："有，有。"然后就去书库，不一会就把书给你取来。学生给他取个雅号，叫作"取书手"。[98]

1933年2月6日，《北平晨报》报道"蒋梦麟提倡读书救国"，蒋梦麟校长对记者说："有人谓读书不忘救国，而我之主张，则为'读书可以救国'，因为个人所想到的，像日人坦克车、科学战器等，均从读书及研究科学得来，研究时间不知费尽几许年月，方可发明一种器具，假使我国科学发达、工业发达，所有应用东西，国人都能自造，无须以金钱向外人购买，国家当然能够强盛，外人何敢轻侮云云。"

4月20日，《北平晨报》报道北大图书仪器准备南运保存，珍贵图书仪器分装二百九十余箱运往上海。学生对此"多抱不满"："……认为在此时局势紧张之际，学校对校中贵重图书等物，固然应竭力设法保存，以免固有之文化为敌人所毁灭，但学生之生命比之图书等物尤为重要……"

4月23日，胡适说图书南迁是奉教育部的密令。同一天，夏鼐从前一天的《大公报》看到"教育部已秘密筹划，令平津各学院先将图书、仪器移至他处，至必要时将全体南迁，不无蛛丝马迹可寻，而北平之危险可知"。[99]

等时局稍安，报纸上又有关这批图书仪器要运回北大的报道。

1935 年 8 月，北大图书馆新厦建成，"山"字型的钢筋洋灰避火建筑，号称"灰楼"，与红楼齐名。吴相湘记得有 4 个中西文大阅览室，32 个研究室。（1947 年毕业的邓云乡进北大时，图书馆二楼楼梯转角处厕所的玻璃扶手还是雪亮的。）[100]

"那时日本虎视眈眈，伺机而动，华北人心惶惶，北大在此时大兴土木，对当时平津的振【震】荡空气，确乎安定不少。""许多人憧憬北大。"[101]

此外，北大还建造了新学生宿舍和新地质馆，对当时不安的民心起到了不少安定作用。当然，后来也有人质疑北大在强敌压境之下还在建新房。"热河战争以后，《塘沽协定》使平津实际进入敌人的虎口。民国二十二年以后，北平若干高级文化教育机关，还在那里从事于高大洋楼的新式建筑，并接二连三出现于古老的文化城中，到今天已道道地地地成了日本军队的兵营。"[102]

1935 年 6 月 8 日，顾颉刚日记说："近日时局甚紧张，日人要求天津省政府迁移，已照办矣。乃复要求撤销华北党部、蒋介石下野、平津军队撤退，且有勒令五大学（燕京是其一）离平之说。"[103] 可见日本人对大学的忌讳，北大又首当其冲。

也是这一天，丁文江给胡适写信："我料想这一次华北一定逃不了。政府这班人都是束手无策，而是你埋怨我，我埋怨你。我很望你们善自设法，不要陷在绝地。到必要的时候，脱身南来。"[104]

6 月 20 日，胡适给王世杰回信认为冀、察、平、津必不可再失，"至于我个人的安全，我毫不在意……我决定不走开。庐山之行，不知定在何日？"信后还附了一句："各大学必不做迁移之事。北大做个中国的鲁文（Louvain）有何不好？"[105]

陶希圣说："北大当时成为北方学界重心，一则因为学风很盛，再则每逢时局波动，教授则聚论时事，发表言论，领导学界，蔚然成风。"

此时，北平已是一座危城，"在日本战车隆隆声中，不仅弦歌不辍，而且鼓舞爱国情绪，民心士气一时高扬无比。"陶希圣告诉许倬云：这一番昂扬气象，固是胡适、傅斯年、蒋梦麟他们"在北方能投袂奋起"，与教育部长王世杰的支持也分不开，"假使当时华北学术界不知政府意向而嘿然，政府对日本的弹性交涉势难奏拖延时间之功。中国既不能战，又不能和，日本侵华步伐也一定加速进行，中国的劫难就不知到哪一地步了。"王世杰"能不声不响地为国家布下一着奇兵，仍是以其本身为学术界人物，方能取信于华北的学术界"。如果他只是一位部长，这些学者还未必听命呢。[106]

9月23日，还在"一二九"运动发生前，王芸生在《国闻周报》发表《到北方来！》一文：

> 我们应该把首都迁回北平，无论如何我们不能把华北撒手。这样使全世界知道国民政府还要华北的决心。没有了华北，也就没有了国民政府。这是我们最后的边疆，无论如何，绝不撒手！

此文落笔于9月16日的天津，他感慨地写下这些话：

> 最近从南方回来的朋友们，他们的印象觉得南方一部分人士在心理上已认为华北完了，家有子弟，不让他们考北方的学校。这种心理的放弃，真是危险极了。我们放弃了华北将退到那里去？走南宋的路？已无偏安的可能。跟随朱毛徐向前窜入蛮荒吗？那是一条艰难的死路呵！

这年下半年，殷汝耕在日本策动下，要在冀东二十二县搞独立。"华北自治"甚嚣尘上，"华北国"已在酝酿之中。

11月19日，北平的情形极为紧张，"以国亡相告语"。顾颉刚到北大上课，两小时都未讲书。[107]

这一天，蒋介石在中国国民党第五次全国代表大会第四次大会上做外交报告，还在强调："和平未至绝望时期，决不放弃和平；牺牲未至最后关头。决不轻言牺牲。"

宋哲元等曾在中南海怀仁堂招待北平各界部分人士，详细报告日本策动的"华北自治"。傅斯年第一个站起来慷慨陈词，坚决反对。胡适也有类似的发言。他们一回北大，就邀集教授同仁在马神庙二院的一间教室集会，他们表示北大不搬走一部图书，不移动一架仪器，坚决留在北平。只要在北平一天，就要作二十年打算。如北平沦陷，则同人们南下，无论何地，只须搭一座茅棚，就可讲学。当时一般教授，都赞成他们的意见。[108]

第二天，快要下课了，胡适忽然感喟起来："昨天，当局约了我们这一班教育界的人，到怀仁堂去吃饭。"他说自己在饭后说起二十九军 1933 年喜峰口抗日，牺牲了七千多人的性命，"七千多人的热烈的性命所造成的光荣局面，你们自己的忠勇的同胞们所造成的好的局面，希望你们要保持着，要能够对得住这死去的七千多人。"当时在课堂上的国文系一年级学生柳存仁感慨：

> 一场所谓"自治"的暗潮，就在这几句言简意赅的言语里面消逝了。我想，胡先生说这话的时候，理直气壮，一定有鼎镬置之于前，武士环之于后而不惧的气概！这种气概——也许可以叫做真正的中国学者的书生本色——的影响，使全部的冀察区域的领土完整差不多保持了整整的一年。[109]

11 月 24 日，北平各大学校长和教授联名发表宣言。当夜，胡适又写下《华北问题》一文，重申反对华北自治的意思。

11 月 25 日，胡政之夜访陈布雷，"谈平津变乱即发，《大公报》至不得已时决停办"。[110] 危机之严重可以想见。

中央大学的教授给北大教授发电报，称许他们"危城讲学，大节凛然"。

国民党定都南京以后，一心想扶植中央大学替代北大的地位，进一步影响全国的风气，这是北方知识界很不满的。1933 年 7 月，李四光、丁燮林、李济、傅斯年等6人给丁文江的信里提及，"'北平为中国文化中心'一说，是非且不论，北平之有学术空气，他处无之，乃是实在。今华北局面不可测知，而东南物力所集，如不成一文化中心，即不有学术空气，成何国家？此一责任，中央大学无能为也，洋泾浜尤无能为也，如欲有之，非自研究院发轫不可。"[111] 南开大学教授何廉说："平津地区系中国文化中心，教育水准较全国其他地方均胜一筹。"

此时，胡适、傅斯年挺身而出，当面教训"俨然是为日本招降"的北平市长萧振瀛，"北平整个浑沌的空气，为之一变，教育界也俨然成为左右北方时局的重心"。[112]

这些日子，朝阳门外，日本兵打靶的枪声，"突突突突"，送入红楼的教室里，常常说政治没有意思的陈垣教授正在上课，学生要他讲讲时局的看法，他沉沉地说出："一个国家是从多方面发展起来的；一个国家的地位，是从各方面的成就累积的……我们必须从各方面就着各人所干的，努力和人家比。我们的军人要比人家的军人好，我们的商人要比人家商人好，我们的学生要比人家的学生好。我们是干史学的，就当处心积虑，在史学上压倒人家。"[113]

他自己就是这样做的，他不仅压倒了日本人，而且赢得了日本学者由衷的敬佩。

11月25日，殷如耕等在日本间谍土肥原贤二指使下，在通县组织"冀东防共自治政府"。12月2日，北平教育界发表宣言，叶企孙、梅贻琦、陶孟和、胡适、张奚若等教授联名反对所谓华北五省自治运动，发表于12月4日的《大公报》：

"连日报载通电，有谓河北时局紧张，要求'自治'甚至有谓'危机四伏'，提议自保者。同人等生长河北，深知各县并无此种情形，所谓自治诸要求，全系奸人所播弄、雇员所制造，绝非民意。当此国难深重之际，用全国统一力量尚虞不能挽救，欲求一省之自保，岂可得乎，深望乡人切勿轻听谰言，受人愚弄，迫切陈词。"

12 月 3 日，《大公报》发表张季鸾执笔的社评《勿自促国家之分裂》：

> 时局焦点在平津，平津重心在宋司令，故愿对宋氏进一言。
>
> ……
>
> 夫今日中国遭逢之问题，大事也。以全国之智力能力且无良策，岂一军一长官之力所能胜任，故宋氏及其干部而无良策，此不能为之咎。再退一步言，时机甚迫，既无良策，又不容无策，是则此时所谓之策，不必问可知其不良，此亦无可如何者。虽然，有前提焉，其一：无论如何，要之不容自促国家之分裂。盖纵舍义理而专讲利害，则欲图苟全苟安，亦必须在统一的规模之中得之……若云非分裂国家不能办外交，恐世界无此情理也。其二：上述者为常理，然假令常理不能通，当局者另有一种自信，以为别有维持地方之道，既敢以最小限度之请求进。即当局者须以自身之名义，公开负责，万勿托词于民意是也……
>
> 或者曰：以子之意宜如何？曰：为宋司令及其干部计，宜一方对外恳切说明维系中国统一之必要，劝其勿须走极端；一方对政府申述环境危迫之实情，自决一适应现局之办法。其能解决也，幸也，倘竟不能，是则国家整个的问题，宋司令可以告无罪于国人矣。

文章见报当天，张季鸾写信给胡适："此间市政局奉北平当局电令，即日起停止敝报邮递，禁止在天津华界发行，故自四日起北平已不能去报。"信后附言："或者要演到停版，惟尚未定也。弟等原决定于北平出现分裂举动之日，即自动停刊。"

《大公报》上一次遭停邮处分还是在 1930 年中原大战时，阎锡山下的令。这一次是惹恼了宋哲元。

12 月 5 日，胡适给张季鸾回信，开首就说："射雕老手，箭不虚发，一发即中伤要害，佩服！佩服！"信中谈及华北危局：

> 这回我从南方归来，本不存多大乐观，只作"死马作活马医"的万一希冀。三周以来，无日不作苦斗，所赖有先生们不避危险，为我们作声援，作宣传。现在《大

公》停邮，平津两地的报纸上就不能有一隙之地可以给我们说话了。大概我们能努力的日子也就不多了吧？念之慨然。[114]

当天在南京国民党中央党部的会上，程沧波、潘公展这些国民党籍的报人，为《大公报》被停邮提出保护爱国舆论案。[115]

不久前从德国正好留学归来的北大毕业生冯至写了一首关于威尼斯的诗，发表在《大公报》的文艺副刊，因为报纸突然禁止在北平出售。他没留底稿，这首诗就像石沉大海般消失了。却不料被上海的读者杨晦读到，写信抄给他。[116]

北大史学系学生吴相湘记得，"每日上课前，教授们也讲述一些时事。史学系主任陈受颐教授曾说：南京军政要员北来，与教育界人士接谈，如熊式辉等表示：时局如此危急，士气何以这样消沉——不久以后，'一二九'学生示威运动就发生了。"[117]

12月9日，燕京和清华等校数千大中学生游行示威，反对所谓"华北自治"运动，向军政部长何应钦请愿。上午十点，胡适去上课，"班上人还是满的。外间各校学生今天有请愿之举，北大学生都没有加入。"

下午，他在东安门大街，看见游行队伍最后打着北大的旗子，约有三四十人。当晚，居仁堂邀各大学校长商议学生游行的事，蒋梦麟、梅贻琦等都到，胡适也在场。北平市长秦德纯报告，"今天高桥武官去市政府抗议，说今天学生游行，是有背景的，主谋的人是蒋梦麟与胡适。"[118]

第二天，胡适到校，知道学生要罢课，认为幼稚之极，亲手撕掉了罢课通告。他在红楼的办公室召集朱穆之等学生开会，说："关于华北大局，有蒋校长、梅贻琦……和胡适在顶着。"不是说"我"，而是以第三人称说"胡适"。朱穆之亲耳听到，真是"如雷灌耳"。[119]

胡适和蒋梦麟、周炳琳为劝阻学生罢课忙了一天，他们的劝说无效。

北大秘书处发出布告，"如有煽惑罢课者，一经查出，立即开除学籍。"

照样无效。

有学生署名"将来要杀你的人"给胡适写信，不仅骂他，还警告他若再撕毁关于爱国的通告，打断他的腿，叫他成为"拐狗"。[120]

这一天，顾颉刚到北大讲课，发现学生已罢课。门口的军警比燕大更多。[121]

当天，在中国大学任教的中共中央北方局宣传部长陈伯达在天津看到《大公报》，"才知道发生了抗日救亡大示威"。秦德纯说："这一次学生游行，百分之九十以上是极纯洁的爱国青年，完全激于外交苦闷，一经恳切说明，即安心回校读书，只有极少数共党分子'民族先锋队'从中挑拨造谣。"[122] 但"中华民族民族解放先锋队"要到1936年2月才出现，"一二九"以后，北平的中共地下党员确由50余人增加到近500人。

12月11日，《大公报》发表社评《对学生请愿之感言》称："其心可谅，其情可悯，然时非'五四'，地非首都，纵流血于边鄙，有何补于大局？"呼吁学生"一方面勿读死书，一方面勿轻于行动"。

第二天，《大公报》发表《本报启事》说，即日起照常邮寄，同时刊登社评《本报解除停邮处分》，感谢公私各界的声援，并说明："本报（三日社评）之文，只为畏惧分裂，情极而呼，初非致疑于当局者。其推论不可诿责民意，亦只原则的泛论，非有所影射而来。"（一年后，胡适主办的《独立评论》也因发表张奚若的《冀察不应以特殊自居》一文，被停刊四个月。）

12月14日，《大公报》发表社评《希望学生复课》说："青年必须养成救国能力，用苦功，求实学，始克当救国斗士之选。游行罢课，请愿示威，方法消极幼稚，不宜再见于今日。"

北平各大学校长发表告同学书说，请愿罢课的目标已达到，劝学生即日恢复上课。

12月15日，《大公报》发表胡适执笔的星期论文《为学生运动进一言》，认为"一二·九"学生游行，"是多年沉寂的北方青年界的一件可喜的事"，但接下来的罢课是很不幸的。他恳切提醒，"青年学生的基本责任到底还在平时努力发展自己的知识与能力。"这是他 13 日写下的，这一天，张季鸾找他谈过。

第二天早上，胡适还没起床，蒋梦麟来电话，学生已大队出发示威，沿途警察拦截，发生冲突，伤者甚多，仅北大就有 47 人受伤。

吴相湘在北大求学 4 年，只参加过这一次游行。名师云集危城讲学，他认定专心研习中国近代历史，了解近百年内政外交的演变，"比游行呐喊及虚矫高调要切实际且更重要"。只是他误记为 12 月 9 日，从他回忆的场景判断，应该是 12 月 16 日——

> 当日早，北大西斋大门即被警察封锁，不准学生外出。警察将刺刀架上步枪以刀尖对学生，逼迫学生退入宿舍内进。学生用木棒还击，几回合后，学生终冲出宿舍。但在结队走往天安门时，重要街道均布满军警及消防水车。

当晚八点，胡适跟各校长到居仁堂，谈到十点多，还是毫无办法。他说："学潮须要釜底抽薪，就是要当局做出几件可以安人心的事来。最要【紧】的是拿办殷汝耕，取消冀东'自治'。"[123]

12 月 24 日下午，胡适到北大，只有一个学生周祖谟来上课。晚上，他到北大教授俱乐部聚餐。饭后，马叙伦发言最多，胡适认为"多没有意思……妄想趁火打劫，可怜"。[124]

12 月 31 日下午，北大召集全体学生谈话，600 多人到场，蒋梦麟报告："今欲维持北大之精神，必须使学校一切先恢复常态，始能拯北大于风雨飘摇之中。所谓恢复常态，即是复课"。胡适讲话，希望"现在大家应极端镇静，充实自己。再继续运动只能作无谓牺牲"。江之源等几个学生大声"嘘"他。最后举手表决，赞成复课的有 101 人。当天，胡适在日记中对蒋梦麟这一个月的举动表示失望，如果早早召集大会，何至于闹到今天。

1936 年的《北大迎新特刊》有一篇《图书馆介绍》，说："书固然要看，可是光看书不管别的事，就得变成书呆子，何况书还有个好歹，又何况在这国难严重的【时】期。"

1 月 4 日，北大复课第一天，有学生组织纠察队阻挠上课，蒋梦麟、胡适、周炳琳亲自出马，拦阻纠察队。三天后（1 月 7 日）周作人给胡适写信："我们平常以为青年是在我们一边，这与青年学生以为农工是在他们那一边，实在一样错误。"9 日，胡适回信说："但我丝毫不怪他们，我只觉得我们教学二十年，实在不曾尽力，实在对不起青年人，他们的错误都应该我们负责……我在这十年中，明白承认青年人多数不站在我这一边，因为我不肯学时髦，不能说假话，又不能供给他们'低级趣味'，当然不能抓住他们。但我始终不肯放弃他们，我仍然要对他们说我的话，听不听由他们，我终于不忍不说。"[125]

2 月 18 日，顾颉刚到北大上课，因为学生开会，课未上成。[126]

2 月 20 日下午，蒋梦麟与北大 50 多位教授、500 多位学生谈话时说到，无论如何，能维持北大存在一天，决与同学共同努力。说到这里，泣不成声，全场为之动容，随即散会。[127]

5 月 28 日，日本想占领绥远，战事一触即发。当晚由陶希圣、唐嗣尧出面，邀请胡适、周炳琳、沈兼士、顾颉刚等 30 人，在撷英番菜馆吃饭，北平市长秦德纯也在座。宋哲元的老上司冯玉祥要他和教育界接近，所以有了这一次餐聚。[128]

当年暑假，北大解聘了三位教授马叙伦、许德珩、尚仲衣。（这年 5 月，清华也解聘了张申府。）胡适曾指责尚仲衣曲学阿世，"我们今天要镇定，要在敌人的威胁之下照常读书，不能假冒抗日教育来宣传马克思主义！"[129]

这不表明，北大的讲台容不下马克思或社会主义的研究。1935 年度法学院政治系课程一览中，四年级的政治思想课有卢郁文开的"劳工运动及社会主义史"，经济学系三年级的课也有卢郁文的"劳工运动及社会主义史"，四年级的课程有秦瓒的"马克思学说研究"。

千家驹在北大经济系念书时曾埋头专研过马克思主义经济学。1932年毕业后，胡适介绍他到陶孟和的北平社会调查所工作，再回北大任教。明明是人们眼中的"闹事头儿"，曾是"北大非常学生会"的主席，胡适却不忌讳，1935年又推荐他兼任北大讲师，讲《中国近代财政史》。对此，北大有人不满。1936年1月10日千家驹写信给胡适：

> 今天陶先生告诉我关于北大的事，备悉种切。这件事对我个人本无多大关系，因为下半年我不兼课也行；不过他们所藉口的理由，我觉得太滑稽了。第一，据他们说，这项课程是四年级的，我毕业不久去教怕"不方便"……第二，说到我研究的是财政，不是中国经济，这也同样是怀疑我的能力问题，在无具体事实证明以前，我不愿辩。[130]

1936年10月12日，由燕京大学教职员发起，张荫麟起草、顾颉刚修改发出《北平教育界对时局宣言》，共提出八条要求，包括：政府应立即集中全国力量，在不丧国土不辱主权之原则下，对日交涉；反对在中国领土内以任何名义成立由外力策动之特殊行政组织；根本反对日本在华北有任何所谓特殊地位，在宣言上签名的有燕京、清华、北大、师大等校教授104人。当天，顾颉刚到大公报馆送宣言稿。

第二天，北平本地各大报因地方当局受到日本压力，一概没有刊登。《大公报》却于10月14日、15日和22日报道了三次，标题分别是《平大学教授发表宣言　提出八项意见》《北平教授宣言　广征签署　今日分发各处》《平对时局宣言　已呈递政府　签名人共百十五名》。

顾颉刚听说，日本方面要北平当局干涉，当局的回答是签名的都是国立大学教授，我们只管省立市立各校，无权过问。

宣言引起南京政府的猜疑，严电质问有何背景及有何组织。教育部长王世杰给蒋梦麟连发二个电报，说恐引起学潮，须切实制止。日本人则对冀察当局说，此次签名人中没有一个左倾的，可证是南京法西斯蒂派所主动。南京方面看到 11 月 1 日北平左倾报纸《民声报》刊登了这个宣言，又看作是左倾的证据。

这份宣言的签名人中没有胡适，当时他在美国出席太平洋会议。《申报》于 10 月 17 日发表《文化城中文化界的呼声》分析，"此次宣言之最大意义，不在于宣言之内容，而在于发起人所网罗之广阔，因而足征其代表一般民意之程度"，其中北大教授有钱穆、叶公超、张佛泉、陶希圣、容肇祖、朱光潜、孟森、姚从吾、唐兰、饶毓泰等人，平时不大过问时局的金岳霖、朱自清、冯友兰、沈从文、梁思成、林徽因、陈梦家等也都签了名。[131]

这年 7 月 20 日，《中央日报》社长程沧波找陈布雷说，"北方特种宣传方略，拟以教育界力量控制社会舆论，俾已死人心得以稍维于万一云。"[132]

11 月 4 日，《京报》报道，"日军昨日穿城而过　平市各大中学生停课志哀"，北大全体学生上午停课，听周炳琳等讲演，下午复课。

11 月 8 日，身处危城的北大政治系副教授张佛泉写下《我们要回到北方来！》，回首往事，"去冬当风声最恶劣的时候，青年不畏鼎镬，不顾一切，出来呼号，奋斗，流血，平津便是这些人保持住的！许多唯恐华北不失的人又早预言：今年暑假便不会有人来北平入学了。恰恰相反。不远千万里负笈就学的青年，竟接踵而至，各校的户限为穿，投考情形之盛造成空前记录。这是一件值得大书而特书的事！原来中国青年心目中的华北是与世故较深的人所见到的华北是两样的。青年们从未承认华北要沦丧，从未想象到华北会沦丧！这些青年，这些青年的信念，便是华北的干城！"[133]

几个月前（7 月 3 日），王芸生在天津写下《危疆杂感》说：

> 我们住在北方的人，简直是身处危疆，每天都会看见听到许多刺人心痛使人泪落的事情。中国人在继续不停的国难的鞭挞下，精神上应该感到刺痛，开始认识个人与国家休戚与共的关系。我相信，只要我们每个中国人都时刻把"我是中国人"

那个信念摆在心头，中国决无被人灭亡之理！

12月22日，他又在上海写下《寄北方青年》说：

> 一般意志薄弱的人每以为北方已是不可救药的了，我则绝不谓然。我何以有这样的信念？最大的理由是因为我们北方有数十万有知识有热情的青年在。这一群青年，是我们中华民族的精英，是我们中华民国的元气。我常和一般师友说：平津教育界是一道极巩固的国防线。我们试想，若把平津各大中学校搬家，把数十万青年学生撤队，北方必将成为一片漆黑。

平津教育界已成为一道"精神国防线"，自"九一八"以来，华北危如累卵，如果没有这些大学师生在北方撑着，华北的局面还不知会成什么样子。

1937年2月6日，任浙江省政府主席的前北大教授朱家骅写信对顾颉刚说："北平各国立大学，年来支持正义，领导宣传，殊可佩仰，尤以北大同人努力奋斗，更属得力。"

吴相湘在北大4年，正是在《塘沽协定》与"七七"事变之间：

> 学校当局与全校师友时时懔于"最后一课"教训，力求奋发振作。努力提高学术水准外，师生间感情融洽，郊游与晚会经常举行，这是北大历史上前所未有。[134]

8月30日，平津已沦陷，王芸生在上海平津流亡同学会演讲，以《慰平津流亡同学》为题，9月2日作为《大公报》上海版的社评发表：

> 近年来的平津文化教育界，我一向视为北方的一道精神国防。平津失陷之后，随着诸位同学的流亡，这一道精神国防好像业已崩溃，其实是它业已达到了它的神圣任务。自"一二九"运动以来，诸位同学的努力，至少业已做到以下三点：（一）普遍唤起一般国民的国家意识；（二）保全了二十九军；（三）保全了平津……何谓

保全了平津呢？我们若在两年前用汉奸的方式把平津送掉，则是丧尽了民族正气，不仅平津无再光复之日，同时或许连这两年来的国家进步都给堵塞了。现在是在赤血焦土之下失去平津，其意义便大不同了。在失土上洒上民族的热血，我们的民族生命便在那地方生了根。我们流血失了平津，一定还能流血把它收回！[135]

十三、日出新书一种

1932 年 11 月 1 日，商务印书馆复业仅三个月，王云五就公开宣布，日出一种新书，教科书除外。他在给胡适的信中表达了这一雄心，"数月以来，收拾余烬，并与种种阻力奋斗，以维持此不绝如缕之事业。……旧出版物固当重排，新著作亦宜广印。……拟于最近期内每日出版新书一种。"

自 1934 年起，商务馆确实做到了每天至少出新书一种，多则二三种。1920 年出生的许良英，1935 年到 1937 年在浙江大学代办浙江省立杭州高级工业职业学校求学，每个星期天总要去杭州的商务印书馆分馆待上一两小时，主要是翻阅一周出版的"每日新书"（每天一种，不包括重版）和"星期标准书"（精装的）。[136]

距"一二八"两年，陶希圣见到王云五，问起财务情况如何？他回答："商务是国家的公器，社会的公益，当受国家与社会的维护与支持。我借大债还小债，策商务的复兴，今适其时。"为复兴商务馆，王云五着力在减轻成本和积极推广营业这两方面下手。他说："无论怎样无能力的人，只要肯把全副精神应付一件事，多少总有一点的成就"。

1934 年 2 月推出"小学生文库"500 册、"幼童文库"200 册。他写了一篇《小学生文库缘起》："因为小时侯所读的书最足以影响一生的志向和行为。儿童有求知的渴望，而无辨别的能力，多读好书，便生良好的观念；多读无益的书便受恶影响。小时候读书所养成的观念，后来是很难改变的。"

当时教育界倡导自动教育，他认为学校要实现自动教育，最主要的是要征集各种适合儿童的补充读物。在镇江穆源小学，少年范用不仅被图书馆里彩色封面的《儿童世界》所吸引，那几百本《小学生文库》，他每周借几本，不到一个学期，就几乎看全了。后来他听一位出版界的前辈说，"外国资产阶级很重视培养接班人，舍得在这方面花钱，除了兴办教育，还大量出版儿童读物，不惜重金聘请画家绘画，用纸和印刷也都力求上乘。"商务印书馆把这一套学回来了，造福于儿童，也显其大手笔，做得有声有色。

张元济的孙女张珑还没有上学，爷爷就为她买了一套《小学生文库》，她从这套丛书中学到很多知识，包括《三国》《水浒》《岳飞传》，都是在这里首先读到的。张人凤幼时家里就有《幼童文库》和《小学生文库》，是给姐姐小时候读的，自然留给了他。《幼童文库》第一集有 200 册，一律彩色印刷，以图为主，加上文字，他从中知道了轩辕黄帝、大禹、也知道了辛亥革命，还有家庭、学校、卫生、礼貌等常识。《小学生文库》第一集 500 册，涉及天文、地理、植物、动物、工程、工业，也有童话、神话、寓言、诗歌、小说、人物传记、各国历史等，他长大了才看得懂，他说第一次读到不少文学名著，如《汤姆叔叔的小屋》等。[137]

导演谢晋 9 岁那年，得到了爷爷给他买的《小学生文库》，"那套书整整500 本，全是古今中外名著的节本……在当时称得上是代表先进文化的东西，我读得如痴如醉。这套书可以说影响了我一辈子，还影响了我的许多同学。经过那么多岁月，至今我家里还保留着其中的大部分书和那个原装的柜子。"[138]

从 1933 年秋到 1934 年秋，岭南社会研究所对广州市河南的旧凤凰村进行调查时，听说全村唯一的小学凤岭学校阅书室，快有一套《小学生文库》了。调查报告中以欣喜的口吻说："到那时这小小的地方一定会有一番热闹和生气的"。[139]

《四库全书》选印也在此时启动，这套书教育部委托中央图书馆筹备处与商务馆签订合同，选出《四库全书》珍本 231 种，打算分装二千册。1934

年1月开始发售预约："窃以典章文物，尽在图书，其存与亡，民族安危所系；守先待后，匹夫匹妇亦与有责，此敝馆被难之余，所为不揣绵薄，必欲成斯巨制也。"[140]

商务馆本来有意缩印《古今图书集成》，中华书局也准备影印，竞争激烈，王云五主动放弃，陆费逵感动之下与他见面，尽释前嫌，为抗战初期在香港合作埋下了伏笔。商务馆另印各省通志，不及一年，就影印发行了6个省的通志。

同年9月，"万有文库"第二集开始印行，申明首要目的"以人生必要的学识，灌输于一般读书界。"其中包括"国学基本丛书"二集300种、"汉译世界名著"二集150种、"自然科学小丛书"初集200种、"现代问题丛书"初集50种，共计2300多册，"自然科学小丛书"几乎都是译本，涉及科学总论、天文气象、物理、化学、生物、动物和人类学、植物学、地质矿物、地理学及科学家传记等。"现代问题丛书"包括宪法、地方自治、农村复兴、财政、贸易、棉业、义务教育、成人教育、开发西北等中国问题，也包括国联改造、世界粮食、军备、移民、失业、民族自决、印度自主等国际问题。

王云五创意"万有文库"的动机之一就是想把大规模的东方图书馆化身为万千个小图书馆，散在全国各地方、各机关、各学校乃至家庭中。

1934年成为商务印书馆诞生三十八年来出书最多的一年。《东方杂志》迎来了创刊三十周年，出了一期纪念号，1月26日，朱经农在湖南收到这一期杂志，当晚在灯下读卷首四篇，颇为感动，给王云五写信说：

> 尤以先生所作《两年中的苦斗》一篇使人增加勇气。文中警句："如果一遇困难，便作消极态度，则任何事都不能有成。我有一种特性，就是对于任何困难决不稍感消极，并且偏喜欢把困难的事作为试验，以充分的兴趣，研究其解决方法。万一能够解决，便认为这是唯一的最优厚的报酬"云云。真使我在疲劳极度的时候，重复振作起来。[141]

就是在这篇文章中，他说："就是我在这次苦斗中的举措，如有可以值得称美的，固然要归功于这个指导力；但如有确系乖谬的，却应当完全由我个人负责。现在我要明白发表了，这个伟大的指导力，不是别的，乃是商务书馆的保姆张菊生先生。"

11月21日，王云五在商务馆第一届业务讲习班上估计，全国一年的图书营业数抵不上英美烟公司一家在中国的十分之一，按商务馆1931年的1200多万元算，除去仪器、文具只不过八九百万，全国大约2400万到2500万元，而人家在3万万以上。他说中国人读书无非两种，一是被迫读书，教科书。二是点缀。商务出的书所以只有教科书和大部头的国学书之类尚有销路，其他的"杂书"销路却很少很少。"然而我们认为惟有这类书才是我们应该多出的书，生意虽然不大，我们虽有牺牲，也还要努力多出，我们居中国出版界的领导地位，宁牺牲一时利益，开辟一条大路，不应该无意识地跟着人家走，并且这种牺牲一时虽不能就看出成效，但将来与社会、国家、文化各方面一定是有益处，而与我们的营业终久一定也有益处。"这是他的眼光。他强调营业员要读书、知书，能推广好书，不但要做尽责的店员，还要做社会上的"无名教师"，这样，"虽则是在做营业员，但比那称职的办理教育的人毫无逊色，同时也与编辑人的贡献不相上下。"[142]

1920年出生在浙江临海的许良英，在台州海门读高小时读了郑贞文编的12卷本《少年自然科学丛书》，启发了他学习科学的兴趣，决心要做一个科学家。他的课余时间几乎都在图书馆里看书，小学图书馆主要的藏书就是整套的《万有文库》。抗战爆发，海门民教馆的部分藏书疏散到他的故乡临海张家渡，他借了约200来册"万有文库"到他家的风翻书楼。

1935年8月30日，温州《浙瓯日报》报道，"万有文库"二集出版，浙江省令永嘉县购置一套，由教育局先缴付一半书价，并令县民众教育馆分期取书。第一批书已运达，共105种、363册，包括国学32种196册、汉译世界名著34种109册、自然科学小丛书39种58册。民众教育馆正在赶制书架，打算尽快上架，供大家阅览。（1936年2月23日再次报道又有一批"万有文库"运到永嘉民教馆,共计100种426册。)

同年10月31日,《温州新报》报道,偏僻的泰顺县民众教育馆也订购了一套"万有文库",第一批、第二批书已运抵,不日将陈列开放,欢迎前往阅览。[143]

这年秋天,谢和赓同白崇禧将军谈起读书要读什么书,建议购置一部《万有文库》。白崇禧听后,甚为欣喜,当即要他代为起草一份电报,致电广西银行香港分行总经理向上海购买此书。不久,《万有文库》运抵广西,谢和赓根据白崇禧的需要,每周至少选四五本书放在他们夫妇的卧室床头柜上。白崇禧每看完一本,就放在对面办公室的大书桌上,谢再根据他的需要补充一本。谢是中共地下党,潜伏在白的身边。

1921年出生的张世英读小学和初中时,父亲就给他订阅《东方杂志》和《小说月报》,还为他买《万有文库》中的一些小册子,他的课外知识几乎都从商务馆的读物中来。

1925年出生的王鼎钧在故乡山东临沂县兰陵镇上小学,学校收到了省府发的一套"万有文库",省主席韩复榘接受教育厅长王寿彭的建议,用公款给每个小学订购了一套。少年王鼎钧有生以来从未见过这么多的书。学校专门盖了一间房子做图书馆,派爱看书的他课外管图书,可以不上体育和劳作,下课就坐在图书馆。"文库里面的童话和神话,开了我的眼界。我不记得有小说。文库也给了我科学和历史方面的知识。那时,在同侪中我相当博学。"[144]

1926年出生的章开沅少年时读《万有文库》,从文、史、哲、经到天、地、生、化,从亚里士多德到爱因斯坦,尽管看得似懂非懂,却也增长了不少见识,特别是激发了他强烈的求知欲。

1935年统计"万有文库"销售情况,江苏一省就订了564套、广东462套、四川407套、山东345套、浙江280套、湖南292套、广西239套、辽宁229套、湖北122套、云南、123套、山西94套、安徽95套、江西76套、贵州48套、陕西47套……

远在西部边陲的青海图书馆也拥有一套，这一年范长江到这里采访，听说是中央某院长赠送的。[145]

中国的大学教科书一直缺乏本土教材，"一二八"之前，王云五已在规划"大学丛书"，复业不久，他就将此列入"复兴编辑计划"中，1932年10月，他邀请55位知名学者担任"大学丛书委员会"委员，与北大有关的占了很高比列，涵盖了各个学科，胡适、傅斯年、顾颉刚、李四光、丁燮林、朱家骅、陶孟和、颜任光、马寅初、冯友兰、李书华、罗家伦、王世杰、蔡元培、蒋梦麟等都在其中。王云五计划5年内出300种，4年半完成了大部分，不仅有各专业的译作，还有不少原创的著作，如冯友兰的《中国哲学史》、王力的《中国音韵学》、郭绍虞的《中国文学批评史》上册、潘天寿的《中国绘画史》、金岳霖的《逻辑》、钱穆的《中国近三百年学术史》、熊庆来的《高等算学分析》、萨本栋的《普通物理学》《普通物理学实验》、丁绪贤的《化学史通考》、王世杰和钱端升的《比较宪法》、周鲠生《国际法大纲》、李剑农的《政治学概论》、马寅初的《中国经济改造》《中华银行论》、陶孟和的《社会与教育》、陈鹤琴的《儿童心理之研究》、金善宝的《实用小麦论》、陈植的《造园学概论》等。

此时，商务印书馆还推出了价格极廉的"民众基本丛书"，第一集有160册，涉及读书指南、公民修养、社会、法律、语文、自然、卫生、实业、歌谣谚语、诗歌剧本、游戏、寓言、故事、小说、传记、史地等。公民修养包括《怎样做公民》《民族主义浅说》《民权主义浅说》《民生主义浅说》《建国大纲浅释》《地方自治浅说》等。

如果说"大学丛书"主要看重学术上的原创，关乎一个民族文化水准的提升，那么"民众基本丛书"的着眼点则是知识的普及，给识字不多的人群带去方方面面的常识。

商务印书馆给予一代代学生的影响，不仅是那些教科书、工具书和课外读物，还有文具。夏鼐1934年从清华大学毕业，考取留美资格，1935年1

月 3 日，他在上海四马路商务印书馆买了一支派克自来水笔。以前他用的是
商务馆的共和牌水笔，"虽只值两三元，却已用了近十年，从进初中时第一
次用自来水笔，到现在都未更换，不但笔套破损，连笔杆中的橡皮管也因年
久的关系，时常漏水，只得改购一支。" [146]

1936 年 5 月，王云五应中国文化协会之请，写下《十年来的中国出版事
业》一文，对资格最老的三大书局商务、中华、世界做了统计。商务此时已
有四十年历史，前三十年的出版物约有 5700 种、13320 册，后十年的出版
物约 9654 种、18003 册。后十年中，后面的五年也就是"一二八"之后共
出书 7040 种，相当于之前三十五年全部出版物的 85%，这五年意外地成为
商务馆的黄金时代，真正完成了复兴，日本的炸弹落了空。

陈克文 1938 年 7 月 16 日第一次见到王云五，"此公年过五十，精神饱
满，体短而健，一望而知其富于干才。商务印书馆'一二八'后之所以能复
兴，非此公不能为力也。" [147]

1936 年商务馆的新出版物最多，这也是全国新出版物最多的一年，在全
国出版的 9438 册新书中，商务所出占了 4938 册，比重超过 52%，加上中华
书局、世界书局的，占到 71%，如果再算上开明书店等，中国的民营出版业占
了绝对的主导地位。王云五认为商务馆四十年来能维持不败，有三个原因，"一
则有严密的管理规则，二则有相当的人材，三则各同人能够爱护公司。"

从这一年 12 月 1 日起，商务馆陆续出版《中国文化史丛书》（王云五、
傅纬平主编），一年就出版了 41 种，在各书封里加印了这样一段话：

> 张菊生先生致力文化事业三十余年，其躬自校勘之古籍，蜚声士林，流传至广，
> 对于我国文化之阐扬，厥功尤伟。《中国文化史丛书》之编印，实受张先生之影响
> 与指导。第一集发行之始，适当张先生七十生日。谨以此献于张先生，用志纪念。

"中国文化史丛书"计划出 80 种，有许多具有拓荒意义，像陈登原的《中

国田赋史》、陈邦贤的《中国医学史》、邓云特的《中国救荒史》、王庸的《中国地理学史》，陈东原的《中国生活史》，陈顾远的《中国婚姻史》等。邓云特后来以"邓拓"的笔名知名于世，当时不过是一位24岁的青年，默默无闻，但商务馆并不以名取文，而是看重书稿本身的价值。《中国救荒史》最初是用文言文写的，完成于1936年，是中国第一部研究灾荒的专书。

十四、"中国的西北角"

1935年9月13日，《大公报》刊出范长江9月4日从兰州发回的通讯《岷山南北"剿匪"军事之现势》，分析推论"朱毛徐今后之动向"，认为长征红军最有利的出路，"是北入甘肃。即以甘肃西南境之夏河、临潭、岷县、西固为目标，进入洮河与大夏河流域。此一带有丰富的粮食，充足的壮丁，及衣服布匹皮毛等物质，可以大加补充，然后或转陇南以出陇东，会合徐海东，更北接通陕北刘志丹……"接着说："他们究竟如何走去，虽尚未可知，而依记者观察，以趋洮夏两流域的可能最大，而且此种重大的军事变化，最多不出一月之内，即将具体表现。"

此时，在雪山、草地等边远恶地跋涉已久的毛泽东们，对陕北刘志丹他们的情况还一无所知。9月20日，红军先头部队抵达甘南小镇哈达铺（今属宕昌县），接下来到底往哪里去？并没有明确的目的地。这个有几万人口、沿街两旁都是整齐木板铺面的小镇上，有一家邮局，他们找到了一批过期的旧报纸，主要是七、八月间的《大公报》，发现陕北还有刘志丹的红军和根据地，大喜过望。

9月22日，张闻天写下《发展着的陕甘苏维埃运动》，就是读"天津反动的《大公报》"的笔记，他从《大公报》7月29日的社评《论陕乱》看到"不独陕北有匪，陕南亦然。徐海东一股，猖獗已久，迄未扑灭……""关于农村赤化问题，陕北确甚于陕南。陕南匪区小，为时亦暂，陕北则有广大之区域，与较久之根据地也。"

7月23日的《大公报》报道阎锡山前一天在山西绥靖公署及省府纪念周上报告："陕北匪共甚为猖獗，全陕北二十三县几无一县不赤化，完全赤化者有八县，半赤化者十余县。现在共党力量已有不用武力即能扩大区域威势。""全陕北赤化人民七十余万，编为赤卫队者二十余万，赤军者二万。"这一天《大公报》要闻的大字标题就是"陕北赤匪愈严重化"，副题第一行就是"全陕北廿三县几尽赤化"。

8月1日的《大公报》引用八十四师师长高桂滋的话："盘踞陕北者为红军二十六军，其确实人数究有若干，现无从统计，但其枪有万余。匪军军长刘志丹辖三师，为匪主力部队，其下尚有十四个游击支队。此外各种小组及赤卫队等则甚多，匪军现完全占领者有五县城，为延川、延长、保安、安塞、安定等……现在陕北状况，正与民国二十年之江西情形相仿佛。"

同一天的报上有关于红二十五军徐海东部的消息："徐海东于七月中旬率悍匪三千余众，由商县、雒南、镇安、柞水等县突围而出，是役追击徐匪之警备第一旅唐嗣桐旅有两团复【覆】灭，唐旅长被俘，终以身殉。其后匪部即过兰田，出洛南山口，窜长安县境之引驾回镇，另有一股由子午口窜出，两地距省城均四五十里之谱。"

张闻天推想徐海东的红二十五军已与陕北的红二十六军取得联系。

他从7月7日的《大公报》上看到："陕西全省九十二县，灾区的占三分之二，灾民约达二百余万，均辗转流离无法谋生，诚为空前浩劫。"与陕西邻近的山西也情况不好，7月31日的《大公报》刊登了两天前阎锡山在纪念周上的报告：

"山西国民经济已成破产之势，十室九空，十村九困。在些情形下，邪说乱言最易煽惑，此尚为肤皮之病，非心腹之患。所谓心腹之患者为何，即土地私有是也。土地制度给共党露下一个大空隙……今日山西共祸业已临头，确非十六年之景象可比。

……若陕乱长久不平，山西自身之危险即不堪设想矣。"[148]

这篇"读报笔记"引用的《大公报》从 7 月 7 日到 8 月 1 日，并没有更晚的。

其实，9 月以来，《大公报》上关于刘志丹、徐海东活动的消息不断，9月 2 日、23 日的"关中匪情"专栏，透露"徐海东窜甘，刘志丹进据绥德南区"。9 月 15 日"关于陕北最近剿匪情形"的报道更详细，刘志丹与徐海东部相呼应，曾包围陕北重镇延安、断绝交通四个月之久，最近王以哲的东北军来了才解围。9 月 17 日，《大公报》的短评说："刘子丹军，都是本地学生，原来手无寸铁。所谓匪众，都是农民，因环境养成。除病象易，论病根难。"只是张闻天、毛泽东他们在偏僻的哈达铺没有看到。

张闻天在"读报笔记"最后提出"为创造川陕甘新苏区而斗争"，此文发表在当月 28 日出版的《前进报》第三期。也就是这一天，在通渭县榜罗镇的会上，他们作出了以陕北为长征落脚点的决定。

时在平凉的范长江当然不知道。9 月 30 日，他发出的通讯《徐海东果为萧克第二乎？》（10 月 9 日在《大公报》刊出）这样分析：

"就红军全般形势观察，目前可谓正在飘摇零落中，中枢部队之朱毛，尤极尽流离衰荡之苦，非重新奠定中枢，不足以稳定纷乱的军事形势，非谋一巩固的根据地，不足以刷新颓倾的阵容。"

究竟红军将以何地为新的中枢根据地？

"若干人以为在陕北，然陕北社会经济太薄弱，不足以供中枢之消耗。而且三面受黄河限制，被攻易而发展难。以陕北为过道，当有之，最后根据，当非其选。"

他认为朱毛今后要选的中央根据地须有三大条件，"第一，可以直接受到苏俄接济；第二，其地必可战可守，不受环攻；第三，该地之经济必相当富厚，可以自给。"环顾西北，只有甘凉肃有此资格。他得知最新消息，毛泽东已到通渭县，并推断他们将进入陕北，然后再过黄河，以此为第一打算。

范长江原名范希天，1909年出生在四川内江县一个乡村，1932年下半年，因罗家伦帮忙（在南京中央政治学校得到罗的赏识），进入北大哲学系一年级。1933年冬天，他开始研究未来的全面抗日和可能的第二次世界大战，拟了研究大纲，发表在北平《晨报》。1934年3月4日，他和一些北大学生发起"北大一九三六研究会"，虽然报名参加的人很多，但很快就因内部分歧，无果而散。1934年冬天或1935年初，《大公报》找到他，先是约他写北平通信，每月给他15元稿费。那时，《大公报》声望很高，他当然答应了，成为《大公报》特约通信员。

他找到胡政之，要去西南、西北旅行，为《大公报》写旅行通讯，"长江"的笔名就是此时起用的。他心里想的是研究红军问题，沿着他们长征走过的路线采访。

1935年7月15日，他从四川江油附近的中坝、白石铺等地经过时，看到了红军徐向前部留下的"平分土地""赤化全川"等标语，白墙红字的大标语"武装保卫苏联"，十分醒目。在一个只有三五户人家的大石堡，村民跟他说起"苏先生"，问及名号籍贯则茫然无以对，只知道"凡是红军区域，皆归苏先生管辖。"他才恍然，所谓"苏先生"就是"苏维埃"。

一路上他发现红军张贴的宣传品大多完整，最普遍的就是向农民解释，"苏维埃是工农士兵自己的委员会，不是人的名字。"几个月后（11月9日），讲到刘志丹在陕北一带的民众基础，也提及"更经数年来赤化教育之结果，民众心中，只知有'苏维埃'、'瑞金'、'莫斯科'、'列宁'、'斯大林'等，而不知有'西安'、'兰州'、'北平'、'南京'等名词。"[149]

《大公报》对共产党和红军问题的注意很早，《大公报》上"朱毛"出现的频率不低。1933年1月16日，要闻版曾刊登路透社15日电，毛泽东、朱德发表告中国人民宣言，表示红军愿与国军一起抗日。

同年3月18日、23日，为纪念马克思去世50周年，《大公报》在《文学副刊》和《世界思潮》专栏刊出纪念文章和马克思年表，称其为"社会主义经济学家"。4月2日发表的社评《如何结束共乱》主张，"开放党禁……即无论操任何政治经济主张之党派，凡不以武装暴动为手段者，概许其有结社之自由。"

《大公报》并不赞同共产主义运动，却一直试图将真相告诉读者，对江西苏区发生的一切也曾留心披露。范长江第一次看到苏区的原始材料，就是《国闻周报》连载的《赤区土地问题》，上面有江西苏维埃政府关于土地革命的政策、法令，及许多有关文件，都是原件，不是改写的文章。他的系列通讯"中国的西北角"，称中共军队为"红军"，这是其他报纸不敢做的。而在张闻天代表的共产党人的眼里，《大公报》还是"反动报纸"。

1935年11月5日，范长江发出通讯稿《红军之分裂》，21日刊登在《大公报》上，透露了毛泽东和张国焘在毛儿盖分裂是因"往哪里去"这个根本方针的分歧，"毛泽东、朱德等中央干部，主张北窜甘肃更至陕北，过黄河以接近苏联边境。而张国焘等则主张南进，以图川康。"从目击当时情况者那里得知，毛、张在白龙江边一大山下，"在江流湍急和森林隐映的滑湿小道上，曾有激烈的争论，军队皆停止道上，敬候解决。然而彼此意见，愈说愈远……一时军情大乱"，有人并说亲见毛泽东痛哭流泪了。正是这些触觉敏锐的通讯，首次向全国读者客观报道了长征的真相，如此详细，如此生动，虽也有不尽准确处。

次日，范长江又发出一篇《毛泽东过甘入陕之经过》（11月23日刊出），认为毛带到甘肃境内的部队，虽只有八九千人，仍是中央红军的主体。他明白，"就红军的特殊性言之，军事绝对听党的指挥，党又绝对服从第三国际的命令，代表党的毛泽东即为红军中心之所在。……这一部份人的行动，仍代表红军的根本意图。"毛在岷县休息改编时，已向部下宣布，往陕北与徐海东的红二十五军和刘志丹的红二十六军会合，这一目的已无问题地达到。他在12月10日发回的通讯中直言，如果不是政府军布置的错误，没想到他们从东北进入陕北，数千又饥又冻的红军将很难安然脱险。

1936年1月4日《大公报》发出范长江的《松潘战争之前后》，做出了一些重要判断，其中，"第三个重大事实是中央苏维埃已由长江域移到黄河流域，中央红军的主力，亦由中国的东南转到西北陕北上来……第五个事实，是牺牲尽管牺牲，少数人仍然可以蔓延。"这两个事实将深刻影响未来的中国。

十五、"长城在望，而形势全非"

华北危机日深一日，《大公报》重心南移，既是不得已的选择，也是向全国发展迈出的重要一步。1936年3月10日，胡政之从上海到南京，访陈布雷，谈起国内时局及日本政变后的趋势，并说到《大公报》移沪出版的计划。[150]

4月1日，《大公报》上海版问世，张季鸾执笔的社评《今后之大公报》在重申"四不"、承诺永为中国公民的独立言论机关的同时说：

> 回忆十年来服务天津，多经事变，当年中原重镇，今日国防边区，长城在望，而形势全非，渤海无波，而陆沉是惧。尤自去夏以来，国权暧昧，人心忧惶，盖大河以北四千来来吾祖先发扬文明长养子孙之地，今又成岌岌不可终日之势。国难演进至此，已非仅肢体之毁残，而竟成腹心之破坏。

这篇社评在津、沪两版同时发表，打动了无数读者。徐铸成认为，张季鸾的社评处处以感情扣动读者心弦，而引起广泛的同情，"其警句如'长城在望，而形势全非；渤海无波，而陆沉是惧'。多是催人落泪的精心之笔。"[151]

北大毕业的编辑许君远喜欢这些笔尖流露感情的文字——

> "长城在望，而形势全非；渤海无波，而陆沉是惧。"多亲切，多切合当时的世情，又是多么切合当时《大公报》的处境！有悲愤，有辛酸，有眼泪，他的话当然能打动每个忧国之士的心弦。于是纸贵洛阳，很迅速地成为家喻户晓的名句了。[152]

抗战期间，记者陈凡在桂林碰到一位从中学时代起就看《大公报》的教授，"而更使我惊诧的是，他对于当年《大公报》的社评，竟能琅琅上口，记忆如新。这更使我这个《大公报》的晚辈不胜其惭悚了！……他当时所念出来的几句，声调铿锵，倒很容易记。那是：'长城在望，而形势全非；渤海无波，而陆沉是惧。'不用问，那是指的当年华北的政局了。"[153]

8月16日，萧乾在《大公报》上海版的"文艺"副刊发了剧作家陈白尘的独幕剧《演不出的戏》。剧中人说，在北方不许演《沈阳之夜》，说"妨碍邦交"，可是到了南方仍旧不许演，连"东北是中国的"这句台词也得删掉，因此愤然说："戏演不下去了。"虽然他在发稿时将"东洋人"的"东"字全改成了"×"，但日本驻沪领事馆还是以"妨害秩序"罪把《大公报》告上了租界会审公堂。9月11日，张季鸾亲自出庭应诉，18日宣判《大公报》无罪，就是因那个"×"。所以胡政之夸奖萧乾那个"×"打得好。

这一年，《大公报》迎来了复刊10周年，在知识分子、公务员、官吏中拥有广泛的读者。（有人统计，1929—1941年，几乎百分之八十的知识分子、公务员、官吏成了《大公报》的读者。）

1932年11月30日，清华学生夏鼐投稿《大公报》副刊，没有被采用，理由是"非名家撰述之文"。他在当天的日记说："'名家'二字令人有些刺目。谁叫我不是名家呢？不能登载岂非活该。"抱怨归抱怨，但他看《大公报》几已成瘾，1933年1月2日，"每天午餐后必到阅报室去一次，有时晚餐前后再去一次，找天津报看，今日忽然没有报，使我便有空虚之感。"天津报在他之前的日记中曾提到过，就是《大公报》《庸报》，其中《大公报》几乎是他每天必读。1月3日，"这几天报纸停刊，消息沉闷。下午看《大公报》，亦载有山海关又战，但未失守。闻消息后，颇为感动，国事至此，令人悲愤莫极。"[154]

1935年春季，孙犁失业家居，很想订一份《大公报》，在他眼中，"这是一份严肃的报纸，是一些有学问的，有事业心的，有责任感的人编辑的报纸。"他父亲为了省钱要他订小型的《实报》，但他坚持订了《大公报》。[155]

这年 11 月 6 日，汪精卫在南京国民党六中全会闭幕之日遇刺。几天后，远在英国留学的周德伟就在他订阅的《大公报》上看到了详细报道："蒋闻枪声，并未出视，即登中央党部隐避。当时摄影场情形大乱，中央委员纷纷逃开，张继（溥泉）见汪被刺，乃冲向前方，抱住凶犯之腰，不意旁边走出一便衣人，向凶犯开数枪，均中要害，扬长而去，以资灭口"。[156]

此时，《大公报》津、沪两版合计发行已超过 10 万份，全国分销机关一千三百多处，遍布东北以外的全国各省。张季鸾却在 1936 年 9 月 1 日的社评《本报复刊十年纪念之辞》沉痛地说："虽十载经营，稍具基础，然念来日之大难，惟有与国家社会同其休戚而已。"

1936 年 5 月 5 日，《中华民国宪法草案》正式公布，故被称为"五五宪草"。接着公布的《国民大会代表选举法》第三条规定："中华民国人民，年满二十岁，经公民宣誓者，有选举国民大会代表之权。""公民宣誓"的内容为：

> ×××正心诚意，当众宣誓，从此去旧更新，自立为国民，尽忠竭力，拥护中华民国，实行三民主义，采用五权宪法，务使政治修明，人民安乐，措国基于永固，维世界之和平，此誓。

当年 8 月 31 日，商务印书馆举行公民宣誓仪式，总经理王云五致辞说：

> 诸位同事，现在我们已经举行过公民宣誓，今后便可以取得选举权，我趁这个机会略述个人的希望。第一，希望诸位慎重运用选举权。
>
> 查国民大会代表选举法第三条规定，"中华民国人民年满二十岁经公民宣誓者，有选举国民大会代表之权"，又中华民国宪法草案修正案第廿九条亦有同样规定，其年满廿五岁者，有依法律被选举代表权……我们举行公民宣誓以后，就可以有选举和被选举国民代表之权，换句话说，就可以间接或直接行使宪草第三十二条规定的重大职权。虽然人人不必希望被选，而选举权却不可放弃或滥用……
>
> 第二，希望诸位尊重宪法上所规定的公民权利和义务。

诸位都是受过相当教育的人，对于我国宪法草案总已看过。这次的宪草，从学者的眼光看来，虽然还有可以商榷的地方，但就其大体而论，可算得很进步的一种宪法，但是法律不在空文，而在实行，我们要想将来通过的宪法不至成为具文，应该从各个人的本身实行起来，就是绝对尊重自己在宪法上应享的权利，和履行自己在宪法上应尽的义务。一个立宪国民，忽忽义务，固然不应该；放弃权利，或是听人违法侵犯权利，也是同样地不应该。

第三，希望诸位以近年爱护本馆的精神爱护国家，并望诸位忠于各自的职务，以尽本位救国之责。[157]

这样的"公民宣誓"，王云五可以接受，王芸生就接受不了，他直言自己只是无党无派的国民，大体上同情于国民党，并且对于国民大会寄有很大的期望，但他发现要参加国民大会的选举，须先取得公民资格，如何才算公民，须经过一次公民宣誓。"我从各方面来审查我自己，或尚勉强够一个公民的资格。我誓愿尽忠国家，永不做违反国家利益的事；但是叫我举手宣誓信仰三民主义，却踌躇了。我不反对三民主义，并且在原则上是赞成的，但若一定叫我举手宣誓，承认不折不扣的信仰，最低限度，还得给我一个充分的时间再把三民主义仔细的读几遍。这是第一道门坎，迟留在这个门坎外边的，想来当不止我一个人吧。"[158]

这也是当时许多人的担忧。清华大学教授陈之迈这样批评，"一方面倡导国民大会的选举及宪法之制定，一方面则用种种方法使得不赞成国民党的人丧失其国民之资格（例如不肯为国民宣誓的人们），实令现在热心中国政治的人感觉悲观。"他分析说，有政治意见的人，在国民大会选举之中便根本没有发表意见之机会，不肯宣誓的人根本便无选举权及被选举权，而事实上有政治意识而又服从三民主义者亦早已加入了国民党，所以余下来的只是一般无政治主张而希图藉此钻营者，或一般庸碌浑噩的'老百姓'，以不敢或不便违背政府的功令而宣誓而投票，造成了官僚土劣威胁利诱的材料。"[159]

清华大学政治学系研究生宋士英表示，"此项态度实为目前绝大多数国民之心理与态度。再如国民大会组织法，虽因多方责难而修正，但修正的结果，反而加重国民党特殊之地位。"他批评"国民党向以人民之保姆自居……但今后既主实施宪政，而又不甘抛弃此保姆之观念，仍以特殊之政党自居，则为严重之错误。"[160]

针对这种"包办"观念，王芸生也说："现在无论是谁，只要是中国国民，都有对修正中的国民大会组织法及代表选举法发表意见的权利。我以为要实现一个民主化的国民大会，除了在立法技术上注意之外，最根本的是观念问题。在观念上，应该洗刷掉包办的思想。这一点是应该由国民党来放大襟度的。"[161]

陈之迈的批评更为尖锐："现在关于国民大会的诸种法规，斤斤于公民宣誓及代表宣誓，现在宪法草案中把国民党的主义揭橥再三，而一方面则要'弼成全民政治'，在民主与独裁之间，竟不知何去何从，对于政制的根本立场竟缺乏明晰的主张。"

这种缺乏明晰主张的犹豫，一方面是国民党内高层矛盾的表现，也在某种程度上透露出蒋介石的内心缺乏路线。相隔 8 年，抗战胜利后来到重庆的毛泽东一眼就看穿了，曾对胡乔木等人说，"他没有重心——民主或独裁，和或战。"还说过，国民党"实行独裁的劲不大，像灰尘一样可以吹掉的"。[162]

10 月 10 日，《大公报》迎来了复刊 10 周年，王芸生回望 1926 年，"可以说是旧中国与新中国的断续之交。段氏政权之倒，宣布旧中国的过去；国民党的北伐，则象征新中国的走来。中国的复兴，本应该就在那年；不幸主持国运者未曾握稳舵把，遂教国家遭逢蹭蹬，在数载内战之后，来了九一八的空前外患，以致到这十年之后，把整个民族国家推演到存亡线上。"[163]

这一判断道出了部分事实，只是"旧中国""新中国"的说法未必恰当，民国的宪政架构被推翻，已将中国引上了一条前途莫测的道路。

1936 年夏天，胡汉民去世不久，发生了"两广事变"，陈济棠、李宗仁、白崇禧代表的粤、桂实力派以"抗日"之名要与蒋介石分庭抗礼，形势骤然紧张。6月26日，蒋介石发表谈话，主张贯彻和平统一之主张，希望各省当局拥护中央，巩固统一，以纾国难。第二天，张季鸾与陈布雷见面时，"对时局异常关心，谓华北形势至此，非绝对谈纲纪统系之时。一般人对蒋先生昨日谈话甚同情，但望贯彻到底，出于极度之忍耐。"陈问解决办法，张说没有具体办法，"使粤、桂均能收场下篷也。"[164]

当时，胡适正准备去美国出席太平洋学会，王芸生与他同车从北平到天津，谈了一路，握手道别时，王芸生说："希望你自美国回来时，能够看见我们国家的进步。"

当年12月1日，胡适自美国归来，王芸生到上海码头去接他，他虽抱着病，见面时却是满面笑容，不再像平津车上那样忧郁了。此时，两广问题已和平解决。那天他们谈了约莫两个钟头，结论是："我们还需要大的准备，大的苦斗。"胡适很郑重地说："现在证明，我们在九一八以后的五年的忍耐，完全没有错。"[165]

11月底，张季鸾到西安，就听说了几个月前张学良与周恩来在延安会面的消息，而且感到西安"停止内战""一致抗日"的气氛高涨，觉得不妙。12月5日和6日，他与蒋介石在华清池见面，就将西安弥漫的异常气氛告诉蒋，提醒："必须加以注意啊！"他的语气非常认真，蒋也觉得"这事非同小可"，并表示："中共的真正目的不在于一致抗日，而在于停止'扫共'"，预感"围剿"的事要重新考虑，东北军和西北军都不能再用了。[166]

张季鸾与日本各界一直有接触，这年9月12日夜，他和胡政之在上海新亚酒店请客，同席的有黄炎培、程沧波等，也有日本经济学者山崎靖纯、日大使馆参赞清水董三，山崎主改良资本主义，说日本有新兴势力，主张中日提携。[167]

12月11日，北大学生自治会好不容易宣告成立，全校遍贴"团结起来，建设新北大"的红绿标语，还通过了"建设新北大"的临时动议。

12月12日傍晚，日本同盟社记者松本重治在上海一家安静的小餐馆"新月"约张季鸾共餐，冒着热气的鹌鹑锅还没有开吃，松本接到南京支局打来的紧急电话，从下午开始，南京与潼关之间的电话联络中断了，而蒋介石正在西安。张季鸾面色沉重，似乎在思考什么，又点了一根烟。南京支局又给松本来了电话，消息虽未证实，但张季鸾已没有心思吃饭，起身告辞。松本送他回大公报馆，车上本想问他蒋介石和张学良的意见分歧到底到了什么程度，见他陷入沉思当中，不便打扰，便没有多问。

张季鸾最担忧的事真的发生了。那天，许君远目睹他沉郁的坐着，"只吸烟，不说话。电话铃声不停地响，都是探寻'事件'真相。他不发表任何意见，只是等待比较可靠的报告。晚上收到张学良打给他的专电，详列其几项主张。他看了颜色凄黯，在屋里绕了几个大圈子，却仍然一语不发。"这是许君远记忆中编辑部最沉郁的一天，大家肃然无声。[168]

当夜 11 点半，松本重治通过孔祥熙公馆的关系得知确切消息后，打来了电话，张季鸾说："跟我这里获得的消息基本一致，就是把蒋介石的身家性命和停止攘外必先安内的政策摆放在了天平的两端了啊，事态非常严重。这几天将决定国家未来的命运。"[169]

第二天（12 月 13 日），《大公报》的头条新闻大标题是："张学良竟率部叛变 蒋委员长被留西安"。

这天清晨，胡适还没下楼，小儿子就在那里叫"张学良"。到了北大，他看见一个一年级学生为此"焦急的要发疯"。

陶希圣召集政治系全体学生会谈，对他们说："苏俄是一个国家，不会做出这样的阴谋。中国抗战有助解除苏俄东顾之忧。中国又唯有蒋委员长才能领导抗战。这种事件是那些粉红色的东西做出来的。"

北大一些教授在王府井大街新开的丰泽园聚餐，胡适当面对陶希圣说："你们国民党有人。国民政府颁发讨伐令，证明了国民党有人。有的是读书人。我一向反对国民党，今天我要加入国民党。蒋委员长如有差池，中国要倒退二十年。"[170]

那天（12月13日）晚上，徐铸成为《国闻周报》发稿，早早就来到编辑部，看到张季鸾已坐在中间的座位上，他这么早到编辑部，这是从来没有的，复刊之初也没有那么紧张，而且时而抓抓头皮，时而站起来不断来回走动，像有满腹的心事。孔昭恺来上班，也感受到了编辑部异乎平常的气氛，"只见季鸾先生正在横写字台前踱来踱去，神情严肃，话语极少，显然在思考问题。"

等编辑部同人陆续来了，他才踱到他那小房间去写社评，还不时出来，看有没有外国通讯社续到的新闻。直到深夜才叫工友到外面买了一碗面充饥。[171]

这篇12月14日见报的社评题为《西安事变之善后》，他在"电讯不通，莫知详况。各界忧惧，达于极点"的情况下，以"善后"破题，可谓字斟句酌，费尽心思，最关键的一句话就是："解决时局，避免分崩，以恢复蒋委员长自由为第一义"。他恳切希望"陕事主动者"能自省，十年来，在内忧外患严重交迫之中，国家政治军事日渐统一，得有今日之规模，是与蒋分不开的，"夫国家必须统一，统一必须领袖，而中国今日统一之底定及领袖之养成岂易事哉？十年来国家以无量牺牲，无量代价，仅换得此局面，尚再逆退，将至自亡。艰难困苦之中国，今才见彼岸，而又遭逆风之打击，主其事者抚躬深省，果为何来乎？"他也指出，"按西安空气，数月来即如此，蒋委员长亦非不知，徒以其人富于自信与热诚，故未作意外之备，然亦因其对社会形势体会未周，致不能弭患于未起。"此外，就是反复提醒国人不要蹈西班牙的覆辙，自残而亡。

言犹未尽，12月15日夜，他又写下《再论西安事变》社评，认为最有发言权而又为全国所重要即西安也不能漠视的，是绥远前线的将士。他们一个多月来在冰天雪地中精忠奋发，伤亡载道。其次是全国纯洁的青年特别是学生和和学术界名流，对此危机应有贡献，像西班牙那样自残以尽，还是保全完整的中国，自力更生，"公意俱在，不问可知。"第三是陕西人尤其西安人对于要求和平解决有特别发言权。杨虎城是陕西人，更不能置陕人生命财产于不顾。

连日来,《大公报》的版面上满是全国各界痛心疾首、忧愤交集的声音,特别是谴责张学良、要求和平解决的声浪持续高涨。12月18日,《大公报》刊出张季鸾执笔的社评《给西安军界的公开信》。他那"裹过脚"的白话文,字字句句都足以打动人心——

> 所幸者现在尚有机会,有办法,办法上极容易,在西安城内就立刻可以解决。你们要从心坎里发愤认错,要知道全国公论不容你们,要知道你们的举动充其量断送祖国的命运,而你们没有一点出路。最要紧的,你们要信蒋先生是你们的救星,只有他能救这个危机,只有他能了解原谅你们。你们赶紧去见蒋先生谢罪吧!你们快把蒋先生抱住,大家同哭一场!这一哭,是中国民族的辛酸泪,是哭祖国的积弱,哭东北,哭冀东,哭绥远,哭多少年来在内忧外患中牺牲生命的同胞!你们要发誓,从此更精诚团结,一致的拥护中国。你们如果这样悲悔了,蒋先生一定陪你们痛哭,安慰你们,因为他为国事受的辛酸,比你们更大更多。我们看他这几年在国难中常常有进步,但进步还不够。此此之后,他看见全国民这样焦忧,全世界这样系念,而眼前看见他所领导指挥的可爱的军队大众要自己开火,而又受你们的感动,他的心境一定是自责自奋,绝不怪你们。从此之后,一定更要努力,集思广益,负责执行民族复兴的大业,那么这一场事变就立刻逢凶化吉,转祸为福了。[172]

当日,载有这篇社评的那一张《大公报》加印了 10 万份,飞机送到西安上空散发。这是中国自有报纸以来从未有过的事。[173]

《东南日报》的胡健中说,张季鸾他的这几篇文章确也发生了相当的影响,尤其《给西安军界的公开信》,"军阀原本蠢蠢欲动,看了也知所敛迹,这不能说不是季鸾先生的贡献"。[174]

陈纪滢后来遇见参加西安事变的几位东北军将领,他们说:"一看见大公报的公开信,才知道这件事'砸锅'了。同时见大公报不支持这种行动,顿感失败的命运在眼前。所以即使张学良仍蛮干下去,我们也要掉转枪把

了！"¹⁷⁵

"国家元首岂容为贼所扣乎"？傅斯年得知西安事变的消息，十分愤怒。12月14日就在《中央日报》发表了《论张贼叛变》一文。

12月10日才回到北大的胡适接到王芸生的约稿电报，18日下午带病写下《张学良的叛国》，作为"星期论文"发表于20日的《大公报》上海版。他说："这回的西安事变，是叛国祸国，毫无可疑……只有坚持不受要挟不赎票的决心，方才可以使他们所挟持劫质的全归无用。"

> 在这几天之中，我见着了至少两三百个来客，有的是白发的学生，有的是青年的学生，有些是平日里爱护蒋先生的，有些是时常批评他的，——但在这个时候，这些人都异口同声的关切蒋先生的安全，都是愁苦焦急的到处探听可靠的消息。一切政见的异同都丢在脑后了，大家只感觉这一个有能力有办法的领袖是一身系国家的安危的。

而给王芸生印象最深的是这一句话："我们又要许多时不能抬头儿见人，不能开口说响话了！"

《张学良的叛国》和《论张贼叛变》这两篇文章都被南京政府印成传单，用飞机带到西安上空投掷。¹⁷⁶

就是平常不大过问时事的钱穆也对学生说："张学良、杨虎城的作法是不对的，扣住国家领袖是不应当的。"¹⁷⁷

北大学生自治会为西安事变开了三次代表会议，12月17日，在第三次会上也就是北大成立38周年纪念的那天晚上，在少数代表愤而退席的情况下，通过了表明态度的宣言或通电原则：一、反对国内一切方式的战争；二、请求政府充分采纳张学良八项要求；三、请求张学良恢复蒋委员长自由；四、拥护政府，但文内不必明言；五、全国各实力派一致联合起来。

第二天早晨，学生自治会主席陈忠经、副主席葛佩琦公布了这5条原则，许多学生有意见，有人甚至认为"显有袒护张学良的嫌疑"。当天黄昏，学生自治会代表会又出通告第二天开大会讨论。

12月19日早晨八点，为征求全体同学对代表大会拟定的时局宣言，在北大三院大礼堂召开全体学生会议，有518名学生参加（也有说600多名，这是5年以来北大学生到会人数最多的一次）。

学生会代表报告，并无响应张学良的通电决议案，请同学们不要听信谣言。接着开始讨论宣言内容，分成了两大派，意见冲突。反对派意见以为张学良叛国，劫持统帅，罪不容诛，毫无疑义，应通电中央请明令加以讨伐。

经过激烈争辩，将黑板上的主要议程"对代表会通过之原则应如何审查案"，改为"对陕变应如何表明态度"。

直到中午12点，还在就张学良是否叛逆的问题进行激辩，有人大声提议付诸表决。看大会情形，认为张学良反叛的必占多数。

学生自治会的代表眼看原定的原则要被推翻，不惜动用最后手段，高呼退席。一时秩序大乱，签名桌被推倒了，会场发出"打打"之声，还有人喊"打倒共产党""Ladies first！"一部分中立的学生恐有意外，纷纷退场。

大批警察、宪兵赶到会场外维持秩序，情势极为严重。

一部分没有走的学生呼喊："汉奸滚出去！""共产党滚出去！"他们认为学生会不能代表多数学生意见，有152人继续开谈话会，并决定组织"国立北京大学非常学生会"。[178]

"非常学生会"认为学生自治会代表会的5项原则荒谬绝伦，少数学生以他们同情张逆的主张不易为大会通过，非法退席，故意使大会不足法定人数而流会。"现不为左倾份子之操纵，亦不为右倾份子所诱惑"。[179]

12月11日才宣告成立的北大学生自治会，仅一个星期后就遭遇了这样的大纠纷，可见北大学生的左右分歧已非常分明。

在学生中活动的既有中共地下党，也有国民党CC系的外围组织诚社和黄埔系外围组织蓝衣社。[180]

难怪有人说——

"学校里好像是个戏园子，有装匪的，有装兵的，戏报子粘了满墙，红的绿的，唉！奇怪的戏报子，在报着要演西班牙的剧！

每天烦恼极了，耳朵里一阵东风，一阵西风，于是一部人合起来眼睛，塞起耳朵，在心境上求高兴，一部人干脆的亦作了戏子……"[181]

12月19日，张元济牵挂着西安的消息，给郑州的侄子张树源写信说，"西安事变，郑州如何惶恐？今日报载蒋鼎文由西安飞抵南京，蒋氏生存，似此尚不致扩大。郑州有西安较近，有何消息，随时告我。"

21日，他给胡适写信："秦中之变，国将不国。近闻且论及金钱，传告世界，真可谓奇耻大辱，岂独降为奴隶，直行同禽兽耳。"显然对张学良他们不满。[182]

也是这一天，傅斯年写信给容庚："天下祸事，一至于此……然讨责张贼之立点，则并无可议，凡有心肝者，此时当无不思食张贼之肉也……弟平日不满政府设施，兄所知也，然此时则不容有二种思想。弟如有兵，便打上前去。"[183]

两天后，张元济给傅斯年写信说："秦中之变，可谓奇突。近闻且议及赎金。此言如信，传诸世界，国真不国矣。"[184]

12月25日下午，张季鸾接获蒋介石安然归来的消息，"全沪的鞭炮响着，他的喜悦完全沉浸在爆竹声里，一会倚着窗户眺望，一会又在提起笔来写字，全国民众在长舒一口闷气，而季鸾先生的闷气发泄的要比别人更多。"[185] 徐铸成也看到他特别兴奋，露出了多天不见的笑容。他当夜写下的社评《国民良知的大胜利》也抑制不住内心的兴奋，"极不幸极危险的陕变一经解决，却立刻变为国家民族大喜之事。因为这两星期来，中国国民不提防的无准备的经了一个严重的试验，而试验的结果却大得胜利了。"

第二天（12月26日）下午2点，在北大三院大礼堂举行"北大师生庆祝蒋委员长脱险大会"，教授之外，学生到会的有800多人，占全校学生的五分之四强。

蒋梦麟主持，接着是周炳琳、燕树棠、陶希圣、胡适等教授的演讲，燕树棠说，"凡是爱国的人，都参加这个庆祝，不参加的，那便是汉奸！"说这句话时加重了声音。"你看此次事变，全国无分省界，无分男女老幼，莫不一致焦虑着领袖的安全和一致拥护中央政府，这在精神上已经造成举国一致的力量……我们始终对于各种主义，各种主张，不要盲从，我们应该以整个国家民族为前提！"胡适指出："不过这次陕变使我们得到一个教训，就是一国的事体太大太复杂，不能大小事完全仰靠着一人，使他难免为万一的差池，致国家冒着不可挽救的危险……"他认为蒋介石"是中国不可多得而不可少的领袖"。

傅斯年刚从南京飞来，直接从机场来到庆祝大会，他带着"胖哈代"的笑容说："北大学生的精神向来是独立的，不受任何人的操纵，现在学生会居然瞎了眼去附从那个无耻的不法的组织的乱命……旧军阀通电响应叛逆，不足为奇；惟是受高等教育的大学生，也去附和响应，真真令人诧异！我不知道北大是否有这类份子？如果有，我们应该马上把他们赶出去！"

等到散会已是 4 点多，礼堂外的操场上，"地老鼠""震天雷"等，各种响炮响个不停。[186]

也是 12 月 26 日，张元济给侄儿张树源写信说，"今蒋公已经脱险，战事必可停止。"[187]

《东方杂志》的周期长，西安事变突然发生，来不及作出及时反应。等到 1937 年元旦，《东方杂志》第三十四卷第一号出版时，蒋介石已脱险归来，这一期刊登的一个专题是"民族复兴问题"，有一篇文章的题目就是《一九三六年算是平安地过去了》（方中）。直到 1 月 16 日出版的第三十四卷第二号才在"现代史料"栏目刊登了一篇《西安事变》（东序）。

十六、王芸生六寄北方青年

1936 年 12 月 22 日，当王芸生在上海写下第一封《寄北方青年》时，西安事变尚未解决，他在信中说：

> 我以为事情很简单，无论何党何派，你既标榜"救国"，便不应该使用亡国的手段。
>
> 西安事变的手段是怎样的？开后门，拆烂污，简直是败战主义。我们以五年的忍耐与努力，才做到现在这个可以抬头见人硬嘴说话的样子。我们应该继续苦干，继续努力，才能挺腰，才能翻身，怎好自己扯后腿，栽跟头？[188]

立信会计事务所的年轻会计、中共地下党员顾准在《国闻周报》上读到这些话，1937 年 1 月 7 日，署名"吴绎枫"给王芸生写了一封信，信写得很客气，也很节制，谈到了武力"安内"的不可能和联合的必然："中央费去了七八年时间努力进剿的红军，还俨然庞大的存在在西北。可见欲以武力统一全国是一个幻想。"他重点想说明的是苏俄未曾参加西安事变：

> 最后，西安事变中我们所得到的资料告诉我们，共产党并没有开后门，拆烂污。因此先生说"无论何党何派，你既标榜'救国'，便不应该使用亡国的手段"，若对共产党而言是不对的。同时，如果"我们所要携手的必须是爱民族爱国家的人"，那么共产党也在应该携手之列。这在先生谅也有同感的。

王芸生的《三寄北方青年》在引用这封来信之后，希望信中所写的就是共产党的态度。

1937 年 1 月 5 日，张季鸾从上海到北平的胡适家，在座的还有梅贻琦、蒋梦麟、周炳琳、张奚若等，谈了 4 个小时。他说，蒋介石有意约一些学者半个月或一个月后去南京谈谈。"今年三个大问题：一是陕甘的收拾，二是政治，三是日本。"[189]

直到这年 5 月 18 日，王芸生在 5 个月中陆续写下"六寄北方青年"，主要也是针对这三个大问题。期间，国内局势正在发生重大变化，内战全面停止，国共合作达成，红军改编为国民革命军，国民党也正在计划从训政向宪政转型。

这一系列公开信激起了广泛回响，无论南方还是北方，许多青年纷纷给他写信，或赞同，或商榷，左派青年、地下党员，乃至中共中央宣传部长凯丰也在陕北出版的《解放》上发表长文作出回应。那段时间，王芸生几乎天天都能收到读者来信。

在北大老图书馆的阅报室，柳存仁依稀记得学生挤在一块儿看王芸生《寄北方青年》的情景，"那交叉形的细纹的窗棂上面也垂挂着几重尘丝和并没有完全织成的蛛网，在它的下面是黑压压的挤满了一屋的充满着热烈的求知欲和爱知天下事的读报的青年们"。[190]

1 月 26 日给王芸生写信的北大学生王永兴，代表了北方无党无派青年的回响。他说："我是一个单纯的青年，年来，我曾以纯洁的理智及热诚，为中华民国自由而奋斗。"北方的青年分成三大派，"积极的互相攻击互相排斥的是左派与右派"，两者都是少数，却是活跃的，"大多数青年是不常活跃的，他们是在左右派之外，他们无派别，无争执，但是他们的态度及心理常是一致的"。他以"同是青年最亲敬的名义告诸北方青年"：

> （一）我们应该明白我们所处地位之重所负责任之大，我们是中华民国北方的万里长城。华北是处在敌人威胁之下，仅有国家的军队是不足卫护华北的；必得有我们这些青年以赤诚热血唤醒国人督促国人，华北不但今日不会灭亡，华北且将永不会灭亡的……

（二）我们是青年是学生，我们可以与闻政治但却不可干政治。与闻政治可以使我们了解政治了解国家社会，这是学习这是练习，这是作人必经之道。但我们却不可干政治，如今日中国的政客一样。这里我要附带敬告一切政党，我不反对你们在学校中有何活动，但是你们的活动是要帮助青年与闻政治的，你们千万不要强迫青年去干政治。

（三）我觉得今日的大多数青年太缺乏智识太不读书。救国是一件大事业，绝非不学无术所能为的。今日青年界的纠纷一部分该归咎于许多青年太幼稚太无知识。我们是学生，死读书是错误的，但是不读书更大错特错……

（四）在我们青年中间要更多的民主更多的自由，自由研究自由讨论。我们该反省，不仅政府压迫我们的思想，我们自己也互相压迫强制，我们中间也太不民主不自由。我们中间有一个风气，这种风气是肤浅庸俗，什么事情都是一套公式，什么事情都差不多……

（五）最后，我愿特别敬告那些大多数既非左派又非右派的青年。在北方青年混乱局面中，你们是挽狂澜于既倒的中流砥柱……[191]

王芸生的"寄北方青年"之所以如此引人注意，是因为谈论了当时最急迫也是最敏感的一些重大问题，比如国共问题、联合战线问题，特别是认真指出了中国的出路所在。这些都是国人、包括广大青年所关心的。他的思考大体上与《大公报》多年来的取向一致，代表了中日战争全面爆发前夜这一班报人对国事的态度，对民族出路的苦心焦虑。

1937 年 1 月 10 日，他在《再寄北方青年》的结尾向国民党喊话："国民党啊！你对于国家的任务太重大了！你将如何戒慎戒惧的来履行这个庄严神圣的大任务呢？我以为国民党及其党员应该痛切认清这个大任务，放宽襟度，走一条公正和平的坦途。西安事变发生之后，我就同朋友们估量，我认为，西安事变的结果如实现一个恶梦中的情景，必将逼着国民党走上一条狭隘而反动的路；蒋先生如平安脱险，重任国家领袖，则国民党必将更开明地走上民主的路。这条路就摆在我们的面前，国民党想能认识得更清楚。将于

2月15日举行的国民党五届三中全会，第一个遇到的必然是国民大会问题。三中全会应该确定召开国民大会的日期，并将以前的选举法再考虑得进步一些。经过这个阶梯，我们的政治可以更民主化一些。在一个比较民主化的政治局面下，可望团结全国力量以担当建国的任务了。"[192]

1月19日，他在《三寄北方青年》中指出，国民党已是政治上的一个中心势力，"大家尽管对国民党及国民政府不满意，因为顾虑取消了这个中心势力，再树立一个中心势力，不是容易的事，或将使国难更行加深，所以始终对之期待，并加以支持。"他认为共产党也要认识到这个事实，"应该把'联合战线'的口号改为'团结建国'。以国民党为中心，共产党和最大多数无党无派的国民，共同督促并培植这个中心走向民主建国的大路。"他再次重申上封信提出的看法，不用另起炉灶，主张开救亡会议或和平会议，而是督促国民党在五届三中全会上确定国民大会的日期，并修改选举法。"我虽不敢对国民大会预存多少幻想，但它确是和平递嬗走向民主政治的一条大路。"[193]

国民党内要求还政于民，从训政进入宪政的声音一直没有停止，早在1932年12月17日，《大公报》就报道过孙科在国民党四届三中全会第一次全会上提案，开放党禁，明年起草宪法，后年开始实施宪政。《大公报》上不时出现有关这方面的消息。

王芸生的期待很快就有了结果。1937年2月21日，《大公报》要闻版刊登消息，国民党五届三中全会已决定国民大会召开日期为当年11月12日。（后又宣布来不及筹备，延期一年召开。）

这次全会的另一个重大决议就是容共，人们预料时局将有大变。这与西安事变有关，也是日本压迫的结果。

是年3月，依照教育部修正课程标准，商务印书馆又出版了一套新的公民教科书，"复兴初级中学教科书"《公民》第一册，李之鸥编著、韦悫校订，增加了公民道德与蒋介石倡导的"新生活运动"内容，还增加了"童子军训练"一节。

从课本来说，比之前的更贴近学生，也更成熟了。先从"群己"关系入手，再澄清公民与公民的关系，提出一个良好公民须具备的条件，"不但须有强健的体魄，丰富的知识，并须有优美的道德，有浓厚的爱国心，有努力从公的精神；对于为国家服务方面，应谨慎的行使政治上的权利，应竭力的实践政治上的责任。一个国家的盛衰，全靠公民的良好与否；国家有良好的公民，便日趋强盛，否则便日趋衰弱。"

在"学校生活与公民道德之培养"一章说，学校设置的各种科目"都是使学生们获得必要的知识，和养成健全公民的要素。例如语文课的国文，不独可使我们能明白清楚地叙述事理，表达情意，而且可从中了解我国固有的文化；外国文，使我们得由外国的语言文字中了解外国的事物情况。又如历史地理，不但使我们明白本国与外国的历史事实与地理情况，且可激发我们的爱护国家、爱护民族的观念。这些知识，可说没有一种不是一个健全公民所需要的。不但如此，我们做课业的活动，直接是学习功课，间接乃是培养公民道德。"比如养成对公民服务的责任心，守规律的习惯，虚心谨慎无形中养成做公民的根本条件。"体育活动的成效，还不只是增进我们身体的健康，并且是与几种重要的公民道德有关系。例如在运动场比赛时，有裁判员作公正人，成绩的好坏丝毫不容作伪，这便是公正的精神；运动比赛时，各人都勇往直前，竭全力来奋斗，这便是勇敢的精神；在团体运动时，彼此团结一起，彼此合作，彼此服从团体的纪律，这便是团结、合作及服从纪律的精神。这些都是一个良好的健全的公民所应有之德性，而在体育活动中，都可以培养成功的。"至于课外活动，无论读书会、演讲会，运动会、远足等，更不要说学生自治、社会服务等，不仅补课堂的不足，而且是公民生活的实习。（等到抗战全面爆发，国民政府推行"国定本"，民营出版业的最后一版教科书止步于此。）

4月12日，汪精卫私下对陈克文说，蒋介石和他都主张开国民大会，但陈果夫、陈立夫兄弟似乎在那里设法延搁。[194]

对国民党所承诺的宪政，知识分子既不乏批评，也不无期待，毕竟这是代价最小的一条路。

4月17日的《大公报》社评期待国民党以开放政权为巩固政权的手段。三天后，王芸生写下《五寄北方青年》同意这个说法，"国民党虽以宪政的保姆自居，但她的训政是有期限的。国民大会现已确定于本年11月12日开会，国民大会的组织法及代表选举法，正在研讨修正之中。我们要注意这是目前政治上的一条路，我们虽不敢幻想由这个大会中出现一个完善无缺的宪政，但这却是走向民主政治的一个阶梯。我们要把握住这个阶梯，不要放任得使他变成一个四肢不灵意志不全的东西。"对于宪法草案中的"三民主义共和国"这个帽子，他则表示了异议，"在一个尊严的国家之上，还是少加些形容词的好。"[195]

召集国民大会的日期总算确定下来了，实施宪政的预备都在进行当中。《大公报》上不时有相关消息，比如，经各方反复讨论，此次国民大会的职权限于制定宪法及决定宪法施行日期。4月23日的社评为此感到高兴，认为国民大会"得以专心一志，郑重努力于根本大法之制定"。这一天，还报道了国民大会组织法和选举法修正已通过，大会的职权专在制定宪法，选举法改正，代表名额增多。

陶希圣认为各党参加国民大会问题，以至宪法问题，值得学界热烈讨论。透过《大公报》和《独立评论》等报刊，包括他和萧公权、张佛泉等学者的讨论文章不断。陈之迈在《从国民大会的选举谈到中国政治的前途》一文尖锐指出，自1924年改组以来，"国民党便抛弃了议会政治的主张而采取了一党专政的理论，仿效苏俄的共产党而希望成为一个'垄断政权的政党'。"他认为，"国民党要领中国走上民主之路，便应该切实开放政权，容许并保障反对国民党的政党之存在，国民党退为诸党之一，按期举行选举，国民党与其他党公开地竞争选举。在初办的时期，人民选举权不妨加以限制（如张佛泉先生说提议的教育程度限制）；以打倒国家，公开组织政府及军队与正式政府对抗的'政党'（其实这样便不能称为政党），当然不必容许其存在或活动。但是根本方针得清晰鲜明"。

可以说，宪政问题与对日问题、共产党问题是当时最受注目的三大问题，也都是关系着民族兴衰的要命问题，几个问题之间的消长起伏，最终决定了一个历史时段的走向。那些年，《大公报》那班人、胡适等北大一班人和商务馆的《东方杂志》，将相当一部分注意力放在宪法和相关问题的讨论上，没有想到日本全面侵华的步伐越来越紧，这一切都要被打断。

5月7日下午，北大学生自治会第二次代表会议决，将原来准备组织的"宪法研究会"，改名为"国民大会各科法规研究会"。[196]

5月18日，王芸生写下《六寄北方青年》，重点谈的是民主问题，他表示自己向往的立宪是民选议会的代议制度，他也深知不可能一蹴即就。"民主思想及其运动，在我们中国的历史太短浅了。我们还没有以民主思想为中心的公民教育，识字国民又那么少，土豪劣绅军阀官僚仍在支配包办着我们的国家社会，这都是实行民主政治先天的缺点。"所以，他主张走渐进民主之路，借助孙中山设计的国民大会这个形式来推进民主，而不是跳出这个框架，另起炉灶。"我们所要求的民主，是统一的，建设的；而不是分裂的，破坏的。我们现在所需要的民主，是开明的统一。在开明统一的局面下，大家本着一个目标，共作建国的工作。在这个目标下，我主张国民党开放政权；但绝不主张各党各派共同分赃。"对于青年学生，他以过来人的身份恳切希望，在"读书与救国"之间坚持"读书第一"。

5月23日夜，胡适读了张佛泉的《我们究竟要甚么样的宪法？》一文，忍不住也写了一篇《再谈谈宪政》，认为两人见解很接近，他概述张的观点："（1）民主宪政不是什么高不可及的理想目标，只不过是一种过程，这正是我当年立论的用意。我说民主宪政是幼稚的政治，正是要打破向来学者把宪政看的太高的错误见解。（2）宪政随时随处都可以开始，开始时不妨先从小规模做起，人民有力量就容他发挥，这也是和我的'逐渐推广政权'的说法很接近。干脆的说，我们不妨从幼儿园做起，逐渐升学上去。"他批评"现在的最大毛病就在不肯从幼儿园做起"，年满 20 岁经国民宣誓即有选举国大代表资格，他认为这就等于"普选"了，"因为不识字的人也可以教会背诵公民宣誓的"。对于国大的规模，他认为初办宪政就搞 1440 人的国大，"这又是不肯从幼儿园做起的大错误"。

5 月 25 日，《大公报》报道，国大代表的选举日期已定在 7 月 20 日到 22 日，中枢并表示将邀请社会各方领袖磋商关系国大的各种问题。王芸生写信时透露出的乐观，不仅因为共产党的路线转变了，更重要的是他相信"民主政治这条建国的通路"。

6 月 10 日，《大公报》刊登中央社电，国民大会的选举，冀察平津四省市都决定依法举行。6 月 13 日，《大公报》报道了天津和北平国大代表的选举即将筹备进行的消息，天津市长张自忠任选举事务所总监督。当天，胡适看了报道，为《独立评论》写了《冀察平津举办国大选举》一文，其中说："当初冀察平津因环境的困难而缓办选举，结果是全国初选不能完成，决选不能不展缓。"

国民政府派内政部长蒋作宾北上巡视各省市，达成共识，国民大会决不可没有冀察平津的代表，所以决定非赶办国大选举不可了。一切都在进展中。

胡适、王云五等发起为张元济 70 岁生日贺寿，吴经熊写下长文《过去立宪运动的回顾及此次制宪的意义》，表达对商务印书馆和张元济事业的推许之后，他回顾了立宪运动的历史，及这次宪法草案产生的经过和意义，他也清楚地知道，"宪法虽经颁布，人民未必即可唾手而获宪政的美果。宪政之能否实行，是有条件的。这些条件，一方面是关于负施行宪法责任者的，一方面是关于国民的。"就前者而言，第一要有行宪的诚意，"宪法虽是国家的根本大法，但他自己是不能实行的。"第二要有守法的精神，宪法不是用来点缀门面、粉饰太平的，其价值和效用全在于能见诸实行，"而能否见诸实行，则又大半系于执政者之是否能守法"。就后者而言，一是要认识宪法，二是要参加政治、督促政府，三是须有护宪的力量。"我们渴望将来的宪政能够成功。因此我们希望执政者和国民两方面均具有行宪所应具的条件。"[197]

7月4日，胡适还在《大公报》发表《我们能行的宪政与宪法》，认为宪法里不可有一句不能实行的条文，比如宪草第137条规定"教育经费之最低限度，在中央为其预算总额百分之十五，在省区及市县为其预算总额百分之三十"。而在当年的国家预算案中教育文化费只占到预算总额的百分之四点二八。难道宪法颁布之后就能每年增加一万万元的教育经费，如果不能，不可留在宪法里做一条具文。依此标准，他主张暂时把宪草里的第六（经济）和第七（教育）两章完全删去。又依此标准，宪草第五章（地方制度）的县长民选和市长民选两条，此时如果不能实行，也都应删去。

至于国民大会职权中的"创制法律、复决法律"也决不是那每三年集会一个月的国民大会所能行使的，这一类空文也应该删去。这样删改之后，"五五宪草"大概可以成为一个字字句句可以实行的国家根本大法，可以作为宪政的开始了。

这些讨论是认真的，更是诚恳的，国民党方面也不是完全没有可能接纳。不幸此时离卢沟桥事变已只有三天。即便7月7日之后，战火已烧起，7月18日出版的《独立评论》还发表了陶希圣的《国民大会的一个解释》和王赣愚的《整军与我国宪政前途》等文章。

7月9日，行政院工作人员陈克文整天都在南京选举总事务所上班，他在当天的日记中写着："职业选举初选复核工作，除平津冀察四单位外，差不多完毕矣。但昨日卢沟桥之中日军冲突，是否不至扩大，不至影响国大代表复选及国大开会，亦正难说。最少平津冀察之选举进行不能不受极大之影响。日本人始终不愿中国统一，不愿中央实行其统一之政策。卢沟桥事变或即为此种谋阴【阴谋】之表现，亦未可知。即不然，亦是一个日本破坏国选，打击统一的最大机会。"[198]

当时，已有17个省完成了国大代表的选举。

注:

1、《胡适日记全编》6,152 页。

2、《徐铸成回忆录》,生活·读书·新知三联书店1998年,60页。

3、《北平晨报》1931年9月23日。

4、访问:张朋园、杨翠华、沈松侨 记录:潘光哲《任以都先生访问记录》,中央研究院近代史研究所1993年,32页。

5、夏鼐1932年11月30日读王芸生《六十年来中国与日本》第二卷,12月4日读第三卷,1934年2月5日读第四卷,2月8日读第五卷,2月10日读第六卷,5月30日读第七卷。《夏鼐日记》卷一(1930—1935),华东师范大学出版社2011年。

6、张中行《流年碎影》,作家出版社2006年,154页。

7、《顾颉刚日记》卷二,586页。

8、转引自杨天石《找寻真实的蒋介石——蒋介石日记解读》,三联书店(香港)有限公司2008年,213页。

9、千家驹《七十年的经历》,57页。

10、转引自杨天石《找寻真实的蒋介石——蒋介石日记解读》,213-214页。

11、张中行《流年碎影》,155页。

12、《顾颉刚日记》卷二,587页。

13、《顾颉刚书信集》卷二,380页。

14、千家驹《七十年的经历》,51页。

15、《胡适来往书信选》中册,中华书局1979年,97页。

16、《黄炎培日记》第4卷,51页。

17、《顾颉刚日记》卷二,606页。

18、蒋梦麟《西潮·新潮》,199页。

19、张树年《我与商务印书馆》,《商务印书馆九十五年》,商务印书馆1992年,290页。

20、《商务印书馆九十五年》,312页。

21、《顾颉刚书信集》卷二,201页。

21、《顾颉刚书信集》卷二,201页。

22、1932年3月11日日记,《夹竹桃集——周越然集外文》,中央编译出版社2013年,94—95页。

23、陆费逵1932年6月1日完稿的《六十年来中国之出版与印刷业》一文说:"全国所用之教科书,商务供给什六,中华供给什三"。 1932年7月15日《申报月刊》,桐乡市政协文教卫体与文史委员会编《陆费逵文选》,中华书局2011年,234页。

24、张泽贤《民国书影过眼录续集》,上海远东出版社2006年,502页。

25、张人凤《为国难而牺牲　为文化而奋斗——抗日时期的商务印书馆》,《商务印书馆一百年》, 商务印书馆1998年, 509页。

26、《上海商务印书馆被毁记》, 商务印书馆善后办事处编印1932年7月5日。转引自陈占彪《商务印书馆为何被炸?》,《档案春秋》2015年第8期, 32页。

27、【日】信夫清三郎《日本外交史》, 商务印书馆1980年版。

28、汪家熔《民族魂——教科书变迁》, 商务印书馆2008年, 187页有恐吓信的影印件。

29、汪家熔《民族魂——教科书变迁》, 186—187页。

30、《上海商务印书馆被毁记》, 商务印书馆善后办事处编印, 1932年7月5日, 第24页。

31、张泽贤《民国书影过眼录续集》, 上海远东出版社2006年, 501页。

32、商务印书馆善后办事处编《上海商务印书馆被毁记》, 商务印书馆2016年, 28-29页。

33、王云五《两年的苦斗》, 原载《东方杂志》1933年12月, 转引自王云五《十年苦斗记》, 台湾商务印书馆2005年, 113—114页。

34、《张元济书札》中, 830-831页。

35、《茅盾全集》8, 人民文学出版社1985年, 299、308页。

36、《张元济书札》中, 814、831—832、774页。

37、王云五《两年的苦斗》, 转引自王云五《十年苦斗记》, 114、112页。

38、周越然《六十回忆》, 转引自谢其章《蠹鱼集》, 广西师范大学出版社2008年, 228页。

39、方继孝《碎锦零笺——文化名人的墨迹与往事》, 山东画报出版社2009年, 126—132页。

40、《张元济书札》中, 712页。

41、《张元济书札》下, 1305页。

42、《夏鼐日记》卷一, 华东师范大学出版社, 22、95页。

43、陈纪滢《我的邮员与记者生活》, 台湾商务印书馆1988年, 192页。

44、《无我与无私》, 1938年6月, 载《战时新闻工作入门》。

45、【日】松本重治《上海时代》, 上海书店出版社2004年, 79页。

46、赖光临《中国近代报人与报业》, 616页。

47、陈纪滢《报人张季鸾》, 文友出版社1957年, 16页。

48、《陈布雷从政日记》(1935), 开源书局2019年, 111、150页。

49、《顾颉刚日记》第二卷, 695、705页。

50、《顾颉刚书信集》卷二, 377—378页。

51、《浦薛凤回忆录》上, 黄山书社2009年, 153页。

52《顾颉刚日记》第三卷, 2、4、15、152、19页。

53、曹荫之《没答完的试卷给了满分》,《雪峰山下谱春秋》, 中央文献出版社2010年, 220—221页)

54、《顾颉刚日记》卷二, 717页。

55、《流年碎影》, 128页。

56、《三生有幸》, 16页。

57、张中行《流年碎影》，97页。

58、朱海涛《北大与北大人》，《我与北大人》，466页。

59、吴相湘《三生有幸》，17页。

60、《流年碎影》，128页。

61、《爱国一书生　八十五自述》，华东师大出版社1997年，51页。

62、钱穆《师友杂忆》，173-174页。

63、寿生《论走道儿》，《独立评论》第131号，12页。

64、《独立评论》第131号，19页。

65、陈平原《老北大的故事》，江苏文艺出版社1998年，242页。

66、吴相湘《三生有幸》，43页。

67、张中行《流年碎影》，96页。

68、《爱国一书生　八十五自述》，52页。

69、《致北京大学选课同学书》，1933年1月初，《顾颉刚书信集》卷二，375—377页。

70、1949年春季，梁思成的中国建筑史最后一课，张中行正好陪人旁听，课毕，梁先生问怎么考，没有人答话，在座的全是旁听生。《流年碎影》，98、108页。

71、金克木《末班车》，陈平原、夏晓虹编《北大旧事》，生活·读书·求知三联书店1998年，277页。

72、陶希圣《潮流与点滴》，139页。

73、《爱国一书生　八十五自述》，52-53页。

74、1960年1月20日，胡适和胡颂平谈话："先生今天谈起黄晖，说：黄晖是北平中国大学的学生，他曾到北大偷听我的课，但他毕业后写了一部《〈论衡〉校释》，算是很标准的著作。坏学校也出好学生。"胡颂平《胡适之先生晚年谈话录》，中国友谊出版公司1993年，第41页。

75、赵捷民《北大教授剪影》，《北大旧事》，504页。

76、1936年7月20日《独立评论》209号，19-21页。

77、钱穆《师友杂忆》，169-170页。

78、何兹全《爱国一书生　八十五自述》，55页。

79、《秀山堂一夕谈》，《国闻周报》第11卷第23期，转引自吴相湘《晏阳初传》，岳麓书社2001年，277—278页。

80、转引自吴相湘《晏阳初传》，268、236页。

81、《萧乾文集》2，浙江文艺出版社1998年，35页。

82、《复兴初级中学教科书公民》第一册，85—86页。

83、《复兴初级中学教科书 公民》第一册，74-75页。

84、张佛泉《自由与权利：宪政的中国言说》，清华大学出版社2010年，37、50页。

85、《东方杂志》第三十一卷第八号，1934年4月16日，13-14、18-20页。

86、《东方杂志》三十一卷第十九号，5—9页。

87、《东方杂志》第32卷第1号，23页。

88、《胡适来往书信选》，中华书局 1979 年，262—263 页。

89、《陈布雷从政日记》（1935），52 页。

90、《胡适日记全编》6，346 页。

91、《胡适来往书信选》中，264 页。

92、孙诒编《复兴赘笔：蒋介石事略稿本补遗》，开源书局出版有限公司 2020 年，179 页；《大公报》1932 年 7 月 11 日第三版。

93、国史馆藏蒋介石档 002-080200-00457-167。

94、上海市档案馆编《上海银行家书信集》，上海辞书出版社 2009 年，122、123 页。

95、周雨编《大公报人忆旧》，中国文史出版社 1991 年，56—57 页。

96、张中行《负暄琐话》，黑龙江人民出版社 1997 年，7—8、6 页。

97、吴相湘《三生有幸》，17 页。

98、《爱国一书生 八十五自述》，57 页。

99、《夏鼐日记》卷一，170 页。

100、《文化古城旧事》，18 页。

101、魏麦人《沧海桑田话北大》，《北大化讯》第 18-19 期，1947 年 3 月 1 日，《北京大学史料》第四卷，北京大学出版社 2000 年，90 页。

102 范长江《忆夜战场》，《范长江新闻文集》下，新华出版社 2001 年，686 页。

103 《顾颉刚日记》第三卷，353 页。

104 《胡适来往书信选》中，270 页。

105、胡颂平《胡适之年谱长编初稿》第四册，1384 页。

106、许倬云《追念王雪艇先生》，《问学记》，广西师范大学出版社 2008 年，140-141 页。

107、《顾颉刚日记》第三卷，411 页。

108、陶希圣《潮流与点滴》，128 页。

109、柳存仁将时间误记成"民国三十五年冬天"。柳存仁《北大和北大人》，《北大旧事》，生活·读书·新知三联书店 1998 年，296—297 页。

110、《陈布雷从政日记》（1935），245 页。

111、《傅斯年遗札》第一卷，548 页。

112、罗家伦《元气淋漓的傅孟真》，罗久芳、罗久蓉编辑校注《罗家伦先生文存补遗》，中央研究院近代史研究所中华民国九十八年，80 页。

113、朱海涛《北大与北大人》，《北大旧事》356 页。

114、《胡适日记全编》6，536—538 页。

115、《陈布雷从政日记》（1935），253 页。

116、查《冯至传》，1935 年 11 月—12 月行踪。

117、吴相湘《三生有幸》，中华书局 2007 年，85-86 页。

118、《胡适日记全编》6，安徽教育出版社 2001 年，541—542 页。

119、《北大旧事》，145 页。

120、《胡适日记全编》6，543—544 页。

121、《顾颉刚日记》卷三，418 页。

122、《秦德纯回忆录》，传记文学出版社 1967 年，46 页。

123、《胡适日记全编》6，547 页；《顾颉刚日记》三，420 页；吴相湘《三生有幸》，85—86 页。

124、《胡适日记全编》6，548 页。

125、《胡适日记全编》6，560—563、581、585、587 页。

126、《顾颉刚日记》三，443 页。

127、1936 年 2 月 21 日《京报》。

128、《顾颉刚日记》三，479 页。

129、《胡适之先生年谱长编初稿》第四册，1439 页。

130、《胡适来往书信选》中，300 页。

131、《顾颉刚日记》三，541—554 页。

132、《陈布雷从政日记》（1936），开源书局 2019 年，145 页。

133、《独立评论》第十卷 227 号，1936 年 11 月 15 日。

134、吴相湘《三生有幸》，44—45 页。

135、《由统一到抗战——芸生文存第二集》，大公报馆 1937 年，10—11、260—261 页。

136、2008 年 7 月 1 日，许良英先生给傅国涌的信。

137、张人凤《祖父四十年代生活琐忆》

138、夏欣访谈《谢晋：光坐在教室里学习不行》，《光明日报》2002 年 4 月 22 日。

139、《民国时期社会调查丛编》一编【乡村社会卷】，福建教育出版社 2014 年，327 页。

140、《王云五文集1》，江西教育出版社 2008 年，466 页。

141、《岫庐已故至交百家手札》，台湾商务印书馆 1976 年，原件影印，未标页码。

142、顾浚泉速记《王总经理对第一届业务讲习班学员训辞》，王云五《商务印书馆与新教育年谱》，江西教育出版社 2008 年，511、513 页。

143、孙焊生编《温州老新闻》上册，黄山书社 2012 年，170—171 页。

144、《昨天的云》，生活·读书·新知三联书店 2013 年，40 页。

145、范长江《中国的西北角》，《范长江新闻文集》上册，新华出版社 2001 年，174 页。

146、《夏蒲日记》卷一，285 页。

147、《陈克文日记》，253 页。

148、《张闻天文集》一，中共党史资料出版社 1990 年，567—571 页。

149、《范长江文集》上，88、90—91、156 页。

150、《陈布雷从政日记》（1936），50 页。

151、徐铸成《报人张季鸾先生传》，《徐铸成传记三种》，学林出版社 1999 年，87 页。

152、《敬悼张季鸾先生》，重庆《中央日报》1941 年 9 月 7 日，《许君远文存》，台湾秀威资讯科技股份有限公司 2009 年，305 页。

153、陈凡《一个记者的经历》，广东人民出版社 1985 年，402 页。

154、《夏鼐日记》卷一，华东师范大学出版社 2011 年，136、144、23、144 页。

155、孙犁《报纸的故事》，转引贺越明《读报的学问》，人民日报出版社 1987 年，第 116 页。

156、周德伟《落笔惊风雨——我的一生与国民党的点滴》，远流出版事业股份有限公司 2011 年，381 页。

157、顾浚泉速记《主席王总经理训辞》，王云五《商务印书馆与新教育年谱》上，江西教育出版社 2008 年，624—626 页。

158、《五寄北方青年》，原载《国闻周报》1937 年 4 月 26 日，《从统一到抗战：芸生文存第二集》，141 页。

159、《从国民大会的选举谈到中国政治的前途》，《独立评论》1937 年 5 月 2 日。

160、《中国宪政的前途》，《独立评论》1937 年 5 月 16 日。

161、《从统一到抗战：芸生文存第二集》，140 页。

162、《胡乔木回忆毛泽东》，人民出版社 1994 年，417、414 页。

163、王芸生《重来上海》，《芸生文存》，大公报 1937 年，343—344 页。

164、《陈布雷从政日记》（1936），127—128 页。

165、王芸生《前进吧中国》，《由统一到抗战——芸生文存》第二集，大公报 1937 年，3 页。

166、【日】松本重治著，曹振威、沈中琦等译《上海时代》，上海书店出版社 2005 年，472 页。

167、《黄炎培日记》第 5 卷，华文出版社 2008 年，201 页。

168、《许君远文存》，308 页。

169、《上海时代》，443—449 页。

170、陶希圣《潮流与点滴》，134—135 页。

171、徐铸成《报人张季鸾传》，92 页；孔昭恺《旧大公报坐科记》，70 页。

172、《季鸾文存》，227 页。

173、徐铸成回忆："刊载这篇社评的这张报，宋美龄夫人所主持的航空委员会，当天即派出飞机，带了这张报而不是全份，四十万张，飞临西安上空散发。"

174、《我对张季鸾先生的观感》，台湾《传记文学》第 30 卷第 6 期。

175、《报人张季鸾》，19 页。

176、吴相湘《民国百人传》第一册，传记文学出版社 1979 年，173 页。

177、赵捷民《北大教授剪影》，北大旧事，505 页。

178、卿子纪《北京学生全体大会纪实》，此文写于 12 月 29 日晚，原载 1937 年 1 月《学生动向》第二期；《北大学生会内部发生分裂》，原载《京报》1936 年 12 月 20 日，《北京大学史料》第二卷·三，2501—2503、2493—2494 页。

179、《北大多数学生均反对非常学生会》，《京报》1936 年 12 月 21 日，《北京大学史料》第二卷·三，2495—2496 页。

180、《爱国一书生　八十五自述》，51 页。

181、静涵《申论青年问题》，《从统一到抗战：芸生文存第二集》，113 页。

182、张元济年谱长编下册，1039 页。

183、王汎森、潘光哲、吴政上主编《傅斯年遗札》第二卷，中央研究院历史语言研究所 2012 年，762—763 页。

184、《张元济年谱长编》下册，1040 页。

185、《许君远文存》，308 页。

186、毅民记《北京大学师生庆祝蒋委员长脱险大会记》，《学生动向》第二期，1937 年 1 月，《北京大学史料》第二卷（三），3276-3278 页。

187、张树年主编，柳和城、张人凤、陈梦熊编著《张元济年谱》，商务印书馆 1991 年，429 页。

188、《国闻周报》1937 年 1 月，《由统一到抗战：芸生文存》第二集，15 页。

189、《胡适日记全编》6，635 页。

190、柳存仁《记北京大学的图书馆》，陈平原、夏晓虹编《北大旧事》，三联书店 1998 年，445 页。

191、王永兴《北方青年的回响》，《由统一到抗战：芸生文存》第二集，41—51 页。

192、《国闻周报》第 14 卷第 4 期，《由统一到抗战：芸生文存第二集》，27—28 页。

193、《由统一到抗战：芸生文存第二集》，40 页。

194、《陈克文日记》上册，57 页。

195、《从统一到抗战：芸生文存第二集》，140、141 页。

196、《京报》1937 年 5 月 9 日。

197、吴经熊《法律哲学研究》，清华大学出版社 2005 年，167—170 页。

198、《陈克文日记》上，83 页。

张季鸾执笔的《大公报》社评

张季鸾

商务印书馆

毁于一二八战火的商务印书馆东方图书馆

左：商务印书馆规模最大的"万
有文库"之一：董之学的《各国
民权运动史》

右：一二八之后出版的《复兴常
识教科书》

王云五　　　　　　　　　　　　　　　　　王芸生

胡适

第七篇

苦撑

1937—1945

一、"铁骑踏碎卢沟月"

这一天早晚要来。1937 年 7 月 7 日，北平已是令人难以忍受的酷暑。这天下午，北平市长秦德纯邀请胡适、梅贻琦、傅斯年、蒋梦麟、陶希圣等二十多位教育界人士到中南海。晚饭时，胡适还和几位同行者商量了第二天去庐山参加谈话会的事。秦德纯也托他们带话："只希望中央相信宋（哲元）先生和二十九军"。一直谈到晚上十点才席散，陶希圣在淡薄的月色下回家，不久就听到了远处的炮声。[1]

第二天，北平整天下着雨，北大教授罗常培去米粮库胡同 4 号看胡适，遇见张奚若、陈之迈、张佛泉等人，大家问胡适对时局的意见，他以为卢沟桥只是局部事件，或许不至于扩大。当天下午六点，他仍按原计划乘火车南下。[2]

7 月 9 日，天津《大公报》发表社评《卢沟桥事件》指出："纯系日方放肆要挟，有意寻衅。参以最近平津谣言之多，奸人活动之盛，益令人不能无蛛丝马迹此呼彼应之感。"

此文由胡政之执笔，他看到了局势之严重，来日大难，隐忧正多，将有不测之变，却没有想到这就是全面战争的开始。

虽然战争一触即发，但谈判一直在进行，最初所传那位失踪的日本士兵也已归队。7 月 11 日，二十九军与日本华北驻屯军已达成协议，中日双方都已签了字，文本还在直接受东京陆军参谋总长指挥的驻北平陆军助理武官今井武夫手里，他接到了一个电话，东京决定扩大战争规模，一切逆转，不可收拾。（东京最终改变态度是因为蒋介石已派出中央军四个师北上支援二十九军。）[3]

早在这年元旦,《东方杂志》推出新年特大号"中日问题的前途"专题,共发表47篇征文,对时局前途大致上已看得很清楚,曾虚白的文章说:

"目前的中日问题,在日本立场说,只是个推进侵略的问题,在中国立场只是个抵抗侵略的问题。推进的不肯罢手,抵抗的又安能不使劲,在这种情势下,随处布着危机爆发的地雷……黩武侵略是日军人政治生命的基础,东北四省是日军人炫耀他英武的保证……我们只有鼓起全民族整个的力量,作此死里求生的搏击。既不该希冀日本政局的转变,来疏解我们的困危,更不该希冀国际间的援助来打通我们的难关,压迫之来,已如山崩堤决……"

1月7日,已开始幽禁生活的张学良读了这一期《东方杂志》,在日记中写着:"关于中日问题数篇甚得余心,浦薛凤《国难最高峰——全世界左右集团挑战》,甚好!"[4]

7月11日,胡适、梅贻琦等上庐山。

三天后,全体北大教授就卢沟桥事件发表宣言:"我们不忍见同文同种的邻邦,甘冒世界的不韪,来首先摧残人类的文化,破坏东亚的和平……我们为人道,为正义,为自由,为和平,而牺牲,自所不惜,惟望全世界的明达,认清这个破坏和平摧残文化的罪魁,是日本而不是中国。"

此时张季鸾正在参加庐山谈话会,7月19日,蒋介石召见他,告知他就一个字"打"。他一出门,碰到中国青年党的李璜、左舜生,就告诉他俩,"没有二话,打!"他的热血提高到了一千二百度,在庐山上逢人便说:"《大公报》的方针是定了。我刚才见了委员长,他早已下了决心,打!这就是大公报的方针。"[5]

本来,由张季鸾打头阵,包括左舜生、李璜都主张不扩大事变,但他们的稳健论调没有被采纳,反而被蒋介石说服了。[6]

7月20日,《大公报》发表三天前蒋介石在庐山的讲话。8月1日出版的《东方杂志》登出蒋的照片时,说明文字就是他在庐山的誓言:"人为刀俎,我为鱼肉,我们已快罹临到这极人世悲惨的境地……我们当然只有牺牲,只有抗战！"

从 7 月 23 日到 25 日，《大公报》连日刊出范长江发回的战地通讯《卢沟桥畔》，他发现非常值得注意的现象，日军数次猛烈炮击宛平城，却未曾以一弹加于卢沟铁桥上，石桥也无大伤。他认为此中有极大之道理，万不可忽略。那就是日军珍惜这个桥，还要为他们所用。

"平汉北段战争，论地势关系之重要，首推卢沟桥，有卢沟桥则尚可与丰台平分险要，而平绥路尚不致成为死路。卢沟一失，则人家整个控制平津险要……"他的看法是正确的。

这一点，几天前（7 月 18 日）《大公报》发表浙大地理学教授张其昀的《卢沟桥之位置》就已指出，"卢沟桥为旧都水利上之要害，亦为经济上之咽喉。……丰台、卢沟桥、长辛店三地，一线相通，有辅车之势，成为北方铁路交通之枢轴，其地势已可概见，敌人谋我之心亦已昭然若揭。"

7 月 28 日，宋哲元突然放弃北平，不战而退，29 日放弃卢沟桥，坚持了 6 年的"精神国防线"终于陷落。《大公报》发表范长江的战地通讯《血泪平津》，记录了北平陷落前夕的情况：

> 如果我方竟连卢沟桥与八宝山都让予日军之手，北平一百五十万民众，北方千百年积累成功之文化城，整个已成他人囊中之物……
>
> 北平是美丽的都市，而且是受着高深文化熏陶的都市……"七·七"事件以后，北平成了戒严与战争之城，城门最少闭了一片了。要道口上堆着作为掩护用的沙包。警宪的力量加强，许多居民避难到天津或其他的地方去了，商店的门前冷落，街上的车辆行人稀少了，健壮活泼的男女青年学生不多见了。总之，这座古城此时表现着"死"的景象了。[7]

当时已是暑假，蒋梦麟、胡适他们都参加庐山谈话会去了，北大暂由秘书长郑天挺负责，他一个人掌管着校长、教务长、文理法三学院院长、注册主任、会计主任、仪器委员长的印章。北平在日军包围之下，情势十分危急。北平各大学负责人几乎每天都在北大开会，研究如何对付新的情况。几位北大老教授也时常奔走，为保护学校及师生们的安全而日夜操劳。而留在北大的学生经济上都极为困难，最后给他们每人发了 20 元路费，让他们能离校。等 7 月 28 日北平沦陷时，校内已无学生。[8] 留校的教职工共同努力，抢在日军入驻前，将全校学生留在宿舍的衣物、书籍集中存放，书籍全部集中在新图书馆第三层的大厅封存。[9]

8 月 25 日，日本宪兵搜查北大办公室，发现了抗日宣传品，问是谁的办公室？郑天挺说是他的。他们看看他，似乎不大相信。因为各处的负责人，早已逃散一空。[10]

北大人引以为傲的红楼成了日军宪兵总队部，中文系办公室挂出了"小队附属将校室"的牌子，文学院院长室外挂的是"南队长室"，地下室则成了囚室。（1941 年 12 月 8 日，日本对美国宣战。燕京大学教授赵紫宸、邓之诚、洪业、张东荪、侯仁之等被捕之后，就曾关押在这里。）北大一院的宿舍成了日兵的宿营地，"这些驻兵，时来时往，时多时少，北大红楼每窗子口，均挂有裤子，所以有人根据窗口裤子之多少，判别日兵之多少。[11] "可怜落照红楼影，愁绝沙滩泣马神。"[12] 这是中文系教授魏建功的诗句。

日军对平津无辜市民大举杀戮，天津的情形更为惨烈，7 月 29 日以来日军在天津市区肆意烧杀，南开大学被炸毁，又要火烧南开中学。8 月 1 日，《大公报》上海版的社评是天津人王芸生执笔的《人道的严正抗议》。自从 7 月 30 日天津发生街市战，《大公报》就公开声明："天津本报，决与中华民国在津之合法的统治同其运命，义不受任何非法统治之干涉，若津市合法官厅中断，即自动停刊，以待国家合法统治之恢复。"8 月 5 日，发表《天津本报自今日起停刊启事》，自动停刊。

二、"八一三"

8月13日，战火在上海燃起，这一次不像1932年的"一二八"事变，全上海350万人至少有100多万人失业。从这一天起，《大公报》上海版每天只出一大张，张季鸾整整三天不曾回家，王芸生连孩子出生也不在家里。

四个月前，胡政之约徐铸成和李子宽一起去望平街不远处看过一块大约一亩多的空地，准备买下。徐铸成说了一句："要从长远打算，可叫人设计建造有五六层楼的建筑作为馆址。"胡政之笑笑说："我也是这个打算。"徐铸成后来感叹说，即使以"知日家"闻名的胡先生，也未料到过不了多久上海就要成为战场。[13]

"七七"事变后，王云五上庐山参加谈话会。商务印书馆九江分馆每到夏天就会在庐山上开一家支店，他上山安顿下来，就先到店里看看。谈话会上他已知道政府准备不顾一切全面抗战。对于商务馆的应变方案，他在归途的车上就深思熟虑过。

其实，他早就在着手应变。1936年10月30日，他在商务馆董事会第432次会议上报告："因时局关系，鉴于'一二八'之难，拟将闸北宝山路之制版厂及栈房，租界东区之印刷、平版两厂及美安栈房保兵险。""将总馆存书，除课本外，以百分之五十五派发至各分馆及香港分厂。但京（宁）、杭、平、津四分馆不派；汉口分馆及香港分厂特为多派。拟在长沙开设一小规模之印刷厂，已派人前往筹备。"[14]

他的判断相当准确，除了投保兵险无人接受，其他都已按计划进行。从庐山下来，他途经九江、南昌、金华、兰溪和杭州分馆（支馆），一路都在作应变的安排。他在火车上与协理蔡公椿密谈，回沪后首先将闸北及杨树浦厂栈所存制品及原料，尽量迁到租界中区，一面在租界租房，超速成立一所临时工厂，等战事延到上海，可以减少损失。随车的宪兵久闻其名，知道他是商务印书馆总经理，小学时读的就是他们出的教科书，上面都有他的名字，还见过《王云五辞典》，纷纷要他题词留念。[15]

王云五回到上海当天，就与董事会主席张元济密商大方针，万一战事波及上海，决定维持全体职工的生计，第一步对于因战事停工者各发维持费；第二步在租界中区赶设临时工场，尽量安插停工者，扩充香港原有工厂，尽量将停工者移调；第三步在内地分设几个工厂，将上海临时工场和香港工厂的职工陆续调到内地。"八一三"的当天，按照既定方针，商务馆通告所有因战事失去工作的职工一律暂支半薪。大部分机器、纸张、书籍也都已在战事发生之初抢运到租界中区。

8月17日，王云五在商务馆董事会第429次会议上报告，宝山路制版厂的机器已迁出十之七八，杨树浦的平版厂的重要机器大都已迁出，杨树浦印刷厂的机器只迁出十之二三，上海三厂一栈的员工无法继续工作的达1040人。

就在这一天，张季鸾扶病前往汉口，筹备《大公报》汉口版。8月21日，《大公报》上海版发表王芸生执笔的社评《我们上海人》说：

> 中国的财富集中于东南，东南的财富集中于上海。住在上海的有许多有钱的人，更有许多许多是跟有钱人学样的小布尔乔亚……终日所追逐的只是个人的享受，毫未曾想到国家的荣辱与安危。近数十年来中国的命运随时颠荡于逆风急浪之中，一般人都是希冀在姑息苟安中讨生活，我们东南人，尤其上海人，更加姑息苟安……
>
> 我们都是中国的好儿女，在国家的大危难中，我们应该改变以往的生活方式，去掉奢华，刻苦耐势，有机会给国家尽些力，做些事……看看前线流血的卫国战士，街头露宿的无家难民，我们现在即使饿肚子，还不应该吗？

上海一对新订婚的男女，在炮火之中把他们的订婚戒指送到大公报馆，请他们转给政府。开封一个八岁的女孩子，将自己的小金戒指和从母亲那里劝募到的银镯、银币寄到报馆，转献国家。

8月23日，武汉大学教授苏雪林把她教书、著书攒下的价值6000多元的黄金送到报馆，托他们把她的10年心血献给国家，一直有发起献金运动想法的大公报人感动极了。第二天的《大公报》社评就以《献金！》为题：

> 我们要给国家做事有两条路，一是献身，而是输财。投效服役是献身，毁家献金是输财。
>
> ……现代的战争是消耗战，持久战；谁能持久的消耗不竭，胜利便属于谁。现代的战争，与其说是军器的战争，毋宁说是经济的战争；谁的经济能力能支持到最后，胜利便属于谁……国民如果把他们所私藏的现金现银以及金银首饰献给国家，马上便能增加国富，增加抗敌的力量……[16]

9月1日，商务馆恢复出版《东方杂志》（第三十四卷第16、17期合并），在"读者作者与编者"栏说明："本志第16期业经排校完妥，准于8月16日如期出版，不意沪战于8月13日爆发，所有锌版均未能由宝山路商务印书馆制版厂中取出，将来能否不为敌军炮火所毁，殊不敢知。所幸该期稿件均于8月12日取出，数周以来经商务印书馆惨淡经营，已将临时工厂成立，但本志已拖延二期未能出版，而临时印刷能力有限，纸张又甚短缺"，不得不决定暂时办法，两期并为一期，每年四期特大号在战争时期暂不继续。

心理学家朱锡侯去法国留学前夕，给留在杭州的妻子范小梵订阅了一年的《东方杂志》和《世界知识》，"八一三"之后，一切都乱了套，订的杂志也收不到了。[17]

《东方杂志》上刊登的《商务印书馆启事》说，5年来两遭国难，今日处境虽然困难，但为文化奋斗的诚意始终不变，决定设临时工场，从10月1日起恢复新出版物。除了《东方杂志》，《教育杂志》《儿童世界》《英语周刊》这几个杂志也将陆续复刊，因受纸张和排印能力的限制，复刊之初都以两期合刊。

9月13日，王芸生在《大公报》上海版发表社评《勖中国男儿》说：

> 现在敌人已把一个绝大的现实摆在我们面前，就是——前进或生，后退必死。中国的男儿们！现在我们后顾皆是死黑，只有前进的一线光明了！
>
> ……
>
> 我们都是中华民族的孽子孽孙，我们都应该以孤臣孽子悲悔，奋颠沛流离的忠勇，续祖宗的光荣，赎己身的罪过，造子孙的幸福。奋勇吧！前进吧！目前就是我们血洗河山重光祖业的时候。进！进！进！打！打！打！进到我们的失土！打倒我们的敌人！直到打倒日本军阀之后，我们四万五千万中国儿女，再释枪解刃，大家抱头痛哭一场。这一哭，要哭尽我们的悲悔，哭尽我们的辛酸。[18]

相隔一年，浙江省立图书馆馆长、陈布雷的弟弟陈训慈还在日记中提起此文。他知道当时张季鸾在汉口，文章出自王芸生笔下。[19]正在北平读高一的何兆武也一直记得这篇社评，"号召大家抵抗侵略，给我们青年人很大的鼓舞。"[20]

9月18日，《大公报》汉口版问世，张季鸾在《本报在汉出版的声明》中提出了"持久抗战"的说法。同一天发表的社评《九一八纪念日论抗战前途》更是强调，"中国这样大规模的抗战，当然有苦痛，战事延长的苦痛自多。但是不要怕！……中国能持久必能胜利。能全国动员，则必能为最大限度之持久。"这一天的声明和社评三次出现"持久"这个词，抗日战争是一场"持久战"，这也是《大公报》的基本判断。（11月21日，《大公报》汉口版的社评《恭读国府宣言》说，"国府所在地临时迁移，这就是在事实上表明持久战斗，到底不屈。"）

汉口版发刊不到一个月，销路就超过了5万份。

10月下半月，王云五南下香港，[21]立马着手扩充商务印书馆在港的印刷工厂，增添机器，建造仓库。港厂职工达到600人，其中由上海调来的有

265 人。总管理处驻港办事处就设在印刷厂内的空余房间。

当时纸张短缺，运输困难，印刷能力有限，但从 10 月 1 日起，他们就恢复出版新书，直到太平洋战争爆发，一直保持每天至少出一种新书。

商务馆同时决定新编及新收的稿件要特别注意战时的需要。"抗战小丛书"从这个月开始在长沙印行，这是中国文化建设协会主编的，共有 26 种，主要是介绍抗战必需的知识与技能，如《抗战与防毒》《抗战与保甲运动》《抗战与民众训练》《抗战与军事常识》《抗战与游艺》等。与此同时，商务馆自编的"战时常识丛书"共有 15 种，如《战时安全设备》《救护常识》《战时适用法规》，还有陆军常识、空军常识、海军常识、民族抗战史等。

在教育部没有布置的情况下，商务馆自行编印了两册《中学使用社会科自然科战时补充教材》两册，社会科内容包括公民、历史、地理三编，注重民族气节教育、国际形势、中日关系、战时经济、民众组织等；自然科则包括卫生、化学、物理三编，注重战时救护、防空、防毒、战地工程、医药常识、兵器火药等。[22]

他们还将过去出版的与战事有关的书籍汇编为"战时读物百种"，涉及国际情形、国际法、日本情形、中日关系、战时政策、军事知识、救护知识、统计地图等，张元济编著的《中华民族的人格》也收入其中，此书 1937 年 5 月在上海初版，6 月 25 日，他送给蒋介石一册，并附信说："国难日深，复兴民族，必先提高人格，元济近撰小册，冀唤醒一般民众"。[23]

三、"不投降"

1937 年 10 月 24 日，王芸生在《大公报》上海版的社评《炮火拥抱中之上海》写下这段话："战争天然就是创造国家生命改造人民生活的机会，我们在这个神圣的民族战争中，除了尽力争取军事的胜利外，同时还要相配合的注意到政治机构的健全，人民生活及意识的改造与纠正。这些问题所包含的方面太广了，我的笔太无力了，还负不起这些大任务……"

然而，上海战局的胜负已分。10月26日，闸北撤兵。10月28日，张季鸾在汉口版发表的社评《沪局与国民的觉悟》说，"上海我军昨晨退出闸北，这当然可惜，但是并不足惊讶，更无须懊恼"，他指出，上海本不是中国对暴日的决战之地，"这一次，方式是长期抗战，结果是最后胜利，国民只要牢忆此简单两句话，赶紧工作，赶紧补充，前仆后继的紧张战斗，对于每一区域一时的得失，万勿介怀。中国最重要者，还是这心理问题。"[24]

范长江在《大公报》发表的战地通讯《忆夜战场》中也说，"闸北退兵了！就全战局说，没有重要关系。"这一回是真真实实的"打死仗"：

> "打死仗"的壮烈现象，几乎全部战场以及全部部队都是如此。我们很可以骄傲，很可以自信。

坚守闸北四行仓库四天四夜的孤军（谢晋元团副带领的一营，号称"八百壮士"，其实只有450多人），成为轰动全中国以至世界的新闻。11月1日，《大公报》汉口版的社评《闸北孤军奉令退出》说："教全世界知道中国新军人的气质，使全国同胞得到做人的模范；我们实在万分崇敬，万分赞美……在世界面前彰显了中国军人的道德本色，又显示了最高统帅决不轻牺牲官兵的仁爱精神"。[25]张季鸾想不到的是，这支孤军撤下来后的命运，要比战死沙场更为悲惨。

11月25日，《大公报》发表范长江的战地通讯《告别上海——上海退出记之一》说：

> 本来上海是无永久防御工事的地带，在日本海陆空的主力威胁下面，我们当然无死守的可能，而且从军事的观点上说，更无死守上海的必要……然而，许多迷恋

上海物质享受和缺乏远见的人们，却把上海的退失认为是意外，认为是极重要的失败，而感到悲观与张皇。[26]

在上海陷落前后，就是否将商务印书馆总管理处迁到香港，王云五与董事会之间产生了分歧：

> 上海租界不能用作文化供应的基点。我因此只好暂留香港，以资策应……
>
> 但是我绝不愿长久利用香港，仍力排万难，决在重庆、昆明、桂林、赣县、西安各设一工厂，分区印刷供应教科参考书籍……在沪战尚进行中，我认为商务书馆的总管理处必须内迁，故提请董事会通过以长沙为总管理处所在地，并拟以长沙为出版重心……[27]

董事会虽已通过在长沙建印刷厂，但态度并不积极。早在 1937 年 3 月以前就在长沙买下了建厂的土地，却一直没有动工建筑，连设计都没有着手。直到这年 10 月，前后运到长沙的仅有四台机器，派去 54 个职工（此后就调不动了）。

12 月 10 日，商务馆董事会第 431 次会议讨论了"提议总管理处迁移长沙案"，张元济发言说，王云五自香港来信，上海已与他处隔离，不能印书，运输又不便，总管理处在上海事实上不能运用得宜，而香港为英国殖民地，迁港也不可能。因此主张将总管理处迁往长沙，而在上海、香港各设办事处，以期指挥得宜，适应现在的环境。他接到信后，与李拔可、夏筱芳两位经理一再磋商，都认为目前环境下只有这一办法，"但仅迁一小部分，并不全迁，亦不登报公告。"董事会上经详细讨论，议决通过，作为暂时办法。身在上海的董事们实际上拒绝了王云五提出的以长沙为出版重心。

最后，商务馆除了重庆的印刷厂已由长沙厂迁设，桂林、昆明、赣县的厂也在筹备，只有赣县费尽九牛二虎之力办了一个小厂。内地设厂如此艰难，香港工厂还是供应内地读物的主要基地。王云五留在香港，以总管理处驻港办事处名义统驭各地的分馆和工厂。

1935 年进入商务馆的编辑杨荫深，他编的《高中国文课本》只出版了第一册，第三册已抄写完毕，其余的都在这场战事中化为了灰烬。

张岱年于 1936 年完成的《中国哲学大纲》，由冯友兰推荐给商务馆，都已排了版，结果上海沦陷了。[28]

上海沦陷，南京也危在旦夕。

12 月 7 日，盛传德国驻华大使陶德曼从南京秘密来到武汉，要劝中日议和。道路相传孔祥熙等人都主张接受，消息灵通的张季鸾马上知道了，陈纪滢记得他从外边访友归来，神色严肃，而不像往日那样满面春风，有说有笑的。他脱去外罩，就在编辑部里倒背着双手，来回踱步，若有深思。大约来回走了十几分钟，他便走进那间小得可怜的办公室，开始写社评。过了大约一小时，他拿出了社评的底稿，交代曹谷冰："马上发排，你给我校对一下，别让它错一个字。"

此时，他脸上的沉重严肃之气才渐渐舒展了，又开始走来走去，脚步已不像之前那么沉重。陈纪滢趁机问陶德曼来武汉的事，他说："写的正是这个问题。"然后慨叹："这真是存亡绝续之倾，一念之差，就可以亡国！"并吩咐陈纪滢改天去看看军事学家蒋百里。

第二天，这篇题为《最低调的和战论》社评在《大公报》汉口版发出：

我们以为政府即日即时应当明白向中外宣布，如日本不停止进攻南京，如日本占了南京，则决计不接受调解，不议论和平。我们以为这绝对不是高调，乃是维持国家独立最小限度之立场，我们不问日本条件如何，总之一面庆祝攻占南京，一面说和议，这显然证明日本抹杀中国独立人格，那条件之劣，就不问可知。且纵令条件在文字上粉饰得过去，但实行起来，一定在实质上丧失独立。因为他若诚意议和，就断不会再攻我首都。既攻首都，就是想叫我正统政府于失尽颜面之后，再屈服给他。敌人既存心如此，试问怎样和得下去，换句话说，怎样屈得下去呢？

陈纪滢称此文理直气壮，富有感情，文字干脆利落，句句鞭辟入里，字字掷地有声。当日（12月8日）中午，国民政府发表声明，拒绝言和，除非日军立刻退出中国。读者也就更加重视《大公报》的言论了。下午，蒋百里对来访的陈纪滢说："季鸾先生的主张绝对正确，这次与日本打仗，千万不能中途停下来，停下来便亡国，打到底日本必败！"[29]

徐铸成说，张先生的白话文，还有裹过脚的痕迹，但字字句句，朴质沉痛，写出了中国一般人民心底的悲念和沉痛。此文苦口婆心，透彻讲明利害，讲明大是大非，如当头一棒，唤醒了多少意志本来并不坚定的人，使国家一时免于陷入"瓦解土崩"之局。几年后，当他去世时，《大公报》社评还专门提及，"该文一出，空气澄清，群疑一扫"。[30]

12月11日，张季鸾又发表一篇社评《置之死地而后生》：

> 昨天路透社电，暴日五大臣会议，已决定攻占南京后，继续进攻，不到中国"表示诚意"不止。这真是好消息，这一电，不啻给中国增加百万兵。
>
> 何以故？因为这才是置之死地而后生！[31]

这是张季鸾一生中最紧张忙碌的日子，几乎天天执笔写社评。10月初，前几年因创办《新生》周刊得罪日本而遭判刑的实业家杜重远到汉口，第一个就去看他，交换对时局的看法。他对杜说："我们要救国，只有这次的机会啦，大家要拿出所有的力量拼命吧，过了这个时期想要拼命也不可能了。"杜重远说，这样苦口婆心的话，我要介绍给全国的同胞听着。[32]

12月14日，张元济写信给李拔可和夏筱芳说："国家不幸，遭此大难，以后民困不知增加至何地步！本馆营业亦不知减缩至何地步！"虽然王云五从香港来信还是雄心勃勃，希望商务馆来年的营业可以维持在五百万元，但他担心不易达到。为了维持公司的生命，他认为开源不易，唯有节流而已。"盖此后情形全国人民及本公司均非穷干苦干不可。目前公司尚有微力，若不及早绸缪，待至消耗已甚之时再图挽救，恐已无及。公司能早日节省一分，即可多一息之生存，亦即可多维持同人一息之职务。"他说，员工的薪水减少已大为难，但为了生存，唯有节衣缩食这一条路。在这非常时期，只能恳请同人体谅。

第二天，他给王云五写信，同时抄送了这封信稿。12 月 17 日，他在给王云五的信中又说："时局严重，公司前途实难预料，弟意惟有竭力节流。"[33] 巴掌大的《商务印书馆同人节约手册》（1938 年 10 月 21 日编印）扉页有王云五当时的题词："降低生活程度，适应非常时期，爱惜精神物力，保全家国公司"，内有《商务印书馆非常时期同人节约方案》，附录的节约格言还选取了三十四条中外格言。[34]

自"八一三"以来，上海各界精英以小型聚餐会的形式，轮流作东，交换消息，或在浦东大楼，或在基督教青年会，张元济、胡政之、张耀曾、褚辅成、黄炎培等经常参加。

《大公报》上海版在租界坚持到 12 月 14 日，因日军在租界设立新闻检查处，通告自 15 日起必须先送小样检查，否则不准登载，《大公报》和《申报》都决定停版。此时，中国军队撤离上海已有一个多月。当天，《大公报》上海版同时刊出两篇社评《暂别上海读者》《不投降论》，郑重宣告："我们是报人，生平深怀文章报国之志……到今天，我们所能自勉兼为同胞勉者，惟有这三个字——不投降"。

张耀曾律师不知出自王芸生执笔，在当天的日记中说：

> 《大公报》并于今日社论著《暂别上海读者》及《不投降论》两文，阐明我民族之精神，作永世与日本民族抗争之决心。语意沉痛凄怆，读之发人深感，真名作也。是否胡政之手笔，明日当问之。

同时，他又感慨已出版六十多年的《申报》是中国最老的报纸，"肯毅然牺牲，确可感佩，惟未作任何表示，稍感不足。"

第二天已没有《大公报》和《申报》，连《新闻报》也没有了。

12月20日，他到张元济家聚餐，平时都是一大桌人，这次只到了6个人，因为聚餐会的同人已陆续离开上海，听说胡政之也将离开，他感叹"时局衰败，同志亦寥落日散"。[35]

12月27日，有14年历史、共出版672期的《国闻周报》也在上海宣布停刊。

此时胡政之已在筹备《大公报》香港版，他后来说："抗战实行以后，我们自己觉得责任负得更重，一切都抱了破釜沉舟的意志，主战到底。"[36]

1938年1月22日，陈布雷弟弟陈训慈在金华遇到在《大公报》编国际电讯的熟人章丹枫，得知《大公报》将出香港版。他对《大公报》无比推崇，在当天的日记中说："鉴于抗日战必延长，如此乃有备无患，可永报纸之生命而无间也。经济、魄力与识力俱非他报所及。"[37]

四、南岳弦歌

1937年7月23日晚上，教育部长王世杰约参加庐山谈话会的各大学校长和教授座谈，被邀的大半为平津各校人员。[38]当时平津尚未陷落，并未议及南迁。

7月29日，平津相继失落。8月10日，日军进驻北平城内。全国专科以上的大学共113所，平津就有将近30所，教职员达3000人，学生约万人，滞留平津的各校师生占了半数以上。

9月4日早晨，国防参议会开会讨论招收大学生参战问题。蒋百里恳切陈词，不可利用大学青年的热血，让他们赴前线参战，而仍当尽力设法完成其学业，不要使他们失学。他在发言时声泪俱下，全座感动。

此前 7 月 26 日，胡适在庐山谈话会上也曾发言，国防教育不是非常时期的教育，而是常态的教育。

战事发生以来，王世杰一直也是这个主张。有人主张大中小学常课暂停一年，进行战时训练。因他力持反对，暂未实现。他主张扩充内地各校的学额，收容战区的学生，在长沙、西安等地各设一所临时大学。[39]

9 月 8 日，长沙和西安两个临时大学筹委会都已成立。长沙临时大学由北大、清华、南开三校合组。这个动议最初来自傅斯年，是他向胡适、王世杰建议的。[40]

但主张实行战时教育的声音没有消失，《大公报》也曾有这样的倾向。10 月 18 日有报道说，有的学生不满政府拿出二十五万元去办临时大学，认为还不如用作训练干部人才。11 月 15 日，《大公报》发表短评："读书救国的格言，在战事这样紧张时期，不能给青年安慰"。11 月 19 日还刊登过一封学生的来信：

> "读书救国"四字，逼迫着我们，使我们没有机会来研究战时的功课，先生，我们是战时的学生，我们要受战时教育。希望当局把动员民众的工作给我们做，给我们以后应付危局的技术。

11 月 24 日，《大公报》汉口版社评《全国智识青年的责任》中还说，"我们的简单意见，以为中学大学之平时课程，应当停止，而分别代以某某种短期训练。……训练完毕，即令其实行服务，或赴前线，或入乡间……"同时强调了不能勉强学生，毕竟他们来校是为求毕业、读课程的，一切以自愿为原则，还要考虑到身体条件。

当然，《大公报》也一直有主张常态教育的声音。11 月 21 日报道过北大校长蒋梦麟的意见，教育是无所谓"常"时"非常"时的。教育而不能适应"非常"时，那只是"常"时的教育不良而已。11 月 27 日，《大公报》报道过教育部长王世杰的意见，"切不可存避难观念，基本课程，不能放弃，至于特殊训练，可另办各种短期专班，各校不必一律设施，以免影响学业。"

讨论了半年，《大公报》也赞同由片面的战时教育转变为较全面的计划教育，将战时当平时看，不使正规教育中断的决策，教育需要稳定和连续性，要坚持原有的正规教育，大学若干课程，看似与抗战无关，但欲求国家最后胜利，不可或缺。

北大、清华、南开在长沙合组临时大学，筹备之际就出现了诸多问题，9月26日，王世杰听说，"三校之间多龃龉"，他只能感叹，时局如此严重，而教育界仍难合作。[41]

北大到当年10月才开始让老师们南下，郑天挺此时才知三校已组成长沙临时大学。

11月1日，长沙临时大学开学，包括北大学生342人，南开学生147人，清华学生最多，达631人，再加上借读生，有将近1500人，长沙的校舍容不下，决定将文学院设在南岳衡山半山腰的圣经学院旧址。朱自清、闻一多、叶公超、金岳霖、冯友兰、沈有鼎、柳无忌、吴俊升、罗庸、罗常培、魏建功、燕卜荪、容肇祖、刘崇铉、汤用彤、钱穆、吴宓等教授陆续抵达南岳，学生由最初的80人到后来的190人，其中有男生160多人，女生20多人。北大的人数最多，清华只有北大的一半，南开最少，仅六七人。

11月14日，北大中文系三年级学生马芳若抵达南岳，等到第四天，也就是11月18日，临大文学院终于正式开课了。那天上午的三堂课，分别是浦江清的中国文学史、冯友兰的中国哲学史和朱自清的陶渊明，三位教授都是清华的，如果不是三校合组临大，他并无机缘听到他们的课。第二天上午的四课，闻一多讲楚辞、朱自清讲宋诗，他都很满意。对于郑昕的哲学概论他则认为简直不知所云，想要退选。

当时，他们既无课本，又缺参考书，一开始连黑板也没有。然而，中文系学生向长清说，山中的临时教学场所，并不亚于红楼宽敞的教室。朱自清讲陶渊明的诗，闻一多讲《诗经》，罗庸讲杜甫的诗，罗常培讲语音学，魏建功讲中国音韵学史……即使连个小型图书馆也没有，老师们照样能凭着他们的讲稿讲课，同学们则凭着一支笔、几个笔记本照样听课、做笔记。特别重要的是师生随时见面，增进了彼此的情谊，大有古代书院的风味。[42]

11月8日，闻一多初到南岳就写信对妻子高孝贞说："至于饭菜，真是出生以来没有尝过的，饭里满是沙，肉是臭的，蔬菜大半是奇奇怪怪的树根草叶一类的东西。一桌八个人共吃四个荷包蛋，而且不是每天都有的。"

马芳若也几次在日记中写下："饭中沙子多，可恶。"11月19日他说："日来伙食自经学生会膳务委员会办理以来，更难下咽，饭中沙子更多，食时轧轧作声，坏牙伤胃莫此为甚，数经交涉均无效果，闻长沙米都如此……"

但艰苦的物质条件并没有耽误学生的学业，教授们埋首于学术研究、著书立说。闻一多也不例外。

冯友兰说，临大文学院在南岳不过三个多月，"中国的大学教育，有了最高底表现。那个文学院的学术空气，我敢说比三校的任何时期都浓厚。教授、学生，真是打成一片。有个北大同学说，在南岳一个月所学底比在北京一个学期还多。"[43]

外文系学生赵瑞蕻除了听外文系的课程，如叶公超的"大二英文"，燕卜荪的"莎士比亚"和"英国诗"，还选修或旁听其他系的课。他旁听过冯友兰讲"中国哲学史"，也旁听过罗庸的"杜诗"，有一天，他去听课，正好罗庸在讲杜甫的《同诸公登慈恩寺塔》这首诗，教室里坐满了人。"罗先生自己仿佛就是杜甫，把诗人在长安慈恩寺塔上所见所闻所感深沉地一一传达出来；用声音，用眼神，用手势，把在高塔向东南西北四方外望所见的远近景物仔细重新描绘出来……好像一千三百多年前的大唐帝国京城就在窗外下边，同学们都被吸引住了。"杜甫的这首诗写于752年，三年后，发生了安史之乱，唐帝国就支离破碎了。罗先生吟诵杜甫的《春望》，"国破山河在，城春草木深"——

吟完了，罗先生说现在我们处在何种境地呢？敌骑深入，平津沦陷，我们大家都流亡到南岳山中……先生低声叹息，课堂鸦雀无声，窗外刮着阵阵秋风……

赵瑞蕻、查良铮（穆旦）、李赋宁、许国璋、王佐良都是外文系学生，他们几乎都选修了剑桥诗人燕卜荪的课，他能凭记忆将莎士比亚的《奥赛罗》大段大段背出来，写在黑板上，给大家念，再加以讲解和批评。他的课"英国诗""莎士比亚"与冯友兰的"中国哲学史"、钱穆的"中国近三百年学术史"、吴宓的"欧洲文学史"一样受欢迎。赵瑞蕻说：

> 谁的眼光能吸引得住燕卜荪先生那双迷离又真挚的蓝灰色的眸子？我到现在还记得起来，北大同学的老练与谛听诗人说话时的严肃味儿，清华同学年轻的热狂劲儿，南开同学幽默的微笑声。44

钱穆和汤用彤、贺麟是12月6日同一天到南岳的。12月8日就开讲"中国近三百年学术史"，受到学生好评，马芳若私下认为"甚佳"。

教员宿舍安排在山上，要登344级台阶，"下望溪谷，仰视群山，四周尽是松树花草"。11月8日，闻一多给四个孩子写信说这里风景好极了，"最有趣的是前天下大雨，我们站在阳台上，望着一朵云彩在我们对面，越来越近，一会儿从我们身边飘过去，钻进窗子到屋子里去了。"45

穆旦在墙报上贴出了一首诗，题为《野兽》：

> 黑夜里叫出了野性的呼喊，
> 是谁，谁噬咬它受了创伤？
> ……
> 在黑暗中，随着一声凄厉的号叫，
> 它是以如星的锐利的眼睛，
> 射出那可怕的复仇的光芒。

毫无疑问这是当时环境的产物。

金岳霖、冯友兰、汤用彤等教授一边教课，一边继续著书，《论道》《新理学》《汉魏两晋南北朝佛教史》这些学术名著就是在洋油灯下一个字一个写出来的。当时，闻一多在开《诗经》和《楚辞》的课，也准备著书。钱穆一面继续开"中国通史"课，一面也在为写《国史大纲》做准备，每到星期六早晨，他总要下山去南岳市里的图书馆，那里藏有商务印书馆新版的《四库珍本初集》。

12月17日，北大举行39周年纪念会，冯友兰、钱穆、罗常培等做了演讲。

1937年的最后一个晚上，文学院师生开了热热闹闹的联合会，离开南岳的日子越来越近了。

此时，南京、上海都已沦陷，11月24日长沙第一次遭到大规模轰炸，号称世外桃源、报纸要迟到两三天的南岳山中也响起了代替空袭警报的锣声，渐渐失去了安全保障。

1月10日，郑天挺在长沙已听说临大要迁昆明。14日，蒋梦麟从汉口回长沙，告诉他这个决定。1月17日，柳无忌在南岳山中也得到了这个消息。[46]

1月24日，北大在长沙开临时校务会议，报告迁滇事务并设立驻滇办事处。两天前，临时大学常务委员会已正式公布西迁昆明的方案。学生对此反应强烈，立即展开了反对迁校的签名运动，签名人数迅速超过三分之二。签名学生推出两位代表到武汉向教育部请愿，并电呈蒋介石，坚决要求停止西迁。学生会在给教育部的呈文中说：

> ……国家大学乃国家精神文化之所寄托，战时教育青年，尤须注重坚贞不屈之精神。目前长沙生产文化机关，尚未闻有先我而迁者。我临大最高学府，举国瞩目，乃自先行远迁，不特沮丧民气，非战时巩固后方之所宜有。抑且临难苟安，有违政府教育青年之宗旨……
>
> 属校安处后方，实无丝毫理由，可以单独自请远避，且属校在湘草创，半年以

来，惨淡经营，一切设施，方见略具规模。昆明方面，无论校舍设备，均尚毫无准备，迁滇后欲求教学之安定，势必又须一年半载之经营，际此抗战紧急时期，坐令盈千大学青年，一再流徙。亦国家莫大之损失……学生等昔者就读平津，未能固守国防前线，偶一自省，辄复内愧，何日再免不必要之流徙……[47]

但西迁的决策已定，学生的反对无效。

1月30日是旧历年的除夕，当晚，北大教授在长沙临时大学聚餐，到了24个人，除蒋梦麟夫妇、江泽涵夫妇和李麋寿外，其他人的家属都还在北平。郑天挺说："非乱离之际，除夕不能有此盛会也。"[48]

临大师生分几路入滇，其中一路由黄钰生、闻一多、曾昭抡、穆旦、吴徵镒等300多师生组成湘黔滇旅行团，以步行为主前往昆明，马芳若2月6日早晨从南岳步行到衡山，坐火车到长沙，跟大队会合，拖到2月19日才出发，先坐船到常德，然后步行。68天中，他们实足走了2600里。穆旦的《出发——三千里步行之一》就是路上写的——

> ……
>
> 在军山铺，孩子们坐在阴暗的高门槛上
> 晒着太阳，从来不想起他们的命运……
> 在太子庙，枯瘦的黄牛翻起泥土和粪香，
> 背上飞过双蝴蝶躲进了开花的菜田
>
> ……
>
> 而每日每夜，沅江是一条明亮的道路，
> 不尽的滔滔的感情，伸在土地里扎根！
> ……[49]

五、以香港为出版基地

1938 年 7 月 6 日，第一届国民参政会第一次会议在汉口揭幕，200 位参政员容纳了各党各派和无党无派的代表人物。除了王云五，商务印书馆的新旧同人至少有 8 人在参政员名单上，包括杨端六、陶希圣、周鲠生、任鸿隽、李圣五、颜任光、陈光甫。陶、颜等也是北大教授，胡适、周炳琳、钱端升、梁实秋、傅斯年、许德珩等多位北大教授出现在名单上，其他有北大背景的还有张申府、梁漱溟、陈豹隐、杨振声、张忠绂等人。

傅斯年说，之所以接受参政员之邀，是因国家抗战，"义等于征兵，故未敢不来。"[50] 张季鸾表示："民元以来，我几次被推为参政一类职务，都却而未就。这次参加国民参政会，是因为国难严重，义不容辞。"王云五也说："假使平时被选为参政员，我必定辞谢不就。目前却不然了。国家到了这个严重的时期，全国人民的智能、资力和生命，都有随时受国家征发的义务。我这次被选任参政员，正如一个壮丁被征入伍。新入伍的壮丁只能说：'我当努力尽职！'"[51]

《大公报》当天发表的社评《祝国民参政会开幕》说："我们甚赞同超越党派，不争私见，但同时主张各参政员应充分施行组织条例所赋与之职权，并尽其责任。对一切重要问题，应充分讨论，以求至善的解决。"

7 月 12 日，参政会一致通过《拥护政府实施抗战建国纲领决议案》。第二天，《大公报》汉口版社评就以《给敌人一个答复！》为题，"我们相信这个统一团结的表示，在精神上给予敌人的打击，不啻十万大兵。这是国民参政会的最大收获，也是我们国家的极大成功。"

7 月底，国民党中宣部公布《战时图书杂志原稿审查办法》和《抗战期间图书杂志审查标准》，要求图书杂志出版前先送到各地审查委员会，经审查得到许可证才准发售，于9月起执行。这个办法一公布，商务、中华、开明、世界、生活等36家出版机构就联合具呈有关机关撤消此种办法。

10月28日，国民参政会第一届第二次会议在重庆举行，正是广州失陷、武汉撤退最紧张之时。除了参政员陈嘉庚从新加坡发来的11字电报提案："官吏谈和平者以汉奸论罪！"成为"惊人的大炮"，最惹人注意的就是邹韬奋等74位参政员的联名提案《请撤消图书杂志原稿审查办法，以充分反映舆论及保障出版自由案》。

国民党中央党部主持图书杂志审查的刘百闵说：这是根据邹韬奋在第一次参政会上提出的《具体规定检查书报标准并统一执行案》而制定的。邹韬奋郑重声明自己的那个提案没有一个字提及"原稿审查"。当这个提案进入审查辩论时，刘又说，图书杂志原稿审查办法是王云五向政府请求的。当时王在香港，邹韬奋立马给他发电报，他回电：

> 图书杂志原稿审查，弟去年绝未向政府请求举办。反之，力子先生初长中宣部时，曾以应否恢复审查见商，弟详举窒碍情形力劝不可，兹当交通梗滞之时，如欲审查原稿，更无异禁止一切新刊物，或使新刊物绝迹于内地，窒碍尤多，务望先生等坚持撤消。幸甚。

邹韬奋收到这个电报，拍案叫绝，在大会辩论时公开宣布，得到罗隆基等参政员的桴鼓相应，又恢复了审查会上被改为"改善"的"撤销"字样，以75票对55票通过这个提案，全场震动。

审查机关认为参政会只有建议之权，"结果还不是忙得一场空"，图书杂志原稿的审查照旧。[52]

商务馆的出版物此时仍占有全国大部分的图书市场，香港分馆在整个公司的出版比例中上升最快，从战前的5%变成11.13%。

清华浦薛凤教授从长沙到昆明，取道香港，得知商务馆还在印书，就将他在清华的讲稿《西洋近代政治思潮》交给他们，王云五亲自看过，说无问题。他于是振作精神，从3月底到4月13日，花了差不多两个星期，晨夕用功，写序言，编目录，仔细修订了一遍。将书稿送到商务分馆后，他才于4月15日才离开香港。[53]

北大历史系学生赵捷民也是取道香港去昆明，他找巡捕打听北平图书分馆，对方却写了一张纸条给他："商务印书馆在英皇道"。留港期间，他常去商务分馆或生活书店，只是手里的钱太少，不能多买书。他发现老成持重、有着长久历史的《东方杂志》《教育杂志》还在继续出版。[54]

4月25日，黄炎培从王云五送来的商务馆1937年度营业报告看到，这一年度营业总额10532123元，比起1936年度减少了1060398元，而1937年1月至7月的收入6405277元，比上一年度同期却增加了15281元，8月至12月收入3366481元，比上一年同期减少了600981元。[55]

战争的影响无疑是巨大的。1938年7月1日，在商务馆董事会第433次会议上，张元济报告了安庆、芜湖、太原、厦门、开封、杭州、南京、广州、西安、汕头、福州、南昌、南阳、汉口各分馆撤退、转移及受损、停业等情形。

10月21日，广州沦陷后，香港的出版物要用船先运到越南海防，再经铁路运到昆明，然后汽车运到西南各省。为了方便从昆明到西南各地运送书籍，商务馆订购了15辆卡车，打算自己组织一个车运队，因西南运输局主动给他们种种便利，就以这些卡车作了预付的运费。而海防的仓库管理混乱，积压的书籍和制版损失惨重。

等到日军控制越南，香港的出版物就只能由广州湾像走私一般经广东南部进入内地，或由沙鱼涌冒险经广东东部进入内地，困难达于极点。对于东南各省书籍的供应，则依靠上海租界的临时工场，以半走私的方式船运到宁波或福州，再转运到各地。[56]

11月3日，张元济给王云五回信说，"处此艰难之际，我公仍能维持冷静之头脑，继续苦干之精神，钦感何极。此一机关亦数千人身家性命之所托，非得我公之仁心毅力，正不知如何维持。弟唯有为此数千人泥首称谢而已……分设小厂，既有各种理由，自不能不着手赶办……"[57]

所谓"分设小厂"主要是指长沙，此时广州、武汉失守多日，长沙的工厂已停工，机器拆运到了重庆。本来王云五的设想是把总管理处迁到长沙，因董事会不愿意，主要是上海与长沙交通不便，鞭长莫及，不好控制，反而不如沪港之间来往便利。作为总经理，王云五虽也是董事之一，但十三个董事中的大多数都在上海租界。

在香港分馆编印的书上几乎都不印香港的馆址。香港是英国殖民地，王云五连总管理处的名义都不愿放在这里，所以从1937年12月1日起，商务馆的出版物无论是在香港还是在上海出版，版权页几乎都印着长沙南正街。等到1938年11月13日起连烧五日五夜的长沙大火，将商务馆长沙厂化为废墟，在港出版的《辞源正续编合订本》出版地还印着：长沙南正街。在此之后就印重庆白象街，只有少数针对香港本地市场的读物例外。

1939年4月8日，王云五向董事会第434次会议报告说：

"关于出版者，本公司以出版物为主要营业，初以教科书为主，渐及一般用书，然仍以教科书占大多数。'一二八'以后，鉴于教科书利薄而竞争激烈，且有国家经营之势，恐一旦丧失此项营业，将使本公司受致命之伤，故除仍维持教科书营业外，注重一般用书、大学用书之出版。五年之间此种营业有长足之进步，致超过教科书之数量。'八一三'后，因逆料一般用书之购买力减弱，且本公司资力亦不如前，故又变更方针，仍以大部分力量印销教科书。至于前已进行过半或已售预约者自当照旧进行外，其他均侧重于适应时代需要与补助现时教育者。

计自二十六年十月一日起恢复日出新书为最大宗。然适应时代需要之新出版一般用书亦多能畅销，于社会于公司两均有利。"[58]

7月15日，时在四川乐山的叶圣陶写给开明书店同事徐调孚的信中说："商务仍日出一书，而徒见其目，无从购得，犹如画饼而已。"[59] 当时武汉大学迁到了乐山，这是个文化人集中的地方，并不是文化荒漠。此前叶圣陶就发现成都商务分馆的存书，"源源南运，囷于乐山"。[60]

不仅书难买，而且书价涨得也让人难以接受。1939 年 12 月 6 日，在行政院工作的陈克文在重庆商务分馆买了三本书，一本年谱，两本世界文学名著译本，每本的定价都不超过 4 角，付账时却要 3 元多。第二天，他又去买陈之迈的《政治教育引论》，定价 4 角，付账时也要 1 元多。他感叹："书籍这样的加价，实在也是非常时期的一个极严重的问题。"[61]

1940 年 2 月 2 日，郑天挺与姚从吾到昆明商务分馆购书，买了两种字典，书价已增至照定价加一倍半，定价 1 元的实售 2 元 5 角。他感叹："不惟寒士不能得书，即我辈月有所入者亦不敢购书矣。奈何！"[62]

同月 20 日，陈克文去重庆的一家书店买一本书，定价 7 角 5 分，竟卖到了 2 元 5 角，战前印刷的书竟涨了 3 倍的价，他不理解，"他们说这不是他们一家如此，所有的书店都如此。"[63]

1941 年，一位西南联大的学生也谈过书价问题：

> 年来校中出让书籍的风气大为通行，这也是环境使然。因为各书局书籍均加价，较原定价高出一倍以上，商务印书馆是加十一成，其他各书局也是如此。同学每年所用书籍，无力向书局购买，于是同学间便发生一种交易行为，比如甲上年读二年英文，下年须读三年法文，他便把念过的英文书卖掉，去买法文书，这样先卖书再买书，大家都得有方便，在校同学都把上年的书卖掉去买下年用书；毕业同学便把书籍完全出让，筹路费出去作事；同学们都成了书贩子，布告板成了广告处。廉让的货单，征求的广告，五光十色，一层压一层的贴起来，来往的人都去仔细的考察。[64]

就在这样的情况下，从 1937 年到 1941 年 12 月，商务馆还是出版了新书 2352 种、3695 册，各类教科书 155 种、247 册，另出了 9 套大部头的书，合计出版 4698 册。

连停刊数年的《学生杂志》也已恢复出版。1939 年 3 月 11 日，叶圣陶在写给章锡琛的信里提及："商务之《学生杂志》已复刊，承他们寄赠，似平平，无甚精采。"[65]

同年 2 月 7 日，在还没有沦陷的浙江温州，《温州日报》"笔阵"副刊有一则消息说：

> 府前街书店多，一向被认为文化之街，犹如上海四马路，河南路的一角……商务、中华里，几天来生意特别兴隆，教科书是整千整百地批发出去，另卖更旺市，销数字大，比任何文学书或科学书大得多。[66]

出版业最大的消耗就是纸张，1938 年起，王云五设计了一种战时的节约版式，尽量减少空白位置，并增加行数字数，同样的一页，以前仅能排 500 字的，现在可以排 1000 字上下，这样纸张就节省了半数。每一页的天地头平时空白很多，战时重版的书如果未经重排，则将天地头尽可能缩减，这样约可节约纸张十分之一二。每本书的印刷数量也极力减缩，宁可重版机会多一些，也不因多印而造成库存时间久。这样又可减少用纸三分之一。[67] 他后来到英国访问，发现战时新版的书字体缩小，行格加密，天地头减短，同样的一页要比战前版所排的字数平均约增百分之七十，与他设计的战时版每页字数几乎增加了百分之百，可谓不谋而合。[68]

1921 年进入商务馆的编辑沈百英认为，小学教科书是学生的基本读物，教师的重要用书，是国家推行教育的唯一利器。当时商务馆借助港馆港厂的有利条件，购进大批纸张，赶做缩版工作，把原来的 32 开缩成 48 开，减轻成本，节约纸张，降低运费，照常供应内地的学生。缩版工作主要由他主持，他得到通知，从上海到香港，跟三个助手一起，剪的剪、贴的贴、校的校，照相底样很快就出来了。[69]

这种 32 开缩成 48 开的航空版，也是商务馆在战时的一种创制。

战前 1936 年，商务印书馆的全部用纸 30 万令以上，而 1941 年用纸仅 13 万令，不过四分之一多。

王云五意识到这是一场长期战争，读者对一般用书的购买力一定远不如平时，还是要回到以教科书为主，同时考虑到三个方面：一是教科书的范围，包括大学用书在内。二是适应战时的一般用书，仍尽可能充分编印；三是在物力许可之下，仍继续印行较大部头的出版物。[70]

1939 年 4 月 8 日，在商务印书馆董事会第 434 次会议上，确立了"大部力量印销教科书，一般书籍侧重于适应时代需要与辅助现时教育者"的出版方针。

"大学丛书"继续编印，在香港就出版了 51 种，平均每个月出 1 种。冯友兰 1938 年完成的《新理学》，第二年就列入"大学丛书"出版了。钱穆在宜良的岩石泉下寺完成《国史大纲》之后，于 1939 年暑假带着书稿到香港，交给王云五，请他尽速付印。按审查制度，书稿被送到了重庆审查，审查处要求将"洪杨之乱"改为"太平天国"，这一章有多处内容也要修改。经钱穆力争，方得按原稿印行，但延搁了大半年。到 1940 年 6 月才作为"大学丛书"问世。金岳霖的《论道》也于这年问世。

"国学基本丛书""中国文化史丛书""汉译世界名著"也都在继续出，后者在太平洋战争发生前出了 60 种，其中有王维克译的《神曲（地狱）》（但丁）、傅雷译的《约翰·克里斯多夫》（罗曼·罗兰），都是有口皆碑的译本。

从"战时常识丛书""小学生战时常识丛书""民众战时常识丛书"到"抗战丛刊""抗战小丛书""战时经济丛书""大时代文艺丛书"等，都是基于第二个方面的考虑。每一种丛书，多的数十册，少的也不下 10 册。"时代知识小册"1940 年推出了第一辑，每册一题，三、四千字，只有 8 面，为节省纸张，甚至连封面都取消了，定价每册只要 1 分半，每辑 500 册，也就 5 元。第二辑已集稿排版，还来不及出版发行，因太平洋战争突然爆发而中断。

《辞源》增订处的工作照常进行，留在上海的编辑人员有一百多人。

1939 年 9 月经增订的《辞源》正续编合订本在香港出版。

大部头的"万有文库"第二集、"丛书集成初编"、"四部丛刊续编、三编"等，"八一三"前就已发售预约，也在继续印行。1939 年，王云五考虑到商务馆的出版能力下降，读者在战时的购书能力减弱，而内迁到后方各省的学校图书散失严重，决定在"万有文库"第一和第二集中选出 500 种、共1200 册，推出"万有文库简编"，廉价发售。由于装订延误等原因，没有及时运到内地，未能普遍流通。

1940 年 5 月 2 日，傅斯年写信给王云五，其中说："如此环境，而公自强不息，诚可使人奋发也。"[71]

抗战时许多学子受惠于"万有文库"，王云五不无得意地说，以最经济的方式在全国至少创立了不下 2000 个小型新图书馆。"万有文库"最初印行时，还有人认为字体太小，到了战时，后方的图书馆幸而保存一部"万有文库"，莫不视同高文典册。[72]

1923 年出生的陈桥驿在绍兴中学发现图书馆有一部"万有文库"，有一个专门的目录柜，令他应接不暇。[73] 从 1937 年到 1941 年，金庸在丽水碧湖的浙江省立联合中学和迁到石梁乡下的衢州中学图书馆，都借阅过"万有文库"中的世界名著。

《东方杂志》对日本的研究从未间断，自 1939 年 5 月 16 日出版的第三十六卷第十号起开辟"战时日本研究"专栏，涉及日本的政治、财政等方方面面。1941 年 8 月 1 日（第三十八卷第十五号），还出了一期"日本内幕专号"，内容包括"战时日本的物价与国民生活""日本军阀跋扈的前因后果""日本食粮问题的剖视""日本战时人口奖励方策""日本外交政策的背后""论日本南进与荷印谈判之归趋""一年来日本政治的演变"等。

1940 年元旦，《东方杂志》第三十七卷第一号是"欧洲大战专号"，头条文章是郑允恭的《欧洲大战与远东问题》，对美国介入太平洋战争提出了独到见解："美国扩张军备，布防于太平洋，废止美日商约，这一连串的事实，使得日本军阀惊心动魄，不敢再漠视美国的意思……要如不单靠长期战争获得最后的胜利的话，当然应该与美国加紧合作，以高压力迫促日本退出中国。"此时离太平洋战争爆发还有将近两年的时间。

六、西南联合大学

1938年4月2日，国立长沙临时大学正式更名为国立西南联合大学，去掉了"临时"两字。因昆明校舍的不足以安置近千学生（从长沙过来的学生和少数借读生合计993人），暂时将文学院和法商学院设蒙自，大约有400学生。

蒙自是个边陲小城，昔日也曾繁荣过，清末法国人修滇越铁路，蒙自人誓死反对铁路从这儿经过，结果绕道到碧色寨经过。从此，蒙自就衰败了，法国海关、法国医院、希腊人的哥胪士洋行这些西式建筑都关了门。男生宿舍就在这个哥胪士洋行，学校教室和办事处都设在海关，女生宿舍则在城内。

4月10日，郑天挺和另一位北大教授魏建功初到蒙自，还未开学，他们在民众教育馆发现藏有《万有文库》，还有残缺的《古今图书集成》。[74]

5月4日下午，北大同学在蒙自中学礼堂开五四纪念会，朱自清、张佛泉、钱穆、罗常培等教授都有演讲。第二天，文、法学院正式开始上课，三天前（5月2日），理、工学院已在昆明开学。

5月5日上午，马芳若到蒙自的次日，就赶上了浦江清的中国文学史，讲南北朝民歌，还有朱自清的中学国文教学法。第二天上午朱自清讲宋诗，下午是罗庸的杜甫和先秦文。

蒙自有个湖，本地人叫青草湖，到了雨季，水满成湖，平时只是一大片低地，长满了青草。联大人称之为南湖，朱自清由此想到了北平的什刹海：

南湖在冬春两季水很少，有一半简直干得不剩一点二滴儿。但到了夏季，涨得溶溶漾漾的，真是返老还童一般。湖堤上种了成行的由加利树；高而直的干子，不差什么也有"参天"之势。细而长的叶子，像惯于拂水的垂杨，我一站到堤上禁不住想到北平的十刹海。再加上崧岛那一带田田的荷叶，亭亭的荷花，更像十刹海了。[75]

陈寅恪的《南湖即景》一诗也将南湖与北平相提并论："风物居然似旧京，荷花海子忆升平……南渡自应思往事，北归端恐待来生。"

南湖边，赵瑞蕻多次在晨光熹微中看见穆旦在大声朗读英文诗。他们到蒙自不久，二十几个爱好诗歌的同学就结成了南湖诗社，请闻一多、朱自清担任导师。闻一多因埋头做学问，被戏称为"何妨一下楼主人"就是这个时候，当时他和朱自清、陈寅恪、刘文典、郑天挺等人都住在哥胪士洋行。

还有学生把晚间的湖畔漫步比作古希腊的巡回学校。[76]同学们在这里经常会遇见陈寅恪、钱穆，也可能遇见汤用彤、冯友兰、朱自清等人。

初到蒙自，北大与清华之间就有一些不和谐。5月7日，马芳若听说学校迁到这里后，"清华学生甚为骄傲，故我等应更团结，以谋对付也。"

蒋梦麟曾有意将北大办事处设在蒙自，因为郑天挺、樊际昌这几个得力的办事人都在这儿。北大师生在蒙自的活动不少，5月21日下午，北大国文学会有茶话会，第二天，北大史学系同学有茶话会。6月3日，蒋梦麟来了。5日中午，北大同人公宴他，7日下午，北大法律学会开会。8日晚上，北大同学会开欢迎会，有多位教授登台发言，大讲联大的种种不公平，在昆明主事的是清华校长梅贻琦，所派院长、系主任多偏向清华。"一时师生群议分校，争主独立。"钱穆不以为然，起立发言："此乃何时，他日胜利还归，岂不各校仍自独立。今乃在蒙自争独立，不知梦麟校长返重庆将从何发言。"蒋梦麟说："今夕钱先生一番话已成定论，可弗再在此题上起争议，当另商他事。"[77]

北大史学系教授姚从吾在一次宴席上说，他将仿南宋史家李心传的《建炎以来系年要录》之例，做一部编年的《抗战日录》，当时在座的陈寅恪、钱穆、刘寿民他们都非常赞成。[78]

北大同学会还在蒙自办过民众夜校，算是留在蒙自小城的一点痕迹。

西南联大文、法学院在这里仅一个学期，当年8月就搬到昆明了，那些泥墙、铁皮顶，下雨天只能停课赏雨的教室已经建好。

1938年考入外文系的许渊冲记得大一的国文课，朱自清给他们讲《古诗十九首》，闻一多讲《诗经》，陈梦家讲《论语》，刘文典讲《文选》，罗庸讲唐诗，浦江清讲宋词……"这真是空前绝后的精彩"。同年考入化学系转物理学系的杨振宁也记得，大一国文课是朱自清、闻一多、罗常培、王力这些教授给他们上课。

与蒙自的南湖一样，翠湖成了西南联大师生自己的湖。算学系教授陈省身说："翠湖就在旁边，就在隔壁，时常在那儿散散步，很好的一个公园。"没有围栏、完全开放的翠湖，就像是校园延伸的一部分。许渊冲在浦江清老师的课上写过一篇作文《翠湖》。到翠湖的七堤走走，是沈从文的日常生活，"木叶微脱，红花萎悴，水清而草乱。猪耳莲尚开淡紫花，静贴水面。阳光照及大地，随阳光所及，举目临眺，但觉房屋人树，及一池清水，无不如相互之间，大有关系。"他的学生汪曾祺说，有时夜晚路过翠湖，忽然泼刺一声，湖心跃起一条极大的鱼，吓你一跳。土木工程系学生何兆武和算学系学生王浩常在湖边散步、讨论，有一次在雨中讨论很哲学的问题，在雨中足足聊了两个小时，浑身湿透了也不管。

当年12月17日，北大在流亡中迎来了40周年纪念日。下午二点，纪念会在云南大学举行，梅贻琦等到会祝贺。蒋梦麟在致词时说：

> 个人之生命有限，大学之生命无穷。吾辈从前之奋斗，尽入北京大学之血液……四十年之中，跌逢变故，学校生命，尚能维持而不灭者，岂非一件大幸事！

《北大四十周年纪念论文集》收入朱自清、胡适、汤用彤、姚从吾、贺麟、钱穆等教授撰写的论文，此外，吴大猷、毛子水、冯友兰等人还出了专著来纪念。

就在 1938 年 1 月 8 日，在行政院工作的陈克文和李朴生、徐穆如还在汉口，一起到国防参议会秘书长甘乃光家吃晚饭，"谈及过去之教育，认为目前中国之失败，食北京大学教育之果不少。北京大学对于中国现代之思想界虽有极大之贡献，惟缺乏人格之训练，实为极大缺点。中国近十年来，政治上之无条理，不着实，实由于缺乏人格训练之干部政治人才。而十年来之干部政治人才，十之八九皆出于北京大学也。其实缺乏人格训练，不止北京大学为然，其他学校亦何独不如是，教会学校尚注意及此耳。故与其谓食北京大学之果，不如谓为食过去教育之果为尤切当。"[79]

那个时代无论公开还是私下对北大的批评之尖锐，罕有如此犀利的。这恐怕是蒋梦麟、胡适他们想不到的，也是一直以北大为骄傲的北大人想不到的。多少年北大一直饱受赞美，北大也确实常常走在时代前面，却缺乏应有的反省，或者说时代环境的不安未曾给它足够的反省空间。

1939 年 9 月 20、21 日，《申报》发表沈嘉猷的《供献给投考西南联大的同学们》一文说，"教授方面，北大以文理著名，清大以理工著名，南开以法商著名。抗战后更相聚一堂，国内大学无出其右，故以师资论，堪称全国第一。"三校合中有分，也并非外界看来那么和谐。当年 5 月 14 日，就有人这样分析：

> 说联大好的人，不外持着二种理由：第一，为的联大是个复杂的组织，有不同的教育传统，有生活习惯差得相当远的各色学生，置身在这个组织里，倒也够你学习的了。第二，联大不但教授多，并且名教授亦不少。因此设的课程特别多，五光十色，只要你胃口好，尽可多选多读。
>
> 联大的优点亦就是联大的缺点。第一，上自学校行政下至工友的管理，都缺少严密的组织，所以表现出来的是散漫，松弛，不讲效率，此点凡熟悉联大情形者皆能道之。第二，为的是教授多，课程不能重叠，因此不免流成"因教授设课"之弊，尽有名目好听的课程，内容却贫乏得可怜。[80]

1940年1月8日，因西南联大想要郑天挺出任总务长，他本人不大愿意，汤用彤也认为不应该接受，"今日校中学术首长皆属之他人，而行政首长北大均任之，外人将以北大不足以谈学术也。且行政首长招怨而学术首长归誉，若怨归北大而誉归他人，将来学校地位不堪设想。"梅贻琦在西南联大主持日常事务，院长、系主任多用清华人，教务长樊际昌是北大的，又要郑天挺做总务长，北大人对此难免不满。最后为免除北大与清华之间的误会，郑天挺还是勉强接受了。魏建功等教授对联大就很不满，甚至主张北大单独移川。郑天挺分析了万不宜分家的原因。（当时，国民政府曾打算将西南联大从昆明迁到川西、川南一带，傅斯年就主张趁此时机，谋北大独立。）5月24日，汤用彤与郑天挺谈起北大的前途，说北大离开北平前的几年，有胡适为中心，校誉、校力为之增进，蒋梦麟在学术方面关切较疏，三年来因为抗战幸得无事，长此以往，恐人人求去，将有瓦解之虞。[81]

1940年10月2日，《申报》的一则报道说起9月22日，清华重庆校友会为梅贻琦服务清华25年举办庆祝会，梅远在昆明，正好在重庆的蒋梦麟反而出席了，两人在联大共事多年，"梅常公干，蒋常出游"，蒋说起"北人有骆驼之精神，南人有猴子之敏捷"，因此以骆驼的精神让梅，而自称如猴子般敏捷。[82]

1942年7月13日，在北大校务会议上，蒋梦麟谈起联大的联合不易，"必有一二方面退让容忍始能不破裂"。他说之所以对联大的事只管外、不管内，校务一概由梅贻琦主持，就是教育部几次要他出任联大校长，他也拒绝了，就是因此——

在教育史上联合大学确属成功，而成功原因由于北大之容忍退让，世人皆已知之，胜利为期不远，联合之局面亦不能久，惟有继续容忍。

也正是北大和他本人多年的退让包容成就了联大的非常之誉。[83]

冯友兰是北大毕业,清华教授,他多年担任联大文学院院长,认为北大、清华、南开三校既有联合的部分,也有不联合的部分。本科学生和在本科任教的老师,以及在联大负责行政工作的人员,是联合的部分。三校的矛盾也一直存在,北大教授罗庸指导中文系四年级学生的全部论文,北大毕业的朱自清在清华任职,他说自己毫不在乎,"我倒认为北大的学生理所当然地应由北大的教授指导。"[84] 研究生则是由三校的研究所各自招生、指导,三校各自设有办事处,也与联大无关。

1939 年 5 月 17 日,为恢复北大文科研究所,交给傅斯年主持,并与他领导的中央研究院历史语言研究所合作。他给中英庚款董事会总干事杭立武写信,申请经费补助(每年一万二千元)。这个研究所早在蔡元培时代就建立了,却经常成为政治的牺牲品。[85]

当年 6 月 24 日,朱自清得知冯友兰与蒋梦麟、傅斯年为北大文科研究所发生争执。冯告诉他,之所以反对北大文科研究所是因为该所堵塞了联大文科研究所的道路。所以,冯打算重开清华研究院。[86]

距离昆明约 20 里的龙泉镇,俗称龙头村,北大在一个小坡上建了 4 间屋,最初是作为北大同人的读书之处,后来北大文科研究所就从城内的靛花巷 3 号移到这里。村里人管小坡叫"山",风景绝佳,远远可以望见蟠龙江。最初,导师和研究生吃住都在一起,"一年中确造成一种肃穆勤敬之学风",也就是合家庭、学校、书院为一的学风。研究生到了龙头村,"导师不能随时督导,学风渐入暇惰嚣张。"(清华文科研究所在龙头村附近的麦地村,朱自清、闻一多每星期来住 3 天。)

杨振声想聘小说家老舍为北大教授,专任大一国文,他谢绝了。不过,1941 年 8、9 月间,他到西南联大做过 4 次演讲,曾到龙头村小住——

> 研究所有十来位研究生,生活至苦,用工极勤。三餐无肉,只炒点"地蛋"丝当作菜。

他还目睹了罗常培生病，几个研究生终日伺候，古时的敬师之道犹存，实为难得。郑天挺说，山上静极，夜中几乎不闻声响，研究生潜心专学，真可佩。老舍也说既佩服他们苦读的精神，又担心他们的健康。任继愈的《理学探源》、阴法鲁的《词与唐宋大曲的关系》、王利器的《吕氏春秋比义》等论文就是在龙头村的艰苦条件下完成的。

冯友兰、钱端升、王力、陈梦家、罗常培、罗庸等都住在这个村，进城上课靠步行。[87]

北大的理科、法科研究所也继续招收研究生，其中理科研究所地质学部对云南的地质调查研究就很有收获。

北大一直经费拮据，维持一个办事处之外，不能支持研究工作，物理系教授吴大猷请北大在岗头村租了一个泥墙泥地的房子做实验室，找一位助教帮他把三棱柱放在一个木架上拼成一个最原始形的分光仪。他想，在20世纪，在任何实验室里，都不会找到一个仅拿一个三棱镜，并且用一个简陋木架做成的分光仪。可就是在这样的条件下，也得到了一些实验结果。[88]

岗头村距昆明城8里，走到学校要一个小时，一路都很美，与龙泉村一样，都成了西南联大教授的栖居地。与杨振宁同为"三剑客"的黄昆，燕京大学毕业后考入北大理科研究所，在吴大猷指导下，在岗头村完成了论文《Edlen 氏冕辉线理论之讨论》。

在物理系的课堂上，杨振宁遇到了吴大猷、赵忠尧、周培源、吴有训、王竹溪这些教授，尤其是吴大猷、王竹溪给了他终生的影响。他对对称原理发生兴趣就起源于1941年吴大猷的引导。在清华理科研究所跟随王竹溪读研究生时，他又进入了统计力学的领域，对称原理和统计力学成为他一生的研究方向。[89]在他看来，西南联大的教学水准已经达到了世界级。所以，他说，自己一生非常幸运的是从1938年到1944年在西南联大读过6年书。1957年10月31日，当他得知获得了诺贝尔物理奖，马上写信给吴大猷老师："为了您在1942年春引导我进入对称原理群论这个领域。我以后的工作的大部分，包括关于宇称的工作，都直接或间接与 15 年前的那个春天从您那里学到的观念有关。"[90]

与他一同获奖的李政道于 1945 年春天从浙大转到西南联大物理系，在这里仅仅一年，但他说："联大对我的深刻影响，可以说是我一生的扭转点。"吴大猷教授发现他应付课程绰绰有余，"每天课后都来我处请我给他更多的读物和习题，他求知如此心切，简直到了奇怪的程度……我无论给他什么样难的书和题目，他都能很快地读完做完，并又来要更多的。"那些日子，每天除了工作，他还要买菜、生火烧饭，加上物价飞涨，也没有心思准备更多的参考资料和出习题给李政道。"我从他作题的步骤及方法上，很快发现他思想敏捷的程度，大大异乎常人。"[91]

有人说，西南联大融合了清华和南开严谨教学的精神，及北大自由研究的传统。南开的黄钰生（子坚）教授这样概括：南开坚定如山，北大深广如海，清华智慧如云。在学生中还流传着这样一副对联：

如云，如海、如山；自如，自由，自在。

桥梁专家茅以升到联大演讲，也曾口头送了联大一副对联：

南清北合；联大花开。

在联大读了 7 年书的何兆武认为，这是他一生中最惬意的一段好时光，就是因为有自由。这和 1941 年考入联大化学系的学生邹承鲁感受完全一致。"看什么、听什么、怎么想，都没有人干涉，更没有思想教育。我们那时候什么样立场的同学都有，不过私人之间是很随便的，没有太大的思想上或政治上的隔膜。"[92]

西南联大用常委制代替了校长制，常委会虽然是学校最高行政机构，决定校务的却主要是教授选举代表组成的校务会议。

教授代表的选举一直没有中断过。西南联大档案保存了1940到1945年也就是第三届到第八届校务会议当选的教授代表和候补代表的名单，有每人的得票数，多次当选的有周炳琳、张奚若、罗常培、叶企荪等人，叶公超、陈岱孙、杨振声、朱自清等人也都曾当选。1945年叶公超早已不在校中，仍以42票当选。闻一多也曾当选。正是教授治校使西南联大保持了学术自由和教学自由。

1939年12月1日，身穿长袍马褂的教育部长陈立夫，在西南联大图书馆前的大草坪上讲话，英语系学生许渊冲对他的讲话大不以为然，认为他的这篇讲话如果写成作文，报考联大，还不一定考得上呢。[93]

他接替王世杰主持教育部之后，加紧对大学的控制，想统一课程、教材，从这一年8月12日、10月12日，到1940年5月4日多次下达训令，对于大学应设课程以及考核学生成绩的方法都有详细规定，各课程也须由教育部核示。这在教授中引起了普遍的反感。6月10日，西南联大教务会议致函常委会，要求上呈教育部：

> ……夫大学为最高学府，包罗万象……世界各著名大学之课程表，未有千篇一律者；即同一课程，各大学所授之内容亦未有一成不变者。惟其如此，所以能推陈出新，而学术乃可日臻进步也……今教部对于各大学束缚驰骤，有见于齐而无见于畸，此同人所未喻者一也。教部为最高教育行政机关，大学为最高教育学术机关……但如何研究教学，则宜予大学以回旋之自由。……今教育部之设施，将使权能不分，责任不明，此同人所未喻者二也。教育部为政府机关，当局时有进退；大学百年树人，政府设施宜常不宜变。若大学内部甚至一课程之兴废亦须听命教部，则必将受部中当局进退之影响，朝令夕改，其何以策研究之进行，肃学生之视听，而坚其心志，此同人所未喻者三也。师严而后道尊，亦可谓道尊而后师严。今教授所授之课程，必经教部之指定，其课程之内容亦须经教部之核准，使教授在学生心目中为教育部一科员之不若，在教授中固已不能自展其才；在学生尤启轻视教授之念，与部

中提倡导师制之意适为相反，此同人所未喻者四也。教部今日之员司多为昨日之教授，在学校则一筹不准其自展，在部中则忽然智周于万物，人非至圣，何能如此，此同人所未喻者五也……盖本校承北大、清华、南开三校之旧，一切设施均有成规，行之多年，纵不敢谓为极有成绩，亦可谓为当无流弊，似不必轻易更张……[94]

梅贻琦在"教部今日之员司"这里批了一句："此段不抄入呈部文中"。当时教育部高等教育司长吴俊升，原是北大教授，在长沙临大担任文学院院务会议召集人，教育部政务次长顾毓琇原为清华教授，长沙临大电机系教授会主席。他不想伤了和气。此信抄呈教育部 3 个月后，终于有了回应。9月25 日下午，他在 156 次常务委员会会议上报告的第二项就是："教育部为本校教务会议拟请关于施行规定课程、考核学生成绩及教材等变更办法，仰知照指令。"事实上，教育部做出了让步，默许他们可以变通执行各项训令。[95]

西南联大保持了北大向来的旁听传统。1939 年考入西南联大土木系的何兆武，后来转历史系、中文系，研究生读的又是哲学，还旁听过不同各科的许多课，在政治系就听了两年课。闻一多、朱自清、钱锺书、沈从文等人的课都听过。大一还在土木系时就旁听过陈寅恪的晋南北朝隋唐史研究。[96]

自称"吊儿郎当"的中文系学生汪曾祺旁听过哲学心理学系冯文潜教授的美学课，也旁听过吴宓的"中西诗之比较"。

外文系的许渊冲选修过皮名举教授的西洋通史、政治学系教授浦薛凤和张佛泉的政治学概论，甚至选修过生物学。他也旁听过贺麟的哲学概论、陈寅恪的晋南北朝隋唐史研究等。张佛泉说的"部分的总和并不等于全体"让他大吃一惊，正如人并不等于头脑＋身体＋四肢，这一思路启发了他将来的翻译，全句多于部分的总和，就是言外之意，不仅要译出字内之意，还要译出字外之意。

1941 年考入经济系的张世英后转社会系，最后转哲学系，有一天上课时路过一个大教室，见窗外站满了人，过去一看，是吴宓在上"英诗"课，像魔术般吸引他一站就是 50 分钟，本系的课都放弃了，从此旁听了大半个学期吴宓的这门课。在他心目中，西南联大是"万神庙"。沈有鼎与闻一多在哲学系和中文系分别开"易经"课，这种冷门的课，选课的人少，旁听的人却多，他就是其中之一。他发现，闻、沈二师互相旁听，课后并肩而谈，且时有争论。他旁听过四五种课程，"从旁听中学到的东西似乎更牢固、更多启发性。"[97]

因为教室太小，有些课旁听的人多，去晚了就只能站在窗外听，甚至有人攀在树杈上听，来旁听的不仅有学生，本系的或外系的，还有助教、教授、教授的眷属，附近别的大学、中学的学生、老师，甚至与教育、文化完全无关的人。比如雷海宗的中国通史课，就有一个商人、一个烧饼铺的老板每课必到。至于物理系教授旁听算学系的课，算学系教授旁听中文系的课，一点也不稀罕。[98]

陈寅恪的课，外文系的教授吴宓、哲学心理学系的教授沈有鼎，还有目中无人的中文系教授刘文典也常坐在后面恭听。沈有鼎还会旁听数学系的微积分课，选修这门课的学生张世英很好奇，而他的回答是："这和数理逻辑的关系太大了。"[99]

北大、清华、南开各有特色，"有幸的是学风上联大能吸取三校之长而去其短。自五四时期起北大即以'兼容并包'树立优良学术风气，而失之于对学生生活及课业完全采取放任政策。清华及南开对学生的纪律比北大严格得多，所以联大学生通常都不得不用功。至于早期北大'兼容并包'的传统联大不但承继，而且加以发扬光大。"[100]

当然，对于西南联大的学风，也有不同的声音。1939 年 2 月 3 日晚饭后，剧作家曹禺和行政院参事陈之迈一起到陈克文家，陈曾是长沙临时大学政治系教授，1938 年 5 月从政，刚从昆明归来，"深叹西南联大的消沉无生气，对于大学教授们的颓废委顿，学生们之不肯读书，尤为咨嗟太息。"[101]

1941 年 3 月 3 日，郑天挺也听到有人说北大近来太消沉、太散漫。4 月

29 日，物理学系教授饶毓泰跟他谈天，就对北大颇有牢骚，"以为教授无老幼，对学校现状均感觉无生气、无希望，不如清华。"[102] 这一年，冯友兰有过这样的分析：

> 在上学年联大中读书的空气似乎比较以前淡薄。这在课堂中，还看不出。在上学年，警报亦算是频繁了。但上课的人，总是在放空警报以后才疏散，解除警报以后一个钟头内，恢复上课……但图书馆中读书的人，似乎比以前少了……这固然是由于"跑警报"费去了很多上图书馆的时间与精力，但同学们在外间兼事者较以前多，以致没有时间精力于上课外读书，这似乎亦是一个原因。[103]

王芸生在重庆也曾根据道路传闻，写过文章，为西南联大的学风担忧。有人为此辩护，"联大读书的风气虽然低落，但还维持得相当好。"[104]

七、"几枝笔与几条命"

1938 年 8 月 13 日，《大公报》香港版问世，发表《本报发行香港版的声明》：

> 这一年民族神圣自卫战之中，我们在津在沪的事业，都玉碎以殉国。
> ……虽然备历艰危，而一枝秃笔，却始终在手不放。

此时，离汉口版的停刊也已不远。9 月 28 日，国民党中央宣传部代理部长周佛海跟董显光、张季鸾、陈博生等谈话，就是讨论各报的撤退问题。第二天，他又在国际宣传处召集《大公报》等日报负责人商量最后撤退办法。

10 月 3 日，周佛海在国际宣传处召集武汉各重要报纸负责人谈话，指示对于国际问题宣传方针，并决定《大公报》《新华日报》至少维持到这个月的 15 日。[105]

10 月 17 日，《大公报》汉口版在停刊前一天发表社评《本报移渝出版》：

> 我们的报，在津在沪，经多年经营，有相当基础。但自经暴敌进攻，我们事业财产，已大抵随国权以俱沦。所以在汉出版，实际上只是几个人，此外毫无所有。而这些人之可能贡献国家者，只是几枝笔与几条命。

到 10 月 20 日，张季鸾还没有离开武汉，当晚与蒋介石一起会餐的有他、陈立夫、陈布雷、朱家骅、周佛海、段锡朋等 9 人，谈外交时局，到 10 点才散。[106]

离汉口版停刊不到一个半月，12 月 1 日，《大公报》重庆版就出报了。胡政之在香港，张季鸾在重庆，但也经常去港，受命参与极为秘密的对日谈判，与蒋介石、陈布雷之间有不少往来函电。重庆版的笔政渐渐交由王芸生主持。此时，对于《大公报》或商务印书馆，香港的重要性都不言而喻。

1939 年 12 月 19 日，汪精卫从重庆出走，蒋介石立即做出了给汪留有余地的决策。三天后（22 日），蒋致函正在香港的张季鸾，请他“注意运用”在香港的报纸言论，对汪“不可出以攻击语调”，“务当为之宽留转旋余地……从舆论上造成空气，防止其万一失足之憾”。[107]

《大公报》和张季鸾受到各方重视，包括蒋，也包括汪。1940 年 1 月 4 日，汪精卫在回复行政院副院长张群的电文中即有一句：“亡国是何等悲痛的事，若如张季鸾所言：‘宁亡国不丢人’，此语可以质天下后世乎？”[108]

参与汪精卫“和平运动”的重要人物高宗武、陶希圣秘密从上海逃到香港，首先想到的也是把带来的秘密文件交给《大公报》。1 月 22 日，《大公报》率先披露这一独家新闻，香港版要闻头条的大字标题为：“高宗武、陶希圣携港发表，汪精卫卖国条件全文。”副题：“集日阀多年梦想之大成！极中外历史卖国之罪恶！从现在卖到将来，从物质卖到思想。”在第 9、10 两版刊登汪、日签订的《日支新关系调整要纲》日文原件照片铜版，同时发表高、陶联名《致大公报信》。

第二天，《大公报》重庆版刊登这个密约的全文，并发表社评《敌汪阴谋的大暴露》。

这一天下午，跟随汪精卫的核心人物周佛海接到香港发来"高陶二败类"给《大公报》的信，"不禁发指"，与日本人谈及此事，"愤极之余，不禁泣下。""愤极之余，彻夜未睡。"[109] 可见高、陶向《大公报》揭露的内幕，对他们打击之沉重。

1940年4月5日，桂系驻港人员向黄旭初汇报，"港府近破获汪派机关三处，中有暗杀名单，计共二十多人，其中新闻记者四名，一张季鸾，二成舍我，三罗吟圃，四黎蒙，其余为中央服务人员吴铁城、杜月笙等。"[110]

张季鸾首当其冲不是偶然的。胡政之说，对日战争发生后，《大公报》发挥的威力可谓已达顶点。"抗战最初发生的时候，大敌当前，情势紧急，我报的方针是唤起民众，抗战到底，因此对政府的措施，拥护多批评少。过了三四年，我在香港和季鸾先生商定要逐渐多替老百姓讲话。不久之后，除了在言论方面依上述决定而行，还开放了'读者投书'。"[111]

《大公报》赢得世界性荣誉绝非出于偶然。1941年4月18日，《大公报》重庆版刊登消息，美国密苏里大学新闻学院教务长马丁致函总经理胡政之，将给《大公报》颁赠本年度的外国报纸荣誉奖章。这是中国报界第一次得到这一殊荣。

5月15日是颁奖之日，重庆报界举行庆祝会，胡政之和张季鸾代表《大公报》联名向美国发表广播讲话《自由与正义胜利万岁》说，"我们在战时首都，每天自由讨论批评一切公众有关的问题，从未受过官吏的干涉。"并郑重指出："中国将来一定行民主政治，绝不会成一党独裁政治或阶级独裁政治，想来执政的国民党，战后一定履行宪政，断不私于政权，因为孙中山先生的教训如是，因为人民的愿望如是。"

当天《大公报》刊登了这篇讲稿，可惜 54 岁的张季鸾未及看到战后的一切，当年 9 月 6 日就病故了。

从 1902 年英敛之创办《大公报》算起，40 年过去了，1926 年复刊也已将近 15 年，这是《大公报》的巅峰时刻，也是中国报纸达到的最高峰。当天，在张季鸾执笔的社评《本社同人的声明》中说：

> 而中国报原则上是文人论政的机关，不是实业机关。这一点可以说中国落后，但也可以说是特长。……假若本报尚有渺小的价值，就在于虽按着商业经营，而仍保持文人论政的本来面目。

30 年来张季鸾以文人论政自许，并在他主持《大公报》笔政期间将文人论政做到了极致。

8 月中旬，日本飞机对重庆进行"疲劳轰炸"时，他已病重，在汪山养病。8 月 18 日，王芸生去看他，两人相顾戚然。谈起敌机的轰炸，他说："芸生，你尽管唉声叹气有什么用？我们应该想一个说法去打击敌人。"王芸生无精打采地说："敌机来了毫无抵抗，我们怎么可以用空言安慰国人打击敌人呢？"他忽然拥被坐起，很兴奋地说："今天就写文章，题目叫《我们在割稻子》，就说，在最近的十天晴明而敌机连连来袭之际，我们的农人，在万里田畴间，割下了黄金之稻！敌机尽管卖大力气，也只能威胁我们的少数城市，并不能奈何我广大农村。况且我少数城市所受的物质损害，较之广大农村的割稻收获，数字悬殊，何啻霄壤？让你来看我们割稻子！抗战到今天，割稻子是我们的第一等大事，有了粮食，就能战斗！"王芸生感慨："在他发烧喘汗之际，而仍忧国恨敌，运用活泼的脑力，给我这些新鲜活人启开了新脑筋。在当时，我真是钦佩感动，几至泣下。"当天王芸生回到报馆，就写下了社评《我们在割稻子！》。此时距他逝世不过 3 个星期。[112]

许多读者爱读《大公报》，尤其对张季鸾的社评，1930 年出生的历史学家许倬云少年时在重庆，他的父亲、学海军出身的许凤藻就喜欢看《大公报》，要是看到张季鸾写的社评，一定讲给他听，无形之中训练他写文章的能力。[113] 重庆南开中学的学生马平曾细读《季鸾文存》，十四五岁就在校园自办《健报》，纵论国事。

八、岁月艰难

1939年11月3日，《大公报》重庆版发表的社评《物价与生活》说，"稳定物价的治本方法，是增加生产与加强运输，治标方法，则是取缔奸商的抬高市价与囤积居奇。"

当时，作家的生活也陷入了困境。1940年1月29日，《大公报》曾发出一篇特写，替文艺作家呼吁。2月11日，老舍在《大公报》"星期论文"发表《怎样维持写家们的生活》，诉说他们快饿死的境况，"以我个人说，自"七七"事变以后，十分之九的版税是停止发给了，稿费由8元落至5元，甚至2元，1000字。生活程度毛笔由1角涨到5角一支。2元千字的报酬，除去纸笔的成本而外，不够吃一顿饭，因此，所谓保障写家生活，决不含有其他的意思，而是直截了当的要求吃饱，吃饱才能写作。"

2月27日，重庆每担米要20多元，而从昆明来的人说，那里的米更贵，一担要120元，实在活不下去了。[114] 这并非传闻，两天前，郑天挺就在日记中说，昆明近日的米价已涨至每担105元。[115]

3月19日，刚从美国回到西南联大的钱端升写信对胡适、周鲠生说："物价之贵，骇人听闻。"[116]

蒋梦麟记得初到昆明时，米价每担才6元，后来慢慢涨到了40元，当时一位经济学教授预言几个月内必定会涨到70元，大家都当作笑谈。结果一担米真的涨到了70元。[117] 哪知后面还要大涨，3月21日，他从昆明来重庆，跟陈之迈说起，那里各大学教职员的生活情形真是万分可叹可怕。昆明的米价每担已在 100 元以上，许多教职员的薪水所得，还不够买米吃，饭吃不着，已改吃稀饭，肉更不用说了。第一次欧洲大战时德国人的痛苦也不过如此。[118]

4 月 3 日，郑天挺得知蒋梦麟在重庆请求政府救济西南联大同人，蒋介石许诺拨款百万元。但也未见下文。物价一天天上涨，几乎人人亏乏，蒋梦麟家也是月入不敷。[119]

到 1941 年 2 月 12 日，王世杰说，全国大学无新书新仪器的接济已三年有余。[120] 与此相比，更严峻的还是米珠薪桂，西南联大教职员生计艰难。学生的生活更是艰难，他们吃的公米也要 50 多元一担，那米是粗糙的，饭里有很多沙子，简直难以下咽，菜更是不堪，青菜、豆腐、米粉等不见油盐。有学生在壁报上写下："米如珠，薪如桂，如何得了？朝朝暮暮，暮暮朝朝，这般下去，恐将来人比黄花更苗条！"[121]

这年 1 月 10 日，叙永分校的王裴庆等 39 位教职员要求常委会增加生活津贴，每月 60 元，常委会回复表示经费支绌。1 月 21 日，联大工学院教师联名申请增加生活津贴，凡薪金在 200 元以下的，每月增到 50 元。3 月 11 日，又有 53 位教员、助教要求增加生活津贴。

5 月 12 日，西南联大常委会第 176 次会议议决，发给职教员直系亲属的米贴，应自本年一月起遵照教育部令包括祖父母在内，照数补发。但经由 171 次会议通过由学校给予教职员同人的生活津贴，其直系亲属应仍以同人的父母子女为限。

6 月 14 日，张季鸾执笔的《大公报》重庆版社评《最后成败全在自己》说：

> 简单一句话，业已绝对不怕敌人，而只怕自己处理不好自己的问题。因为大战四年的结果，一面陷敌于危境，一面自己也深感苦痛。中国凭藉雄厚，所以能久持，但近来却有困难了，粮食问题，就是最明显的一个。我们最自负的是农业的深厚基

础，而现在粮食竟成了重要问题。

第二天，《大公报》"星期论文"发表黄炎培的《说食》，"在这粮价高涨之下，生活最感困难，无过于公务员。"他提出的解决办法包括减员加薪、合作生产、公余食力，在当时的情况事实上也难以做到。

8月18日，冯友兰发表《联大被炸以后》一文说："在教授中间，大家于聚会时，谈话的题目，在以前总是抗战的消息，以及国际的局势，近来则似有不同。大家所常讨论者，多是米价的高低，油盐的贵贱。这固然是由于国际局势变化太快，所以有许多人不愿妄谈，但大家都为生活所迫所以较多注意于生活问题，似乎亦是一原因。

本来大家的生活，都是非常地困难。同学中的贫寒者，虽领有津贴贷金，但还是纵无饥色，亦有菜色，教授中还有亲率妻子抬水煮饭者。"[122]

9月22日，《大公报》重庆版发表社评《教育的危机》指出，"目前教育界的状况，除生器师惰之外，还有一种严重现象，就是教师薪俸不足以维持温饱。学生的营养不足以支持健康。生活的困顿，已足颓人之气，再加上明的暗的党派遇事构煽，制造摩擦，更加坏情绪。这些都是教育界的现状，其中也就深藏着国家教育的危机。"

最迫切的是救赎肚子的问题。11月25日，西南联大54位教授向联大常委会提议召开教授大会共商解决生计办法：

年来物价日增，维持生活日感艰难，始以积蓄贴补，继以典质接济。今典质已尽，而物价仍有加无已，生活程度较战前已增加二十余倍。但同人等之薪给，始则七折八扣，迄今收入尚未倍于战前。同人等一家数口，负担綦重，今已罗掘俱穷，告贷无门，若不积极设法，前途不堪设想。

签名者包括蔡维藩、王竹溪、华罗庚、邵循正、陈铨、陈省身、杨武之、吴晗等教授。

初到云南的两年，教授们的经济状况还是相当优裕，住处也往往选在美国领事馆所在的北门街，英国总领事馆所在的翠湖东路这些地方。教授和学生的生活方式还是大为不同的，在学生心目中教授仍是高不可攀。从 1941 年到 1942 年，持续的恶性通货膨胀使情况发生了变化，联大逐渐变成了一个没有"身份架子"、相当"平等"的高知群体。[123]

经济系教授杨西孟统计，如果以 1937 年物价指数为 100 计算，1939 年生活费指数为 300，教授拿到手的工资 300 元只值 100 元。到 1939 年下半年生活指数将近 500，工资还是 300 元。而到 1943 年下半年，生活指数破 4 万，工资还是 300 元，那就只值战前的 8 元钱了。[124]

西南联大最重要的经费来源之一清华大学的庚款已停付，而师生从一千多人变成了二千多人，只能靠借贷度日。（从 1940 年到 1945 年，贷款本息累计 1400 万元法币。）

1941 年 12 月 3 日，西南联大教授会议决，以教授会名义详细说明最近生活艰苦、无法维持之情形，请常委会转呈教育部，请求切实救济。请学校当局向教育部请求，先拨发紧急救济费；如有必要请常委到重庆一行，与教育部直接商洽。

西南联大常委会把教授会呈上的 1937 以来《昆明物价变动指数表》转给教育部，诉说"免于饥寒"的微小愿望："惟望每月薪金得以生活指数及战前十分之一二。无论数目之多少，总期其购买力能及战前之五十元"。

九、"中国柱石"

1941 年 12 月 7 日，日军偷袭美国太平洋海军舰队基地珍珠港，太平洋战争爆发。12 月 12 日，九龙半岛沦陷，密集的炮火在香港响了一夜，徐铸成在炮声中写下社评《暂别香港读者》：

> 九龙昨已沦陷，本报存纸用尽，不得不暂时停刊，明日起，将与读者小别矣！
> ……
> 我们尽管身处危机，但丹心长在，正气永存，在艰苦困难凝重危机的环境下，最能磨炼试验每一个人每一个民族的气骨……我们惟有咬定牙根，善保清白，"留取丹心照汗青"，这是我们此时此地永应铭记心肺的。

第二天早上，《大公报》香港版上市，他冒着头顶上飞舞的炮弹下山去看胡政之、范旭东，金城大厦弹痕累累，范先生一夜没有安睡，见了他还是很兴奋，说："你的社评很得体，很有中国人的气概。"这位留日学化工的实业家说：

> 任何国家之政府，好比大厦之屋顶，端赖柱石之坚固。如《大公报》言论公正，影响国内外，则不啻在舆论界立下一根柱石。同样，我们永利、久大，能为化工界炼出新产品，为国际所公认，则亦在化工界为中国树立一柱石。柱石既多而挺坚，任何政府方始基础。其不适应者，自然倒垮，而不影响国之柱石、根本。[125]

商务馆在香港的印刷厂一部分中弹燃烧，包括影写版间、纸栈房、油墨间及铣工间，房屋全毁，物资化为灰烬。主厂房因是钢骨水泥建筑，未被波及。12月18日晚上，日军进驻，将这一厂房作为马厩。商务馆在港的工厂、分馆、西环栈房全被查封，机器一百二十多台，铜模几十箱全被运走，铅字无法统计，栈房内数百万册书籍和所有纸张都荡然无存。先进的印刷设备，除了部分毁坏外，都被日军挪为己用，乃至运往日本。[126]《东方杂志》于11月15日出版38卷22号后又一次停刊。

上海"孤岛"陷落后，12月19日，日本宪兵部检查商务、中华、世界、大东、开明这些出版机构，宣布："重庆政府【允许】发行之教科书要没收；

英美出版之关于反日反满等书要没收；其他出版物关涉反日及宣传共产的要没收。来检查图书的宪兵文化水平有限，只要看见书内印有"日本""苏联""国难"等字样就一律没收。商务馆被查禁了462万册书（仅发还2.6万册）。26日，商务馆包括工厂、仓库在内都被查封。被征用的还有活字铅料50多吨（曾允诺工厂恢复时发还，结果只给了储备券17万元）。[127]

不到半年前，7月19日，张元济在商务馆董事会第446次会议上宣读王云五寄来的营业及资产损失报告，截止1940年底，商务馆的房屋、机器、存货、纸张等损失285万多元。1940年香港的营业额为368万多元，占了商务馆全国营业额的24%。[128]不料太平洋战争突然爆发，令他们措手不及，商务馆在上海和香港的资产几乎全部损失，两地被没收的图书合计1520万册，完全炸毁的建筑10处，严重毁坏的13处。

王云五因在重庆出席参政会不在香港，否则生命也有危险。胡政之滞留香港，常在棉袍下襟角内悄悄藏了三枚圆形铜纽扣，以备万一被日军抓住，预备吞服，以免受辱。[129]

香港沦陷，王云五立即采取一系列的应急措施，12月9日就以电报通告大后方各分支馆："因香港已陷于不可知之命运，自即日起，通知将其撤销，而改设驻渝办事处，承总管理处之命，统辖所有后方馆厂。"

《大公报》是中国舆论界的柱石，商务印书馆是中国出版界的柱石，西南联大则是中国教育界的柱石。

这年8月14日上午，3批27架日机轰炸西南联大，落下20枚炸弹，办公室、图书馆书库、实验室、教室、餐厅、学生宿舍都中弹。4天后，冯友兰写下《联大被炸以后》：

> 他轰炸吾们的后方，竟以大学为目标，这对于吾们的大学，实是一种荣誉。此次联大被炸，物质上虽受了很大底损失，但精神上我们觉有很大的胜利。因为敌国的军事当局，竟不惜以其有限的资源，专派大队飞机，来轰炸联大，他们必是认为联大

对于吾们的抗战建国，有相当底贡献。毁坏了联大，对于吾们的抗战建国，有相当底损失。他们如此重视吾们的大学，实在使我们在大学中底人，"受宠若惊"。这可见我们的工作，对于国家民族，是"功不唐捐"，这很可予我们以很大底鼓励。[130]

此前，1940年10月13日，27架日本飞机在昆明投了上百个炸弹。躲在后山松树林中的外语系学生许渊冲目睹空中闪闪发光的敌机，扔下给阳光照得雪亮的炸弹。他们赶紧扑倒在松树下，炸弹在前后左右炸出了很多大坑，掀起的泥土铺天盖地洒在他们身上，还好没有被碎片击中。回校一看，理学院的宿舍被炸了一间，篮球场上炸出两个大坑。师范学院中弹最多，男生宿舍的床铺都被炸了，女生宿舍也未能幸免，还好没有人员伤亡。许渊冲说，"大难之下没受损失，赶快抓紧时间读书，不要等到炸得读不成了。"[131]第二天联大仍照常上课。

联大第一次遭轰炸还是1938年9月28日，租住的昆华中学挨了十几枚炸弹，有两位天津来的学生遇难。金岳霖教授的房间也挨了炸弹。他在残垣断壁中连忙挖掘他的《知识论》手稿，将一张张破纸片从瓦砾中找出来，细细检视，每发现一张就喜形于色，说："还好！又找出一张了！还好！字迹看得清楚！"费了很大功夫，等到书稿全部找出来了，他才注意到行李铺盖。[132]算学系教授华罗庚曾被炸弹卷起的泥土掩埋，幸被救出。外文系一位英籍教授、讲授但丁《神曲》的吴可读，在一次跑警报时被卡车撞伤，得了破伤风不治去世。[133]

这和1932年"一二八"事变中日军炸毁商务印书馆，1939年重庆大公报馆几度遭到轰炸一样。5月3日，大公报馆遭轰炸，有工友被炸死，当晚借用《国民公报》编辑部和印刷厂，第二天照样出报。5月4日再遭轰炸，从第二天起只能与十家损失惨重的报纸出联合版，直到13日在陡峭的崖壁和滩多水急的嘉陵江之间的李子坝复刊，之后的1940年、1941年至少三次遭轰炸，在防空洞中仍坚持出报。[134]

跑警报在西南联大是常态，"炸得最凶时，每周要跑五六次，一跑就是整天，不得不将上课的时间提早或改晚。"[135] 历史系雷海宗教授的课上有个女生，笔记记得最详细，一句不落。有一次他问："我上一课最后说的是什么？"这位女生打开笔记，看了看，说："您上次最后说：'现在已经有空袭警报，我们下课'。"1939 年考入中文系的汪曾祺说，刚到昆明的那两年，三天两头有警报，有时每天都有，甚至一天有两次。一有警报，大家就往郊外跑。学生跑，老师也跑。

哲学系的金岳霖教授养了一只大公鸡，跑警报时，别人往城外跑，他却往城内跑，因为惦记他的公鸡。"抱着大公鸡跑警报"成为笑谈。有一次跑警报，恃才傲物的中文系教授刘文典发现沈从文也在跑，就说："你跑什么！我跑，因为我炸死了，就不再有人讲庄子。"

有一个姓马的同学最善于跑警报。他早起看天，只要是万里无云，不管有无警报，他就背了一壶水，带点吃的，夹着一卷温飞卿或李商隐的诗，向郊外走去。直到太阳偏西，估计日本飞机不会来了，才慢慢地回来。

也有不跑警报的学生，汪曾祺知道的就有两个——

一个是女同学，姓罗。一有警报，她就洗头。别人都走了，锅炉房的热水没人用，她可以散开来洗，要多少水有多少水！另一个是一位广东同学，姓郑。他爱吃莲子。一有警报，他就用一个大漱口缸到锅炉火口上去煮莲子。警报解除了，他的莲子也烂了。有一次日本飞机炸了联大，昆明北院、南院，都落了炸弹，这位郑老兄听着炸弹乒乒乓乓在不远的地方爆炸，依然在新校舍大图书馆旁的锅炉上神色不动地搅和他的冰糖莲子。[136]

躲警报的学生，出了城，躲在山上的坟堆间，灿烂的阳光温暖地照着他们，"天空蓝得有如大海，片云皆无，一队飞机在空中隆隆飞过……"而他们懒洋洋地躺着，将坟地当成了眠床。

人们在累累的土堆间谈天说地，有的谈学校新闻，有的谈文章，批评这个批评那个，他们谈诗的意境、风格，争论着，也有的在谈恋爱。[137]

仅 1941 年 4 月，日机就 3 次轰炸昆明，而有警报的日子有 14 天。1 次有紧急警报，3 次有空袭警报，7 次有预行警报，这 11 次敌机未至，可见"跑警报"密度之高。[138]

跑警报之外，"泡茶馆"是联大学生特有的语言，也是他们的日常生活。

杨振宁、黄昆、张守廉读研究生时，常在文林街一带的茶馆里高谈阔论、旁若无人，被叫做"三剑客"。他们讨论些什么？天南地北什么都谈，当然也讨论物理学，有一天晚上，他们三人在茶馆里讨论量子力学，辩论没完没了，到了宿舍还在继续，直到熄灯，还在床上继续辩论，最后点了蜡烛，翻开海森堡的书《量子力学的意义》，继续讨论。一直讨论了四五个钟头，才把每个细节辩论得清楚。[139]

吴大猷说起这些优秀学生杨振宁、黄昆、张守廉、黄授书等，"可以说是一个从不易见的群英会"。[140]

汪曾祺在中文系读二年级那年，经常和外文系的两个同学一早就到钱局街的那家老式茶馆，坐在靠窗的一张桌边，各自看书，有时整整坐一上午，彼此不交语。茶馆离翠湖很近，从翠湖吹来的风里，时时带有水浮莲的气味。他这时才开始写作，最初几篇小说，就是在这里写的。他甚至说自己这个小说家就是在昆明的茶馆里泡出来的。[141]

那两个外文系同学是巫宁坤和赵全章，他们都是 1939 年考入西南联大的。巫宁坤说，"凡是联大的同学大概没有人没上过泡茶馆这门大课的"，他们几乎每天带上二三本书、钢笔、稿纸，一起去泡茶馆，茶馆就是他们的书斋，谁先写好一篇东西，就拿出来互相切磋。他们最初的习作就是在这里泡出来的，并开始一篇篇的发表在报刊上。相对于无树无花、像是一片荒漠的校园，"茶馆宛然水草迎人的绿洲"。茶馆也是他们的殿堂，一边喝茶，一边诵读一部又一部文学经典，"在茶香水气里领受心灵的洗礼"。[142]

戴一副高度近视眼镜、背有点驼的哲学系学生朱南铣经常跟着沈有鼎教授泡茶馆，一泡泡半天，海阔天空，无所不谈，有时候师生两人辩论起来，各不罢休。朱南铣告诉外文系同学赵瑞蕻，他的一些学问就是从沈先生的"信口开河"里捡到的。[143]

有的学生到茶馆，只是泡一杯"玻璃"，就是白开水。1943年进入西南联大化学系（后转政治系）的赵宝煦说，老板也宽容，可以坐一上午。李政道说，茶馆实际上是代替了图书馆，这就养成了一个茶馆学风。张世英转入哲学系后念的第一本英文原著巴克莱的《人类知识原理》，全是在茶馆里念的。因为读得入迷，他对茶馆里的各种喧嚣声、议论声置若罔闻。[144]

有人甚至说，"上茶馆读书是联大学生极伟大的创作，是废物利用，是旧瓶装新酒。"新校舍中没有电灯，图书馆座位不够，且不如茶馆中电灯亮，茶钱只要5分钱一碗，从6点半可以一直读书到10点半。[145]

1941年12月8日，朱自清一早就听到日本开始进攻美国的消息，到下午完全证实。当晚，他为庆祝日美宣战而饮酒，结果胃病发作。这个月，昆明的警报声不断。18日早上，因警报发迟了，死伤甚重。20日有空袭警报，22日下午三点，他刚开始上国文课，预备警报就响了，学生都跑，他也跟着跑。大家不明真相，闹得一团糟。24日拉的是紧急警报。[146]跑警报与读书、写作、上课、备课一样平常。

十、"小骂大帮忙"乎？

1941年12月10日，香港沦陷前最后一班飞机飞抵重庆，《大公报》同人在机场没有接到滞留在港的胡政之，却看到了孔祥熙夫人宋霭龄、女儿孔令伟、老妈子和大批箱笼，还有几条洋狗。王云五甚至三次到机场接人，他的家人都还在港。第二天，《新民报》日刊上就有记者浦熙修的现场报道，但写得很隐晦：

> 日来伫候于飞机场遥望飞机自天外飞来者大有人在，昨日王云五先生亦三次前迎，三次失望。
>
> 昨日陪都洋狗又增多七八头，系为真正喝牛奶之外国种。[147]

十天后，国民党五届九中全会通过的决议案中有《增进行政效能，厉行法治制度以修明政治案》。

12月22日，《大公报》发表社评《拥护修明政治案》，王芸生借题发挥："譬如最近太平洋战事爆发，逃难的飞机竟装来了箱笼、老妈与洋狗，而多少应该内渡的人尚危悬海外……又如某部长在重庆已有几处住宅，最近竟用六十五万元公款买了一所公馆。"不点名地抨击了行政院副院长孔祥熙和外交部长郭泰祺，见报当天，国民党中宣部长王世杰就看出来了。午后，当国民党九中全会开会时，有人问他为何不检扣。他当即声明，"该文一部分，原经检查机关删扣，该报故意违检，仍将被删的部分刊出。"但新闻检查局拟议罚停刊数日，他则不同意。他认为，《大公报》对郭泰祺的指责，"大体上虽属事实，究不免见小而遗大。"[148]

当天上午10点，陈布雷就接到蒋介石的电话，"为纠正大公报社评事"，当夜他给王芸生写了一封信："今日《大公报》社评《拥护修明政治案》文中涉及政府官吏私人行检各点，殊有背大公报向来谨严公正之态度，亦有负当局一向期许（称）爱护大公报之意，足以耸动听闻，贻讥中外，影响国家信誉，如此轻率指摘，实应严切纠正。"[149]

第二天（12月23日），王芸生给他写了一封长信，一方面自称"奉谕之下惶悚万分"，"委座所谕，芸等知罪。今后立言自当力求谨慎"，"芸等失言之罪"，凡提及"委座"、"领袖"都另起一行，毛笔字写得工整，一方面又话里有话，为自己辩护：

"至于立言之分际，季鸾先生亦尝规示芸等，谓当大局危疑震撼之时，务宜卫护中枢威信，以积极情调鼓舞人心，若当战局稳定、外交康夷之时，则不妨检讨自己以鞭策内政之进步，盖士气之扶持与政治之进步，固当相机并顾也。现今国家环境外交形势大定，支撑艰巨争取胜利端视自身之努力。此次九中全会开幕，委座有除旧布新之训示，大会有修明政治之决议，芸等闻风感奋以为今后内政之进步与国运之开拓实系于此英明训示及伟大决议之实行，感奋之余，爰撰该评，本期以拥护之忱，加强中央决议之力，意在倾洒忠悃，不觉流于激切。"

"今日恭读委座在中央扩大纪念周之训词，以政治的道理训示同志百僚，尤获光明之启示，夫哀公问政一章，其最警惕之一节为'故为政在人取人以身修身以道修道以仁'，委座以一身系国族之安危，惕励优勤，以身垂训百僚众庶，诚能以领袖之心为心，以领袖之行为行，则政治何患不修明，国家何愁不进步。无如领袖垂训谆谆难免少数之人听者藐藐，陷于违道失仁于身不检之行，撰以为政在人之义，究不免影响政治之隆污，回览史册，任何郅治之世皆不免有少数不检之臣，而处士横议，亦未必尽惬于当，诚如委座除旧布新之训示，则旧诟既除，新机自生，郅治昌明，天下景从则一丝一瞬之云翳亦正无害于日月之光华，兹当中央励精图治之际，正国家起敝振衰之时，但期以此次中央全会与枢纽政治修明、国运宏开。"

这封检讨书性质的信，不仅与王氏平时的公开言论不同调，而且是用文言写的。他在信中自称后学，"万望先生斟酌转陈。"[150]

同一天，蒋介石在全会闭幕式上宣布，郭泰祺另有任用，任命尚在美国的宋子文为外长。对于郭的免职，"是否仅因昨日大公报社论而发生"，王世杰说自己不知。因为正好英国首相抵华盛顿与罗斯福面谈，近日可能要约中国代表商讨，蒋介石想让宋子文为代表。这是导致外长更迭的副因。[151]

对于飞机运狗，早在12月10日当天，交通部长张公权在日记中说，因多人往机场接眷没有接到，"均迁怒于美人携狗"。蒋介石来电话责问，他往中航公司查询。蒋也曾询问宋霭龄，她说绝无此事，12月29日下午，蒋要张公权以交通部名义向《大公报》声明更正。次日，《大公报》即以"交通部来函"为题刊出，经向中国航空公司调查，决无私人携带大宗箱笼老妈之事，洋狗4只计30公斤，是两个美籍机师顺便带的。[152]

但公众不大相信这一辟谣。《大公报》的这篇社评还是引发了1942年1月6日西南联大的反孔游行。事出意外，蒋梦麟、梅贻琦闻讯，"也跟着队伍上街"。[153]

当天的朱自清日记说：

> 学生们发动了一个反对孔祥熙的运动。起因是《大公报》社论揭出孔家的狗的新闻。下午，学生以闪电般的速度组织了游行队伍，出乎有关方面意料之外。[154]

第二天，王世杰日记说，反孔风潮是受《大公报》社评的影响。[155]1月8日，陈布雷日记也说，"昆明六日有大队学生游行，到处书写反孔标语，皆受大公报论文影响，立言之不易如此。"蒋介石对此甚为重视，1月11日召陈布雷去官邸专谈此事，断定是张君劢、罗隆基他们国社党受外来策动之所为。[156]当时罗隆基在昆明。

同一天，王世杰收到西南联大教授的来信，说游行是学生自发的。[157]

1月21日夜，国民党直属西南联大区党部书记长姚从吾写信给朱家骅，汇报此次学生突然游行的"不幸事件"：

> 此事之直接起因由于《大公报》登载"飞机运狗"事件。联大有一壁报（名"论坛"，系由若干好出风头、曾被共党开除之分子所组织，言论骂共党，也喜讽刺社会，对党与团亦间持讥笑态度。因其带投机意味，各方甚轻视之）首先转述此事。后昆明《朝报》将《大公报》原社论转载，渐引起一般青年之注意。辗转传述，人心浮动。（《朝报》转载《大公报》社评是在12月24日，标题改为《从修明政治说到

飞机运狗》，突出了"飞机运狗"。）

他在 1 月 4 日进城上课，就看到另一新壁报《喊》出现于联大新校舍门内壁上。从三青团筹备主任陈雪屏那里得知，一部分青年对此事跃跃欲动。他们开干事会做了决议，先是阻止，不得已青年团员禁止参加，再不得已须取争斗态度，使他们不能成功，不能得到群众。他们分头做工作，三四年级的团员比较拥护，一二年级的不大愿意接受，认为不参加即不能控制，又有一部分认为不参加即丧失领导地位。几经劝诫才勉强达成一致。不料 1 月 6 日，有人在饭厅提议游行，一哄而出。当晚团员大会商谈 3 个多小时，极力运用他们在学生自治会拥有的多数，使之规律化、合理化，使此幼稚举动早日结束。[158]

游行中喊出的口号，矛头都直指孔祥熙——"打倒以飞机运洋狗的孔祥熙""打倒国贼孔祥熙"，甚至"枪毙孔祥熙"等。当然也有"拥护蒋委员长""拥护龙主席""拥护修明政治"这类口号。[159]

1 月 9 日，蒋介石日记说："昆明联大学生反对庸之，此事已成为普遍之风气，不能不令辞去，但此时因有人反对而去，则甚不宜也。"庸之，即孔祥熙。

同一天，蒋梦麟在西南联大讲话斥责学生不应感情用事，即存心爱国，结果必致害国。最后声明一是大家反省，二是一切壁报都应撤去，三是再有越轨问题，严加制裁。此事也就此平息。

姚从吾给朱家骅的信中还专门讲到此事突然爆发，到底有无背景，至今尚不能作恳切的判断。如说有背景，似不至于一哄即止，照常上课，不再继续。如说无背景，则各校同时发动，步骤相当整齐，无人主持，何能如此？[160]

1 月 16 日，张君劢与陈布雷谈昆明学生游行事，力辩非国社党指使。陈说："罗隆基决不是爱国之人，为达到私欲，可以不择手段。"[161] 但此事确与国社党无关。

此事与中共地下党也无关。当时主持中共云南地下党工作的郑伯克说，皖南事变前，西南联大有五六十名党员，还有公开的社团"群社"。此时，组织已撤销，群社也停止了活动，党员只剩下9个人，而且互相不发生横向关系。1月6日，他见到学生游行很震惊，下班后急忙去找联大的地下党员了解，他们对发动和参加人员的具体情况都不清楚。直到好几个月后，他才得知曾任中共鄂西特委副书记的马识途在其中起的作用，但马当时还没接上组织关系。马识途找到组织后，为此作了深刻检查，自认犯了急躁冒进的错误。[162]

贵阳、遵义、成都等地的大学也相继发生了倒孔运动。

1月22日，王芸生在《大公报》发表社评《青年与政治》重提旧事，试图修补上次社评之失："且关于飞机载狗之事，已经交通部张部长来函声述，据确切查明系外籍机师所为，已严予申儆，箱笼等件是中央银行的公物。"而公众对孔家的不满，并未因此平息。

1月23日，蒋介石日记说："对各大学共党恶化分子应作肃清之整备；各大学校长与教授应彻底整顿。"第二天，他在日记中还在为此次学潮揪心，对三青团干部深为不满："本周最使人忧愤者仍为西南联大所鼓动之学潮，我青年团干部糊涂散漫，一任反动派从中利用与主使而昏昧不悟"。[163]

联大外文系学生马识途（当时名"千禾"）回忆，1月5日凌晨贴出的《喊》壁报公布了飞机洋狗的消息，还有告国民党员和三青团员的信，号召声讨孔祥熙。等天亮之后，周围贴满了响应的招贴，其中有不少是以三青团员的名义写的。学生自编的《联大八年》中说最初贴出《喊》壁报的就是两个国民党籍的学生。这与姚从吾信中所说大体吻合。当时吴晗正好在中国通史课上讲南宋的"蟋蟀宰相"贾似道，直指孔为"飞狗院长"，让学生更为激愤，1月6日就上街了。第二天各宿舍推选的代表开会时，马识途是代表之一，看到有些三青团分子在会上很活跃，并被选进负责人之中。他事后总结，"多数同学（也包括一部分三青团员）是自发地参加斗争的。"[164] 蒋介石的忧愤也不是空穴来风。

张季鸾去世之后，《大公报》把握言论的尺寸更难了。虽然王芸生一直记得张季鸾面授的两点秘诀："以锋利之笔，写忠厚之文；以钝拙之笔，写尖锐之文。"

陈布雷与王芸生常常见面，而且书信往来不断。

1942年1月21日，因蒋介石交代与《大公报》接洽作文，陈布雷往访王芸生，长谈了一个小时，当天日记中感慨："文人之僻性几不可以言词动也。"当夜，王芸生又来商文字。[165]

1月29日，《大公报》专电刊登本报总经理胡政之目击记，指责英军在香港、九龙未尽力抵抗。英国驻重庆使馆人员感到愤慨。王世杰告诉他们可以去函辩正，一面严嘱王芸生务必照登。当天他在日记中又一次说："王芸生为一自负不凡之记者，实则彼于欧美政治情形毫不了了。"

2月10日午后，他与各报记者会谈，主要是因《大公报》等一二报近来有过分的言论。会谈中他告以各报对于英、美等同盟国应取的态度，即消极的应避免登载损伤友感的言论及有利于敌人的消息，积极的应不断助长友感的增进。[166]

4月7日，陈布雷到大公报社访胡政之，听胡谈香港脱险经过及大公报此后的经营方针等，"颇觉此公胸中磊块不平，益念鸾之纯粹为不可多得也。"他从胡口中听出大公报内部问题尚多，对王芸生也有不满，自己将常在重庆主持笔政。[167]

李纯青与王芸生共事多年，在重庆的4年参与社评写作，至少每周3篇，他的看法是，"王芸生的文章有其长处，也有其短处，长处是洋洋洒洒，如江河奔泻；不足处是看问题停留于表面，多未深入，而文如其人，不免有些骄蹇自满，独断独行。"[168]

1943年，《大公报》桂林版总编辑徐铸成到重庆逗留了一个多月，2月28日上午10点，他去见陈布雷，陈认为他富有热情，比王芸生更为平实，是新闻界后起的翘楚，劝他加入国民党，并愿亲自介绍。他回答："参加一政治组织，等于女人决定选自对象，此为终身大事。我对政治素不感兴趣，愿抱独身主义。"

他深受张季鸾的影响，一向以为新闻记者应该冷眼旁观，超出政治之外。他向胡政之报告此事，说明自己不想参加国民党，问胡的意见怎样。胡让他回桂林时路过贵阳，跟吴鼎昌谈谈（吴时任贵州省主席）。他与吴见面时说："《大公报》一向是超然于党派之外的。我的意见，不想参加任何党派。"吴回答："好，留在党外，说话方便些。"[169]

这次徐铸成到重庆，本来是因王芸生要作为记者团代表之一去美国，胡政之要他代王主持笔政。1月12日，陈布雷收到王芸生的信，说不日赴美。两天后，又接到他的信，赴美之行已作罢，甚以为怪，还在日记中说了一句："何吾党之示人不广耶。"[170]

2月1日，《大公报》发表记者张高峰采写的通讯《豫灾实录》，详细报道了河南的灾情惨况。第二天，发出王芸生执笔的社评《看重庆，念中原！》：

现时的重庆，正近旧年，虽在限价令下，而百物跳涨，鸡卖到二十五元一斤，鸡蛋二元二角一枚，猪肉照限价十四元一斤，但分量不够，且搭上烂肠子，硬骨头，划算起来，比黑市还贵。一般摩登的食品店，卖空了架子还有人买，人们宁愿今天先撂下花花绿绿的钞票明天再来拿货。尽管贵，总有人买。这情形若叫河南灾民听见，不知作何感想？

……目前重庆的情形，价是限了，限高了的就合法的高了，限低了的也跟着高了，纷纭复纷纭，买者卖者，遍市廛尽是违法之人。报载总动员会议已设立军法执行监部，安得监狱千万间，尽囚黑市违法人？在限价令下，这半个月来，任何事业与个人都已受到正的或负的影响，我们所能说的仍是上月十五日实施限价之日所讲的几句话："这次限价是一个试验，假使失败，我们可以想象得到，政府必然将抛弃一切温和的办法，根据国家总动员法，严厉管制一切物资的生产集中与分配。换句话说，政府可以无条件征发一切物资，来分配分售。"我们为什么又重复这一段话？老实说，是因为对河南灾情有感而发。

河南的灾民卖田卖人甚至饿死，还照纳国课，为什么政府就不可以征发豪商巨富的资产并限制一般富有者"满不在乎"的购买力？看重庆，念中原，实在令人感慨万千！

蒋介石懊恼，军事委员会下令停刊三天，此时正逢旧历新年，影响不是很大。

2月4日的王世杰日记说："《大公报》因指摘限制物价之失败，受停刊三日之处分。宣传部对于限价事，事前与各报无充分接洽或予以指示，遂酿成此种事态。"[171]

其实，此文也与前面的《拥护修明政治案》一样，都是"小骂大帮忙"。《大公报》也并不讳言自己是"小批评大帮忙"，10月1日发表的社评《今后的中国新闻界》说得很清楚，"为了国家利益着想，报纸对于政府，应该是小批评，人帮忙。批评为难，则帮忙时也就乏力。因为在那种情况下，一般民众以为反正报纸都是政府的应声虫，不会有真知灼见，而国际读者也以为你们的报纸没有独立精神，而不重视，到那时报纸虽欲对政府帮忙，而也没有力量了。"

不知"小骂大帮忙"的出处是否就是"小批评，大帮忙"？这番基于新闻专业立场的表达注定被政治曲解。

大公报内并无国民党组织，张季鸾和胡政之都不是国民党员，所有比较负责任的专职编辑记者都不是，一般人员也没有国民党员，只有一二人国民党籍，大公报录用新人必须无党无派。大公报内虽有中共地下党员，但没有中共党组织。

1937年11月入馆的李纯青是长期潜伏在《大公报》的中共地下党员，他认为"抗战以前，大公报既不拥蒋，也不赞成国民党"，也没有"对共产党叫骂不休"，反而对共产党方面的消息给予客观的报道，尤其抗战期间。[172]

1937年9月23日，《大公报》汉口版发表中共中央宣言全文，题为《中国共产党发表宣言，决与中央合作抵抗侵略，希望全国同胞共起奋斗》。10月中旬，分五次连载记者孟秋江采写的通讯《大战平型关》。12月13日、18日，发表林彪《抗日战争的经验》。12月20日，发表记者陆诒采写的延安通讯《毛泽东谈抗战前途，拥护最高领袖抗战到底》。

1939年5月6日，日本人萱野长知、小川平吉在香港约见张季鸾，谈到日本要求与中国订立反共协定时，张表示："这就等于让中国'无端'抛弃抗战以来同情中国之英、法、美、苏诸朋友，与中苏【互】不侵犯条约在精神上亦有抵触也"。关于中共，他说："蒋公看此问题很轻。战后之中国完全根据三民主义及法律处理一切，即凡不违法之人与事，皆可承认。"[173]

皖南事变后，1941年1月18日，《大公报》登出的消息虽然称"新四军叛变解散"，但1月21日发表的社评《关于新四军事件》还是非常慎重："中国共产党在西安事变时的表现，是极合乎国家民族利益之公的，我们敢信中共现时必仍信守国家至上民族至上的原则……我们恳切希望叶挺氏个人能邀得宽大的处分，更恳切希望中央小心翼翼的处理此问题。"

5月21日，王芸生在《大公报》发表社评《为晋南战事作一种呼吁》，此时正是中条山战事吃紧时，他呼吁十八集团军将与国军协同作战的事实尽速表现出来，不要像敌方所传持隔岸观火的态度，甚或威胁友军。周恩来立马来信反驳。第二天，在汪山养病的张季鸾下山，对王芸生说："我们轻易不碰共产党问题，要说话就必须透彻嘹亮，不认识大公报的人以为我们滑头，闪躲取巧，其实绝对不然。我们说话，绝不吞吞吐吐，模棱两可。我们说话必出自真诚，而负责任。周恩来先生的信给他发表，同时我再写一篇社评答复他。"[174]

23日，《大公报》登出周恩来的来信，同时发表张季鸾执笔的社评《读周恩来先生的信》，从他的"国家中心论"立言——

这个政府，是在强敌压迫下，在尽少时间中，惟一可能建设的国家中心。对于这个中心，同胞们都有拥护的责任，我们以为中共诸君也有拥护的责任，因为这个中心失败了，就要同归于尽。

我们诚恳希望不但在山西能协同作战，对于国家全局应当再有团结合作的新表现。最好毛泽东先生能来重庆，与蒋委员长彻底讨论几天，只要中共对于国家前途的基本认识能真实成立一致的谅解，则其他小的问题皆不足障碍合作，而这种团结抗战的新示威，其打击敌人的力量比什么都伟大。

在此之前，有些人甚至认为张季鸾和《大公报》左倾。1938年6月20日，傅斯年写给胡适的信中说："目下左倾的势力有两个重镇：一是《大公报》，自西安事变以来，越来越厉害，而且此一派暗中主张是非投到俄国怀里去不可……"[175]

这也不完全是空穴来风，当时成立了军事委员会参事室，每星期在蒋介石官邸举行参事会议，讨论国际局势，并就外交内政各方面提出意见，关于日本的情报大抵是由王芃生提出报告，关于中苏关系及时局问题以张季鸾说话最多，关于国际外交的意见以北大政治学系教授张忠绂提出的多。张季鸾经常跑汉口的苏俄大使馆，开口"卢干兹"，闭口也是"卢干兹"，陶希圣等人就很厌恶。卢干兹为苏俄驻华大使。

有一次，张季鸾发言指责《扫荡报》驳斥左派份子的"改良人民生活"的言论，"改良人民生活，是可以反对的吗？"又说："听说汉口有个机关，专门反共，专门制造磨擦，那是要不得的。"陶希圣站起来说："战争打得如此激烈，那里还能高唱改良人民的生活。那种改良生活的论调是别有企图的。《扫荡报》没有错。"[176]

4月11日的周佛海日记记着，蒋介石约谈陈布雷、邵力子、陶希圣、张季鸾和他等人，并午饭。关于对共产党问题，陶希圣与张季鸾针锋相对，陈布雷和他也觉得张立言不当，说了几句，到下午3时才散。陶希圣记得的很可能就是这一次。[177]

5月21日，与张季鸾接触甚多的周佛海日记中记着："张季鸾来，谈须确定三民主义为社会主义，并切实实施，如此始可令苏联为进一步援助。关于第一点同意，第二点则不敢苟同也。"5月24日，张季鸾、王芸生找他谈话，"大倡其联俄左倾之议。其言似有理，然俄国能否进一步帮忙，问题无此简单也。"10月5日，周佛海访张季鸾，谈了一小时。张对他说："德对我国态度有好转可能，拟为文表示对德好感，又因恐引起苏联之忌，决于陈大使递国书之日作文。"陈大使是指不久前接替程天放为驻德大使的陈介。[178]

张季鸾有此想法并非左倾，那只是他在强敌入境之下的"国家中心论"而已。早在1932年8月3日，他就跟张耀曾说要联俄，"并不可一味讨共，谓对日备战，最急者实为俄国，至美国实无与日开战之意，不可徒希望美国"。[179]

1937年10月初，他得到消息，日本不出3个月，一定进攻苏联，已动员60万的大兵开赴北满，并在美、德订购汽油等物，限于年前在北满交货。他对来访的杜重远说，如果这个消息属实，"我们倒极表欢迎。"[180]

1938年9月18日，"九一八"七周年当天，他与陈布雷谈战局，极焦急，陈在日记中感慨："胡政之君谓季鸾忧国之心高于常人，诚哉其不诬也。"[181]

与苏联驻华大使的接触，不仅是张季鸾，也包括王芸生，他们渴望苏联能一起对付日本。12月3日，王芸生对周佛海说，"苏联大使卢干兹对我国抗战决心表示怀疑，提议中央负责人员应常与之往还"。周不以为然，只是敷衍他一句。[182]

1939年11月7日，《大公报》重庆版发表社评《祝十月革命二十二周年》说：

> 世人常把苏联当谜猜，对她达到一举一动常以惊疑的眼光去看。其实，苏联并不难懂，且极易了解，她是一本列宁的遗教而行。苏联有世界革命的抱负，却先以一国社会主义的建设着手。

文章还说"斯大林先生给中国以甚大的同情与援助"。

其实，他们对苏联极为隔膜，并没有抓住本质，不像对日本那么了解。张季鸾也曾主张过联德，这都是出于日本入侵背景下的"国家中心论"。1940年7月30日，时为国民党中宣部长的王世杰说："《大公报》主笔张季鸾，虽有时誉，究不甚明了世界大事；大都一知半解，争趋时尚。最近该报倾向联德，殊可笑。"当天，他交代检查机关要有所限制，"此时提倡亲德之论，会失去美国同情。况且希特勒之流如果得势，岂能福我中国！"8月2日，他又在日记中说："《大公报》倾向于联德。该报主持者张季鸾、王芸生，略有时誉，实则只是遇事追随时尚，毫无真知灼见，亦无信仰。不能使余尊重。"[183]

1942年5月21日，胡政之和王芸生一起访陈布雷，谈太平洋战局，芸生以为积极策动日苏战事，且须防英、美旁观，陈布雷说他"忧思至深"。[184]

十一、物价飞涨

1942年3月2日，《大公报》重庆版发表社评《最近物价的波动》说："最大的原因还是投机商人的卑劣心理……急则治标，我们认为政府拣一两样重要物品，如布如药或肉，彻底调查，捉几个奸商，严厉惩办一下，当收惩一儆百之效……至于治本之道，要紧的是政府必须随时随地大刀阔斧与小刀细工的实行紧缩之政。"

5月17日、18日，《大公报》接连两天刊登西南联大教授伍启元、杨西孟、费孝通等9人联名的《我们对于当前物价问题的意见》，全面分析了物价上涨的高度、上涨的速率、增涨程度，及工资比差的情况和原因，提出"增税——增加由富裕阶级负担的租税"等解决办法。初稿由伍启元和杨西孟起草，被称为"九教授宣言"。

朱自清教授这一年发表在《抗战文艺》的《论东西》一文道出了他们的

苦况：

> 这两年东西实在涨得太快，电兔儿都追不上……柴米油盐布老在想法子多收藏点儿，少消费点儿。……再说柴米油盐布里也未尝没趣味，特别是在现在这时候。例如今天忽然知道了油盐有公卖处，便宜那么多；今天知道了王老板家的花生油比张老板的每斤少五毛钱；今天知道柴涨了，幸而昨天买了三百斤收藏着。这些消息都可以教人带着胜利的微笑回家。这是挣扎，可也是消遣不是？能够在柴米油盐布里找着消遣的是有福的。[185]

朱自清家有十口人，负担重，1941 年 5 月 10 日，他到银行兑生活补贴费 890 多元，还债和寄钱之后，只剩 134 元生活费。当月 22 日，他感叹近几个月经常入不敷出，这天上午他与妻子发生口角，因妻子建议借 40 元去买青豆，他不愿为这非十分急需的青豆而借债。[186]

他住在远离市区的村子，到城里上课要走很远的路，昆明那年冬天很冷，买不起衣服，他就穿着赶马人的披风去上课。他儿子说他瘦得只有 38.8 公斤，真是形销骨立。[187]

物价涨了百倍。1942 年 8 月 9 日，《中央周刊》主编陶百川到昆明参加三青团的夏令营，参加了西南联大教授的一个茶会，有 20 多位教授参加，从这次谈话，他了解到他们生活的苦况，"教授们每月所得的薪金和补助费，假定是一千三百元的话，事实上仅有十三元的购买力……他们希望能够恢复到战前三十元的购买力。"[188]

萧涤非副教授到多家大学或中学兼课，还是不堪重负，只好把初生的第三个孩子送给别人抚养。

在西南联大的教授中，家有 8 口的有 2 家，有 7 口的 14 家，包括闻一多、华罗庚等，有 6 口的 15 家，包括王力等。一个月的薪水省吃俭用，也只能管十天半个月。语言学家、中文系教授王力在《中央周刊》发表了一篇《战时的物价》：

> 半年前，某大学曾开了一个要求加薪的大会。据说经济学教授供给物价的指数，数学教授计算每月的开销，生物学教授说明营养的不足，结果是希望薪水的实在价值能合成战前的五十元。可惜文学教授不曾发言，否则必有一段极精采极动人的描写。[189]

梅贻琦每月的薪水一开始还能维持三个星期，到后来只够用半个月，家里经常吃的是白饭拌辣椒，没有青菜，有时吃菠菜豆腐汤，就很高兴了。梅夫人韩咏华和潘光旦夫人先是帮人做围巾、手帕，贴补家用。后来她们又学做沪式米粉碗糕，送到冠生园去代卖，取名"定胜糕"。梅夫人有一次因走的路多，把脚都磨破感染了。[190]

1942 年 9 月 8 日，沈从文写信给大哥沈云麓说，"一切人仿佛都浮在物价上面，有点水涨船高意思，惟百业中教书阶级，尤其是大学教授，更俨然独沉水底，无从呼吸。"他详细开列物价清单：米 500 元一石，约 80 斤。猪油 30 元一斤，白糖 30 多一斤，炭 1.8 元一斤，金子 6500 元一两，鞋好的近千元一双，西装 3000 到 5000 元一套。房子平均约 100 元一小间。而收入情况，拉车理发的月收入二三千，银行小职员收入约一千四五百，大学校长月入不过 1300 元，教授月入 1000 元左右……"总之一切都像有点儿不正常。"即使在这样的情况下，他想的依然是能写出影响世道人心的作品。"至于日子过得寒酸一点，事情小，不用注意！"[191]

9 月 21 日，负责国民党联大区党部工作的姚从吾给朱家骅写信汇报，自 7 月以后，昆明物价暴涨，生活指数比战前增高 80 倍。物价早晚不同，恰如 1920 年以后朱家骅留德时的情况，物价一夕数变，骇人听闻。

当年 10 月，25 个在学校担任职务的教授冯友兰、张奚若、雷海宗、郑天挺、汤用彤、陈岱孙、吴有训、饶毓泰等写信给联大常委会，拒收教育部发给他们的特别办公费："且际此非常时期，从事教育者无不艰苦备尝，而以昆明一隅为尤甚，九儒十丐，薪水犹低于舆台……徒以同尝甘苦，共体艰危，故虽啼饥号寒，尚不致因不均而滋怨。当局尊师重道，应一视同仁，统筹维持，倘只瞻顾行政人员，恐失均平之谊……"

11月13日，在西南联大常委会第240次会议上，刚从重庆返回昆明的蒋梦麟报告，蒋介石为昆明物价高涨，特拨给联大教职员生活补助费20万元，已交他带来。[192]

1943年，经济系教授伍启元在商务印书馆出版了一册《当前的物价问题》，这是一本学术论著，论述物价问题的重要性，中国战时物价的变动，物价变动对各阶层的影响，物价变动的原因和解决物价问题的方法。他说抗战期间一个首要的经济问题是物价问题，他还曾发表一系列关于物价问题的文章，对政府提出严厉的批评，因政策错误，通货高度的膨胀，1940年底物价便涨了约10倍，到1942年涨了45倍，1943年以后更是陷入了恶性通货膨胀的困境。

4月7日，在西南联大常委会第254次会上，代理梅贻琦主持会议的杨石先报告说，教育部为联大员工和学生的粮食从3月份起，都按每市斗64元的价格计算，以现款向昆明市粮食供应处购买。即使有这样的规定，实际的困难却并未得到解决。

5月14日、19日，主持西南联大国民党区党部的王信忠、姚从吾、陈雪屏为物价高涨、联大师生生计艰难，联名给朱家骅写了两封信。14日的信中说，自上月初，昆明物价又复高涨，联大师生生活困迫，已达极点。一部分教授纷纷集议，有主张向外募捐的，有主张全体绝食，也有主张分别或联合辞职的，将于19日开教授会议商讨。此时，他们生计之困难已到山穷水尽地步。姚等详细汇报，一个月来物价忽又暴涨，而以米价、房租、布匹三项为尤甚，公米虽仍为640元，但绝难买到，而且粗粝不堪。市上能吃的米则从1000千元一担涨到1900元，至少也要一千六七百元，才能抢购到。按上个月的薪水计，教授至多可领到2400元，助教1200元。有家眷的买米一石，薪金已去五分之三以上。

学生的贷金由学校核发 280 元，而最低限度有营养的伙食当在 300 元以上，教育部只批准 208 元，校方一再陈请，才加了 10 元，变成 218 元，因恐学生激动，还不敢公开部令。

至于房租骤然涨了两倍以上，平均一间小房子要四五百元租金，押租则都在 2000 元到 5000 元之间。以一家四口而论，吃米房租两项就要全部薪水，其他用度均无着落。大家支撑到今，典质已罄，告贷无门。况米价房租的上涨还有加无已。他们目击同人家家户户，平日买柴米之不易，衣服之破敝，房主之威迫，子女多病无食、向亲友通融等待焦急之情形。这样的困迫，又岂能持久。上周法学院教授数家因住房难觅，借贷实穷，集议向学校请求救济，所以定期开教授会，商量解决办法。穷困之极，牢骚自多。大抵多数主张以战前薪水十分之一（即 40 元）为基数，而按各地物价上涨指数照加，如果教育部再无切实办法，或不惜提议绝食辞职。

5 月 18 日，姚从吾另有一信给朱家骅，说联大同仁实已到了不易维持之地步，然顾念抗战，连日情形又见好转，绝食辞职，当不至实现，仅为一部分人一时牢骚语而已。北大当日下午开校务会议，经过 3 小时，只是决议再度陈述苦况，要求政府改善待遇，实行依战前原薪发十分之一，再依各地生活指数相乘，发给同人而已。会上不赞同传闻中的绝食及其他集体行动。他猜测第二天的教授会议也不致于有什么意外。

5 月 19 日，西南联大教授会做出议决：一、请求政府增生活费，以战前薪给十分之一为基数，乘以当地物价指数。二、推出周炳琳、吴有训、陈雪屏三人为代表赴重庆向当局说明他们生活困难的实在情形，请求切实救济。

当天，姚从吾等三人就写信向朱家骅汇报，结果尚好，但也不无忧虑，因事关生活，随时可能发生问题。昆明物价三年来就在继续上涨，比各地要高，同人长期支撑，典质早空，与其他各国立大学的情形自有不同。令他们感到不平的，同在昆明的中央机关，如资源委员会及兵工署各厂、路局、银行、邮局等，职员除了薪水还可享受宿舍、水电及平价实物的待遇。他们在校服务多则 20 多年，少的也有六七年，研究学术、扶植青年，责任不为不重，而每月所得往往不及刚毕业的学生，彼此相较，太觉难堪。

5 月 25 日，朱家骅给他们的回复说："教授会结果尚好，皆兄等严守本党立场所致，甚善甚感。"6 月 2 日，他给姚从吾的回信也说："联大同仁虽以生活困厄，仍能共体时艰，刻苦讲学，尤可感佩。"[193]

7 月 3 日，王世杰在日记中说到物价仍然猛涨，"西南联大教授有月薪三四千元而仍不能食肉或米，只食素菜与杂粮者。"他的朋友、北大老同事燕树棠家就是如此。

美国情报协调局驻华首席代表费正清判断，人们心理上的转折点就发生在这年初夏，他看到国民党的气数已尽，民心全失。他曾两次到西南联大，与充满怨言的教授们有过交流。所有的补救办法都已为时过晚。"天命（即民众的信任）已经开始转移。"[194]

这年秋天，在蒋梦麟家举行的一次国民党籍教授座谈时，冯友兰执笔起草了国民党中央直属联大区党部致蒋介石的信，认为照国内的形势看，人心所向似乎已不在国民党；要获得人心，必须开放政权，实行立宪。信中有一句"睹一叶之飘零，知深秋之将至"，又有"昔清室迟迟不肯实行宪政，以致失去人心，使本党得以成功，前事不远，可为殷鉴"等言辞，与会者大加赞赏，联大三青团分部干事长陈雪屏称他为当代大手笔，雷海宗说"即使你写的书都失传了，这一篇文章也可使你不朽"。信由陈雪屏带到重庆，他回昆明后说，蒋见信"为之动容，为之泪下"。没多久，蒋回信表示，同意他们的意见，日后将实行宪政。[195]

8 月 27 日，《大公报》重庆版发表社评《当前教育上几个问题》说："近年物价日高，公教人员生活最苦。而多数教师犹能于百般艰难中，潜力进修，诲人不倦，实在值得全国同胞的尊敬。布衣粗食，安贫乐道，原为自古中国士人的美德，然而这也有个限度，就是最低生活必须有保障，才能安于其贫。"

到 1943 年下半年，昆明的物价几乎是抗战初期的 404 倍。[196]

10 月 26 日的《大公报》社评《关于作家生活问题》直言，"知识分子是国家的精华，这群人，最有能力，也最有志趣，必使其能为国用，得其贡献……若知识分子与国家或政府离心，其影响是异常不好的。"

12 月 20 日，西南联大常委会通过了西南联大代办教职员临时借款办法。

1944 年 1 月 10 日，沈从文给三弟沈荃的信里提及，"米每石在千元左右，青菜也得数元一棵，应付吃住，已不容易。至若添补衣鞋，自更困难了。大家都已到了破破烂烂情形下，惟读书空气，倒反而转好起来"。[197]

3 月 26 日，王力在《生活导报》发表《领薪水》一文说，名为薪水，实则不够买薪买水，300 元正俸不够每天买两担水；3000 元的各种津贴，不够每天烧 10 斤炭或 20 斤柴。他说领得薪水的头 10 天还可以将就，其余的 20 天的苦况，连自己也不知怎样"捱"过去。[198]

5 月 16 日，杨西孟、戴世光、李树青、鲍觉民、伍启元等 5 位西南联大教授联名在《大公报》发表《我们对于物价问题的再度呼吁》，认为经济危机已迫在眉睫，如对物价问题再不采取紧急措施，并加以根本的纠正，"则我国战时经济，势必走到崩溃的末路。"

10 月 31 日，在西南联大 1945 级经济系举行的校庆前夕时事晚会上，杨西孟教授演讲《物价与财政问题》时说，物价大致每年翻了 3 倍。

1942 年夏天以后，一家人经常在断炊威胁中度日的闻一多开始挂牌刻图章，一开始石章每字 200 元，牙章 400 元，收件的文具店要收十分之二的经手费。随着物价上涨，石章涨到每字 1200 元，牙章 2000 元。学美术出身的他靠这手艺补贴家用，使一大家子幸免于饥饿。为此他苦笑着说自己是手工业者。[199]

4000 元一担的米价要担任 8 口之家，可见艰难。1944 年 9 月 25 日，他给闻亦博的信中说，"兄食口较众，前二三年，书籍衣物变卖殆尽，生活殊窘，年来开始兼课，益以治印所得，差可糊口，然著述研究，则几完全停顿矣。"10 月 12 日，他给臧克家回信说："此间人人吃不饱"。[200] 这一年他的著作《楚辞校补》获得教育部学术奖二等奖，一万五千元的奖金也只不过能买三担糙米。

十二、商务馆第三次复兴

抗战期间，许多出版机构已改营印刷业，或以印刷为主，连中华书局也不大注重出版，而改营印刷。商务印书馆却一直坚持以出版为本业，几乎担负了大后方中小学教科书的大部分。只是 1941 年夏初破例承印了中交两行的钞票。

1941 年 12 月以后商务馆的重心移到重庆，白象街一处不大的房子挂着"商务印书馆驻渝办事处"，从来没有挂过"总管理处"的招牌，只是实际上担负着总管理处的职责。[201]

商务馆历年出版的书在万种以上，除了中小学教科书在重庆有纸型，其他书的纸型内运虽也不少，但都在越南海防的仓库，香港航空纸型运到重庆的只不过沧海一粟。太平洋战争发生后，王云五想到立即搜罗全部的图书样本，当天上午就发电报给后方各分馆，一是一个星期内及一个月内有多少款可以交到重庆总处，二是现存的图书各留两本，限期开单报告，想集一套尽可能齐全的样书，作为重排重印的母本。

当时，商务馆的财务十分困难，重庆分馆的现款只有 13 万元法币，而重庆分厂一个月开支就要数倍于此。官办正中书局幸灾乐祸，认为机会难得，积极活动想吞并商务馆。总经理吴大钧访问王云五，表示慰问，并示意正中书局可以协助商务馆并愿意投资。[202]

1942 年 1 月 29 日，王云五访陈布雷，谈商务馆在后方经营的事。1 月 31 日午后，王世杰到被炸的商务馆临时馆舍看王云五。商务馆损失奇重，香港失守后更是。他承诺设法帮忙向四行借款，以助商务馆复兴。[203] 2月6日，王云五又访陈布雷，谈商务馆请求四行贷款的事。[204] 王云五回忆，陈布雷曾奉蒋介石之命前来慰问，表示如有需要政府协助，政府极愿尽力。如果商务馆需要资金支持，尽可提出，蒋先生无不极力成全。只是陈布雷日记中没有一个字提及。

王云五认为国家财政也极困难，私人企业如果能自助实不应利用公款，不敢接受补助款项。拟就商务馆原有资本额度向四联总处贷款，但没有担保品，一是不动产多在沦陷区，二是后方所有动产书籍等，随时出售，无法提供担保。蒋介石手令四联总处不要担保品。四联总处讨论时，孔祥熙提议，既须改用法人或自然人作保，则王云五信用素好，此次虽代表商务馆为债务人，不妨以他个人资格作为担保人。所以，借款合约上，他一面在贷款这里，以商务馆总经理的资格签名，一面又在承还担保人这里，以个人资格加签一名。这种办法，岂止是在四联总处的贷款中乃是破天荒之举。这项贷款实际上没有动用，商务馆余款日多，存在各个银行，"简直成为后方私人企业中财政状况最佳者"。

从3月1日起，商务馆在重庆恢复"日出新书一种"，不再分新版还是重印。新书大约占了40%，第一本书是罗家伦的《新人生观》，第二本是王云五的《做人做事及其他》，都是讲演集，一年来都重版了三四次。

5月6日，王云五访陈布雷，谈商务馆的出版计划及参政会的事，赠他《中山大辞典》"一"字长编一册。[205]

重庆白象街上，一楼约二三十平方米的房间就是商务印书馆的编辑部，排着一连串写字桌。所谓写字桌，实际上与中学生用的课桌差不多。最前面一张桌子是《东方杂志》主编的，最后一张桌子是编辑部主任的，中间几张桌子是各学科的编辑。王云五的办公室就在编辑部隔壁的那间小屋。[206] 梁实秋曾应邀到过这间小屋，只见四壁萧然，一桌二椅两张帆布床，一张是王云五的，一张是他儿子王学哲的。"抗战时期办公处所差不多都是这样简陋，而云五先生尤其是书生本色，我甚为钦佩。"[207]

1943 年 3 月 15 日，《东方杂志》在停刊一年四个月后复刊，"现代史料""世界各国重要杂志论文摘要""东方画报"等栏目未恢复，纸张也比较粗糙，王云五在《复刊词》中历述几年来三次停刊与复刊：

> 近年迭遭国难，中断至再；然皆随本馆印刷力之恢复；旋告复刊。第一次因一二八事变而停顿，同年 8 月本馆复业，本志不久亦复刊；第二次因"八一三"事变暂停，改在长沙复刊，嗣以长沙大火，工厂被毁，移香港续刊，旋兼印重庆版。第三次则因太平洋战事爆发，本馆香港工厂全部被敌人掠夺，重庆工厂又有待整理与扩充，本志遂遭第三次之停顿。

"那时候真是一个人做许多人的事"，商务馆当时的全部编辑不过五六人，要出书，又要编《东方杂志》，组织翻译，代理编辑部主任的老编辑苏继庼可以说是支柱，终日埋头于他的编辑工作，组稿、审稿，还要发稿、计算稿酬、书信往来、分配稿样、检查复阅校样，再加上接待来宾和通电话，一点空闲也没有。[208]

1942 年，商务馆在大学毕业、有两年工作经历的青年中招收了 9 名研究生，包括石坤林、陆廷珏、吕德润等，王云五亲自担任导师，还邀请张静庐等出版家来讲课，不仅学习编辑出版的业务知识、商务馆的历史，还组织他们参观印刷厂学习相关知识。[209] 石坤林就分配在苏继庼的身边工作。

此时，商务馆比"一二八"、"八一三"之后都更为艰难，印书完全靠重庆、赣县、成都这三个小厂，商务馆长沙厂和重庆五厂厂长、黄宾虹的儿子黄用明说，香港陷落，原来整个西南依靠香港供应的教科书，只能在完全没有现代印刷工业和造纸技术的西南解决。西南仅在一些县城有小规模的 8 开"脚踏架"，从没印过书，不会浇铅版。他就背着纸型，在湖北、江西的乡间小道上，跋山涉水，从一个县城跑到另一个县城，寻找印刷小厂，教他们浇铅版和怎样拼页码。那些小厂从未见过纸型，还得手把手教他们浇铅版，其辛苦、危险、繁难，非亲历者难以想象。

萨本栋的《普通物理学》厚达 1000 多页，就是以化学翻版（不是照相翻版）的方法在赣县石印的。[210]

1941 年考入西南联大的张世英说，那时的书无论纸张、印刷、装帧都极差，像是用铁锈丝捆起来的一札札黄表纸本，如同迷信的信男信女用来烧给死人的一种极薄的黄色纸张，两面的墨迹互相"辉映"，一触即破，但他还是在书中作了许多"眉批"。他一直保存着冯友兰的《中国哲学史》抗战旧版，就是黄表纸印的，从正面能透视反面，他却视为珍宝。他说，这黄表纸本不仅是他求学时期的纪念，也是商务印书馆和它的读者"在抗日烽火岁月里共度国难、雪耻图强的记录"。[211]

这些用土纸印刷的书，印刷模糊，纸多破缺，因印工昂贵，书价却并不低。

商务印书馆在后方有二三十个分馆，很快在营业方面就有了起色，文化界和出版界无不赞扬商务馆的复兴之速。王云五在积极方面，无时不在筹划尽量供应教科书及参考用书，新印和重印许多有价值的一般图书。消极方面，随着战争局势的变化，各分馆也要随时考虑应变。他把印刷教科书的重心分为四处，一是重庆，自行设立工厂，成都则派专员常驻，收购纸张，委托当地的印刷厂代印，三是赣县自设工厂。邵阳的办法和成都相同。邵阳的纸张最便宜，赣县的纸张最佳，成都也可以就近收购纸张，要比从重庆印好了再运来节省不少。赣县的印厂因战事撤退，迁往福建南平继续印刷。

商务馆的重心移到重庆之后，制版印刷的力量远不如前，但"大学丛书"平均每年新出的还有 10 多种，重版重印者加倍，包括萨本栋的《物理学》、熊十力《新唯识论》、王力的《中国现代语法》、王世杰和钱端升的《比较宪法》、罗尔纲的《绿营兵志》、钱穆的《国史大纲》、洪谦的《维也纳学派哲学》、冯友兰的《新原人》《新原道》、萧一山的《清代史》、杨端六的《工商组织与管理》等。

1942 年 10 月 5 日，陈寅恪给学生李嘉言的信中提及《隋唐制度渊源略论稿》，数年前就已交商务馆印行。"当日上海工价廉，故书贾送沪厂久未印出。而太平洋战起，大约已印就而内地无以得之。尚有残稿，略补完交重庆商务书馆重印，但不知出版何日耳！"[212]这本书要等到1945年9月才在重庆出版。

王云五在抗战胜利后向股东这样汇报，商务馆在重庆恢复出版新书之后，不仅所出新书在后方出版物中数量上占了最多数，而且屡蒙教育部学术审议会的奖励，获得第一、二等奖的书籍大都是他们出版的，其他各奖也以他们出版的占大多数。

商务印书馆的复兴之速，特别是1932年"一二八"后那五年的复兴，使王云五成了一个神话，到处请他演讲科学管理法，包括学术团体、工商团体以及历届中央训练团，他到国防研究院给高级将领演讲，受到热烈欢迎。到1943年冬天，商务馆在他手里的第三次复兴已上了轨道。

在这二三年间，商务馆出的新书和重印历年出版的优良著作已不下千种，王云五于1943年2月决定选出其中最适合中学生程度的400册，汇编成一套"中学文库"，俨然有"万有文库"的雏形，虽然字数只有八分之一，但各科各类无不具备。这是当时后方大规模的丛书，只是版式未能统一，为节省物力，封面的装订也未能统一，除了新印的，都是就原印的存书配售，却在无意中解决了战时的存书问题。自当年7月开始发行，得到热烈欢迎，仅半年间就在后方各地销售了4000多部。[213]"中学文库"是商务馆在重庆出版的最高峰，不仅在营业数字上占着最高的地位，而且把后方出版一般用书的土纸本，简直一扫而空。

王云五解释为何商务馆的营业顺利？因学校大批内迁，文化界不安于沦陷区的生活，也纷纷冒险来到后方，教育界与文化界视精神粮食仅次于口腹食粮。而那些用土产粗纸印刷的读物满足了大后方千千万万读者精神的饥渴。

商务馆在重庆利用馆屋空地加建几间房屋，建了一个小规模的图书馆，定名"东方图书馆重庆分馆"。将他们在后方尽力收集的样书两份，一册存在南岸的汪山，以防空袭，另一册就存在图书馆，连同出版的新书以及其他可能得到的书，一律公开供人阅览。虽地处偏僻，日夜前来阅览的，平均每天也有二三百人。因为阅览的便利，又激起读者购书的兴趣，店堂里常常挤满了人。

那时欧美的新书极为难得，王云五有一次在美国大使馆新闻处发现一部《苏联工农业管理》英译本，就借回来，仅 20 多天就译出了 11 万字，还写了万字的译序，工人排印也只用了 20 多天，于 1944 年 5 月出版。

同年 7 月，他访英归来的演讲集《战时英国》，也由商务馆出了单行本。这些演讲稿先交由《东方杂志》发表，他在序文中提到，回国之初他在重庆为"宪政实施会"演讲，根据他对英国的观察，指出了实施宪政的三个先决条件：一是地方自治，有了地方自治的基础，人民便有学习参与政事的机会；二是法律主治，就是法律高于一切，这是英国宪法的特点；三是人民的基本自由受到尊重。

从 1943 年 11 月到 1944 年 3 月，参政会访英团的成员除了王云五，还有胡政之、王世杰、杭立武、温源宁、李惟果。胡政之回国之后，也做过多次演讲，4 月 24 日在重庆广播电台做了一次题为《宪政风度》的演讲，第二天《大公报》即以《宪政风度——参政员胡霖昨晚播讲》为题作为社评刊出。他将"宪政风度"概括为四个要点：一是服从法律，二是尊重自由，三是公道竞争，四是容纳异己。

十三、"为国家求饶"

1943 年 5 月 12 日，王芸生找陈布雷谈时局，陈劝他不可在报纸上露出焦虑之意，否则将影响读者的情绪。他也以为然。

一个月后（6 月 12），陈布雷读了各报的社评，写信给王芸生，"颇鼓励之"。[214] 这一天的《大公报》社评《胜利第一！》，是为鄂西的胜利而写，专门给读者鼓气的——

……抗战六年，不可讳言，人心已相当疲惫。在鄂西胜利的前夕，一般人因不悉真相，对前方军事自怀忧虑，且以生活压力日感沉重，也会影响到一般的情绪。及鄂西捷报接连由前方传来，且战果丰硕，为近年所罕见，这在我方人心上，不啻下了一场透雨，爽快滋润，生意盎然。这是一大定力降落在抗战的大后方……近来不大听见种种大大小小莫明其妙的谣言，就知道人们都增高了自信心；近来后方物价由动荡而趋于平稳，也是打胜仗之效。这些都是人们看得见觉得到的，至于无形中的影响，更不知道有多么大……胜利第一，什么也没有打胜仗要紧！鄂西这一胜利，实在是当前抗战重大关键的重大胜利。这一胜利，在精神上使抗战大局转危为安，在事实上更进一步奠定最后胜利的基础；我们说此次鄂西胜利足可影响今后两三年的抗战大局，乃是极谨慎而毫不夸诞的断语。

11月下旬，中美英三国领袖蒋介石、罗斯福和丘吉尔在埃及开罗举行了5天会议。当开罗会议公报发表之后，12月3日，陈布雷读到各报的相关评论，"仍以《大公报》为最充实"。[215]这一天的社评题为《开罗会议的伟大成功——中美英三国领袖议定对日本的处分》，很是详尽，特别强调了远东问题的解决要把苏联考虑进来。

12月22日，王芸生在《大公报》发表社评《论转移风气》，认为转移风气需要朝野领袖身体力行。他之所以将朝野领袖并提，因为转移风气事关天下兴亡匹夫有责：

> 近死之心，死不足惜，社会上新陈代谢，随时可以产生新的人心，造成新的风气。人心之不平，起于比较。尽管艰难困苦，只要前途有希望，精神有鼓励，并不使人灰心。独有不公不平，是非不明，正人困厄，邪淫放纵，则两相比较，而人心怨怼。在言论自由的民主国家，一有这种情形，社会上就有人呼号，使国家的政教，社会的制裁，能及早消弭人心之不平。政治上有此一重"太平门"，社会风气不致堕落，人心不致消沉，永远有鼓舞前进的力量。在舆论不十分发达的国家，人心趋向如何，不得不待耳聪目明的领袖，集思广益，勤加观察。就中国现在情形说，国家当存亡

兴废之秋，上有伟大领袖的领导，外有盟友的鼓舞切磋。

当天，陈布雷读了这篇社评，读到最后——"人心热望，大概不外乎政治社会一切上轨道，有效率，不苟且，廉洁清明，天下为公，尊重人权、征课悉平……"认为"此数语简括精当"，特意抄在日记中。这是很罕见的。[216]

《大公报》对"伟大领袖"的赞美更是罕见的，但陈布雷日记并没有抄这一句。

1943年底，正当萧乾在剑桥大学动手写硕士论文时，胡政之来到伦敦，对他说："从个人来说，你的机会来到了。第一次世界大战给我赶上了。这回机会轮到你了。问题是：你还迷信什么学位，当个无声无臭的学者呢，还是抓住这个千载难逢的良机，大干它一场。"他希望萧乾作为《大公报》正式特派员兼伦敦办事处主任。《大公报》办事处的阅报室，使留英的同胞们可以及时看到《大公报》，成为伦敦唯一可以读到重庆报纸的地方。

四年前，萧乾还在《大公报》香港版编副刊，收到伦敦大学东方学院的邀请，请他去教中文，他还在犹豫。胡政之听说了就对他说："这可是从天上掉下来的好事，你还犹豫什么！""从咱们干新闻的这一行来说，这可是个千载难逢的机会。"让他兼任《大公报》驻英特派员。

《大公报》向来重视国际问题，早在1919年，胡政之就曾采访过巴黎和会。萧乾在伦敦给《大公报》发回了不少战时英国的通讯。1942年夏天，他辞去教职，到剑桥大学读研究生。

1944年6月，盟军在诺曼底登陆，西线大举反攻，萧乾成为一名战地记者。第二次世界大战欧洲战场的最后一幕被他赶上了。旧金山联合国大会也被他赶上了，虽然这次他不是唯一的中国记者。

这年9月12日，日军即将攻陷桂林，徐铸成在《大公报》桂林版发表社评《敬告读者》：

柳桂保卫战，已进入严重阶段，本报遵令疏散，定明日起暂时休刊，今日是我们的"最后一课"，自不免百感交集；但我们没有悲观，没有悲愤，而只有忏悔的回忆。

……这样的局面，绝非一朝一夕所致，而政治的原因，多于军事。我们认为，不仅政府要负责，所有社会各阶层负领导责任的，都应痛愧平日努力的不够。我们站在宣导舆论的岗位上，假使在过去能对贪污作更无情的斥责，对兵役、士兵给养等等问题，能作更率直的建议，虽然文网严密，也许会于国家略多补益。今天我们已不得不暂时离开岗位，只有自责自愧，对于任何负责方面的指责，都已无此余暇，而且也已太迟了。

桂林星子岩，热闹了三年半的大公报馆劫后只剩下了四根柱子。

12月3日，王芸生执笔的社评被新闻检查所检扣，所以这一天《大公报》没有社评，只有一篇星期论文（陶孟和的《经济的民主政治》）。

第二天，《大公报》抗检发表这篇题为《最近的战局观》的社评，指出抗战前期尽可"以空间换时间"，但已到了转捩关键，也应该有我们的"史达林格勒"保卫战，而这个"史达林格勒"应该就在贵州南部，此时敌军前锋已抵独山以南30公里，可以歼灭少数冒险轻进的敌军。接着，又就当前战局提出了几点坦白的建议：

第一点就是"维持报纸的信用"，"战讯发表得闪烁不明确，是使人心不安的一个大原因。那样的战讯，实际弄巧成拙，丧失报纸的信用。"造成"敌人比战讯跑得快，谣言比敌人跑得更快"。老老实实发表真实的消息，更足以安定人心。

接下来几点是统一军令、动员党政民、加强机动力、安顿难民，还有"明耻教战"，此时离"九一八"之后初提"明耻教战"已超过13年。怎样明耻？就是明责任、明赏罚，这次桂林、柳州轻易丢失岂能没有负咎之人？不明耻，何以教战？

除了以上六点与作战有直接关联的建议，社评又以"假想"口吻提出三点更根本的问题：

一、假使政府宣布政治彻底革新，凡国人皆曰可去之人尽量去之，而代以新锐有为之人，本战时需要，调整机构，容纳党外人参加国务及政策，必能一新天下耳目，振起政治生机。

二、假使政府在民主统一团结抗战的大原则上宣布党派问题解决了，必能大增抗战力量，大长国家力量。

三、假使政府宣布与热诚助我的盟邦更进一步的合作，在加强共同作战的前提下彼此紧紧握手，必能增进盟谊，一振外交大势，加速最后胜利。

文人论政，不仅就当下的战局还就根本性问题提出自己的主张，难怪要被检扣，不许发表。但此次抗检未遭惩罚。当天午后，王世杰在国民党中宣部纪念周上谈宣传政策，第一点就是逐渐放宽检查制度。[217]

12月19日，一年将尽，《大公报》发表王芸生执笔的社评《为国家求饶》，斥责贪官与奸商，"现在国家已到最艰苦困难的关头，我们不能不向他们诚心诚意的求饶：你们该已'混'够了！""你们这些人，假使还有一点良心，看到国家的遭难，听到一路的哭声，应该要忏悔了！你们难道以为国家真没有法纪，人民都没有耳目，到恶贯满盈，总要清算，与其让人清算，何如先自忏悔。忏悔的第一步，就先应自己克制无穷的贪欲。放手吧！饶了国家吧！顺便也应该向那些潜伏在大团体里的混食虫们求饶，你们的财已发够，也请你们饶了那确应爱护的团体吧！"

此时，抗战已进入极为艰难的阶段，"但暴敌不足畏，胜利确在望，最可虑的，还是我们本来不能不除恶去秽，振作自新？要除恶去秽，第一步就先要排除我们抗战阵营内的腐烂物。"12月24日的社评《晁错与马谡》，借古喻今，拿西汉和三国的典故说明："当国事机微，历史关头，除权相以解除反对者的精神武装，戮败将以服军民之心，是大英断，是甚必要。""除权相""戮败将"矛头直接指向孔祥熙、何应钦这些人。

1945年1月3日，《大公报》发表社评《博采舆论的新作风》，抓住了蒋介石元旦致词中"虚心博采舆论的批评"这一条，认为这不仅与报人的职业有关，也关系到政治盛衰、国家兴亡。"我们是做报者，也就是舆论的表达者，以我们的经验来说，政府设新闻检查局，检查新闻及言论，当然使我们感到许多不便"。社评指出，即使没有新闻检查，报上什么都登，甚至传闻失实，议论乖谬，也一点都不可怕。社会对于报馆的监督与检查，要比政府的检查统制还来得有力量，一段新闻登错了，当事者马上就来抗议，甚至起诉。一个论点错误，读者马上就来指责，而且报馆非自己认错不可，《大公报》就曾公开认过错。一张报纸的新闻言论如真的荒唐不成话，读者自然不买不看，报馆大赔老本，那就非关门不可。"政府百官听者！主席要你们博采舆论，闻过而能改！新闻检查局听者！委员长要博采舆论，你们却不可暗杀舆论！"社评认为，根据蒋介石的指示，新闻检查条例应该大加修正，除军机及外交机密，一概无须检查。而现在新闻检查的尺度有如寒暑表，热了涨，冷了缩，需要新闻记者善察空气才行，连放胆吼几声都不敢。最后提出"集众思，广忠益，开诚心，布公道，蒋主席博采舆论的指示，道理如天经地义，在当前政治上乃是一种至可宝贵的新作风！"

第二天，蒋介石召陈果夫、陈立夫、王世杰、吴铁城、陈布雷一起晚餐，对新闻检查有指示，显然读到了《大公报》的社评。

1月5日，陈布雷就去找胡政之，"详谈《大公报》近来言论趋向之不当，有负国人期许与中枢爱护之意"，谈了一个小时，最后提出三点建议：

一、国家之根本必须护惜；二、不负责任之破坏统一论调与行动请严正批评；三、事实上不能作者请勿主张。

四天后（1月9日），他又约王芸生来谈。第二天觉得言犹未尽，一早就写信给王芸生，详言规劝。他说自己的愿望是《大公报》成为中国的《泰晤士报》。[218]

十四、"民主堡垒"

国民党一直想插足西南联大，建立直属中组部的区党部、三青团分部，一度也可以说相当成功。1939年，陈立夫、张厉生联名写信给蒋梦麟，要他推荐教职员二人、学生一人，组织直属区党部。蒋梦麟回信说，"本应遵命即办，但以近方进行联大重要分子介绍入党，或补行登记工作。要等此事告一段落时，始能作有效的组织。"信中详细谈了他的意见，第一步先介绍联大各长中未入党的入党，第二步介绍北大、清华、南开三校原来的各长入党，第三步动员联大各系主任及三校原来的各系主任入党。这样三校的健全主要分子，大部分为党员，则以后推行党务，可以顺水推舟。

7月23日，蒋梦麟约请担任院长等职务的教授参加茶会，宣布一道教育部的命令，凡在联大的三校负责人，还没有加入国民党的，都要先行加入，文学院院长冯友兰等随后加入了国民党。

12月18日，周炳琳在给国民党中组部长朱家骅信中说，他和钱端升、查良钊已奉派为直属西南联大区党部筹备员。信中问及国民党、三青团之间的关系。

12月28日，姚从吾给朱家骅信里说："学校青年，血气方刚，人数既众，自不免感情胜于理智。不得志于团者，自易思入党以相报复。此则摩擦易生，而党与团步调不齐，予青年及第三者以不良印象，所关甚大。"这年11月2日，国民党中常会通过的《党与团之关系及其实施办法》规定："在校学生年龄虽满二十五岁，仍应入团。其已入党者，由中央党部令其加入团部，其党籍自仍保留。"

1940年6月14日，国民党联大直属区分部成立，周炳琳、冯友兰、黄钰生一起被选为执行委员。但拒绝入党的陈序经，照样继续担任法商学院院长，也没有人要他辞职。1943 年 11 月 1 日，他在《大公报》发表《国立西南联合大学六周年纪念感言——谈联大的精神》说，联大是国难的产儿，"可是联大之所以成为联大，也就是我们能以真正的合作的精神，去征服我们的困难，去忍受我们的困苦。"这合作的精神中最重要的还是包容。

在西南联大 180 多名教授中，有国民党籍的几乎占了一半，真正参加了民盟或倾向共产党的其实不多。连闻一多差一点也加入了国民党。1943 年 5 月 9 日，闻一多要朱自清跟他一起去登记参加国民党，朱以未收到邀请为由拒绝。当时同事罗常培给了闻一多一份入党申请书。[219]

驻扎昆明的第五军政治部主任吴思珩说，当时西南联大国民党籍的教授如陈雪屏、查良钊等都不敢出头，有党籍的学生也都不敢公开承认自己是国民党，他们"毫无斗争经验"。[220]

具体负责西南联大党务的姚从吾只能小心翼翼，1940 年 2 月 27 日写给国民党中组部部长朱家骅的信中说："西南联大功课素严，教授多潜心专业……中央宜允任其各一业，以为党国之用。区党部之设，似应使之为沟通上下情谊之关键，正不必过重形式。"3 月 7 日，朱回信表示不满："昆明学校林立，联大地位重要。使之党务改进，树立中心力量，实足影响全国教育界，则党国得益匪浅。因本党在教育界基础薄弱，苟非及图改善，前途堪虑。"

3 月 24 日，姚从吾给朱家骅写信表示为难，联大"资高望重，不易周旋"，"西南联大环境特殊，人多言杂；斥结党为营私，讥入党为猎官……同志怯于矫正，青年无所适从。"

1942 年 2 月 10 日，他给朱家骅的信中说得更详细："联大原由三大学组成，即以教授、讲师、助教计，已在五百人以上。此五百余人，大抵学有专长，各有独见，均愿与政府党国要人私人发生关系。以言党务，则均事规避，故党务工作推行实难。再四思维，惟有联合三五学德素孚之教授，本吾党牺牲小我、建设国家及延揽人才之主旨，在联大环境内选择所可允许者，相机进行，期减少误会，有补学术，增加同情，便利党务。"

他与陈雪屏、周炳琳等商谈，除原来就与国民党有关系的《当代评论》《人文科学丛书》等应继续进行外，还打算举办学术讲演，以联络各科教授讲师的感情，筹办学术期刊，以选拔助教、助理中的英才。为此要求中组部追加经费，在寒假中先举办"建国问题十二讲"，每周两次，每次给演讲者送200元，利用讲演一可以安定近日人心浮动的青年，二可以利用假期及生活费昂贵，联络各学院的教授。如果此次有成绩，寒假后还可续办"南洋问题十讲"及其它学术讲演与主义研究等集会。举办讲演之前先以他们几个人的名义，约请讲演人聚餐，演讲时由分区党部各执委轮流主持。坚持下去，则各教授自会与党部发生关系，事实胜于雄辩。在大学提倡学术作为提高党部地位的善法。这是他提出的推进大学党务的主要思路。联大教授人数众多，程度又高，如能加以联络组织，争取优秀者入党，效果也出乎异常。只是组织各院助教，不是空口开会所能成功。为此他想办一个定期学术刊物，取名《人文季刊》或《社会科学季刊》，借以商讨学术、联络感情，使他们逐渐接近国民党。连编辑人选都有了，由何炳棣等出面。

2月22日，朱家骅回信，对他以提倡学术、造成良好学风来提高党部地位的思路，深表赞许。又提及"联大一校关系学校党务者重要"，同意他提出的几个想法，还建议另办一个学生刊物，以罗致有为青年学生为目的。

4月23日，姚从吾写长信向朱家骅汇报，其中说他和周炳琳等关于演讲会，首先就是以提倡讲学风气联络国民党与教授、助教、职员的感情。4月29日，朱回信肯定联大区党部以提倡讲学风气来推进党务工作，认为与中央的学术救国宗旨一致。

8月10日，姚从吾写信向朱家骅汇报："年长教授均以名列党籍为讳，今则公开赞扬先生以学术领导党务及自承为党员者日多，惟开会尚不热心"。

这年12月，经姚从吾等推荐，朱家骅亲自写信邀请，雷海宗、华罗庚两位教授填写了入党申请书。

1943年2月20日，姚从吾给朱家骅写了一封16页长信，报告西南联大的党务，其中说，"西南联大环境特殊，人多言杂，斥结党为营私，讥入党为猎官。不肖者顺口倡之，贤者有心无心和之，敌视吾党者从而利用之"。百物奇贵，生活费高涨，他申请一笔"联大区党部同志油印学术论文补助费"。希望能体念"诸同志在抗战第六年中生活万分困难之余，犹能进行纯粹学术研究之不易"。学术讲演会举行 8 次，已讲教授如雷海宗、罗庸、冯友兰、蔡维藩、樊际昌等不是党员就是同情国民党的学者。每次听众均拥挤异常，成绩极佳。也要申请经费支持。

3 月 12 日，朱家骅回信说，联大区党部所需经费 18100 元已批交。[221]

1944 年 4 月 30 日是清华 33 周年校庆，蒋梦麟在讲话中一再说西南联大是中国的民主堡垒。朱自清说："这是个勇敢的发言。"[222]

同年 6 月，美国副总统华莱士访问西南联大，演讲时称之为"东亚仅存的民主堡垒"。[223]

西南联大赢得"民主堡垒"之誉，不仅因为学生的街头运动和壁报上的不同声音，也跟敢于批评当局的教授有关。像张奚若、周炳琳、钱端升这样敢于直言批评的不在少数。每次参政会开会都有攻击孔祥熙的言论，其中傅斯年、周炳琳、钱端升尤为厉害。[224] 1945 年 7 月 7 日的参政会开幕式上，蒋介石致词后，周炳琳的答词令蒋十分难堪。陈布雷说他"语言激越失态，不顾大局"。[225]

1942 年考入政治学系的学生沈叔平说，"西南联大的同学，对张先生之敬佩，当时在教授中恐怕是最高的。"[226] 张奚若直言批评孔祥熙、宋子文这些权贵，甚至指名道姓批评蒋介石的勇气，在知识分子中引起了共鸣和敬意。[227] 费正清说他具有安格鲁撒克逊人的气质，是第二次世界大战期间昆明自由主义人士中最坚定的笃信个人主义者。[228] 张奚若早年参加过辛亥革命，是同盟会员，后留学美国，1920 年获哥伦比亚大学政治学硕士学位。

他在课堂上说："现在已经是民国了，为什么还老喊万岁？那是皇上才提的。"[229] 1945 年考入史学系的学生罗荣渠，就在张奚若或钱端升的课上第一次听到对三民主义的批评。[230] 张奚若的演讲总是结合时事，公然说出对国民党当局乃至蒋介石大不敬的话，"更是群情轰动"。[231]

1944 年 11 月 24 日，政治学系学生自治会邀请他演讲，他的讲题是《论国是的出路》，出海报时怕讲题扎眼，改为《论国是的前途》。但可容 4000 人的东食堂还是坐得满满的，他在演讲中直指一人独裁、一党专制，掌声雷动。

将近一年前（1943 年 12 月 20 日），他在昆北食堂做"中国宪政问题"的演讲，窗子外、走廊上都挤得水泄不通，他说："宪政的目的是法治与民治，而尤其是民治这方面。宪政是要把人当人看，而不是当奴隶，当牛马，当作政府的工具来看待的！"

历史系学生、参加了中共地下党的李明说，"张奚若是单干，什么都敢讲，他是第一个在昆明公开宣讲要从政治舞台上把蒋介石拉下来的人，我们就支持他讲。"[232]

中共地下党在联大的活动十分隐蔽，有人说，"事实上，在西南联大，党派并不活跃。"[233] 国共的竞争一直在校园里暗中进行。

1944 年 2 月 12 日，姚从吾写信给朱家骅汇报 1 月 7 日在联大附中礼堂开党员大会，出席党员 80 人，教授 36 人，教员、教官、助教、研究生 25 人，职员 14 人，定期举办宪政实施讨论会（以法学院为主体）。信中说：

> 党在联大之基础已大致稳定。若此时仍取保守与稳健态度，则维持已举办之文史学讲演会、现代科学讲演会、党义教学委员会，每三月再召开一次干部恳谈会，即可稳定下去。如此办理虽属消极，实至妥当，且可不召致学校方面与其他方面之嫉忌。党部能经常指挥百五十人以上之教授教员助教研究生，约占西南联大全部教员四分之一（职员随人转移不计在内）；又能指挥团部，领导大部分之学生，则行之以诚，积之以渐，自可成一坚强之单位，自可以辅佐中央、贯彻中央之意旨……联大区党部年来人数之增加，工作之开展，得力于《当代评论》之号召者实多。

姚从吾主持党务，小心翼翼，委曲求成，就是生怕"动辄得咎"，引起反感，所以，每一步都要斟酌联大师生的接受程度，不张扬，不过分，考虑到他们的切身需要，有拉拢，主要是为了赢得好感，他给朱家骅的这些信对于理解在联大办党务之难，是十分重要的根据。

这一年西南联大校园里的宪政讨论也很热闹，1月9日联大政治学会举办学术演讲会，周炳琳主讲《论五五宪草》。3月2日，在各学院的国民月会上，梅贻琦向2000多师生表达了"最后希望各同学注意宪政问题，参加研究讨论"。有中共地下党背景、以民盟昆明支部名义成立的云南学术界宪政问题研究会，从3月10日起邀请潘光旦、潘大逵、王赣愚、李公朴、伍启元、曾昭抡等演讲。

各党派都想抓宪政这面旗，国民党当然也不愿放弃。5月14日，姚从吾给朱家骅写了一封12页的长信，说这一个多月来，因宪政运动和物价高涨，青年学生人心浮动。除了官方与省党部主持的云南宪政讨论会，还有云南学术界宪政问题研究会，主持人李公朴等虽尚未公开，但暗中活动甚力。两者的实际活动对象都以大学教授和大学生为主干。联大法学院教授与学生也都跃跃思动，要参加讨论，迎合潮流。为了先发制人，国民党中央直属联大区党部决议由钱端升、周炳琳以联大法学院宪政讲演会的名义，举办"宪政问题十讲"，主讲人张奚若、陈序经、潘光旦、吴之椿、王赣愚、燕树棠、陈岱孙、赵凤喈、周炳琳、蒋梦麟，其中有6人是国民党员，只有4位非党员。朱家骅档案中保存了一份当时油印的《联大法学院宪政讲演会》材料，讲题、讲者、主持人、日期、地点和时间都有，每逢星期五晚上在昆北食堂举行。

从这年3月31日到5月12日，"宪政问题十讲"已举行7次，听众踊跃，情绪热烈，就讲演会本身而言，成绩显著，只是讲演宪政问题容易涉及时政。如果政府不平抑物价，不惩治奸商之类。区党部为慎重起见，另拨3000元为笔记费，每讲都有笔记，汇齐了呈送中组部备查。

对于青年的最近动态，最近几个月昆明物价又逐渐上涨，生活日高，人心惶惑，青年尤甚。联大学生的情绪又有渐趋浮动之势。行政院副院长孔祥熙来联大演讲，回重庆后特别拨了 30 万元救济联大的穷苦学生，每人可发100元，也不过能买半条手巾或 10 个馒头。少数浮躁学生有主张移赈滇灾的，有主张拒绝接受的，议论纷纭，渐见激昂。征调军中担任翻译的四年级学生，目睹军队腐败、士兵饿死病死无人过问，消息传到校内，群表不满。"校内二三潜伏左倾分子，认为有机可乘，企图活动。"先是想借救济费太少，来激动风潮，志未得逞。又想借纪念"五四"扩大活动。

"五四"纪念日那天下雨，党部、团部又分别防范，虽壁报五光十色，而集会实未举行。到 5 月 8 日，由罗常培以中文系名义，联合八教授，召集"五四"文艺晚会，专以讲文艺为限，目标转移，人心始复归镇定。八教授中除闻一多、沈从文、卞之琳三人，主持人及杨振声、孙毓棠、李广田等都是国民党员。当晚参加的学生超过 2000 人，从 7 点到 12 点，实属空前。姚从吾说："希望经此一次发泄之后，人心能由此安定下去也。"对于"协助中立派与有地位之教授举行文艺晚会转移目标，冀使多数同学之浮动心理渐趋冷淡。"他的行文虽平淡，却也不无得意。

5 月 25 日，朱家骅给他回信说，"关于联大筹办宪政问题十讲之笔记费三千元，可在学术讲演费项下报销"，已交代办理。[234]

马识途说，5 月 4 日晚上有人起哄，大喊大叫，而且电线被割断，电灯灭了。罗常培不顾闻一多的反对，宣布散会。[235]

对于"五四"文艺晚会延后到 5 月 8 日晚上举行，以及"宪政问题十讲"的真实背景，中共地下党也不知道。中共云南工委书记郑伯克对"五四"文艺晚会的解读与姚从吾完全不一样。

6 月，国民党云南省党部书记长赵澍向国民党中央报告，共产党"在昆明的活动向不积极"。三青团中央直属联大分团部干事长陈雪屏给国民党中央的报告也说，联大没有发现共产党的活动，"以往的活动分子（前群社——原件注）均未返校"。而郑伯克说，中共地下党通过掌握大多数系会、级会，于这年秋天的选举中掌握了学生自治会的主导权。[236] 这一切做得很隐秘，外界并未察觉。

学术自由、教学自由是大学的应有之义，也因此才能有学术上的创造。这一年夏天，西南联大教务会议议决各院系修订课程意见书，一致拟请将三民主义这一科目改为选修，不列入必修；一致拟请取消伦理学一科目；世界通史一科目，一致拟请改回西洋通史，一则因为西洋以外的世界史教材只有零星片断，也无从物色适当教师。1941 年 10 月进入联大的马识途（千禾）发现，在其他大学（他曾在中央大学和四川大学上过学）的必修课"三民主义"或叫"党义"，这里的一年级却没有这门课。[237]

1945 年 3 月 12 日，闻一多、吴晗、潘光旦、卞之琳、沈从文、曾昭抡、费孝通、游国恩、余冠英等 342 人联名发表《昆明文化界关于挽救当年危局的主张》，提出由政府邀请中共、民盟等在野党和无党派人士举行国是会议等主张。朱自清在 2 月 27 日就看到了原稿，3 月 6 日他告诉闻一多自己不想签名，为此吴晗对他甚为冷淡。闻一多为征集签名跑了很多路，曾特地跑了 20 公里去找沈从文。

那时西南联大校内的壁报很活跃，晚上还有人打着手电来看。4 月 3 日，郑天挺发现联大学生张贴甚多，响应浙大学生的民主宣言，并欲有所行动，"此不似联大学生所为，或有人在后也。"第二天，得知联大学生代表大会上决议发表国是宣言，联大常委会开会想要劝阻。此后以西南联大学生自治会名义公布的《国立西南联合大学全体学生对国是的意见》，要求立即停止一党专政，举行国是会议，组织联合政府，取消一切特务活动，释放所有爱国政治犯，根绝党化教育等。初稿由历史系学生李曦沐起草，经闻一多润色，这不是什么秘密，4 月 8 日钱端升就提议姚从吾与闻一多共聚一谈。4 月 11日，校方由训导长查良钊、教务长杨石先、总务长郑天挺署名通知给学生自治会，要他们审慎考虑，暂缓发表。但事实上"意见"在当天上午就已发出多份，来不及阻止外流了。两天后（4 月 13 日），郑天挺见到学生"对国是的意见"之外，还有快邮代电，衔称"国民政府国民党中央党部蒋介石先生、共产党中央政治局毛泽东先生"。（这就是朱自清日记中说的称蒋介石为"先生"，暗示不承认其国民政府主席职位，这就涉及许多问题。）当晚，先是查良钊、黄钰生、杨石先、冯友兰、周炳琳和他谈学生自治会的事，周主张解散，不承认其活动，黄、杨深以为然，冯意稍不同，但无异议，决定解散。考虑到事关重大，由查去约陈雪屏、钱端升，他去约陈岱孙、叶企孙、朱自清、张奚若。晚上十点半，人到齐后再议，张奚若对解散学生自治会不以为然，钱端升也不赞成解散之举，冯友兰附和。商量很久，决定仍宽容一次，但须加以告诫。他们之间的争辩虽然甚烈，但态度极从容和正。[238]

这份对国是的意见就是郑伯克与中共联大党支部研究后，通过学生自治会发出的。由他们的秘密印刷厂快速赶印了数万份，通过邮电系统的地下党员和外围组织成员寄往全国高校。[239]

5月1日，驻昆明第五军军长杜聿明对郑天挺说，很担心"五四"那天学生发生问题。5月3日，姚从吾从三青团员那里得知第二天晚上学生火炬竞走之后恐有大规模游行。5月4日，梅贻琦警告学生不要游行。下午3点，郑天挺还在午睡，就被口号声和义勇军进行曲歌声惊醒，大队学生已在游行，参加游行的教授有曾昭抡、闻一多、费孝通等，开会时有闻一多、吴晗、潘大逵等发表演讲。当晚，郑天挺与姚从吾谈起当日的情形，显然预备久矣，"而学校、官厅、党部一无所知，其组织严密极矣……游行之秩序，事前事后之周虑，均远胜当年，可谓大进步……"而军警也没有出来干预。[240]

参加这次游行的包括联大、云大等4个大学的学生，还有部分中学师生及各界人士8000多人，在云大广场集会时，天下起了雨，马识途请闻一多讲话，他说这是"天洗兵"。这次游行的背后是中共云南省工委，还通过华岗与龙云和民盟云南支部取得了一致意见。[241]

此次游行显然已不像三年多前反孔游行那样是自发的，难怪三青团员事先一无所知，还以为晚上火炬竞走之后会有游行。

五六月间，在美国做研究的数学系教授陈省身曾给吴有训、杨武之写信说：

到此后，日觉国家危机之大，"象牙之塔"的研究，离救国实太远，故拟乘留此时期，略注意应用方面。

……翘首东望，百感俱集，惟当拼我全副精力，图报称于国家与知我爱我者耳！[242]

坚持在专业领域救国、报国的教授，在当时还是占了主体。学生也是如此，白天游行示威，晚上照样自学到深夜，白天在大街上高喊"打倒孔祥熙""要民主"，晚上在宿舍里交谈数学方程式和"边际效用"，那是张世英他们从陈岱孙教授的《经济学概论》课上刚学到的新名词。[243]

1945年7月10日，《大公报》刊登记者子冈的长篇报道《外交教育》，正在重庆出席参政会的周炳琳教授对她说：

西南联大始终保持着蔡孑民先生的兼容并蓄的自由传统，"这依靠人的力量"。

他说："我敢担保西南联大与时下的恶学风要相距较远，虽然不敢说没有被侵蚀一丝一毫……"

党团退出学校，只要执行得好，他认为总是学校的一个喜讯。

蒋梦麟后来说过一番话："联大合作成功最大的秘密，是教员们就学做人，都有相当的标准。他们不敷衍了事，骗碗饭吃。他们把学生当人，决不下流……彼此有很多的批评，有时使人难受。但对于公事公办，决不用卑劣手段。呜呼，此联大之所以为联大欤？"[244]

西南联大学生自治会学生部于10月31日举办"八年来的联大"检讨会，闻一多、王赣愚两位教授不约而同地说，"他们不愿为物质生活的低劣而叫苦，却因联大有学术自由和教学自由而感到安慰。"[245]

1939年毕业于西南联大外语系、留校任教的王佐良说："联大的屋顶是低的，学者们的外表褴褛，有些人形同流民，然而却一直有着那点对于心智上事物的兴奋。"

正是"对于心智上事物的兴奋"使他们在艰难岁月中持久地享受着学术

上的创造，及师生问对的乐趣。冯友兰的《新理学》、华罗庚的《堆垒素数论》、金岳霖的《论道》、吴大猷的《多元分子振动光谱与结构》《建筑中声音之涨落现象》、汤用彤的《汉魏两晋南北朝佛教史》、陈寅恪的《唐代政治史述论稿》、王力的《中国语法理论》、费孝通的《禄田农村》、王竹溪的《热学问题之研究》、闻一多的《楚辞校补》等著作都先后获得过教育部的年度大奖，研究生中也有阴法鲁等获奖者。朱自清的《经典常谈》、钱穆的《国史大纲》等也都是在昆明完成的名著。

与此相对的还有另一种"兴奋"。在一个寂静的黄昏，哲学系学生殷福生（海光）和老师金岳霖一起散步，那时种种宣传闹得正响，他问哪一派是真理？金岳霖没有直接答复，沉思了一会，说："凡属所谓'时代精神'，掀起一个时代的人兴奋的，都未必可靠，也未必能持久。"他又问："什么才是比较持久而可靠的思想呢？"金岳霖回答："经过自己长久努力思考出来的东西……比如说，休谟，康德，罗素等人的思想。"相隔二十几年，殷海光才完全明白，无论内容怎样不同，休谟、康德和罗素等人的思想都是纯洁而独立的。[246]金岳霖肯定的正是"对于心智上事物的兴奋"。

殷海光1938年考入西南联大哲学系，毕业后继续读研究生，直到1944年从军才离开，在他看来，西南联大是一个深具自由传统、富于自由精神的学府，虽然共产党也在这里吸收了不少学生，但它的自由传统和自由精神也孕育出另一批青年学子，"具有独立不倚的精神，不屈于权势的骨气，和活泼的思想能力。"[247]他就是其中之一。

十五、"万物都显得饥肠辘辘"

1944年3月27日，《大公报》重庆版发表社评《物价与文化》为困境中的文化呼号，"在物价动荡的浪潮中，受打击的除了公务教育人员及薪给生活者之外，便要算文化事业了。""出版商不欢迎有学术价值的不投机取巧的著述"。

"行行有饭吃，著书必饿死"的现实，图书杂志审查过严，学人物质生活清苦，出版界资金周转困难，邮寄费过重，要求政府尽力为之解除，扶植文化。

5月2日，《大公报》刊登张静庐、黄洛峰、姚蓬子、唐性天等6人于4月5日发出的呼吁《出版业的困难》，与《大公报》的上述社评相呼应，并补充了7点意见，包括希望政府提倡自由研究自由读书的风气；请政府仿工农业贷款办法，对经营出版事业的举办文化贷款，由各出版社向四联总处申请贷款；所有书业营业税，请仍依过去办法，按资本额征收等。

重庆做为战时陪都以后，教育部开始推行"国定本"教科书，由官营的正中书局一家承印。香港沦陷之后，"国定本"改由7家出版机构承印，教科书上署名"国定中小学教科书七家联合供应处印行"，商务、中华、正中3家同占最大成分的印额，其他是世界、大东、开明、文通，"国定本"才得以大量印行，原稿也借各出版机构的编辑经验有不少修改。"国定本"平时因取消自由竞争，对于编辑印制的改进很有障碍。这时出版的初中《公民》课本，许多国民党政要都列名"参阅者"，如朱家骅、陈布雷、吴铁城、陈果夫、潘公展等。

商务印书馆多次声明："一俟抗战结束，应仍恢复自由编印供应办法，以促进步"。王云五邀请梁实秋等先编一套中小学教科书，他揣测抗战胜利之后一定有新局面，大概教科书可以开放民营，所以想先准备一套稿件，随时可以付印上市。不料战后大局陡变，教科书还是只能采用"国定本"，梁实秋主编的那一大箱书稿只好束之高阁了。

1945年元旦，在西南联大兼课的英国学者罗伯特·白英在日记中写了一句话，"万物都显得饥肠辘辘"。

物价上涨速度加快，每每早晚市价不同，联大的教授已没有几家用得起女佣人了。吴大猷教授说，买菜煮饭都不怕，最怕也最生气的是生不着炉子。如果早上有课，他就提上菜篮和一杆秤，到了教室，先放在黑板下面，等下了课，再到市场买好菜。有一天，他好不容易买了两条鲫鱼，拿回家放在小院子的水缸前，到屋里转了一下，几秒种后出来，两条鲫鱼只剩下了一条，抬头一看，一只乌鸦衔了条鱼飞上屋顶去了。被乌鸦叼上屋顶的鱼虽说不大，可因为难买，一下丢了二分之一，他真的心痛。[248]

《大公报》也面临很大的困难。4月5日，发表《本报紧缩发行启事》告知读者，因物价上涨，不得不紧缩发行，并就印刷技术问题向读者致歉。这年年初，胡政之面交蒋介石一信，要求用法币400万准售官价外汇20万美元购买新印刷机，作为战后复员之用。蒋也批准了。胡政之利用出席联合国成立会议之便，在美国订购了3部轮转印报机。

此时抗战胜利已无悬念，最值得担忧的是内战。3月23日，《大公报》转载王芸生首发于《自由论坛》的《我对国事前途的几点概念》，其中第四点：

> 战后的和平期间，无论短长，对于中国都是非常非常的宝贵，我们应该充分的利用，极端的珍爱。一个前提，我们绝对不容有内战！我们若不幸自乱，打了内战，那就一切完事！抗战的血白流，胜利的果全毁，建设的梦真是个梦！从此时起，我们人人都应该树立起强烈的反内战的观念。谁要打内战，我们就反对谁！谁敢作内战的挑衅，他就是国贼，人人得而诛之！

他寄希望于具有现代观念自由意识的人们，认为这群人是社会的中坚，进步的力量，而偏偏爱惜羽毛，"清高避实，怕惹闲气，甚至听天由命。"他认为这种消极的态度太糟糕了。所以，他呼吁："现代的自由的人们应该起来，开路，打基础，做事！"

7月中下旬，中央军胡宗南的三个师，在陕西咸阳的淳化境内与十八集团军发生武装冲突。抗战胜利在望之际，淳化事件让一直担忧内战的人们心中更为不安。《大公报》于8月3日发表社评《论淳化事件——并附述我们对国事的意见》说，"内战，是一个不大祥的名词。"这个名词，"人人听了心惊胆怕，但实际说来，内战形式是存在的。一个国家，有两个军队系统对立，有两个政府形式对立，自然是欠统一欠团结的象征，随时有刀对刀枪对枪的危险。"

如果内战还只是一种担忧，生计艰难却是当时的紧迫问题。

5月20日，西南联大教授杨西孟、戴世光、费孝通、鲍觉民、伍启元等再次联名在《大公报》发表《现阶段的物价及经济问题》，呼吁消除既得利益集团阶级的权势，以作最后的挽救。

到日本投降前，那是西南联大教授生活上最困难的时期。每月发薪水，纸币满箱，因为物价直线飞跃上升，他们一拿到薪水，除了留些用于买菜的零用外，都立刻拿去买不易坏的东西，如米、炭等。[249]

吴大猷说自己可能是教授中最先摆地摊的，托人从香港、上海带来的较好的东西陆续都卖了。等到他离开昆明时，他们家的东西连个手提箱便装得下了。[250]生物系教授沈嘉瑞也说，只剩下几个空箱子可卖了。

杨振宁的父亲杨武之是西南联大数学系教授，他的储蓄已化为乌有，到战争结束时，他们这个7口之家已到了无隔夜之炊的地步。[251]

7月25日，罗伯特·白英在日记中说："偶尔我们也能凑上桌把酒席，但是为了这难得的体面，我们得发疯般地节衣缩食，勒紧裤带，连自己和孩子们的鞋都顾不得去买。这种贫穷的境遇令人感到十分扫兴，弄得我们大家都非常烦恼。"

8月5日，他说自己认识的一些教授，"持续八年的战争使他们身患某种精神病，他们有时会突然晕厥，有时又会突然感到眼前一片漆黑，陷入无尽的可怕的绝望之中。"[252]

注：

1、《秦德纯回忆录》，7页；陶希圣《潮流与点滴》，138页。

2、《胡适之先生年谱长编初稿》第五册，1598页。

3、【日】今井武夫《今井武夫回忆录》，上海译文出版社1978年，5、32—41页。

4、窦应泰编著《张学良遗稿——幽禁期间自述、日记和信函》，作家出版社2005年，289页。

5、朱介凡《庐山抗战精神》，《中央日报》1968年6月20日，转引自赖光临《中国近代报人与报业》下册，台湾商务印书馆1987年第二版，577页。

6、《今井武夫回忆录》，80页。

7、《范长江新闻文集》下册，新华出版社2001年，626页。

8、郑天挺《滇行记》，《茹吹弦诵情弥切》，326页；《郑天挺西南联大日记》上册，307页。

9、等抗战胜利，北大校方登报宣布，老学生可以回来找回自己的书，条件是书上得有能证明确实属于自己的标记，如图章、签名等，校方相当优容，有点说头差不多的就让拿走。白化文《负笈北京大学》，江西教育出版社2008年，112—113页。

10、郑天挺《滇行记》，《茹吹弦诵情弥切》，326页。

11、杨钟健《抗战中看河山》，生活·读书·新知三联书店2014年，11页。

12、魏建功《廿六年八月八日敌兵入北平，时北大方针未决；十月中始召同人赴长沙，将去北平有作》，《红楼梦影——吴小如师友回忆录》，北京大学出版社2012年，24页。

13、《徐铸成传记三种》，学林出版社1999年，90—91页；《徐铸成回忆录》，生活·读书·新知三联书店1998年，71页。

14、转引自汪家熔《商务印书馆史及其他——汪家熔出版史研究文集》，132页。

15、王云五《庐山往还》，《王云五全集》20，九州出版社2013年，297-299页。

16、王芸生《从统一到抗战：芸生文存第二集》，239、241、247、249-250页。

17、范小梵《风雨流亡路：一位知识女性的抗战经历》，山东画报出版社2008年，23页。

18、王芸生《从统一到抗战：芸生文存第二集》，279、280-281页。

19、陈训慈《运书日记》，中华书局2013年，59页。

20、何兆武口述、文靖执笔《一代人的情结》，《我们生命里的七七》，台北远见天下文化出版股份有限公司2014年，48页。只是年代久远，何兆武把社评题目记成了《勉中华男儿》。

21、1937年10月14日王云五还在上海，张树年主编《张元济年谱》，商务印书馆1991年，451页。

22、王云五《商务印书馆与新教育年谱》，《王云五文集》五（下册），735-736页。

23、《张元济书札》下，1043页。

24、《季鸾文存》，大公报馆1947年印，26页。

25、《季鸾文存》，27-28、29页。

26、《范长江新闻文集》下册，691 页。

27、王云五《商务印书馆与新教育年谱》，《王云五文集·五》下册，687—688 页。

28、张岱年的《中国哲学大纲》又打算在香港出版，拖到香港沦陷也没有印出，直到 1958 年才出版。

29、陈纪滢《报人张季鸾》，台北文友出版社 1956 年，22—23 页。

30、《敬悼季鸾先生》，1941 年 9 月 8 日《大公报》重庆版社评。

31、《季鸾文存》，38 页。

32、杜重远《还我河山——杜重远文集》，文汇出版社 1998 年，291 页。

33、《张元济全集》第 2 卷，商务印书馆 2007 年，44—45 页。

34、张泽贤《民国书影过眼录续集》，上海远东出版社 2006 年，502—504 页。

35、《宪政救国之梦——张耀曾先生文存》，473、474 页。

36、政之《追念张季鸾先生》，《大公报》1946 年 9 月 1 日，《胡政之文集》下册，1156 页。

37、陈训慈《运书日记》，中华书局 2013 年，58 页。

38、《王世杰日记》上册，25 页。

39、《王世杰日记》上册，38 页。

40、《傅斯年遗札》第三卷，1639 页。

41、《王世杰日记》上册，48 页。

42、《马芳若日记——西南联大私人纪事》，辛丑秋四礼堂刊，74、75、78 页；向长清《衡山暂驻》，《筝吹弦诵在春城——回忆西南联大》，云南人民出版社、北京大学出版社 1986 年，48 页。

43、《闻一多书信集》，群言出版社 2014 年，103 页；《马芳若日记——西南联大私人纪事》，79、74 页；冯友兰《回念朱佩弦先生与闻一多先生》，龙美光编《五色交辉聚人杰——西南联大人物风采录》，云南人民出版社 2018 年，61 页。

44、赵瑞蕻《离乱弦歌忆旧游》，文汇出版社 2000 年，15—16、125 页。

45、闻黎明、侯菊坤《闻一多年谱长编》，湖北人民出版社 1994 年，510 页。

46、1938 年 6 月 20 日，傅斯年给胡适的信中说，"临大自湘迁滇，是大家苦劝，方才可以的。"《傅斯年遗札》第二卷，894 页。

47、转引自王金华《危城弦歌一百日》，《中华读书报》2021 年 2 月 10 日。

48、《郑天挺西南联大日记》上册，中华书局 2018 年，14 页。

49、1940 年 10 月 21 日发表于《大公报》重庆版。

50、《傅斯年遗札》第三卷，中央研究院历史语言研究所 2021 年，1678 页。

51、原载汉口《新华日报》1938 年 6 月 29 日、7 月 11 日，《国民参政会纪实》上册，103—104 页。

52、《国民参政会纪实》上册，348—354 页。1939 年 2 月 14 日，桂林出版界集会议电呈国民参政会和国民党中央党部，要求真正撤消原稿审查办法，以利抗战宣传，参加集会的包括生活、商务、中华、开明等 25 个出版机构。

53、浦薛凤《太虚空里一游尘——浦薛凤回忆录（中）》，黄山书社 2009 年，74—75、76 页。

54、龙美光编《八千里路云和月——长沙临时大学播迁记》，197—198、206—207、209 页。

55、《黄炎培日记》第5卷,290页。

56、王云五《岫庐八十自述》,台湾商务印书馆1967年,244—245页;王云五《十年苦斗记》,台湾商务印书馆1996年,23页。

57、《张元济书札》上册,207页。

58、转引自汪家熔《商务印书馆史及其他——汪家熔出版史研究文集》,143—144页。

59、《叶圣陶集》24卷,江苏教育出版社1994年,221页。

60、1938年11月29日叶圣陶写信给开明书店创办人章锡琛说:"观战局大势,似黔桂亦非安稳之区。凡百事业殆均将绝而复兴乎。开明之忧虑,商务、中华何独不然。成都商务存货颇多,现源源南运,困于乐山。"《叶圣陶集》24卷,183页。

61、《陈克文日记》上册,中央研究院近代史研究所2013年,515页。

62、《郑天挺西南联大日记》上册,242页。

63、《陈克文日记》上册,555页。

64、石横《抗战中产生的西南联大》,《民意周刊》1941年第154期,龙美光编《绝徼移栽桢干质——西南联大问学拉杂谭》,159—160页。

65、《叶圣陶集》第24卷,199页。

66、《温州老副刊》上册,222页。

67、王云五《岫庐八十自述》,246页。

68、王云五《访英日记》,《王云五全集》20,九州出版社2013年,166页。

69、沈百英《我与商务印书馆》,《商务印书馆九十年》,商务印书馆1987年,290页。

70、王云五《十年苦斗记》,台湾商务印书馆1966年,27页。

71、《傅斯年遗札》第二卷,1081页。

72、王云五《岫庐八十自述》,341页。

73、陈桥驿《八十逆旅》,中华书局2011年,88页。

74、《郑天挺西南联大日记》上册,50页。

75、朱自清《蒙自杂记》,《朱自清全集》第四卷,江苏教育出版社1990年,400页。

76、转引易社强《战争与革命中的西南联大》,76页。

77、《马芳若日记——西南联大私人纪事》,124页;《郑天挺西南联大日记》上册,63—68页;钱穆《八十忆双亲 师友杂忆合刊》,素书楼文教基金会2000年,206页。

78、胡嘉《离乱纪闻:记国立西南联合大学》,《宇宙风(乙刊)》1939年第五期,龙美光编《绝徼移栽桢干质——西南联大问学拉杂谭》,82页。

79、《陈克文日记》上册,167页。

80、自圻《西南联大在昆明》,龙美光编《绝徼移栽桢干质——西南联大问学拉杂谭》,72页。

81、《郑天挺西南联大日记》上册,231、244、276、314、274页。

82、《北京大学史料》第三卷,449页。

83、《郑天挺西南联大日记》上册,579—580页;下册,1062页。

84、1939 年 11 月 17 日，《朱自清全集》第十卷，江苏教育出版社 1998 年，62 页。

85、《傅斯年遗札》第二卷，971—975 页。

86、《朱自清全集》第十卷，33 页。

87、郑天挺西南联大日记》上册，183、380；下册，653 页；老舍《滇行短记》，《可喜的寂寞——老舍散文》，浙江文艺出版社 2014 年，111—112 页。

88、吴大猷《抗战期中》，西南联大北京校友会编《庆祝西南联合大学成立 65 周年纪念特辑》，2002 年 10 月，26 页。

89、杨振宁《读书教学四十年》，三联书店香港分店 1985 年，113—115 页。

90、《杨振宁谈西南联大》，西南联大北京校友会编《庆祝西南联合大学成立 65 周年纪念特辑》，9—10 页。

91、吴大猷《抗战期中》，西南联大北京校友会编《庆祝西南联合大学成立 65 周年纪念特辑》，28 页。

92、何兆武口述、文靖执笔《上学记》，生活·读书·新知三联书店 2008 年，95—96 页。

93、许渊冲《联大人九歌》，云南人民出版社 2008 年，168 页。

94、《西南联合大学教务会议就教育部课程设置诸问题呈常委会函》，《国立西南联合大学史料（三）》，113—114 页。

95、《国立西南联合大学史料（二）》，152 页；西南联合大学北京校友会编《国立西南联合大学校史（修订版）》，北京大学出版社 2006 年，35—36 页。

96、何兆武口述《上学记》，98—99、105、119—120 页。

97、《张世英回忆录》，39、42、43、44 页。

98、自汗《自由教学的西南联大》，龙美光编《绝徼移栽桢干质——西南联大问学拉杂谭》，234—235 页。

99、《张世英回忆录》，43 页。

100、何炳棣《读史阅世六十年》，广西师范大学出版社 2005 年，150、152 页。

101、《陈克文日记》上册，365 页。

102、《郑天挺西南联大日记》上册，388、415 页。

103、冯友兰《联大被炸以后》，龙美光编《一寸山河一寸血——西南联大抗战救亡曲》，45—46 页。

104、刘钊《从西南联大说起》，《中央周刊》第 4 卷第 49 期 1942 年 7 月 16 日，龙美光编《绝徼移栽桢干质——西南联大问学拉杂谭》，196 页。

105、《周佛海日记全编》上编，中国文联出版社 2003 年，175、177 页。

106、《周佛海日记》，184 页；《陈布雷从政日记 1938》，153 页。

107、《蒋中正函张季鸾请其在香港报纸言论对汪兆铭宽留转旋余地》，台湾国史馆藏：《国民政府》档案，《汪兆铭叛国（一）》，文件号：001103100001024a. 转引自李志毓《惊弦：汪精卫的政治生涯》，牛津大学出版社 2014 年，225-226 页。

108、《汪兆铭电张群》，台湾国史馆藏：《汪兆铭史料》，《汪兆铭与中国国民党有关之各项函电（一）》，典藏号：118—010100—0005—072 。转引自李志毓《惊弦：汪精卫的政治生涯》，220—221 页。

109、《周佛海日记全编》上编，235 页。

110、国史馆藏档案手抄件，典藏号：002—080200—00527—052。

111、《胡政之在上海馆编辑部会上的讲话》，原载《大公园地》复刊第 6 期，1947 年 10 月 22 日，《胡政之文集》下册，1113 页。

112、王芸生《季鸾先生的风格与文境》，转引自周雨《大公报史》，江苏古籍出版社 1993 年，354 页。

113、陈永发、沈怀玉、潘光哲访问，周维朋记录《许倬云八十回顾》，香港中文大学出版社 2011 年，83 页。

114、《陈克文日记》上册，558 页。

115、《郑天挺西南联大日记》上册，247 页。

116、《胡适遗稿及秘藏书信》，490 页。

117、蒋梦麟《西潮·新潮》，223-224 页。

118、《陈克文日记》上册，568 页。

119、《郑天挺西南联大日记》上册，259、269 页。

120、《王世杰日记》上册，328 页。

121、兆凤《西南联大的学生生活》，龙美光编《布东考古布西算——西南联大师生众生相》，25 页。

122、龙美光编《一寸山河一寸血——西南联大抗战救亡曲》，46 页。

123、何炳棣《读史阅世六十年》，152 页。

124、杨西孟《九年来昆明大学教授的薪金及薪金实值》，《观察》周刊第一卷第三期 1946 年 9 月 14 日。

125、《徐铸成回忆录》，92—93 页。

126、张元济《九年来之报告》，《张元济全集》第 4 卷，商务印书馆 2008 年，450、464 页；汪家熔《商务印书馆史及其他——汪家熔出版史研究文集》，148 页；周佳荣《抗日战争时期的商务印书馆——以香港分馆为中心》，《中国出版史研究》2016 年第 4 期，32 页。

127、曹冰严《抗日战争期间日本帝国主义在上海统制中国出版事业的企图与暴行》，张静庐辑注《中国出版史料补编》，中华书局 1957 年，401—403、409 页。

128、《董事会记录簿》，转引自《张元济年谱长编》下册，1167 页；汪家熔《商务印书馆史及其他——汪家熔出版研究文集》，152—154 页。

129、吴廷俊《新记大公报史稿》，武汉出版社 1994 年，237 页。

130、《当代评论》第一卷第七期，1941 年 8 月 18 日，龙美光编《一寸山河一寸血——西南联大抗战救亡曲》，44—45 页。

131、许渊冲《联大人九歌》，236—237 页。

132、《忆金岳霖先生》，殷海光《杂忆与随笔》，台大出版中心 2010 年，142 页。

133、赵瑞蕻《离乱弦歌忆旧游》，156 页。

134、吴廷俊《新记大公报史稿》，武汉出版社 1994 年，233、234 页。

135、沈石《西南联大群相》，龙美光编《刚毅坚卓未央歌——西南联大精神漫笔集》，239 页。

136、汪曾祺《跑警报》，《汪曾祺全集》三，北京师范大学出版社 1998 年，394—401 页。

137、卢福庠《黎警报》，《宇宙风》1940年第94、95合刊，龙美光编《一寸山河一寸血——西南联大抗战救亡曲》89、90页。

138、《郑天挺西南联大日记》上册，417页。

139、张曼菱《西南联大行思录》，生活·读书·新知三联书店2013年，148—149页。

140、《茄吹弦诵情弥切——国立西南联合大学五十周年纪念文集》，中国文史出版社1988年，222页。

141、汪曾祺《泡茶馆》，《汪曾祺文集》三，373、375页。

142、巫宁坤《西南联大的茶馆文化》，《孤琴》，台湾允晨文化实业股份有限公司2008年，77、78页。

143、赵瑞蕻《乱离弦歌忆旧游》，14页。

144、《张世英回忆录》，46页。

145、郑以纯《联大风光》，《宇宙风（乙刊）》1940年9月1日，龙美光编《布东考古布西算——西南联大师生众生相》，101页。

146、《朱自清全集》第十卷，137、139、140页。

147、《浦熙修记者生涯寻踪》，文汇出版社2000年，285页。

148、《王世杰日记》上册，399—400页。

149、《陈布雷从政日记1941》，196页。

150、王芸生手札原件，藏台湾国史馆藏蒋中正总统文物，典藏号：002—080103—00055—005，傅国涌手抄。陈布雷1941年12月24日收到此信。《陈布雷从政日记1941》，197页。

151、《王世杰日记》上册，400页。

152、经杨天石考证，洋狗确非孔家的。《找寻真实的蒋介石——蒋介石日记解读2》，华文出版社2010年，263—272页。

153、《联大八年》，新星出版社2010，24页。

154、《朱自清全集》第十卷，142页。

155、《王世杰日记》上册，404页。

156、《陈布雷从政日记1942》，5、7页。

157、《王世杰日记》上册，405页。

158、姚从吾给朱家骅的信复印件，藏朱家骅档案，中央研究院近代史研究所。

159、《郑天挺西南联大日记》上册，503页。

160、姚从吾给朱家骅的信复印件，藏朱家骅档案，中央研究院近代史研究所。

161、《陈布雷从政日记1942》，9页。

162、《白区工作的回顾与探讨　郑伯克回忆录》，中共党史出版社1999年，178-181、183页。

163、转引自《找寻真实的蒋介石——蒋介石日记解读2》，269页。

164、《马识途文集9　风雨人生下》，四川文艺出版社2005年，357—359页。

165、《陈布雷从政日记1942》，12页。

166、《王世杰日记》上册，409、411页。

167、《陈布雷从政日记1942》，60—61页。

168、李纯青《为评价大公报提供史实》，周雨编《大公报人忆旧》，中国文史出版社1991年，307页。

169、《陈布雷从政日记1943》，36—37页。《徐铸成自述：运动档案汇编》，生活·读书·新知三联书店2012年，195—196页；《徐铸成回忆录》，生活·读书·新知三联书店1998年，107页。

170、《陈布雷从政日记1943》，9、10页。

171、《王世杰日记》上册，486页。

172、李纯青《为评价大公报提供史实》，周雨编《大公报人忆旧》，306—307、310页。

173、蒋介石档案，转引自杨天石《寻找真实的蒋介石》1，274—275页。

174、周雨《大公报史》，353页。

175、《傅斯年遗札》第二卷，892页。

176、《陶希圣年表》1938年，未刊稿，范泓先生提供。

177、《周佛海日记全编》上编，111页。那段时间，张季鸾、陶希圣在一起的场合很多，比如1938年4月16日，朱家骅约邵力子、张季鸾、陶希圣、陈豹隐、陈公博、周佛海等讨论"抗战建国纲领"。《王世杰日记》上册，113页。

178、《周佛海日记全编》上编，111、127、128、178页。

179、杨琥编《宪政救国之梦——张耀曾先生文存》，法律出版社2004年，338页。

180、《还我河山——杜重远文集》，文汇出版社1998年，291页。

181、《陈布雷从政日记1938》，136页。

182、《周佛海日记全编》上编，204页。

183、《王世杰日记》上册，285、286页。

184、《陈布雷从政日记1942》，86—87页。

185、《朱自清全集》第三卷，江苏教育出版社1988年，420—421页。

186、《朱自清全集》第十卷，120、124页。

187、张曼菱《西南联大行思录》，163页。

188、百川《昆明十九日小记》，《中央周刊》1942年9月到11月连载，龙美光编《绝徼移栽桢干质——西南联大问学拉杂谭》，114页。

189、王了一《龙虫并雕斋琐话》，中国社会科学出版社1982年，21-22页。

190、韩咏华《同甘共苦四十年——我所了解的梅贻琦》，《笳吹弦诵在春城——回忆西南联大》，60页。

191、《长河》附录，北岳文艺出版社2002年，208—209页。

192、西南联大25名教授拒受特别办公费致常委会信，《国立西南联合大学史料四》，547页；《国立西南联合大学史料二》259页。

193、朱家骅档案，中央研究院近代史研究所档案馆藏。

194、陆惠勤等译《费正清对华回忆录》，知识出版社1991年，293—303页。

195、冯友兰《三松堂自序》，江苏文艺出版社2011年，106页；蔡仲德《冯友兰先生年谱初编》，河南人民出版社1994年版，267页。

196、杨西孟《九年来昆明大学教授的薪津及薪津实值》，《观察》第一卷第三期1946年9月14日，

7页。

197、沈从文《长河》附录，北岳文艺出版社 2002 年，214 页。

198、王了一《龙虫并雕斋琐语》，89—90 页。

199、吴晗《闻一多的手工业》，龙美光编《五色交辉聚人杰——西南联大人物风采录》，云南人民出版社 2018 年，32—35 页。

200、《闻一多书信集》，群言出版社 2014 年，159、362 页。

201、1946 年 4 月 28 日王云五回到上海，5 月 2 日向董事会报告：总管理处于 4 月 28 日迁回上海。汪家熔《商务印书馆史及其他——汪家熔出版史研究文集》，142 页。

202、陆廷珏《抗战时期重庆商务印书馆琐记》，《重庆出版纪实》第 1 辑，重庆出版社 1988 年，第 21-22 页、166 页。

203、《王世杰日记》上册，409 页。

204、《陈布雷从政日记 1942》，16、22 页。

205、《陈布雷从政日记 1942》，78 页。

206、久宣《商务印书馆——求新求变的轨迹》，西南财经大学出版社 2002 年，43—44 页。

207、梁实秋《雅舍散文》，九歌出版社 1985 年，174 页。

208、石坤林《忆商务老编辑苏继庼先生》，《商务印书馆九十五年》，商务印书馆 1992 年，367—369 页。

209、张定华、苏朝纲、邹光海、陈初蓉《中国抗日战争时期大后方出版史》，重庆出版社 1999 年，346 页。

210、汪家熔《民族魂——教科书变迁》，221—222 页；《商务印书馆史及其他——汪家熔出版史研究文集》，171—172 页。

211、张世英《无言之师》，《商务印书馆一百年》，商务印书馆 1998 年，168 页；《张世英回忆录》，62 页。

212、李之禹《陈寅恪先生给李嘉言的信》，《书屋》2016 年第 2 期。

213、王云五《岫庐八十自述》，台湾商务印书馆 1967 年三版，341—342 页。

214、《陈布雷从政日记 1943》，78—79、96 页。

215、《陈布雷从政日记 1943》，204 页。

216《陈布雷从政日记 1943》，114 页。

217、《王世杰日记》上册，658 页。

218、《陈布雷从政日记 1945》8、11 页。

219、《朱自清全集》第十卷，240 页。

220、张朋园、张俊宏访问、张俊宏纪录《吴思珩先生访问纪录》，《口述历史》第八期，中央研究院近代史研究所 1996 年，155 页。

221、朱家骅档案原件复印件，藏台湾中央研究院近代史研究所。

222、《朱自清全集》第十卷，289 页。

223、转引自谢慧《西南联大与抗战时期的宪政运动》，276页。

224、《陈克文日记》1939年9月15日，481页。

225、《陈布雷从政日记1945》，117页。

226、《张奚若文集》附录，476页。

227、何炳棣《读史阅世六十年》，178页。

228、《费正清对话回忆录》，506页。

229、何兆武《上学记》146、180页。

230、罗荣渠《北大岁月》，27页。

231、《马识途文集9 风雨人生》下册，351页。

232、郑伯克《白区工作的回顾与探讨——郑伯克回忆录》，244页。

233、刘钊《从西南联大说起》，《中央周刊》第4卷第49期1942年7月16日，龙美光编《绝徼移栽桢干质——西南联大问学拉杂谭》，199页。

234、朱家骅档案复印件，藏中央研究院近代史研究所。

235、《马识途文集9 风雨人生》下册，399页。

236、《白区工作的回顾与探讨——郑伯克回忆录》，194—195、211、197—199页。

237、《马识途文集9 风雨人生》下册，345页。

238、《郑天挺西南联大日记》下册，1017、1018—1019、1020—1021页；《朱自清全集》第十卷，341页。

239、《白区工作的回顾与探讨——郑伯克回忆录》，216—217页。

240、《郑天挺西南联大日记》下册，1028、1030、1031—1032。

241、《白区工作的回顾与探讨——郑伯克回忆录》，226页。

242、《国立西南联合大学史料（四）》，469页。

243、《张世英回忆录》，中华书局2013年，24页。

244、蒋梦麟《纪念日话联大回忆当年》1947年11月1日，龙美光编《刚毅坚卓未央歌——西南联大精神漫笔集》，246页。

245、《新华日报》1945年11月21日，转引自谢慧《西南联大与抗战时期的宪政运动》，146页。

246、殷海光1968年7月5日致卢鸿材，《殷海光书信集》，上海三联书店2005年，314页。

247、殷海光《杂忆与随笔》，142页。

248、吴大猷《抗战期中》，西南联大北京校友会编《庆祝西南联合大学成立65周年纪念特辑》，2002年10月，28页。

249、吴大猷《抗战期中》，西南联大北京校友会编《庆祝西南联合大学成立65周年纪念特辑》，2002年10月，29页。

250、《笳吹弦诵情弥切》，222页。

251、《杨振宁谈西南联大》，西南联大北京校友会编《庆祝西南联合大学成立65周年纪念特辑》，4页。

252、《云南文史资料选辑》第三十辑，235、264、269页。

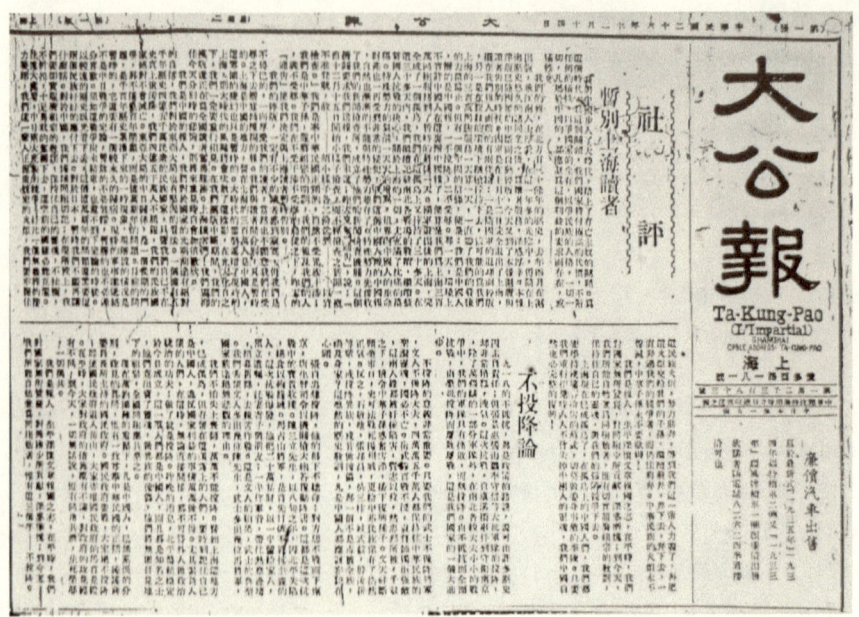

1937年上海沦陷前《大公报》同时刊出两篇社评

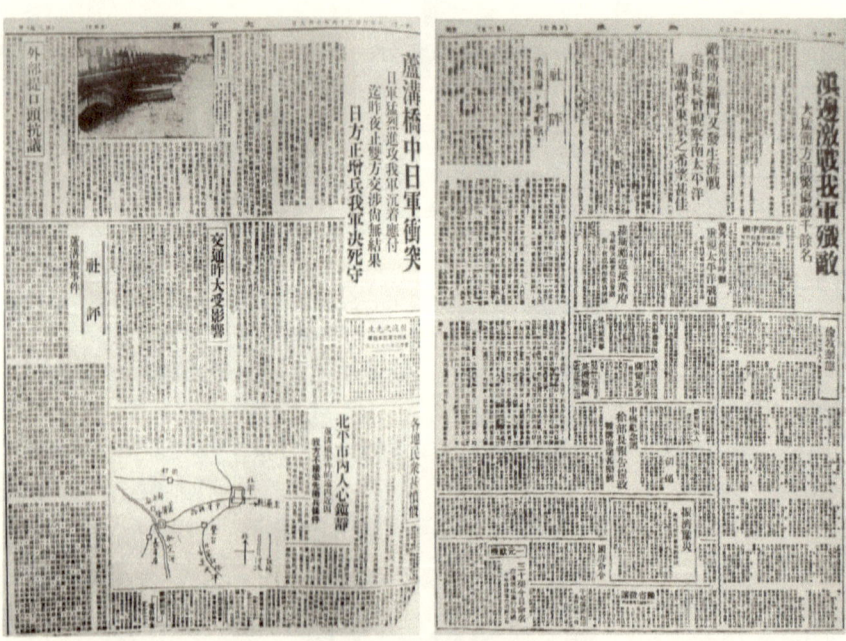

左：1937年7月9日胡政之执笔的《大公报》社评《卢沟桥事件》

右：王芸生执笔的《大公报》社评《看重庆，念中原！》导致被停刊三天

重庆大公报的排字车间

《大公报》重庆版编辑在工作

1941年5月19日的大公报馆

被日军飞机炸毁的大公报馆（以上照片皆中央社记者魏守忠摄）

张季鸾去世之后

嘉定陶伯恭先生于余为上科前
辈余馆选後以椠草之役晋谒
未偿相见其後於彤仲小师家
偶一晋接嗣余与粤友谈通艺学
堂托室式成南其长公子之田来其
学日增渐　先生行谊甚详待深笃
桂戊戌政变余以善后堂籍落职
多：南返徙欲就先生而无由卬芝因
禘通奇闻矣　雅养贤婿泳标
此卷为　先生手书述其家世及生
平事综而繁会於　湿如同年
立言作及所以着勉雒养与其
二先者尤深卷来读书养志推益
择友诚待择术先乘妫相和
陆为主寿语真而帛荜栗之
言可为家范可为产在铭额
雖养昊仲世宝之
民国纪元二十有六年十一月九日
时梵王渡戎事方酣砲声
阴之不绝此
海盐张元济

1937年11月9日张元济手书

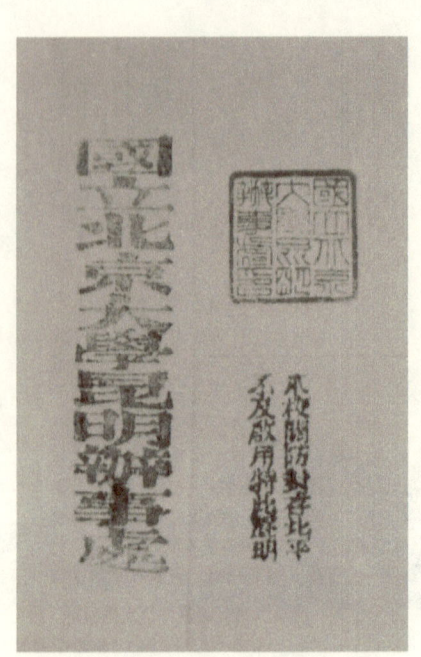

左：北大中文系学生马芳若1937年11月初到南岳上课的日记
右：北大昆明办事处关防

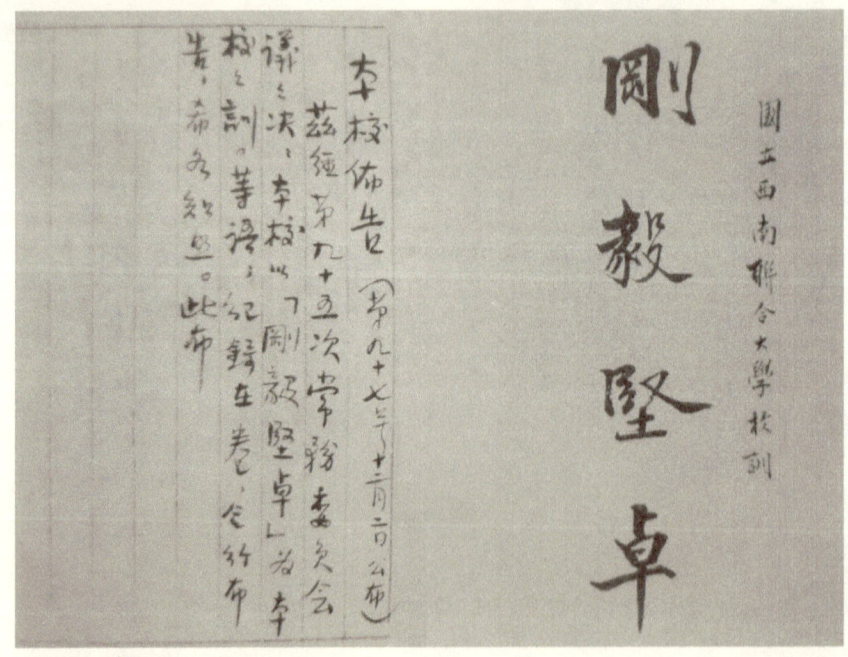

西南联大公布校训

1938年8月，西南联大教授周培源、陈岱孙、金岳霖、吴有训与梁思成、林徽因、梁从诫等在一起

西南联大的学生们

第八篇

夹缝

1945—1949

一、"日本投降矣!"

1945年8月8日,美军在日本广岛投下了原子弹。8月9日,苏联宣布对日作战,向东北进军,第二颗原子弹投在日本长崎,全城毁灭。

8月10日晚上,当徐铸成从电讯房得知日本照会四强要求投降的消息,《大公晚报》已经出报,他与金诚夫商量立即印发号外。不久,便到处都是爆竹声,山城重庆被欢呼的声浪久久淹没,爆竹声几乎响了一夜。

当夜,重庆出版业同业公会执监联合会议正在东方图书馆重庆分馆阅览室开会,商务馆重庆办事处主任史久芸正在报告赴梁山调查纸张的情形,突然商务馆职员丁宝森进来报告,日本已投降,会即中止。那一夜,重庆街头爆竹不断,"万民狂欢,兴奋异常。"[1]

当夜,王芸生执笔写下社评《是投降的时候了》,发表在第二天的《大公报》:

> 整整八年的大战,要过去了。强大的敌人,要屈服了。我们实在抑制不住要长长欢呼,欢呼! ……我们受了八年苦难的压缩的心,好像原子弹一样,已经爆炸了,爆炸了!

国人的喜悦从柏林制皂厂刊登在《大公晚报》的"普天同庆"广告也可看出:"万恶倭寇已于八月十日向四强请求投降了! ……特举行胜利大廉价七天"。

这一天,朱自清在昆明,他的日记只有一句话:"敌今日无条件投降,大好消息!"[2]他的同事罗伯特·白英则记得很详细:

深夜，我正伏案工作，忽听得窗外响起了一阵阵清脆的爆竹声，劈劈啪啪地，此起彼伏，经久不息。爆竹的呛人气息终于透过房子四围的的高墙扑鼻而来，那是一股苦涩刺鼻的气味，有点像阿莫尼亚，又带着腐木的霉味，然而他却宣告了战争的终结。

天下着雨，可是谁都不在乎。街上人声鼎沸，人们欢呼着，高唱着"顶好"。屋顶上悬挂着湿漉漉的鲜红的共和国国旗，吉普车闪射着车灯，在窄窄的街道中穿行。那车灯时而照见雨中瑟缩着的孩子，时而照见忙乱中修着雨伞的老学者，时而又照见伫立在阴冷的巷口的一对情人……孩子们在哭叫，鞭炮声响彻四方。人们从楼层的窗户里、从门洞里往外扔着鞭炮，也有从吉普车里抛撒出来的……

雨点在洪流漫溢的河面上激起串串银波。人们依然成群结队地四处围转，唱着歌，高叫着"顶好"，也不明白自己为什么要呼喊……绵绵的细雨似乎在告诫人们要保持清醒的头脑。[3]

包括王云五在内，最近一二月来都在期待这一天的来临，只是没想到胜利来得这么快。8月13日夜，商务馆同人为庆祝胜利欢宴。大家起立，一同举杯为中华民国庆祝。王云五的发言却很冷静："胜利提前固极可喜，唯政府与工商业事前皆无充分准备，临时应付此突发大局势，处置得宜，固如天之福，否则胜利之成果恐不免打一大大的折扣。"[4]

日本正式投降的消息要等到8月14日，重庆各报都出了号外。

8月15日，《大公报》的头条新闻标题用了特大号字："日本投降矣！"因为没有那么大的字模，只好临时赶铸。当夜，王芸生落笔写《日本投降了》这篇社评时，心情无比激动，他想起了杜甫的诗《闻官军收河南河北》，"漫卷诗书喜欲狂"，许多人都不约而同地想到了这首诗。

8月16日，王云五给张元济发电报，报告后方这几年来的情形及目前的实况，探询上海方面机器、纸型、纸张、款项的现状。8月27日，张回电："纸版存八、九成，纸张目前略敷用。机器多数收回，铜模全返，员工仅百六十人，厂未停，第五厂完存，设法索回。港厂状不明。"[5]

商务印书馆复员期内，王云五并没有去上海，而是留在了重庆，他的主要理由有两个，一是政协会议正在酝酿中，成败关系甚大；二是上海的商务馆和印厂，经过长期的沦陷，人事与工作环境都和战前迥然不同，如果他亲自回上海，想要从根本上整顿，也断非短时期所能收效。

他安排李伯嘉以经理身份返回上海，代他参加董事会，在9月15日商务馆董事会第460次会议上，李代表王云五报告了后方公司的大致情形，这4年惨淡经营，财务上不仅不借债，而且相当宽余，出版不仅照常，出新书依然为同业之冠。商务馆在重庆、成都、恩施等地的13个分支馆照常营业，而且新设了宜宾、万县等8个分馆，福州、桂林、长沙、南京、杭州等地的分馆也已收复或正在收复中，初版、新版图书1000种，编印了大部头的"中学文库"，参加"七联处"印销国定本教科书，占有23%的份额。[6]

二、"最大的烦闷"

胜利的降临也伴随着忧虑和焦灼。8月16日，王云五找黄炎培谈的就是国共问题。当天《大公报》发表社评《日本投降了》，王芸生提及令人兴奋的国内新闻，就是蒋介石已致电延安，邀毛泽东来重庆共商国是，"果使国家的统一与团结完成于一席谈，那就是喜上加喜！"

8月19日，还在美国的胡政之在《大公报》公开发表文章指出："最大的烦闷是中国会不会有内战的问题。"[7]他的烦闷也是很多国人的烦闷。

8月22日，在中国国民党党史会工作的林一厂听古文献学者王绍曾说，前一天的《中央日报》和《大公报》，自重庆城内到山洞，沿途被人购阅殆尽，连他们订的报纸都没能送到，就因为刊有朱德、毛泽东的通电。[9]报纸的热销，显示人们对这些消息的关切。这一天（8月21日）的《大公报》不仅刊登了蒋介石再次电邀毛泽东来重庆共商大计的消息，而且有社评《读蒋主席再致延安电》，特别提及国共在受降问题上的分歧，他们盼望——"国家胜利了，在受降之际，无论如何，应维持一致的步骤。"

毛泽东的到来，让《大公报》对和平充满了期待。没有斯大林的意见，毛泽东不一定会前往重庆。在重庆和谈的后面，是美苏两个大国的背影。8月29日，子冈的特写《毛泽东先生到重庆》与王芸生执笔的社评《毛泽东先生来了！》并排刊登。子冈说"这是维系中国目前及未来历史和人民幸福的喜讯"，王芸生则盼望这不仅是"一幕空前的大团圆"，而且能"认真地演这幕大团圆的喜剧"，"要知道这是中国人民最嗜好的。"（到了1957年，子冈的特写挨批，说她是好莱坞大片的写法。）

9月2日，在日本东京湾美国超级战舰密苏里号见证了日本向联合国投降一幕的《大公报》特派员朱启平，在他的发回的通讯《落日》中，虽为中华民族70年来的奇耻大辱在这一庄严仪式中被洗净而欣喜，却又深深担忧——

> 百万将士流血成仁，千万民众流血牺牲，胜利虽最后到来，代价却十分重大。我们的国势犹弱，问题仍多，需要真正的民主团结，才能保持和发扬这个胜利成果。否则，我们将无面目对子孙后辈讲述这一段光荣历史了。

当时，蒋介石与毛泽东正握手言欢，"民主团结"的希望表明上似乎出现了。

王芸生第一次与毛泽东握手是9月1日中苏文化协会的鸡尾酒会上，9月5日下午，毛泽东邀请王芸生和孔昭恺、王文彬到红岩新村中共中央南方局办事处谈了3个小时，还留他们一起吃晚饭。第二天，《大公报》即刊出《毛泽东对本报记者谈，愿团结商谈早获结果》。9月20日，毛泽东再次在红岩新村约见王芸生他们三人。随后，王芸生在李子坝的大公报馆宴请毛泽东和中共代表团。席间，王说了一句："共产党不要另起炉灶。"毛回以："不是我们要另起炉灶，而是国民党的灶里不许我们造饭。"[10]

重庆谈判虽无实质性进展，却貌似达成了政治解决的共识，毛泽东甚至喊出了"蒋委员长万岁"的口号。那是10月8日，国民政府军委会政治部长张治中在军委会礼堂宴请毛泽东、周恩来、王若飞等人，为毛泽东饯行，党政军和文化新闻各界约四五百人参加。毛泽东发表了演说。第二天的《大公报》有详细报道，当他讲到"困难要用政治方法来解决，不能考虑政治以外的方法"时，全场大鼓掌——

> "我们要在蒋委员长领导之下，克服困难，建设独立、自由、民主、统一、富强的新中国！大家一条心，要和平、民主、团结、统一。"（鼓掌）毛先生更郑重声明："我们的合作，是长期的合作。困难会打消的。"最后毛先生像咆哮般的大喊："新中国万岁！""蒋委员长万岁！"

此时，国民党正在接收江浙沪等繁华之地，却不断传来令人失望的消息。《大公报》早在9月14日就发表社评《收复失土不要失去人心》，9月27日，再发社评《莫失尽人心》，直言："这二十几天时间，几乎把京沪一带的人心丢光了。"9月30日，张元济在上海写信给王云五：

> 此间情形甚为紊乱，号称奉命而来者，不知凡几，任意强占民居，物价比日寇乞降之始昂贵至一、二倍。凡属新贵，几无不花天酒地。似此情状，甚觉灰心，未知吾兄有所闻否？[11]

10月18日，他在给王云五写信时想起了《大公报》的呼吁"莫失尽人心"。[12]

10月24日，《大公报》刊登驻南京特派员张鸿增的通讯《休说重庆来！》。同一天，《大公报》刊登王芸生执笔的社评《为江浙人民呼吁》说："那一带地方归回祖国的怀抱已两个月，家家户户，老老少少，谁都为胜利感泣过，谁都为胜利狂欢过。现在呢？他们仍然过着胜利的日子，却有很多的人发现自己破了产，纵然省吃俭用，生活也要成问题。物价在跳涨，市场在一种变态繁荣中，工商业要破产。这变化太大了，人人都从日常生活中切肤地感到了这变化。这变化是什么呢？是随着胜利而来的财富大转移……才短短两个月，京沪一带的人深深地由生活体味中厌恶甚至憎恨了由重庆去的人。"文章大声疾呼："而今胜利到来，一开手，就使全国财富之区的江浙一带陷于经济崩溃的危险，这真太严重了！我们今天写此文，说是为江浙人民呼吁，真实正是为国家呼吁。"

国民政府财政部长宋子文将法币与伪币的比价定为一比二百，成为收复区人民的大灾难。陈立夫说，以为这样可以用少数法币将伪币都收回来，其实害了老百姓。最初日本用军用券换法币，按一比一，汪精卫在南京组织政府，1万元军用券只能换5千元伪币。此时5千元伪币只能换到25元法币，而法币早已贬值，相当于原来拥有1万元法币的人，此时只剩下了25元。他说自己突然明白了以前不太懂的"民穷财尽"这个词。[13]

三、"不私不盲"

1945年11月2日，《大公报》重庆版发表王芸生执笔的社评《中国政治之路》，表达了最迫切的期待：

> 国家的地位，国家的机运，国家的时与势，当前都是千载一时的黄金时代。只要我们自己掌握得住自己的命运，只要我们自己不乱，就一切有办法。机运时势，都是千载一时；而大势所要求我们的又是如此之低：只要不乱，就好。
>
> ……今天的世界是民主的世界，中国必须成为民主的中国，因此，中国政治之路必须走向民主。中国怎样走向民主？全国老百姓都需要民主，都愿意民主，都盼望民主，而最能使国家尽速走上民主之路的，实系于中国一二大党及一二领袖的做法。

为了讨论便利较易了解起见，他接着做了两个极其冒昧的譬喻——

> 假如我是蒋主席……我立刻宣布国民党不再专政，我决定使国民政府结束训政，还政于民。我邀请一个全国性的会议（如同拟议中的政治协商会议），协商国事……我不考虑个人是否能继续执政，也不计算国民党是否能得到多数……我主张军队国家化，民选政府产生，即改组全国军队，不使留有任何党的形式及任何党的痕迹。
>
> ……假如我是毛先生，我是中国第二大党中国共产党的领袖，我曾领导我的同志参加国家抗战，建有功勋。我有群众，我有主张，我对当前国事有发言权……我争党的地位公开，我争各种基本人权自由。这一切，都是民主的原则，我都必争，我都不让。这一切都得到保证，我即宣布取消边区政府，我即宣布改组我党的军队，使之一律国家化。

从 11 月 5 日到 9 日，《大公报》连载胡政之的通讯《美国归来》，其中论及："世界政治的大趋势仍然是民主政治。不过民主政治是需要不断改良的。现时我们所应该有的，不但是政治的民主，同时也要经济的民主，而政治的民主和经济的民主，应如车之两轮，鸟之两翼，相辅相成，不可分割。"他分析，美国传统的思想就是要民主，讲法治，与其信任政府，毋宁信任个人。尤其在教育和经济两方面，最怕政府干涉。最后，他将中美合作归结为一句话，如果想得到美国的信赖与合作，"非充分利用民间力量不为功，否则终于用力多而成功少"。

11 月 12 日，《大公报》发表社评《应该问问人民》说："任何政党都要争政权，但争政权的手段必不可以靠武力，争政权的观念尤其要正确。以武力争政权，是一种极大的罪恶。以不正确的观念争政权，也是一种极大的错误。观念错误了，纵使动机是好的，也还是错误……会谈席上抵牾延宕，北方原野砍杀流血。这种赤裸裸的比胳膊争地盘的行为，在人民眼中看来，更是蔑视了人民是国家的主人。"

反对内战，要求和平、民主，可以说是《大公报》当时立言的中心。

就是这一天，历史学家顾颉刚在日记中说，《大公报》在张季鸾、胡政之、吴鼎昌手里成为大报，为世界所注意，今日竟执中国报纸之牛耳。[14]

此时，张季鸾病故已有4年多，吴鼎昌从政已10年，《大公报》还在盛期。11月1日，《大公报》上海版复刊，受命主持笔政的徐铸成忆起当时盛况，"订报者在南京路发行所柜台前排成长龙。此在《大公报》历史上为从来未见，发行数迅即突破十万。"[15]

11月19日，胡政之、王云五、黄炎培与卢作孚聚在一起研究国共问题，他们分别来自新闻界、出版界、教育界和实业界，最想要的就是和平。[16]

11月20日，《大公报》发表社评《质中共》，就受降问题、特殊化问题、军队问题提出质疑，并指出："为共产党计，应该循政争之路堂堂落地，而不可在兵争之场滚滚盘旋。我们希望共产党为国家人民争民主，争宪政。在这方面，应该一切不计。同时我们也希望共产党放下军队，为天下政党不拥军队之倡，放下局部特殊政权，以争全国政权。"

第二天，《新华日报》发表社论《与大公报论国是》逐条予以反驳，认为《大公报》不公平，"天下一切大公无私的人们请判决吧！《大公报》在这里是大公呢？还是大私？在若干次要问题上批评当局，因而建筑了自己的地位的《大公报》，在一切首要的问题上却不能不拥护当局。这正是《大公报》的基本立场。"远在延安的陈伯达也在《群众》杂志（第十卷廿四期）发表长篇大论的《驳大公报》，其中多处引用11月15日《大公报》上海版的"北平通讯"、11月24日重庆版的"南京通讯"，证明国民党收复沦陷区的政策和政绩"天下乌鸦一般黑"。记者徐盈的《笼城听降记》发表在11月15日的《大公报》上海版：

> 从京沪到北平，复员就是复原，接收就是停摆……北平的童谣有意强调这一点道："盼中央，念中央，中央来了民遭殃。"中央来到物价更贵，配给反而取消了；中央来到，不公允的处置，恰如给八年来的热望者迎头泼了一盆冷水。有形的物资

容易接，无形的人心不易接，有形的物资今天的接收已如此紊乱，无形的接收更是失败到万分。

12月31日，胡政之接受《新民报》记者浦熙修的采访，当问及《大公报》的一贯态度时，他指着墙上挂的社训说："不私不盲"。他感喟自由主义者的两面不讨好，无论是批评政府，还是指责中共，都是不讨好的事，所幸新闻记者本就不是以讨好为能事的。[17]

四、"丘八""丘九"和"丘十"

日本投降前夕，与北大共休戚26年的蒋梦麟接受了行政院秘书长的任命。从1945年5月底起就有这样的传闻，到6月26日正式公布。北大教授对此大为不满，最激愤的是周炳琳、吴之椿等。他们公推胡适继任北大校长，蒋介石却想提名傅斯年。8月17日，傅斯年给蒋介石写信，强调胡适在国内外的声望，最适合担当此任，"今后平津将仍为学校林立、文化中心之区，而情形比前更复杂，有适之先生在彼，其有裨于大局者多矣。"

关于蒋梦麟离开北大，傅斯年后来（10月17日）给胡适写信说："他这几年与北大教授感情不算融洽，总是陶曾谷女士的贡献，大家心中的心理是'北大没有希望'。我为这事，曾和孟邻先生谈过好多次。他总是说，联大局面之下，无办法，一切待将来，而今日之局，其罪魁祸首是我（长沙临时大学之发动）！我真苦口婆心劝他多次，只惹得陶之不高兴而已。"

9月6日，正式发表胡适接掌北大的当天，离他卸下驻美大使一职已有3年，一直留在美国。段锡朋、吴景超、周炳琳、罗庸、傅斯年、郑天挺联名发电报给他，说"各地同学及友人无不欣悦"，盼他早日回国。

当月，暂代北大校长、并接替蒋梦麟为西南联大常委的傅斯年给梅贻琦写信说：

联大三校共事八年，和协友爱，打破中国学校有史以来之记录，此等精神，不特在此最后一年必须保持，即将来分立之后，亦必须永久保持。[18]

8月20日下午，在西南联大第七届第十二次校务会议上已决定：

本校应设法尽力推动于第一学期终了后迁回平津。

联大现在在学学生应依其志愿分发于清华、北大两校，其办法另定之……

南开不接收联大分发学生，但其独设之商学、化工两系学生，应由南开派定教员在清华或北大上课。[19]

此时，校园内的左右分歧却越来越大，让在昆明主事的梅贻琦深感头痛。10月28日晚上，他与北大的傅斯年、杨振声、周炳琳、汤用彤等一起吃饭，餐后谈及时局和学校将来的问题，颇为忧虑："盖倘国共问题不得解决，则校内师生意见更将分歧，而负责者欲于此情况中维持局面，实大难事。民主自由果将如何解释？学术自由又将如何保持？使人忧惶！深盼短期内得有解决，否则匪但数月之内，数年之内将无真正教育可言也！"

11月5日晚上，他与闻一多、闻家驷、曾昭抡、吴晗、傅斯年、杨振声等人在潘光旦家喝酒之后，又谈时局、校局很久，到十二点才散。他在日记中说："余对政治无深研究，于共产主义亦无大认识，但颇怀疑；对于校局则以为应追随蔡孑民先生兼容并包之态度，以克尽学术自由之使命。昔日之所谓新旧，今日之所谓左右，其在学校应均予以自由探讨之机会，情况正同。此昔日北大之所以为北大，而将来清华之为清华，正应于此注意也。"[20]

激荡的学潮将左右之争摆到了桌面上。一个多月前，蒋介石乘滇军主力到越南受降之机，命令杜聿明对龙云发动突然袭击，以武力挟迫"云南王"到重庆改任军事参议院院长。在失去龙云的庇护之后，有左翼色彩的学潮将直接面对地方军政当局的暴力镇压。10月5日，傅斯年写给妻子的家书中就说，蒋介石催他到昆明去，"大约是怕有学潮"。[21] 这一担心绝非多余。

11月20日，《大公报》的社评《质中共》发表之后，昆明各报就转载了，"联大学生甚受感动。左倾分子乃反咬一口，先唱反对内战之口号作为掩护，一方面欲淆乱视听、颠倒是非，归罪中央，破坏中美邦交，借以实现彼辈割据东北之阴谋；一方面欲利用所谓四大学学生自治会名义，送一英文抗议书于昆明美国领事馆及新闻处等，要求美国撤退在华驻军，以冀紊乱美国一部分之人心。"

11月25日晚上，西南联大与云南大学等四个大学的学生自治会联合举办反内战时事晚会，邀请钱端升、伍启元、费孝通、潘大逵等教授演讲，遭遇昆明驻军的包围和开枪甚至开炮威胁，从而引发罢课抗议。姚从吾给朱家骅的信里说："捣乱分子见众怒之可资利用也，乃临时粘贴罢课纸条，而罢课之事，竟弄假成真矣。"负责中共云南地下党工作的郑伯克说，这次时事晚会是中共地下党在背后精心安排的。

11月27日，云南警备司令关麟征密电向蒋介石汇报，四教授的讲题为内战问题，"对政府及钧座訾妄毁谤"。他们已事先通知各学校阻止开会，并密派党团工作人员参加操纵会场，但他们安排的人一上讲台即被呼打。第二天，姚从吾给朱家骅的信中对此表示不满："军与政不分。（如军人同志，动言武力干涉，是在徒加纠纷。）"朱此时已改任教育部长。[22]

11月29日，教授会通过的《国立西南联大全体教授为11月25日地方军政当局侵害集会自由事件抗议书》指出："近代民主国家，无不以人民之自由为重，而集会言论之自由，尤为重要。无此自由者，应使有之；既有此自由，应保障之、充实之。"

12月1日，4位学生和青年教师在西南联大集会时被手榴弹炸死，还有人被炸伤。一二一惨案进一步扩大了学潮。即使亲国民党的西南联大教授对于这一不幸事件也深为不安。第二天，《大公报》上海版首先在要闻版头条报道了这一血案。

12月4日，西南联大教授会开会时气氛相当紧张，在讨论校方宣布停课一周的决议时即有分裂的兆头。最后，周炳琳教授想出了一个折中方案，由杨振声、汤用彤提出。[23]

同一天，已转任外交部长的王世杰私下提及此次学潮，学生口号为反对内战，"操纵者为共产党。当地政府及军事人员（关麟征、李宗黄等）张皇操切，以致学生被人投手榴弹而受伤致死者有四人。即此一事，足征中共问题毕竟是政治问题，非纯用武力所能解决。中国政府如与中共或苏联决裂，是非极不易明，此予所以对东北问题极端审慎之最大原因也。"[24]

也是这一天，傅斯年从重庆赶赴昆明处理此事，他与关麟征见面时就说："我代表学校当局，对于这次屠杀事件不胜其愤慨，我以前跟你是朋友，现在是站在对立的地位了。"关回答："那何必，我跟你还是朋友。"他回答："你杀了同学，比杀了我的儿女还要使我伤心。"[25]

蒋介石对这次学潮十分不满，12月7日指示："应作不得已时解散西南联大之一切准备"。第二天，在昆明参与处理学潮的教育次长朱经农向朱家骅部长汇报："此间情形负责，此次学潮不仅为教育界问题，亦不仅为共产党，更有其他方面夹杂在内……恶风气已开，将来终不免时生问题，至为可虑。"信中特别提及"孟真在此异常努力"。[26]

此时，傅斯年正焦头烂额，本来12月9日他与教授聚谈，请他们出面劝学生代表，学生代表也已同意复课。不料，第二天上午，学生代表又另外提出四项要求，他为此大为光火，当即给予最严厉的责斥，于是又陷入了僵局。面对这样的情形，他痛心无比。[27]

朱自清也深感悲观，认为局面仍然严重。12月11日，国民党籍的华罗庚教授写信给朱家骅，详细讲述学潮的情形，对于昆明当局处置失当甚为不满，"死者四人而吾党党员占其半数"，被打的马大猷教授就是两年前他请朱家骅介绍入党的。同一天，姚从吾给陈雪屏的信中说："对罢课不但不能挽救，且只有随声拥护"。可见他们的无奈。

在学生的复课条件中，很重要的一条就是要当局罢免李宗黄的职务，李为云南省民政厅厅长、代省政府主席兼国民党云南省党部主委。他被免职后深感委屈。（他到了重庆，就要求列席国民党中常会报告这次学潮，分辨是非。1946年1月5日他在一份油印材料中称："其实此次学潮，完全为本党与共党、中央与地方、统一与分裂、革命与反革命之斗争，若将罪名责任，一律加于地方军政当局之身，其他毫不过问，实足以长敌人威风，灭自己正气。"）[28]

12月14日，梅贻琦约闻一多谈了一个小时，请他出面做学生的工作。日记中说，"一多实一理想革命家，其见解、言论可以煽动，未必切实际，难免为阴谋者利用耳。"[29]

第二天，朱经农回到重庆，说西南联大等校的校务会议已决定17日复课，但各校情形复杂，能否如期复课并无绝对把握。当天，朱家骅给远在北平的蒋介石发长电说，如果届时学生仍不就范，各校当局希望在执行最后处置办法之前能有几天的缓冲时间，使各校负责人及多数教授有表示最后严正态度的机会，并使学生失其立场与同情，以减少政府责任。"至学潮主谋及领导份子，闻各校教授中态度较激烈者为联大教授闻一多、潘光旦、吴晗及云大教授潘大逵、尚健庵、楚图南等。整个首要份子名单已电令各校当局密查具报。"[30] 梅贻琦之所以要闻一多出面做学生工作，显然已清楚他与学潮的某种关联。

12月16日，闻一多告诉梅贻琦，学生方面可有转机，梅常委很高兴，马上转告傅斯年。可是，当他们第二天一同往新校舍察看时，发现竟没有学生在上课。下午3点，他们约了教授会代表88人举行茶话会，提出引咎辞职。4点多钟，梅贻琦退出，改开教授会，一直开到晚上9点，在讨论复课时，闻一多与傅斯年发生了口角。闻一多甚至说："这样，何不到老蒋面前去三呼万岁！"这是揭傅斯年的旧疤，很少人知道的。张奚若出面劝解："大家争执，何必重提以前的旧事。"傅斯年气得大骂："有特殊党派的给我滚出去！"钱端升到28日还跟梅贻琦说起闻一多这天的言词不能忽视。此前，12月6日，在傅斯年主持的评议会上，钱端升与冯友兰也曾因误解而大吵。[31]

因美国特使马歇尔将于12月20日到达上海，蒋介石限期西南联大学生复课，18日电令朱家骅："昆明学潮受少数反动学生操纵，迁延反覆，妨害全体学生学业甚大，如延至20日尚有未复课学生应即一律开除学籍。"

西南联大这次教授会上决定，第二天由各系分别召集全体学生，由本系全体教授与学生谈话，劝说本周四必须复课，否则教授只有辞职。到20日早上，上课情形虽不整齐，但没有发生阻挠上课的事。姚从吾写信给朱家骅，已有十分之五学生复课。同一天，正在昆明的三青团中央团部组织处处长倪文亚写信给陈布雷说，"联大除师范学院外，各班均有学生上课，多者达二十余人，少则三五人不等。"（姚从吾在23日信里说，"廿日上课者多为【三青】团员"。）

12月22日，联大教授王烈给朱家骅写信说，"经梅、傅诸公努力后，自前日起开始复课，学潮幸告段落，查究起因，不当归罪丘八，更不当归罪丘九，当归罪于丘十之从中作祟，通讯社之推波助澜（捏造事实颠倒黑白），一党专政之流弊一至于此，殆非贤明当局之所逆料也。""丘八"指军人，"丘九"指学生，"丘十"则指向罢课学生背后的某些教授。

在联大航空系任教的甯槐12月27日写信给朱家骅，说得更明白："若无自命名流学者专事攻讦政府，利用学生以自高身价之文法教授幕后耸动，则联大可以平静无事。我国人民之普通教育程度及生活水准如此之低，民主从何谈起。"他坚信工业建国，提高国民生计，是任何主义的先决条件，而实施这一条件之先，必须有统一安定的社会秩序，破坏秩序者皆为叛国逆贼。

此前他于12月16日写给朱家骅的信中即指出，"乃最近学风浇薄，学生嚣张，因手榴弹案，罢课已届三周，此中显系幕后有人操纵，扩大宣传，希图呼应所谓反内战运动。"他在教授会上提出全体辞职以自劾，"惜热心学生运动者尚大有人在，未得通过。"他只好将自己的意见写成《政潮与学潮》一文在报纸上发表，工学院同人认为足可代表联大理工教授百分之八十五之意见，"惜教授会每次开会总未全体出席，出席之理工教授又多不善于辞令，不大写文章，提案往往成为舌辩群儒、议而不决之局面。"17 日，甯榥又给朱家骅写信，认为学潮中出现"中央军撤离云南""美军撤离中国"等口号，"足见阴谋挑拨无所不用其极，国家前途均非所计，何况葬送一联大。"当晚的教授茶会上有人以"五四"比拟这次运动，他认为荒谬，"五四"为国家争人格，"岂能与此次争权争地支持分裂国家完整之捣乱行为相提并论"。信末表示，"对于窃名盗意，藉团体以逞私欲者，实深痛恨。"[32]

其实，无论王烈还是甯榥，他们并不知道，在学潮背后还有中共云南工作委员会直接指导联大的地下党员和他们掌握的学生组织，包括公开的学生自治会和秘密的左翼团体，并非只有他们所指的"丘十"。

学潮的进退主要由中共云南工委书记郑伯克掌握，他当时不过 36 岁（1909 年生），除了自己拿捏分寸，判断形势，他也从公开发行的重庆《新华日报》上获取中共南方局的意图。他从 12 月 23 日的《新华日报》副刊《青年生活》看到一篇文章《谈青年的斗争》，其中有一段话：

> 我们不仅要在斗争开始时，善于掌握具体情况，提出正确的口号，取得一些胜利，更重要在斗争过程中，善于观察情况的变化——反动者策略的改变、社会同情与声援的增强或减弱，群众斗争情绪的提高或低落等，根据新的情况来适当和适宜的发展或结束这一斗争。

同时，《新华日报》上还有《列宁谈迂回、通融、妥协》一文，他看到这几句话："现在需要懂得，除了学习进攻的科学以外，还需要补习善于退守的科学，他们需要懂得——革命的阶级在自身痛苦的经验中学习懂得——如果不学习正确的进攻和正确的退守，就不能得到胜利。"他体会这是"对运动须适可而止的明确表示"。事后得到证实。[33]

这是国民党方面完全不知道的，也是傅斯年、梅贻琦们，甚至是闻一多们都想象不到的。虽然 12 月 7 日，蒋介石日记谈到西南联大时说："该校思想复杂，秩序紊乱，已为共匪反动派把持，不可救药矣，自由主义误国害学之罪甚于共匪，为不可宥也。"[34] 这番话可以看出蒋介石当时对西南联大的认识，但他的情报系统并没有掌握到什么具体情况，也不清楚中共地下党是怎样运作的。

到 12 月 26 日，西南联大的学生已大部上课。傅斯年他们总算松了口气。姚从吾写信给朱家骅提到周炳琳等对于平息学潮出力甚大。这在傅斯年 12 月 17 日给朱家骅的密电中也可看出。在召集全体学生代表 70 多人谈话时，他们要学生必须在 17 日复课，周炳琳甚至说了一句话："吾辈参与创设联大之人，今日可帮同毁灭之。"傅斯年和周炳琳也都是"五四"时代的北大学生，参与并组织了那个时代的学生运动，像"一二一"这样复杂的学运却大大超出了他们当年的经验。

1946 年元旦，英国籍教师罗伯特·白英在日记中感叹："联大已不再是'中国自由民主的最后堡垒'了。这最后的堡垒已经陷落。学生们依然保持着旺盛的斗志，他们还和以前一样坚信民主原则应该永存。但在教授中，除了少数几位以外，大多数已经偃旗息鼓。"[35] 单纯的外国学者对其中的复杂性所知甚少。

闻一多当然是他眼中的"少数几位"教授之一，3 月 17 日，四位"一二一"遇难者下葬时，闻一多和钱端升、吴晗是发表演讲的三个教授。学潮期间，校内的中共地下党负责人（公开身份是"民主青年同盟"）与闻一多一直保持着联系。闻一多曾将梅贻琦、傅斯年意见不同的情况透露给地下党学生袁永熙、洪季凯，他们要他做梅贻琦的工作。[36]

1 月 5 日，傅斯年在写给妻子的家书中谈及昆明学潮的起源，"校内情形复杂，固为一因，但当局措施之荒谬，尤为重要。"一方面他认为，"地方当局，荒谬绝伦，李宗黄该杀，邱清泉该杀（第五军长）；关麟征代人受过。"一方面感慨，"学校内部，有好些不成话之事，非当年之北大、清华可比矣。"信中说，联大常委一职必辞，决不再去昆明。北大一职可以不辞，等胡适回国。本来他打算辞去政治协商会议代表，而辞不掉，"因共党提了好几名，我一辞，他们即要求，故政府方面不许辞也。"政协会议，也与傅斯年等六参政员上次去延安有关。他说北大可以说是两头着火，除了昆明的情形，北平方面也被陈雪屏等弄得很糟，起因是北大办了补习班，有大批伪教职员进来。他决心扫荡，为胡适铺平道路。[37]

五、三个社会贤达的声音

政治协商会议可算是左中右各方难得的一次圆桌对话，也曾给许多国人带来幻想。38 席代表中，国民党占 8 席，共产党占 7 席，民盟 9 席，青年党 5 席，无党无派的社会贤达 9 席。"政治协商"这次词是王世杰首先想出来的。

罗隆基等民盟代表在会上风头十足，无党派代表傅斯年、胡政之、王云五等也都表达了自己对国事的见解。他们的背后正好是北大、《大公报》和商务印书馆。王云五早就对张元济说过，自己留在重庆就是为了参加此会。

政协会议开幕前夕，《新民报》女记者浦熙修对绝大多数代表做了专访，第一个采访的就是北大代校长傅斯年，他直言实在没有兴趣参加这个会议。记者问："那么这会议，可能产生些什么结果呢？"他微笑着说："不能说没有希望，希望它有些希望。"他推荐记者去读李剑农的《中国近百年史》和《中国三十年政治史》。[38]

王云五倒是自称"乐观派"，对于政协会议怀着些希望——

他认为对手双方既然谈不拢，那么由多方面参加总是好的，中国人"爱面子"，第三者就利用这"爱面子"的心理，把它能弄假成真，以制止战争，当然彼此的互信必须建立。关于政治民主化，军队国家化，是要同时并进的，就好像修建成渝路，为什么不能从成都、重庆两头修起，以速效果。当然政府该做的种种民主措施而未做，已经失掉了太多的机会。共产党挟着武器来谈判，终嫌超过民主政治……他深爱英国的政治，那种脚踏实地的精神，常超过百分之一百二十。他们当君主政治转化为贵族政治又达到平民政治的过程中，都是说三分而做了五分，说五分而做了七分。中国则否，满篇条文，而实际上却落了空，例如《五五宪草》，条文太繁密了，其实只要简简单单几条，能切实做到就够……

12月1日，重庆《新民报》晚刊上发表的《乐观的王云五先生》说：

> 商务印书馆日出一书的计划，仍继续执行。上海馆已恢复印书。除印教科书外，重庆版的书将全部再版。上海版的教科书，下季也仅敷供应到汉口为止，所以重庆厂照常印教科书，已准备好白报纸。福建连城馆亦已开始印书，因该地产纸。香港损失最大，一时不易恢复。东北原有分馆，惟久隔音讯，正拟派人与中央接收人员同往一查。[39]

57岁的胡政之也忙极了，年底他在接受《新民报》采访时说，要布置各地分馆的工作，联络各地的通讯员，他担心政协会议耽搁太久，因为大家都是有工作的人。过年后，他想再到上海去，上海的机器正在安装中。印刷受制于人，实在最痛苦不过，现在《大公报》上海版已从12万份自动减低为8万份。他感慨地对浦熙修说："在上海清一色报纸之下，只有一家民间报纸，寂寞得很呢，甚愿《新民报》前去陪伴。"

《大公报》上海版于11月1日复刊，天津版于12月1日复刊，《大公报》三馆并存。胡政之谈到"中国报纸太重视政治新闻，这是因为中国是官的世界而不是老百姓的。在外国，详细报道水灾的社会新闻就能作为第一条。"又说到："中国国际新闻之多为任何国所无，马歇尔的新闻这样重视，这适为殖民地的表现。"

他不知道自己为什么会被选为代表，"也许因为在参政会中与傅斯年、王云五三位同被认为无党无派而与团结问题有关吧"。说起国共纠纷，"因为事实上没摸清，实难做审判官，必待双方在会议上提出正式文件，第三者才好评判。"但他承认，本着同情弱者的心情，有力量的在朝党是应该多让步的。他认为能让老百姓喊出"不许打"，已经是进步的现象。政治走上轨道，必须大家都了解政治，形成社会的公是公非。政府的措施，虽然有些地方太坏，但我们也不该否认其中还有不少无名英雄。中国人的天性是爱好自由主义的，孙中山的三民主义也确能兼采纳苏联之民生、英美民权之所长，我们应该真正走上这条民主之路。[40]

他这一天的言论显得温和。1946年1月9日，在文化界招待各位出席政协会议的代表时，他以几十年从事新闻工作的经验说，"假如不善为处理，演成黄巢、张献忠的时代，共产主义都嫌太温和了。"[41]

从1月10日到31日，在重庆举行的政协会议成为《大公报》等各大报纸的报道重点。开幕当天，《大公报》就发表社评《勉政治协商会议》，"特别警告政治协商会议的各位代表，无论你代表的是那党那派，都必须一切以国家为重，不得执拗于各自党派的利益。"

王芸生后来说，政协企图以政治解决国内问题，这原是《大公报》向来的主张。反内战、要和平，一直《大公报》的主调。所以，他才会向毛泽东建言不要另起炉灶。

其实，还是有人对此并不乐观。1月14日，阅世不算深的年轻的西南联大外语系教师夏济安在日记中说："政治协商会议开幕，国共双方下令停止冲突，一般人很乐观，我悲观。限制共军据说将缩编为二十师，这廿师人将如何处理？中国自己不争气，国事要叫美国来解决……但是国共间的和平相处是不会长的，随时可以破裂，以后再打，共产党得休养生息之后，战争规模将比现在打下去要大得多。"[42]

这些问题，参与政协会议的那些代表们难道想不到吗？

会场之外，1月13日，张奚若应昆明学生联合会学艺部宣传部的邀请，在西南联大图书馆前的大草坪上讲《政治协商会议应该解决的问题》，定在下午一点半开始，不到一点钟，草坪就挤得满满的，大约有六七千人。他在演讲时直言：

> 现在中国害的政治病是——政权为一些毫无知识的、非常愚蠢的、极端贪污的和非常专制的政治集团所垄断。
>
> 这个集团就是中国国民党……说是"福国利民"，实际却是"祸国殃民"。这样一个政治集团，虽然他们还常常说自己是革命的政党，事实上却早已成了革命的对象，要让大家来革他的命了。[43]

不同于张奚若的大胆言论，重庆政协会议上则是唇枪舌剑。卢沟桥事变前选出的国民大会代表有效与否，成为争论最为激烈的焦点之一。

1月16日开会讨论国民大会问题，民盟代表主张一切代表重选，旧代表或可作为候选人。蒋介石的英文秘书、当天参加旁听的沈昌焕感叹：

> 政协会各党派代表及社会贤达之参加者虽非由竞选产生，究不失为社会知名之士，然今日会场上所表现者，殊令人生才难之感。大体言之：（一）辩论时往往针锋不相对，（二）言语冗长而不中肯，（三）好意气用事。盖议会政治之发展，确需相当时间之练习，吾国数千年专制政体，文人用笔不用嘴，缺乏经验，故有此现象，亦难怪其然也。[44]

1月17日下午，章伯钧阐述民盟的意见，坚持1937年选出的旧国大代表必须重选。他举例说，无党无派的《大公报》也曾论旧代表应改选。胡政之即席说明，一、国大问题是对人不是对事。二、《大公报》的文章不能只看一篇，要看整个态度。三、国大问题系政治性，且为百年大计，不可草率，必要四平八稳，以政治方式协商之。政治最麻烦，不能只图痛快。王云五做"和事老"，也赞成政治解决，主张旧代表有效，其余代表若干名由各党派分别推出。希望国民党让出自己指定的240名代表，及当然代表460名，加上

250 名还未选出的，共有 950 名可做文章。这样既不妨碍开会日期，也适合人民普遍的要求。他自称买卖人专会打算盘。

傅斯年的发言未涉及旧代表问题，他说，中国国会成为两院制，立法院为上院，监察院为下院，国民大会可经常开。[45]

1 月 18 日，继续讨论此案，民盟代表罗隆基首先发言，一口气批评了王云五、胡政之和傅斯年的意见，认为王云五前一天的算盘未必打得通。"又胡政之谓为顾全事实，先将宪法定出，将来再修改，这如造屋，先马马虎虎造了，再设法重造。如此马马虎虎心理，则宪政必无成绩。傅斯年说，将宪法制定后，由人民来表决'是'与'否'。以上三者虽苦心孤诣，但无法解决实际问题。民主同盟为免后人责备，坚决反对旧代表。"

王云五驳斥罗隆基，以政治家的高论强调民主，但民主基础必根据法制精神，组织法既经政府颁布，除非革命不能变更。折衷办法就是在合法中顾全事实。所以请政府让出指定 240 名与当然代表 460 名。

胡政之否认"马马虎虎"，针对这四个字，他说，一、他表示自己对国大问题态度慎重，要求得政治解决；二、要从协商中找出路来，彼此有所取亦有所予，在各式各样问题中，不要咬定一个问题。有党派与无党派人士，要以国家利益为上，不要因外传分赃而迟疑不前。不要因不愉快而忽略事实，要对历史严肃负责。

罗隆基再次起立，回应王云五："条文不合，可随时修改，决不可私下授受。"对于胡政之的政治解决他表示大体同意。[46]

《大公报》编辑许君远深知胡政之立志不参政，参政会、政协和旧金山的联合国成立大会不过是他人生中的几个插曲。"他在政协会议时折冲樽俎，贡献甚多，每次在社论会议上演述会议内幕，有声有色。面对于每一种问题的处理失当，某一代表的怯懦失态，批评的尤为深刻。胡先生不是演说家，但是他的说话常是有条不紊，交代清楚，一如其文。"[47]

军事委员会委员长侍从室 1942 年 11 月 26 日的一份调查报告，对胡政之有如下评语：

> 民十五与张季鸾、吴鼎昌合力改组天津大公报，精勤擘划，声誉雀起，其人身体肥硕，精细务实，有见解，有主张，亦有毅力，语言天才甚高，能懂数国文字，中文根底亦佳，张季鸾死后，自兼社长与总主笔，盖大公报之总责已由彼身任之矣。[48]

这次政协会上，无论国民党代表，还是民盟代表、共产党代表，或无党派代表，立场都很清楚。直到 1 月 30 日，有关国大代表问题，因国民党代表坚持旧代表有效，其他党派不能接受。经连日商讨，国民党在名额的增加及国民党在党派代表中所占比例上虽屡有让步，但仍无结论。直到第二天下午各方面才达成协议，国大代表总名额 2050 名，新增党派代表 700 名，国民党占 220 名，旧选代表有效。当晚，举行最后一次大会，政府组织案、国民大会案、和平建国纲领、军事问题案、宪法草案案等五项方案最终以妥协通过。此时离旧历除夕只剩下了一天。

傅斯年对于宪草的协议表示不满，但投票时还是投了赞同票。前一天，他就写信对王世杰说，这次协商结果，将使国民党与蒋介石于半年内崩溃，促王退出协商会议，并辞去外长一职。王回信拒绝，说国民党及蒋的力量，决非如他估计，并称自己熟审国家利害，不能以自己的行动，毁掉这一计议中的新尝试。[49]

作为无党派代表，傅斯年可以视为北大和学术界的代表，胡政之是《大公报》与新闻界的代表，王云五是商务印书馆和出版界的代表。1 月 20 日，政协尚未闭幕，傅斯年给妻子写信说："我这一年，无端落在国共谈判之边上……国共事，今后不再问。"当时，国共对他都有好感。3 月 5 日，他在家书中保证不会没出息去做官：

> 中共向我说："我们拥护你做教育部长"，我说："我要言论自由，向来骂人的，

今不为人所骂。且我如果要自尽，更有较好的法子"。C.C.也有此一说！二者皆非好意，前者欲打破国民党员做教育部长之例，后者欲赶去骝先！这是如何世界！

……蒋先生与布雷谈，布雷说："北方人不易找到可做国府委员者，党内外皆如此。"蒋先生说："找傅孟真最相宜。"

果然蒋介石亲自动员他担任国府委员，当月 27 日他给蒋写信极力推辞，"如在政府，于政府一无裨益，若在社会，或偶可为一介之用……在社会偶可有报于国家也。"[50]

而王云五的想法就和他大不一样，"许多人心想从政，却讳言从政。我却不然。我在重庆时，曾对许多朋友说过，一个人假使自信能替国家负一点责任，不必自鸣清高，因为十几年前我已经把国家和个人或私人事业的密切关系看得太清楚了。譬如一棵大树动摇，断不容小鸟安居树上的巢内啊！"[51]

王云五曾托傅斯年帮助，难怪他在家书中提及王云五想做国府委员，并非无望，因为自己和胡政之、胡适之都不会干。[52] 他期待着胡适早日回来，可以交卸北大的担子。

六、左右之间

1946 年 2 月，胡政之到上海的当晚约徐铸成谈话，说："重庆方面有你的朋友，也有芸生的朋友；芸生的朋友都说你有政治野心，一面拉着《文汇报》不放手，一面极力推着《大公报》向左转。他们说这是你有政治企图的证明。"

徐回答："别人怎么说我，我不在乎。胡先生对我有什么看法？"他说："我对你自然是相信的。但觉得你的言论态度，似乎太激烈些。要知道，我们报馆有三百多职工，一旦把当局逼急了，把我们的报封了，几百职工的生活问题如何解决？你想过没有？"

徐忿然说："我谅当局不敢出此下策。再说，我主持上海版的言论态度，并没有越出民间报应守的范围。我来到上海，体会到广大曾是沦陷区的人民，都对后方回来复刊的报纸，作再认识的辨认。看看哪一家是真民间报，哪一家是假民间报？我们回沪复刊以后，发行数迅速突破十万。而《时事新报》也原是上海的老报，复刊后门前冷落，听说销数不过数千。此中的消长，不值得我们大加深思么？"

他默然许久，慢慢说："等芸生回来，我们一起研究研究。"[53]

4月8日，陈布雷读上海各报，"觉《大公报》论调之偏宕犹甚于重庆版，而申、新两报则尚能依国策以立言，惜其技术不够耳。"[54] 此时，还是徐铸成主持上海版笔政。

2月11日，华盛顿、伦敦、莫斯科同时公布一年前罗斯福、丘吉尔和斯大林在雅尔塔会议签订的秘密协定，其中涉及外蒙古独立、大连为国际港（苏联保有优越地位）、旅顺由苏联租用为海军基地、中东和南满铁路由中苏共管（苏联保有优越地位）。

2月16日，《大公报》发表王芸生执笔的社评《读雅尔塔秘密协定有感》，对于未经中国同意，三大国就越俎代疱做出如此决定，深为不满，"这可见中国是处于受支配被处分的地位"。2月24日，又在"星期论文"栏刊出傅斯年、储安平、赵超构等20人联名的《我们对于雅尔塔秘密协定的抗议》。

两天前，重庆学生举行了反苏大游行，要求苏军依约撤出东北。《大公报》23日报道了这一新闻。当天，还在西南联大的夏济安得知这一消息，很兴奋地跟朋友说，"昆明如有此种游行，我准参加。"

两天后（2月25日），西南联大有110位教授就东北问题发表宣言，卞之琳等许多人没有签名，原因是此事有国民党背景，他们不愿同流合污。当天，夏济安日记说：

故心里虽或主张东北应归中国，却不愿公开发一声明，以示不受利用。呜呼，国将不国，若辈自命清高，宁误大局而不稍捐私见，迂不可及也，愚不可及也。

下午，在联大草坪上举行的东北问题演讲会，出马的是查良钊、雷海宗、燕树棠等教授，闻一多等没有出现。会后游行，夏济安站在门外看，却没有勇气参加。他反省：

"我曾经说过要去参加，临时却又畏缩了。到底怕什么呢？就是怕'清议'。今天这次游行虽不一定就是国民党发动，收到国民党的赞助，是不成问题的，既然有国民党的份，加入进去就好像不清不白了。爱惜羽毛的人，虽然很赞同这件事，可是没有勇气站出去。

参加反政府的游行，虽然有手榴弹的危险，却容易博'勇士'、'烈士'之名，故参加之人多。参加政府赞助的游行，虽然（或因为）有宪警的保护，却易蒙动机不纯之嫌疑，洁身自好者不去。真正有勇气的人，只问自己良心无愧，工作的本身有没有意义，既不怕手榴弹，亦不怕清议——然而清议比手榴弹更可怕。我就是个怕清议的人。

谣传发起一百十教授宣言的蔡维藩等曾领到三百万赏金。若果有此事，蔡等之心不可问；若无此事，则左派分子造谣手段之恶劣，实在可怕。我们现在所需要的，就是不畏造谣中伤的真心爱国人。"

夏济安并无党派之见，从他的自省，可见当时左右分歧之尖锐。好在北大复校之日不远，西南联大的局面即将结束。

早在1月29日，夏济安就感叹说："学校搬家，毫无具体办法，虽有海（海防）陆（衡阳）空（直飞）三办法，仅是纸上谈兵，实行时困扰无数。"[55]

北大复校，千头万绪，交通工具成了最大的难题。早在1945年12月18日，朱家骅给傅斯年的复电中就说，关于西南联大提前结束，北大、清华、南开等各自复校，他所担忧的是交通困难，下学期势必牺牲。

1946年4月5日，傅斯年给汤用彤写信，商谈北大大局时说起交通工具缺乏，已到京沪的同人来信无不怨声载道。他判断："今年局势险恶，经济及其他皆可有不了之演变。然国内外皆不会打起来的，以后总是'阴阳怪气'拖上几年。或觉今年北方大局不定者，明年未必更好，此等全国局势问题，无法可想，愈想愈不得结果，且云南又岂乐土，或可下逐客令也。"他最发愁的还不是这些，而是没有水上交通工具，"这乃是一条死症。万里长征向更贵的地方走，必怨声载道。"但北大必须北迁了，北平有几千学生，如北大到暑期还不去升旗，必会挂出"北大"的牌子来，客气点叫北大分班，更客气些叫"北平临时大学"，"从此据我们的房子，用我们的仪器，而以正统自居。即使我们明年能再去，亦将托庇于他。"他猜想，"目下政府尚未民主，而威权已一落千丈，是会答应的。"所以，他认为"北大之存亡系于今夏之搬与不搬"。他的意见是无论联大决定夏间搬还是不搬，北大的教授、助教团体必须大多数北迁，北大的存亡在此一举。[56]

4 月 11 日，夏济安听说西南联大搬家已搁浅，6 月初到 9 月半还要上课，然后再搬。第二天下午的教授会上，梅贻琦一提再上 3 个月课，就大受攻击，八九个人发言，多不赞同夏间开课。向达教授嘲笑并反对这一决定，朱自清等许多教授都不以为然，决议交常委会复议。会将散时，又有 200 多名学生来请愿，反对这一决定。夏济安猜想，看来继续上课将不大可能。早在 1945 年 9 月 25 日蒋介石在重庆召宴时，蒋就对梅贻琦他们说，"迁移应在明年课业结束之后"。[57]

罗伯特·白英知道三校北迁的日子越来越近了，他们讲学多年的 50 个泥棚，和遇难者的石墓，都将被抛弃和遗忘。4 月 12 日，他去重庆拜访已出任行政院秘书长的蒋梦麟时说起，"目前提倡民主的教授们已意识到自己岌岌可危的处境。他们都是好人，可是国民党军事集团却一直在威胁着他们。"蒋的回应令他惊讶："对于昆明的某些人，我实在深恶痛绝。他们的所作所为与我毫不相干。民盟是共产党的尾巴。"又微笑着加上一句："一条大狗摇着一条小尾巴。"[58]

"民盟是共产党的尾巴"，早在政协会前（1945年12月下旬），浦熙修采访罗隆基时就曾问过他，他的回答是："中共谈民主，与民主同盟的政治主张相同，当然就合作，国民党谈民主，民主同盟也愿意和国民党合作，民主同盟可以做任何一个谈民主党派的尾巴。"[59]

4月29日，罗伯特·白英在昆明将这番话说给闻一多听。闻一多的反应是：

"好吧，如果他们硬要认为我们是共产党的尾巴，那是他们的事。他们可以随心所欲地愿怎么想就怎么想。而我呢，我相信我们是中国人民的尾巴。我们将把这尾巴继续摇下去。"[60]

此前，3月20日，西南联大在第369次常委会会议上议决的事项中有一则通知：

> 查近来匿名揭贴式之文字常在本校出现，不论事理，任情谩骂，态度乖戾，至可痛心，本大学原定有学生壁报管理办法，于卅三年五月公布施行在案，此项管理办法之要点，在使发表文字者必须具名以养成言论负责习惯，与人论事，必须尊重对方人格，不得率意谩骂诋毁，凡此实为言论自由之先决条件，学校责在作育青年，对此自不容忽视，应由训导处严格执行并转饬诸生切实遵守原定办法，以后倘再发见匿名揭贴或诽谤他人之文字，应即严予取缔，以维校纪。[61]

这次会上议决，西南联大暂定从5月15日起开始迁移。

4月14日晚上，梅贻琦听说下午在昆明联大校友会的"话别会"上，"由闻一多开谩骂之端，起而继之者亦即把持该会者。对于学校大肆批评，对于教授横加侮辱，果何居心必欲如此乎？民主自由之意义被此辈玷污矣。然学校之将来更可虑也。"[62]

闻一多和许多青年学生为什么越来越急躁？5月7日，《大公报》驻广州记者陈凡发表《岭南风候》一文有过这样的分析："对政治关心的首先是知识分子，政治性书刊的畅销就是一个证明。同样的理由，政治浪潮也在广大的学生群、青年群里激荡。虽然他们已成了政党斗争的争取对象，但应该说，他们大多数都是纯洁的，他们都不是'异党'，也不是'正党'，他们的政治发烧，是因为接种了由腐败的现实所培成的痘苗，而并不是被注射了政党的特制药。"[63]

七、王云五辞别商务印书馆

1946 年 4 月 13 日，王芸生从重庆到上海，开始主持《大公报》上海版笔政。徐铸成辞职，专心去办《文汇报》，他在写给胡政之的信中说："《大公报》为你们三位先生苦心经营，我无权冒险。《文汇报》是我的一支笔写出来的，如遭不测，则我成我毁、于心亦安。请放手让我去试试。……"[64]

两天后，《大公报》天津版发表社评《过分的宣传》，针对不久前（4 月 8 日）重庆《新华日报》转载延安《解放日报》的社论《驳蒋介石》，"文章热辣，措词尖刻，极尽讥笑谩骂的能事。宣传战到了这样程度，真令人惊悸，而不禁为国事前途惧。……过分的宣传，除了宣泄一时的快意之外，反会失掉众人的同情。"

第二天（4 月 16 日），《大公报》上海版发表王芸生执笔的社评《可耻的长春之战》，批评进攻长春的军队，"用徒手的老百姓打先锋，以机枪迫击炮在后面督战。徒手的先锋队成堆成群地倒了，消耗了对方的火力以后，才正式作战。"认为这样的战术"残忍到极点，也可耻到极点"。认为"敌人降了，盟军撤了，我们自己却打起来，实在太可耻了！快停止这可耻的长春之战吧！"第二天的《大公报》重庆版转载了这篇社评。4 月 18 日，重庆《新华日报》马上发表社论《可耻的大公报社论》予以回击，认为《大公报》"反而借长春战争为题，含沙射影，归罪于中共和中国人民。这样来替顽固派开脱罪名，并替顽固派帮凶，真是可耻极了！"""《大公报》里是有好人的，但它的社评作者原来是这样一个法西斯的有力帮凶。""《大公报》社评作者如此反对人民，应该是够'可耻'的了吧。"

《大公报》真是左右为难，难怪上海版在5月29日的社评《论宣传休战》中诉苦：

> 大公报不属于任何党派，是一张人民立场的独立报纸，我们就痛感我们的力量微弱，努力不够……说来可怜，大公报一非"国特"，二不"尾巴"，在这天下滔滔，不归于杨则归于墨的情势之下，大公报实在落于一条极狭极狭的夹缝当中。我们诅咒内战，愤恨内战，要安定，要进步。同一立场，两面受攻。一面飞来红帽子，使我们苦笑。另一面又骂你是"帮闲"，骂你是"法西斯帮凶"，更使我们莫名其妙。奉告一面，不可为渊驱鱼，把天下人都看做共产党。奉告另一面，要争政权，就不可作践人心。天下真理，不必定于武力。

王云五于4月27日飞抵上海，与阔别近十年的张元济、高凤池等老辈会面，随即提出辞职，并拒绝了恳切的挽留。

5月2日，在商务馆董事会第462次会议上，王云五报告，从1945年8月以来，先后用于各收复地商务馆厂的复员费用，连同汇解协助上海商务馆厂的款项，总计约有法币四、五亿元，这完全依靠后方四年间的盈余，言下不无自得。会上讨论了他辞职的事，董事会议决此事关系重大，万难照允，顾念他目前参与国政，不能亲自主持公司业务，推李拔可经理暂行代理总经理一职。

从3月2日起，上海商务馆发行所的怠工事件到这个月下旬才基本平息。3月9日，商务馆代表顾祖常、姚松柏写信给张元济：

> 同人等服务本馆少则十余年，多则二三十年。鉴于公司业务日趋黯淡，事事落人之后，目击心伤，感慨无已……同人等八年艰苦支持，罗掘俱穷，莫可言喻，致有

三月二日之举动，经社会局多次调解，迄无结果。李经理亦从未到馆，公司每日营业损失何止千百万元！二月下半月薪津至今未发，同人断炊堪虞，极易酿成事变。[65]

5月21日，留学德国十年的季羡林初到上海，就到商务印书馆看了看，惊叹举世闻名的商务馆原来竟这样简陋。接下来的几天，他多次到商务馆买书、换书。6月16日，他在南京逛书店，感慨地说："这十年中国出版界可以说是没有多大进步，好书真不多。"[66] 这和29年前胡适刚从美国回来时的感慨一致，但局势已大变。

此前1月13日，沈昌焕在重庆逛了几家书店，也感叹说，"各书局中新版之良好读物实在太少。"[67]

其实，商务馆已尽了最大的努力。从1937年到1946年，共出新书2827种、4197册；出版大部头的丛书9部，合计3266种、4698册，包括"万有文库"第5期、"万有文库简编""东方文库续编"等；新出教科书155种、247册，9年间合计出版的新书有6248种、9142册。[68]

1945年商务馆出版过黄焕文翻译的《大战学理》，这是德国军事学家克劳什维兹的名著，现在译为《战争论》。当时，正在温州中学念初三的叶文超在一份杂志看到此书出版的消息，很想买一本来读，可是标价14万元，他哪里买得起，就在日记簿上写下了自己的心事。结果被校长金嵘轩偶然看到，就对他说："你家庭困难，但你肯读书，好学上进，对军事也有兴趣，这很好，我现在给你14万元，设法去买《大战学理》，希望你发奋努力。"14万元相当于黄焕文母亲在工厂织布一个半月的工资，他激动不安地从校长手中接过这笔钱，通过老同学在上海买到了此书。[69]

1946年商务馆出版的新书中有连横的《台湾通史》，潘光旦翻译的英国蔼理斯的《性心理学》。信奉天主教的法学家吴经熊译的《圣经·诗篇》是以典雅的古诗体译的，这年10月出版时名为《圣咏译义初稿》，好评如潮，不到一个月就再版，共印了2.8万多册。同一时期意大利传教士雷永明主持的思高圣经学会翻译的《圣咏集》只印了 2000 册。

1945 年被罗马教廷提名为亚洲第一个枢机主教的田耕莘说吴经熊的译本可以当作歌来唱，"它是如此引人入胜，一旦你开始读它，就再也放不下手了。"陈布雷读这本书，和原文对照，"乃觉其译事之精"。[70]

许多与教会毫无关系的报纸杂志都发表了评论，给予很高评价。擅长书法的国民党元老于右任给人写字常从里面摘句。令吴经熊惊异的是，这本书竟然"像热狗一样畅销"，王云五告诉他这是多年来商务馆最畅销的一本书了。

他自称这个译本是"猪圈里产生的"。确实，这是他在艰难的抗战岁月里译出来的。他译的零星《诗篇》被信基督教的蒋介石偶然看到，很是喜欢。多年来蒋一直盼望有一个真正准确又可读的圣经译本。

他接受宋美龄的建议，从 1943 年开始翻译《诗篇》和《新约》。当时他住在桂林一个破败的小屋里，被林语堂称为"更像猪圈而不是人屋"。家里的屋顶常常漏雨，外面是日寇的铁骑滚滚，山河破碎，一代法学家却沉浸在《圣经》的翻译中，并从中找到了快乐。等日寇进犯桂林，他到贵州乡间最终完成了《新约》的翻译工作，家里常常为吃饭发愁，烟也抽不上了。直到 1944 年冬天他才搬到重庆北碚。蒋介石喜欢他译的《诗篇》胜过《新约》。他说蒋正在汲取越来越多的基督宗教精神，"他用红蓝铅笔在我的手稿上作标记，在字句上作了不少富有思想的纠正。在他特别的标记里，我非常满意地发现了有《马可福音》里基督立下后世西方民主原则的基础那段"——

> 耶稣叫他们来，对他们说："你们知道，外邦人有尊为君王的，治理他们，有大臣操权管束他们。只是在你们中间，不是这样。你们中间，谁愿为大，就必作你们的佣人；在你们中间，谁愿为首，就必作众人的仆人。因为人子来，并不是要受人的服侍，乃是要服侍人，并且要舍命，作多人的赎价。"[71]

1946 年 5 月 20 日，商务馆董事会第 463 次会议再次讨论了王云五辞职一事，此时他已担任国民政府经济部长，议决"只可勉予照允"。6月4日，张元济写信向他诉苦："公司前途危险甚大，能否挨过，殊不可知。惟有力尽人事，以待天命耳。"

从这个月中下旬起，香港商务分馆印刷厂被解雇的30多位工人来沪交涉待遇问题，7月18日发生冲突，负责与工会方面接洽的史久芸前一天还挨打、受了伤。

第二天，张元济给李泽彰（伯嘉）的信中忧心忡忡："时局日亟，营业无从发展，再受工人蹂躏，前途极为可危。"在给王云五信中更是说："我公一去，公司将亡。奈何，奈何！"[72]

正好胡适从美国回来，路过上海，张元济想请他出任商务馆总经理，胡适则推荐了教育部政务次长朱经农。张元济马上写信给王云五，请他就近去找朱经农。

朱经农与王云五同龄，都是1888年出生，先后留学日本、美国，1921年回国任北大教育系教授，1923年进商务馆编译所，正是王云五就任所长之后，先后担任过哲学教育部部长、国文部部长，约有4年，此后从政多年，此时已厌倦了官场生涯。就各方面的经验而论，他都是最适宜的人选。8月26日，在董事会第464次会议上决定聘他为总经理。

9月14日，朱经农正式到职。

9月29日，商务印书馆董事会召开年度股东临时会议，王云五向股东报告了1937年到1945年的情况，特别提到珍珠港事变发生后，上海租界沦陷，"公司备受敌伪胁迫、危害，但在菊生先生暨各位董事主持下坚决抗拒，始终不屈，不开股东会，不改选董事、监察，不更改组织，甚至连公司的股本都未增加。我们实在可以自豪。诸位看看处在当时恶势力下工商机构改组的有多少，但本公司始终没有改组，增资的有多少，但本公司始终没有增资，这不能不归功于菊生先生和其他几位董事。"[73]

抗战结束时，教育部曾有意取消"国定本"教科书。

11 月 6 日，朱经农写信给张元济，提及政府方面已内定开放"国定本"教科书，准许各书坊自由印行，但要附带条件，只是详细办法还未决定。两天后，他又写信告诉张元济，当晚要去南京，和教育部接洽"国定本"教科书的印行事宜，并参加国民大会。

27 日，张元济给他写信：

> 报称国定教科书事，教部已定任人印售。虽无明令，而报纸传播甚速，各地必已尽量翻印……闻教部又不允担保，借款须由七联自行筹措。鄙见即令教部允代担借，此次春销必然大减，我馆应任百分之廿，书若印成，积滞不售，归款无着，必致不堪设想。

以往，"国定本"教科书由商务馆承印的份额约占 23%。信中还说："此为公司存亡关系，心所谓危，不敢不告。"[74]

与商务馆有 20 年老关系的丁文江去世已有 10 年，遗稿要在商务馆出版，朱经农说目下由他们承印尚感困难，只有另筹印刷费。可见当时的艰难。12 月 11 日，张元济给王云五写信，除了揪心于层出不穷的工潮，又讲到公司财政窘迫，唯有开源节流。他到栈房察看了一番，存书存纸真不算少。迅速理清存货，设法售出，这是救急的唯一方法。[75]

八、闻一多之死

1946 年 5 月 4 日，西南联大举行结业典礼，正式宣布结束。当晚，闻一多在云南大学广场参加"五四"27 周年营火晚会，观看了学生演出的秧歌剧《兄妹开荒》等节目。[76]

北大、清华、南开三校师生陆续北归。4 月 27 日，朱自清看了学生的志愿书，中文系学生有 55 人选择了北大，选择清华的只有 4 人。[77]

5月12日，夏济安就动身去了重庆，时局未卜，他单恋的女生选择了北大外语系，他也将去北大任教。7月13日，他在上海家中看报，得知西南联大最后一批员生210人搭车于11日早晨离开昆明，还有少数教职员留在昆明。他估计学生恐怕都走完了。[78]

然而，闻一多再也回不到北平了。

先是李公朴在7月11日遭到暗杀。7月15日，《大公报》发表的社评《李公朴案感言》说："假使李氏之死，是有政治背景，则前方兵争，后方暗杀，那岂不是国家大乱的象征？"当天下午，闻一多又遭暗杀。消息传来，不仅梅贻琦"惊愕不知所谓"，举国舆论一片哗然。潘光旦、费孝通等教授随即躲进了昆明的美国领事馆。7月27日，受命到昆明调查真相的新任警察署长唐纵给朱家骅的密电说："自李闻案发生后，民盟方面甚形匿迹，联大追悼闻一多时，民盟竟无一人出席，惟共产党份子仍暗中在联大活动。"[79]

蒋介石在庐山很快就知道刺杀闻一多的凶犯是云南警备司令部的特务连官兵，"该总司令应负更重大之责任"。[80] 他大骂霍揆彰是"疯子""幼稚荒谬极矣"，因为闻一多之死引起了美国方面的高度关切，令他难堪。

暗杀李、闻虽非出自蒋的旨意，却是部下霍揆彰体会他的心意而制造的。早在3月23日下午，他约见西南联大三青团干部时说过："对不法教师污辱党国，甘为共匪奴属之张奚若、闻一多等，应加以还击。"[81]

7月14日16时35分，霍揆彰在给蒋的电报中汇报：

（一）……决依法戒严，大举肃清奸党，一网打尽，斩草除根，以绝后患。（二）民主同盟云南支部于7月12日正午召集潘光旦、闻一多、尚钺、费孝通、楚图南、冯素陶、费青、向达等负责人员及学生团大众报及其他所谓民刊物编辑代表共十余人讨论结果摘要如左：1、今后以李公朴之死亡努力揭发国民党反动派之阴谋……4、依法起诉为李公朴复仇；5、全体一致行动游行示威，日期临时决定，似有重演去冬学潮之故伎，以损失中央威信，清除中央在滇力量，以达其赤化西南之目的。职惟本钧座意旨，有利国家者，任何牺牲在所不计。对此案责任问题，除已于本日发表声明以资大白，若再滋扰甚而暴动，职拟断然处置，谨闻。[82]

第二天下午，闻一多被狙杀就出自霍揆彰的"断然处置"，案发与他电呈蒋介石还不到一天。其实，闻一多被盯上已久。1945年7月31日，西南联大负责三青团的陈雪屏写信向朱家骅汇报西南联大的动态："近日校中表面安定而异党在暗中活动甚力。参加民主同盟之闻吴二教授遇有机会，必对政府肆意攻击，偏重感情，歪曲事实，最能投合一般青年不满现状之心境。"[83]闻一多和吴晗的活跃，受到各方面的注意。

"一二一"运动后，12月16日，朱家骅给蒋介石的密电中有这样几句话："至学潮主谋及领导分子闻各校教授中态度最激烈者为联大教授闻一多、潘光旦、吴晗及云大教授潘大逵、尚健庵、楚图南等。整个首要分子名单已电令各校当局密查具报……"[84]闻一多首当其冲。

死者已矣，生者也在苦楚当中。1946年7月17日的《大公报》报道，联大教授和眷属百余人仍滞留重庆，局促在上清寺的招待所内，拥挤，高热，杂以儿童的啼哭，让人凄然。住在招待所的有北大文学院长兼哲学系主任汤用彤，理学院代理院长江泽涵，还有冯至、蔡维藩、姚从吾、邵循恪、陈序经……周炳琳住在沙坪坝、冯友兰住在九尺坎。"冯至说：在昆明我们虽然也渡着艰苦的岁月，但由于气候宜人，尚能享受到一份自然的优待，今来重庆度此炎夏，可就苦煞了。汤用彤白发盈头，平和朴质，对时事不愿说话。诗人冯至健谈，谓西南联大的教授们都渴望生活安定，进行自己的研究工作。可是今天大学教授的生活只有烦恼。冯友兰说：生活逼得许多教授不得不兼差，浪费时间精力，有苦难言。抗战期中，吾人愿吃苦到底，希望胜利后一切会好起来，但以现状而言，希望更为渺茫了。冯氏尤深以北平之物价为忧，忧虑由西南回去的文化人怎么去过日子。"

九、胡适重回北大

就在这个时候胡适从美国回来了。[85] 他原定 7 月 15 日和傅斯年一起飞北平，因患病而延迟了。郑天挺告诉记者，北大当前问题重重，最重要还是校舍不敷用，从战前的 1200 个学生，已成为 4000 个学生的学校。[86]

7 月 21 日，《大公报》刊出的报道《喜见教授归来》说，一夜豪雨，把北大分给教授们的宿舍洗了一个澡，"表面上看来是干净了些，但实际上，狭小如鸽笼，布置简单到万分。"

一别 9 年，一头白发的汤用彤终于收回了景山旁小石头建造的旧居，他爱抚地望着屋角熟悉的大柳树，兴奋地和夫人到景山上登高望远。头发灰白的江泽涵脸上写着抗战所给予的消瘦与憔悴，这位渊博的数学家叹息："每年数学系的专业生，不到十个人，也不能都得到很好的出路，抗战以来，为数更少。"

8 月 27 日，北大哲学系教授郑昕写信给胡适，"北大向来是散漫的，这几年来和清华在一起，纪律方面进步多了；各系暗中有竞赛的性质，不给人颓废的机会。"[87]

10 月 10 日，北大终于迎来了新学期的开学仪式，55 岁胡适长袍马褂，站着说话：

> 我只作一点小小的梦想，只想使她成为一个像样子的学校，成为一个全国最高学术的研究机关，使她能在学术上、研究上、思想上有贡献。这不算是个太大的梦想罢。
> 就是这样卑之无甚高论的两个方向：1、提倡独立的、创造的学术研究，从理、文、法到农、工、医，从社会科学自然科学以至应用科学。2、对于学生，要培养利用工具的本领，使他作一个能独立研究，独立思想的人。

你们在大门上贴欢迎我的标语要求自由思想、自由研究，为什么不说独立而说自由呢？要知道，自由是对外面的束缚而言，不受外面势力的限制与压迫，这一向正是北大的精神。而独立是你们自己的事，不能独立，仍然是作奴隶。我是说，要能不盲从，不受欺骗，不用别人的耳朵当耳朵，不用别人的眼睛当眼睛，不用别人的头脑当自己的头脑，我提倡你们应有走独立的路的工具。

　　学校当然要给你们以自由，但是学校不能给你们独立，独立是你自己的事。

　　我是一个没有党派的人，我希望学校里没有党派，即使有，也如同有各种不同的宗教思想信仰自由一样。你可以是国民党，可以是国民党的左派和右派，也可以是共产党。是什么各种各样的党派。但是学校是学校，学生要把学校当作学校，学生也不要忘记学生是在作学生。

　　此时离他初上北大讲台，已近 30 年，那时他还是一个 26 岁的青年。他的目光从眼镜片中射出来，认真而坚定——

　　我们没有政治上的歧视，但是先生们及学生要知道，这学校是作人作事的机关，不要毁了学校，不要毁了这个再过多少年不容易重建的，不惭愧的学术机关。

　　当天，季羡林在日记中说："胡校长发表演说，很精彩。"虽然他们在 9 月 23 日第一次见面时，他私下觉得这名声大得吓人的大人物有点外交气太重。[88]

　　《大公报》记者报道，胡适自称是"说几句家常话"，"是一位考据老师用半世纪来的历史混和着诗人的感情与外交家的声音，像最复杂的交响乐似的，他说了一个半小时。时代的小儿女们有笑声，有掌声，有唏嘘，有愤怒，更有时是眼睛朦胧了，有的用愤怒之火烧干了，有的眼泪直向内流。"[89]

　　北大复校，抗战前的一位北大学生王某，北平沦陷后辍学，此时在北平邮局工作，如今又回来复学，穿着粗布长袍，戴着深度近视眼镜，一面上班，一面上课，北大的课堂来去自由，他不脱产也不妨碍听课。[90]

当年入学的史学系学生张汉清选修了三门外系的选修课，有政治系教授许德珩开的社会学（堂堂课涉及时事，大受欢迎，北楼一层小礼堂，座无虚席），有教育系教授陈雪屏开的心理学（有400人选课，没有这么大的教室，只好分成两班），还有哲学系教授贺鳞开的哲学课。

比上课来去自由、选课自由更重要的还是学术自由。8月4日，朱自清出席北大校友会时，听到朱光潜说北大是唯一研究学术的地方，舍清华于此外，大不以为然。[91] 北大确是有学术自由的，法学院院长周炳琳对《大公报》记者徐盈说："政治经济的课程中，马克思的学说，我们也要开几门，来做公开的研究，这也正是北大的兼容并蓄的精神。"[92]

抗战前，陈启修在北大开的是马克思经济学说研究的课，许德珩有社会制度研究（内容就分为封建制度、近代资本主义制度和社会主义制度），赵迺抟开的社会主义研究，秦瓒开的马克思学说研究，卢郁文开的劳工运动及社会主义史。在西南联大时期，赵迺抟继续讲授社会主义。此次北大复员，曾被开除的许德珩又重回北大讲授社会制度，另有吴恩裕讲授马克思主义政治思想，樊弘讲授马克思经济学说，陈振汉讲授比较经济制度（内容分资本主义制度及社会主义制度），吴惟城讲授苏联政府。

在1946年度法学院政治学系的毕业论文中，有三个学生选择了与社会主义有关的题目，指导教授是吴恩裕：顾德森的《社会主义政治思想之勃兴》、丛学飞的《马克思派的社会主义》和沈承炽的《社会主义学派综述》。

1947年度法学院经济学系的毕业论文，至少也有三个学生的论文与社会主义或马克思主义有关：廖作民的《从社会主义计划经济看苏联的农业发展》（指导教授陈振汉）、黄履中的《马克斯的经济恐慌理论》（指导教授樊弘）、俞南琛的《几个资本主义者与社会主义者所争辩的中心问题》（指导教授 赵迺抟）。

在北大校园，学生很容易接触到《精神分析学与辩证唯物论》《马克思的政治思想》和恩格斯的《宗教、哲学、社会主义》这类书，甚至可以读到陈伯达的《中国四大家族》等禁书。[93]

周炳琳曾对《大公报》记者徐盈复述胡适的主张："我们没有政治上的歧视，一切可以自由研究，自由发表，但只能代表个人，而不能代表学校，并望不要毁了学校。"他只是担心现实逼人，也许会压得人都没有理想了。

10 月 25 日，徐盈发出的系列报道《北大复员记》（五）说：

> 北大的开学铃声响了，北大的更困难的季节也来了……在漫谈学术之前，先要解决这四千人的学府的生活，粮与煤。（煤需八千吨，将为八亿元。）听说北大一个月的经费是三千四百万元，教授的薪给占大半。兴奋时期去了，本来已够苦恼的，最近却又有不能如时领到的苦恼。"[94]

11 月 28 日，季羡林领到 13 万元的稿费，就去北平的商务分馆买了几本书。[95]

十、北大学潮又起

拖到 1946 年 11 月 15 日，国民大会终于开幕了，却投下了浓重的阴影，因为共产党、民盟都拒绝参加，青年党到这一天才提交与会名单，从民盟中分裂出来的民主社会党又分裂成了两派，一派要参加国大，一派拒绝参加。抗战前，国大代表的选举曾激动过知识界。抗战中，召开国大是国民参政会上争宪政的重心之一。政协会上，有关国大代表问题的辩论是会议的焦点之一。此时，当国大揭幕，问题却依然没有解决。11 月 19 日参加旁听的沈昌焕说："中国尚在试验及学习民主之时期，有此成绩可谓差强人意矣。"[96]

无党无派的胡适南下参加国大，11 月 23 日晚上与王世杰、傅斯年长谈，对国民党过去的贡献，他从历史学者的眼光表示同情。王世杰感慨："值此中外是非混淆之时，适之之态度颇为国民党一个助力。"国民党籍的周炳琳就拒绝参加国大。[97]

也就是这一天，《申报》报道，最后一批北大、清华、南开的员生北上，三校迁运委员会上海办事处即将正式结束。

11月28日，张元济写信给胡适：“国民大会至为贤劳，果能将一党专制从此结局，还政于民，得此实行，虽辛苦亦值得也。”[98]

这次国大唯一的成绩就是通过了民主社会党领袖张君劢起草的宪法。

12月23日，王世杰和胡适、孙科、王云五等参加二读后宪法条文文字的整理。两天后，宪法完成三读通过，傅斯年跟陶希圣聊天时引了典籍《尚书》中的一句话：“火炎昆岗，玉石俱焚。”陶问：“何谓也？”他答：“这部宪法实施之后，从中央到省县，每天都是风潮。”两人相对叹息，不能自已。[99]

第二天（12月26日），《大公报》发表的社评《国民大会闭幕了》也是直言不讳：“这部宪法的最大缺点，还不在它的本身，而是这次的制宪国大缺少了一个和平团结的规模。一个主要的党派未参加，而半个中国还在打着内战，因此大大减损了这部宪法的尊严性。”

就在宪法通过的前夜（12月24日晚上），北大先修班女生沈崇遭美国士兵皮尔逊强奸。北大训导长陈雪屏得到消息已是深夜12点，他直觉判断，“这一定是共党的阴谋，胜利后暂时安定的局面恐怕不易保持了。这一事件必然触发青年的民族意识……”后来，他经过调查发现这位叫沈崇的女学生，“早在考取北大之前，已经在上海上过两年大学，同时，她还是中共的职业学生。”[100]

12月25日，亚光新闻社首先发出有关沈崇案的新闻稿被警察局勒令收回，《新民报》和《新生报》等报纸要到26日才登出这一消息。但从25日深夜起，北大学生陆续贴出壁报，揭露此事。到27日早晨，红楼贴满了各种控告和抗议，主张罢课一天，游行示威。陈雪屏对来访的北大学生说了一句：“该女生不一定是北大学生，同学们何必如此铺张？”就大大刺激了学生，马上遭到壁报的批驳。[101]

当晚，中共地下党研究决定，由北大文学院历史系系会联合女同学会共同发起北大全校各社团各系级代表会，讨论行动，组成"北大学生抗议美军暴行筹备会"。

第二天，北大西斋学生宿舍的墙上发现一张署名"情报网"的大字报，写着三条"本报专电"，其中说："最近延安曾派若干女工作人员赴各地，专门以各种技术诱惑美军，造成事件"。钱端升教授公开斥责这是造谣的低下手段。[102]

沈崇的祖父沈葆桢为晚清重臣，曾任两江总督兼南洋大臣，父亲沈邵时毕业于北大，与北平市长何思源同学，时任国民政府交通部的处长，与胡适也相识。

29日晚上，"北大学生抗议美军暴行筹备会"开会时，另一伙人宣布成立"北平市各大学学生正义联合会"，与此针锋相对，这是国民党市党部和三青团策划的。第二天天亮，校外就有人到北大撕布告，引起向达、周炳琳等教授的愤怒。

当天，北大、清华、燕京等校上万学生举行"抗议美军暴行大游行"。《纽约先锋论坛报》记者说要如实向美国人民报道。游行中的插曲是队伍走到东单向西时，打着"中国大学"校旗的一二百人参加进来，呼喊口号："打倒共产党员走狗！""打倒朱毛""要求苏联军队撤出大连"等。[103]

这一天早餐后，季羡林和往常一样去图书馆研究室，见学生罢课，他心里乱得很。[104]

当天下午，胡适从南京返回北平，对《大公报》记者说："这是一个法律问题，希望能够早日得到合理合法解决。"（几天后，由北大法律系教授燕树棠、李士彤、蔡枢衡、费青、赵凤喈等组成法律顾问委员会，负责代被害人搜集法律证据。）胡适给傅斯年写信说，"我们今日所作指示充分把全校的法律人才供被害人之用。"[105]

对于学生游行，他认为是理之常情，但北大费了极大的力气才开了课，他不赞同罢课。他的谈话被《新华日报》斥为"狐狸的同情"。

1947年1月2月，陈布雷看了几种报纸，知道各地学生都为美兵侮辱北大女生事在游行示威，私下以为："此事显属民盟所鼓动，然青年之离心盖已久矣。"[106]他并不清楚民盟在北大和各地大学生中并没有这样的鼓动力。

《大公报》连日报道有关沈崇案的消息，1月4日，上海版的《读者之页》在"抗议美军暴行！我们的同胞不容被藐视！事件必须获得合理解决！"的大标题下刊登了一批读者来信，对此案表示强烈义愤。

自1月17日起，美国驻华海军陆战队加强第一师军事法庭连续五天就沈崇案开庭，胡适和部分北大的法律顾问到场旁听，等到1月22日，宣判皮尔逊强奸已遂罪那天已是旧历新年。

季羡林经常下午出去买一份《大公报》，这几乎已成了他的习惯。2月12日那天早餐后，他本来想买份报纸看，因一夜没电，大概印刷受了影响，等到十点才买到一份。他在日记中叹息："全国烽火遍地，金价物价高涨，人心浮动，我们中国的前途一片黑暗。"[107]

2月13日，《大公报》天津版有一篇关于大学生纷纷辍学的报道，仅北大去年11月以前请求休学的学生就有337人，新年后办了休学手续的又有249人。教育正在走向破产，而当局只是袖手旁观，一筹莫展。

2月20日，傅斯年写信给胡适："我目下主意是，责备政府，不可忘共党暴行，责共党不可忘政府失政，所谓左右开弓，焉得尽此两极败类而坑之哉？"[108]

与学潮的汹涌相比，北大的学习氛围却没有那么浓。2月19日，因为考试的关系，这一段时间图书馆骤然热闹起来了，楼上楼下，窗子下，连桌子角都坐满了人，每天都要忙着抢位子和抢参考书。历史系学生罗荣渠想，"假使北大图书馆平常也是这样，那将来北大出的学者之多将不可限量！呜呼，此之谓读书！此之谓学问！此之谓教育！"不过他马上发现，图书馆拥挤的原因大概是因为近来停电的关系。[109]

2月27日，北大学生罢考。第二天，一直平静做学问的季羡林心绪很乱，"看了学生这情形，简直是一群土匪。我们这些所谓教授拼上命也不过造就一群土匪，一点意义都没有。我心里非常撇扭，很想辞职，或去作生意，或去作官，我觉得什么都比作教书匠好。"[110]

十一、反内战反饥饿

美国调停中国内战失败，早在1946年8月就已定局。1947年1月8日，马歇尔回美国前在《大公报》等媒体发表声明，指出中国的目前的希望在于，国民党中的自由分子与其他党派中的自由分子合作组成政府。王世杰虽深感他观察的正当，但以外国使者的资格而说这些话，俨然想以外国人左右中国的政治，令他感到不快。[111]

1月24日，蒋介石想请胡适出任考试院长，要傅斯年和王世杰转达。其实，这也可以看作是回应马歇尔声明的一个举措。2月9日，胡适托傅斯年回复，他不入政府则能为政府的一助力。这次改组政府，应多就国民党内的人才设法。他反对宋子文，主张由孙科出任行政院长。

2月21日，王世杰来到一别二十年的北大，当晚与胡适长谈，还是拒绝考试院长，也不愿做国民政府委员，只想保持独立地位。[112]

此时，物价飞涨，北大师生的吃饭问题凸显。自4月6日起，北大文理法讲助会决定罢教三天，他们向行政院提出的三项要求，首先就是维持最低的生活，第一是恢复每月配售面粉两袋，第二按实际生活指数发薪。

自5月5日起，北大三院的学生已改吃丝糕，白开水一碗，青菜一碟。从开学之初还有米饭，到后来改吃馒头，直到改吃丝糕，每况愈下，学生无不感到惶恐。5月18日，北大学生罢课宣言开头即说："内战灾害扩大了，人民颠沛流离，饥饿步步逼人"。前一天（5月17日），北大校方还张贴布告，试图劝阻学生：

> 近来物价骤然激涨，影响到大家的伙食，学校总在设法筹借款项，预先垫发。现在副食费业已调整，粮价计算亦正谋改善……
>
> 至于同学们对现实政治自由发表意见，我们当然不反对，但政治问题都是很复杂的，都不是短时期所能解决的，更不是学生罢课所能立刻收效的。所以我们很诚恳的希望同学们郑重考虑，切不可用牺牲学业的方式来作政治的要求。

王芸生北上，看到了平津的憔悴凋敝。他于5月13日到达北平，从15起连日在北大、燕京、清华三校讲演。他理解学生的心情，同情他们的行动，"学潮纷纷，是表现不安，而这不安的根源莫不由于战乱与饥荒。"天安门前的红墙上，学生游行队伍过后，留下了触目惊心的黑漆字句，一边画着一只鸽子，写了五个大字"我们要和平"，另一边画着三个饭碗，写着五个大字"我们要饭吃"。[113]

5月16日在北大听过王芸生讲演的罗荣渠，听到各地普遍发生抢米风潮，罢教罢课，在日记中说："统治者的一切表现都是垂死的挣扎。啊！暴风雨快来了！暴风雨快来了！"第二天早上，他看到《红楼》《解放》等三家壁报的联合宣言，大呼反对内战，"只有新民主主义才能救中国""踏着十月革命的道路前进""政府改组，胡适胡适？""国民党教职员退出北大"……等标语都出来了。[114] 学潮又起来了，北大的每个角落都活跃起来。

这次学潮的主题是反内战、反饥饿，北大学生罢课宣言中直指执政党迷信武力，希望当政者首先放弃武力统一政策。他们在《北京大学学生告平市父老书》中说，"才仅仅两年，北平的物价就涨了一万六千倍，就是说日本人在时买一块钱的东西，现在要花一万六千元才能买到"。

北大教授中同情乃至支持他们的也不乏人，杨振声、吴之椿等31位教授发表宣言说："青年学生运动的起因，是不满现实。唯有改变现实，才能平息他们的不满，推诿与压制，则结果适得其反。"5月30日，《大公报》上海版发表北大、清华102位教授的宣言，劝学生避免无谓牺牲，"政府当局则应深切省悟，政治败坏之责任，本在政府而不在学生。学生由苦闷郁愤而发生之呼吁及运动，只能善导而不应高压。"签名的北大教授包括钱端升、周炳琳、汤用彤、杨振声、吴之椿、俞平伯、沈从文、贺鳞等。

5月20日是这次学潮的高峰，从北平到京沪杭等地，全国各地的大学都有游行、罢课。

第二天，正在商务印书馆总经理任上的朱经农因近来心绪甚坏、夜眠不安，写信给王云五：

> 共产党、民主同盟指挥学生向政府挑战，大乱之象已成。全国各地学生行动几乎一致，虽然他们实系少数盗用全体名义。多数学生无组织，被劫持，虽退有后言，无抗议勇气。报纸《大公报》以下一致主张停战，而从无一人提出实际停战办法。在我看来，除了政府向共党投降，共党决不停战。他们反对征兵征粮是片面的。共党把所有壮丁一齐压上前线冲锋。一切粮食，全部收归党有。他们一个屁也不敢放，只敢责备政府。一部分参政员如此，一部分学生如此，一部分报馆记者也如此。戴着有色看东西，没有一样是正确的……东北消息尤令人关怀，大局如斯，只好听之天命。[115]

朱经农说到《大公报》的态度。几个月前，《大公报》3月3日发表社评《今后的时局》说，"眼前国家重大问题很多，国民所最关心者：第一是和平局面的恢复。第二是民主制度的确立。这两大问题，都不是一月半月所能有成功希望的……关于民主问题，这是全世界的潮流。中国有识之士，人人希望求其及早实现。但民主是实际问题，中国实行党治已愈二十年，'党权高于一切'，几乎成了政治上的惯性。"

5月27日，朱经农写信给张元济："日来为学潮，忧虑不能成寐。大厦将倾，覆巢之下无完卵，奈何！杞人之忧，长者何以见教？"[116]

胡适与朱经农的想法就不大一致，他在5月31日下午北平行辕例行的记者招待会上说："过去我很惭愧，办教育行政者，终日疲于油、盐、柴、米等琐事，未负起指导的责任。"他恳切地说：

> 一定要说学生运动是几个共产党煽动的，至少我不如此想。政治不满意，青年学生难有饭吃，有房住，但也不能忍环境的压迫，只是理论方面见仁见智各有不同，不能说学校几千个人受几个共产党的煽动。如无特殊环境，几个，几十个共产党也不会掀起这样大的运动，至少华北，北平的学校是如此。[117]

当时有人喊出了6月2日为全国反内战日，各地当局也防范出事，6月1日，军警进入武汉大学，冲突中有3名学生被击毙，酿成武大惨案。

十二、"夹缝中讨生活"

也是6月1日凌晨，重庆国民党当局突然拘捕了《大公报》采访主任曾敏之等七个外勤记者，还有一位家属。第二天，《大公报》重庆版对捕人做了详情报道。

正好从上海到重庆、遇到这场"报难"的萧乾主张打电话给胡政之，请他暂缓回沪，在南京设法营救。电话一接通，重庆馆经理王文彬才说了一句半话，就被截断，电话里传出粗暴的声音："不许讲话，我是警备部！"令他们意外的是，过一会电话又通了，原来是电话局的职员同情他们，等警备部的人不在，又替他们接通了电话。[118]

6月3日，胡政之就去找主管文宣、一向对《大公报》友好的陈布雷，没有任何结果。陈在当天日记中说得很清楚："旋胡政之来谈报馆事，虚与委蛇而已，不欲与之深谈也。"[119]

陈布雷已对《大公报》相当不满。2月17日,《大公报》发表社评《经济紧急措施方案》,第二天,又发表社评《再评经济紧急措施方案》,指出财政当局的三大失败:一是被迫放弃黄金政策,而将更加膨胀通货;二是朝令夕改,举措轻忽,贻误国事;三简直是向黑市投降。并议论了六项尚待实施的措施。此文最后说:"上所云云,还都是技术问题,最大的一项措施应该是停战,和平。"

当天,陈布雷读到《大公报》的这篇社评,就说:"对政府的经济措施旁敲侧击,竭尽抨击之能事,幸灾乐祸之心,充满篇幅。真不料其一变至此万劫不复之境,可叹可叹!"[120]

6月4日,王芸生在上海执笔写下社评《逮捕记者与新闻检查》。当夜,《大公报》重庆馆收到这一电稿,编辑部士气大振,特选出一人朗诵一番,低沉的情绪,又见高扬。第二天,社评在上海版和重庆版同时发表,与驻广州记者陈凡被捕的电报刊登在一起,本来前一天已得到陈凡于6月1日凌晨在广州被捕的电报,为避免长他人志气、灭自己威风,还没刊登。

同是这篇社评,《大公报》天津版却两次送审都没有被通过。6月8日晚,张琴南写信给王芸生:

> 因为检查,闹得全编辑部人人头痛,个个灰心。兄撰"检查新闻"一评,连送二次(第二次是用"改头换面"方式送去的)都指定缓登。并注"不便删改,至乞缓登。"弟撰评中"内战"都被改为"内乱",该处并于稿上注明:"如不愿改为内乱,可请改为'战乱'。"又兄评送去被扣,弟即易一社评,该处于此新社评稿上特注"谢谢"二字,真令人啼笑皆非。[121]

一夜之间,重庆有200多名学生和记者被捕,其中记者31人,起先都关押在军统局宿舍,《大公报》记者张学孔说,女孩子最调皮,当着监视的人,她们表演秧歌和"王大娘补缸",使人啼笑皆非。[122]

到 6 月 5 日，经王文彬等全力营救，重庆馆 4 个记者先保释出来。也是 6 月 5 日深夜，广东省保安司令部向陈凡问话时说："我们举得你所写的文章，都是帮共产党的，而对于他们的坏处则从来不写。而对于政府的弱点则尽量暴露……比方你在《岭南风候》那篇通讯里的开头说'暗云愈聚愈多'。不是说政府是很黑暗的吗？"陈凡回答："了解能力或者各有不同，照我自己的原意，只是形容社会空气紧张，好像密云将雨。"在 6 月 9 日问话时，陈凡说："我们做大公报记者的有时真有些意外的冤枉，那就是许多新闻在本市报上本来也登得洋洋数千言的，但你们做情报的人却熟视无睹，大公报一登了出来你们却就大惊小怪。"他们的说法是，因为《大公报》一登，大家就认为是确实了。他说这种过奖真是受不起。他被拘十五天半，最初的罪名是"勾结匪党，阴谋暴动"，足以枪毙两次。到 6 月 16 日他释放那天，广东省新闻处给了他换了一个罪名"因泄漏重要军事情报而被控"。胡政之、王芸生都曾致电广东省政府主席罗卓英和秘书长丘誉。回到上海，他才知胡政之给丘誉打过一个长电，这是他早获释放的原因。[123]

6 月 15 日晚上，胡政之、王芸生在跟王世杰见面时，倡导"停战论"。[124]

三天后（6 月 18 日），胡政之在上海编辑部说的这番话，可谓句句沉痛，字字恳切：

> 从今天起，我报的地位更将困难微妙，这是可以断言的。第一，乱局的趋势虽然是延长扩大，决定性的变化仍旧渺茫。换句话说，民主自由根本没有存在，更有待我们的争取。在争取的过程中，横逆之来毋宁是当然的。因此，忍耐的能力和镇静的功夫是必要的。第二，斗争激烈，当局者受情感的支配，"镇压"的手段想见越来越凶。中国政界习惯，官家只有错捉没有错放。一个人一经吃了官司，想要摆脱，便很不容易。第三，由于全体同人的孜孜不息，我报的销路天天上涨。办报纸，自然希望销路涨。不过，在此时此地，我们却不能一味高兴……在座同人都晓得我报所获白报纸的进口配额不够用。因此，多销一份报便得多向黑市买一张白报纸，也就是说得多担负一笔损失……

中华民国是在夹缝中讨生活，《大公报》也正是在夹缝中讨生活。我们今日的处境的的确确够得上"孤危"二字。在这"孤危"的局面中，我们做报的人究竟应当如何自处呢？我个人以为：首先，我们应当效法宗教家的悲天悯人。执笔为文，总要言之有物——言之有物就是有诚意。我们应当竭力避免不自觉地陷于嬉笑怒骂。嬉笑怒骂虽然逞快一时，但不合报人的身份，也最容易招忌。其次，我们要对事不对人，主张要有建设性。在今日的乱世，私仇万万不可结。这就是说立言记事，不但态度要严肃，而且不要忘记讲求技巧……

最后，我还要重复提醒同人一声，就是我们的时代还没有民主自由。假如中国是英国美国，那我们还用得着"争取"民主，"争取"自由吗？一张报纸应当是一个千秋万世的事业。我们的前途是漫长艰苦，曲折多变的。在前进的时候，我们要有无比的自信，无穷的忍耐。我们要时时牢记着"操心危，虑患深"两句话，谨言慎行，敬业尽职。[125]

被关押了 17 天的曾敏之被讯问时回答："我们在《大公报》是本着一个超然独立的民间报的立场而工作的，无任何党派关系"。他看到许多青年写悔过书，心里阵痛不宁，对关押在一起的同事方蒙、张学孔说："我们无过可悔，有的是受了最大委曲。让苦难考验我们，多少关心我们的友人在看着我们是做人或做鬼！"[126] 他拒绝写悔过书，而写下了这样一些话："我以新闻事业为终身事业，今后和过去一样，做一个独立的自由主义思想的超党派的新闻记者，在国家艰难的现在及将来善尽其报人的责任。"[127]

重庆警备司令部新闻处长杨敬年派人将《大公报》各版有关学潮的专电、社评、专栏，包括王芸生那篇《我看学潮》等统统归到重庆馆记者方蒙的名下，算作煽动文字。经方蒙申辩和解释，杨说："文字表面虽没有煽动，但骨子里是充满了煽动的意思的。""你们大公报的人的思想，每个人都左倾，你都有一套'双重人格'。"到了国民党重庆市党部，一个讯问他的人一上来就骂："你知道披上民间报纸的外衣，而做人家的尾巴是可耻的吗？"又一个出来要他承认报社有共产党分子，并要他指出来，还要他承认曾受人利用并写悔过书。他婉言拒绝："在这种威胁侮辱和利诱之下，我不能出卖自己的人格，出卖报馆光荣的传统精神。如果我为了个人的苟安而向他们妥协，这便是我的耻辱，是报馆的耻辱，也是全体同人的耻辱，个人声誉的损失，其事小，报馆报格的丧失，其事大，因此我拒绝签写任何自新书之类，置个人的安危于度外。"所以他成了最后一位获释的记者。7月13日，他写长信给王芸生说，"我这次获释的因素主要是因为教育界人士的奔走营救和同业的呼吁与力保的结果。我虽然获释了，但一般空气仍使我不安。"[128]

到7月17日止，被捕的《大公报》记者已陆续获释，这次"报难"总算过去了。

相隔一年，王芸生说起此事仍愤愤不平，"去年六月政府大抓本报渝、粤同仁，为什么不抓头目，他们大概以为：胡政之是社会贤达，有个头衔。王芸生干报多年，也有点小名气，于是便从新人下手，新人出来，马上给你打下去！无新人，无新报，这样的报界，还有什么发展可言！"[129]

7月10日，胡政之到北平，12日，有位要人对他说："北伐我不怕，抗日我不怕，但我怕人民，怕青年，怕骨肉自残。"又说："兵有兵混子，今则党有党混子，团有团混子，我说，我发给你们枪，如果你们真有胆子，你们就去前线打共产党。"他则对这位要人坦然表示："你们叫我改口来反和平我不能干。有人说我管不了我的下属，我老实说只有我能代表我的小朋友们，你们别捉他们，一切全找我好了。你们还怕我在外国的名誉不响，又捉我九个人去，替我在国外登广告。"[130]

《大公报》的名声在国外确实越来越大。《大公报》驻美国记者杨刚、朱启平当时就给报社来电，《大公报》9人被捕一事在美国引起绝大注意，各方极表关怀，纽约办事处收到慰问函件甚多。

朱启平（7月22日）从纽约来信说："我报在美之声望较前益增，处处称为'居领导地位的中国自由报纸'，'伟大的中国日报'，'发言最有力量的报纸'等等。津版斐文中君《今日之乡村》一文（5月23日及24日），《纽约先锋论坛报》全部译载，《时代周报》摘要译载。"马尼拉一份超然中立的《福建时报》（7月25日）来电请求准许逐日转载他们的社评。[131]

当年12月2日，胡政之在成都跟四川省主席邓锡侯见面时，还特别提及《大公报》9个同事被捕，这是最愚拙的作法，美国人很重视这件事，美国对华政策不积极，当也曾受此事的影响。[132]

《大公报》在国内的声望，不必说顾颉刚等知识分子对《大公报》的由衷赞佩。在浙江新昌县的普通读者心目中，《大公报》以中国舆论权威享誉国内外，读者对社评非常重视，尤其中学师生和小学教员一致赞佩执笔者能始终站在大众的立场说话，成为人民的喉舌。一位读者对特约通讯员说："我一天不看大公报社评，正像一天没有吃饭一样。"另一位读者称，7月份以来每天社评中最精彩的一段都能熟背，"很多人讲大公报不如往昔了，其实，这都是恶意攻击的话，由我这老读者看来，就社评而言，那一家新闻纸敢写这些有骨劲的文章？这是挺难得的。就是廿元一份的报纸，还是要看。"还有读者说，除了社评，每个字都仔细看完的就是"地方通信"这一版，有一半以上读者几乎都如此，因为这一版反映的都是活生生的社会相。几位县中的女生说：

> 看"地方通信"正像看电影、读小说一样，有立刻起一种不平的愤怒，有时简直掉下泪来。由于文字表现得"活"，好像现实摆在眼前。[133]

《大公报》如此受人欢迎。难怪大公报人常常响亮地说："我们大公报"。新人进了报馆，慢慢就会习惯提高声调说："我们大公报。"

7月13日，身居保定绥靖公署主任、副主任的孙连仲、陈继承、上官云相等高级将领，宴请前来北平请训的前线将领，胡政之被推为首座，他大谈上海的腐烂及豪门的独占性，举座武人深有共鸣，甚至说出"先革上海的命"的警句。有将军说："共产主义是好的，执行的太坏，三民主义是好的，执行人也太坏了。"又有将军说："北伐是我们，抗战八年又是我们，剿匪又是我们，听到豪门如此猖獗，好苦命啊！"

第二天，胡政之跟朋友谈及中国的将来，忧形于色，说："过去我们太主张中央集权了，那时也是不得已；今后却应主张地方分权了，不如此不能解决问题。"[134]

子冈、徐盈夫妇是《大公报》驻北平办事处的主力，都是中共地下党员。9月，子冈在报社的内刊《大公园地》坦言，"可是作为一个真正爱国有正义感的记者今天是四面楚歌。触目的丑行，触耳的谎言，触心的萁豆相煎的悲剧！一片赤诚坦白忠心——忠于团结和平统一的中国的理想——被歪曲到不成样子……"[135]

此时共产党在战场上尚未胜券在握，所以，她们还是强调团结和平的观点。

王芸生主持《大公报》上海版，工作紧张，每天晚上到了编辑部，总是忙着看信、看稿子、看报、写稿，难得有闲。10月14日，他应邀到基督教青年会的大会和浙大演讲，顺便到西湖游玩，下榻在西泠桥下的蝶来饭店。离上一次（1934年初春）游杭已有13年了。这次他的印象好得多，"尤其在脑中装满战乱愁苦等字眼的我这新闻记者，得此小休，不能不说是一段短暂的清福。"

10月15日上午他上玉皇山，为中华基督教青年会第九届全国干事大会演讲，题为分析内外大势，实际讲成了"怀四大自由"。当晚，他给浙大师生演讲，讲题是《对日和会诸问题》，场内外挤满了人，几无立足之地。他讲了1小时20分钟，听众情绪很是热烈。

王芸生在答复竺可桢提问时说，《大公报》在上海销行4万份，仅次于《新闻报》。《大公报》社论由八、九人分别担任，报纸新闻及社论并无检查，但当局事后往往要来警告，且有时劝登某种文字。

10月17日，他返回上海，"三天清闲过去，驴子又进磨房，种种吃力不讨好而且伤脑筋的事又都蜂拥而来了。"就在这个月底，浙大因学生自治会主席于子三以共党嫌疑被捕，惨死于狱中，而引发学潮。

11 月 22 日，王芸生写下《杭游小记》时想起了一个多月前的那场演讲，"在那一两千学生中，于子三君恐亦在座。归后不久听到他的惨死，心中感到一种沉郁的难过。"[136]

11 月 27 日，胡政之到《大公报》重庆馆讲话时，对于"吃力不讨好"的处境深感无奈：

> 胜利来临，我们是民间报纸，当然要回到民间的独立的立场，但同时只要我们认为政府的政策是对的，我们仍然拥护它。不幸的是：在我们认为当然的，在政府硬以为我们变更态度。我们对于接收的种种弊端曾经无情地予以揭发。我们的作为一方面帮助了政府，使它明了了接收官员的不法；一方面为民喉舌，的确使老百姓高兴感激。

他提到蒋介石读报十分仔细，"最近沪版地方通信中刊载一条开封通信被他用笔圈好，指为替共党宣传，要求纠正。"[137]

十三、商务印书馆的挣扎

1947 年 1 月 15 日，张元济写信给朱经农，说编审部占用房屋太多，且办事室布置得过于宽敞，回想以前他在编译所时，各人的桌椅都是密相衔接，中间的过道很窄，往来必须让路。"现在公司艰难，更非其比。……公司大难当前，惟有苦干，或可渡过难关。甚望同人能加体谅也。"[138]

但商务印书馆还在努力，还在挣扎。这一天出版在重庆出版的《东方杂志》第 43 卷第 1 号，恢复了以前停了的一些专栏，比如"时事日志""现代史料""文艺"等，纸张也由粗糙改为光面。不久《东方杂志》迁回上海。陈寅恪的《唐代政治史述论稿》、冯友兰的《新事论》等书也受到读者的肯定。

从 2 月 15 日起，季羡林开始读《唐代政治史述论稿》，他在 19 日的日记中说，像这样的书才值得一写，值得一读。[139]

20 多年前商务馆曾在北平买得藏文经集，被俄国学者岗和泰借阅，归还时东方图书馆被毁，寄存在北平图书馆，共 92 包，听说北平只有这一部，此后更不易得。这年 2 月 28 日，张元济写信对胡适说："东方图书馆恢复无期，且此间亦无要求阅读之人。如能得价，颇拟售出，以疗商务目前之贫。"[140] 可见商务馆此时的经济状况。

旷日持久的工潮让上任不久的朱经农寝食难安。4 月 9 日，他给张元济回信说："工潮月余不决，精神上甚感烦恼！委托造货至今被劳方阻止，于业务大有妨碍。许多书籍不能如期出版，不免受各方责难，甚觉不安。"

这次工潮绵延近两个月，直到 4 月 19 日下午，双方在劳资协议笔录上签字。商务馆各部门的工作从这一天上午起一切恢复常态，工会撕掉了贴在店堂的揭帖。第二天，张元济收到李伯嘉来信，表示欣喜，以为自此当可苟安。[141]

4 月 22 日，朱经农给王云五的信中说，"商务工潮虽已告一段落，但前途困难仍多，尚望兄有以教我"。[142]

物价大涨，员工的薪水按生活指数发放，都有所增加，只有朱经农的薪水反而比照老办法略有所减（每月实得 148 万多元）。

5 月 3 日，张元济写信给王云五专门说起："弟意公司开支固宜撙节，而重要职员薪水宜稍从宽，惟有竭力开源，不患无以抵补，所期者同人能益加发奋耳。"[143] 他本人从 1946 年 8 月起重新开始卖字，这年 3 月和次年 1 月两次提高卖字的润例。

5 月 24 日，朱经农在信中告诉他，印度尼赫鲁的《甘地传》正在设法采购，英国前首相丘吉尔的《第二次世界大战回忆录》已在找人赶译，《美国教育政策与民主政治》一书也有价值，可供国人参考，已托人在译。

在朱经农手里值得一提的还有几套大型丛书。

最初是王云五向他建议在西南畅销的《中学文库》只是土纸本，而且是利用原印书，版式不一，可以"中学文库"为基础，在上海重新统一排版，改用白报纸或印书纸，酌量增加一些新书，推出《新中学文库》，作为复员后各中学的补充读物，也为多年处于沦陷区的学校提供健全的精神食粮。

《新中学文库》收入 413 种书、463 册，在上海和昔日的沦陷区发售预约。古籍选的都是《学生国学丛书》的选注本，适合中学生的程度，但也从《大学丛书》或《部定大学用书》中选了钱穆的《国史大纲》、马寅初的《通货新论》、王世杰的《比较宪法》、李剑农的《政治学概论》等较为高深一些的学术著作。张元济的《中华民族的人格》已发行第六版，也纳入了《新中学文库》。这套文库从 1947 年 3 月到 5 月陆续出齐。这也是抗战胜利后，上海最早出版的新书，发行很不错。因为以原有的"中学文库"为基础，所以还是署名"王云五等主编"。[144]

山东省立青岛临时中学的学生吕实强（1946 年夏天到 1949 年在读）经常去图书馆借阅《新中学生文库》中的书，他记得有好几百册，包罗了中学课程有关的各类参考或辅助读物。每当晚上或有空暇时，他一个人安静地读了不少人文社会方面的书。在他所看的书中，最喜欢的是一些有关先秦儒家和诸子的著作，其中有一本《先秦寓言选》。[145]

与此同时，商务馆推出了朱经农、沈百英主编的《新小学文库》。之所以加上个"新"，就是要和 14 年前（1933 年）出版的《小学生文库》有所区别。这是一部组稿的丛书，全部是真正的新书，共 131 种、200 册，作为与教科书配套的课外辅导读物，许多内容都是直接和课本相联系的。

另外一套针对成年读者的《国民教育文库》已在筹划之中，也是朱经农、沈百英主编。这一年，南京国民政府发布了一个关于"普及教育"的通令，要在全国普及国民教育，正在内战紧张之时，教育经费无从着落，连北大的经费都保证不了，又怎么可能顾得上在各地办国民小学。但既然政府提出了"普及国民教育"，商务馆就跟上，出一套与之相适应的丛书。第一集共有 98 种、100 册（从 1948 年 2 月到 8 月出齐），考虑到这要是给教师和教育工作者提供的，第一集就有 20 种教育学理论方面的书，还有各科教学法、学校行政活动指导等方面的书。《国民教育文库》大部分是按计划新组的稿，教育理论方面则有旧书重排。[146]

1947 年是商务馆经济困难的一年，6 月 7 日，朱经农给张元济写信："本馆曾向交通银行商借三十亿，以备在物价再涨前购进各种必需之材料，如纸张、油墨之类。此三十亿由十五处分馆分别向各地交行承借，每分馆借二亿元……"区区之数，恐也是杯水车薪。

对于时局的变化，张元济有一种预感，这在他 6 月 8 日写的《关于书籍销售之若干意见》中可以窥见："其关涉孙中山之件，亟宜提早售去，再迟便为废纸矣（书籍有涉及孙者亦然）"

此时，离朱经农接任总经理还不到一年，他为商务馆的业务昼夜操心。6 月 19 日，他到上海静安寺路的工厂视察，得知 5 月份的工作效率比以前要高。这也是工潮结束后的情况。第二天他写信将这一消息告诉张元济，同时说起近日新出的杂志有《文学杂志》《教育杂志》《学原》《新儿童世界》，已安排每期各送上一份。

7 月 17 日，他给张元济回信，有关《东方杂志》的几点意见，他已转告主编特别注意。同时提及："近来国外杂志不能按期送到，采译长篇论著，亦恐中断。"

尽管经济困难，在 9 月 10 日举行的商务馆董事会第 468 次会议上还是议决，在台北购屋，设立台湾分馆。

在 10 月 26 日举行的商务馆股东年会上通过了董事会提交的 3 个议案，包括重估固定资产价值调整资本方案。股东已有 10 年没有分红，这一提案是原有老股升值为 80 亿元，增资到 100 亿元，每股须缴现金 4 万元。同时为增加流动资本，再对外增资 100 亿元。为此争议许久。

这次增资非常不顺，12 月 3 日中午，商务馆经理史久芸找张元济，请示代股东借款的事。相隔六天（12 月 9 日）又来信说："未缴增资股款各股东截至本日止（新华方面至八日止），计 120 户 1617 股，尚未交来者计 306 户 4029 股。"当晚，他为向教育部请求对贷款出证明书事，要夜车前往南京。[147]

12 月 13 日，朱经农给张元济写信说："近日同业对文库之印行，竞争甚烈。然凡事有竞争，而后有进步，似为一种好现象。今后所争，乃在谁占先着。《新中学文库》及《新小学文库》商务幸得占先，下学期当以《国民教育文库》及《师范学校教科书》制胜。此时必须保守秘密，以免风声透露，他人捷足先登。此两项书籍现正在积极准备"。信中提及另一事，就是第二天下午，中国教育会开会，讨论取消"国定本"教科书制，使各出版社所出审定本教科书得以同时推行。因此事关系重大，他必须前往出席。

第二天，商务馆董事会第 472 次会议上讨论了工会就这次升值增资提出要求，请公司发酬劳金每人 4 个月的薪水。最后讨论议决，参照同业世界书局的办法，以股东认购新股股份的余额一部分让由同人认购，但要等到第二年 3 月 3 日朱经农代股东向新华银行借款期满时再行提到会上讨论决定。

12 月 19 日，商务馆产业工会对这一办法不满意，理事长张子友出面写信给张元济、朱经农和李伯嘉，继续提出要求，工会又派代表潘荣林向张元济面陈一切。[148]

自从失去自行编印教科书市场的资格后，商务馆的出版优势已远不如从前，这一年，全国共出版新书 1385 种，其中商务馆 157 种。

"国定本"中小学教科书和教授法，抗战期间在后方教育部都是交给包括商务馆在内的"七联"处印行，商务馆只愿印全套的小学教科书和中学的国文、公民、历史、地理四种，其他的不想印，教授法更是因销售不多，不愿问津。所以，教育部于这年 4 月决定"国定本教科书开放版权"，就是任何出版社都可申请出版，只要备案即可，同时教育部也取消了贷款担保。

这样一来，大中国、北新、新亚、中联、广益这些出版机构组成的"新五联"就有了机会，获得教育部补助 1 亿 8 千万元，承印中学教科书。这事为商务馆的李伯嘉所知，与中华书局的人一起乘夜车去南京，要求教育部只须补助 1 亿，归他们承办。当时，教育部因"七联"之前的骄横及包而不办，也很愿提携后起的出版商。这就使商务、中华这些老牌的出版社有了竞争对象。[149]

顾颉刚主持的大中国图书局，就是商务馆的竞争对手之一，不仅限于教科书，他从亚东图书馆的汪孟邹那里听说《胡适文存》三集要交给商务馆出版，11 月 27 日就给胡适写信，建议以"亚东出版，大中国发行"的名义，由大中国投资再版，信中说："而且商务要印的书太多，出版之期必然耽延，不如我们这家铺子之可以说做即做。"[150]

十四、"大家谈的，想的，都是吃饭！"

1947 年前后，正在北洋大学求学的青年陈之藩给胡适写过 13 封信，一封信中说到："八年之间，先生在外国，国内的舆论是王芸生与闻一多两先生的领域，骇世的危言，固可以轻易的说出。但是，这笔历史上的债务却如何偿还啊！"

要说王芸生影响国内的舆论，可以这么说，但闻一多生前的影响限于西南联大和昆明，真正对全国的舆论产生影响，却是因为他遭暗杀。陈之藩在另外两封信中有这样的话：

> 先生的行止，在报纸上常可以看到。对于您入世的精神，愈感钦服。既不向往周作人氏的新村，也不向往鲁迅的乌托邦。几十年来，先生依然是从地下建造天堂，而且总是那样洋溢着乐观气氛的。[151]

此时，胡适的北大校长也是吃力不讨好，虽然他一再拒绝蒋介石入阁的邀请，以及组党的建议。1947 年 2 月 22 日，他给王世杰的信说："我愿意做五年或十年的北大校长，使学校有点成效，然后放。此时放手，实无以对北大同人，亦对不住自己。"[152] 在给蒋介石辞谢国府委员提名的电稿中说："北大此时尚在风雨飘摇之中，决不许适离开，道义上适亦不愿离开北大。"北大教授汤用彤、饶毓泰、郑天挺也联名致电朱家骅："今日大局不安，教育界往往为不安之主因，适之先生在北大，对整个教育界之安定力量异常重大。"[153]

在时局不安中，胡适仍渴望北大在学术上有所作为。3月14日，他在中基会年会上提出中基会与北大合作的第二种办法，北大向中基会借美金30万元，分两年支用，为购买图书设备之用。北大每年付息5厘，由教育部担保，以美金付还。两年之后，分15年还本，也由教育部担保。[154]

他想集中全国研究原子能的第一流物理学者到北大，造成一个原子物理的研究中心。虽然他开列的9个人当时都在国外，但或已接受北大的聘约（如钱三强、何泽慧夫妇），或答应来北大（如吴健雄等），或本来就是北大教授（吴大猷等）。他希望能购置最新设备，为他们的研究提供合适条件，这样则须政府提供特别补助，两年要50万美金。他写信给白崇禧和陈诚，请他们转达蒋介石。如此巨款，当时确无希望。北大申请加拨那一年的建筑设备费，想要法币192亿元、美金10万元，也只得到92亿元。11月22日蒋介石亲自致电向他解释："国家财政艰难，外汇尤感窘困"。[155]

9月6日，《申报》等报都报道了《胡适向蒋主席建议十年教育计划》，胡适认为，国家倒霉到今天的地步，决不是喊口号、贴标语、罢课可以渡过难关的。今日国家缺乏科学，缺乏工业，教育落后，青年要能责己，且须努力发展自己。他提出一个有关大学教育的10年建议，第一个5年，国家以最大的力量培植已有基础的北大等5个大学，第二个5年再发展5个，使他们成为国际一流的大学。

9月11日，有人署名"胡不适"给他写信，对此表示不满："北大过去曾淘成一批官僚及党棍，亦曾出产少数非建设人才之迂儒。"同月22日，《观察》周刊主编储安平在上海写信给他，"这两天，南北教育界都为了先生的'十年教育'，引起许多意见，拆穿了说，还是为了先生那一句话：'第一个五年先扶助北大、清华、中大、武大、浙大'。许多读者来信，希望能读到先生的十年教育计划的原文，不知先生能否公开？或者先生能就此事写一篇文章否？"[156]

他于 9 月 18 日完成《争取学术独立的十年计划》，10 天后，作为独立时论社的社论首发。10 月 11 日出版的《观察》周刊全文转载。他提出这个计划的目的是要在 10 年之中建立起中国学术独立的基础，为此要有一个大学教育的 10 年计划，集中国家的最大力量，培植 5 个到 10 个成绩最好的大学，尽力发展他们的研究工作，使他们成为第一流的学术中心，成为国家学术独立的根据地。这个 10 年计划可以分两个阶段，第一个 5 年先培植起 5 个大学，5 年之后再加上 5 个。这个"十年计划"应该包括整个大学教育制度的革新，"大学"的观念的根本改换，今后中国的大学教育应该朝着研究院的方向去发展。这一主张引起了相当的反响，中山大学、中央大学、武汉大学和北大、清华、浙大、复旦七校研究所同学会曾联名发表《我们对于争取学术独立的意见》，开头就说"这在战云弥漫的局面中，真是可喜的现象"。[157]

在接受《大公报》记者的采访时，胡适还颇为乐观。但一回到北大，他就深感无奈。9 月 23 日，北大开教授会，约有百人参加，他回到家，心里很悲观："这样的校长真不值得做！大家谈的，想的，都是吃饭！向达先生说的更使我生气。他说：我们今天愁的是明天的生活，那有工夫去想十年二十年的计划？十年二十年后，我们这些人都死完了！"[158]

吃饭，确实成了头等大事。季羡林身为北大教授、东语系主任，1947 年 2 月 15 日，他逛琉璃厂的商务分馆想买一本《胡适论学近著》，"但太贵没有买成"。他在日记中经常会说到饿，吃些炸糕、玉蜀黍饼子之类。5 月 22 日这天，肚子里忽然饿起来，眼前都有点发花，赶快出来买了点咸菜、米面饼子。6 月 13 日，陈寅恪把关于梵文的书，包括珍藏多年的《蒙古图志》《突厥文字典》等全都卖给了北大东语系，由季羡林经手，给了他 5 千万元，以买煤取暖。[159]

8 月 14 日，教育部长朱家骅抵达北平，两天后的晚上，他在北大教授茶会上答复改善待遇，扩大经费，给全国 6 个大学共 25 亿，而北大就要求 180 亿，实无力出此。胡适两次发言说，北大教授的呼声不是着眼在钱，而是希望能维持教授的事业心。8 月 17 日，《申报》以《北大教授呼声：教授的孩子读不起书　薪给仅维持半月家用》为题做了报道。北大法学院院长周炳琳说，现在的薪给只能维持四口之家半月之需，教授的孩子已念不起书。并直言："敢说北大教授中百分之百赞成戡乱的并不多！"[160]

北大教授的苦况，胡适当然不是不知道，他在南京参加中央研究院院士选举筹委会时对来访的《申报》记者说："教授们吃不饱，生活不安定，一切空谈都是白废。到冬天需要 4 个月的煤取暖，现在一吨煤要 72 万元，今年冬天一定要涨到 140 万元。北方艰苦的情形，你们是想象不到的。"

他也想过不干。10 月，他南下的一个目的就是想把北大还给蒋梦麟，18 日晚上当面谈了，蒋梦麟还是不肯。此时，从北到南，公教人员都是苦不堪言，不仅是北大的教授。余家菊作为国民政府委员，每月薪水 8 百万元，实际收入 215 万，也仅够半个月之用。[161]

12 月 17 日，在北大任教的夏济安给弟弟夏志清写信诉苦，寒假是否回家还未定，主要是经济原因，一张飞机票就要 500 多万元。最近发行了 10 万元大钞，到放假时飞机票恐怕还要涨，而他的薪水才 200 多万元。[162]

教师苦，学生更苦。余家菊的儿子余传韬这一年考入北大农经系，一二年级在沙滩的校本部学习基础课程，沙滩的伙食团有两个，全公费的伙食团主食为面粉，半公费伙食团则以粗玉米粉加上小米粉而蒸熟的丝糕为主食。他跟着同班同学吃半公费的伙食，省下钱做零用，以减轻家庭负担。[163]

12 月 25 日，《大公报》刊登记者子冈的特写《北平小事》，讲到北平卖血的人所得血价还没有物价涨得快。年迈的张元济读了报纸，愤而写诗，题为《血价》：

何物值钱剩此血，我能自救还救人。卖到今朝成末路，世人求死不救生。

夏济安对北大恶感甚深，虽还有其他原因，[164] 与饱受物价飞涨之苦也脱不了关系。1948 年 2 月 9 日，他在信中说："上海生活，虽有什么缺点，但北大生活愈想愈厌恶。"所以，他想到无锡的江南大学去，"江南大学的薪水可以容许我到上海来阔一阔，不致像北平那样老在闹经济恐慌。"又在 2 月 21 日的信中说北大生活乏味，本月可拿 600 万，江南大学则有 1200 万。[165] 但他没有想到这个局面那么快就会结束。1948 年 1 月 5 日，他在给夏志清的信中说："北方局势同以前差不多，只要苏联不加入战争，北平暂时可无沦陷之险。不过物价日涨，生活日苦而已。"到 3 月 18 日，他已不再这样乐观："东北大致已不能守，华北祸患，迫在眉睫……北大且流传南迁杭州之谣（我看迁校不可能，将来顶多逃出几个巨头在南方和清华等成立联大而已）。"[166]

比他早几天，罗荣渠 3 月 10 日就听说这样的传闻："校内日来流传着迁校的谣言（北大迁杭州，清华迁长沙，南开迁重庆），不过，并未证实，大抵系神经紧张之谈，不足为据。"[167] 到 5 月 21 日，夏济安很确定地说："战局发展如何，现在还难测。北大决不会搬"。[168]

最让人忧虑的还是物价。他在 6 月 21 日算了一笔账：

> 最近物价大涨，大家皇皇然不可终日，心绪都很坏。面粉涨得特别快（影响我每天的饭钱很大），我们以前每月薪水加上两袋面粉，薪水没有算过，大致可用以买五六袋面粉，现在配售面每月只发一袋（为此我们曾罢教三天），而薪水还不够买三袋面，好像原来已经很低的收入，再打了个对折。照这个涨风来看，下星期下月将有什么样的高峰出现，现在都很难说，大家更为将来担忧。今年春天，我有一度经济很宽裕，那时拍了不少照，现在照已好久不拍，京戏已好久不看，什么东西都不卖（奶粉已吃完亦不买了），香烟亦戒了，收入单单吃饭还成问题。我现在每月总收入，不到十五元美金。

7 月 5 日，他在信里说 7 月份的薪水 2700 余万，约合美金 7 元，到月底大约还可领一个尾数约 1000 多万，那时恐不到两块美金，6 月份、7 月份各有一袋面粉，每袋约值两块美金。食堂里半斤面炸酱连一碗汤约 40 万元，一份报纸也要 4 万元。可是他说生活不能算很苦，饭吃得还不坏，吃饭之外，别的开支只好尽量节省了。[169]

抗战前，北大、清华教授的月薪约在 300 元至 400 元之间，到了 1948 年 5 月，月薪已涨到 2000 万元，实际购买力却只有战前的十五、六元，实际减薪 95% 以上。5 月 14 日，胡适写信给赵元任夫妇说："北大的教授本月可得 2000 万元，等于黑市上 12 块美元。"[170] 他请客时也寒酸到要宾客来分担费用。

8 月，国民政府宣布金圆券改革之后，夏济安在 9 月 9 日给夏志清写信说，每月可拿 120 元金圆券，照官价等于 30 美金。生活似乎好转了一些，政府不许物价上涨。事实上物价还在上涨，香烟比 8 月 19 日（物价在那一天冻结）涨了一倍多。小菜也涨了很多，菜贩多，政府无法统制，但是小菜（猪肉、鸡蛋等）的价格影响人民生活及别种物价很大。

10 月 11 日，他又在信中说，近日物价又大涨。政府限价限得凶，商人有东西也不敢卖，偷偷摸摸地卖，物资更缺，价钱更往上涨。一袋面粉要 50 元以上，他的薪水才 120 元。肉非常难得，普通人家已不大吃肉，他差不多也戒烟了，否则一个月薪水只能买两条烟。这次涨价跟以往不同，以往薪水跟着调整，现在政府不承认物价涨了，只承认限价，而且把他们的薪水也冻结了，成了收入有限、支出日增的局面。以前物价虽涨，店里并不缺货，现在许多东西都不容易买到，米就非常难买。人心的恐慌胜于以前。[171]

《北大教授停教宣言》就是这个时候发出的——

改革币制以后，物价和我们薪给被冻结了，物价虽然被冻结，我们决不能照限价购得我们的食用所需，因此，我们每月收入不过维持几天的生活，当然"我们宁可饿死而不离开工作岗位"，但是我们和我们的眷属在为饥寒所迫的时候，难于安心工作，政府对于我们的生活如此忽视，我们不能不决定自即日（10 月 25 日）起忍痛停教三天，进行借贷来维持家人目前的生活，特此宣言。

王烈、俞平伯、向达、季羡林等 83 个教授联名给胡适校长写信，抄送了这一宣言，要求学校一周内借支两个月薪水。

11 月 17 日，胡适为北大教职员生活问题给朱家骅写信，请求紧急救济，"此事负有安定人心之作用，万不可延缓"。11 月 22 日，他再一次为职员生计问题向教育部求助。[172]

十五、《大公报》的挣扎

1947 年 11 月 25 日，胡政之到重庆停留了半个月。12 月初，他到成都谈起《大公报》近况和未来的计划，希望将发行网覆盖到整个西南，使广大的西南群众都成为他们最忠实的基本读者，但因交通不便、文化水准较低，物价贵贱殊异，一般乡镇小县的邮局不负责任，他们的理想还较难实行。

他邀请老朋友、有多方面成就的周太玄摆脱教授生涯，全心全力参加到《大公报》阵营来。周太玄答应明年暑假起加入《大公报》。他跟周握别时还说，"大公报将展开历史的新页，你的生命史也将展开新的一页，希望明年早到上海，再见！"[173]

12 月 29 日，因教育部修改发布《学生自治会规则》，《大公报》发表李纯青执笔的社评《何必防闲学生活动》说，"统观这一套规则，全文精神所注，显然以防闲今天的学生活动为其中心意旨。由这里似乎不难测知当局干涉学生活动乃至统制全盘教育的风向气候了。"第二天，《中央日报》发表社论反驳《大公报》，"淆乱是非，颠倒黑白，危害青年，破坏学术之研究。"并点名说："大公报不是租界，王芸生之流何能自外于法律？"《中央日报》公开攻击王芸生已不是第一次。

此前 10 月下旬，《中央日报》主笔殷海光在写给夏君璐的情书中提及得意之事，就是最近写了两篇文章批评驰名全国的王芸生：

词锋犀利，他无地自容，不敢正面和咱们冲突。他托人持一亲笔信向中宣部长李惟果讲情（李部长是我们社论会主持人），说："殷海光何必这样与我们过不去呢？我们也不是共党。"果然，现在大公报底言论自此以后态度好的多了！

夏君璐是个小女生，并不知王芸生其名，11月3日回信时还说："不过请你不要太过分，被打击的滋味是不会好受。"[174]

殷海光10月22日在《中央日报》刊登《民族失败主义底一例》，给王芸生戴上了"民族失败主义者"的帽子。文中说张季鸾富有正义感和祖国爱，对于政治现象演变和时事发展的观察和分析，常能鞭辟入里。他主持《大公报》，造成优越的传统，在中国民营报纸居领导地位。在他去世后，《大公报》便渐渐失去了灵魂，其优良传统便日渐崩溃，在中国报界的领导地位日渐动摇。文章接着说，二战改变了整个世界的格局，要了解这个新世界必须用新的方法、新的眼界，许多思想家、政治家正在那里摸索，舆论界的许多人也在探险，王芸生似乎也是探险者之一，可惜是一个十分平庸的探险者，"他底平庸的工具，就是，如众周知，在夹缝里讨便宜的情绪，短视的调和折衷论，肤浅的观察，以及随风转舵的投机论调。由于他只有在夹缝中讨便宜的情绪加上肤浅的观察，所以他没有气魄敢于打入任何问题底核心，而是习惯地或下意识地站在问题的外面，而少作积极性的肯定，这种根本态度，固然使在影响之下的《大公报》得以'中立'姿态出现"。殷海光批评他以"中立"为"自由"，以两边讨好为"民主"。针对他近期发表的《麦克阿瑟手上的一颗石子》，指责他心中没有中国，对于民族失去自信，以为中国的一切都是被人摆布的，中国自身的力量等于零。对于他到现在还在提倡和平，殷海光认为，"王君若非冥顽不灵，定是为共党张目"，"王芸生君可以赞成戡乱，也可以反对戡乱，但不能骑墙于两者之间。""中国需要自由主义的《大公报》，但不需要民族失败主义的王芸生。在学术上的自卑感转化而为政治上的自大狂之王芸生君是无可救药的了。"

其他的不论，殷海光确实洞察到了《大公报》在左右夹缝中求生存的意图。胡政之就说过："中华民国是在夹缝中讨生活，《大公报》也正是在夹缝中讨生活。"

1948年1月1日，胡政之在《大公报》公开发表《两点声明》，第二点就是为王芸生声辩，他说，《大公报》原是书生论政的组织，社评不署名，虽由不同的个人执笔，意见是共同的，由报社整体负责。"任何事情都不是谁人可以个人自由处决，而是要根据众人意见作最后决定的。这一点，社外人不甚明了，免不了陷于一般事业之重视个人，而忽略了团体性之重要，论功责过，都免不了有违反事实苛责个人之处。"

同一天，王芸生托《中央日报》记者陆铿转告陶希圣，"《大公报》绝不为戡乱尽力"，他认为中国问题终必走国际调停之路。他对陶的《由割据到割让》一文表示愤慨。[175] 陶还听说，王芸生曾对朋友说，读了这篇文章，"整整六个晚上，睡不着觉。"此文针对《大公报》有关联邦制的主张，认为这是要把中国五分之四的领土送给苏俄。[176]

从这一天起，《大公报》上海版的文字，新闻专电一律从过去半文半白改用白话文。语言上的这点变化已不大引人注目，《大公报》的当务之急是在夹缝中找到自己的出路。

1月8日，《大公报》刊出社评《自由主义者的信念》，2月6日再刊出社评《政党·和平·填土工作——论自由主义者的时代使命》。半年多前（1947年4月9日到13日），欧洲一些国家爱好自由的人士在牛津大学召开国际自由主义大会，成立"自由国际"，发表了一份聊聊数百字却言简意赅的自由主义宣言。《大公报》驻伦敦特派员黎秀石在场旁听，他发回来的报道于1947年5月9日刊出，"自由国际"与其说是一个政治团体，不如说是一种思想运动，较为正确。它的野心不是直接争取政权，而是谋求自由思想的复活。"参与牛津会议的代表们无不激烈抨击共产主义和社会主义。在他们看来，共产、社会两主义都是集体主义的洪水猛兽，直接违反个人自由"。对于这篇宣言，黎秀石指出，在大多数人缺乏面包的今日，少数人侈言自由的理论，而拿不出免于匮乏的切实的保证来，全部宣言即等于空口说白话。这番话给潘光旦留下很深印象，相隔近一年，还在 1948 年 3 月 13 日出版的《观察》周刊发表的《读 < 自由主义宣言 >》一文表示共鸣。

《大公报》在这个时候仍在重申自由主义者的信念、使命，难免左右不讨好，要遭到两面夹击。

1948 年 1 月 25 日，雷震在《大公报》上海版读到周绶章的《论政府对待自由主义分子之失策》一文，想起前一年 10 月 27 日将要宣布民盟为非法时，他再三说明不可，等行政院长张群回南京再说，而第二天早晨一打开报纸，内政部发言人已宣布其为"非法团体"。他认为，"此事处置大错。今日民盟完全由共产分子掌握，在香港大肆活动，沈钧儒为主席，章伯钧副之，如不解散，由张澜、黄炎培等主持，则比较稳健也。"[177] 这一看法与《大公报》发表的此文也是接近的。

胡政之当时与美国驻华大使司徒雷登保持着密切的接触，司徒雷登日记中有多次见面的记录。1 月 15 日，瞿菊农安排他与司徒雷登交谈时，他建议美国政府迫使蒋介石领导新政策，或蒋不能执行，改由张群当政，打开新局面。[178] 谈话内容被司徒雷登的秘书傅泾波向保密局汇报了。1 月 19 日，蒋介石很生气，在日记中大骂："胡本阴险之政客，不料其卑劣无耻至此，是诚媚外成性，不知国家为何物。然一般知识分子与所谓名流，大都均以洋人为神圣，国事皆以外国态度为转移，民族自信心之丧失至此……对于此种阴谋，惟有置之不理。"[179]

蒋介石与胡政之相识多年，以前对他并无恶感。（1946 年 11 月 1 日蒋介石接见他，陈布雷作陪，谈了半个小时。[180] 蒋还想请他出任国府委员。）

直到此时，他也不知道蒋介石对他的态度，但时局令他不安，恢复《大公报》香港版就是在安排退路。两年多前，他曾跟浦熙修说 3 年后退休。如今老兵却还要亲自上阵。

也是 1 月 15 日上午 10 点半，他拜访了陈布雷，谈及《大公报》近况及分设港版的旨趣。陈和他讨论了当前舆论界指导时局的重要，"请其注意不可正面妨碍戡乱动员，否则无以见谅于人也。胡君谈甚健，向午始别去。"[181]

1 月 25 日，他从上海抵达香港，主持港版的复刊，不足两个月，到 3 月 15 日就复活了停刊已有 6 年多的《大公报》，由他执笔的《本报港版复刊辞》指出，之所以不敢妄自菲薄，就是想代表中国读书人一点不屈不挠的正气。此时离他第一次到创办港版已过去了 10 年，当时上海已沦于日军之手。他分析：

> 现在政治的不安，经济的动荡，差不多成了全世界的一般现象。两极端的政治思想热烈的斗争着，相互的激扰着。最受苦的是爱好和平、倾心自由的善良人群，这些人的处境与中国民众所处的地位正复相同……我们不仅对于国内不赞成以武力解决政治问题，在国际，我们也不赞成大家剑拔弩张，壁垒森严，准备厮杀。

第二天的社评《少残杀，少破坏》与此同调："两年来，烽火连天，砍杀无数。我们甚愧挽转狂澜无力，呼天弥战无门。且夕悬念着生灵无辜，而受涂炭。大兵过后，极目灰烬之中，血肉模糊。为此我们曾本人类恻隐之心，常作不见谅于当世的为人请命——祈求战神放下屠刀……也许这是书生之见。我们不否认是书生之见。"

此后的 3 个月，他与年轻的编辑记者同吃同住同熬夜，辛苦万状，4 月 24 日突然病倒，27 日飞回上海，从此没有起来。青年记者查良镛目睹了他离开香港时的背影。

王芸生从此不仅是《大公报》上海版总编辑，也成为整个《大公报》的代表。

3 月 3 日，顾颉刚写了一篇《学风问题之我见》，有批评政府之处，有朋友建议，如登在《大公报》上，容易发生力量，所以他将稿子带到上海。3 月 6 日寄给王芸生。不料 3 月 14 日原稿竟被退回，"以《大公报》社论向助学生说话也。"[182]

4月8日，黄炎培为悼念褚辅成写的一组诗在《大公报》刊出，其中有"白门衰柳群鸦舞，报道先生去不回"之句。正好"国大"开会，当天就有人告诉他，许多国大代表为了这一句"白门衰柳群鸦舞"，人手一份《大公报》，说是骂得好。同一天的《大公报》上还有一则消息，以他为发行人的《国讯》周刊被国民政府内政部以替"共匪"宣传罪勒令停刊。[183]

十六、"环观内外，艰危日甚"

1948年1月15日，商务印书馆产业工会代表张子友等5人登门面见张元济，重申公司升值增资后工会方面的要求。他向他们详述年来困难情形，谈了很久。

一周后（23日），他在家主持商务馆董事会第474次会议，讨论工会方面的要求。职工因公司升值增资，要求分润，势将引发怠工、罢工，最后议决将股东所缴现金20亿尽数给他们，代购股票。[184]

2月2日，顾颉刚听说商务馆去年的营业额是900多亿元，而"大中国"也达到200亿元。[185]难怪他雄心勃勃，推行他的一系列文化出版计划，认为10年中未尝不可跃为书业领袖。

对于商务馆的实况，顾颉刚当然不可能了解。2月6日，李拔可在给张元济的信中说，"闻公司年终负债已达三百亿"。同一天，他又写了一信，陈叔通听说商务向政府借款500亿，无怪此次办理工人交涉如此容易。实际贷款不过150亿元。

直到此时，朱经农对教科书向民营书局开放仍抱有幻想，2月7日，他写信对张元济说："本馆现正准备编印中小学教科书，备'国定本'开放后之用。日前赴杭，即为此事。现在教育部正修改中小学课程标准。新编之书必须与新标准相合，方能畅销。"[186] 但他们等来的只是"国定本"教科书开放版权，任何出版社只要备案都可申请出教科书，商务馆自己准备的教科书都用不上了。

商务馆内部对朱经农的不满越来越明显，在 2 月 15 日举行的董事会第 475 次会议上，张元济提议，"环观内外，艰危日甚。本公司总经理、经理对内对外应付困难。"他说自己在公司数十年，面对这一情形，不忍坐视，极愿从旁相助。但年事衰迈，力有不逮，又不能常开董事会频频讨论。所以，他拟请董事会在董事、监事中推定几位曾在公司办事的，以便公司遇事可以随时会同商办，至于重要事件仍当开董事会共同议定。会上推定由他和李拔可、陈叔通等五人担任。此时，张元济已年逾八旬，李、陈也都过了古稀之年。可见他们对朱经农失去了信任。

3 月 6 日，张元济在商务馆董事会第 476 次会议上代表五董事报告会商情况，"以公司现在出版新书印刷费用日昂，成本收回不易，嗣后凡销路较滞或份量过重者可暂勿出版，已请公司注意办理"。

5 月 9 日，他在商务馆董事会第 477 次会议报告五董事会议议定的几条节约办法，关于出版方面：

> 一、日出新书一种，拟暂行停止。二、恢复出版会议，由编审、生产、营业三部主管及共同负责人会同审查决定。积极方面以畅销、永久性、名著为标准；消极方面以销路较狭、成本较重、无参考价值者为范围，拟不印行……

另外，议定了国定本教科书由沪、港两厂供应南方各省，渝厂供应西南及西北尚可通行的各省。[187]

朱经农陷入内外交困，有意辞职，因 5 月 10 日晚上王云五的力劝，他才答应暂不提出。

5 月 21 日，教育部召集各书商，分配基本教育购书经费（2100 亿），出席的有商务馆、大中国等 10 家的代表。5 月 28 日，顾颉刚得到南京的消息，"五联"出版的小学教学指引不被采用，因为商务、中华等的指引尚未出齐，不能与他们竞争，要求教育部采购小学文库。他为此气愤，"指引为部编本，基教之一个对象为小学教师，而部中竟徇大企业家之意，不让五联多销，政治之黑暗可知。"[188]

商务馆在出版界的领军地位虽还未撼动，但出版竞争之激烈也由此可见。

6 月 4 日，个人处境艰难的张元济给友人的信中说："入不敷出，弟垂暮之年尚须鬻字以助日用，凄凉身世真不堪为知我者告也。"[189]

6 月 30 日，他和李拔可已在商量朱经农辞职后的接替人选。第二天，他写信给杨端六，自朱经农接任，"时局不靖，营业艰难"，朱经农自称对商业向来陌生，今年春天就有辞职之意。他想请杨端六来主持商务馆，对这个"行将陷坠"的 50 年文化机构施以援手。

7 月 3 日，朱经农给他信中说，总馆每月薪水支出将达 300 亿，而每日收入连成本在内也不过七八亿。"前途危险，思之悚然"。他与李伯嘉商量，拟将汽车停用，略省开支，但加一三轮车，又得添一笔额外的支出。

8 月 1 日，他在给胡适的信中说："吾知经农与商业非所素谙，自云不得门而入，亦是实话。自去夏以来，默察馆事日非，且大局尤见危险。数十年之经营，不忍听其倾覆，遂不得不插身于此中，苦况殆不堪为知我者道也。"[190]

面对这样的局势，即便王云五恐也难有作为了。其实，朱经农已尽了力。以出书为使命的商务馆还没有停摆。六、七月间，他给张元济的信中还不断地提到《丘吉尔第二次大战回忆录》出版的事。

8 月，张芝联翻译的《英国大学》出版，上一年他从欧美游学回到上海，正值商务馆要编译一套"英国文化丛书"，共有 12 本，他承担了巴葛爵士的《英国大学》，转年 2 月译完，他在序言中对当时的大学制度与教学提出尖锐批评：

> 我国自有大学以来大体仿效美国的教育制度，行之数十年，流弊百出……试问

大学当局有没有在虚心检讨自己；如何推广大学教育的机会而不使水准降低？大学在训练师资、公务员和技术人员方面应尽多少力量？大学对于成人教育应有何贡献？……教育制度是活的东西，与一国的文化和社会的需要息息相关，无论是哪一国移植过来的，都不能生根茂发。教育一旦与所隶的社会脱节，教育制度必形僵化，成为一种虚伪的幌子。

商务馆编辑对这篇锋锐的批判性序言只字未动，令他敬佩。

商务馆组织赶译的《邱吉尔第二次大战回忆录》共4册，到这年9月已出齐。这套书一问世，就引起了雷震的兴趣，当时他是行政院政务委员。8月9日，他初读此书，读到丘吉尔一直反对张伯伦的绥靖政策，当希特勒吞并捷克后，丘吉尔在议会演说，"这个时候，已经不是彼此互咎既往的时候了。"他十分感慨，英国人一遇危难，则全国一致共对国内之精神，无怪可以独霸九百余年而全今仍不衰也。邱吉尔称赞英国民族的习性："英国岛民是极端古怪的，他们反对军训，并且在近十年来从没有受到过敌兵的侵临，但在危险日益接近、日益扩大时，他们反而越来越镇定，在危险到了迫在眉睫之时，他们反而更为凶猛，在危险千钧一发之际，他们反而一无所惧。这些习性，使他们能在许多次的大难中安然渡过。"

他将这一段抄在日记中不是无缘无故的。国民党此时正在危难之中，党内争权却一点也没有消停。9月25日，他出席行政院临时会，没有说话，除了听其他人的报告或说明，多在读这本书，他说自己早就想过晚年写一本自传或忏悔录，读到丘吉尔的回忆，想把自传随时写出来。[191]

这年的头9个月，全国出版的书有602种，其中商务馆出版的53种，连十分之一也不到。

十七、"三查"王芸生

1948 年 3 月 20 日，北大学生罗荣渠在日记中说："日前盛传蒋介石有意请胡校长就任副总统之说，而适之先生自己则竭力辟谣"。[192]

4 月 5 日，年轻的考古学家夏鼐在《大公报》上海版看到新闻，在前一天国民党内的会上，蒋介石谦让大总统，有希望胡适之出任之意。[193] 这一天的要闻版头条就是《临时中全会昨两度开会 蒋主席辞总统候选 中常会今研究如何提名》，其中第一条"本报南京四日专电"，并没有点出胡适的名字，只报道了蒋介石不愿做总统候选人，并提出：

> 未来总统最好具备下列条件，一、非国民党员，二、忠于宪法并忠心实行宪政，三、有民主风度，四、有国家民族思想，勇于为国家奋斗，五、对中国文化历史有深刻认识。

这几乎是为胡适量身定制的。

在另外两条"联合社南京四日电"中都直接提到了胡适，第一条说，据可靠人士消息，蒋介石决定不参加总统竞选，希望北大校长胡适担任此职。第二条说，政治观察家认为蒋氏赞成由胡适或其他人士当选总统，本人则出任行政院长。

4 月 9 日，远在美国的夏志清写信给哥哥夏济安："报载蒋主席放弃竞选，而胡适有做总统希望，我阅了很有 surprised（意外、惊讶）。"[194]

蒋介石确有自为行政院长，推荐胡适为总统候选人的想法，并通过王世杰转达给了胡适本人。只是这个想法在 4 月 4 日的中常会上，发言的 10 多人中只有吴稚晖、罗家伦表示支持。在第二天的中常会上发言的 21 人，也只有 6 人支持这一想法，为此讨论了 5 个小时。[195] 最后，还是推蒋介石为总统候选人，居正陪选。

从罗荣渠的两则日记可以窥见一些北大学生对于总统选举的真实想法。

4 月 19 日——

> 今天国大选总统。下午号外满街叫，我倒没有看到，不过倒实在用不着瞧。我制了一条谜语"国大选总统"，谜底俗语一句，即"多此一举"也。

4 月 20 日——

> 只不过是一字之差，把"总裁"改成"总统"，而各地却闹得来"如丧考妣"，煞是一幕滑稽史剧重演。
>
> 国大花絮：有人把选票上"居正"的名字中间添一"不"字，成了"居至"；又有代表把选票上的名字划掉，另外乱写名字，甚至有写"孙文"者，可谓是一个沉痛的幽默。[196]

4 月 26 日，夏济安在北大写信给夏志清，还不知道谁会当选，大家觉得国民党恐怕快要分裂了。"中国民主宪政还谈不到，根本没有 fair play，一切还凭阴谋手段来决定。胡博士谁【虽】不十分精明强悍，倒亦相当乖觉，明知别人想他出来做民主招牌，这种官做得无意思，他恐怕未必会接受。现在也谣传他可能出任新政府的第一任行政院长。"[197]

蒋介石当选总统毫无悬念，舆论的焦点集中在副总统的选举上，候选人孙科、于右任、程潜、李宗仁，谁也不肯让，最后李宗仁胜出。5 月 2 日，《大公报》发表社评《国大观感》说，"李宗仁当选后，国大代表那样狂欢，南京与上海的街头也爆竹连天，这象征什么？乃象征'人心思变'。"也是这一天，在美国留学的夏志清写信给哥哥夏济安："国外学生对于李宗仁的被选，都大感兴趣，认为国家有希望的象征。"[198]

5月25日，《大公报》发表社评《农民问题的重要》，"谁能解决农民问题，谁就能领导中国。""失农民则失天下，这是不可不知的一条历史的规律。"这样的言论显然是国民党当局不喜悦的。

三天后（5月28日），上海132家杂志社主编举行聚餐会，邀请王芸生演讲。虽在压力之下，他依然放言无忌：

> 我们理想的时代应该是："杂花生树，群莺乱飞"。照政府说法：目前第一是"乱"，第二是"杂"，有"乱"要"戡"，有"杂"就要肃清，我认为：单调就是平凡，要做到清一色，万事都没法进步。
>
> ……一个报纸，如果不听命政府，不抓你社会贤达，或从事二十几年的记者，就抽紧你的头寸，或减少配纸，官家报纸有剩余的配纸抛出，卖黑市，这就等于让我们去津贴官家报纸。这种种办法，都是想捏杀民间报纸……[199]

在上海采访政治新闻的《大公报》记者周雨说，自从民社党、青年党拖泥带水进了立法院，上海的政治活动便打烊了，有也不过是"要人行踪栏"的一鳞半爪而已。南京的院部会首长在上海没有公馆的真是凤毛麟角，有的到上海度周末，有的半周在上海，半周在南京，而不开会就不去的更大有人在。《大公报》在龙华机场和两路局都设有通讯员，只是表现不大好。他们一度在国际饭店请了一位电梯司机报告消息，当民、青两党和南京政府讨价还价时，雷震在斡旋期间的行踪，就得到他的不少助力。[200]

雷震对《大公报》还是友好的。7月20日，他请陈布雷转告南京《中央日报》，对《大公报》态度不可如此，不可逼其走上梁山。布雷很同意。[201]因为前一天（7月19日），《中央日报》刚刚发表社论《王芸生之第三查》，给他带上了"双料的新华社应声虫"红帽子。

直接起因是7月8日，南京《新民报》遭永久停刊处分。两天后（7月10日），《大公报》发表社评《由新民报停刊谈出版法》，批评现行出版法不合时代精神，"限制言论与发表的自由，这与保障民权的精神是不合的。"16日，《中央日报》发表社论《在野党的特权》予以反击，直接点名"王芸生君是新华社广播的应声虫"。18日，王芸生发表《答南京中央日报两点》，一是重申《大公报》社评代表报社，不代表个人；二是指出《中央日报》社论省略了原文的前提"在宪法轨道中"，就扯到"武装暴动推翻政府"上来。第二天，《中央日报》再发社论《王芸生之第三查》。

主持《中央日报》笔政的陶希圣说起王芸生接替张季鸾之后，"大有睥睨群伦，不可一世之气概。但是此人对于学术文化界有一种不可解的自卑感。他见了一般学者，没有像季鸾那样虚心领教的诚意，一转眼之间，就在报纸上玩弄笔头，盛气凌人。布雷先生与我们闲谈，说到《大公报》，他说：'王芸生的社论，不是批评政治。他是命令政府，指挥政治。'"202

《中央日报》"三查"之后，王芸生给陈纪滢写信，对此愤慨万分："这是××方面有计划打击行动，我万难忍受！"203

对他的不满不限于《中央日报》，蒋介石就对陈布雷说过，王芸生在张季鸾之后主持《大公报》笔政，"作风一变，由善意批评转变为恶毒讽刺。《大公报》拿了国家津贴30万美金，却以中立姿态为共方张目。"204

8月20日，也就是发行金圆券的币制改革方案公布之日，《大公报》上海版跑经济新闻的记者季崇威从交易所得到一条消息，说昨天上午有人抛售3000万股永安纱厂的股票，按股票惨跌的行市计算，可获利四五千亿。他报告经理李子宽，立即安排以"本报讯"的方式在次日的"本市新闻"栏刊出，大标题为《币制改革的事前迹象》，还加了副题《豪门巨富纷纷搜购金公债　隐名之人曾大批抛售股票》。消息见报，舆论哗然，京沪杭震动，读者纷纷来信要求彻查。到底是谁泄露了消息？财政部接连给上海金融管理局和上海交易所监理员办公处发出密电，严加追查。南京监察院发出通知，并迅速派员来沪查"隐名之人"，他们先到《大公报》找季崇威，他坚不透露信息来源、出卖朋友。财政部派来的监理员王鳌堂拜访王芸生，他也回以新闻报道自由、保护消息源。不仅蒋经国介入，甚至惊动了最高当局，8 月 28 日上午电令："限七天破案。"9 月 3 日，"隐名之人"财政部资料室秘书陶启明被缉拿，两天后供出了时任财政部秘书长的徐百齐，徐受到新任财政部长王云五的赏识，从 1931 年到 1942 年曾担任商务馆法律书籍主编，后随王从政。此案还牵涉到杜月笙的儿子杜维屏等。[205]

采访课主任周雨事后回忆，还心有余悸，办案人的初意是抓牢《大公报》，最好就是带着记者去抓人。当他们拒绝答复，当局大表不快，"大公报造谣生事""故意侮辱政府""根本没有什么抛售永纱事"等流言都出来了。在这种气氛下，季崇威几次被调查，先是上海经济大队到报馆做笔录，后来又两次去旅馆接受监察大员的调查，他始终没有多所透露。当时外面传说有人在特刑庭看到他的名字了。幸得此案最后水落石出，《大公报》安然无恙。[206]

过去《大公报》的报道重心都在政治，抗战前天津版、上海版有经济栏目，但并不受重视。抗战胜利后上海版复刊，本市经济消息最初占的篇幅也很小，以后扩大到一个版面，消息渐趋翔实，内容质量已超过《申报》，可以与《新闻报》互争短长。《新闻报》交代记者，"大公报经济版是我们的劲敌，如有重要消息漏掉，记者须受处分。"

一年前，胡政之在上海馆的编辑会议上说过："从前总是政治新闻占头条，现在证明经济新闻也同样重要。以后无论是要闻版或地方版，都应当多注意有关民生问题和地方生产事业的报道。例如某地久旱不雨，某地久旱得雨，都值得我们重视。各版要力求配合，使有'一气呵成'之妙。"[207]

《大公报》的经济版常常站在维护民族工商业的立场，对他们的困难痛苦及合理的要求，代为报道和呼吁；对于政府的经济措施，采取客观的批判和建议态度。他们对经济版的期许是不仅详细报道新闻，争取广大读者，同时更为积极地提高民众的经济知识水准，协助解决经济问题，改善国民经济而努力。如果这方面能有相当的成就，则不久的将来，《大公报》不只是政治上，而且在经济上也可以成为国内报纸的权威。[208]

这年 3 月 10 日，胡政之在《大公报》港版第一次编辑会议上一开始就说："廿年来我们因为时局的动荡，办报多注重政治，而没有对社会问题、经济问题多加注意。现在时代不同了，我们的观点应该改变。须知社会、经济等问题如果没有解决，政治亦不可为。中国士大夫阶级一向忽视经济问题，实在是不正确的。"[209]

9 月 22 日，王芸生在上海版编辑会议上说，近一个月来《大公报》的发行数字增加了约摸 2 万份，让他深为担忧，因为这是经济督导员硬性压价，不得不以低于成本的价格卖给读者所致。杭州当地的报纸多日前就涨到每份金圆券 1 角，所以读者抢购每份法币 20 万元的《大公报》。这不是好现象。此外，他省思《大公报》最近内容沉闷，面目呆板。连港版也有这个毛病，各地特派员没有提供真有内容的稿件。《文汇报》在香港一出版，他已注意到它的通信，观点如何是另一问题，但是真有内容。他交代："币制改革后，工商各业所遭遇的困难和它们目前的实况，我们应当透露，而没有隐讳的理由。要注意的是我们只可以报告客观的事实，不可以在报告之中糅杂主观的批评。我们所要避免的乃是'无谓的'刺激。""各地的专电和翻译出来的英文电讯所用的白话还不干净。写稿编稿翻译的人应当随时注意避免陈腔滥调，尽量减轻文言的气息。""上海不便用的稿子可以寄到香港去。当今的沉闷局势好似一股洪流，我们必须振作精神，万一竟被洪流淹没了，那真太危险了！"[210]

8 月 28 日，陶希圣邀集《大公报》《中央日报》《申报》《新闻报》等各大报纸开会，通知他们减张加价的事，他们要求二张一角二分，并要求中央银行贷款结五季纸外汇，他只是答应转达。[211] 最终没有任何结果。

局势日形恶化，这年中秋节，上海馆同人大团圆时，王芸生起来发言："我半生说话，近来却感到无话可说了……我还是希望同人在今晚多吃、多喝、多摸彩、多得福吧！"9 月 29 日，他写给张元济的信中说："今日中国之舆论，真可怜极矣，我们报人实惭愧万分。"

此时，记者杨刚已从美国回来，她到上海的第一天，经过跑马厅一带，"沿途黑幽幽只有几盏灯，霓虹灯偶尔一见。关了门的商店连照例的广告彩灯通取消了……有的公共汽车甚至关门。有人说是因为军人上车不付钱。"南京路上，她看到先施、永安的货架是空空的，有的在橱窗上遮一幅大布，有的稀稀落落摆点花草及褪色的货品。

她的通讯《京沪即景》说："算来我不见这两个地方已经十年左右……它们一个是政治中心，一个是经济中心。换句话，是现政府的心脏地带。然而，什么道理呢？愈走近心脏，愈感觉寒冷，在那里，你不能感到民族机能的转动，血脉的通畅。你好像是站在一个时间表中间，那只时表已失去它的指针。"[212]

早在 1930 年她就已加入中共地下党，在《大公报》潜伏已久。此行她的任务就是说服王芸生。与杨刚的立场不同的陈纪滢认为《大公报》的转变，"归根到底，应肇始于杨刚的渗透"，接收天津版、上海版的都是她。不过他也承认杨刚的文章"实在写得好"，尤其 1946、1947 年为《大公报》驻美特派员时写的通讯，"有眼光、有深度"。[213] 他不知道的是杨刚之外，《大公报》还有中共地下党员李纯青，他们都在做王芸生的工作。

很少写稿的《大公报》副总经理兼港馆经理金诚夫在内刊发表《如何度过难关》：

> 时局是如此动荡！社会是如此不安！报业夹在中间，岂能不受影响？……这几个月来，月月亏耗，虽然全馆在撙节中，还是没有用，这是受时局的影响，非人力所能挽救。

《大公报》重庆馆最稳定，香港馆自 3 月 15 日复刊以来没有一个月不赔，尤其可怕的是亏累数额月月增加，颇堪忧虑。"我常常想，我们这点事业，能不能度过此难关？如何才可以度过此难关？"他想到了一个"和"字，就是社训中的"不私"。"四馆的千余员工，今日真是风雨同舟，痛痒相关，断难独善其身。"[214]

如何才能度过难关？王芸生已作出选择。他取道台湾悄悄到了香港，买船票、机票都是匿名，行踪只有二三人知道。11月10日，他在《大公报》港版发表社评《和平无望》说，"真正的历史创造者，并不是稀世的英雄，而是亿万生民。亿万生民的求生力量，才是人类历史的真正动力……看目前中国的乱局，人民真是痛苦极了，目前纵然和平无望，人民大众终会走上合理生存之路。"社评使用的语言已非"中道而行"的自由主义语言。

第二天傍晚，也就是他到港两天后，在英京酒家的伦敦厅，港馆经编两部围着两张圆桌听他讲话。他说：

> 国家局面已到了最动荡的时期，大变化就要到来。这样的局面正是港馆理想的环境。过去投资本，耗力量，赔了钱，为的是什么？为的是要打开出路。现在港版在国内已引起注意，港版运到上海声价十倍，有人在排队订阅。三千多份的报费，对沪馆经济是一大帮助。再从国内看，大家也以香港版为准。在观点、政治、精神、言论说，也以港版为标准。港版可说已扭转逆运，从被人轻视到获得广大的读者，这成绩是够安慰的。过去倾家荡产支持，到了国内大乱时，沪渝津三馆可能倒下，而香港馆将使大公报的生命不断！维系大公报的生命于不断，就得靠港馆……
>
> 近两年来，我们在主观上要想做到独立，主张也是一贯的，两年来国内局势变化虽大，但在每一阶段，我们都在呼吁和平——政协前后，大公报反内战，要和平。破裂之后，仍主张和平。后来军事局面变化，中共占优势，我们仍要求和平。直到今天，我们仍主张和平，而且主张不廉价取得和平。
>
> ……即如我罢，尽管红帽飞来，却找不出可攻击我的其他把柄，因为我绝不兼差。但是在今天，我们要喊出人民的要求，我们要以人民大众的利益作主张，作我们言论的依据，不论皇朝如何更易，我们都要如此为社会、国家服务。[215]

记载这一讲话的《大公园地》是在上海印的，所以言论上有所节制。但在讲到"四不"时，他说"不卖"就是不出卖报格、人格，要为大多数人民利益发生作用。所谓"大多数"就是四万万数目之中除去那些既得利益集团及压制人民的封建残余，此外即为大多数的人民，这和共产党的表述几乎是一致的。

对于他的转向，国民党当局还没有确切掌握，国防部保密局 1948 年 12 月 20 日呈送蒋介石的一份情报（12 月 10 日来源于上海冯介眉），只是说香港《大公报》将改变态度，"共匪现正谋拉拢王氏。盖王芸生之政治态度向极暧昧，月来言论益显激烈，并与李济深等有密切联系。"[216]

在台湾国史馆的档案中，有关于王芸生的评语：

> 王芸生，文笔虽锋利，唯立论左倾，讨好青年，并献媚于共匪，大陆失利后即投匪，甘为一无耻之应声虫。[217]

12 月 29 日，自 1935 年从政以来先后出任实业部长、贵州省主席、总统府文官长的吴鼎昌，于《大公报》香港版刊登启事，自 1949 年元旦起辞去《大公报》董事职务。

十八、秧歌进北大

1946 年 2 月 5 日，萧军在共产党占领的张家口看见到处是秧歌，"虽然装扮得不伦不类，但一种欢喜和感情，从这原始的形式里也可表达一些。"[218] 曾几何时，北大也流行起秧歌了。

1947 年 5 月 4 日是"五四"纪念日，北大学生在大操场举行营火晚会，直到夜深。收场时集体扭秧歌，本来扭得极坏，但由于北方的同学以前没有看见过，一下见到这新奇的服饰，民谣风的音乐，扭来扭去的动作，丑态百出，倒不乏笑料。[219]

秧歌在北大校园渐渐变得时髦起来。

9月27日晚上，史学系约30个学生在北楼第六教室送别向达教授，最后，他们把桌椅搬开腾出地方来，由几位同学领头，跳起了秧歌舞，三步一停一扭，一面跳一面摆手，同时嘴里还要哼着秧歌调子，一个个东偏西倒，各有各的怪样。在场的罗荣渠说，真可以把人的肚子笑坏。向达教授也跟着他们一同扭，硬脚硬手的。

12月31日，民国三十六年除夕，北大教育系主办的跳舞场，在锣鼓和秧歌的交响声中，一群男女青年正扭得起劲哪！[220]《文汇报》驻北平记者郭根这样写：

> 说起"扭秧歌"，从前是读书人所不屑一顾的乡下人的玩意儿，现在在学府里却已盛传一时，随时随地会扭起来，唱起来，"扭秧歌"好像已经形成民族"土风舞"那样的娱乐形式，大家感觉到也许从此我们中国人不再是不唱不舞而只会打麻将抽大烟的衰老民族了。

北大、清华、燕京等校经常举行歌舞大会，最盛大的一次就在民国初年的国会议场，是北大四院联合举行的，一直持续了好几天，每天都挤得水泄不通，节目有合唱，有边疆舞、秧歌舞，最动人的是"解放区"风行一时的新型歌剧《白毛女》的前半部（改名为《年关》）。还有一个大合唱，其中有一句独白"春天来了，总反攻的胜利就在眼前了"。这句话虽是指着两年前的抗战而言，却激起了台下雷样的掌声。

1948年3月27日是星期六，近千天津大学生来北平参观，在北大红楼的民主广场上，连续两晚举行"平津学生联欢营火大会"。[221]

第二天晚上，目睹了这一盛大场面的罗荣渠说，"据我的经验，北大的夜里从来没有比今晚更热闹更活跃过"，营火在晚上7点半左右燃起，在《光明赞》的歌声里，火燃得那么熊熊，那么亮，千万颗青年的心都在火光下跃动着。晚会的主持人说："同学们，向自由，向太阳！"[222]

> 成千上万的年青人围绕着赤焰高炽的营火，歌声、掌声，此起彼落，平津两地的学子们在竞赛着扭秧歌。天津学生显然还是"初出茅庐"，笨拙的步伐激起了满场的狂笑，但他们仍然拉开了一字长蛇阵扭了下去。[223]

第二天早上起来，罗荣渠听说北大附近已禁止通行，街上戒严了。因为昨夜华北学联发表宣言，决议平津八校联防，有迫害事件发生，一致行动。北平警备司令部宣布查禁学联，禁止活动。这一天正好是国民大会的开幕日。由此引发学潮。

4月8日，《大公报》发表社评再论学潮，连罗荣渠这样的北大学生都认为说得真切而有情理，继续罢课实非明智之举。[224]

4月12日，北大外文系教师夏济安写信给夏志清："北大又罢课，复课恐尚遥遥无期。罢课期间有一种不方便，即是校门由学生把守，出入均须受他们的注视，假如不是盘问。"

直到4月26日，他还在信里说："学校罢了两个星期课。红楼曾为反共游行群众所包围（那天我一早就出去很晚才回），掷石击窗，好几家房间的玻璃被击破（如工友室、潘家淴室）。当局似乎决心要戡乱，学校内潜伏的共产份子非逮捕不可，学潮恐怕还要发生。"[225]

5月4日，又是"五四"纪念日，也是北大返校节——

> 北大难得有今天的热闹，显得更年青了。北大没有老！你看那民主广场几千人在烈日下大跳秧歌舞，你看哪争先恐后的运动竞赛，谁说北大老了！

秧歌不仅出现在大型活动中，还进入了北大学生的日常生活。

9月17日中秋节，晚饭后，一群同学去北海赏月，"我扭动着秧歌的步伐，大家说扭得很好看；其实我根本没有学过，完全是随兴之所至罢了。女同学们都争着要我做老师，教她们扭，真是妙极！"

10月31日下午，北大校友会迎新，原约定在民主广场游艺室前集合，到二点半还没有到齐，分批去景山，又到后山脚下闲谈，坐久了。大家起来活动一下，最后，由一个女生曹慧蓉领头，排成一行长队扭秧歌，一个个东歪西倒，扭扭捏捏，嘻嘻哈哈，从景山里扭了出来，已过了5点。[226]

不仅北大扭秧歌，清华也一样，4月8日，学生两次来请朱自清他们参加大饭厅的学生集会，还请他们在临时搭起的台上扭秧歌。他说，"大众的压力确实不得了，使他整个晚上感到不安。"[227]

弥漫着"左派空气"的北大被称为"中共的租界"，清华则被称为"国统区中的解放区"，学生公开收听新华社广播、阅读毛泽东著作，高声齐唱"解放区的天是明朗的天"，大扭秧歌。[228]北大历史系学生艾治平就经常在红楼地下室偷看解放区带来的报纸和小册子，还秘密编辑翻印，包括毛泽东的《论联合政府》等小册子，《党员修养》被改头换面为《急救手册》，《党的城市政策》则叫做《秉烛后谈》。北大图书馆因不订香港《文汇报》，馆长毛子水受到学生的诘问。[229]

北大的学生社团绝大部分都是左派社团，红楼北面的民主广场上有一段"民主墙"，壁报上有关现实的言论，几乎全是左派的天下，唯一的例外就是署名"金承艺"的大字报"独立评论"，常为国民政府说话，被左派学生嗤笑为"金鸡独立"。金承艺于1946年考入北大政治系，用真实姓名发表言论。民主广场的讲坛多半是反现实的，经常演讲的有许德珩、樊弘等教授。在余传韬的记忆中从没有在这里听到过与政府友善的声音。[230]游艺室是学生活动中心，由专售左派书籍、代订解放区报刊的"文化服务社"负责管理。史学系学生刘绍唐说，这是个左倾思想贩卖部，也是整个华北的所谓"学运"中心，他后来与贩卖部的负责人一起过"南下工作团"，知道此人早在抗战时

就在重庆被吸收为中共预备党员。²³¹

1948 年 7 月 10 日，夏济安给夏志清的信里说："北大别的都还不差……只是学生瞎闹，越看越气。学生目无法纪，开会时口号完全是共产党的话，政府拿他们没有办法，让他们跋扈，我看了很生气。最近暑假一星期内开了两次'大会'，一次是追悼开封被炸死老百姓的会（其实没有炸死多少，他们硬说是炸死十万），一次是追悼被打死东北流亡学生的会（打死了七个），并出去游行，惹得军警包围北大，我差点不能出去吃晚饭。我真不相信政府当局为什么拿学生没有办法，他们只求息事宁人，能够不闹大就算完事；或者糊里糊涂瞎打死几个人，反而把事情弄僵。我看了很生气。"²³²

8 月 19 日和 20 日，国民党当局在北平新设的特种刑事法庭两次提出要抓捕北大校内的中共地下党，有 71 人与 22 人的名单，也不是无的放矢。作为校长，胡适反对军警进校捕人。21 日下午，当中共地下党组织几百学生在去他家请愿时，名单上的人几乎都已安全转移。列入名单的 93 人中，有 57 人是中共地下党，占了 61.29%。其中被通缉的 43 人中有中共地下党员 30 人，其他 13 人也是"民青"盟员或其他外围组织的学生；被传讯的 50 人中有地下党员 27 人，占 54%。胡适只是出于对的学生爱护，对他们的秘密政治身份并不了解。

夏济安在 9 月 9 日信里说，上两个星期当局发表这个名单，红楼附近有几天很紧张，出入都要检查，但还是糊里糊涂让名单上百分之八九十的人都"逃匿无踪"了。

11 月 19 日，夏志清在美国给北大的哥哥写信："不过从一般学生眼光看来，给共党接收是最好没有的事。"²³³

到 1948 年底，北大两个不同的中共地下党系统已有 630 名党员。仅这年 8 月到 1949 年 1 月底，半年之间，就发展了 226 名党员和数百名"民青"盟员。²³⁴

十九、胡适之失声痛哭

1948年2月23日北大新学期开始，当天下午，清华、北大经济学会在北大的北楼礼堂举办学术辩论会，辩题是《资本主义与社会主义》。双方辩手经过了一个假期的准备，同学们都很感兴趣，礼堂里济济一堂，坐满了人。

讲台正中靠墙的5个座位是给评判人，其中有清华的陈岱孙教授和北大的陈振汉教授，担任主席的是北大的赵迺抟教授。两边的八字席是辩论人与助辩人的席位，清华的辩手是郑士元、刘庆曾、王后尧三位学生，北大则是周幼真、武运昌、黄履中。罗荣渠目睹了这场辩论的全过程：

> 辩论开始后，北大首先失利。第一人只去攻击对方不去立论，以致第二人奉命攻击却无话可说，只有第三人的答复还马虎可以。而清华的发言一个个都来得明朗尖锐。当头痛击。结果北大为社会主义辩护居然输于清华为资本主义辩护之下(72.9：73.1)。这实在是由于北大的辩护太缺乏内容的缘故，无疑是对北大法学院的一个讽刺。不过，今天辩论的双方风度都很好，这是值得一记的。[236]

资本主义还是社会主义？这已不仅是个学术问题，也是个十分紧迫的现实问题。胡适与一些北大教授之间的分歧已几乎公开，比如周鲠生、袁翰青对苏联和英美的看法就和他不同甚至针锋相对。这年夏天，张群来北平，胡适做东，张群示意把北大的左派教授也请来，席间以"在历史上民变从未成功"为题激起辩论，经济学系教授樊弘与胡适争执甚烈，胡适坚持己见，甚至说："我比你读的书多，你是学经济的，你知道什么政治！"双方引经据典，舌战不已，导致盛宴不欢而散。[236]

10月30日，夏济安听说北大将迁杭州，他希望成为事实。清华也有迁长沙之说，但传闻梅贻琦校长反对。他在给夏志清的信中说，"我们的胡博士是嫉共如仇的，可能赞成搬。这星期为生活问题（师生联合）罢了一星期课，不知政府将如何改善。我看经济军事形势都在使人心浮动，以后上课也不能安心，政府不替我们改善生活，罢课还会来。"对于他了解的北大同事，袁可嘉有点怕共产党，金隄想留下来看看，赵全章生活右派、思想左派，不知道会不会逃，别人左派的多，恐怕还在暗中欢迎共产党来。袁家骅在英未返，钱学熙一定走，朱光潜也一定走（不过他还没有听见朱光潜亲自表示过什么意见）。[237]

11月16日，史学系四年级学生罗荣渠上胡适为他们开的课"历史研究法"。这门课是前一年4月26日开设的，曾轰动一时。课后，他问校长有无迁校的消息，胡适绝口否认说："没有，没有。"[238]

第二天，夏济安写信给夏志清说，"北京大学大致不能南迁，政府没有这笔钱，也腾不出这些船的吨位，将来还是各人逃各人的。我看不搬亦好，免得那些同情左派的人老是在国民党统治下过得不痛快，那些人留在这里，早晚必定会享受到他们所心向往之的'解放'生活。"他说自己常常穷得身边只剩一两天的饭钱，京戏已一个多月没有看。[239]

三天后（11月20日），罗荣渠在日记中说："日前谣传傅斯年来平迁校之事，终于证实完全是谣言"。[240]

北大校务会议做出不迁校决定还要过两天（11月22日）。

就在这一天上午8点45分，蒋介石在南京召见陶希圣，要他立即飞北平征求胡适同意出任行政院长或驻美大使。下午5点45分他抵达北平，蒋有电追来，叫他只谈组阁，不谈出使。当天晚饭后，他就去访胡适，胡适坚决不同意。

第二天上午，他又找胡适长谈，胡适还是坚决不同意组阁。他只好电呈蒋介石，"两次访谈均以体力能力不胜剧繁恳辞，愿于适当时期入京以较为闲散地位表示支持中央并竭尽心力以求有助于国家。"午间，他跟朱光潜见面时，朱表示将和汤用彤一起劝胡出马。当然无效。

11月25日下午，他只好当面向蒋介石报告胡适不同意组阁的事。[241]

同一天，夏济安已知道前一天（24日）北大教授会正式通过了不迁校的决议。他给夏志清写信说，"北大已经决定不迁，大部分先生学生都怕搬到陌生地方去，将流落成为难民，政府未必会找很好的地方给我们住，让我们上课，迁移的经费也恐怕拿不出来（我们的薪水常常发不出，北大也比以前穷了）。"又讲到自己和熟悉的几个北大同事的取向：

> 即使父母亲不主张逃难，我一个人将永远在共产主义的威胁前逃亡。
>
> 袁可嘉也预备走，他最近所发表的文章和诗（有一首诗是傅作义颂），大受左派人攻击，他怕共产党真给他来一个"清算"。
>
> ……赵全章因为经济困难，不走。第一旅费，第二回南后的生活，许多人都为这两个问题难倒，不能走。钱学熙也不走，他的儿子女儿都思想左倾不肯走……[242]

11月26日，罗荣渠得知北大学生自治会已通过决议，同学在任何情况下都不迁校。他认为：

> 此议实在糊涂得很。大局瞬息千变，谁也不敢说在任何情况下如何如何，不可遽尔作口号式之决定。迁校事关重大，教部来员表示，必要时当竭力抢救学校。所谓抢救也者，就是把胡适之流运走之谓也，同学则谁也不会来管，因为你们自己决议不迁，到时候自然可以引为藉口不予考虑了。其实同学们绝少有人在迁与不迁的问题上"坚决"表示什么，只是提请学校注意，并要求学校表明态度而已，更没有人说在任何情况下都不迁校，但不知如何在代表会上竟然会通过如此幼稚的一个决议。

几天之后（11月30日），他就发现近来有大批同学出走，课堂上已疏落冷清，学生自治因为理事大都已走光，几乎不能展开工作，要成立生活互助会以代之，但是大家的情绪都低落到了极点。[243]

中文系四年级学生吴小如去北大图书馆查阅善本书籍，已封存不能借了。朱光潜、沈从文他们挂名主编的报纸文学副刊也都停办了，他去看这两位被左翼文人抨击的教授，他们表示，一、坚决不走；二、希望傅作义尽快采取措施，让北平早日解放。他选修了林庚的《中国文学批评史》，林庚是燕京大学教授，每周进城上课一次，这时城内外已隔绝，北大虽未宣布停课，而这门课已无疾而终。[244]

进入12月，北大虽未正式宣布放假，但学生在校内无事可做，已呈无政府状态，家在北平的有不少人已从宿舍搬出。12月2日，夏济安花了约3700元的机票和行李费，南飞上海。到12月8日，他说北大教职员中南下的至今还只有他一个人，胡适和朱光潜都很同情他的离开。他说，北大不会搬，必要时胡适和几位教授或许会被"抢救"出来。[245]

这一天，北大50周年的纪念章做好了，两元一枚。罗荣渠拿来一看，觉得"真是蹩脚死了"，"纪念章上画了五道叉，表示五十，真是笨拙死了。"他认为哪怕用一个罗马字的50或其他什么图案也可，这么5个叉子像什么东西？"堂堂北大五十周年的纪念章如此俗气，真是叫人摇头。"[246]

12月11日，代理教育部长陈雪屏给北大秘书长郑天挺来电说："适师及师母必须先行，无论空军专机或航机先到，立即动身，千万勿犹豫，因随时场地仍可破坏也。总统对此一再谆嘱，至要至要！"两天后，向来认为最安全、最不可能被攻打的北平，已听见炮声。胡适还在赶写北大50周年纪念感言，他写到最后："现在我们又在很危险很艰苦的环境里给北大做五十岁生日，我用很沉重的心情叙述他多灾多难的历史，祝福他长寿康强，祝他能安全的渡过眼前的危难，正如同他渡过五十年中许多次危难一样！"

第二天，学生还在炮声中上课。上午，胡适对汤用彤说："我们要照旧筹备五十周年的纪念会，我也绝不会离开北平。"但到下午北大到处都在传说"校长走了"，甚至传闻他被美国经济合作总署署长霍夫曼接到南京去组阁了。

下午 5 点半，天已黑了。《大公报》记者徐盈赶到东厂胡同的胡适家，恰好遇到一辆满载行李的汽车，梅贻琦和胡适正在进门。陈寅恪夫妇没有下车，由张佛泉陪着到别处休息。胡适没有回答他 5 架飞机来接他的事，只是对永定门守军有了命令却不肯开城门很生气，"我要向中外记者朋友们控诉，为什么把一个瞎子留在城内，不肯让他飞了走！陈先生是中国的国宝，我们不能不能让他受损失。"他关心的是处在城外的北大农学院，想从徐盈这里了解一点消息。[247]

当天，胡适没有走成，临行前他匆匆给汤用彤、郑天挺留了一张便条：

> 锡予、毅生两兄：今日及今午连接政府几个电报，要我即南去。我就毫无准备的走了。一切的事，只好拜托你们几位同事维持。我虽远去，决不忘掉北大。

第二天下午，胡适终于等不及两天后的校庆飞走了。黄昏时分，炮声离北大愈来愈近，连机关枪的声音也可以听到了。胡适夫妇和陈寅恪一家等乘坐空军大队的飞机飞抵南京，王世杰、朱家骅、蒋经国、傅斯年、杭立武等到机场迎接。

原定胡适在校庆前夕有个广播讲演，那时只有少数大学生有收音机，余传韬他们约好要在有收音机的房间听校长演讲，这个节目也临时取消了。

12 月 17 日是北大准备了许久的 50 周年校庆，城郊的炮火成了祝贺校庆的礼炮。此外，一切都在冷静中度过。北大学生自治会怀着沉重的心情，只留下一个宣言，呼吁互爱互助互谅互信，预定的一切游艺节目都临时取消了。红楼顶上只是多了一面有 5 种颜色的校旗。炮声忽紧忽松，教授三三五五，谈论着战局，没有任何官员到场，清华校长梅贻琦也没等到开会就退场了。会场上只有两盆绿树挂着红色字条，在未揭幕的蔡元培铜像下，还有一个小小的花篮。北大工学院同学特设的向全国广播用的天线已装起来，但因为没有电，所以没有广播。汤用彤对不足百人的集会表示感激，代读了胡适校长的感言。北平国立艺专校长徐悲鸿代表来宾致辞，周炳琳代表校友致辞："但在某种关系上，北大对过去的一切灾难逃不掉责任。在历史上，有许多灾难是北大自己贡献的，北大也要自己来担当……在时代洪流中，我们能够把握自己，还是要靠蔡先生的学术与思想的自由。"

> 炮火毁灭了一切希望，47 位名教授的专题演讲全告停止。学生们仍然出入着图书馆和实验室，弦歌不辍。[248]

当天凌晨，城外的北大农学院已被解放军占领。吴小如说，自从停课后，给人印象最深的就是摆在北大图书馆门前大树下的那一大堆书箱，上面写着"胡校长图书"字样。这是胡适本来打算空运带走的个人藏书。当天，就有好几位同学站在这 102 个书箱面前慨叹不已。结果，胡适走了，这些书却永远都无法空运出去，直到转年春季开学，军管会的人进驻北大，这些书箱才被搬走。[249]

余传韬记得校庆时只参观了胡适收藏的《水经注》珍本展览。其实，学校准备了很多展览，比如校史展出北大成立以来的各种文献，已故教师的著作，包括蔡元培、王国维、刘复、钱玄同、陈独秀、鲁迅、孟森、徐志摩、朱自清等人的著作和遗墨，文科研究所有收藏的石器、陶器、明清史料、金石拓片、西北科学考察团工作等展览，法科研究所有"社会主义及苏联文献展览"，其中包括中日俄德英法各国文字的社会主义及苏联文献一千多册。[250]

这一天，胡适在南京度过北大 50 周年的校庆，陈雪屏在写给郑天挺的信里说："今日校庆，此间校友集合，校长讲话，痛哭失声，会场凄然欲绝。"

第二天，罗荣渠从报纸上看到胡适在南京举行的北大校庆会上哭了，很不以为然。在当天的日记中写道："真是不害臊，是独效包胥之哭呢？还是猫哭老鼠呢？又听说他以擅离职守故向教育部自请处分，果真如此的话，那真亏他做得出来了。大人物们多是沐猴而冠，善于演戏者也！" 21 岁的学生还理解不了 57 岁的校长为何痛哭失声。

12 月 19 日，北大学生自治会致电南京教育部转胡适："北平吃紧，举校惶惧，罗道庄发生战事，部分师生未获撤离，请设法营救，并请宽筹经费，火速返平，主持校政。"第二天，罗荣渠听说学生自治会"向南京在逃中的"校长发去了这封电报。[251]

同一天（12 月 20 日），北大经济学教授赵迺抟摸着长髯，一个字一个字的说："中央来电报自然是希望我们南下的，'盛意可感'。但是我们对于几千学生有责任，大部分的人都是不想走的，我也是不走的。"

北大放了 5 天假，全体教授会决定第二天上课，结果就照常上了课。

学府自有其尊严与坚毅。教授会上一部分人要求胡适返校，周炳琳为他解释，"一个人有他的自由"，马上有人反驳："他是校长，不是个人，个人有行动自由，但校长却没有这自由。"

到 12 月 29 日，北大还有 2913 个学生照旧上课，请求休学的到这一天只有 99 人。杨振声教授说："胡校长有信赖，他内心里十分难过，他的后悔是一定的，我们告诉南京的朋友们说，和同学们在一起共患难是一件最有意义的事。"许德珩教授说："此人这次是听信了小人之言，他上了一个大当。"北大图书馆馆长毛子水南下前，把胡适的存书都封好箱，上了锁。胡适发起的书生论政性质的《独立时论》社于这一天寿终正寝。[252]

也是这一天，北大中文系讲师阴法鲁在宿舍被捕。当天北大校方就给北平市警备总司令发去公函，要求保释。

从 12 月 30 日到 31 日，《大公报》驻北平办事处 60 个小时中被搜查了两次。北平警备司令部稽查处拿走了香港版《大公报》和《文汇报》及一张《时代日报》附刊，上面有一篇《苏联是世界和平的基石》；还有一本封面上有个红色问号的《魏德迈来华作什么？》；一本《人物杂志》，有个大胡子封面；一本《北方文化》，封面有牛在耕田……全体职员不准出门，被关了紧闭，他们当时不知原因。其实是保密局的特工接到密报，《观察》周刊主编储安平秘密到北平参加和谈，准备落脚在办事处的徐盈、子冈家中。[253]

季羡林有一天在北楼餐厅里苦笑着说，"咱们都像是下了锅的螃蟹，只等人家加一把火，就都要变红了。"北大"民主墙"上的墙报又热闹起来，有几个墙报集中火力向沈从文等展开攻击，其中一份壁报抄录郭沫若在香港发表的文章，称沈从文是"粉红色的作家"，朱光潜是"蓝色的作家"，萧乾是"黑色的作家"。

二十、"树倒猢狲散"

1949年1月8日早晨，还在印度的东方艺术史学者常任侠打开过期的《大公报》，看到"树倒胡孙之局势，已在眼前。胡谓胡适，孙则孙科也。"[254] 此时，北大校长胡适已离开北大，行政院长孙科则将行政院搬到了广州。

我没有看到这张报纸，只见到 1948 年 12 月 20 日的《大公报》香港版"国内一周"栏在《土崩瓦解》的大题目下，有一个"树倒猢狲散各自想前程"的小标题。

1月5日，北大在战火中决定将这个学期延长一周，原定17日开始的寒假，改为23日。

1月7日，《大公报》记者徐盈说，又有一批教授今天乘民航飞机去南京，他们都是南京政府特邀的。毛子水给胡适带书，只带走了胡适从南方借来的半部《水经注》。他听说这一批教授走后，想走的已为数不多。

两天后，徐盈又说：

> 留在北平的文武百官们，真正能飞走的恐怕为数不多，他们从未听说过洋人要中国重演南北朝的局面。一切都已注定了，北平的上流人士又纷传着熊开元的那部《鱼山集》中的八首诗，说是像刘伯温的《推背图》（本书作者注：应为《烧饼歌》）一样，预测了未来局势。其中的"赤焰"，就是暗指红色的中国，又有人说："到南

方去做什么，怕只怕应了那句话，朝议未定，兵已渡河。把北方人往哪儿摆？"[255]

1月12日，夏济安写信给夏志清说，"北大人逃出来的很少。朱光潜还在北平。"[256]

1月21日，北大决定停止学期考试，所有在校学生集中到红楼，作为战时的紧急安排。下午忽然传出一阵谣言，说当夜11点共军要总攻北平，引起各个宿舍的不安，结果安然无事。[257]

同一天，总统蒋介石宣告引退，当天下午离开南京前往杭州，由副总统李宗仁依法代行总统职权。

第二天，《大公报》重庆版发出社评《蒋总统引退了》，"蒋总统是全国陆海空军最高统帅，当然不能诿卸内战的大责任……打了三年，旧的腐败崩溃，不可收拾，新的蓬勃而起，锐不可当。中国大势已注定了要新陈代谢，无法强阻。"同一天香港版的社评《蒋宣告引退》是王芸生执笔的："引退的方式应该是下野，不是且战且退地转移阵地。"

浙江新昌中学的青年教师陈桥驿在《大公报》上海版副刊上发表一首小诗《风筝》，其实是讽刺挖苦"代总统"李宗仁的处境：

这是它上天的时候，在天空得意地摇尾摆头。
其实它也并不自由，东西南北得看风势，
上下高低要随牵线人的手。

这是他的《春野小唱》中的一首。[258]

1月26日，当《大公园地》刊出张琴南半年前（1948年8月19日）在天津馆屋顶花园的演讲《大公报最初十年》时，天津版已于11天前（1月15日）停刊。

1月29日是旧历春节，爆竹声中夹杂着无数的冷枪冷炮，罗荣渠到了朱光潜教授家，正好冯至夫妇、贺麟夫妇来拜年，朱光潜很神奇地拿出半瓶英国威士忌酒，给他们每人一小杯，却没有菜，只有空口喝，就像小孩子办姑姑筵似的。

那天，北大学生联欢，吃的是红豆稀饭，也吃得心满意足，津津有味。物价狂涨，一天几个行市，面粉卖到了七八千元一袋，袁大头突破两千，花生米60元一两，瓜子50元，一份报纸也要30元。一周以来，物价至少跳了3倍。

1月31日下午，解放军进城，北大学生也纷纷组队前往铁狮子胡同欢迎，在大街上大扭秧歌舞，罗荣渠心想，"这未免有点班门弄斧吧？"余传韬参加了这次列队欢迎，在满天风沙中伫立了数小时，当学生列队走向预定的街道时，遇见了北大化学系的曾昭抡教授，正坐在一辆吉普车的前座向北大学生队伍挥旗。

2月1日，一帮学生在北大的北楼顶上大扭秧歌。[259]

用不了多久，就是远在纽约的中国留学生也开始学习扭秧歌了。[260]

1948年11月6日，商务印书馆工人又闹风潮，李伯嘉忙得不可开交。[261]

商务馆的实权早已转入张元济等五董事手里。11月11日，朱经农正式提出辞职，在两天后举行的商务馆董事会第481次会议上通过。张元济提名远在美国的夏鹏为总经理，实际上夏鹏没有接任，由谢仁冰代理。谢是张元济的外甥，民进创始人之一，其子化名章汉夫，早就加入中共地下党（后来担任过17年的外交部副部长）。王云五说，张元济向来不让亲属在商务馆居要职，此时受左倾分子的影响，竟同意谢仁冰出任公司协理。商务馆董事会的左倾与投机分子渐渐抬头，82岁的张元济逐渐受到共产党同路人的包围，朱经农是国民党员，受他们的抑制，"致措施渐难如意"，对于商务馆的出版计划不免渐趋消极，越来越感到苦闷，多次与王云五说起辞职的事，这次恰好借着出席国际科教会的机会辞职。

王云五认为时局越来越危急，商务馆今后将面临比对日抗战时更为严重的局势，朱经农如想行使总经理的职权，挽将倒之狂澜，而不怕与异己者破裂，以维持商务馆一线之自由命脉，则此时不宜远行。但他与商务馆的关系不深，自认魄力不及王云五，无力与反对者抗衡，只能选择辞职。[262]

他辞职以后，商务馆没有再出新书，就连坚持出版45年之久的《东方杂志》也作出了停刊的决定。

王云五在广州收到商务分馆转来张元济12月24日的来信，本年股东会12月19日举行，"乃与同人相酌，谓公此时正宜韬晦，不敢复以董事相溷，想蒙监督。时事日艰，杞忧何极。"[263] 一句话就把连任20年的老董事革除了，王云五说自己很能谅解，这并不是张元济的自由主张。所谓"与同人相酌"，就是听了陈叔通等人的意见。他认为张元济外惑于老友陈叔通，内操纵于外甥谢仁冰，致有这样的大转变。

1945年12月23日，张元济写给王云五的信中说："再报载中共之事，再接再厉，且言延安重心已移张家口，咄咄逼人。奈何奈何！"[264] 可见那时张元济的立场。但当国共谈判尚未全面破裂前，蒋介石对陈布雷指示宣传机要，其中提及："共方的宣传方式是：运用对政治并无深刻了解而社会地位又相当高、受人钦佩的人出面，对政府作批评，使对现实不满之人，对政府更感不满。如上海商务印书馆的张元济就是。息影已久的人，最怕寂寞，有人奉承，说些风凉话，甚觉高兴，却不料中了计。"[265] 年过八旬的老人，在时局剧变之际的心态变化颇值得琢磨。

进入1949年，曾经积极介入新文化运动的48家著名出版社，还在营业的只剩下了12家。

1月19日下午，在张元济家举行的商务印书馆董事会第484次会议上，讨论通过了聘陈夙之为总经理，陈自留美回国之后，曾任商务馆监察人、董事等重要职务。实际上，具体事务仍由谢仁冰主持。左翼文化人章靳以、董秋斯、李平心等被聘为特约编辑，有意以他们为新的编辑班底。

1月25日，温州《浙瓯日报》刊登一则消息《商务、中华书局运到大批新书》：

> 本埠府前街商务印书馆、中华书局温州分庄，服务文化，素称努力。对于明春中小学各科用书，暨最新修订国定版本，闻已到齐，预为供应。其余文化生活社之各种参考书，开明书店之"文艺丛书"与"启明精装日记"，以及上海各项杂志，如《世界知识》《新闻天地》《现代妇女》等等，闻将按期配运到温。[266]

2月17日，雷震收到王云五的来信，打算去英国剑桥大学讲学，对时局至感无奈。信中说起近年来竭智尽忠，对国事或议而未行，或功败垂成，而他本人更是遭毁名破家的厄遇……痛定思痛，他只是深悔自己此前热心过分与判断有误。[267]字里行间充满沮丧。

这一天距他辞去总经理还不到三年，此时的商务馆已陷入越来越艰难的境地。

2月21日，商务馆职工、中共地下党石敏良被关押近一个月后，经工会和和馆方多方营救，获得保释。3月初，中共上海商务印书馆支部成立，开始安排护馆、护厂工作。[268]

3月4日，武汉大学教授苏雪林到上海河南路的商务总馆访李伯嘉，提及出书的事，李只是摇头叹息，说目前馆中的收入仅够支付馆中职员薪俸，万无余力出书，如果其他书店愿意承印，他愿将排成好的版廉价出让。差不多一个月前（2月6日），她在商务武汉分馆领到4笔版税，合计70多元，购书一册，找回7元。[269]

3月28日，黄炎培到北平琉璃厂商务分馆，发现门市完全冷落。[270]

4月3日，雷震与王世杰到溪口，第一次向蒋介石透露了他们和胡适等人正在筹办《自由中国》杂志的想法，得到蒋的赞许，并愿意赞助。4月6日，胡适离开大陆，前往美国，几天后（14日）在轮船上起草了《＜自由中国＞的宗旨》，此时他还承担着北大校长的名义，而北大已于2月28日起被北平市军事管制委员会文化接管委员会接管。

4月16日下午，与《大公报》关系最深、时间最久的总经理胡政之在风雨飘摇中下葬，雷震出席了葬礼，他于两天前病故。政协会议前，当时57岁的他曾对《新民报》记者浦熙修说，再过3年就告老退休，最终却没等到这一天。病重之际，他对儿子胡济生说，"我一生是搞政治的，经营了危险的事业（新闻界），舆论的牛耳被我们抓住了，但是将来前途如何？很难说。我不愿子女们搞那一套，我从社会上取的，将来仍然还给社会。"[271]

时局急剧变化，4月22日，张元济主持的商务馆董事会第487次会上，讨论股东的股息发放。因经济困难，最后议决：

> 本公司1947年并入1948、1949年度股息应即先行垫发，改发书券，每一万股按照本版杂书金圆券基价发给书券五角。本公司股份总数为十亿股，共计垫发股息金圆券基价书券五万元。[272]

这是商务馆半个多世纪从来没有发生过的。

4月23日晚上，南京易手。4月28日，国民党上海市党部头子方治还在宣传指导会议上对《大公报》代总经理曹谷冰说："《大公报》如不马上改正过来，我就枪毙你。"指的是香港版的舆论转向。

5月10日，离上海易手还有十几天，82岁高龄的张元济写信对朋友说："惟仍甚望能将现有职务早日摆脱，重还故巢"。[273]

此时，商务馆的中共地下党员已在准备"欢迎中国人民解放军"的横幅，印制上海解放的宣传标语。

5月26日，《大公报》上海版发表社评《迎上海解放》，称许人民解放军进入上海市区之后，"鸡犬不惊，片物未扰，不进民房，不拉民伕，躺在路边休息，绝不随便接受人民慰劳……真令我们感激兴奋，我们欢呼万岁！"并说："上海解放了。这里面包含的意义十分重大，意味着中国从此走上民主自由的大道，获得独立自主的地位。人民的血汗精力所灌溉培养起来的上海，从此复归于人民。中国新生！上海新生！"。

第二天，唯一还处于国统区的《大公报》重庆馆，被当地警备司令部包围，编辑主任顾建平以"泄露军事机密""通共"的罪名被捕。（9月17日国民党劫收重庆版，赶走经理王文彬。）

5月28日，远在印度的使节罗家伦在日记中说："上海全部为共军统治后，新闻、申报均接收，《大公报》将改名（天津的已改进步报），王芸生辈日日讨好，结果不过如此。"[274]《大公报》天津版停刊不久，于2月27日改名为《进步日报》，重新出版，杨刚担任报社的中共党委书记。王芸生在香港听说此事，还将信将疑。因为几个月前杨刚在做他的工作时还承诺过《大公报》"四馆不变"。当夜，他登上"华中轮"，跟柳亚子等29人一起北上。

5月31日，商务馆经理伊见思对黄炎培说，5月的生意比4月恢复了40%。但到了7月19日，举行商务馆董事会第488次会议时，由于一个月来米价从每担1万2千元跳到6万5千元，员工的工资要以米计，商务馆的经济濒于破产。[275]

就在上海易手前一天，周恩来在北平忽然召见王芸生，告诉他《大公报》上海版不用改名了，要他随军南下。他和杨刚都是穿着军装进入报馆的。20天后，6月17日，他才在《大公报》发表社评《大公报新生宣言》，这篇草稿不仅经杨刚"审阅"，周恩来也不止一次看过，[276]检讨了近50年来《大公报》的历史：

> 《大公报》虽然始终穿着"民间""独立"的外衣，实际是与蒋政权发生着血肉因缘的。《大公报》始终维持着一种改良主义者的面貌，它在中上层社会中曾有一定影响，即由于此。
>
> ……
>
> 今后的《大公报》，从经济观点上说，是私营企业，而在精神上，是属于人民

的……今后的《大公报》，将特别着重于照顾进步知识分子及民族工商界的利益，并努力反映这两个阶级的意见。在毛泽东主席的旗帜下，大踏步走向新民主主义国家的建设！

6月20日，远在美国的夏志清看到《大公报》香港版，"已经全部赤化"。[277]

从1902年英敛之在天津创办《大公报》，至此47年。古老的中国正在发生又一次政权转移，而且比任何一次都要剧烈。此时，夏瑞芳、英敛之、蔡元培乃至张季鸾、胡政之等都已离世，唯有与商务印书馆共命运达半个世纪的张元济还在世。胡适、傅斯年、王云五等则已离开大陆。

注：

1、《史久芸日记》上册，商务印书馆2018年，66页。

2、《朱自清全集》第十卷，江苏教育出版社1998年，361页。

3、《云南文史资料选辑》第三十辑，云南人民出版社1987年，271—272页。

4、《史久芸日记》上册，66页；《岫庐八十自述》，台湾商务印书馆1967年，343页。

5、《张元济书札》上册，208—209页。

6、《张元济年谱长编》下册，上海交通大学出版社2011年，1232页。

7、《胡政之文集》上册，天津人民出版社2007年，445页。

9、《林一厂日记》下册，652页。

10、王芝琛《一代报人王芸生》，长江文艺出版社2004年，113—114页。

11、《张元济书札》上册，211页。

12、《张元济年谱长编》下册，1235页。

13、陈立夫《成败之鉴：陈立夫回忆录》，正中书局1994年，336—337页。

14、《顾颉刚日记》第五卷，台湾联经出版股份有限公司2007年，555页。

15、徐铸成《徐铸成回忆录》，生活·读书·求知三联书店1998年，125页。

16、《黄炎培日记》第9卷，华文出版社2008年，98页。

17、《浦熙修记者生涯寻踪》，文汇出版社2000年，179—180页。

18、《傅斯年遗札》第三卷，中央研究院历史语言研究所2013年，1626、1639、1631页。

19、《国立西南联合大学史料二》，506页。

20、《梅贻琦日记（1941—1946）》，清华大学出版社 2001 年，182、184 页。

21、《傅斯年遗札》第三卷，1635 页。

22、1945 年 11 月 28 日，姚从吾给朱家骅的信，朱家骅档案，中央研究院近代史研究所档案馆藏。

23、《朱自清全集》第十卷，江苏教育出版社 1998 年版，378 页。

24、《王世杰日记》上册，中央研究院近代史研究所 2014 年，752 页。

25、《北京大学史料》第三卷，440 页。

26、朱家骅档案复印件，台湾中央研究院近代史研究所档案馆藏。

27、《傅斯年遗札》第三卷，1659 页。

28、朱家骅档案复印件，台湾中央研究院近代史研究所档案馆藏。

29、《梅贻琦日记》，190 页。

30、朱家骅档案复印件，台湾中央研究院近代史研究所档案馆藏。

31、闻黎明、侯菊坤编《闻一多年谱长编》，湖北人民出版社 1994 年，946—947 页；《梅贻琦日记》，194 页；《朱自清全集》第十卷，379—381 页。

32、朱家骅档案复印件，中央研究院近代史研究所档案馆藏，典藏号：301—01—09—034。

33、郑伯克《白区工作的回顾与探讨——郑伯克回忆录》，中共党史出版社 1999 年，311 页。

34、转引自杨奎松《蒋介石与战后国民党的“政府暴力”——以蒋介石日记为中心的分析》，吕芳上主编《蒋中正日记与民国史研究》下册，世界大同出版社有限公司 2013 年，490 页。

35、《云南文史资料选辑》第三十辑，330 页。

36、郑伯克《白区工作的回顾与探讨——郑伯克回忆录》，306 页。

37、《傅斯年遗札》第三卷，1665—1667 页。

38、熙《访问傅斯年先生》，《新民报》晚刊 1945 年 11 月 28 日，《浦熙修记者生涯寻踪》，133 页。

39、《浦熙修记者生涯寻踪》，138—139 页。

40、熙《胡政之先生》，《新民报晚刊》1945 年 12 月 31 日，《浦熙修记者生涯寻踪》，133、138、178—179 页。

41、《文化界的呼声：拿出人民的力量作代表后盾》，《浦熙修记者生涯寻踪》，219 页。

42、《夏济安日记》，辽宁教育出版社 1998 年，8—9 页。

43、《张奚若文集》，清华大学出版社 1989 年，366 页。

44、《沈昌焕日记》，台湾国史馆印行 2013 年，15 页。

45、《政治协商昨讨论国民大会问题》，《新民报》1936 年 1 月 18 日，《浦熙修记者生涯寻踪》，245、247、248 页；《王世杰日记》上册，762 页。

46、《政治协商昨八次会继商国大会问题》，《新民报》1936 年 1 月 19 日，《浦熙修记者生涯寻踪》，249、251—252 页。

47、眉睫、许乃玲编《许君远文存》，台湾秀威资讯科技股份有限公司 2009 年，317—318 页。

48、胡政之档案手抄件，台湾国史馆藏，典藏号：129000023204A。

49、《王世杰日记》上册，765—766 页。

50、《傅斯年遗札》第三卷，1669、1673、1678 页。

51、王云五《岫庐八十自述》，348-349 页。

52、《傅斯年遗札》第三卷，1674 页。

53、《徐铸成回忆录》，126—127 页。

54、《陈布雷从政日记1946》，58 页。

55、《夏济安日记》，33 页、37—38、17 页。

56、《傅斯年遗札》第三卷，1681—1683 页。

57、《夏济安日记》，81 页；《梅贻琦日记》，213、175 页。

58、《云南文史资料选辑》第三十辑，352 页。

59、《浦熙修记者生涯寻踪》，158 页。

60、《云南文史资料选辑》第三十辑，362 页。马识途回忆闻一多公开说："乐于做正确的尾巴。"《马识途文集9》上册，419 页。

61、《国立西南联合大学史料二》，428 页。

62、《梅贻琦日记》，213 页。

63、陈凡《一个记者的经历》，广东人民出版社1985年，217 页。

64、《徐铸成回忆录》，127 页。

65、《张元济年谱长编》下册，1240 页。

66、《此心安处是吾乡——季羡林归国日记》，重庆出版社2015年，11、12、13、15—16、30 页。

67、《沈昌焕日记》，14 页。

68、汪家熔《商务印书馆史及其他——汪家熔出版社研究文集》，157—158 页。

69、叶文超《缅怀金嵘轩老校长》，《温州通史编纂通讯》2015年第1期，65—66 页。

70、1948 年 8 月 1 日，《陈布雷从政日记1948》169 页。

71、吴经熊《超越东西方》，社会科学文献出版社2002年，370 页。

72、《张元济年谱长编》，1243、1244—1245 页。

73、转引自汪家熔《商务印书馆史及其他——汪家熔出版史研究文集》，171 页。

74、《张元济书札》上册，343 册。

75、《张元济年谱长编》下册，1256 页。

76、《白区工作的回顾与探讨——郑伯克回忆录》，344 页。

77、《朱自清全集》第十卷，401 页。

78、《夏济安日记》，109、142 页。

79、唐纵致朱家骅电，朱家骅档案，藏中央研究院近代史研究所档案馆，典藏号：301—01—09—034。

80、台湾国史馆藏档案，典藏号：002—080200—00424—095—001a。

81、转引自杨奎松《蒋介石与战后国民党的"政府暴力"》，《蒋中正日记与民国史研究》下册，世界大同出版有限公司2011年，497、506 页。

82、霍揆彰（无线昆明）即到国民政府军务局转呈蒋主席，国史馆藏档案，典藏号：002-090300-0016-112-001。

83、朱家骅档案，中央研究院近代史研究所藏，转引自谢慧《西南联大与抗战时期的宪政运动》，148 页。

84、国史馆藏档案，典藏号：002—090300—00012—124。

85、1946 年 7 月 13 日，蒋介石宴请胡适，他的英文秘书沈昌焕特地赶译了上海英文《大美晚报》7 月 6 日的社评《胡适归来》，以供他参考。《沈昌焕日记》，153 页。

86、《北京大学史料》第三卷，478 页。

87、《胡适来往书信选》下册，124 页。

88、季羡林《此心安处是吾乡——季羡林归国日记》，93、81 页。

89、《回溯四十八年光辉历史 强调学术思想独立自由》，《大公报》天津版 1946 年 10 月 11 日。

90、吴小如《红楼梦影——吴小如师友回忆录》，231—232 页。

91、《朱自清日记》第 10 卷，416 页。

92、徐盈《北大复员记》（二），《共和国前夜：一代名记者徐盈战地文选》，291-292 页。

93、罗荣渠《北大岁月》，商务印书馆 2006 年，56、183 页。

94、徐盈《共和国前夜：一代名记者徐盈战地文选》，300 页。

95、季羡林《此心安处是吾乡——季羡林归国日记》，122 页。

96、《沈昌焕日记》，289 页。

97、《王世杰日记》上册，833 页。

98、《张元济书札（增订本）》中册，商务印书馆 1997 年，836 页。

99、陶希圣《潮流与点滴》，中国大百科全书出版社 2009 年，226 页。

100、1950 年南京举行的表扬大会上宣布"沈崇就是一个共产党员"。闵燮编著《中共群运与青运剖析》，台湾黎明文化事业公司 1980 年，124、128 页。

101、转引自艾群《"沈崇事件"真相》，中共党史出版社 2012 年，43 页。

102、杜家贵主编《北大红楼——永远的丰碑》，社会科学文献出版社 2012 年，493—498、456 页。

103、郭根《一位中国报人眼中的大时代——郭根文集》，112—116 页。

104、季羡林《此心安处是吾乡——季羡林归国日记》，137 页。

105、《胡适书信集》中册，1081 页。

106、《陈布雷从政日记 1947》，1 页。

107、季羡林《此心安处是吾乡——季羡林归国日记》，161 页。

108、《傅斯年遗札》第三卷，1738 页。

109、罗荣渠《北大岁月》，71 页。

110、季羡林《此心安处是吾乡——季羡林归国日记》，169—170 页；1946 年 5 月 21 日，傅斯年曾对《申报》记者说过："至于学生运动，今日学生水准，不够为未来之建国人才，甚望能安心读书，专门作学问，学术绝对自由，惟不可作为政治斗争之工具"。

111、《王世杰日记》上册，843 页。

112、《王世杰日记》上册，847 、850 页。

113、1947 年 5 月 21 日王芸生在天津写了《我看学潮》，发表在 1947 年 5 月 25 日的《大公报》上海版。

114、罗荣渠《北大岁月》，117、118 页。

115、《岫庐已故至交百家手札》，台湾商务印书馆 1976 年，原件影印，未标页码。

116、《张元济年谱长编》下册，1269 页。

117、《益世报》1947 年 6 月 1 日。

118 、《苦难的六月——渝馆同人被捕记略》，《大公园地》复刊第五期，1947 年 7 月 5 日。

119、《陈布雷从政日记 1947 年》，92 页。

120、《陈布雷从政日记 1947 年》，27 页。

121、张琴南《检查处的态度》，《大公园地》复刊第四期，1947 年 6 月 20 日。

122、学孔《被拘杂写》，《大公园地》复刊第五期，1947 年 7 月 5 日。

123、陈凡《被拘前后（一）》《被拘前后（二）》，《大公园地》复刊第五期、第六期，1947 年 7 月 5 日，1947 年 7 月 20 日。

124、《王世杰日记》上册，868 页。

125、《胡政之文集》下册，1098 1099 页。

126、曾敏之《在狱中，有的只是愤怒！》，《大公园地》复刊第五期，1947 年 7 月 5 日。

127、曾敏之《十七天的禁锢生活》，《大公园地》复刊第五期，1947 年 7 月 5 日。

128、方蒙《最后一个出狱者的一封信》，《大公园地》复刊第六期，1947 年 7 月 20 日。

129、王芸生《报纸与杂志》，《大公园地》复刊第二十期，1948 年 7 月 5 日。

130、城南《胡总经理在北平》，《大公园地》复刊第六期，1947 年 7 月 20 日。

131、藻《声望与荣誉》，《大公园地》复刊第七期，1947 年 8 月 5 日。

132、成言《胡总经理游成都》，《大公园地》复刊第十六期，1947 年 12 月 20 日。

133、新昌特约通讯员超《新昌读者对本报观感》，《大公园地》复刊第廿四期，1949 年 1 月 5 日。

134、《胡总经理在北平》，《大公园地》复刊第六期，1947 年 7 月 20 日。

135、子冈《北平办事处剪影》，《大公园地》复刊第九期，1947 年 9 月 5 日。

136、王芸生《杭游小记》，《大公园地》第十四期，1947 年 11 月 5 日；《竺可桢日记》第 10 册，上海科技教育出版社 2006 年，559—560 页。

137、曾敏之记《认清时代堆护事业》，《大公园地》复刊第 16 期 1947 年 11 月 27 日。

138、《张元济书札》上册，343 页。

139、季羡林《此心安处是吾乡——季羡林归国日记》，165 页。

140、《张元济书札（增订本）》中册，837 页。

141、《张元济年谱长编》下册　1265、1266 页。

142《岫庐已故至交百家手札》原件影印，未标页码。

143、《张元济年谱长编》下册，1266—1267 页。

144、汪家熔《商务印书馆史及其他——汪家熔出版史研究文集》，181页。

145、吕实强《如歌的行板——回顾平生八十年》，137页。

146、汪家熔《商务印书馆史及其他——汪家熔出版史研究文集》，182页。

147、《张元济年谱长编》下册，1270、1271、1272、1277、1278、1281页；《黄炎培日记》第10卷，18页；《史久芸日记》上册，150页。

148、《张元济年谱长编》下册，1281—1282页。

149、1947年6月19日，《顾颉刚日记》第6卷，79页。

150、《胡适往来书信选》下册，284页。

151、陈之藩《大学时代给胡适的信》，香港牛津大学出版社2005年，47、67页。

152、《胡适书信集》中册，北京大学出版社1996年1090。

153、《胡适来往书信选》下册，192—193页。

154、《胡适日记全编》7，647页。

155、《胡适往来书信选》下册，中华书局1980年，278页。

156、《胡适来往书信选》下册，236、240页。

157、1948年1月10日《观察》周刊第三卷第二十期，20页。

158、《胡适日记全编》7，安徽教育出版社2001年，682页。

159、季羡林《此心安处是吾乡——季羡林归国日记》，163、212、223页；翟志成《冯友兰学思生命前传》，416页。

160、子冈《北平办事处剪影》，《大公园地》第九期1947年9月5日。

161、1947年10月16日，《余家菊先生日记手稿》台北慧炬出版社2008年，342页。

162、《夏志清夏济安书信集》卷一（1947—1950），台湾联经出版公司2015年，46页。

163、余传韬《云烟集：余传韬回忆录》上，国史馆2014年，26、30页。

164、1948年3月6日夏志清给他的信中有一句："北大的教授，学问如此恶劣，受他们委屈，犯勿着"。《夏志清夏济安书信集》卷一，75页。

165、《夏志清夏济安书信集》卷一，61、69页。

166、《夏志清夏济安书信集》卷一，55、57、85页。

167、罗荣渠《北大岁月》，256页。

168、《夏志清夏济安书信集》卷一，119页。

169、《夏志清夏济安书信集》卷一，141、146、153页。

170、胡颂平《胡适之先生年谱长编初稿》第6册，2029页。

171、《夏志清夏济安书信集》卷一，193、210页。

172、胡适1948年11月17日给朱家骅，11月22日给教育部的信。

173、成言《胡总经理游成都》，《大公园地》复刊第十六期，1947年12月20日。

174、《殷海光·夏君璐书信录》，台大出版中心2011年，95、104页。

175、陶晋生编《陶希圣日记》上册，台湾联经出版事业股份有限公司2014年，98页。

176 陶希圣《潮流与点滴》，中国大百科全书出版社 2009 年，231 页。

177、《雷震日记：第一个十年（1948—1949）》，3 页。

178、【美】司徒雷登著，陈礼颂译、傅泾波校订《司徒雷登日记——美国调停国共争持期间前后》，黄山书社 2009 年，38 页。

179、转引自吕芳上主编《蒋中正日记与民国史研究》上册，202 页。

180、《沈昌焕日记》，279 页。

181、《陈布雷从政日记 1948》，9—10 页。

182、《顾颉刚日记》第六卷，238—243 页。

183、《黄炎培日记》第 10 卷，78、79 页。

184、《黄炎培日记》第 10 卷，华文出版社 2008 年，53 页。

185、《顾颉刚日记》第六卷，224 页。

186、《张元济年谱长编》下册，1288 页。

187、《张元济年谱长编》下册，1289、1291、1294—1295 页。

188、《顾颉刚日记》，286、289 页。

189、张树年主编《张元济年谱》，商务印书馆 1991 年，533 页。

190、《张元济年谱长编》下册，1299—1300、1302 页。

191、《雷震日记：第一个十年（1948—1949）》，36、68 页。

192、罗荣渠《北大岁月》，260 页。

193、《夏鼐日记》卷四，228 页。

194、《夏济安夏志清书信集》卷一，91 页。

195、《陈布雷从政日记 1948》，52、53 页。

196、罗荣渠《北大岁月》，282 页。

197、《夏济安夏志清书信集》卷一，96 页。

198、《夏济安夏志清书信集》卷一，115 页。

199、王芸生《报纸与杂志》，《大公园地》复刊第二十期，1948 年 7 月 5 日。

200、周雨《上海馆的采访课》，《大公园地》复刊第廿一期，1948 年 8 月 24 日。

201、《雷震日记：第一个十年（1948—1949）》，21 页。

202、陶希圣《潮流与点滴》，230 页。

203、陈纪滢《三十年代作家直接印象记》，台湾商务印书馆 1986 年，322 页。

204、转引王泰栋《陈布雷日记解读》，作家出版社 2011 年，326 页。

205、李琴芳《真实的"北平无战事"——民国密档之金圆券泄密案》，《档案春秋》2015 年 3 月。

206、周雨《沪馆采访课近况》，《大公园地》复刊第廿四期，1949 年 1 月 5 日。

207、1947 年 10 月 22 日，《胡政之文集》下册，1100 页。

208、季崇威《漫谈经济新闻》，《大公园地》复刊第九期，1947 年 9 月 5 日。

209、《胡政之文集》下册，1121 页。

210、梅焕藻《应当注意的事情》，《大公园地》复刊第廿二期，1948 年 10 月 15 日。

211、《陶希圣日记》上册，161 页。

212、转引姜德明《丛刊识小》，南京师范大学出版社 2013 年，168 页。

213、陈纪滢《记王芸生》，《三十年代作家直接印象记》，317—318 页。

214、《大公园地》复刊第廿二期，1948 年 11 月 25 日。

215、繁莎《风雨会香江——记欢迎王芸生先生宴会》，《大公园地》复刊第廿四期，1949 年 1 月 5 日。

216、台湾国史馆档案，典藏号：020400-00011-133-01。

217、王芸生档案，台湾国史馆藏，傅国涌手抄件

218、萧军《东北日记》，6 页。

219、季羡林《此心安处是吾乡：季羡林归国日记》，203 页；《北大岁月》，115 页。

220、罗荣渠《北大岁月》，176、217 页。

221、郭根《一位中国报人眼中的大时代——郭根文集》，台北秀威资讯科技有限公司 2011 年，153 页。

222、罗荣渠《北大岁月》，264—265 页。

223、郭根《一位中国报人眼中的大时代——郭根文集》，153—154 页。

224、罗荣渠《北大岁月》，273 页。

225、《夏志清夏济安书信集》卷一，96、109 页。

226、罗荣渠《北大岁月》，290、365、387 页。

227、《朱自清全集》第十卷，501 页。

228、《清华大学校史稿》，中华书局 1981 年，448—497 页。

229、杜家贵主编《北大红楼——永远的丰碑》，725 页。

230、余传韬《云烟集：余传韬回忆录》上，27—30 页。

231、刘绍唐《红色中国的叛徒》，台湾黎明文化事业公司 1974 年，18 页。

232、《夏志清夏济安书信集》卷一，152—153 页。

233、《夏志清夏济安书信集》卷一，194、221 页。

234、杜家贵主编《北大红楼——永远的丰碑》，480—486 页。

235、罗荣渠《北大岁月》，250—251 页。

236、郭根《一位中国报人眼中的大时代——郭根文集》，166 页。

237、《夏志清夏济安书信集》卷一，215 页。

238、罗荣渠《北大岁月》，397 页。

239、《夏志清夏济安书信集》卷一，219 页。

240、罗荣渠《北大岁月》，399 页。

241、《陶希圣日记》上册，186—187 页。

242、《夏志清夏济安书信集》卷一，225—226 页。

243、罗荣渠《北大岁月》，405、406—407 页。

244、吴小如《红楼梦影——吴小如师友回忆录》，北京大学出版社 2012 年，245—246 页。

245、《夏志清夏济安书信集》卷一，230、231页。

246、罗荣渠《北大岁月》，413页。

247、徐盈《北平围城两月记》，北京出版社1993年，8页。

248、徐盈《北平围城日记》，17—19页。

249、吴小如《红楼梦影——吴小如师友回忆录》，247页。

250、《社会主义及苏联文献展览说明》，转引自谢泳《一份老北大的展览说明书》，谢泳《杂书过眼录》，中国工人出版社2004年，14—16页。

251、罗荣渠《北大岁月》，422、424页。

252、徐盈《北平围城二月记》，26、28、55—56页。

253、徐盈《北平围城两月记》，61—62页。

254、常任侠《春城纪事（1949—1952）》，大象出版社2006年，4页。

255、徐盈《北平围城两月记》，83、90—91页。

256、《夏志清夏济安书信集》卷一，249页。

257、徐盈《北平围城两月记》，121页。

258、陈桥驿《八十逆旅》，中华书局2011年，479-480页。

259、《北大岁月》，450　450、460、462页；余传韬《云烟集：余传韬回忆录》上册，37页。

260、1949年8月6日夏志清致夏济安，《夏志清夏济安书信集》卷一，322页。

261、《夏鼐日记》卷四，213页。

262、王云五《我所认识的朱经农先生》，《王云五全集》20卷，九州出版社2013年，128—129页。

263、《张元济书札》上册，212页。

264、《张元济年谱长编》，1237页。

265、转引自王泰栋《陈布雷日记解读——找寻真实的陈布雷》，326页。

266、孙焊生编《温州老新闻》下册，黄山书社2012年，235页。

267、《雷震日记：第一个十年（1948—1949）》，136页。

268、《商务职工的护馆、护厂活动——追记解放前夕》，《商务印书馆一百年》，商务印书馆1998年，710—715页。

269、《苏雪林文集·日记卷》第一册，国立成功大学印行1999年，93、76页。

270、《黄炎培日记》第10卷，204页。

271、胡济生手稿原件，建川博物馆收藏，丁颖先生提供

272、《张元济年谱长编》下册，1317页。

273、《张元济年谱长编》下册，1318—1319页。

274、《罗家伦先生文存》第八册，中国国民党中央委员会党史委员会、国史馆1989年,310—311页。

275、《黄炎培日记》第10卷，235、254页。

276、王芝琛《一代报人王芸生》，长江文艺出版社2004年，193—195页。

277、《夏志清夏济安书信集》卷一，302页。

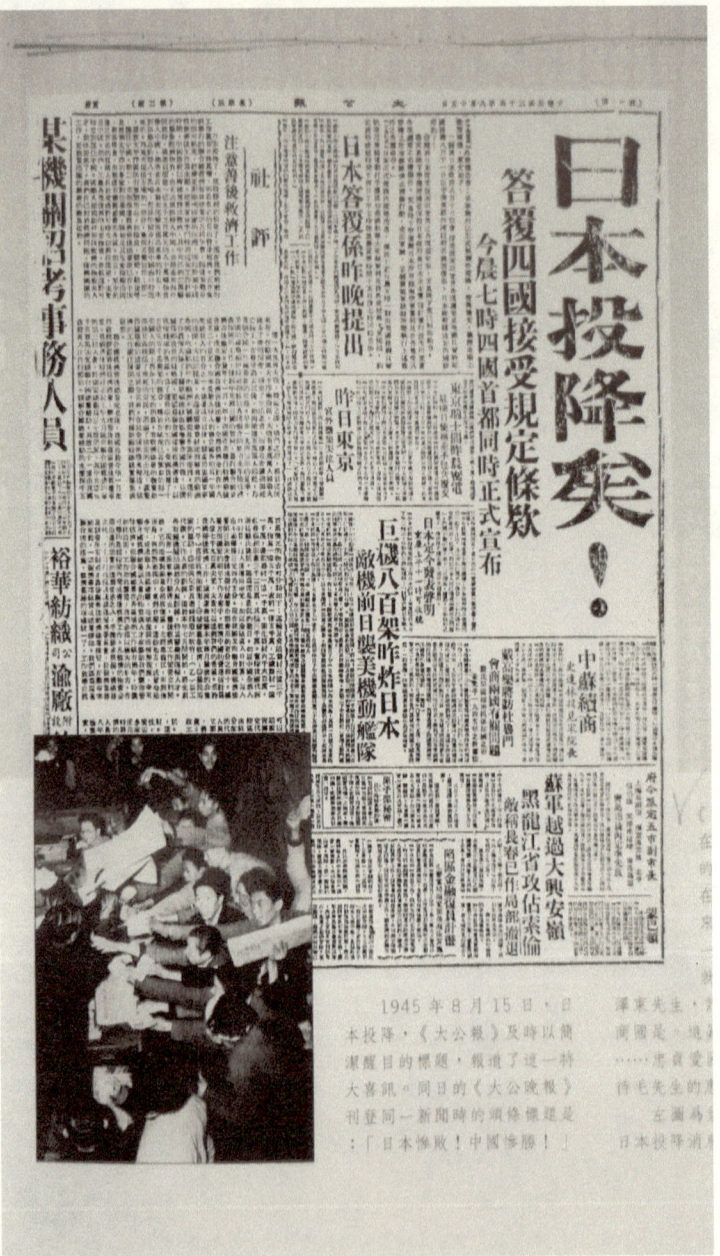

1945年8月15日，日本投降，《大公报》及时以黄澄澄目的标题，载道了这一特大喜讯。同日的《大公晚报》刊登同一新闻时的头条标题是：「日本惨败！中国惨胜！」

1945年8月15日《大公报》要闻版

1948年11月10日王芸生在《大公报》香港版发表社评《和平无望》

胡政之、王云五等在旧金山出席联合国会议

胡适、张元济等合影

1946年5月4日西南联大告别云南前的最后一次集会

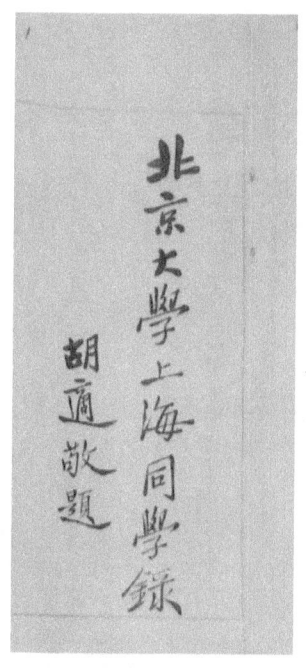

北京大學上海同學錄

胡適敬題

1946年7月25日胡适手书

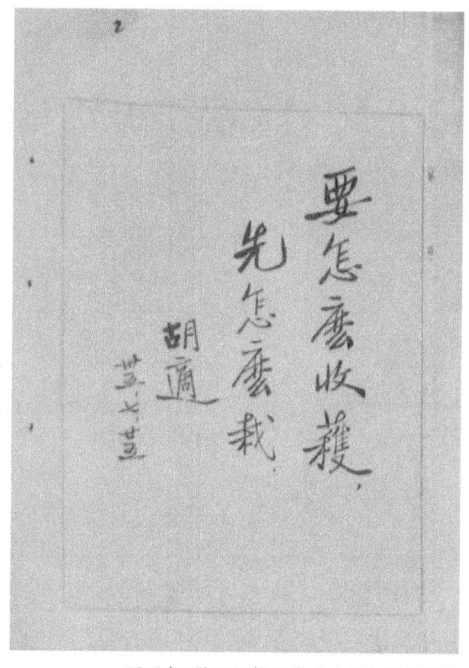

要怎麼收穫，

先怎麼栽。

胡適

卅五七廿五

1946年7月25日胡适为北大上海同学题词

后记

三年前,《大商人》读库本问世后,我接受"全历史"的专访,最后问及我的下一部著作会是什么。我这样回答:

自 2011 年完成《百年辛亥:亲历者的私人记录》以来,已有九年没有写出大部头的新作了。如果一切正常,2021 年下半年,也许能完成我写了十四年的一部书,是关于商务印书馆、北京大学和大公报的历史,是以这三个机构的视角讲述 20 世纪第一个五十年间新文明在中国的发生和起伏。断断续续写了十几万字了,大约还要写二十万字。如果完工了,离《百年辛亥》正好十年。而这本开始写作还在《百年辛亥》之前好几年。著书是一个消磨岁月的事业,也是考验一个人耐心、信心的事业。其实比著书耗费更多时间的是读书,所以,我常说:"毕生事业是读书",著书还在其次。

直到今天,我终于写完了这本书,合计 43 万 9 千多字。自 2007 年一位年轻的编辑约我写这本书,已过去整整十六年,离《百年辛亥:亲历者的私人记录》问世也有十二年了。此书写作难度之大超过了以往所有著作,不仅因为时间跨度大,涉及史料浩繁,更难的是线索太多,三个机构就是三条线索,它们彼此的关系,它们各自与时代的互动，等等，千头万绪，尤其难的是从1897年商务印书馆创立，到1949年天翻地覆，这五十多年间，仅政权就转移了三次以上，还有外敌入侵。那真正是个跌宕起伏、大悲大喜的时代。我要写的是信史，每一个史实不仅要有可靠的出处，而且还要经得起推敲。

十六个寒暑，我将大量的精力和时间都耗费在了这部书中，仅仅翻阅1902年到1949年这四十七年间的《大公报》影印本，就耗去了大半年，2008年下半年几乎跟图书馆工作人员一样准时上下班。当时有朋友借了我一个借书证，我一次次爬上老杭大冰冷的铁楼梯，去旧报刊阅览室，日复一日地翻阅、摘录、拍照，仅照片就拍了上万张。

商务印书馆曾是中国出版业的航空母舰，第二代领军人物王云五说过一句话，它们几十年所做的无非是要"再造文明"。谁能再造文明？当然是一个一个的个体生命。历史潮流，浩浩荡荡，有的人自觉参与，有的人不自觉地参与，其实大多数人只是被动卷入。我关心的是尘封的史料背后一张张活的、有生命体温的面孔，只有活的人才可能再造文明。

他们是开创了商务印书馆的夏瑞芳，缔造了《大公报》的英敛之，赋予北大兼容并包理想的蔡元培，他们不只是给中国的教育、出版、新闻事业建立了范式，几乎是披荆斩棘、开辟草莱。张元济、王云五在出版业的作为，蒋梦麟、胡适之在北大的作为，胡政之、张季鸾、王芸生在新闻业的作为，重塑了20世纪前五十年的文明史。

英敛之早在辛亥革命后就从新闻界退场了，夏瑞芳1914年遭到暗杀，蔡元培1920年代初离开北大，实际在校不足五年。等到大时代落下帷幕，蔡元培、张季鸾已于1940、1941年离世，胡政之于1949年春天在上海告别了人间，胡适、王云五离开了大陆，选择从香港北上的只有王芸生。与这个大转型时代相始终的只有一个张元济，他正好比我早生了一百年，因戊戌变法失败被革职永不叙用，从此打开了他参与再造文明的一条新路，商务印书馆正是在他手里发扬光大，超越了始作俑者夏瑞芳们的框架。他见过光绪帝、孙中山、袁世凯、蒋介石，1949年7月1日他在尚未易名为北京的北平亲耳听到了"……中国人从此站立起来了"的宣告。他目睹昔日商务印书馆昔日的学徒、编辑一个个在新政权身居高位，心中可谓五味杂陈，他又眼看着苦心扶助了一辈子的民营商务印书馆从此凋零，乃至变成国营。

作为这本书从第一篇到最后一篇一直在场的唯一角色,他看懂历史了吗?我心中存疑。当时,就有上海读者冒险投书海峡对岸的《自由中国》半月刊,说他太天真、太糊涂,"太不了解共产党的欺骗与操纵之妙术了"。

"读史难通今日事,闻歌不似少年声。"

我想起比张元济大七岁的晚清官员俞明震的诗句,他曾在南京做过江南水师学堂兼附设矿务铁路学堂总办,在青年鲁迅的眼里他是个"新党",坐在马车上大抵是看梁启超他们编的《时务报》,考汉文会出《华盛顿论》这样的题目。这一句"读史难通今日事"与一代史家陈寅恪的"读史早知今日事"看似意思不同,却未尝不可以看作是异曲同工?每个人都活在历史中,最终仍逃不出历史的审判。

此书写作过程中,陈雨石正在念博士,经常帮我查资料。此书完成后,巫少飞帮我校对了一遍。大吕帮忙拍摄了本书大部分图片。谨向他们和濮影瑛等为本书出过力的朋友表示深深的谢意。

最后,我要将此书献给相识三十四年半、患难与共三十多年的妻子曹丽蓉。

2023 年 10 月 11 日东京西郊,12 月 8 日改定于杭州

壹嘉·読道书系

壹嘉出版 ╳ 読道社

联合出版